Die Transparenz völkerrechtlicher Vertragsverhandlungen der Europäischen Union

AF829953

Europäische Hochschulschriften Recht

European University Studies in Law

Publications Universitaires Européennes de Droit

Band/Volume 6752

Benedikt Kamann

Die Transparenz völkerrechtlicher Vertragsverhandlungen der Europäischen Union

Unterrichtungsrechte der Parlamente und Informationsrechte der Öffentlichkeit

PETER LANG

Lausanne - Berlin - Bruxelles - Chennai New York - Oxford

Bibliografische Information der Deutschen Nationalbibliothek

Die Deutsche Nationalbibliothek verzeichnet diese Publikation in der Deutschen Nationalbibliografie; detaillierte bibliografische Daten sind im Internet über http://dnb.d-nb.de abrufbar.

Zugl.: Bochum, Univ., Diss., 2023

D 294
ISSN 0531-7312
ISBN 978-3-631-90487-9
E-ISBN 978-3-631-90603-3
E-ISBN 978-3-631-90604-0
DOI 10.3726/b21053

© 2023 Peter Lang Group AG, Lausanne

Verlegt durch:
Peter Lang GmbH, Berlin, Deutschland

info@peterlang.com http://www.peterlang.com

Alle Rechte vorbehalten.

Das Werk einschließlich aller seiner Teile ist urheberrechtlich geschützt. Jede Verwertung außerhalb der engen Grenzen des Urheberrechtsgesetzes ist ohne Zustimmung des Verlages unzulässig und strafbar. Das gilt insbesondere für Vervielfältigungen, Übersetzungen, Mikroverfilmungen und die Einspeicherung und Verarbeitung in elektronischen Systemen.

Diese Publikation wurde begutachtet.

Meinem Vater
und
Meiner Mutter

Vorwort

Die vorliegende Arbeit wurde im Wintersemester 2020/2021 von der juristischen Fakultät der Ruhr-Universität Bochum als Dissertation angenommen. Literatur und Rechtsprechung sind im Wesentlichen bis Dezember 2020 berücksichtigt.

Besonders danken möchte ich meinem Doktorvater Herrn *Prof. Dr. Wolfram Cremer*, der mich bei der Themenfindung und Erstellung der Arbeit stets mit fachlichem Rat unterstützt hat und bereits während der Studienjahre mein Interesse für das Europarecht geweckt hat. Des Weiteren danke ich besonders Herrn *Prof. Dr. Pierre Thielbörger* für die zügige Erstellung des Zweitgutachtens.

Schließlich gilt mein herzlicher Dank allen meinen Kollegen, Freunden und Bekannten, die durch Ihre fachliche und persönliche Unterstützung zum Gelingen dieser Arbeit beigetragen haben. Zuvorderst sind an dieser Stelle meine Studienfreunde *Dr. Alexander Bothe, Dr. Alexander Herrfurth, Johannes Thesing* und *Dr. Paul Alexander Tophof* genannt, die mich mein Studium sowie die Promotionszeit über begleitet haben. Zudem danke ich insbesondere auch *Mario, Jennifer, Frank* und *Bernd*, die mir auf dem Weg zur Erstellung der Arbeit mit einem offenen Ohr und viel Zuversicht zur Seite standen.

Schließlich danke ich ganz herzlich meiner Mutter *Susanne Kamann* für Ihre unermüdliche Unterstützung bei der Anfertigung dieser Arbeit, sei es durch persönlichen Beistand auch in schwierigen Phasen der Promotion oder durch das sorgfältige Korrekturlesen. Ihr ist diese Arbeit gewidmet.

Bochum, im Mai 2023
Benedikt Kamann

Inhaltsübersicht

Inhaltsverzeichnis

Abkürzungsverzeichnis

a. A.	andere(r) Ansicht
a. a. O.	am angegebenen Ort
a. F.	Alte Fassung
ABl.	Amtsblatt der Europäischen Union
Abs.	Absatz
ACTA	Anti-Counterfeiting Trade Agreement
AETR	Accord Européen sur les Transports Routiers
AEUV	Vertrag über die Arbeitsweise der Europäischen Union
Anm. d. Verf.	Anmerkung des Verfassers
AöR	Archiv des öffentlichen Rechts (Zeitschrift)
Ares	Advanced Records System
Art.	Artikel
AStV	Ausschuss der Ständigen Vertreter der Mitgliedstaaten
Attac	Association pour la taxation des transactions financières et pour l'action citoyenne
Az.	Aktenzeichen
BBV	Vereinbarung zwischen dem Deutschen Bundestag und der Bundesregierung über die Zusammenarbeit in Angelegenheiten der Europäischen Union
Bd.	Band
Beschl.	Beschluss
BGB	Bürgerliches Gesetzbuch
BGBl.	Bundesgesetzblatt
BLV	Bund-Länder-Vereinbarung über die Zusammenarbeit in Angelegenheiten der Europäischen Union
bspw.	beispielsweise
BT-Drs.	Bundestagsdrucksache
Buchst.	Buchstabe
BVerfG	Bundesverfassungsgericht
BVerfGE	Amtliche Sammlung der Entscheidungen des Bundesverfassungsgerichts
BVerwG	Bundesverwaltungsgericht
bzgl.	Bezüglich

bzw.	beziehungsweise
CELEX	Comunitatis Europae Lex
CETA	Comprehensive Economic and Trade Agreement
CIA	Central Intelligence Agency
CMLRev.	Common Market Law Review (Zeitschrift)
ders.	Derselbe
DESFA	Nationales Gaslieferungsunternehmen Griechenlands
DG Trade	Directorate General for Trade of the European Commission (Generaldirektion Handel der Kommission)
DöV	Die öffentliche Verwaltung (Zeitschrift)
Drs.	Drucksache
DVBl	Deutsches Verwaltungsblatt (Zeitschrift)
E. L. Rev.	European Law Review (Zeitschrift)
e. V.	Eingetragener Verein
EAD	Europäischer Auswärtiger Dienst
EAGV	Vertrag zur Gründung der Europäischen Atomgemeinschaft
EC	European Community (Europäische Gemeinschaft)
ECLI	European Case Law Identifier
EEA	Einheitliche Europäische Akte
EG	Europäische Gemeinschaft
EGKS	Europäische Gemeinschaft für Kohle und Stahl
EGKSV	Vertrag über die Gründung der Europäischen Gemeinschaft für Kohle und Stahl
EGMR	Europäischer Gerichtshof für Menschenrechte
EGV	Vertrag zur Gründung der Europäischen Gemeinschaft
Einl.	Einleitung
ELJ	European Law Journal (Zeitschrift)
EMRK	Europäische Menschenrechtskonvention
EnzEuR	Enzyklopädie Europarecht
EPL	European Public Law (Zeitschrift)
EPZ	Europäische Politische Zusammenarbeit
ESM	Europäischer Stabilitätsmechanismus
ESVP	Europäische Sicherheits- und Verteidigungspolitik
EU	Europäische Union
EuG	Gericht der Europäischen Union
EuGH	Gerichtshof der Europäischen Union

EuGVfO	Verfahrensordnung des Europäischen Gerichts
EuR	Europarecht (Zeitschrift)
EuR-Beiheft	Europarecht Beiheft (Zeitschrift)
EURATOM	Europäische Atomgemeinschaft
Eurojust	Agentur der Europäischen Union für justizielle Zusammenarbeit in Strafsachen
EUV	Vertrag über die Europäische Union
EuVerfR	Europäisches Verfassungsrecht
EuZBBG	Gesetz über die Zusammenarbeit von Bundesregierung und Deutschem Bundestag in Angelegenheiten der Europäischen Union
EuZBLG	Gesetz über die Zusammenarbeit von Bund und Ländern in Angelegenheiten der Europäischen Union
EuZW	Europäische Zeitschrift für Wirtschaftsrecht (Zeitschrift)
EWG	Europäische Wirtschaftsgemeinschaft
EWGV	Vertrag zur Gründung der Europäischen Wirtschaftsgemeinschaft
ex-Art.	ehemaliger Artikel
f.	Folgender
ff.	folgende
Fn.	Fußnote
FS	Festschrift
GA	Generalanwalt
GASP	Gemeinsame Außen- und Sicherheitspolitik
GeoZG	Gesetz über den Zugang zu digitalen Geodaten
GG	Grundgesetz
GGO	Gemeinsame Geschäftsordnung der Bundesministerien
GMBl.	Gemeinsames Ministerialblatt
GO-BRat	Geschäftsordnung des Bundesrates
GO-BT	Geschäftsordnung des Bundestages
GO-EP	Geschäftsordnung des Europäischen Parlaments
GO-Rat	Geschäftsordnung des Rates der Europäischen Union
GR-Charta	Charta der Grundrechte der Europäischen Union
GRC	Charta der Grundrechte der Europäischen Union
GRCh	Charta der Grundrechte der Europäischen Union
GSVP	Gemeinsame Sicherheits- und Verteidigungspolitik
GWB	Gesetz gegen Wettbewerbsbeschränkungen

Hdb	Handbuch
Hdb EuGR	Handbuch der europäischen Grundrechte
HdbStaatsR	Handbuch des Staatsrechts
Hrsg.	Herausgeber
HS	Halbsatz
i. d. F.	in der Fassung
i. S. d.	im Sinne des
i. S. e.	im Sinne einer/eines
i. Ü.	im Übrigen
i. V. m.	in Verbindung mit
IFG	Informationsfreiheitsgesetz
insb.	insbesondere
INTA	Ausschuss für internationalen Handel des Europäischen Parlaments
IntVG	Gesetz über die Wahrnehmung der Integrationsverantwortung des Bundestages und des Bundesrates in Angelegenheiten der Europäischen Union
IWG	Gesetz über die Weiterverarbeitung von Informationen öffentlicher Stellen
JCMS	Journal of Common Market Studies (Zeitschrift)
JZ	JuristenZeitung (Zeitschrift)
Kap.	Kapitel
lit.	littera (Buchstabe)
m. w. N.	mit weiteren Nachweisen
Mercosur	Gemeinsamer Markt Südamerikas
n. F.	neue Fassung
NGO	Non-governmentalorganisation (Nichtregierungsorganisation)
NJW	Neue Juristische Wochenschrift (Zeitschrift)
Nr.	Nummer
NSA	National Security Agency
NVwZ	Neue Zeitschrift für Verwaltungsrecht (Zeitschrift)
NVwZ-Extra	Online Beilage zur Neuen Zeitschrift für Verwaltungsrecht (Zeitschrift)
OVG	Oberverwaltungsgericht
ParlR	Parlamentsrecht
PJZ	Polizeiliche und Justizielle Zusammenarbeit in Strafsachen

Rats-Dok.	Dokument des Rates
Rn.	Randnummer
Rs.	Rechtssache
RStV	Rundfunkstaatsvertrag
S.	Seite/Satz
SchlA	Schlussantrag
SOCAR	State Oil Company of Azerbaijan Republic
SÜG	Sicherheitsüberprüfungsgesetz
SWIFT	Society for Worldwide Interbank Financial Telecommunication
TKG	Telekommunikationsgesetz
TMG	Telemediengesetz
TTIP	Transatlantic Trade and Investment Partnership
u. a.	unter anderem
UAbs.	Unterabsatz
UE	Union européenne
UIG	Umweltinformationsgesetz
Urt.	Urteil
US	United States (Vereinigte Staaten von Amerika)
v.	vom
Var.	Variante
Verb.	Verbundene
VG	Verwaltungsgericht
vgl.	vergleiche
VIG	Verbraucherinformationsgesetz
VN	Vereinte Nationen
VN-Charta	Charta der Vereinten Nationen
VO	Verordnung
Vorb.	Vorbemerkungen
VSA	Verschlusssachenanweisung
VVDStRL	Veröffentlichungen der Vereinigung der Deutschen Staatsrechtslehrer (Zeitschrift)
VVE	Vertrag über eine Verfassung für Europa
WCO	World Customs Organisation (Weltzollorganisation)
WTO	World Trade Organisation (Welthandelsorganisation)
WVK	Wiener Übereinkommen über das Recht der Verträge

WVK IO	Wiener Übereinkommen über das Recht der Verträge zwischen Staaten und internationalen Organisationen oder zwischen internationalen Organisationen
ZaörV	Zeitschrift für ausländisches öffentliches Recht und Völkerrecht (Zeitschrift)
ZEuS	Zeitschrift für Europarechtliche Studien (Zeitschrift)
ZG	Zeitschrift für Gesetzgebung (Zeitschrift)
Ziff.	Ziffer
ZParl	Zeitschrift für Parlamentsfragen (Zeitschrift)

§ 1 Einleitung

A. Problemaufriss

"There shall be no private international understandings of any kind but diplomacy shall proceed always frankly and in the public view."[1] Mit dieser Forderung nach mehr Transparenz in internationalen Verhandlungen bezog der 28. US-Präsident *Woodrow Wilson* am 8. Januar 1918 erstmals Stellung gegen Geheimverträge – seine Forderung wurde daraufhin in der am 26. Juni 1945 unterzeichneten Charta der Vereinten Nationen[2] berücksichtigt. Seitdem sind völkerrechtliche Verträge zwar öffentlich einsehbar[3], die Verhandlungen im Vorfeld finden jedoch weiterhin zumeist unter Ausschluss der Öffentlichkeit statt. Diese Geheimhaltung der Vertragsverhandlungen findet ihre historische Grundlage in der Vorstellung, dass die auswärtige Gewalt ausschließlich der Exekutive zugewiesen sei[4].

Aktualität gewinnt die Kritik an der Vertraulichkeit völkerrechtlicher Verhandlungen durch das derzeitige Vordringen der Europäischen Union als supranationale Organisation in den Bereich der völkerrechtlichen Abkommen. Der vermehrte Abschluss völkerrechtlicher Verträge durch die Union wird durch deren Mitgliedschaft in etlichen internationalen Organisationen[5] flankiert. Basis des außenpolitischen Handelns der Europäischen Union bilden die in Art. 21 EUV niedergelegten Grundsätze, zu deren Verwirklichung unter anderem der Abschluss völkerrechtlicher Abkommen beitragen soll. Insbesondere soll nach Art. 21 Abs. 2 lit. e) sowie Art. 207 Abs. 3 AEUV sowohl die

---

1 I. Punkt der 14 Punkte Rede des US-Präsidenten *Woodrow Wilson* vor dem US-Kongress.

2 Diese statuiert in Art. 102 VN-Charta, dass internationale Übereinkünfte bei den Vereinten Nationen registriert und veröffentlicht werden. Ein Verstoß gegen diese Bestimmung schließt die Berufung auf eine Übereinkunft vor den Vereinten Nationen aus.

3 Völkerrechtliche Verträge, welche bei den Vereinten Nationen registriert sind, können auf treaties.un.org eingesehen werden (zuletzt abgerufen am 4. Dezember 2020).

4 Maßgeblich beruht diese Vorstellung einer Prärogative der Exekutive auf dem Theoriekonstrukt von *John Locke*, siehe hierzu näher *Sangi*, Auswärtige Gewalt, S. 69 ff.; zur historischen Kritik an der Geheimdiplomatie insb. durch *Jeremy Bentham* siehe ferner *Wegener*, Der geheime Staat, S. 159 ff.

5 Unter anderem ist die EU Mitglied in der WTO und der WCO und genießt Beobachterstatus bei der VN-Generalversammlung und den meisten Sonderorganisationen; vgl. auch *Giegerich*, in: Frankfurter Kommentar, Art. 220 AEUV, Rn. 29, 80 ff.

Weltwirtschaft als auch die gemeinsame Handelspolitik mittels des Abschlusses von Freihandelsabkommen gefördert werden[6]. Maßgeblich dienen diese Abkommen dem Abbau von Zöllen und anderen Handelsbeschränkungen, um sowohl den Export der Union als auch den Import aus Drittstaaten anzuregen[7]. Die vertragliche Außenpolitik der Union beschränkt sich allerdings nicht auf die Handelsbeziehungen. Weitere Beispiele für die aktive Außenpolitik der Union finden sich in solchen Abkommen, welche die Gemeinsame Außen- und Sicherheitspolitik (GASP) sowie die in diesem Zusammenhang beschlossenen Ziele verwirklichen sollen[8].

Die Bemühungen um den vermehrten Abschluss von Freihandelsabkommen mit Drittstaaten erfuhren jüngst erhebliche Kritik – sowohl auf inhaltlicher Ebene als auch aufgrund der intransparenten Verhandlungsführung. So gab es beispielsweise im Vorfeld des Abschlusses eines Freihandelsabkommens mit Kanada („Comprehensive Economic and Trade Agreement", *CETA*) massive Kritik an der Führung der Verhandlungen unter Ausschluss der Öffentlichkeit[9]. Auch im Falle des Freihandelsabkommens mit den Vereinigten Staaten von Amerika („Transatlantic Trade And Investment Partnership", *TTIP*) wurde vor allem über „Geheimverhandlungen"[10] „hinter verschlossenen Türen"[11] berichtet[12].

---

6 Vgl. auch *DG Trade*, Trade for all; eine Liste zu den Verhandlungen findet sich auf der Internetseite der *DG Trade*, abrufbar unter: http://trade.ec.europa.eu/doclib/docs/2006/december/tradoc_118238.pdf (zuletzt abgerufen am 4. Dezember 2020).

7 Vgl. *DG Trade*, Trade for all, S. 9; Rede des ehemaligen Kommissionspräsidenten *Juncker* zur Eröffnung der Plenartagung des Europäischen Parlaments vom 15. Juli 2014, „Politische Leitlinien für die nächste Europäische Kommission", S. 9, abrufbar unter: https://ec.europa.eu/commission/sites/beta-political/files/juncker-political-gui delines-speech_de_1.pdf (zuletzt abgerufen am 4. Dezember 2020).

8 Siehe zu Beispielen für Abkommen im Bereich der GASP *Regelsberger/Kugelmann*, in: Streinz, Art. 37 EUV, Rn. 4.

9 *Süddeutsche Zeitung* vom 16./17. August 2014, S. 23; *Bündnis Mehr Demokratie*, Themenpapier „Warum ist CETA ein Demokratieproblem? Sieben Gründe, warum die Parlamente CETA ablehnen müssen" vom 11. Juli 2016, S. 3, abrufbar unter: https://www.mehr-demokratie.de/fileadmin/pdf/Themen24_Demokratieproblem_CETA.pdf (zuletzt abgerufen am 4. Dezember 2020).

10 So das Netzwerk *Attac*, welches sich unter anderem gegen Freihandelsabkommen der Europäischen Union einsetzt, abrufbar unter: http://www.attac.de/kampagnen/freih andelsfalle-TTIP/hintergrund/ (zuletzt abgerufen am 4. Dezember 2020).

11 *Die Zeit* vom 9. Oktober 2014, abrufbar unter http://www.zeit.de/politik/ausland/2014-10/eu-TTIP-oeffentlich (zuletzt abgerufen am 4. Dezember 2020); *Süddeutsche Zeitung* vom 11. Dezember 2013, S. 19.

12 Vgl. zur Kritik auch *Süddeutsche Zeitung* vom 20. November 2013, S. 17.

Neben der Öffentlichkeit sind es vor allem die nationalen Parlamente, welche Transparenz anmahnen[13]. Denn die Verhandlungen werden von der Europäischen Kommission im Einvernehmen mit dem Rat der Europäischen Union geführt – eine Beteiligung und Unterrichtung der mitgliedstaatlichen Parlamente über den Verhandlungsverlauf erfolgt zumeist spärlich. Doch gerade in Fällen, in denen die Kompetenzen zum Vertragsschluss nicht allein bei der Union liegen – und über den demzufolge auch die Mitgliedsstaaten abstimmen müssen – haben die Parlamente ein Interesse daran, frühzeitig über die Verhandlungen unterrichtet zu werden und Einfluss auf das Verhandlungsergebnis zu nehmen.

Tatsächlich ist es jedoch gängige Praxis der Kommission und des Rates, die Verhandlungen nicht öffentlich zu führen[14]. Es existieren zwar Zusammenfassungen der Verhandlungspositionen und -ergebnisse, diese werden durch die Kommission jedoch mit der Geheimhaltungsstufe „*RESTREINT UE/EU RESTRICTED*“ versehen und demzufolge nicht veröffentlicht[15]. Sowohl die Kommission als auch der Rat begründen diesen Verschluss zunächst mit der Gefährdung der Verhandlungsposition der Europäischen Union. Die Geheimhaltung der eigenen Verhandlungsposition bezwecke zu verhindern, dass der potentielle Vertragspartner noch vor Abschluss der Verhandlungen einseitig Einfluss auf die Verhandlungen nehmen könne und so ein bestmögliches Verhandlungsergebnis der Union gefährdet werde.[16] Weiterhin führen Kommission und Rat an, dass internationale Verhandlungen ein Klima gegenseitigen

---

13 Vgl. beispielhaft die Anfragen der Abgeordneten des Deutschen Bundestages BT-Drs. 18/5062, S. 4 ff.; BT-Drs. 18/7299; BT-Drs. 18/8544; BT-Drs. 18/8809.

14 *Müller-Ibold*, in: Lenz/Borchardt, Art. 218 AEUV, Rn. 3; *Giegerich*, in: Frankfurter Kommentar, Art. 216 AEUV, Rn. 44 ff.

15 Vademecum on the External Action, S. 32; *DG Trade*, Trade negotiations step by step, S. 5.

16 Im Hinblick auf die Verhandlungsdokumente zu *TTIP* vgl. die Antwort auf eine Anfrage zur Veröffentlichung der Verhandlungsdokumente der *DG Trade*, Anlage I; in Bezug auf die Freigabe von Verhandlungsdokumenten zu dem geplanten Abkommen *ACTA* Entscheidung des Europäischen Ombudsmanns zur Beschwerde 90/2009/(JD)OV vom 23. Juli 2010; *EuG*, Urt. v. 19. März 2013 – Rs. T-301/10, ECLI:EU:T:2013:135, *in't Veld/Kommission*, Rn. 119, 123 ff.; siehe auch die Argumentation der Kommission in den Ablehnungsschreiben über den Zugang zu völkerrechtlichen Verhandlungsdokumenten in Anlage II, insb. Dokument 1, 2, 3, 8, 10; ferner *Giegerich* in: Frankfurter Kommentar, Art. 218 AEUV, Rn. 44; *Lorenzmeier*, in: Grabitz/Hilf/Nettesheim, Art. 218 AEUV, Rn. 34a; *Curtin*, CMLRev. 50 (2013), 423, 450 ff.

Vertrauens erfordern, um eine freie Diskussion zu gewährleisten.[17] Zur Absicherung dieses gegenseitigen Vertrauens geht die Kommission teilweise dazu über, Vertraulichkeitsvereinbarungen über die laufenden Verhandlungen mit dem Verhandlungspartner abzuschließen[18].

Diese Praxis der Union führt letztlich dazu, dass der Bürger sich nur mangelhaft über die Arbeit der Kommission und des Rates informieren kann. So werden die Probleme mangelnder Demokratie und undurchsichtiger Entscheidungsprozesse aktueller denn je. Ein Interesse der Öffentlichkeit an den Verhandlungen sowie etwaigen Fortschritten erscheint daher nur allzu verständlich. Dieser Kritik an der Intransparenz völkerrechtlicher Verhandlungen ist die Kommission mit Initiativen zur Aufklärung über die Vertragsverhandlungen sowie Diskussionsrunden begegnet[19]. Gegenüber der eigentlichen Forderung – der Offenlegung von Verhandlungsdokumenten – sperrt sie sich jedoch nach wie vor[20].

Dieser Praxis gegenüber steht die an verschiedenen Stellen des Primärrechts[21] verankerte Verpflichtung der Unionsorgane zur Herstellung größtmöglicher

---

17 Siehe abermals die Antwort auf eine Anfrage zur Veröffentlichung der Verhandlungsdokumente der *DG Trade*, Anlage I; Entscheidung des Europäischen Ombudsmanns zur Beschwerde 90/2009/(JD)OV vom 23. Juli 2010; *EuG*, Urt. v. 19. März 2013 – Rs. T-301/10, ECLI:EU:T:2013:135, *in't Veld/Kommission*, Rn. 119, 123 ff.; Ablehnungsschreiben der Kommission, Anlage II, insb. Dokument 1, 2, 3, 8, 10; ferner *Giegerich*, in: Frankfurter Kommentar, Art. 218 AEUV, Rn. 44.

18 Eine solche Vertraulichkeitsvereinbarung wurde zumindest in den Verhandlungen zu *ACTA* und *TTIP* geschlossen; vgl. zu *ACTA EuG*, Urt. v. 19. März 2013 – Rs. T-301/10, ECLI:EU:T:2013:135, *in't Veld/Kommission*, Rn. 112 f.; vgl. zu *TTIP* das Schreiben der US-Regierung an den Unterhändler der EU, abrufbar unter: https://ustr.gov/sites/default/files/US%20signed%20conf%20agmt%20letter_0.pdf (zuletzt abgerufen am 4. Dezember 2020).

19 Transparenzinitiative im Zusammenhang mit *TTIP* sowie für nachfolgende Abkommen: Pressemitteilung der Kommission vom 25. November 2014, „Mehr Einblick: Kommission verpflichtet sich zu größerer Transparenz", abrufbar unter: https://ec.europa.eu/commission/presscorner/detail/de/IP_14_2131 (zuletzt abgerufen am 4. Dezember 2020).

20 Vgl. zu *TTIP EuG*, Beschl. v. 9. Februar 2017 – Rs. T-142/16, ECLI:EU:T:2017:72, *Dröge u. a./Kommission*, Rn. 5; unter Bezugnahme auf die Transparenzinitiative auch Entscheidung des Europäischen Ombudsmanns zur Beschwerde 1777/2014/PHP vom 30. Oktober 2015, insb. Rn. 1 f., 15 ff., 23; *Cremona*, CMLRev. 52 (2015), 351, 361; siehe überdies die Antwort auf eine Anfrage zur Veröffentlichung der Verhandlungsdokumente der *DG Trade*, Anlage I vom 20. September 2016.

21 Art. 1 Abs. 2 EUV, Art. 10 Abs. 3 S. 2 EUV sowie Art. 15 Abs. 1 AEUV.

Transparenz. Wesentliches Merkmal dieser Offenheit der Entscheidungen der Organe ist das Recht auf Zugang zu Dokumenten, welches in Art. 15 Abs. 3 AEUV sowie Art. 42 GR-Charta garantiert wird und durch Sekundärrecht weiter ausgestaltet ist. Während sowohl die Kommission als auch der Rat dieser Verpflichtung insbesondere im Bereich der Verabschiedung von Gesetzgebungsakten der Union nachkommen, ist der Prozess der Aushandlung völkerrechtlicher Verträge der Union nach wie vor intransparent. Dieses Spannungsverhältnis zwischen der Verpflichtung zur Transparenz und der Vertraulichkeit völkerrechtlicher Verhandlungen bietet Anlass zu einer Untersuchung, ob die Unionsorgane ihrer Pflicht zur Schaffung größtmöglicher Transparenz im Bereich der vertraglichen Außenpolitik gerecht werden.

Eine derartige Untersuchung teilt sich in zwei Teilbereiche auf: Zunächst ist der Fragestellung nachzugehen, welche Unterrichtungsrechte dem Europäischen Parlament und den nationalen Parlamenten zustehen. Denn vorrangig über die Parlamente wird die demokratische Legitimation der vertraglichen Außenpolitik hergeleitet. Durch die Unterrichtung der Parlamente sowie den mit dieser einhergehenden Kontroll- und Einflussmöglichkeiten auf die Aushandlung völkerrechtlicher Verträge der Union vermögen diese eine effektive Rückbindung der Handlungen der Union an den Bürger herzustellen.

Der zweite Teilbereich widmet sich der unmittelbaren Information der Unionsbürger. Diese wird primär durch den Zugang zu Dokumenten gewährleistet, welcher den Unionsbürger in die Lage versetzt, über die parlamentarische Repräsentation hinaus Kontrolle und Einfluss auf das Handeln der Union zu nehmen. Daher muss der Frage nachgegangen werden, ob sowohl das Unionsrecht als auch die nationalen Rechtsvorschriften dem Bürger ein solches Recht auf Zugang zu völkerrechtlichen Verhandlungsdokumenten ermöglichen.

B. Gang der Untersuchung

Die Untersuchung wird durch eine Darstellung und Erläuterung des Verfahrens zum Abschluss völkerrechtlicher Verträge in der Europäischen Union eingeleitet (§ 2). In diesem Rahmen wird zunächst die allgemeine Kompetenzverteilung sowie anschließend der Prozess der Aushandlung völkerrechtlicher Abkommen beleuchtet. Die Problematik der fehlenden Transparenz während der Verhandlungsphase wird in einem gesonderten Abschnitt aufgezeigt.

Der Europäischen Union ist nach Art. 10 Abs. 1 EUV das Modell der repräsentativen Demokratie zugrunde gelegt. Dieses Konzept leitet zu der Frage über, welche Unterrichtungsrechte über den Ablauf völkerrechtlicher Verhandlungen den demokratisch legitimierten Organen der Union zustehen (§ 3). Zunächst werden die Unterrichtungsrechte des am Vertragsschlussverfahrens beteiligten Rates erläutert. Daran anschließend wird das Recht des Europäischen Parlaments auf Unterrichtung über die Vertragsverhandlungen beleuchtet. Ein weiterer Fokus wird auf die unionsrechtlichen Vorgaben über die Unterrichtung der mitgliedstaatlichen Parlamente gelegt. Spiegelbildlich zu den Unionsvorschriften werden auch die nationalen Beteiligungsrechte von Deutschem Bundestag und Bundesrat untersucht.

Die repräsentative Demokratie der Union wird nach Art. 10 Abs. 3 EUV von partizipativen Elementen flankiert, welche die unmittelbare Teilnahme der Unionsbürger am Leben der Union gewährleisten. Zur Wahrnehmung dieser Rechte stehen dem Unionsbürger weitreichende Informationsrechte zu. Daher wird folgend ein über die parlamentarischen Unterrichtungsrechte hinausgehender Anspruch der Öffentlichkeit auf Zugang zu dem Verhandlungsmandat sowie den konsolidierten Verhandlungsdokumenten nach der VO (EG) 1049/2001 über den Zugang zu Dokumenten untersucht (§ 4). Dieser Teil der Untersuchung beginnt mit einer Bestandsaufnahme der Voraussetzungen sowie Ausnahmen zum sekundärrechtlichen Dokumentenzugangsrecht. Daran anknüpfend wird die VO (EG) 1049/2001 daraufhin untersucht, ob sie einen Zugang zu völkerrechtlichen Verhandlungsdokumenten gewährleistet, sowie, ob diesem Ausnahmetatbestände zur Verweigerung des Zugangs entgegenstehen. Die Bewertung der Anwendung einzelner Ausnahmetatbestände findet unter Berücksichtigung der Praxis der Unionsorgane, der Ansichten der Literatur sowie der zu dieser Thematik ergangenen Rechtsprechung statt.

Auf Grundlage des Befundes zu einem sekundärrechtlichen Zugangsanspruch wird dieser mit den transparenzrechtlichen Anforderungen des Primärrechts abgeglichen (§ 5). Zu diesem Zweck werden zunächst die primärrechtlichen Normen über die Verpflichtung zu größtmöglicher Transparenz sowie im Speziellen über den Zugang zu Dokumenten dargestellt und auf ihre Rechtsverbindlichkeit hin untersucht. In Anwendung dieser Vorschriften wird daraufhin untersucht, ob das Primärrecht die Unionsorgane verpflichtet, den Zugang zu völkerrechtlichen Verhandlungsdokumenten zu gewährleisten. Abschließend wird das sekundärrechtliche Ergebnis anhand der primärrechtlichen Verpflichtung bewertet und ein etwaiger, über das Sekundärrecht hinausgehender Anspruch auf Zugang zu völkerrechtlichen Verhandlungsdokumenten diskutiert.

Neben dem Zugang zu Dokumenten wird untersucht, ob den transparenzrechtlichen Vorschriften die Verpflichtung der Unionsorgane zur Öffentlichkeit des unionsinternen Ratifikationsverfahrens entnommen werden kann (§ 6). Die Vorschriften über die Sitzungsöffentlichkeit von Europäischem Parlament und Rat werden daraufhin untersucht, ob diese zur Öffentlichkeit der

Beschlussfassung über den Abschluss völkerrechtlicher Abkommen verpflichten. Sofern die expliziten Verpflichtungen nicht zu dem Ergebnis kommen, dass die Sitzungen öffentlich abzuhalten sind, wird zudem eine aus dem primärrechtlichen Grundsatz der Offenheit abgeleitete Verpflichtung diskutiert.

Über das Unionsrecht hinaus ermöglichen es die nationalen Informationsfreiheitsrechte, einen Anspruch auf Zugang zu völkerrechtlichen Verhandlungsdokumenten gegenüber den im Rat vertretenen nationalen Regierungen geltend zu machen. Exemplarisch wird daher das deutsche Recht hinsichtlich eines solchen Zugangsanspruches untersucht (§ 7). In diesem Rahmen erfolgt ebenfalls eine Untersuchung, ob das nationale Informationsfreiheitsrecht den Anforderungen des Unionsrechts gerecht wird.

Den Abschluss bildet eine Zusammenfassung der Untersuchungsergebnisse (§ 8), in deren Rahmen die gefundenen Ergebnisse vor dem Hintergrund der demokratischen Rückbindung der Europäischen Union an ihre Bürger bewertet werden. Die Untersuchung wird mit einem Ausblick auf mögliche Entwicklungen der Thematik abgeschlossen.

§ 2 Verfahren zum Abschluss völkerrechtlicher Verträge der Europäischen Union

A. Kompetenzen der Europäischen Union zum Abschluss völkerrechtlicher Abkommen

Die Kompetenzen der Europäischen Union zum Abschluss völkerrechtlicher Verträge mit Drittstaaten, gemeinhin als Außenkompetenzen bezeichnet, sind nicht allumfassend. Vielmehr gilt auch in diesem Bereich das Prinzip der begrenzten Einzelermächtigung[22]. Aufgrund der Notwendigkeit, der Europäischen Union außenpolitisches Handeln zu ermöglichen, wurden dieser – ebenso wie zuvor der Europäischen Gemeinschaft – nach und nach Kompetenztitel in den Außenbeziehungen übertragen. Zuletzt wurden durch den Vertrag von Lissabon[23] Änderungen im Bereich der Außenbeziehungen eingefügt und die Kompetenzen erweitert[24].

Im Folgenden wird die Entwicklung der Übertragung der Außenkompetenzen durch die europäischen Verträge dargestellt (I.). Daraufhin wird die seit dem Vertrag von Lissabon geltende Regelung zu den Außenkompetenzen der Union beschrieben (II.).

---

22 *Oppermann/Classen*, Europarecht, § 38, Rn. 13; *Terhechte*, in: Schwarze/Becker/Hatje/Schoo, Art. 216 AEUV Rn. 2; *Giegerich*, in: Frankfurter Kommentar, Art. 216 AEUV, Rn. 2; *EuGH*, Gutachten v. 28. März 1996 – Avis 2/94, ECLI:EU:C:1996:140, *EU-Beitritt zur EMRK*, Rn. 24; vgl. auch die Erklärung Nr. 24 zum Vertrag von Lissabon.

23 Vertrag von Lissabon zur Änderung des Vertrags über die Europäische Union und des Vertrags zur Gründung der Europäischen Gemeinschaft, unterzeichnet am 13. Dezember 2007, ABl. 2007 C 306/01, BGBl. II 2008, S. 1039.

24 Vgl. zu den Erweiterungen der Außenkompetenzen der Union im Einzelnen *Metz*, Außenbeziehungen, S. 47 ff.; *Vedder*, EuR-Beiheft 3/2007, 57, 59 ff.; *Giegerich*, in: Frankfurter Kommentar, Art. 216 AEUV, Rn. 16 ff.; zu den Erweiterungen der Kompetenzen durch den Vertrag von Lissabon *Vedder*, in: Hummer/Obwexer, S. 267, 272 ff.; *Lorz/Meures*, in: EnzEuR Bd. 10, § 2, Rn. 72 ff.

I. Entwicklung der Außenkompetenzen bis zum Vertrag von Lissabon

Bereits die Verträge zur Errichtung der Europäischen Gemeinschaft für Kohle und Stahl (EGKS)[25] sowie der Europäischen Atomgemeinschaft (EURATOM)[26] sahen eng begrenzte Kompetenzen zur Aushandlung von internationalen Abkommen vor. Der EURATOM wurden durch Art. 101 EAGV Außenkompetenzen verliehen[27]; der EGKS wurden Kompetenzen sowie die völkerrechtliche Rechtsfähigkeit durch Art. 6 EGKSV verliehen[28]. Welche Reichweite den einzelnen Kompetenzen der EGKS zukommen sollte, war im Einzelnen umstritten – dies vor allem im Bereich der Handelspolitik, welche größtenteils bei den Mitgliedstaaten verblieb[29]. Der EURATOM ist hingegen mit Art. 101 EAGV eine generelle Vertragsschlusskompetenz zugewiesen worden, welche die Parallelität von externer und interner Kompetenz festlegt[30].

Der Vertrag von Rom zur Gründung der Europäischen Wirtschaftsgemeinschaft[31] verlieh dieser die Möglichkeit, in einzelnen Bereichen außenpolitisch tätig zu werden. Das Verfahren zum Abschluss völkerrechtlicher Verträge mit Drittstaaten und internationalen Organisationen war in Art. 228 EWGV geregelt. Dieser sah die Führung der Verhandlungen durch die Kommission vor, der Rat hatte hingegen die Kompetenz zum Vertragsschluss inne.

Weiterer Baustein zur Stärkung der Europäischen Außenpolitik war die 1970 geschaffene Europäischen Politischen Zusammenarbeit (EPZ) – zu diesem Zeitpunkt noch intergouvernemental[32]. Mit der Einheitlichen Europäischen Akte

---

25 Vertrag über die Gründung der Europäischen Gemeinschaft für Kohle und Stahl, unterzeichnet am 18. April 1951, nicht im Amtsblatt veröffentlicht, BGBl. II 1952, S. 447.

26 Vertrag über die Gründung der Europäischen Atomgemeinschaft (EURATOM), unterzeichnet am 25. März 1957, nicht im Amtsblatt veröffentlicht, BGBl. II 1957, S. 755.

27 *Metz,* Außenbeziehungen, S. 50 f.; zu den einzelnen Kompetenzen der EURATOM vgl. *Vedder*, Europa der Neun, S. 92 ff.

28 *Giegerich,* in: Frankfurter Kommentar, Art. 216 AEUV, Rn. 16.

29 *Vedder*, Europa der Neun, S. 82 f.; *Giegerich,* in: Frankfurter Kommentar, Art. 216 AEUV, Rn. 16.

30 *Vedder,* Europa der Neun, S. 92; *Giegerich,* in: Frankfurter Kommentar, Art. 216 AEUV, Rn. 19.

31 Vertrag zur Gründung der Europäischen Gemeinschaft, unterzeichnet am 25. März 1957, nicht im Amtsblatt veröffentlicht, BGBl. II 1957, S. 755.

32 *Regelsberger/Kugelmann,* in: Streinz, Vorb. zu Art. 21 EUV, Rn. 2.

(EEA) von 1986 wurde diese Zusammenarbeit vertraglich festgehalten[33], gleichwohl wurde der Bereich explizit vom EG-Recht ausgenommen[34].

Der Vertrag von Maastricht[35] stattete die EG mit weiteren expliziten Außenkompetenzen[36] aus. Zudem wurde – zwischen den zwölf Mitgliedstaaten stark umstritten – erstmals die Gemeinsame Außen- und Sicherheitspolitik (GASP) als Nachfolger der EPZ eingeführt[37]. Die GASP wurde als „zweite Säule" neben den Gemeinschaften unter das „Dach" der Union gestellt[38].

Die GASP wurde schließlich durch den Vertrag von Amsterdam[39] reformiert, um die „zweite Säule" der Union zu stärken. Es wurde die Funktion des Hohen Vertreters der GASP – damals noch in Personalunion mit dem Generalsekretär des Rates – geschaffen[40]. Zur Durchführung der GASP und der Polizeilichen und Justiziellen Zusammenarbeit in Strafsachen (PJZ) wurde dieser die Kompetenz verliehen, Übereinkommen mit Drittstaaten und internationalen Organisationen zu schließen[41].

Auch der Vertrag von Nizza[42] erweiterte die Befugnisse der GASP erheblich, unter anderem durch Einführung der „Europäische Sicherheits- und

---

33 *Regelsberger/Kugelmann,* in: Streinz, Vorb. zu Art. 21 EUV, Rn. 3; *Metz,* Außenbeziehungen, S. 153.

34 *Haag,* in: Bieber/Epiney/Haag/Kotzur, Die Europäische Union, § 36, Rn. 1.

35 Vertrag von Maastricht über die Europäische Union, unterzeichnet am 7. Februar 1992, ABl. 1992 C 191/01, BGBl. II 1992, S. 1251.

36 Insbesondere in den Bereichen Währungsunion (Art. 109 Abs. 3 EGV) und Entwicklungskooperation (Art. 130y EGV); vgl. im Einzelnen *Metz,* Außenbeziehungen, S. 60.

37 Einen Überblick über die verschiedenen Ansätze der Mitgliedstaaten gibt *Regelsberger/Kugelmann,* in: Streinz, Vorb. zu Art. 21 EUV, Rn. 5.

38 *Haag,* in: Bieber/Epiney/Haag/Kotzur, § 36, Rn. 1; *Giegerich,* in: Frankfurter Kommentar, Art. 216 AEUV, Rn. 21.

39 Vertrag von Amsterdam zur Änderung des Vertrags über die Europäische Union, der Verträge zur Gründung der Europäischen Gemeinschaft sowie einiger damit zusammenhängender Rechtsakte, unterzeichnet am 2. Oktober 1997, ABl. 1997, C 340/01, BGBl. II 1998, S. 387.

40 *Kaufmann-Bühler,* in: Grabitz/Hilf/Nettesheim, Art. 18 EUV, Rn. 2; *Metz,* Außenbeziehungen, S. 154.

41 Art. 24, 38 EUV a. F.; vgl. *Giegerich,* in: Frankfurter Kommentar, Art. 216 AEUV, Rn. 22; *Metz,* Außenbeziehungen, S. 154.

42 Vertrag von Nizza zur Änderung des Vertrags über die Europäische Union, der Verträge zur Gründung der Europäischen Gemeinschaft sowie einiger damit zusammenhängender Rechtsakte, unterzeichnet am 26. Februar 2001, ABl. 2001 C 80/01, BGBl. 2001, S. 1667.

Verteidigungspolitik" (ESVP). Zudem wurden die Befugnisse der EG im Bereich Außenhandelsrecht erweitert und die Kompetenzen um den Bereich der Zusammenarbeit mit Drittstaaten[43] ergänzt[44].

II. Außenkompetenzen der Union seit dem Vertrag von Lissabon

Vorerst letzter Baustein der Entwicklung der Europäischen Außenpolitik war der Vertrag von Lissabon. Dieser hob die Säulenstruktur auf und übernahm die GASP in die Struktur der Union – maßgeblicher Kompetenztitel für den Abschluss internationaler Übereinkünfte im Rahmen der GASP ist nun Art. 37 EUV. Zudem wurde die EU als Rechtsnachfolgerin der EG festsetzt und somit die seit dem Vertrag von Maastricht geführte Diskussion, ob der Union eine eigene Rechtspersönlichkeit zukomme[45], beendet – Art. 47 EUV stellt dies nun klar.

Durch den Vertrag von Lissabon wurde der bereits im VVE[46] vorgesehene Art. 216 Abs. 1 AEUV als Zentralnorm der Außenkompetenzen eingefügt. Dieser erfasst vier Konstellationen, in denen der Union Vertragsschlusskompetenz zukommt[47]: Erstens in den explizit durch die Verträge vorgesehenen Fällen, zweitens, wenn dies zur Verwirklichung eines der in den Verträgen festgesetzten Ziele erforderlich ist, drittens, sofern es in einem verbindlichen Rechtsakt der Union vorgesehen ist und viertens, sofern der Abschluss einer Übereinkunft durch die Mitgliedstaaten[48] gemeinsame Vorschriften beeinträchtigen oder deren Anwendungsbereich ändern würde. Die Variante der ausdrücklichen Kompetenzen war bereits im EGV vorgesehen und wurde mit dem Vertrag von Lissabon um weitere Normen ergänzt[49].

---

43 Art. 181a EG.

44 Zur Erweiterung der Außenkompetenzen durch den Vertrag von Nizza im Einzelnen *Metz*, Außenkompetenzen, S. 60 ff.

45 Vgl. zu dieser Diskussion statt vieler *Thym*, ZaöRV 4/2006, 863, 865 ff.

46 Vgl. Art. III-323 des Vertrages über eine Verfassung für Europa, unterzeichnet am 29. Oktober 2004, Abl. 2004 C 310/03, Nicht in Kraft getreten.

47 Aufzählung nach *Terhechte*, in: Schwarze/Becker/Hatje/Schoo, Art. 216 AEUV, Rn. 3.

48 Missverständlich weist die Formulierung in Art. 216 AEUV lediglich auf die Beeinträchtigung gemeinsamer Vorschriften durch die Übereinkunft hin, gemeint ist jedoch die Beeinträchtigung gemeinsamer Vorschriften durch Übereinkünfte der Mitgliedstaaten, *Lachmayer/von Förster*, in: von der Groeben/Schwarze/Hatje, Art. 216 AEUV, Rn. 11 mit Verweis auf die *AETR*-Rechtsprechung des *EuGH*, welche die Basis für die vierte Variante des Art. 216 Abs. 1 AEUV bildet, *EuGH*, Urt. v. 31. März 1971 – Rs. C-22/70, ECLI:EU:C:1971:32, *AETR*.

49 Als ausdrückliche Kompetenzen eingefügt wurden die Europäische Nachbarschaftspolitik (Art. 8 Abs. 2 EUV), die Einwanderungspolitik (Art. 79 AEUV), die Forschung,

Mit dieser Vorschrift wurde auch die Rechtsprechung zu den impliziten Kompetenzen in den AEUV übernommen. Mit der 2. Variante des Art. 216 Abs. 1 AEUV wird die in der Rechtsprechung zu *Kramer*[50] und *Stillegungsfonds*[51] entwickelte implizite Kompetenz zur Erforderlichkeit des Erreichens der Ziele der Union fixiert. Die *Stillegungsfonds*-Rechtsprechung des *EuGH* wird derart fortgeführt, dass Art. 216 AEUV weiterhin auf das Bestehen einer parallelen Innenkompetenz zur Begründung der Außenkompetenz abstellt[52].

Nach der 3. Variante des Art. 216 Abs. 1 AEUV besteht ebenfalls eine Außenkompetenz, sofern die EU in einem Sekundärrechtsakt zum Vertragsschluss ermächtigt wurde. Diese Variante kodifiziert die Rechtsprechung des *EuGH* im *WTO-Gutachten*[53]. Die 4. Variante des Art. 216 Abs. 1 AEUV bringt die *AETR*-Rechtsprechung[54] in die Verträge ein[55]. Diese sucht zu verhindern, dass Mitgliedstaaten eigenständige völkerrechtliche Verträge schließen, welche das Unionsrecht beeinträchtigen oder dessen Anwendungsbereich ändern[56].

In Anlehnung an die frühere Rechtsprechung des *EuGH*[57] besteht eine ausschließliche Zuständigkeit nach Art. 3 Abs. 2 AEUV für internationale

---

technologische Entwicklung und Raumfahrt (Art. 186 AEUV), die Umweltpolitik (Art. 191 AEUV), die Handelspolitik (Art. 207 AEUV), die Entwicklungszusammenarbeit (Art. 209 AEUV), die Kooperationspolitik mit Nicht-Entwicklungsländern (Art. 212 AEUV), die humanitäre Hilfe (Art. 214 AEUV), die vertragliche Assoziierung (Art. 217 AEUV) sowie die Währungspolitik (Art. 219 AEUV), vgl. auch *Schmalenbach,* in: Calliess/Ruffert, Art. 216 AEUV, Rn. 9; eine Erläuterung der einzelnen expliziten Kompetenzen findet sich bei *Obwexer*, EuR-Beiheft 2/2012, 49, 53.

50 *EuGH*, Urt. v. 14. Juli 1976 – Verb. Rs. 3, 4 und 6/76, ECLI:EU:C:1976:1114, *Kramer.*

51 *EuGH*, Gutachten v. 26. April 1977 – Avis 1/76, ECLI:EU:C:1977:63, *Stillegungsfonds.*

52 *EuGH,* Gutachten v. 14. Oktober 2014 – Avis 1/13, ECLI:EU:C:2014:2303, *Haager Übereinkommen*, Rn. 67.

53 *EuGH*, Gutachten v. 26. April 1977 – Avis 1/74, ECLI:EU:C:1977:63, *WTO*; siehe auch *Obwexer*, EuR-Beiheft 2/2012, 49, 58.

54 *EuGH*, Urt. v. 31. März 1971 – Rs. C-22/70, ECLI:EU:C:1971:32, *AETR*.

55 *Obwexer*, EuR-Beiheft 2/2012, 49, 59.

56 Nach *Schmalenbach,* in: Calliess/Ruffert, Art. 216 AEUV, Rn. 20 liegt in einer Änderung des Anwendungsbereichs gleichzeitig immer eine Beeinträchtigung von Unionsrecht, sodass dieser Variante keine eigenständige Bedeutung zukommt; *Terhechte,* in: Schwarze/Becker/Hatje/Schoo, Art. 216 AEUV, Rn. 9 fasst diese Varianten daher zusammen.

57 Die GA *Kokott* orientiert sich aufgrund der Kodifizierung der Rechtsprechung des *EuGH* zu *AETR* in Art. 3 Abs. 2 AEUV weiterhin an ebenjener Rechtsprechung, SchlA *Kokott* v. 27. Juni 2013, ECLI:EU:C:2013:441 zu *EuGH,* Urt. v. 22. Oktober 2013 – Rs. C-137/12, ECLI:EU:C:2013:675, *Kommission/Rat*, Rn. 112 f.

Übereinkünfte nun in folgenden Fällen: Erstens wenn der Abschluss eines Übereinkommens in einem Gesetzgebungsakt vorgesehen ist, zweitens, sofern er für die Ausübung der internen Zuständigkeit notwendig ist und drittens, soweit gemeinsame Regeln beeinträchtigt werden könnten[58]. Aus dieser den impliziten Varianten des Art. 216 Abs. 1 AEUV im Wesentlichen ähnlichen Vorschrift[59] ergibt sich, dass die Kompetenztitel der 3. und 4. Variante des Art. 216 AEUV der Union die ausschließliche Zuständigkeit zum Abschluss internationaler Verträge zuweisen[60].

Außerhalb dieser impliziten Kompetenzen – mithin in den Fällen der 1. und 2. Variante des Art. 216 AEUV – besteht für die Mitgliedstaaten die Möglichkeit des Abschlusses von völkerrechtlichen Verträgen, sofern die EU noch nicht gehandelt hat (geteilte Zuständigkeit[61]). Auch hier kann jedoch eine ausschließliche Kompetenz der Union bestehen, wenn erst durch das Zusammenwirken von Innen- und Außenkompetenz eine Zielerreichung möglich ist[62]. Zur Auslegung des Art. 216 Abs. 1 sowie des Art. 3 Abs. 2 AEUV dürfte bei Unklarheiten auch weiterhin die vor dem Vertrag von Lissabon ergangene Rechtsprechung des *EuGH* herangezogen werden[63]. Bisweilen hat sich der *EuGH* zumindest an der *AETR*-Rechtsprechung orientiert, um Art. 3 Abs. 2, 3. Var. AEUV auszulegen[64].

---

58 Vgl. zu den Varianten statt vieler *Nettesheim,* in: Grabitz/Hilf/Nettesheim, Art. 3 AEUV, Rn. 22 m. w. N.

59 *Mögele,* in: Streinz, Art. 3 AEUV, Rn. 13; auf die im Wortlaut differierenden Formulierungen weist *Nettesheim,* in: Grabitz/Hilf/Nettesheim, Art. 3 AEUV, Rn. 20 hin.

60 *Lachmayer/von Förster,* in: von der Groeben/Schwarze/Hatje, Art. 216 AEUV, Rn. 9 f.; *Schmalenbach,* in: Calliess/Ruffert, Art. 216 AEUV, Rn. 15, 19.

61 Zu Begrifflichkeit und Umfang der geteilten Zuständigkeiten siehe *Calliess,* in: Calliess/Ruffert, Art. 2 AEUV, Rn. 12 m. w. N.; vor dem Vertrag von Lissabon wurden „geteilte Kompetenzen" noch als Zusammenwirken von mitgliedstaatlicher und Gemeinschaftskompetenz verstanden, *Vedder,* EuR-Beiheft 3/2007, 57, 59.

62 *Schmalenbach,* in: Calliess/Ruffert, Art 216 AEUV, Rn. 13 mit Verweis auf die *WTO*-Rechtsprechung des *EuGH.*

63 *Nowak/Masuhr,* EuR 2015, 189, 204; SchlA *Kokott* v. 27. Juni 2013, ECLI:EU:C:2013:441 zu *EuGH,* Urt. v. 22. Oktober 2013 – Rs. C-137/12, ECLI:EU:C:2013:675, *Kommission/Rat,* Rn. 111.

64 *EuGH,* Urt. v. 4. September 2014 – Rs. C-114/12, ECLI:EU:C:2014:2151, *Kommission/Rat,* Rn. 67 ff.

B. Gemischte Abkommen der Union

Sofern die Außenkompetenzen der Union zum Abschluss eines völkerrechtlichen Abkommens („EU-only") nicht genügen, besteht die Möglichkeit, ein Abkommen unter Einbindung der Mitgliedstaaten zu schließen (sog. „gemischtes Abkommen"[65]). Rechtlich vorgesehen ist eine solche Vertragsgestaltung nicht, die Notwendigkeit zum Abschluss solcher Abkommen ergibt sich jedoch aufgrund verschiedener im Folgenden dargestellter Konstellationen[66].

Völkerrechtliche Abkommen sind häufig derart umfangreich, dass sowohl Bereiche verhandelt werden, in denen eine EU-Außenkompetenz besteht, als auch solche, in denen der Union keine Kompetenzen zukommen. Diese Abkommen bedürfen zwingend des Zusammenwirkens der Mitgliedstaaten und der EU, welche ihre Kompetenzen bündeln (additives Zusammenwirken von Union und Mitgliedstaaten).[67] Die Notwendigkeit des Abschlusses eines gemischten Abkommens ergibt sich in dieser Variante nicht erst, wenn wesentliche Teile des Abkommens von mitgliedstaatlichen Kompetenzen betroffen sind, sondern bereits dann, wenn auch nur ein kleiner Teilbereich nicht in die Außenkompetenz der Union fällt. Diese Schlussfolgerung ergibt sich aus Art. 5 Abs. 1 EUV[68] - auch die Generalanwältin *Kokott*[69] betont diese Notwendigkeit in ihrem Schlussantrag mit der als *Pastis-Formel* bekannt gewordenen Argumentation[70].

---

65 In der Literatur auch als *mixed agreements* oder *accords mixtes* bezeichnet; vgl. zu den verschiedenen Möglichkeiten der gemischten Abkommen auch *Arnold/Meindl*, in: Dauses, K.I., Rn. 79 ff.

66 Zur Anerkennung des Gemischten Vertrages vgl. *Giegerich*, in: Frankfurter Kommentar, Art. 216 AEUV, Rn. 156; *Mögele*, in: Streinz, Art. 216 AEUV, Rn. 47; SchlA *Sharpston* v. 15. Juli 2010, ECLI:EU:C:2010:436 zu *EuGH*, Urt. v. 8. März 2011 - Rs. C-240/09, ECLI:EU:C:2011:125, *Aarhus-Konvention*, Rn. 43, 56.

67 *Schmalenbach*, in: Calliess/Ruffert, Art. 216 AEUV, Rn. 23; *Giegerich*, in: Frankfurter Kommentar, Art. 216 AEUV, Rn. 156; *Frenz*, Hdb EuR, Bd. 6, Kap. 36, § 6, Rn. 5196; u. a. *Vedder*, EuR-Beiheft 3/2007, 57, 59 verwenden den Begriff „geteilte Kompetenzen" noch in Form der Kompetenzteilung, seit dem Vertrag von Lissabon bezeichnet eine geteilte Kompetenz jedoch die konkurrierende Zuständigkeit nach Art. 2 Abs. 2 S. 1 AEUV.

68 *Lorenzmeier*, in: Grabitz/Hilf/Nettesheim, Art. 216 AEUV, Rn. 16; *Schmalenbach*, in: Calliess/Ruffert, Art. 216 AEUV, Rn. 5.

69 SchlA *Kokott* v. 26. März 2009, ECLI:EU:C:2009:190 zu *EuGH*, Beschl. v. 10. März 2010 - Rs. C-13/07, ECLI:EU:C:2010:327, *Kommission/Rat*.

70 Die GA *Kokott* führte hierzu aus: „So wie ein kleiner Tropfen Pastis ein Glas Wasser trüben kann, können auch einzelne, noch so untergeordnete Bestimmungen in einem auf Art. 133 Abs. 5 UAbs. 1 EG gestützten internationalen Vertragswerk den

Die Erforderlichkeit eines gemischten Abkommens besteht überdies, wenn der Union zwar eine geteilte Kompetenz zum Abschluss von völkerrechtlichen Verträgen zukommt, dieser Bereich jedoch nicht genutzt werden kann[71]. Relevant wird ein gemischtes Abkommen insbesondere in dem Fall, in dem die Union nicht hinreichend durch den Rat zur Verhandlung über einzelne Politikbereiche ermächtigt wird. Den Mitgliedstaaten bleibt so Raum für die Ausübung der geteilten Kompetenzen.[72] Zum anderen kann es der Union aufgrund des Subsidiaritätsgrundsatzes aus Art. 5 Abs. 1 S. 2, Abs. 3 EUV verwehrt sein, die ihr zukommende geteilte Zuständigkeit wahrzunehmen[73] – die Ausübung dieser Kompetenzen obliegt dann wiederum den Mitgliedstaaten. Ebenfalls kann ein gemischtes Abkommen geschlossen werden, sofern die Union zwar die notwendige Außenkompetenz besitzt, diese jedoch als parallele Kompetenz mit den Mitgliedstaaten teilt[74]. Für die Mitgliedstaaten besteht in diesem Bereich trotz Handelns der Union kein Handlungsverbot, diesen verbleibt ein eigener Verhandlungsspielraum – unabhängig von der Union oder zusammen mit ihr[75].

Ein gemischter Vertrag kann sowohl aufgrund politischer Abstimmungen über den Vertrag zwischen den Mitgliedstaaten als auch aufgrund der fehlenden Ermächtigung durch den Rat notwendig sein[76]. Ein solcher Vertragsschluss bietet zudem den Vorteil, dass die Kompetenzabgrenzung zwischen Mitgliedstaaten und Union nicht vollständig geklärt werden muss[77]. Hingegen sind der bewussten Nichtausübung von geteilten Kompetenzen zugunsten der Mitgliedstaaten und somit der Herbeiführung eines gemischten Abkommens Grenzen

---

Zwang zum Abschluss eines gemischten Abkommens auslösen", SchlA *Kokott* v. 26. März 2009, ECLI:EU:C:2009:190 zu *EuGH*, Beschl. v. 10. März 2010 – Rs. C-13/07, ECLI:EU:C:2010:327, *Kommission/Rat*, Rn. 121.

71 *Frenz*, Hdb EuR, Bd. 6, Kap. 36, § 6, Rn. 5196; *Schmalenbach*, in: Calliess/Ruffert, Art. 216 AEUV, Rn. 5.

72 *Mögele*, in: Streinz, Art. 216 AEUV, Rn. 42, 46; *Giegerich*, in: Frankfurter Kommentar, Art. 216 AEUV, Rn. 163.

73 Vgl. zum Subsidiaritätsprinzip im Bereich der Außenkompetenzen *von Arnauld*, in: EnzEuR, Bd. 10, § 1, Rn. 41 f.; *Mayr*, EuR 2015, 575, 581, Fn. 38; *Giegerich*, in: Frankfurter Kommentar, Art. 216 AEUV, Rn. 167 f.

74 Vgl. zu den parallelen Kompetenzen *Nettesheim*, in: Grabitz/Hilf/Nettesheim, Art. 2 AEUV, Rn. 32 ff.

75 *Mayr*, EuR 2015, 575, 582; *Schmalenbach*, in: Calliess/Ruffert, Art. 216 AEUV, Rn. 21 mit Verweis auf Art. 4 Abs. 3, 4 AEUV.

76 *Vedder*, EuR-Beiheft 3/2007, 57, 59; *Mögele*, in: Streinz, Art. 216 AEUV, Rn. 46.

77 *Giegerich*, in: Frankfurter Kommentar, Art. 216 AEUV, Rn. 163.

gesetzt[78] – namentlich durch die Loyalitätspflicht gegenüber der Union (Art. 4 Abs. 3 EUV)[79] sowie die impliziten ausschließlichen Kompetenzen der Union[80]. Eine bewusste Teilung der Kompetenzen darf schließlich nicht bei einem Abkommen stattfinden, welches vollständig von den ausschließlichen Außenkompetenzen der Union erfasst wird[81].

Aufgrund des Zusammenspiels von Kompetenzen der Union sowie der Mitgliedstaaten treten diese als gleichwertige Verhandlungspartner auf[82]. Für den Drittstaat bietet sich in diesem Fall der Vorteil, dass er sich der Vertragserfüllung – entweder durch die Union oder durch die Mitgliedstaaten – unabhängig von der innerunionalen Kompetenzverteilung sicher sein kann[83]. Die Erfüllung der einzelnen Verantwortlichkeiten kann entweder in den entsprechenden Passagen des Abkommens selbst festgelegt werden oder von den Vertragsparteien in Form einer Zuständigkeitsverteilung erklärt werden[84]; sollte dies nicht der Fall sein, sind sowohl die EU als auch die Mitgliedstaaten an das gesamte Abkommen gebunden[85]. Den Mitgliedstaaten bietet sich derweil der Vorteil, dass sie nicht nur über die bloße Ratsbeteiligung Einfluss auf die Verhandlungen nehmen, sondern diese vielmehr aktiv beeinflussen können[86].

Da die Zuordnung eines Abkommens als „EU-Only" oder „gemischtes Abkommen" vielfach erheblichen rechtliche Unsicherheiten ausgesetzt ist, besteht mit Art. 218 Abs. 11 AEUV die Möglichkeit, eine Abgrenzung der Kompetenzen vor Abschluss des Übereinkommens zu erreichen[87]. Dies ist vor allem

---

78 *Schmalenbach,* in: Calliess/Ruffert, Art. 216 AEUV, Rn. 22.

79 *EuGH,* Urt. v. 14. Juli 2005 – Rs. C-433/03, ECLI:EU:C:2005:462, *Kommission/Deutschland,* Rn. 66; *Giegerich,* in: Frankfurter Kommentar, Art. 216 AEUV, Rn. 165.

80 Statt vieler *EuGH,* Urt. v. 5. November 2002 – Rs. C-476/98, ECLI:EU:C:2002:631, *Kommission/Deutschland,* Rn. 104, 108 f. mit Verweis auf die Rechtsprechung zu den impliziten ausschließlichen Kompetenzen der Union.

81 *Giegerich,* in: Frankfurter Kommentar, Art. 216 AEUV, Rn. 163.

82 *Lorenzmeier,* in: Grabitz/Hilf/Nettesheim, Art. 216 AEUV, Rn. 14.

83 *Lorenzmeier,* in: Grabitz/Hilf/Nettesheim, Art. 216 AEUV, Rn. 14.

84 *Kumin/Bittner,* EuR-Beiheft 2/2012, 75, 79 f.; *Schmalenbach,* in: Calliess/Ruffert, Art. 216 AEUV, Rn. 5.

85 *Vedder,* EuR-Beiheft 3/2007, 57, 80 f.; *Lorenzmeier,* in: Grabitz/Hilf/Nettesheim, Art. 216 AEUV, Rn. 15; *Giegerich,* in: Frankfurter Kommentar, Art. 216 AEUV, Rn. 176.

86 Vgl. zur Teilnahme der Mitgliedstaaten an den Verhandlungen unten unter C.I.2.

87 *Lorz/Meurers,* in: EnzEuR, Bd. 10, § 2, Rn. 57; *Giegerich,* in: Frankfurter Kommentar, Art. 216 AEUV, Rn. 163; siehe auch *EuGH,* Gutachten v. 16. Mai 2017 – Avis 2/15, ECLI:EU:C:2017:376, *Singapur,* Rn. 28 f.; einen Überblick über die Judikatur des *EuGH* gibt *Mayr,* EuR 2015, 575, 581 ff.

vor dem Hintergrund der Wirksamkeit von völkerrechtlichen Verträgen trotz entgegenstehendem internem Recht bzw. mangelnder Vertragsschlusskompetenz notwendig[88].

Nicht um gemischte Verträge im engeren Sinne handelt es sich bei Verträgen, welche aufgrund der innerunionalen Zuständigkeiten ein Handeln verschiedener Vertragsorgane der Union erfordern[89]. Seit dem Vertrag von Lissabon ist die Aushandlung eines Abkommens, welches gleichzeitig verschiedene Politikbereiche der Union betrifft, einheitlichen Regelungen unterworfen[90]. Einzig verbleibende Variante dieser horizontal gemischten Verträge stellt ein Abkommen unter Beteiligung der EU und EURATOM dar[91]. Auf die Besonderheiten gemischter Übereinkommen im Rahmen des Vertragsschlussverfahrens wird im jeweiligen Abschnitt gesondert eingegangen.

C. Stufen des Vertragsschlussverfahrens im Einzelnen

Der Abschluss völkerrechtlicher Abkommen der Europäischen Union richtet sich nach dem in Art. 218 AEUV geregelten Verfahren. Dieser Artikel bildet seit den Änderungen des Primärrechts durch den Vertrag von Lissabon die „zentrale formelle Verfahrensvorschrift“[92] zum Vertragsschlussverfahren der Union[93], erstmals auch für die GASP[94]. Durch die Vereinheitlichung ist das gesonderte

---

88 Vgl. Art. 46 Abs. 2 WVK IO, eine offenkundige Verletzung der Kompetenzen der Union wird regelmäßig nicht vorliegen; siehe auch *Schmalenbach,* in: Calliess/Ruffert, Art. 216 AEUV, Rn. 7; *Arnold/Meind,l* in: Dauses, K.I., Rn. 86.

89 Dies war insb. vor Aufhebung der Säulenstruktur durch den Vertrag von Lissabon relevant. In solchen Fällen wurden säulenübergreifende Verträge unter Beteiligung von EU und EG als „horizontale“ gemischte Abkommen geschlossen, verhandelt wurden diese durch Vertreter von Union und Gemeinschaft; vgl. hierzu *Kumin/Bittner*, EuR-Beiheft 2/2012, 75, 78.

90 Vormals stellten sich säulenübergreifenden Abkommen als problematisch dar, da ex-Art. 24 EUV für die GASP ein vom Vertragsschluss nach ex-Art. 300 EUV abweichendes Verfahren vorsah, *Hoffmeister*, ZEuS 4/2017, 451, 458; *Mögele,* in: Streinz, Art. 218 AEUV, Rn. 1.

91 *Kumin/Bittner*, EuR-Beiheft 2/2012, 75, 78.

92 *Lorenzmeier,* in: Grabitz/Hilf/Nettesheim, Art. 218 AEUV, Rn. 1.

93 Das Verfahren lehnt sich an Art. 300 EGV an und hat durch den Vertrag von Lissabon eine detailliertere Ausgestaltung erfahren, *Giegerich,* in: Frankfurter Kommentar, Art. 218 AEUV, Rn. 5; der Vertrag von Lissabon übernahm nahezu wortgleich den Textvorschlag aus Art. III-325 VVE; vgl. daher auch zum VVE *Metz,* Außenbeziehungen, S. 372 ff.; *Hummer,* in: Vedder/Heintschel von Heinegg, VVE, Art. III-325 VVE.

94 Zur EU und der GASP vor dem Vertrag von Lissabon vgl. oben unter A.I.

Verfahren im Bereich der GASP (ex-Art. 24 EUV) ersatzlos entfallen[95]. Hingegen finden sich abweichende Sonderregeln in Art. 207 Abs. 3, 4 AEUV für Abkommen im Rahmen der gemeinsamen Handelspolitik sowie in Art. 219 Abs. 1, 3, 4 AEUV für Vereinbarungen in Devisen- und Wechselfragen[96].

Das Verfahren zum Abschluss völkerrechtlicher Verträge lässt sich in zwei verschiedene Phasen unterteilen: Zunächst erfolgt die Verhandlungsphase, welche sowohl die Ermächtigung zur Aufnahme der Verhandlungen als auch die eigentlichen Verhandlungen mit dem Drittstaat umfasst (I.). Das ausgehandelte Abkommen wird anschließend in der Abschlussphase unterzeichnet und ratifiziert (II.).

I. Aushandlung des Abkommens

Der Aushandlung völkerrechtlicher Abkommen der Union liegt ein Ermächtigungsbeschluss über die Aufnahme der Verhandlungen zugrunde (1.). Dieser am Anfang der Verhandlungen stehende unionsinterne Vorgang bildet die Grundlage für die nachfolgenden Verhandlungen mit dem Drittstaat (2.). Gesondert dargestellt wird das Transparenzniveau der Aushandlung völkerrechtlicher Verträge (3.).

1. Aufnahme der Verhandlungen

Das Initiativrecht zur Aufnahme von Verhandlungen über völkerrechtliche Abkommen liegt nach Art. 218 Abs. 3 AEUV bei der Kommission, im Bereich der GASP hingegen bei dem Hohen Vertreter für die Außen- und Sicherheitspolitik[97]. Diese erstellen auf der Grundlage vorausgehender informeller Gespräche mit dem Drittstaat über die Zielsetzungen und Reichweite des geplanten Abkommens[98] eine Empfehlung über die Aufnahme von Verhandlungen. Diese Empfehlung der Kommission bzw. des Hohen Vertreters bildet die Basis für den Entwurf der Verhandlungsermächtigung.

Dem Rat wird in dieser Empfehlung der Bedarf nach einem Übereinkommen mit dem Drittstaat erläutert. Zudem findet sich im Anhang ein Entwurf für die

95 *Von Arnauld*, in: EnzEuR, Bd. 10, § 1, Rn. 39.

96 Diese modifizieren als *leges speciales* zu Art. 218 AEUV das Vertragsschlussverfahren; *Bungenberg*, in: von der Groeben/Schwarze/Hatje, Art. 218 AEUV, Rn. 7; *Lorenzmeier*, in: Grabitz/Hilf/Nettesheim, Art. 218 AEUV, Rn. 20a.

97 *Lorenzmeier*, in: Grabitz/Hilf/Nettesheim, Art. 218 AEUV, Rn. 25.

98 Vademecum on the External Action, S. 31.

Ermächtigung durch den Rat. Daraufhin wird nach Art. 218 Abs. 2 AEUV mittels eines Ratsbeschlusses i. S. d. Art. 288 Abs. 4 AEUV die formelle Aufnahme von Verhandlungen genehmigt sowie der Verhandlungsführer bestimmt[99]. Der Beschluss des Rates beschränkt sich dabei nicht auf Annahme oder Ablehnung der Empfehlung der Kommission, vielmehr besteht auch die Möglichkeit, eine abgeänderte Fassung der Ermächtigung zu erteilen[100].

Die Annahme der Ermächtigung durch den Rat bedarf nach Art. 218 Abs. 8 AEUV schon in dieser frühen Phase der für die spätere Zustimmung zum Vertragsschluss erforderlichen Mehrheit[101]. Daher bedarf es zur Klärung der notwendigen Mehrheiten im Rat sowie der Abstimmungsmodalitäten nach Art. 218 Abs. 6 AEUV der zumindest vorläufigen Bestimmung der Kompetenzgrundlage. Eine ausdrückliche Festlegung auf diese ist im Verhandlungsmandat hingegen nicht notwendig[102].

Zur Steuerung der Verhandlungen kann der Rat dem Verhandlungsführer zudem nach Art. 218 Abs. 4 AEUV Verhandlungsrichtlinien auferlegen. Diese basieren ebenso wie die Ermächtigung regelmäßig auf einer Empfehlung durch die Kommission oder den Hohen Vertreter, stehen allerdings letztlich ebenso im Ermessen des Rates[103]. In den Richtlinien werden die Zielsetzungen der Verhandlungen sowie die Eckpunkte des geplanten Abkommens festgelegt, zudem werden die Grundsätze der EU zur Basis der Verhandlungen erklärt. Daraufhin setzen die Leitlinien Ziele und Verhandlungspunkte für die im Einzelnen zu verhandelnden Bereichen und Unterkategorien fest[104]. Spezi-

99 *Giegerich,* in: Frankfurter Kommentar, Art. 218, Rn. 24; Vademecum on the External Action, S. 32.

100 Die Abänderung kann mit qualifizierter Mehrheit erfolgen, da es sich nicht um eine Empfehlung der Kommission i. S. d. Art. 293 Abs. 1 AEUV handelt, Vademecum on the External Action, S. 35; *Eeckhout,* External Relations of the European Union, S. 171; *Lorenzmeier* in: Grabitz/Hilf/Nettesheim, Art. 218 AEUV, Rn. 25b; *Mögele,* in: Streinz, Art. 218 AEUV, Rn. 6.

101 *Giegerich,* in: Frankfurter Kommentar, Art. 218 AEUV, Rn. 25; *Bungenberg,* in: von der Groeben/Schwarze/Hatje, Art. 218 AEUV, Rn. 37.

102 *Schmalenbach,* in: Calliess/Ruffert, Art. 218 AEUV, Rn. 12; *Giegerich,* in: Frankfurter Kommentar, Art. 218 AEUV, Rn. 25.

103 *Giegerich,* in: Frankfurter Kommentar, Art. 218 AEUV, Rn. 51.

104 Vgl. zu den *TTIP*-Verhandlungen die inzwischen veröffentlichten „Leitlinien für die Verhandlungen über die transatlantische Handels- und Investitionspartnerschaft zwischen der Europäischen Union und den Vereinigten Staaten von Amerika", Rats-Dok.: 11103/13.

fische Einzelpositionen für die Verhandlungen dürfen hingegen nicht festgelegt werden[105].

Die Leitlinien sind für den Verhandlungsführer bindend[106]. Der Verhandlungsführer darf von diesen zwar abweichen, um gegenüber dem Drittstaat Verhandlungsbereitschaft zu zeigen. Jedoch wird die Verbindlichkeit der Leitlinien darin deutlich, dass der Rat dem Ergebnis der Verhandlungen nicht zustimmen wird, sofern der Verhandlungsführer ohne Begründung von den Richtlinien abweicht.[107] Gleichwohl steht es dem Rat frei, die Zustimmung zu einem Abkommen auch abweichend von den Leitlinien zu erteilen[108].

Eine Abstimmung im Europäischen Parlament über die Mandatierung ist primärrechtlich nicht vorgeschrieben – dies gilt selbst in Fällen, in welchen dieses dem Abkommen als Ganzes zustimmen muss[109]. Jedoch umfasst Art. 218 Abs. 10 AEUV ein weitgehendes Unterrichtungsrecht des Europäischen Parlaments, welches sich auf alle Phasen des Vertragsschlussverfahrens erstreckt und eine unverzügliche und umfassende Unterrichtung verlangt[110].

2. *Durchführung der Verhandlungen*

Der Rat betraut gemäß Art. 218 Abs. 3 AEUV mit den Verhandlungen entweder die Kommission oder, falls sich das zu verhandelnde Abkommen hauptsächlich auf die GASP bezieht, den Hohen Vertreter der Union für Außen- und Sicherheitspolitik. Die Führung der Verhandlungen übernimmt je nach Schwerpunkt entweder eine Delegation der Kommission (oder ein einzelner Kommissionsbeamter) oder im Falle der GASP der zuständige Europäische Auswärtige Dienst

---

105 *Schmalenbach,* in: Calliess/Ruffert, Art. 218 AEUV, Rn. 4; *Bungenberg,* in: von der Groeben/Schwarze/Hatje, Art. 218 AEUV, Rn. 39; *EuGH*, Urt. v. 16. Juli 2015 – Rs. C-425/13, ECLI:EU:C:2015:483, *Kommission/Rat*, Rn. 90 ff.

106 *Bungenberg,* in: von der Groeben/Schwarze/Hatje, Art. 218 AEUV, Rn. 39; *Giegerich,* in: Frankfurter Kommentar, Art. 218 AEUV, Rn. 52; *EuGH*, Urt. v. 16. Juli 2015 – Rs. C-425/13, ECLI:EU:C:2015:483, *Kommission/Rat*, Rn. 28 ff.

107 *Eeckhout*, External Relations, S. 173; *Giegerich,* in: Frankfurter Kommentar, Art. 218 AEUV, Rn. 52.

108 *Giegerich,* in: Frankfurter Kommentar, Art. 218 AEUV, Rn. 52; *Mögele,* in: Streinz, Art. 218 AEUV, Rn. 9; *Lorenzmeier,* in: Grabitz/Hilf/Nettesheim, Art. 218 AEUV, Rn. 29; Vademecum on the External Action, S. 35; *Eeckhout*, External Relations, S. 171.

109 *Müller-Ibold,* in: Lenz/Borchardt, Art. 218 AEUV, Rn. 2; zur Einbindung des Europäischen Parlaments weiter unten unter § 3.A.

110 Siehe hierzu auch weiter unten unter § 3.A; vgl. auch *Schroeder*, EuR 2018, 119, 122.

(EAD)[111] – im Rahmen der gemeinsamen Handelspolitik ist zwingend die Kommission mit der Verhandlungsführung zu betrauen[112]. Aufgrund von Abgrenzungsproblemen bei Abkommen mit GASP und Nicht-GASP Anteilen[113] ist es dem Rat auch möglich, ein Verhandlungsteam aus Hohem Vertreter und Kommission zu bilden. Die Leitung des Verhandlungsteams wird dann entsprechend dem Schwerpunkt des geplanten Abkommens bestimmt[114].

Ein Verhandlungsteam besteht in der Regel neben dem Leiter der Delegation zusätzlich aus Experten der verschiedenen Generaldirektionen, welche die in den Richtlinien als Ziel vorgegebenen Bereiche aushandeln. So kommt es vor, dass zu den Verhandlungsrunden bis zu 20 Personen auf Seiten der Kommission auftreten – je nach Umfang und Zielsetzung des Abkommens[115].

Im Rahmen der Aushandlung gemischter Abkommen besteht für die Mitgliedstaaten sowohl die Möglichkeit, die Kommission zur Führung der gesamten Verhandlung zu ermächtigen, als auch der eigenen Teilnahme entweder in einer gemeinsamen Delegation mit der Kommission oder mittels einer eigenständigen nationalen Delegation[116]. Sofern die Delegationen der Union und Mitgliedstaaten als gleichberechtigte Verhandlungspartner an den Verhandlungen teilnehmen, bedarf es einer Abstimmung zwischen den beiden Verhandlungsteams, um eine einheitliche völkerrechtliche Vertretung der Union zu gewährleisten und die Loyalitätspflicht der Mitgliedstaaten gegenüber der Union nicht zu unterlaufen[117]. Zur Vermeidung der Konfusion von Standpunkten der Union und der

---

111 *Giegerich*, in: Frankfurter Kommentar, Art. 218 AEUV, Rn. 30.

112 Art. 207 Abs. 3 UAbs. 3 S. 1 AEUV.

113 Siehe zur Abgrenzungsproblematik zwischen GASP und Nicht-GASP *Hoffmeister*, ZeuS 4/2017, 451, 454 ff.

114 Die Zusammenarbeit zwischen Hohem Vertreter und der Kommission wird als unproblematisch betrachtet – insb. Vor dem Hintergrund, dass der Hohe Vertreter gleichzeitig als Vizepräsident der Kommission für die Kohärenz des auswärtigen Handelns der Union Sorge trägt; *Giegerich*, in: Frankfurter Kommentar, Art. 218 AEUV, Rn. 31 ff. m. w. N.; *Vedder*, in: Hummer/Obwexer, S. 267, 290.

115 *DG Trade*, Trade Negotiations Step by Step, S. 4.

116 *Bungenberg*, in: von der Groeben/Schwarze/Hatje, Art. 218 AEUV, Rn. 51; *Lorenzmeier*, in: Grabitz/Hilf/Nettesheim, Art. 218 AEUV, Rn. 55; zu den einzelnen Varianten der Verhandlungen unter Mitwirkung der Mitgliedstaaten *Eeckhout*, External Relations, S. 211 ff., 215 f.

117 *Lorenzmeier*, in: Grabitz/Hilf/Nettesheim, Art. 218 AEUV, Rn. 51; *Eeckhout*, External Relations, S. 210 ff.; *Bungenberg*, in: von der Groeben/Schwarze/Hatje, Art. 218 AEUV, Rn. 43; *Mögele*, in: Streinz, Art. 218 AEUV, Rn. 41, 215 f.; *EuGH*, Gutachten v. 26. April 1977 – Avis 1/74, ECLI:EU:C:1977:63, *WTO*, Rn. 108.

Mitgliedstaaten sowie der teilweise erfolgten Trennung zwischen gemischtem und unionseigenem Anteil der Abkommen sollte bei den Verhandlungen darauf geachtet werden, wann die Verhandlungen im Namen der Union oder der Mitgliedstaaten geführt werden[118].

Ausgehend von den vorbereitenden, informellen Gesprächen sowie der Zielsetzung des Abkommens werden Textvorschläge erstellt, welche die EU-Position zu dem geplanten Abkommen darstellen. Diese werden in die Verhandlungsrunden eingebracht und nachträglich mit den Vorschlägen des Verhandlungspartners abgeglichen[119]. In mehreren Verhandlungsrunden werden so einzelne Bereiche des geplanten Abkommens besprochen und gemeinsame Vertragspunkte erarbeitet.

In den einzelnen Verhandlungstreffen kommen die Unterhändler der verhandelnden Parteien zusammen und stellen ihre Positionen gegenüber. Im Rahmen dieser Verhandlungen wird versucht, einen Kompromiss zwischen den abweichenden Positionen zu entwickeln und notwendigenfalls Paketlösungen mit einseitigem Nachgeben zugunsten einer anderen Verhandlungsposition zu erzielen. Zudem werden Anmerkungen und Fragestellungen aus den vorhergegangenen Verhandlungsrunden erläutert. So können seitens der Union auch einzelne Rückfragen oder Anmerkungen des Sonderausschusses und des Europäischen Parlaments in die Gespräche eingebracht werden[120]. Die Dauer und Anzahl der Verhandlungsrunden sowie der Abstand zwischen diesen variiert je nach Fortschritt und Komplexität des geplanten Abkommens[121]. Zusätzlich finden informelle Abstimmungen der Verhandlungsführer sowohl mit den Generaldirektionen der Kommission und dem Sonderausschuss des Rates in Brüssel als auch mit den Mitgliedstaaten am Ort der Verhandlungen statt.[122]

Zur weiteren EU-internen Verwendung erstellt die Verhandlungsführung nach jeder Runde Dokumente mit den Verhandlungsergebnissen[123]. Zudem werden vorläufige Textfassungen, die sog. konsolidierten Texte erstellt[124], welche

---

118 Vademecum on the External Action, S. 36.

119 *DG Trade*, Trade Negotiations Step by Step, S. 3.

120 Vgl. bspw. Den Bericht über die 7. Verhandlungsrunde zu *TTIP*, *Regulatory Coherence*, S. 3.

121 *DG Trade*, Trade Negotiations Step by Step, S. 4.

122 Vademecum on the External Action, S. 36 f.

123 *DG Trade*, Trade Negotiations Step by Step, S. 5; vgl. auch das Dokumentenregister zu den *TTIP*-Verhandlungen, abrufbar unter: http://trade.ec.europa.eu/doclib/docs/2015/march/tradoc_153263.pdf (zuletzt abgerufen am 4. Dezember 2020).

124 Vgl. das Dokumentenregister zu den *TTIP*-Verhandlungen, S. 20; ein Überblick über die Gesamtheit der bei Verhandlungen erstellten Dokumente am Beispiel *ACTA* findet

neben den Positionen der Europäischen Union und des Verhandlungspartners einen vorläufigen Entwurf des Abkommens enthalten. Unterschiede zwischen den Verhandlungspartnern werden in dieser Fassung jeweils durch eckige Klammern in Kombination mit der jeweils geforderten Textfassung gekennzeichnet[125]. Sobald ein Konsens zwischen den verschiedenen Positionen in einem Bereich erreicht wurde, wird der Entwurf zu diesem Kapitel „closed" gestellt, d.h. als vorläufig ausgehandelt betrachtet – im Verlauf der Verhandlungen zu den weiteren Teilen kann dieses Kapitel zwecks Nachverhandlung jedoch weiterhin geändert werden[126]. In der finalen Phase der Aushandlung wird der vollständig ausgehandelte Entwurf in rechtlicher Hinsicht geprüft und die Stimmigkeit zwischen den einzelnen Kapiteln angepasst. Der finale Entwurf wird daraufhin dem Rat sowie dem Europäischen Parlament zugeleitet.[127]

3. *Transparenz der Aushandlung völkerrechtlicher Abkommen*

Sowohl das Verhandlungsmandat mit den zugehörigen Verhandlungsrichtlinien als auch die konsolidierten Verhandlungsdokumente werden grundsätzlich als vertraulich eingestuft und nicht veröffentlicht[128]. Begründet wird die Verweigerung der Veröffentlichung dieser Dokumente zunächst mit dem Schutz der eigenen Verhandlungsposition vor unbefugter Kenntnisnahme durch den verhandelnden Drittstaat oder potentielle spätere Verhandlungspartner. Die Verbreitung einzelner Verhandlungspositionen würde die Verhandlungsfähigkeit der Union schwächen, da Verhandlungsstrategien sowie die Kompromissbereitschaft zu Paketlösungen erkennbar seien. Zudem wird auf das allgemeine

---

sich bei *EuG*, Urt. v. 19. März 2013 – Rs. T-301/10, ECLI:EU:T:2013:135, *in't Veld/ Kommission*, Rn. 133 ff.

125 Vgl. die unautorisiert veröffentlichte Fassung der konsolidierten Textfassungen zu *TTIP*, abrufbar unter: https://trade-leaks.org/TTIP/ (zuletzt abgerufen am 4. Dezember 2020).

126 *DG Trade*, Trade Negotiations Step by Step, S. 5.

127 *DG Trade*, Trade Negotiations Step by Step, S. 5.

128 Einstufung als „*RESTREINT UE/EU RESTRICTED*"; *Giegerich*, in: Frankfurter Kommentar, Art. 218 AEUV, Rn. 44; *Curtin*, CMLRev. 50 (2013), 423, 453; exemplarisch die Leitlinien des Rates zu *TTIP*, Rats-Dok.: 11103/13, welche nachträglich freigegeben wurden; siehe auch Vademecum on the External Action, S. 31, welches als Handlungsanweisung vorgibt: „Normally, the explanatory memorandum as well as the Recommendation to open negotiations including its annex (in particular the negotiating directives) must be treated as an EU-restricted document".

Bedürfnis nach Vertraulichkeit diplomatischer Beziehungen, insbesondere im Bereich internationaler Verhandlungen, verwiesen.[129]

Die erhebliche Kritik an dieser Praxis veranlasste Kommissarin *Malmström*[130] Ende 2016, im Rahmen einer Transparenzinitiative die Verhandlungsrichtlinien in Abstimmung mit den Verhandlungspartnern zu veröffentlichen. So verbreitete sie die Empfehlungen der Kommission zur Aufnahme von Vertragsverhandlungen an den Rat sowie Informationen unter anderem zu den laufenden Vertragsverhandlungen zu den Freihandelsabkommen mit den USA (*TTIP*) und mit Kanada (*CETA*)[131]. Zudem empfahl sie dem Rat, das Verhandlungsmandat zu den Freihandelsabkommen der EU mit Japan, Mexiko, Tunesien und dem Mercosur-Raum zu veröffentlichen[132]. Außerdem stellte Kommissarin *Malmström* in der Aufforderung an den Rat, einen größeren Zugang zu Verhandlungsmandaten der Union zu ermöglichen, fest, dass die Veröffentlichung der Dokumente auf einer Einzelfall-Entscheidung beruhen müsse[133]. Seitens der Generaldirektion Handel werden inzwischen je nach Einzelfall das

---

129 *Giegerich*, in: Frankfurter Kommentar, Art. 218 AEUV, Rn. 44; *Lorenzmeier*, in: Grabitz/Hilf/Nettesheim, Art. 218 AEUV, Rn. 34a; *Curtin*, CMLRev. 50 (2013), 423, 450 ff.; *Bungenberg*, in: von der Groeben/Schwarze/Hatje, Art. 218 AEUV, Rn. 45; vgl. speziell zur Freigabe von Verhandlungsdokumenten zu dem geplanten Abkommen *ACTA* die Entscheidung des Europäischen Ombudsmanns zur Beschwerde 90/2009/(JD)OV vom 23. Juli 2010, Rn. 3, 5, 15 sowie *EuG*, Urt. v. 19. März 2013 – Rs. T-301/10, ECLI:EU:T:2013:135, *in't Veld/Kommission*, Rn. 119, 124; hinsichtlich der Verhandlungsdokumente zu *TTIP* vgl. die Antwort auf eine Anfrage zur Veröffentlichung der Verhandlungsdokumente der *DG Trade*, Anlage I, S. 4; zur ständigen Praxis von Kommission und Rat, Anträge auf Zugang zu völkerrechtlichen Verhandlungsdokumenten zu verweigern, siehe unten unter § 4.B.II.1.b).(1).

130 *Cecilia Malmström*, Kommissarin für Handel in der Juncker-Kommission von 2014 bis 2019.

131 Siehe den unter der Führung von *Cecilia Malmström* verfassten Factsheet der *DG Trade*,Transparency Policy in DG Trade, S. 2; vgl. auch das Schreiben von *Cecilia Malmström* an den Präsidenten des Rates vom 6. September 2016, Ref Ares(2016)5072313, S. 1.

132 Schreiben von *Cecilia Malmström* an den Präsidenten des Rates vom 6. September 2016, Ref Ares(2016)5072313; Schreiben von *Cecilia Malmström* an die Präsidentin des Rates vom 24. Mai 2017, Ref Ares(2017)2639445.

133 Schreiben von *Cecilia Malmström* an den Präsidenten des Rates vom 6. September 2016, Ref Ares(2016)5072313, S. 2.

Verhandlungsmandat, Berichte über die Verhandlungsrunden sowie Textvorschläge der Union zu den Verhandlungen über das Internet veröffentlicht[134].

Im Rahmen der Transparenzinitiative zu *TTIP* und *CETA* hat die Kommission zudem den Abgeordneten des Europäischen Parlaments den Zugang zu mehr Dokumenten über die Verhandlungen ermöglicht[135]. Auch den Abgeordneten der nationalen Parlamente wurden die Verhandlungsdokumente in einem sicheren Lesesaal unter restriktiven Vorgaben[136] zur Verfügung gestellt[137].

Durch die Veröffentlichung von eigenen Verhandlungsvorschlägen sowie den Zusammenfassungen über die Verhandlungsrunden bezweckt die Generaldirektion Handel eine bessere Einbindung der Zivilgesellschaft in die Verhandlungen[138]. Zur Beteiligung dieser setzt die Kommission auf Anhörungen zu einzelnen Themenkomplexen, in denen die Meinungen von Expertengruppen und anderen interessierten Kreisen gehört werden sollen[139]. Mit dieser Strategie soll die notwendige Einbindung der Zivilgesellschaft nach Art. 11 Abs. 2 EUV gewährleistet werden[140]. Indes scheint die Kommission den Kreis kritischer Stimmen innerhalb des Dialoges gering halten zu wollen – dies zeigt sich bereits daran, dass sie der Bürgerinitiative „*STOP TTIP*“, welche sich gegen die

---

134 Abrufbar unter: https://trade.ec.europa.eu/doclib/press/index.cfm?id=1395 (zuletzt abgerufen am 4. Dezember 2020).

135 Pressemitteilung der Europäischen Kommission vom 25. November 2014, „Mehr Einblick: Kommission verpflichtet sich zu größerer Transparenz“; insb. Wird betont, dass weniger Dokumente unter die Verpflichtung fallen sollen, nur in einem Lesesaal ausgelegt zu werden.

136 Zu den Voraussetzungen siehe Schreiben des Generalsekretariats des Rates vom 17. Dezember 2015, „Improving Access of Member States to certain classified documents concerning the Transatlantic Trade and Investment Partnership (*TTIP*) – Establishing of reading rooms in Member States“, Rats-Dok.: 14029/15, Annex I, III.

137 Schreiben des Generalsekretariats des Rates vom 17. Dezember 2015, „Improving Access of Member States to certain classified documents concerning the Transatlantic Trade and Investment Partnership (*TTIP*) – Establishing of reading rooms in Member States“, Rats-Dok.: 14029/15.

138 Factsheet der *DG Trade*, Transparency Policy in DG Trade, S. 2.

139 Sog. *Stakeholder-Meetings*, siehe *DG Trade*, Transparency Policy in DG Trade, S. 3; speziell zu *TTIP*: *DG Trade*, The Trade and Investment Partnership (*TTIP*) – We're listening and engaging, S. 3; siehe zur Einbindung von Wirtschaftsverbänden und NGOs speziell in *TTIP* auch *Gheyle/De Ville*, Politics and Governance 3/2017, 16, 19 ff.

140 Vgl. zum partizipatorischen Element des zivilgesellschaftlichen Dialogs *Huber* in: Streinz, Art. 11 EUV, Rn. 14 ff.

Aushandlung und Unterzeichnung von *TTIP* richtete, die notwendige Registrierung nach Art. 11 Abs. 4 EUV[141] verweigert hat.[142]

Zwar stellt die Kommission der Öffentlichkeit inzwischen deutlich mehr Dokumente zur Verfügung als zuvor. Diese Veröffentlichungen zielen jedoch insbesondere auf die Treffen der Unterhändler mit beteiligten Lobbyisten-Gruppen und Interessenträgern ab[143]. Eine vollständige Veröffentlichung aller – also auch der konsolidierten – Verhandlungsdokumente soll allerdings nicht bezweckt werden. Ebenso werden interne Dokumente über einzelne Treffen und Abstimmungen zwischen den Unterhändlern nicht freigegeben[144]. Auch erscheint fraglich, ob die derzeitigen Veröffentlichungen der Verhandlungsmandate beispielhaft für zukünftige Verhandlungen sind oder lediglich eine Reaktion auf die Kritik zu den Freihandelsabkommen *TTIP* und *CETA* darstellt[145]. Jedenfalls scheint die Kommission ebenso wie der Rat nach wie vor der Ansicht zu sein, weder zur Freigabe des Verhandlungsmandats noch der konsolidierten Verhandlungsdokumente verpflichtet zu sein. Gegenteilig schließt die Kommission

---

141 Die Registrierung einer Bürgerinitiative ist nach Art. 11 Abs. 4 EUV, Art. 24 Abs. 1 AEUV notwendig, um die Kommission aufzufordern, Vorschläge zu einem Thema zu unterbreiten, vgl. eingehend hierzu *Bieber*, in: von der Groeben/Schwarze/Hatje, Art. 11 EUV, Rn. 14 ff.

142 *Giegerich*, in: Frankfurter Kommentar, Art. 218 AEUV, Rn. 48; die gegen die Verweigerung der Registrierung eingereichte Nichtigkeitsklage war erfolgreich, *EuG*, Urt. v. 10. Mai 2017 – Rs. T-754/14, ECLI:EU:T:2017:323, *Efler u. a./Kommission*, Rn. 35 ff.

143 Pressemitteilung der Europäischen Kommission vom 25. November 2014, „Mehr Einblick: Kommission verpflichtet sich zu größerer Transparenz".

144 Einen exemplarischen Überblick über die im Einzelnen erstellten Dokumente zu *ACTA* bietet *EuG*, Urt. v. 19. März 2013 – Rs. T-301/10, ECLI:EU:T:2013:135, *in't Veld/Kommission*, Rn. 133 ff.

145 Die Transparenzstatistik der *DG Trade* weist zumindest bis 2019 unter Kommissarin *Malmström* eine Vielzahl an Dokumenten zu völkerrechtlichen Verhandlungen aus, welche veröffentlicht wurden (abrufbar unter: https://trade.ec.europa.eu/doclib/docs/2020/may/tradoc_158761.pdf [zuletzt abgerufen am 4. Dezember 2020]); auch der nachfolgende Handelskommissar *Phil Hogan* hat angekündigt, die Transparenzpolitik *Malmströms* fortzuführen (Rede des ehemaligen Handelskommissars *Phil Hogan* vom 18. Februar 2020, abrufbar unter: https://ec.europa.eu/commission/commissioners/2019-2024/hogan/announcements/introductory-remarks-commissioner-phil-hogan-civil-society-dialogue_en [zuletzt abgerufen am 4. Dezember 2020]); da der Fokus durch das Stocken der Handelsgespräche mit den USA inzwischen von der Transparenzproblematik abgerückt ist, bleibt Stand 2020 jedoch abzuwarten, ob sich diese Entwicklung auch unter dem aktuellen Handelskommissar *Valdis Dombrovskis* fortführt.

mit den verhandelnden Drittstaaten Verschwiegenheitserklärungen ab, um so den Zugang zu Dokumenten zu begrenzen. Diese separaten Erklärungen wurden auch im Rahmen der Transparenzinitiative nicht aufgekündigt.[146]

II. Abschluss des Abkommens

Den Abschluss der Verhandlungen bildet die Paraphierung – das Anbringen der Initialen durch die Verhandlungsführer auf jeder Seite – des endgültigen Entwurfes sowie die Unterzeichnung und Annahme des Vertragstextes in der authentischen Vertragssprache[147]. Nach Art. 218 Abs. 5 AEUV bedarf die Unterzeichnung unionsintern vorab eines entsprechenden Beschlusses durch den Rat. Der Beschluss[148] des Rates enthält neben der Ermächtigung zur Unterzeichnung nun auch die endgültige Ermächtigungsgrundlage zum Vertragsschluss[149].

Nach Erlass des Beschlusses übernimmt die Präsidentschaft des Rates häufig den Vollzug der Unterzeichnung, teilweise zusammen mit der Kommission[150].

1. Mehrheiten im Rat

Der Rat fasst sämtliche Beschlüsse zum Vertragsschlussverfahren nach Art. 218 Abs. 8 UAbs. 1 AEUV grundsätzlich mit qualifizierter Mehrheit[151] – somit auch den Beschluss zur Unterzeichnung sowie den darauffolgenden Beschluss über den Abschluss der Übereinkunft. Einstimmigkeit ist jedoch in den in Art. 218 Abs. 8 UAbs. 2 AEUV genannten Bereichen erforderlich. Zur Wahrung der

146 Eine solche Vertraulichkeitsvereinbarung wurde zumindest in den Verhandlungen zu *ACTA* und *TTIP* geschlossen; vgl. zu *ACTA EuG,* Urt. v. 19. März 2013 – Rs. T-301/10, ECLI:EU:T:2013:135, *in't Veld/Kommission*, Rn. 112 f.; vgl. zu *TTIP* das Schreiben der US-Regierung an den Unterhändler der EU, abrufbar unter: https://ustr.gov/sites/default/files/US%20signed%20conf%20agmt%20letter_0.pdf (zuletzt abgerufen am 4. Dezember 2020).

147 *Bungenberg,* in: von der Groeben/Schwarze/Hatje, Art. 218 AEUV, Rn. 53; *Mögele,* in: Streinz, Art. 218 AEUV, Rn. 10; Vademecum on the External Action, S. 37; *Eeckhout,* External Relations, S. 173.

148 Allein zulässig ist ein förmlicher Beschluss des Rates i. S. d. Art. 288 Abs. 4 AEUV; *Giegerich,* in: Frankfurter Kommentar, Art. 218 AEUV, Rn. 80; *Lorenzmeier,* in: Grabitz/Hilf/Nettesheim, Art. 218 AEUV, Rn. 37, 44.

149 *Schmalenbach,* in: Calliess/Ruffert, Art. 218 AEUV, Rn. 14.

150 *Lorenzmeier,* in: Grabitz/Hilf/Nettesheim, Art. 218 AEUV, Rn. 40.

151 Vgl. zu dem Erfordernis der qualifizierten Ratsmehrheit Art. 16 Abs. 4 EUV; siehe ferner *Ziegenhorn,* in: Grabitz/Hilf/Nettesheim, Art. 16 EUV, Rn. 43 m. w. N.

Parallelität der Verfahrensvorschriften im Innen- und Außenverhältnis[152] ist dies zunächst dann der Fall, wenn ein Bereich betroffen ist, in dem der Erlass eines Rechtsaktes Einstimmigkeit erfordern würde. Von diesem Erfordernis ist vor allem der Abschluss von Abkommen im Bereich der GASP betroffen (Art. 31 Abs. 1 EUV, sofern Art. 31 Abs. 2 EUV keine qualifizierte Mehrheit genügen lässt)[153]. Darüber hinaus ist Einstimmigkeit im Rat nach Art. 218 Abs. 8 UAbs. 2 AEUV dann erforderlich, wenn der Beschluss auf den Abschluss von Assoziierungsabkommen oder der Beitritt zur Europäischen Menschenrechtskonvention gerichtet ist. Separate Erfordernisse der Einstimmigkeit im Bereich von Handelsabkommen sieht zudem Art. 207 Abs. 4 UAbs. 2, 3 AEUV vor[154].

2. *Verfahren im Europäischen Parlament*

Vor Erlass des Ratsbeschlusses über den Abschluss des Abkommens nach Art. 218 Abs. 6 AEUV sind dem Europäischen Parlament besondere Rechte vorbehalten. Lediglich der Bereich der GASP ist nach wie vor von diesen Beteiligungsrechten des Europäischen Parlaments ausgeklammert – und zwar solange und soweit Art. 37 EUV die alleinige Ermächtigungsgrundlage für das Abkommen bildet[155].

In den nach Art. 218 Abs. 6 lit. a) aufgezählten Bereichen hat das Europäische Parlament dem Erlass des Genehmigungsbeschlusses zuzustimmen. Dies ist zunächst dann der Fall, wenn die Parallelität der Verfahrensvorschriften im Innen- und Außenverhältnis betroffen ist (Art. 218 Abs. 6 lit. a) Nr. v) AEUV) – insbesondere im Bereich der gemeinsamen Handelspolitik nach Art. 207 AEUV[156]. Darüber hinaus besteht das Zustimmungserfordernis u. a. für den Abschluss von Assoziierungsabkommen (Art. 218 Abs. 6 lit. a) Nr. i) AEUV) und den Beitritt zur EMRK (Art. 218 Abs. 6 lit. a) Nr. ii) AEUV)[157].

---

152 *Lorenzmeier*, in: Grabitz/Hilf/Nettesheim, Art. 218 AEUV, Rn. 39; *Bungenberg*, in: von der Groeben/Schwarze/Hatje, Art. 218 AEUV, Rn. 63.

153 *Mögele*, in: Streinz, Art. 218 AEUV, Rn. 32; vgl. zu den Mehrheiten im Bereich der GASP auch *Frenz*, Hdb EuR, Bd. 6, Kap. 36, § 6, Rn. 5333 ff.

154 Vgl. im Einzelnen *Nettesheim*, in: Streinz, Art. 207 AEUV, Rn. 65 ff.

155 *Giegerich*, in: Frankfurter Kommentar, Art. 218 AEUV, Rn. 97 f; *EuGH*, Urt. v. 24. Juni 2014 – Rs. C-658/11, ECLI:EU:C:2014:2025, *Parlament/Rat*, Rn. 60 f.

156 *Bungenberg*, in: von der Groeben/Schwarze/Hatje, Art. 218 AEUV, Rn. 71.

157 Vgl. im Einzelnen *Bungenberg*, in: von der Groeben/Schwarze/Hatje, Art. 218 AEUV, Rn. 66 ff.

Für sämtliche anderen Bereiche – ausgenommen der GASP – gilt ein allgemeines Anhörungsrecht des Parlaments, welchem Gelegenheit zur Stellungnahme gegeben werden muss (Art. 218 Abs. 6 lit. b) AEUV). Sofern das Parlament innerhalb einer gesetzten Frist keine Stellungnahme abgibt, ist diese entbehrlich (Art. 218 Abs. 6 lit. b), 2. HS AEUV)[158].

3. *Vollzug des Beschlusses*

Je nach Abschlussverfahren kann bereits die Unterzeichnung bindend sein (einfaches Verfahren) oder unter dem Vorbehalt der innerunionalen Genehmigung stehen (zusammengesetztes Verfahren)[159]. Das einfache Verfahren ist auf den Bereich begrenzt, in dem das Europäische Parlament weder zustimmen noch angehört werden muss[160]. Steht die Unterzeichnung hingegen unter dem Vorbehalt der Ratifikation, so entfaltet sie völkerrechtlich keine Bindungswirkung, bringt jedoch den Willen der Verhandlungsparteien zum Ausdruck, den unterzeichneten Text als authentisch anzuerkennen[161]. Zudem besteht nach Art. 18 WVK IO[162] ab dem Zeitpunkt der Unterzeichnung die Verpflichtung, alle Handlungen zu unterlassen, welche den Vertragszweck vereiteln würden[163].

Ein Beschluss des Rates über den Abschluss der Übereinkunft nach Art. 218 Abs. 6 AEUV ermöglicht die Ratifizierung des Abkommens – die Hinterlegung

---

158 Vgl. zur Anhörungspflicht auch *Giegerich,* in: Frankfurter Kommentar, Art. 218 AEUV, Rn. 111 ff.

159 *Bungenberg,* in: von der Groeben/Schwarze/Hatje, Art. 218 AEUV, Rn. 54; *Mögele,* in: Streinz, Art. 218 AEUV, Rn. 22.

160 *Bungenberg,* in: von der Groeben/Schwarze/Hatje, Art. 218 AEUV, Rn. 54; *Giegerich,* in: Frankfurter Kommentar, Art. 218 AEUV, Rn. 62.

161 *Mögele,* in: Streinz, Art. 218 AEUV, Rn. 10.

162 Umstritten ist, ob für die Europäische Union die Wiener Vertragsrechtskonvention (WVK) oder das (in diesem Punkt gleichlautende) Wiener Übereinkommen über das Recht der Verträge zwischen Staaten und internationalen Organisationen oder zwischen internationalen Organisationen (WVK IO) vom 20.3.1986 einschlägig ist. Beiden Abkommen ist die EU nicht beigetreten. Als Teil des Völkergewohnheitsrecht gelten sie jedoch auch für die Union; zur Geltung des Völkergewohnheitsrechts sowie der WVK vgl. *EuGH*, Urt. v. 16. Juni 1998 – Rs. C-162/96, ECLI:EU:C:1998:293, *Racke,* Rn. 45, 49; zum Meinungsstreit siehe *Giegerich,* in: Frankfurter Kommentar, Art. 216 AEUV, Rn. 13 m. w. N.

163 Sog. Frustrationsverbot; *Lorenzmeier,* in: Grabitz/Hilf/Nettesheim, Art. 218 AEUV, Rn. 40; *Bungenberg,* in: von der Groeben/Schwarze/Hatje, Art. 218 AEUV, Rn. 56; vgl. auch *von Arnauld,* Völkerrecht, § 3 B II 3, Rn. 203.

des Vertragstextes bei einem Depositar sowie die Erklärung der Bindungswirkung[164]. Das Inkrafttreten des Abkommens bestimmt sich je nach Inhalt des Ratsbeschlusses nach einer Frist oder nach dem Austausch der Ratifikationsurkunden; im Falle multilateraler Abkommen auch nach der Anzahl der Ratifikationen[165].

Dem zusammengesetzten Verfahren, in welchem Unterzeichnung und Ratifizierung des Abkommens auseinanderfallen, liegt der Gedanke der Parlamentsbeteiligung zu Grunde. Sowohl einer Zustimmung des Europäischen Parlaments nach Art. 218 Abs. 6 UAbs. 2 AEUV als auch einer etwaigen Zustimmung nationaler Parlamente zu gemischten Abkommen kann so Rechnung getragen werden[166]. Die Kommission kann dem Rat bereits mit Abschluss der Verhandlungen einen Entwurf für beide Rechtsakte – Unterzeichnung und Abschluss der Übereinkunft – vorlegen[167]. Falls das Abkommen nicht vorläufig angewendet werden soll, können diese Beschlüsse vom Rat zusammengefasst werden[168]. Trotz Kombination der verschiedenen Beschlüsse verbleibt es nach der Rechtsprechung des *EuGH* bei eigenständigen Rechtsakten, welche separat angefochten werden können[169].

Eine abschließende Veröffentlichung des Abkommens erfolgt nach gängiger Praxis im Amtsblatt der Europäischen Union zusammen mit dem Beschluss über die Genehmigung[170]. Wie beispielsweise in der Bundesrepublik Deutschland vorgeschrieben[171] ist sie in der Europäischen Union jedoch nicht[172].

---

164 *Giegerich*, in: Frankfurter Kommentar, Art. 218 AEUV, Rn. 60; *Lorenzmeier*, in: Grabitz/Hilf/Nettesheim, Art. 218 AEUV, Rn. 44; *Bungenberg*, in: von der Groeben/Schwarze/Hatje, Art. 218 AEUV, Rn. 78; vgl. auch Art. 11 WVK IO zu den verschiedenen Modalitäten des Abschlusses.

165 *Oppermann/Classen*, Europarecht, § 38, Rn. 31; *Bungenberg*, in: von der Groeben/Schwarze/Hatje, Art. 218 AEUV, Rn. 79.

166 *Giegerich*, in: Frankfurter Kommentar, Art. 218 AEUV, Rn. 61; *Bungenberg*, in: von der Groeben/Schwarze/Hatje, Art. 218 AEUV, Rn. 54.

167 *Schmalenbach*, in: Calliess/Ruffert, Art. 218 AEUV, Rn. 14; Vademecum on the External Action, S. 38.

168 *Schmalenbach*, in: Calliess/Ruffert, Art. 218 AEUV, Rn. 14.

169 *EuGH*, Gutachten v. 6. Dezember 2001 – Avis 2/00, ECLI:EU:C:2001:664, *Protokoll von Cartagena*, Rn. 11; so auch Vademecum on the External Action, S. 38.

170 *Bungenberg*, in: von der Groeben/Schwarze/Hatje, Art. 218 AEUV, Rn. 62.

171 In der Bundesrepublik Deutschland werden die völkerrechtlichen Verträge der Bundesrepublik Deutschland zusammen mit dem Transformationsgesetz im Bundesgesetzblatt, Teil II verkündet; *Butzer*, in: Maunz/Dürig, Art. 82 GG, Rn. 242.

172 *Lorenzmeier*, in: Grabitz/Hilf/Nettesheim, Art. 218 AEUV, Rn. 44a; *Bungenberg*, in: von der Groeben/Schwarze/Hatje, Art. 218 AEUV, Rn. 80; *Schmalenbach*, in: Calliess/

Vorgesehen ist lediglich die Veröffentlichung des Ratsbeschlusses nach Art. 297 Abs. 2 UAbs. 2 AEUV. Aus rechtsstaatlichen Gründen ist das Abkommen allerdings ebenfalls zu veröffentlichen, sofern dieses unmittelbare Rechte und Pflichten für die Unionsbürger begründen soll[173].

III. Vorläufige Anwendbarkeit von internationalen Vereinbarungen

Der zeitliche Abstand zwischen Unterzeichnung des Übereinkommens und endgültigem Abschluss kann mitunter mehrere Jahre in Anspruch nehmen, insbesondere, wenn im Rahmen eines gemischten Abkommens die nationalen Ratifikationsverfahren in den einzelnen Mitgliedstaaten notwendig sind[174]. Dem Rat wird daher auf Vorschlag des Verhandlungsführers ermöglicht, nach Art. 218 Abs. 5 AEUV mittels eines Beschlusses die vorläufige Anwendbarkeit eines Abkommens zu regeln und diesem bis zum endgültigen Abschluss Wirkung zu verleihen[175]. Zur Sicherstellung der vorläufigen Anwendung kann zusätzlich ein (vorläufig anwendbares) Interimsabkommen abgeschlossen werden, welches die Wirkung des eigentlichen Abkommens erläutert[176].

Eine Zustimmungspflicht des Europäischen Parlaments zur vorläufigen Anwendbarkeit ist in Art. 218 AEUV nicht vorgesehen, nicht einmal in den Fällen der abschließenden Zustimmungspflicht nach Art. 218 Abs. 6 UAbs. 2 lit. a) AEUV[177]. Dennoch ist es gängige Praxis, dass sich das europäische Parlament

---

Ruffert, Art. 218 AEUV, Rn. 15; a. A. *Giegerich*, in: Frankfurter Kommentar, Art. 218 AEUV, Rn. 82.

173 *Bungenberg*, in: von der Groeben/Schwarze/Hatje, Art. 218 AEUV, Rn. 80 m. w. N.; wohl auch *EuGH*, Urt. v. 20. September 1990 – Rs. C-192/89, ECLI:EU:1990:322, *Sevince*, Rn. 24.

174 *Kleinlein*, JZ 2017, 377, 378; *Mögele*, in: Streinz, Art. 218 AEUV, Rn. 22; *Eeckhout*, External Relations, S. 176; Vademecum on the External Action, S. 30.

175 *Bungenberg*, in: von der Groeben/Schwarze/Hatje, Art. 218 AEUV, Rn. 58; *Lorenzmeier*, in Grabitz/Hilf/Nettesheim, Art. 218 AEUV, Rn. 42b; *Kempen/Schiffbauer*, ZaöRV 1/2017, 95, 100 f. mit Verweis auf den Anwendungsmechanismus im Falle von *CETA*.

176 *Schmalenbach*, in: Calliess/Ruffert, Art. 218 AEUV, Rn. 7.

177 *Bungenberg*, in: von der Groeben/Schwarze/Hatje, Art. 218 AEUV, Rn. 58; *Kleinlein*, JZ 2017, 377, 384; im Umkehrschluss auch *EuGH*, Urt. v. 14. Juni 2016 – Rs. C-263/14, ECLI:EU:C:2016:435, *Parlament/Rat*, Rn. 77, welcher nur auf das Unterrichtungsrecht aus Art. 218 Abs. 10 AEUV für die vorläufige Anwendbarkeit von Abkommen anwendet; *Lorenzmeier*, in: Grabitz/Hilf/Nettesheim, Art. 218 AEUV, Rn. 42c plädiert hingegen für eine analoge Anwendung des Art. 218 Abs. 6 AEUV, um dem Europäischen

mit der vorläufigen Anwendung eines Abkommens befasst und eine Erklärung hierzu anfertigt[178]. Diese Praxis mag politischem Kalkül entsprechen, wäre es doch widersinnig, ein Abkommen vorläufig anzuwenden, dessen Abschluss mangels Zustimmungsmehrheit im Europäischen Parlament nicht garantiert werden kann[179].

In der bisherigen Praxis haben sich Rat und Kommission darauf verständigt, die unionseigenen Teile eines Abkommens vorläufig anzuwenden, bis die notwendige Ratifikation durch die Mitgliedstaaten erfolgt ist. Eine scharfe Trennung zwischen den einzelnen Kompetenzbereichen der Union und der Mitgliedstaaten fehlt indes bei verschiedenen Abkommen. Somit besteht durch Praxis die Gefahr, das nationale Mitbestimmungsverfahren zur reinen Formalität zu degradieren. Denn durch eine vorläufige Anwendbarkeit – welche mitunter bis zur Ratifikation mehrere Jahre andauern kann – wird erheblicher Druck auf die nationalen Parlamente ausgeübt, diesem Abkommen auch zuzustimmen.

D. Rechtswirkung völkerrechtlicher Abkommen

Der Abschluss eines völkerrechtlichen Abkommens bindet die Vertragsparteien zwar völkerrechtlich (*pacta sunt servanda*, Art. 26 WVK IO), die innerstaatliche Wirksamkeit bleibt hiervon jedoch unberührt. Daher wird im Folgenden zunächst die unionsinterne Geltung völkerrechtlicher Verträge erläutert (I.). Auf die allgemeine Geltung folgend soll kurz dargestellt werden, welche unmittelbaren Folgen ein völkerrechtlicher Vertrag für den Unionsbürger erzeugen kann (II.).

I. Unionsinterne Geltung völkerrechtlicher Abkommen

Je nach Rechtssystem kann ein völkerrechtlicher Vertrag integraler Bestandteil der Rechtsordnung werden (Monismus) oder eines Transformationsaktes bedürfen (Dualismus)[180]. Welchem System die Europäische Union folgt, ist nicht vollständig geklärt. Der Streit über eine Entscheidung hin zu einem der

---

Parlament ein Zustimmungserfordernis auch bei der vorläufigen Anwendbarkeit von Abkommen zuzugestehen.

178 *Bungenberg*, in: von der Groeben/Schwarze/Hatje, Art. 218 AEUV, Rn. 58 mit Verweis auf Art. 109 der Geschäftsordnung des Europäischen Parlaments, welcher eine Befassung und Erklärung des Parlaments vorsieht.

179 *Kleinlein*, JZ 2017, 377, 384.

180 Kategorisierung nach *von Arnauld*, Völkerrecht, § 7 A II, Rn. 496 ff.

beiden Systeme entzweit sich nicht nur an den Besonderheiten des Unionsrechts, sondern bereits an einer trennscharfen Abgrenzung zwischen Monismus und Dualismus[181]. Letztlich kann dieser Streit jedoch dahinstehen[182], denn die Umsetzung und unionsinterne Geltung von völkerrechtlichen Abkommen ist vor allem durch die Rechtsprechung des *EuGH* hinreichend geklärt.

Die Formulierung des Art. 216 Abs. 2 AEUV, welcher die Unionsorgane und Mitgliedstaaten an die geschlossenen Übereinkommen bindet, dient wohl eher der Klarstellung, dass die Union ihren völkerrechtlichen Pflichten nachkommt, als dass sie die interne Geltung völkerrechtlicher Verträge regelt[183]. Der *EuGH*[184] sieht die völkerrechtlichen Verträge der Europäischen Union inzwischen als integralen Bestandteil des Unionsrechts an. Diese bedürfen keines weiteren Transformationsaktes, sondern gelten unmittelbar[185]. Ein „EU-Transformationsakt" sei hingegen notwendig, wenn es zur Vertragserfüllung weiteren Sekundärrechts bedürfe oder in einem Sekundärrechtsakt auf ein Abkommen verwiesen würde[186]. Dem folgend gehen die geschlossenen Abkommen unverändert in das Unionsrecht über[187].

Die Übernahme ohne weiteren Transformationsakt gibt zwar eine Antwort zur Frage der Umsetzung von Übereinkommen, beantwortet jedoch nicht die Frage, welche Reichweite der Geltung von in das Unionsrecht übernommenen Verträgen zukommt. Nach Art. 216 Abs. 2 AEUV wirken die Abkommen vollumfänglich für und gegen die Mitgliedstaaten[188]. Für unionseigene Abkommen oder gemischte Abkommen mit klarer Kompetenzabgrenzung wird somit die

---

181 Vgl. *von Arnauld,* in: EnzEuR, Bd. 10, § 1, Rn. 102.

182 Einen Überblick über den Meinungsstand gibt *Bungenberg,* in: von der Groeben/Schwarze/Hatje, Art. 218 AEUV, Rn. 122 ff.

183 So auch *Bungenberg,* in: von der Groeben/Schwarze/Hatje, Art. 218 AEUV, Rn. 117.

184 *EuGH,* Urt. V. 30. April 1974 – Rs. C-181/73, ECLI:EU:C:1974:41, *Haegemann*, Rn. 2/6; *EuGH,* Urt. v. 26. Oktober 1982 – Rs. C-104/81, ECLI:EU:C:1982:362, *Hauptzollamt Mainz/Kupferberg,* Rn. 13; *EuGH,* Urt. v. 30. September 1987 – Rs. C-12/86, ECLI:EU:C:1987:400, *Demirel*, Rn. 7; vgl. auch *Bungenberg,* in: von der Groeben/Schwarze/Hatje, Art. 218 AEUV, Rn. 120 m. w. N.

185 *Bungenberg,* in: von der Groeben/Schwarze/Hatje, Art. 218 AEUV, Rn. 121; *Schmalenbach, in: Calliess/Ruffert*, Art. 216 AEUV, Rn. 28.

186 *Schmalenbach,* in: Calliess/Ruffert, Art. 216 AEUV, Rn. 30.

187 *Von Arnauld,* in: EnzEuR, Bd. 10, § 1, Rn. 103; *Bungenberg,* in: von der Groeben/Schwarze/Hatje, Art. 218 AEUV, Rn. 126; a. A. *Uerpmann-Witzak,* in: von Bogdandy/Bast, EuVerfR, S. 198 f.

188 *Mögele,* in: Streinz, Art. 216 AEUV, Rn. 74*; Giegerich,* in: Frankfurter Kommentar, Art. 216 AEUV, Rn. 222.

Geltung für die Mitgliedstaaten auf deren nationale Rechtsordnungen erweitert. Notwendig ist dies, da völkerrechtliche Abkommen nur zwischen den Parteien Geltung finden (Art. 34 WVK IO). Art. 216 Abs. 2 AEUV erweitert diesen Geltungsbereich auf die Mitgliedstaaten - die Abkommen binden diese somit als Teil des Unionsrechts[189]. Bei gemischten Abkommen ohne klare Kompetenzabgrenzung werden die mit unterzeichnenden Mitgliedstaaten hingegen unmittelbarer Vertragspartner[190].

II. Unmittelbare Wirkung auf den Unionsbürger

Getrennt von der Geltung völkerrechtlicher Verträge innerhalb der Union sowie den einzelnen Mitgliedstaaten zu beurteilen ist deren auf den Unionsbürger durchgreifende Wirkung. Je nach Art des Abkommens kann ein völkerrechtlicher Vertrag nicht nur die Union und die Mitgliedstaaten binden, sondern auch individuelle Wirkung für den Unionsbürger entfalten und diesem gegenüber sowohl entsprechende Rechte als auch Pflichten begründen. *Per se* ist eine solche unmittelbare Wirkung zunächst dann ausgeschlossen, wenn das Abkommen selbst eine Erklärung hierzu enthält[191]. Fehlt eine solche Ausschluss-Klausel, kann der Rat in dem Beschluss über die Anwendung auch einseitig die unmittelbare Wirkung ausschließen[192].

---

189 Dies stellt allerdings keine Ausnahme zu Art. 34 WVK IO dar, es tritt lediglich unionsintern eine Erweiterung ein. In Bezug auf die Vertragsparteien des völkerrechtlichen Abkommens bleiben die Mitgliedstaaten Drittstaaten; *Schmalenberg,* in: Calliess/Ruffert, Art. 216 AEUV, Rn. 26; *Bungenberg,* in: von der Groeben/Schwarze/Hatje, Art. 218 AEUV, Rn. 26 sieht die Verpflichtung der Mitgliedstaaten i.Ü. gleichzeitig aus Art. 4 Abs. 2 EUV resultieren.

190 *Schmalenbach,* in: Calliess/Ruffert, Art. 216 AEUV, Rn. 7; *Kujiper,* in: Hillion/Koutrakos, S. 208, 209 f.

191 *EuGH,* Urt. v. 26. Oktober 1982 - Rs. C-104/81, ECLI:EU:C:1982:362, *Hauptzollamt Mainz/Kupferberg,* Rn. 17; *Bungenberg,* in: von der Groeben/Schwarze/Hatje, Art. 218 AEUV, Rn. 136; *Mögele,* in: Streinz, Art. 216 AEUV, Rn. 64 mit Verweis auf den u. a. in Art. 30.6 CETA erfolgten Ausschluss; *Cremona,* CMLRev. 52 (2015), 351, 359 verweist darauf, dass der Ausschluss der unmittelbaren Anwendbarkeit im Bereich der Freihandelsabkommen relativ neu sei.

192 *Bungenberg* in: von der Groeben/Schwarze/Hatje, Art. 218 AEUV, Rn. 138; *Mögele,* in: Streinz, Art. 216 AEUV, Rn. 64; hingegen scheint eine solche einseitige Erklärung über den Ausschluss der unmittelbaren Anwendbarkeit umstritten, vgl. *Mögele,* in: FS Schmidt, S. 129, 142.

Ohne eine Klausel zu dessen Ausschluss ist die unmittelbare Wirkung von völkerrechtlichen Verträgen grundsätzlich möglich. Der *EuGH* verlangt für die unmittelbare Wirkung eines völkerrechtlichen Abkommens, dass dieses eine „klare und deutliche Verpflichtung enthält, deren Erfüllung oder deren Wirkung nicht vom Erlaß eines weiteren Aktes abhängt“[193]. Dabei stellt er auf Rechtsnatur, Systematik, Art und Struktur des Abkommens ab, weitere Anhaltspunkte können die Unbedingtheit und Klarheit des Abkommens sein[194]. Im Hinblick auf die übrige Rechtsprechung des *EuGH* zur unmittelbaren Wirkung von Unionsrecht[195] erscheint die Rechtsprechung zur unmittelbaren Wirkung völkerrechtlicher Verträge kohärent[196].

Die individuelle Wirkung gemischter Abkommen innerhalb der Mitgliedstaaten ist bei klarer Kompetenzabgrenzung der jeweiligen Rechtsordnung des Mitgliedstaates vorbehalten. Diesen obliegt es, im Ratifikationsakt oder auf andere Weise[197] eine unmittelbare Wirkung des in ihrem Kompetenzbereich liegenden Teils des Abkommens herbeizuführen.[198]

---

193 *EuGH*, Urt. v. 30. September 1987 – Rs. C-12/86, ECLI:EU:C:1987:400, *Demirel*, Rn. 14; gleichlautend in *EuGH*, Urt. v. 16. Juni 1998 – Rs. C-162/96, ECLI:EU:C:1998:293, *Racke*, Rn. 31; vgl. auch *Schmalenbach*, in: Calliess/Ruffert, Art. 216 AEUV, Rn. 33; *Mögele*, in: Streinz, Art. 216 AEUV, Rn. 63.

194 *EuGH*, Urt. v. 30. September 1987 – Rs. C-12/86, ECLI:EU:C:1987:400, *Demirel*, Rn. 14; vgl. auch *Schmalenbach*, in: Calliess/Ruffert, Art. 216 AEUV, Rn. 33; *Mögele*, in: Streinz, Art. 216 AEUV, Rn. 62 f.

195 *EuGH*, Urt. v. 5. Februar 1963 – Rs. C-26/62, ECLI:EU:C:1963:1, *Van Gend en Loos/Administratie der Belastingen*; *EuGH*, Urt. v. 17. Dezember 1970 – Rs. C-33/70, ECLI:EU:C:1970:118, *Spa Sace*; *EuGH*, Urt. v. 6. Oktober 1970 – Rs. C-9/70, ECLI:EU:C:1970:78, *Grad*.

196 *Bungenberg*, in: von der Groeben/Schwarze/Hatje, Art. 218 AEUV, Rn. 127.

197 Zur Rechtslage in Deutschland vgl. *von Arnauld*, Völkerrecht, § 7 B I, Rn. 504 ff.; zur Ratifikation von völkerrechtlichen Verträgen in den einzelnen Mitgliedstaaten siehe auch *Eschbach*, Ratifizierungsprozess in den Mitgliedstaaten.

198 *Bungenberg*, in: von der Groeben/Schwarze/Hatje, Art. 218 AEUV, Rn. 135; *EuGH*, Urt. v. 11. September 2007 – Rs. C-431/05, ECLI:EU:C:2007:496, *Merck Genéricos Produtos Farmacêuticos*, Rn. 47.

§ 3 Parlamentarische Unterrichtungsrechte über die Verhandlungen

Das der Europäischen Union nach Art. 10 Abs. 2 EUV zugrundeliegende Modell der dualen demokratischen Legitimation erfordert, dass beide Legitimationsstränge in den Rechtsetzungsprozess der Union eingebunden werden. Daher stellt sich die Frage, welche Unterrichtungsrechte über den Ablauf völkerrechtlicher Verhandlungen der Union den demokratisch legitimierten Organen zustehen. Zunächst bedarf es einer Betrachtung der Unterrichtungsrechte des Europäischen Parlaments, welches unmittelbar die Unionsbürger vertritt (unter A.). Daran anschließend wird beleuchtet, welche Unterrichtungsrechte dem Rat der Europäischen Union zustehen (unter B.). Aufgrund der nur mittelbaren demokratischen Legitimation des Rates erfolgt zudem eine Untersuchung der Unterrichtungsrechte der nationalen Parlamente, welchen gegenüber die im Rat vertretenen Regierungen verantwortlich sind (unter C.).

A. Unterrichtungsrechte des Europäischen Parlaments

Das Europäische Parlament hat im Lauf der Änderungen der Europäischen Verträge erheblich an Einfluss im Vertragsschlussverfahren gewonnen. Ursprünglich war in Art. 228 Abs. 1 UAbs. 1 S. 2, 238 Abs. 2 EWGV allein eine Anhörung bei dem Abschluss von Assoziierungsabkommen vorgesehen. Auf Grundlage der seit 1964 bestehenden Absprache zwischen dem Europäischen Parlament und dem Rat[199] wurde durch den Vertrag von Maastricht erstmals ein primärrechtlich verankertes Anhörungs- und Beteiligungsrecht in Belangen des auswärtigen Handelns der EG zugunsten des Europäischen Parlaments eingeführt[200]. Art. 300 Abs. 2 UAbs. 3 EGV gestand dem Europäischen Parlament ein Anhörungsrecht vor dem Abschluss eines Abkommens zu – ausgenommen hiervon waren die separat geregelten Bereiche der GASP[201] und der

199 Sog. Luns-Verfahren; vgl. zur Entwicklung auch *Giegerich*, in: Frankfurter Kommentar, Art. 218 AEUV, Rn. 192 ff. m. w. N.

200 *Giegerich*, in: Frankfurter Kommentar, Art. 218 AEUV, Rn. 195.

201 *Eeckhout*, External Relations, S. 183.

gemeinsamen Handelspolitik[202]. Zudem wurden dem Europäischen Parlament erstmals Zustimmungsrechte für den Abschluss bestimmter Abkommen zugebilligt (Art. 300 Abs. 3 UAbs. 2 EGV). Die zur Anhörung und Zustimmung notwendigen Informationen über die Vertragsverhandlungen wurden durch eine Rahmenvereinbarung zwischen Parlament und Kommission abgesichert[203].

Durch den Vertrag von Lissabon steht dem Europäischen Parlament nach Art. 218 Abs. 10 AEUV nun eine „unverzügliche und umfassende" Unterrichtung „in allen Phasen des Verfahrens" zu. Demnach ist das Parlament ab Beschlussfassung über die Aufnahme von Verhandlungen bis hin zum Abschluss durch alle am Vertragsschluss beteiligten Organe über den Fortgang zu informieren[204]. Anders als das Anhörungsrecht des Art. 218 Abs. 6 lit. b) AEUV gilt das Unterrichtungsrecht auch im Bereich der GASP[205].

Parallel zu diesem allgemeinen Unterrichtungsrecht im Rahmen völkerrechtlicher Verhandlungen findet sich ein gesondertes Unterrichtungsrecht in Art. 207 Abs. 3 UAbs. 3 S. 2 AEUV für den Abschluss von Abkommen im Bereich der gemeinsamen Handelspolitik. Die Formulierung des Art. 207 Abs. 3 UAbs. 3 S. 2 AEUV spricht abweichend von Art. 218 Abs. 10 AEUV davon, dass die Kommission dem Europäischen Parlament regelmäßig Bericht über den Stand der Verhandlungen zu erstatten hat. Beide Normen bezwecken, dass das Europäische Parlament während der gesamten Verhandlungen umfassend informiert wird[206]. Zudem verweist Art. 207 Abs. 3 AEUV vorbehaltlich etwaiger Sonderregeln auf Art. 218 AEUV. Eine abweichende Sonderregel, welche den Unterrichtungsanspruch nach Art. 218 Abs. 10 AEUV zu modifizieren versucht, kann in Art. 207 Abs. 3 UAbs. 3 S. 2 AEUV hingegen nicht gesehen werden. Dies wird bereits durch die Arbeiten zum Entwurf der Artikel des Verfassungsvertrages des Europäischen Konvents, die das außenpolitische Handeln betreffen,[207]

202 *Eeckhout*, External Relations, S. 177; *Lorenzmeier*, in: Grabitz/Hilf/Nettesheim, Art. 300 EGV, Rn. 73.

203 Rahmenvereinbarung über die Beziehungen zwischen dem Europäischen Parlament und der Europäischen Kommission vom 5. Juli 2000, Anhang II, ABl. 2001, C 121/128; vgl. auch *Bungenberg*, in: von der Groeben/Schwarze/Hatje, Art. 218 AEUV, Rn. 48.

204 *Giegerich*, in: Frankfurter Kommentar, Art. 218 AEUV, Rn. 196; *EuGH*, Urt. v. 24. Juni 2014 – Rs. C-658/11, ECLI:EU:C:2014:2025, *Parlament/Rat*, Rn. 86; *EuGH*, Urt. v. 14. Juni 2016 – Rs. C-263/14, ECLI:EU:C:2016:435, *Parlament/Rat*, Rn. 75 f.

205 *EuGH*, Urt. v. 24. Juni 2014 – Rs. C-658/11, ECLI:EU:C:2014:2025, *Parlament/Rat*, Rn. 84 f.; *EuGH*, Urt. v. 14. Juni 2016 – Rs. C-263/14, ECLI:EU:C:2016:435, *Parlament/Rat*, Rn. 69 f.; *Giegerich*, in: Frankfurter Kommentar, Art. 218 AEUV, Rn. 197.

206 *Nettesheim*, in: Streinz, Art. 207 AEUV, Rn. 60.

207 CONV 685/03 vom 23. April 2003.

deutlich. Aus den Erläuterungen zu Art. 24 des Konventsentwurfes[208] wird deutlich, dass die Rolle des Europäischen Parlaments gestärkt werden sollte, indem die in Art. 300 Abs. 3 EGV enthaltene Ausnahme, nach der das Europäische Parlament an den Abkommen im Rahmen der gemeinsamen Handelspolitik[209] nicht beteiligt wird, gestrichen wurde[210]. Das allgemeine Unterrichtungsrecht des Europäischen Parlaments fand sich in Art. 33 Abs. 11 des Konventsentwurfs[211]. In Art. III-217 Abs. 3 UAbs. 2 S. 2 VVE fand sich schließlich die zusätzliche Unterrichtungspflicht, welche nun in Art. 207 Abs. 3 UAbs. 3 S. 2 AEUV verankert ist. Insofern ist von einer lediglich inhaltlichen Klarstellung der Unterrichtungsrechte des Europäischen Parlaments auszugehen[212]. Somit betont Art. 207 Abs. 3 UAbs. 3 S. 2 AEUV, dass insbesondere für die Verhandlungen zu Abkommen im Rahmen der gemeinsamen Handelspolitik das Europäische Parlament durch die Kommission als Verhandlungsführer umfassend und unverzüglich zu unterrichten ist.

Die neu eingefügten Unterrichtungsrechte werden in einer Rahmenvereinbarung zwischen Parlament und Kommission[213] weitergehend konkretisiert. Diese sieht eine regelmäßige Unterrichtung des zuständigen Ausschusses und ggf. des Plenums vor (Rahmenvereinbarung, Nr. 24). Im Einzelnen aufgeführt in Anhang III der Rahmenvereinbarung sichert die Kommission dem Parlament unter anderem zu, Dokumente über jeden Verhandlungsschritt bereitzustellen (Rahmenvereinbarung, Anhang III, Nr. 2, 5, 6), auf Anmerkungen des Parlaments einzugehen (Rahmenvereinbarung, Anhang III, Nr. 4, 2. HS) und im Falle eines Zustimmungserfordernisses das Parlament in gleicher Form wie den Rat bzw. dessen Sonderausschuss zu informieren (Rahmenvereinbarung, Anhang III, Nr. 5, S. 1).

Das Europäische Parlament hat in einigen Fällen bereits deutlich gemacht, dass es diese neu gewonnenen Unterrichtungsrechte nicht als bloße Förmlichkeit betrachtet. Vielmehr versucht es aktiv, durch Stellungnahmen und die Ablehnung von Abkommen die Verhandlungen zu beeinflussen[214]. Im Falle

---

208 Entspricht inhaltlich Art. 207 AEUV.

209 Ehemals in Art. 133 Abs. 3 EGV.

210 CONV 685/03 vom 23. April 2003, S. 54, Kommentar Nr. 5.

211 CONV 685/03 vom 23. April 2003, S. 68; dieser entspricht Art. 218 Abs. 10 AEUV.

212 *Weiß*, in: Grabitz/Hilf/Nettesheim, Art. 207 AEUV, Rn. 96.

213 Rahmenvereinbarung über die Beziehungen zwischen dem Europäischen Parlament und der Europäischen Kommission vom 20. November 2010, ABl. 2010, L 304/47, im Folgenden *Rahmenvereinbarung*.

214 *Meissner*, European Foreign Affairs review 2016, 269, 287; *Giegerich*, in: Frankfurter Kommentar, Art. 218 AEUV, Rn. 199.

von *SWIFT* hat das Europäische Parlament seine Unterrichtungsrechte sowie Stellungnahmen durch die Ablehnung der vorläufigen Anwendbarkeit durchgesetzt[215]. Ebenso hat das Europäische Parlament durch Stellungnahmen und ein Klageverfahren vor dem *EuG*[216] die Verhandlungen zu *ACTA* in die von ihm gewünschte Richtung gelenkt[217].

Der *EuGH* sieht in den Unterrichtungsrechten des Europäischen Parlaments eine wesentliche Verfahrensvorschrift. Aufgrund seines Wesens als Ausdruck eines demokratischen Grundsatzes führe eine Verletzung von Art. 218 Abs. 10 AEUV grundsätzlich zur Nichtigkeit eines Ratsbeschlusses[218].

B. Unterrichtungsrechte des Rates

Der Rat kann zur Kontrolle der Verhandlungen einen Sonderausschuss bestellen – im Rahmen der gemeinsamen Handelspolitik ist die Bestellung eines solchen nach Art. 207 Abs. 3 UAbs. 3 S. 1 AEUV zwingend vorgesehen[219]. Fachlich wird zur Besetzung des Ausschusses auf Beamte des Rates aus den betroffenen Sachgebieten oder aufgrund deren geographischer Expertise zurückgegriffen[220]. Die Verhandlungen werden durch den Verhandlungsführer im Benehmen mit diesem Sonderausschuss geführt (Art. 207 Abs. 3 UAbs. 3, Art. 218 Abs. 4 AEUV), welchem eine beratende Funktion zukommt[221]. Zu diesem Zweck muss er fortlaufend und umfassend durch den Verhandlungsführer unterrichtet werden, und zwar derart, dass er in der Lage ist, den Ablauf der Verhandlungen zu verfolgen[222]. Der Ausschuss ist indessen weder in der Lage,

---

215 *Meissner*, European Foreign Affairs review 2016, 269, 272 ff.

216 *EuG*, Urt. v. 19. März 2013 – Rs. T-301/10, ECLI:EU:T:2013:135, *in't Veld/Kommission*.

217 *Meissner*, European Foreign Affairs review 2016, 269, 275 ff.; *Curtin*, CMLRev. 50 (2013), 423, 449, 452; *Bartel/Fahey* in Fahey/Curtin, S. 210, 229.

218 *EuGH*, Urt. v. 24. Juni 2014 – Rs.: C-658/11, ECLI:EU:C:2014:2025, *Parlament/Rat*, Rn. 80 f., 86.

219 *Giegerich*, in: Frankfurter Kommentar, Art. 218 AEUV, Rn. 55; *Mögele*, in: Streinz, Art. 218 AEUV, Rn. 9.

220 *Mögele*, in: Streinz, Art. 218 AEUV, Rn. 9.

221 *Giegerich*, in: Frankfurter Kommentar, Art. 218 AEUV, Rn. 57; *EuGH*, Urt. v. 16. Juli 2015 – Rs. C-425/13, ECLI:EU:C:2015:483, *Kommission/Rat*, Rn. 77.

222 *Giegerich*, in: Frankfurter Kommentar, Art. 218 AEUV, Rn. 57; *EuGH*, Urt. v. 16. Juli 2015 – Rs. C-425/13, ECLI:EU:C:2015:483, *Kommission/Rat*, Rn. 66; *Bungenberg*, in: von der Groeben/Schwarze/Hatje, Art. 218 AEUV, Rn. 44; *Lorenzmeier*, in: Grabitz/Hilf/Nettesheim, Art. 218 AEUV, Rn. 29 versteht unter „Benehmen" hingegen ein Einvernehmen, welches die Aushandlungshoheit des Rates unterstreichen solle.

die Verhandlungsrichtlinien zu modifizieren, noch nimmt er persönlich an den Verhandlungen teil – diese Befugnisse können ihm auch nicht durch den Rat übertragen werden[223]. Nach Ansicht des *EuGH* kann der Sonderausschuss keine einzelnen Verhandlungspositionen vorschreiben[224]. Die Festlegung einzelner Verhandlungspositionen sowohl durch den Rat wie auch durch einen von ihm eingesetzten Sonderausschuss würde das institutionelle Gleichgewicht aus Art. 13 Abs. 2 S. 2 EUV verletzen sowie die dem Rat zugewiesenen Befugnisse aus Art. 218 Abs. 4 AEUV überschreiten[225].

Eine Verpflichtung zur unmittelbaren Unterrichtung des Rates über den Verhandlungsfortschritt ist in den Verträgen nicht vorgesehen. Der Rat wäre aufgrund dessen stets darauf angewiesen, einen Sonderausschuss zur Sicherstellung des Informationsflusses zu bestellen. Zur Vermeidung dieser Förmlichkeit wird ein Recht des Rates auf direkte Unterrichtung durch den Verhandlungsführer angenommen, sofern kein Sonderausschuss bestellt wird[226]. Abgeleitet wird ein solches Unterrichtungsrecht entweder unmittelbar aus der Pflicht zur loyalen Zusammenarbeit nach Art. 13 Abs. 2 S. 2 EUV[227] oder aus dem Telos des Art. 218 Abs. 4 AEUV – denn der Abschluss eines Abkommens wäre gefährdet, sofern der Rat vor der Zustimmung über dieses nicht hinreichend unterrichtet wäre[228]. Ebenso wäre die Bestellung eines Sonderausschusses eine nicht notwendige Förmlichkeit, um Berichtspflichten einzufordern. Schließlich ist zu bedenken, dass der Sonderausschuss dem Zweck dient, eine Arbeitserleichterung für den Rat herbeizuführen.[229]

---

223 *Giegerich,* in: Frankfurter Kommentar, Art. 218 AEUV, Rn. 56; *EuGH,* Urt. v. 16. Juli 2015 – Rs. C-425/13, ECLI:EU:C:2015:483, *Kommission/Rat,* Rn. 89.

224 *EuGH,* Urt. v. 16. Juli 2015 – Rs. C-425/13, ECLI:EU:C:2015:483, *Kommission/Rat,* Rn. 90.

225 *EuGH,* Urt. v. 16. Juli 2015 – Rs. C-425/13, ECLI:EU:C:2015:483, *Kommission/Rat,* Rn. 87.

226 *Giegerich,* in: Frankfurter Kommentar, Art. 218 AEUV, Rn. 59; *Lorenzmeier,* in: Grabitz/Hilf/Nettesheim, Art. 218 AEUV, Rn. 31; in diesem Sinne auch *EuGH,* Urt. v. 16. Juli 2015 – Rs. C-425/13, ECLI:EU:C:2015:483, *Kommission/Rat,* Rn. 67 f.

227 *Giegerich,* in: Frankfurter Kommentar, Art. 218 AEUV, Rn. 59; so wohl auch *EuGH,* Urt. v. 16. Juli 2015 – Rs. C-425/13, ECLI:EU:C:2015:483, *Kommission/Rat,* Rn. 67 f.

228 *Lorenzmeier,* in: Grabitz/Hilf/Nettesheim, Art. 218 AEUV, Rn. 31.

229 *Lorenzmeier,* in: Grabitz/Hilf/Nettesheim, Art. 218 AEUV, Rn. 31 geht insofern davon aus, dass die fehlende Berichtspflicht einem Redaktionsversehen in Art. 218 AEUV geschuldet ist.

C. Unterrichtungsrechte der mitgliedstaatlichen Parlamente

Um der dualen Legitimationsbasis der Union auch im Bereich der vertraglichen Außenpolitik der Union gerecht zu werden, bedarf es einer Untersuchung, inwieweit zusätzlich zu Rat und Europäischem Parlament die mitgliedstaatlichen Parlamente über die Verhandlungen zu völkerrechtlichen Verträgen der Union unterrichtet werden müssen. Im Folgenden wird zunächst die primärrechtliche Verpflichtung zur Beteiligung der nationalen Parlamente an der unionalen Gesetzgebung sowie deren Ausgestaltung dargestellt (I.). Daraufhin werden die Unterrichtungsrechte der nationalen Parlamente über die Verhandlungen zu völkerrechtlichen Abkommen untersucht (II.). Zuletzt werden die nationalen Parlamentsbeteiligungsgesetze der Bundesrepublik Deutschland – welche von den Unionsvorgaben zur Unterrichtung der Parlamente abweichen können – daraufhin analysiert, ob diese einen Anspruch auf Unterrichtung über die Verhandlungen zu völkerrechtlichen Abkommen gewährleisten (III.).

I. Primärrechtliche Verankerung der Unterrichtungsrechte mitgliedstaatlicher Parlamente

Die Notwendigkeit einer direkten Beteiligung der mitgliedstaatlichen Parlamente an dem Erlass von Rechtsakten der Union entstand durch die Einführung der Direktwahl der Abgeordneten des Europäischen Parlaments[230]. Dem Vertrag von Maastricht wurden schließlich zwei Erklärungen beigefügt, welche die Rolle der nationalen Parlamente und den Informationsaustausch mit dem europäischen Parlament regelten[231]. Es war hingegen dem Vertrag von Lissabon vorbehalten, in Art. 12 EUV die primärrechtlichen Beteiligungsrechte der mitgliedstaatlichen Parlamente zu verankern[232]. Dieser Entwicklung liegt der Zweck zugrunde, den nationalen Parlamenten eine effektive Kontrolle über das Handeln der Regierungen im Rat zu ermöglichen und so als unmittelbar demokratisch

---

230 Zuvor setzte sich das Europäische Parlament aus den Abgeordneten der nationalen Parlamente zusammen, *Calliess*, in: Calliess/Ruffert, Art. 12 EUV, Rn. 4; *Chardon*, in: Weidenfeld, S. 171, 173.

231 Erklärung Nr. 13 zur Rolle der einzelstaatlichen Parlamente in der Europäischen Union und Erklärung Nr. 14 zur Konferenz der Parlamente zum Vertrag von Maastricht, ABl. 1992, C 191/1; siehe auch *Calliess*, in: Calliess/Ruffert, Art. 12 EUV, Rn. 4; zur Entwicklung der Beteiligungsrechte nationaler Parlamente vor dem Vertrag von Lissabon vgl. *Chardon*, in: Weidenfeld, S. 171, 173 ff.

232 *Calliess*, in: Calliess/Ruffert, Art. 12 EUV, Rn. 7.

legitimiertes Organ den gesetzgeberischen Prozess zu beeinflussen[233]. Die Einfügung der Beteiligungsrechte bringt die besondere Bedeutung der nationalen Parlamente im Lichte der demokratischen Legitimation der Union hervor. Denn Art. 10 Abs. 2 EUV legt der Union ein duales Legitimationsmodell unmittelbar über das Europäische Parlament (Art. 10 Abs. 2 UAbs. 1 EUV) und mittelbar über die den nationalen Parlamenten verantwortlichen Regierungen im Rat (Art. 10 Abs. 2 UAbs. 2 EUV) zugrunde[234]. Konsequenterweise ist die Rolle der nationalen Parlamente daher durch umfassende Unterrichtungs- und Beteiligungsrechte abgesichert.

Als zentrale Norm der Unterrichtungsrechte stellt sich in diesem Rahmen Art. 12 lit. a) EUV dar. Diese Vorschrift garantiert den nationalen Parlamenten, dass sie durch die Organe der Union unmittelbar unterrichtet werden – insbesondere sind ihnen Entwürfe von Gesetzgebungsakten der Union zuzuleiten. Konkretisiert wird das Unterrichtungsrecht der nationalen Parlamente durch das Protokoll (Nr. 1) über die Rolle der nationalen Parlamente in der Europäischen Union[235]. Dessen Art. 1 Protokoll (Nr. 1) regelt die Weiterleitung von Dokumenten – umfasst sind hiervon Konsultationsdokumente der Kommission sowie das jährliche Rechtsetzungsprogramm und alle weiteren Dokumente für die Ausarbeitung der Rechtsetzungsprogramme und politischen Strategien. Art. 2 Protokoll (Nr. 1) befasst sich zudem mit der Weiterleitung von Entwürfen zu Gesetzgebungsakten. Diese müssen von der Kommission, dem Europäischen Parlament oder dem Rat direkt den nationalen Parlamenten übersandt werden.

---

233 Dies beruht auf einer Erfahrung des sog. Post-Nizza-Prozesses, in dessen Verlauf festgestellt wurde, dass demokratische Legitimation in der Union nicht nur über das Europäische Parlament, sondern auch über die nationalen Parlamente vermittelt werden muss, vgl. *Chardon*, in: Weidenfeld, S. 171, 175.

234 Zur dualen demokratischen Legitimation des Unionshandelns siehe *Haag*, in: von der Groeben/Schwarze/Hatje, Art. 10 EUV, Rn. 9 f.; *von Achenbach*, Demokratische Gesetzgebung, S. 300 ff.; *Frenz*, Hdb EuR, Bd. 6, Kap. 1, § 3, Rn. 148 ff.; *von Bogdandy*, in: von Bogdandy/Bast, S. 62 ff.

235 Dieses Protokoll findet sich als Anhang zum Vertrag von Lissabon und ist nach Art. 51 EUV Bestandteil der Verträge, siehe ABl. 2007, C 306/1; im Folgenden: Protokoll (Nr.1).

II. Unterrichtungsrechte der mitgliedstaatlichen Parlamente über die Aushandlung völkerrechtlicher Abkommen

Aufgrund der Bedeutung der mitgliedstaatlichen Parlamente neben dem Europäischen Parlament für die demokratische Legitimation des Handelns der Union stellt sich die Frage, inwieweit die Parlamente der Mitgliedstaaten über das Verfahren zur Aushandlung und dem Abschluss völkerrechtlicher Abkommen unterrichtet werden. Im Fokus steht die Frage, ob das Unionsrecht den mitgliedstaatlichen Parlamenten – ebenso wie dem Europäischen Parlament – einen Anspruch auf Unterrichtung über Verhandlungen zu völkerrechtlichen Verträgen gewährleistet. Im Folgenden wird zunächst ein Unterrichtungsrecht über völkerrechtliche Abkommen in ausschließlicher Kompetenz der Union untersucht (1.). Daraufhin wird das Bedürfnis nach und die Reichweite von Unterrichtungsrechten der mitgliedstaatlichen Parlamente im Rahmen gemischter Abkommen beleuchtet (2.).

1. Unterrichtungsrechte über Abkommen in ausschließlicher Unionskompetenz durch die Unionsorgane

Anders als für das Europäische Parlament in Art. 218 Abs. 10 AEUV[236] sind Unterrichtungsrechte der mitgliedstaatlichen Parlamente an der Aushandlung völkerrechtlicher Abkommen nicht explizit vorgesehen. Daher bedarf es zur Klärung dieser Rechte eines Rückgriffs auf die oben erläuterten allgemeinen Unterrichtungsrechte der mitgliedstaatlichen Parlamente aus Art. 12 EUV i. V. m. dem Protokoll (Nr. 1).

In Betracht für eine Pflicht der Unionsorgane, sowohl das Verhandlungsmandat als auch Dokumente zu laufenden Vertragsverhandlungen zu übermitteln, kommt das Unterrichtungsrecht nach Art. 12 lit. a) EUV. Im Folgenden wird zunächst das spezielle Recht auf die Zuleitung von Entwürfen zu Gesetzgebungsakten (unter a)) sowie anschließend das darüber hinausgehende, allgemeine Unterrichtungsrecht der mitgliedstaatlichen Parlamente (unter b)) geprüft. Anschließend wird die Möglichkeit einer über diese expliziten Unterrichtungsrechte hinausgehenden Pflicht diskutiert (unter c)).

---

236 Vgl. oben unter B.

a) *Unterrichtung über völkerrechtliche Verhandlungen aufgrund des Rechts auf Zuleitung von Entwürfen zu Gesetzgebungsakten nach Art. 12 lit. a), 2. Var. EUV*

Zur effektiven Einbindung der mitgliedstaatlichen Parlamente werden diesen die Entwürfe von Gesetzgebungsakten nach Art. 12 lit. a), 2. Var. EUV i. V. m. Art. 2 Protokoll (Nr. 1) direkt zugeleitet. Zum Begriff des Gesetzgebungsaktes enthält Art. 289 Abs. 3 AEUV eine Legaldefinition[237]. Eine weitere Konkretisierung findet der Begriff des „Entwurfs eines Gesetzgebungsaktes" darüber hinaus in Art. 2 Abs. 2 Protokoll (Nr. 1)[238].

Entscheidend für die Zuleitung völkerrechtlicher Verhandlungsdokumente nach Art. 12 lit. a), 2. Var. EUV i. V. m. Art. 2 Protokoll (Nr. 1) ist daher, ob völkerrechtliche Abkommen als Gesetzgebungsakte i. S. d. Art. 289 Abs. 3 AEUV zu klassifizieren sind. Die geschlossenen Abkommen der Europäischen Union könnten insofern als Gesetzgebungsakte gelten, als dass der Rat diesen durch Beschluss[239] zur Anwendung verhilft. Für die Annahme eines Gesetzgebungsaktes könnte zunächst sprechen, dass völkerrechtliche Verträge – ebenso wie Beschlüsse und Verordnungen im Gesetzgebungsverfahren nach Art. 289 Abs. 1, 2 AEUV – unmittelbare Wirkung für den einzelnen Unionsbürger erzeugen können[240]. Darüber hinaus vermögen völkerrechtliche Verträge auch Pflichten für den Unionsgesetzgeber hervorzurufen, welche das eigentliche

---

237 Dies gebietet bereits die autonome systematische Auslegung des Unionsrechts. Nach den Auslegungskriterien des *EuGH* ist jede Vorschrift des Unionsrechts u. a. im Lichte des gesamten Gemeinschaftsrechts autonom auszulegen, siehe *EuGH*, Urt. v. 6. Oktober 1982 – Rs. C-283/81, ECLI:EU:C:1982:335, *C.I.L.F.I.T./Ministero della Sanità*, Rn. 20; Art. 289 Abs. 3 AEUV ist überdies als Legaldefinition für Art. 12 EUV anerkannt, vgl. *Sauer*, in: Frankfurter Kommentar, Art. 289 AEUV, Rn. 40, 42; *Krajewski/Rösslein*, in: Grabitz/Hilf/Nettesheim, Art. 289, Rn. 16 f., 61 ff.

238 Umfasst sind demnach „Vorschläge der Kommission, die Initiativen einer Gruppe von Mitgliedstaaten, die Initiativen des Europäischen Parlaments, die Anträge des Gerichtshofs, die Empfehlungen der Europäischen Zentralbank und die Anträge der Europäischen Investitionsbank, die den Erlass eines Gesetzgebungsaktes zum Ziel haben.", Art. 2 Abs. 2 Parlamentsprotokoll (Nr. 1).

239 Der Beschluss nach Art. 288 UAbs. 4 AEUV zu diesem Zweck alleinig zulässiger Rechtsakt, vgl. oben unter § 2.C.I.1.

240 Zur unmittelbaren Wirkung völkerrechtlicher Verträge siehe bereits oben unter § 2.D.II.; ferner *Bungenberg*, in: von der Groeben/Schwarze/Hatje, Art. 218 AEUV, Rn. 126 ff.

Gesetzgebungsverfahren einschränken[241] oder gar obsolet machen[242]. Die Beteiligung des Europäischen Parlaments im Rahmen völkerrechtlicher Verträge ist dem ordentlichen und besonderen Gesetzgebungsverfahren angeglichen. Um dessen Einbindung auch im Bereich völkerrechtlicher Verträge zu garantieren, ordnet Art. 218 Abs. 6 UAbs. 2 lit. a), lit. v) AEUV ein gleichlaufendes Zustimmungserfordernis des Europäischen Parlaments zum Abschluss völkerrechtlicher Verträge an[243].

Hingegen definiert der Wortlaut des Art. 289 Abs. 3 AEUV Gesetzgebungsakte nur als solche, „die gemäß einem Gesetzgebungsverfahren angenommen werden"[244]. Die Definition innerhalb dieser Vorschrift wird als Verweis auf das Gesetzgebungsverfahren nach Art. 289 Abs. 1, 2 AEUV verstanden[245]. Bereits die systematische Stellung der Definition innerhalb des Art. 289 AEUV zeugt davon, dass diese sich lediglich auf Gesetzgebungsverfahren nach Art. 289 Abs. 1, 2 AEUV beziehen soll. Insofern wird ein Gesetzgebungsakt nach streng formalen Maßstäben definiert – sprich, ob er als Rechtsakt nach dem ordentlichen oder besonderen Gesetzgebungsverfahren erlassen wird bzw. sich auf diese Kompetenznormen stützt[246]. Inhaltliche Kriterien, welche auf die gewählte Handlungsform der Unionsorgane oder eine vergleichbare Rechtswirkung von Rechtsakten außerhalb dieses Verfahrens abstellen, finden hingegen keine Berücksichtigung[247].

Die Beschlüsse des Rates zur Verhandlungs- sowie Unterzeichnungsermächtigung stellen einen adressatengerichteten Rechtsakt[248] dar, welcher den

---

241 Vgl. zur Einschränkung innerstaatlicher Rechtssetzung durch völkerrechtliche Verträge *Schmalenbach,* in: Calliess/Ruffert, Art. 216 AEUV, Rn. 25 f.; *Eeckhout*, External Relations, S. 278 ff.

242 Dies freilich nur in dem Fall, dass die Abkommen unmittelbare Wirkung erzeugen und keines weiteren Umsetzungsaktes bedürfen.

243 Vgl. zur Einbindung des Europäischen Parlaments in den Abschluss völkerrechtlicher Verträge oben unter § 2.C.II.2.

244 Art. 289 Abs. 3 AEUV.

245 *Schmidt,* in: von der Groeben/Schwarze/Hatje, Art. 289 AEUV, Rn. 9; *Frenz,* Hdb EuR, Bd. 5, Kap. 6, § 3, Rn. 628, Kap. 9, § 1, Rn. 1218; *Saurer,* in: Frankfurter Kommentar, Art. 289 AEUV, Rn. 39; über dieses Verständnis hinausgehend, jedoch vor dem Vertrag von Lissabon *de Leeuw,* E. L. Rev. 32 (2007), 295, 297 ff.

246 *Krajewski/Rösslein,* in: Grabitz/Hilf/Nettesheim, Art. 289 AEUV, Rn. 62; *Hofman,* ELJ 2009, 482, 487, 491.

247 *Krajewksi/Rösslein,* in: Grabitz/Hilf/Nettesheim, Art. 289 AEUV, Rn. 62; *Schmidt,* in: von der Groeben/Schwarze/Hatje, Art. 289 AEUV, Rn. 8.

248 Ein adressatenbezogener Beschluss ist alleine kein Ausschlussgrund für die Annahme eines Rechtsaktes, vgl. *Frenz,* Hdb EuR, Bd. 5, Kap. 9, § 1, Rn. 1221.

Sonderregeln der Art. 207 Abs. 3, UAbs. 2, 218 Abs. 3 AEUV folgt. Insofern handelt es sich bei solchen Beschlüssen schon nicht um solche, die in einem Gesetzgebungsverfahren nach Art. 289 Abs. 1, 2 AEUV angenommen werden. Schlussendlich handelt es sich auch bei dem Annahmebeschluss über ein völkerrechtliches Abkommen nicht um einen Rechtsakt, der in einem Gesetzgebungsverfahren angenommen wird. Denn die Sonderregel des Art. 218 Abs. 6 AEUV stellt eigene Anforderungen an den Beschluss und vermag weder das ordentliche Gesetzgebungsverfahren nach Art. 289 Abs. 1 AEUV auszulösen noch stellt es ein besonderes Gesetzgebungsverfahren i. S. d. Art. 289 Abs. 2 AEUV dar[249].

Somit gelten Beschlüsse des Rates über völkerrechtliche Abkommen nicht als Gesetzgebungsakte nach Art. 289 Abs. 3 AEUV und sind daher nicht den nationalen Parlamenten nach Art. 12 lit. a), 2. Var. EUV zuzuleiten. Unter dieser Prämisse sind auch die Verhandlungsdokumente, welche letztlich den Ratsbeschluss zum Abschluss eines Abkommens vorbereiten, nicht als Entwürfe zu Gesetzgebungsakten zu betrachten[250].

b) *Unterrichtung über völkerrechtliche Verhandlungen aufgrund des über Gesetzgebungsakte hinausgehenden Unterrichtungsrechts nach Art. 12 lit. a), 1. Var. EUV*

Des Weiteren besteht die Möglichkeit, dass den mitgliedstaatlichen Parlamenten nach Art. 12 lit. a), 1. Var. EUV über die Entwürfe von Gesetzgebungsakten hinaus ein Unterrichtungsrecht über die Verhandlungen zu völkerrechtlichen Verträgen zusteht. Konkretisiert wird dieses Unterrichtungsrecht durch Art. 1 Protokoll (Nr. 1). Die Formulierung des Verweises in Art. 12 lit. a) EUV lässt zwar ebenso den Schluss zu, dass sich das Protokoll (Nr. 1) lediglich auf die zweite Variante des Art. 12 lit. a) EUV bezieht, demgegenüber wird jedoch durch die Überschrift des Titels I Protokoll (Nr. 1) „Unterrichtung der nationalen Parlamente" deutlich, dass sich das Protokoll (Nr. 1) auf beide Varianten des Art. 12 lit. a) EUV beziehen soll. Auch der Inhalt des Art. 1 sowie Art. 2 Protokoll (Nr. 1) lässt auf diesen Befund schließen. Während Art. 2 Protokoll (Nr. 1) sich mit der Übersendung von Gesetzgebungsakten befasst – und somit Art. 12 lit. a), 2. Var. EUV konkretisiert – befasst sich Art. 1 Protokoll (Nr. 1) spiegelbildlich zu Art. 12

---

249 Die jeweiligen Kompetenznormen zum Erlass der Gesetzgebungsakte verweisen auf das besondere Gesetzgebungsverfahren; eine Auflistung der Fälle, in denen das besondere Gesetzgebungsverfahren ausgelöst wird, findet sich bei *Gellermann*, in: Streinz, Art. 289 AEUV, Rn. 6 f.

250 Diese sind ebenfalls nicht im Parlamentsprotokoll (Nr. 1) als solche kategorisiert.

lit. a), 1. Var. EUV mit der Übersendung sonstiger Dokumente und konkretisiert somit das über Entwürfe von Gesetzgebungsakten hinausgehende Unterrichtungsrecht. Der Verweis auf das Protokoll (Nr. 1) lässt ebenfalls erkennen, dass Art. 1 Protokoll (Nr. 1) bezweckt, die Unterrichtungsrechte nach Art. 12 lit. a), 1. Var. EUV abschließend zu regeln. Ein darüber hinausgehendes eigenständiges Unterrichtungsrecht kann Art. 12 lit. a), 1. Var. EUV nicht entnommen werden.

Das Protokoll (Nr. 1) sieht in Art. 1 eine Aufzählung von Dokumenten vor, welche übersendet werden müssen. Umfasst werden hiervon Konsultationsdokumente der Kommission und das jährliche Rechtsetzungsprogramm sowie politische Strategien[251]. Die Verhandlungsermächtigung des Rates zur Aufnahme von Verhandlungen sowie Verhandlungsdokumente zu völkerrechtlichen Abkommen werden von dieser Aufzählung nicht erfasst. Daher kann auch aus Art. 12 lit. a), 1. Var. EUV i. V. m. Art. 1 Protokoll (Nr. 1) kein Unterrichtungsrecht der mitgliedstaatlichen Parlamente über völkerrechtliche Verhandlungen abgeleitet werden.

c) Analoge Anwendung des Art. 12 lit. a) EUV auf die Unterrichtung der nationalen Parlamente über völkerrechtliche Verhandlungen

Ein explizites Recht auf Unterrichtung der nationalen Parlamente über das Verhandlungsmandat sowie die konsolidierten Verhandlungsdokumente durch die Unionsorgane findet sich im Primärrecht nicht. Die Überlegung, dass in einem dual demokratisch legitimierten System wie dem der Europäischen Union beide Legitimationsstränge mittels der ihnen zustehenden Unterrichtungsrechte Kontrolle ausüben müssen, leitet zu der Frage hin, ob ein über die gesetzlichen Normierungen hinausgehendes Unterrichtungsrecht bestehen kann. Anknüpfungspunkt für eine solche Untersuchung bildet Art. 12 EUV als zentrale Norm zur Einbindung der nationalen Parlamente. Im Folgenden soll auf dieser Basis untersucht werden, ob in Analogie zu Art. 12 EUV ein Unterrichtungsrecht auch in Bezug auf völkerrechtliche Verhandlungsdokumente besteht.

Obschon die Bildung einer Analogie im Europäischen Recht möglich ist[252], unterliegt sie Grenzen. So darf durch die Bildung einer Analogie nicht die

---

251 Eine Übersicht über die einzelnen Unterrichtungsrechte gibt *Bieber*, in: von der Groeben/Schwarze/Hatje, Art. 12 EUV, Rn. 17.

252 Die Möglichkeit zur Rechtsfortbildung über die Auslegung der betreffenden Norm hinaus ist in Literatur und Rechtsprechung anerkannt, statt vieler *EuGH*, Urt. v. 12. Dezember 1985 – Rs. C-165/84, ECLI:EU:C:1985:507, *Krohn/BALM*, Rn. 23 ff.; *Ahmling*, Analogiebildung, S. 142.

Verschiebung der Kompetenzordnung der Europäischen Union verursacht werden, da ansonsten ein Verstoß gegen das Prinzip der begrenzten Einzelermächtigung herbeigeführt würde. Ebenso muss das der Unionsrechtsordnung immanente Subsidiaritätsprinzip bei der Analogiebildung Berücksichtigung finden.[253]

Vorliegend verstößt die Bildung einer Analogie allerdings gegen keine derartigen Analogieverbote. Grundlage dieser Überlegung ist es, dass eine Analogie zu gegebenen institutionellen Vorschriften innerhalb der Union gebildet werden soll. Weder wird hierdurch der Kompetenzrahmen der Union angetastet, noch verstößt eine derartige Analogie gegen allgemeine Rechtsgrundsätze. Zum Zwecke der folgenden Überlegung zur Bildung einer Analogie werden die einzelnen Voraussetzungen[254] einer solchen untersucht: Die Identifizierung einer Regelungslücke (unter (1)), die Feststellung der Planwidrigkeit (unter (2)) sowie eine vergleichbare Interessenslage und die Unvereinbarkeit des Fehlens einer Regelung mit allgemeinen Grundsätzen des Unionsrechts, welche eine Analogie rechtfertigen würde (unter (3)).

(1) Regelungslücke

Die Rechtsprechung des *EuGH* in der Rechtssache *Krohn/Balm*[255] stellte erstmals Anforderungen an eine Regelungslücke, welche durch eine Analogie geschlossen werden kann. Demnach bedarf es „eine[r] mit einem allgemeinen Grundsatz des Gemeinschaftsrechtes unvereinbare[n] Lücke“[256], welche die analoge Anwendung einer Regelung rechtfertigt[257].

Eine Lücke lässt sich zunächst direkt in Art. 12 EUV finden. Diese Norm fasst die Unterrichtungs- und Beteiligungsrechte der nationalen Parlamente in systematischem Zusammenhang zu den demokratischen Grundsätzen der Union zusammen. Während Art. 12 lit. a) EUV die Unterrichtungsrechte in Verbindung mit dem Protokoll (Nr. 1) konkretisierend auf Gesetzgebungsakte sowie sonstige Dokumente i. S. d. Art. 1 Protokoll (Nr. 1) festschreibt[258], fehlt eine

---

253 *Ahmling*, Analogiebildung, S. 144 ff.; *Neuner*, in: Riesenhuber, Europäische Methodenlehre, § 12, Rn. 11 ff.

254 Zu den Voraussetzungen der Analogie *Neuner*, in: Riesenhuber, Europäische Methodenlehre, § 12, Rn. 27 ff.; *Ahmling*, Analogiebildung, S. 147.

255 *EuGH*, Urt. v. 12. Dezember 1985 – Rs. C-165/84, ECLI:EU:C:1985:507, *Krohn/BALM*.

256 *EuGH*, Urt. v. 12. Dezember 1985 – Rs. C-165/84, ECLI:EU:C:1985:507, *Krohn/BALM*, Rn. 23.

257 Siehe näher zu diesem Erfordernis *Ahmling*, Analogiebildung, S. 148 ff. mit weiteren Nachweisen aus der Rechtsprechung.

258 Siehe hierzu oben unter a) sowie unter I.

solche Regelung im Hinblick auf Entwürfe zu völkerrechtlichen Verträgen[259]. Gegenteilig wird der Bereich des auswärtigen Handelns weder von Art. 12 EUV direkt noch durch den Verweis in das Protokoll (Nr. 1) erwähnt – explizit ausgeschlossen ist ein Unterrichtungsrecht über völkerrechtliche Verträge daher ebenfalls nicht. Somit liegt in Art. 12 EUV eine Regelungslücke hinsichtlich der Unterrichtungsrechte nationaler Parlamente über völkerrechtliche Verträge vor.

Eine Regelungslücke kann demgegenüber nicht aufgrund des Argumentes ausgeschlossen werden, dass Art. 12 EUV in seiner Struktur lediglich auf andere Unterrichtungsrechte verweise und daher rein deklaratorischer Natur sei[260]. Zwar stellt Art. 12 EUV tatsächlich durch Verweise in andere Normen einen Zusammenhang zwischen diesen her und fasst sie an prägnanter Stelle[261] zusammen. Eine solche Verweisung in andere Normen schmälert jedoch nicht den rechtlichen Gehalt der Vorschrift, sondern vermag diesen zu verstärken. Durch die Technik der Verweisungen werden die Beteiligungsrechte der nationalen Parlamente zusammengefasst – in typischer Regelungsarchitektur für den Vertrag von Lissabon[262]. Der Norm auf dieser Grundlage eine Rechtswirkung abzusprechen, geht hingegen fehl. Neben der durch die Stellung des Art. 12 EUV im Kontext der demokratischen Grundsätze deutlich werdenden Bedeutung dieser Unterrichtungsrechte[263] spricht gerade dessen Justiziabilität[264] für die Annahme einer eigenständigen Rechtswirkung. Es finden sich demgegenüber keine überzeugenden Argumente gegen eine eigenständige Justiziabilität des Art. 12 EUV. Weder erscheint es einleuchtend, warum eine Norm mit Verweisungscharakter nicht eigenständig justiziabel sein sollte, noch kann das Argument, dass die

---

259 Auf diesen Mangel verweist auch *Mayer*, Die Europafunktion der nationalen Parlamente, S. 105 mit Verweis darauf, dass der Bereich von Handelsabkommen nach Art. 207 Abs. 3 UAbs. 2 AEUV außen vor bleibe.

260 Auf den deklaratorischen Charakter verweisen *Hölscheidt,* in: Grabitz/Hilf/Nettesheim, Art. 12 EUV, Rn. 5; *Groh,* in: Fastenrath/Nowak, S. 77, 81; zur verweisenden Systematik des Art. 12 EUV siehe *Bieber,* in: von der Groeben/Schwarze/Hatje, Art. 12 EUV, Rn. 7; *Huber,* in: Streinz, Art. 12 EUV, Rn. 7.

261 Zur bedeutenden Stellung des Art. 12 EUV innerhalb des EUV siehe *Heselhaus,* in: Frankfurter Kommentar, Art. 12 EUV, Rn. 2.

262 *Huber,* in: Streinz, Art. 12 EUV, Rn. 7.

263 *Heselhaus,* in: Frankfurter Kommentar, Art. 12 EUV, Rn. 2.

264 Unter Verweis darauf, dass mit der Untätigkeitsklage nach Art. 265 AEUV die Unterrichtungsrechte durchgesetzt werden können *Bieber,* in: von der Groeben/Schwarze/Hatje, Art. 12 EUV, Rn. 14; *Heselhaus,* in: Frankfurter Kommentar, Art. 12 EUV, Rn. 14; kritisch *Hölscheidt,* in: Grabitz/Hilf/Nettesheim, Art. 12 EUV, Rn. 33.

nationalen Parlamente vor dem *EuGH* nicht parteifähig seien[265], dessen Justiziabilität entgegenstehen. Letztgenanntes Argument verkennt, dass zwar nicht die nationalen Parlamente, jedoch die parteifähigen Mitgliedstaaten durch ihre Regierungen die Durchsetzung der Norm mithilfe der Untätigkeitsklage erreichen können[266].

Darüber hinaus lässt sich gerade aufgrund der Struktur des Art. 12 EUV als Verweisungsnorm eine Regelungslücke erkennen. Dessen Verweisungsstruktur ist zwar nicht vollständig[267], das Fehlen eines Verweises indiziert jedoch bereits das Bestehen einer Lücke. Aufgrund des Fehlens einer Regelung zu den Unterrichtungsrechten nationaler Parlamente über völkerrechtliche Verhandlungen an anderer Stelle lässt sich klar erkennen, dass Art. 12 EUV in diesem Bereich eine Regelungslücke aufweist.

Strukturell lässt sich eine solche Regelungslücke ebenfalls in der Zusammenschau mit Art. 218 Abs. 10 AEUV begründen. Während dieser ein Unterrichtungsrecht des Europäischen Parlaments für die Aushandlung völkerrechtliche Verträge vorsieht, fehlt ein derartig gleichlaufendes Unterrichtungsrecht für die nationalen Parlamente in Art. 218 AEUV. Teilweise wird daher eine analoge Anwendung des Art. 218 Abs. 10 AEUV auf die nationalen Parlamente favorisiert, sofern der Vertragsschluss aufgrund eines gemischten Abkommens die Zustimmung der Parlamente der Mitgliedstaaten erfordert[268]. Da die Unterrichtungsrechte der nationalen Parlamente sich jedoch vorrangig in Art. 12 EUV finden lassen, erscheint es sachgerechter, die Lücke über eine Analogie zu Art. 12 EUV zu schließen, und nicht über eine analoge Anwendung der Unterrichtungsrechte des Europäischen Parlaments auf die nationalen Parlamente. Das Fehlen einer dem Art. 218 Abs. 10 AEUV entsprechenden Regelung für die mitgliedstaatlichen Parlamente zeigt somit ebenfalls eine Regelungslücke in Art. 12 EUV auf. Mangels entsprechender anderweitiger Regelung ist es Art. 12 EUV seiner

---

265 So wohl *Hölscheidt,* in: Grabitz/Hilf/Nettesheim, Art. 12 EUV, Rn. 33, welcher darauf verweist, dass die nationalen Parlamente im Rahmen der Untätigkeitsklage nach Art. 265 AEUV nicht parteifähig sind.

266 *Bieber,* in: von der Groeben/Schwarze/Hatje, Art. 12 EUV, Rn. 14; *Heselhaus,* in: Frankfurter Kommentar, Art. 12 EUV, Rn. 14.

267 *Bieber,* in: von der Groeben/Schwarze/Hatje, Art. 12 EUV, Rn. 7 verweist auf das Fehlen der Unterrichtungsrechte nach Art. 71 und Art. 352 AEUV; *Heselhaus,* in: Frankfurter Kommentar, Art. 12 EUV, Rn. 5 geht davon aus, dass diese Unvollständigkeit kein redaktionelles Versehen ist.

268 So die Begründung der Kläger in *EuG*, Beschl. v. 9. Februar 2017 – Rs. T-142/16, ECLI:EU:T:2017:72, *Dröge u. a./Kommission*, S. 35.

Systematik nach nicht möglich, auf eine derartige Norm zu verweisen. Das Fehlen der Regelung in Art. 218 AEUV schlägt sich somit auf das Vorhandensein der Regelungslücke in Art. 12 EUV nieder.

(2) Planwidrigkeit

Eine solche Regelungslücke müsste sich nun auch als planwidrig darstellen. Da Art. 12 EUV auf an anderer Stelle angegebene Unterrichtungsrechte verweist, kann nicht davon ausgegangen werden, dass an dieser Stelle planwidrig ein Unterrichtungsrecht über völkerrechtliche Verträge ausgelassen wurde. Obschon die Norm von fehlenden Verweisungen zeugt[269], sind Regelungen ohne Verweischarakter nicht vorhanden.

Demgegenüber stellt sich das Fehlen einer solchen Regelung an anderer Stelle als planwidrig dar: Weder in dem Protokoll (Nr. 1) noch in Art. 218 AEUV findet sich eine Regelung zu den Unterrichtungsrechten der nationalen Parlamente über völkerrechtliche Vertragsverhandlungen. Während das Protokoll (Nr. 1) sich mit Gesetzgebungsakten im Speziellen sowie mit den sog. sonstigen Dokumenten im Übrigen befasst, ist eine Regelung über völkerrechtliche Verträge in diesem Protokoll schlicht nicht vorhanden. Ebenso verhält es sich mit Art. 218 AEUV. Dieser gewährt in Art. 218 Abs. 10 AEUV zwar dem Europäischen Parlament ein Unterrichtungsrecht, die nationalen Parlamente finden hingegen keine Erwähnung.

Da Art. 218 AEUV nahezu unverändert der Vorlage des Art. III-227 VVE übernommen wurde, können die Dokumente des Europäischen Verfassungskonvents Aufschluss über die Planwidrigkeit eines Fehlens der Unterrichtungsrechte in beiden Normen geben. Das bereits im VVE vorhandene Protokoll (Nr. 1) wurde dem ehemaligen Protokoll (Nr. 9) über die Rolle der einzelstaatlichen Parlamente in der Europäischen Union vom 2. Oktober 1997[270] entnommen, jedoch erheblich erweitert[271]. Zudem wurde die Definition eines „Aktes der Gesetzgebung“[272] der Gestaltung durch den Ministerrat entzogen und mit Art. 289 Abs. 3 AEUV in das Primärrecht übernommen[273].

---

269 Siehe oben Fn. 267.

270 Protokoll (Nr. 9) über die Rolle der einzelstaatlichen Parlamente in der Europäischen Union vom 2. Oktober 1997, ABl. 1997, C 340/113.

271 *Bieber*, in: von der Groeben/Schwarze/Hatje, Art. 12 EUV, Rn. 6.

272 Vormals in Art. I, 2. Spiegelstrich Protokoll (Nr. 9).

273 *Mayer*, Die Europafunktion der nationalen Parlamente, S. 104.

Die endgültige Fassung des VVE sah entsprechend der derzeit gültigen Regelung kein Unterrichtungsrecht der nationalen Parlamente im Rahmen völkerrechtlicher Vertragsverhandlungen vor. In den Vorarbeiten zu dem Entwurf der Artikel über das auswärtige Handeln findet sich allerdings ein Änderungsantrag des Konventsmitglieds *Erwin Teufel*, welcher auf folgende Einfügung in Art. II-33 Abs. 1 der Entwurfsfassung[274] abzielte: „Für die Beteiligung der nationalen Parlamente findet das diesem Verfassungsvertrag beigefügte Protokoll über die Rolle der einzelstaatlichen Parlamente in der Europäischen Union entsprechende Anwendung."[275] Dass diese Änderung nicht in die endgültige Fassung des VVE gelangt ist, mag auf den ersten Blick gegen eine solche Planwidrigkeit sprechen. Schließlich wurde von der Aufnahme einer solchen Bestimmung abgesehen.

Derweil kann *au contraire* gerade in der fehlenden Aufnahme dieser Bestimmung die Planwidrigkeit gesehen werden. Schließlich wurde das Problem der Unterrichtung nationaler Parlamente über die Verhandlung internationaler Abkommen zwar festgestellt, von einem Verweis in das Protokoll über die Rolle der einzelstaatlichen Parlamente wurde jedoch abgesehen. Aufgrund der Verweisung des Änderungsantrages in dieses Protokoll ging man davon aus, dass sich in letzterem ein Unterrichtungsrecht befände. Die Änderung hätte daher lediglich deklaratorischen Charakter gehabt. Da nun eine derartige Bestimmung in dem Protokoll (Nr. 1) ebenso fehlt wie Änderungsanträge, welche das Unterrichtungsrecht für die Aushandlung völkerrechtlicher Verträge in diesem festzulegen bezweckten, ist davon auszugehen, dass der Erlass einer solchen Normierung in diesem planwidrig fehlt. Wäre nun eine solche Regelung in dem Protokoll (Nr. 1) oder in Art. 218 AEUV direkt vorhanden, so hätte sie ebenfalls Eingang in den auf dieses verweisenden Art. 12 EUV gefunden. Das planwidrige Fehlen einer Regelung in dem Protokoll (Nr. 1) sowie in Art. 218 AEUV setzt sich daher konsequent in Art. 12 EUV fort. Somit zeugt das Fehlen einer Norm zu den Unterrichtungsrechten der nationalen Parlamente über völkerrechtliche Vertragsverhandlungen an anderer Stelle – namentlich in Art. 218 AEUV sowie dem Protokoll (Nr.1) – davon, dass die Regelungslücke in Art. 12 EUV sich als planwidrig darstellt.

274 Im endgültigen Entwurf des VVE vom 18. Juli 2003 geändert auf Art. III-227; entspricht inhaltlich Art. 218 Abs. 1 AEUV.

275 "Suggestion for amendment of Article 33 by Erwin Teufel", abrufbar unter: http://european-convention.europa.eu/docs/Treaty/pdf/872/Art33Teufel%20EN.pdf (zuletzt abgerufen am 4. Dezember 2020).

(3) Vergleichbarkeit der Interessenslagen

Der Rechtsprechung des *EuGH* zur Bildung einer Analogie im Unionsrecht folgend bedarf es zuletzt einer vergleichbaren Interessenslage zwischen geregeltem und ungeregeltem Sachverhalt. Zudem stützt der *EuGH* die Bildung einer Analogie auf die Unvereinbarkeit der Regelungslücke mit allgemeinen Grundsätzen des Unionsrechts – insbesondere des Gleichheitssatzes, welcher verlangt, dass im wesentlichen gleiche Sachverhalte nicht ungleich behandelt werden dürfen.[276] Eine derartige vergleichbare Interessenslage ist unter zwei verschiedenen Aspekten denkbar: Die strukturelle Ähnlichkeit zwischen Gesetzgebungsakten und völkerrechtlichen Verträgen gebietet die Gleichbehandlung beider Sachverhalte (unter (i)). Darüber hinaus kann der Grundsatz der demokratischen Legitimation der Entscheidungen in der Union es erfordern, dass den nationalen Parlamenten ein dem Europäischen Parlament vergleichbares Unterrichtungsrecht zugestanden werden muss (unter (ii)).

(i) Strukturelle Ähnlichkeit zwischen Gesetzgebungsakten und völkerrechtlichen Verträgen

Völkerrechtliche Verträge könnten den Gesetzgebungsakten zunächst derart ähnlich sein, dass zwischen der Unterrichtung nationaler Parlamente über Entwürfe zu Gesetzgebungsakten und Verhandlungen zu völkerrechtlichen Verträgen eine vergleichbare Interessenslage besteht. Eine Ungleichbehandlung beider Sachverhalte würde somit dem Gleichheitssatz[277] zuwiderlaufen. Zwar haben völkerrechtliche Verträge einen Sonderstatus unter den Rechtsakten der Union im Hinblick auf deren Ausarbeitung und Abschluss inne, jedoch zeigt sich auch, dass diese nach Inkrafttreten erhebliche strukturelle Ähnlichkeiten zu den Gesetzgebungsakten aufweisen. Am auffälligsten ist eine solche Ähnlichkeit

---

276 Zu dieser Voraussetzung siehe *EuGH*, Urt. v. 12. Dezember 1985 – Rs. C-165/64, ECLI:EU:C:1985:507, *Krohn/BALM*, Rn. 27, 31; *EuGH*, Urt. v. 26. Oktober 2006 – Rs. C-248/04, ECLI:EU:C:2006:666, *Koninklijke Coöperatie Consun*, Rn. 50 f., 72; *Neuner* in: Riesenhuber, Europäische Methodenlehre, § 12, Rn. 31 ff.; *Ahmling*, Analogiebildung, S. 161 ff. m. w. N.

277 Der Gleichheitssatz gebietet es, gleichartige Tatbestände gleich zu behandeln und ist als Rechtfertigung für die analoge Anwendung einer Regelung anerkannt, *EuGH*, Urt. v. 19. November 2009 – Rs. C-402/07, ECLI:EU:C:2009:716, *Sturgeon u. a.*, Rn. 48; *EuGH*, Urt. v. 14. Dezember 2004 – Rs. C-210/03, ECLI:EU:C:2004:802, *Swedish Match*, Rn. 70; *EuGH*, Urt. v. 14. September 2010 – Rs. C-550/07 P, ECLI:EU:C:2010:512, *Akzo Nobel Chemicals und Akcors Chemicals/Kommission*, Rn. 54 f.; *Neuner* in: Riesenhuber, Europäische Methodenlehre, § 12, Rn. 32 ff.; *Ahmling*, Analogiebildung, S. 162.

im Falle der unmittelbaren Wirkung völkerrechtlicher Verträge[278]. Sofern der gesamte Vertrag oder einzelne seiner Bestimmungen eine unmittelbare Wirkung auf den Unionsbürger erzeugen, vermag das Abkommen für diesen ohne weiteren Umsetzungsakt Rechte und Pflichten herbeizuführen. Für den Unionsbürger besteht in einem derartigen Fall kein Unterschied mehr zwischen Gesetzgebungsakten und völkerrechtlichen Verträgen.

Doch auch, wenn eine solche unmittelbare Wirkung auf den Unionsbürger ausgeschlossen ist, sind die Verpflichtungen eines völkerrechtlichen Vertrages geeignet, die unionsinterne Gesetzgebung einzuschränken. Die Unionsorgane werden ebenso wie die Mitgliedstaaten nach Art. 216 Abs. 2 AEUV an die geschlossenen Abkommen gebunden[279]. Diese werden zwar integraler Bestandteil der Unionsrechtsordnung[280], ohne unmittelbare Wirkung – sei es aufgrund fehlender Klarheit oder Unbedingtheit oder aufgrund der Rechtsnatur und Struktur des Abkommens[281] – ist es jedoch erforderlich, weitergehendes Sekundärrecht zur Erfüllung von aus dem Vertrag resultierenden Verpflichtungen zu erlassen. Bei dem Erlass von Sekundärrecht ist der Unionsgesetzgeber an die eingegangenen Verpflichtungen und Zielsetzungen aus den geschlossenen völkerrechtlichen Verträgen gebunden und somit in seinem gesetzgeberischen Spielraum erheblich eingeschränkt[282]. Der *EuGH* hat auf eine derartige Wirkung von völkerrechtlichen Verträgen insbesondere in dem Fall hingewiesen, dass ein Sekundärrechtsakt eindeutig der Umsetzung eines von der Union abgeschlossenen Abkommens und somit der Erfüllung von internationalen Verpflichtungen dient[283].

278 Zu dieser oben unter § 2.D.II.

279 *Vöneky/Beylage-Haarmann,* in: Grabitz/Hilf/Nettesheim, Art. 216 AEUV, Rn. 26.

280 *EuGH*, Urt. V. 30. April 1974 – Rs. C-181/73, ECLI:EU:C:1974:41, *Haegemann/ Belgischer Staat,* Rn. 2, 6; seitdem ständige Rechtsprechung, vgl. *Vöneky/Beylage-Haarmann,* in: Grabitz/Hilf/Nettesheim, Art. 216 AEUV, Rn. 27 m. w. N. aus der Rechtsprechung; siehe ferner oben unter § 2.D.I.

281 Siehe zu den Kriterien für die unmittelbare Anwendbarkeit von völkerrechtlichen Verträgen bereits oben unter § 2.D.II.

282 *Vöneky/Beylage-Haarmann,* in: Grabitz/Hilf/Nettesheim, Art. 216 AEUV, Rn. 39, 47; *EuGH,* Urt. v. 7. Februar 1973 – Rs. C-40/72, ECLI:EU:C:1973:14, *Schröder KG/Deutschland,* Rn. 18; *EuGH,* Urt. v. 10. September 1996 – Rs. C-61/94, ECLI:EU:C:1996:313, *Kommission/Deutschland,* Rn. 52.

283 *EuGH,* Urt. v. 7. Mai 1991 – Rs. C-69/89, ECLI:EU:C:1991:186, *Nakajimi All Precision/ Rat,* Rn. 28 ff.

Sowohl eine mögliche unmittelbare Wirkung völkerrechtlicher Verträge auf den Unionsbürger als auch der mittelbare Einfluss dieser auf den Gesetzgebungsprozess der Union zeigen, dass nach Abschluss der Übereinkunft eine strukturelle Ähnlichkeit von völkerrechtlichen Abkommen zu Gesetzgebungsakten besteht. Es handelt sich somit bei dem Abschluss völkerrechtlicher Verhandlungen um einen dem Abschluss von Gesetzgebungsakten vergleichbaren Sachverhalt. Den nationalen Parlamenten in ersterem Verfahren die Unterrichtungs- und Mitwirkungsbefugnisse zu versagen, würde in einer Ungleichbehandlung von im Wesentlichen gleichen Vorgängen resultieren.

(ii) Parallelität zwischen den Unterrichtungsrechten des Europäischen Parlaments und der nationalen Parlamente

Die mittelbare Wirkung völkerrechtlicher Verträge auf das Gesetzgebungsverfahren schlägt sich schließlich auch bei den Mitwirkungsbefugnissen der nationalen Parlamente nieder. Denn diesen verbleibt kein Spielraum zur Mitgestaltung des ordentlichen Gesetzgebungsverfahrens, sofern letzteres lediglich der Umsetzung von völkerrechtlichen Verträgen durch Sekundärrecht dient. Hingegen kann eine effektive Einflussnahme auf den Gesetzgebungsprozess der Union nur dann gewährleistet werden, wenn die mitgliedstaatlichen Parlamente bereits über die Verhandlungen zu völkerrechtlichen Verträgen unterrichtet werden und so im Vorfeld des Gesetzgebungsverfahrens Einfluss auf den Abschluss völkerrechtlicher Verpflichtungen nehmen können.

Auf Grundlage des Demokratieprinzips als Grundsatz des Unionsrechts kann es daher geboten sein, die Unterrichtungsrechte der nationalen Parlamente im Rahmen der vertraglichen Außenpolitik der Union denjenigen des Europäischen Parlaments anzugleichen. Anders als dem Europäischen Parlament, welchem mit Art. 218 Abs. 6, 8 AEUV sowohl Beteiligungs- als auch Unterrichtungsrechte während des Verfahrens zum Abschluss völkerrechtlicher Abkommen zustehen[284], sind solche für die mitgliedstaatlichen Parlamente in Art. 12 EUV nicht vorgesehen.

Zweck des Art. 12 EUV ist es, durch die aktive Beteiligung der nationalen Parlamente einen weiteren Legitimationsstrang in das Handeln der Union einzubinden[285]. Zwar setzen sich die beiden Legitimationsstränge der Union nach Art. 10 Abs. 2 EUV aus dem unmittelbar gewählten Europäischen Parlament einerseits und den im Rat vertretenen Staats- und Regierungschefs andererseits

284 Hierzu oben unter B.

285 *Bieber*, in: von der Groeben/Schwarze/Hatje, Art. 12 EUV, Rn. 2.

zusammen. Jedoch erkennt Art. 10 Abs. 2 UAbs. 2 EUV auch die demokratische Rückbindung der Ratsvertreter an, indem er sie als den nationalen Parlamenten gegenüber verantwortlich kennzeichnet[286]. Die mit dieser Kontrollpflicht einhergehenden Unterrichtungsrechte sind für das Gesetzgebungsverfahren anerkannt, im Rahmen der vertraglichen Außenpolitik der Union hingegen nicht explizit vorgesehen.

Bereits die dem Europäischen Parlament zugestandenen Kontrollrechte sind im Bereich der vertraglichen Außenpolitik im Vergleich zum Gesetzgebungsverfahren stark eingeschränkt[287]. Es vermag daher nicht zu überzeugen, dass die demokratische Rückbindung der vertraglichen Außenpolitik lediglich über das Europäische Parlament hergeleitet werde und eine Beteiligung der nationalen Parlamente somit nicht vonnöten sei[288]. Schließlich ist es gerade Zweck der dualen Legitimationsbasis der Union, eine Rückbindung über beide Legitimationsstränge herzustellen und somit eine effektive Kontrolle über die nicht unmittelbar demokratisch legitimierten Organe der Union zu gewährleisten[289]. Den mitgliedstaatlichen Parlamenten die Unterrichtungsrechte unter Verweis auf die Kontrollrechte des Europäischen Parlaments zu verwehren, greift daher zu kurz und verkennt den Charakter der europäischen Demokratie.

Daher muss auch der Legitimationsstrang über die nationalen Parlamente im Rahmen der vertraglichen Außenpolitik Berücksichtigung finden. Das Konzept der dualen Legitimation beansprucht im Rahmen völkerrechtlicher Verträge umso mehr Geltung, als dass der Rat in der vertraglichen Außenpolitik über erheblich mehr Gestaltungsmöglichkeiten verfügt als im Gesetzgebungsverfahren. Hingegen kann das Handeln des Rates im Rahmen des Verfahrens zum Abschluss völkerrechtlicher Verträge nicht allein durch das Europäische Parlament demokratisch legitimiert werden. Schließlich sind die Ratsvertreter nicht

---

286 *Ruffert,* in: Calliess/Ruffert, Art. 10 EUV, Rn. 7.

287 Zum Einfluss des Europäischen Parlaments im Rahmen der Aushandlung völkerrechtlicher Verträge vgl. oben unter B.; Zu den Gestaltungsmöglichkeiten des Europäischen Parlaments im Rahmen der Gesetzgebung siehe *Bieber,* in: Schulze/Zuleeg/Kadelbach, § 1, Rn. 27 ff.; *König,* in: Schulze/Zuleeg/Kadelbach, § 2, Rn. 85 ff.; *Huber,* in: Streinz, Art. 14 EUV, Rn. 10 ff.

288 In diese Richtung geht *Schroeder,* EuR 2018, 119, 131, 137 f., der dem Europäischen Parlament die Eigenschaft als „einzige Institution […], die für eine effektive demokratische Kontrolle sorgen kann", zuspricht.

289 *Nettesheim,* in: Grabitz/Hilf/Nettesheim, Art. 10 EUV, Rn. 40; *Bieber,* in: von der Groeben/Schwarze/Hatje, Art. 12 EUV, Rn. 2; *Mellein/Lesaar,* in: Schwarze/Becker/Hatje/Schoo, Art. 12 EUV, Rn. 2.

dem Europäischen Parlament, sondern den nationalen Parlamenten verantwortlich. Nur diese unmittelbar demokratisch legitimierten Organe können mittels der ihnen zustehenden Kontroll- und Mitwirkungsbefugnisse effektiv auf die im Rat vertretenen Regierungen Einfluss nehmen. Eine stärkere Stellung des Rates muss daher mit einer Stärkung der Unterrichtungsrechte der nationalen Parlamente einhergehen, um eine wirksame Kontrolle der nationalen Regierungen zu ermöglichen.

Schließlich ist es gerade der Zweck des Art. 12 EUV, die Mitwirkungsbefugnisse der nationalen Parlamente an der europäischen Rechtsetzung dadurch zu stärken, dass ihnen primärrechtlich Unterrichtungs- und Beteiligungsrechte zugestanden werden. Eine solche Stärkung wird zunächst durch das unmittelbare Unterrichtungsrecht durch die Unionsorgane herbeigeführt. Dieses bezweckt die Kontrolle der Regierungen, ohne dass die nationalen Parlamente auf die mittelbare Unterrichtung durch die Regierungen angewiesen sind[290]. Darüber hinaus stärkt Art. 12 EUV die nationalen Parlamente, indem die Norm ihnen nicht lediglich ein Unterrichtungsrecht zugesteht, sondern sie ebenso aktiv zur guten Arbeitsweise der Union verpflichtet[291]. Die nationalen Parlamente werden somit aktiv in die Arbeit der Europäischen Union einbezogen. Eine solche Einbeziehung dient nicht nur der verstärkten demokratischen Rückbindung der Entscheidungen der Union, sondern ermöglicht auch eine verbesserte Kontrolle der Ratsvertreter[292].

Inkonsequent erscheint es hingegen, völkerrechtliche Verträge von der Konzeption der Vermittlung demokratischer Legitimation über die nationalen Parlamente auszunehmen – insbesondere vor dem Hintergrund der Stellung des Rates in der vertraglichen Außenpolitik der Union. Es besteht vielmehr ein verstärktes Bedürfnis nach der Unterrichtung nationaler Parlamente auch in dem Bereich der Verhandlungen zu völkerrechtlichen Verträgen, um dem Zweck des Art. 12 EUV und somit dem Demokratiemodell der Union Rechnung zu tragen. Eine Missachtung der den nationalen Parlamenten zugewiesenen Funktion würde gegen das dem Primärrecht immanente Demokratieprinzip verstoßen, welches sich durch die duale Legitimation kennzeichnet. Die Unterrichtungsrechte der nationalen Parlamente müssen daher denen des Europäischen Parlaments

290 *Mellein/Lesaar,* in: Schwarze/Becker/Hatje/Schoo, Art. 12 EUV, Rn. 9.
291 *Bieber,* in: Grabitz/Hilf/Nettesheim, Art. 12 EUV, Rn. 3; *Groh,* in: Fastenrath/Nowak, S. 77, 81 f. mit Verweis u. a. auf das Recht zur Stellungnahme.
292 *Bieber,* in: von der Groeben/Schwarze/Hatje, Art. 12 EUV, Rn. 2; *Mellein/Lesaar,* in: Schwarze/Becker/Hatje/Schoo, Art. 12 EUV, Rn. 2.

angeglichen werden, um einem solchen Verstoß gegen das Demokratieprinzip vorzubeugen. Denn sowohl das Europäische Parlament als auch die nationalen Parlamente vermitteln demokratische Legitimation und nehmen Kontrollfunktionen über die an der Aushandlung völkerrechtlicher Verträge beteiligten Organe wahr. Somit lässt sich eine vergleichbare Interessenslage zwischen dem geregelten Fall der Unterrichtungsrechte des Europäischen Parlaments und dem ungeregelten Fall der Unterrichtungsrechte der mitgliedstaatlichen Parlamente feststellen.

(iii) Zusammenfassung

Die bestehende Rechtslage weist aufgrund zweier verschiedener Aspekte eine Vergleichbarkeit zwischen der bestehenden Rechtslage – dem Unterrichtungsrecht über Entwürfe zu Gesetzgebungsakten nach Art. 12 lit. a) EUV – und einem möglichen Unterrichtungsrecht über Verhandlungen zu völkerrechtlichen Verträgen auf. Zunächst besteht eine strukturelle Ähnlichkeit zwischen Gesetzgebungsakten und völkerrechtlichen Verträgen. Dies lässt sich anhand der Wirkung von abgeschlossenen völkerrechtlichen Verträgen feststellen. Sofern diese eine unmittelbare Wirkung auf den Unionsbürger ausüben, lässt sich nach Abschluss bereits kein Unterschied zu Gesetzgebungsakten feststellen. Doch auch die Bindung des Unionsgesetzgebers an internationale Verpflichtungen aus völkerrechtlichen Verträgen vermag den Gesetzgebungsspielraum einzuschränken und weist somit auf eine strukturelle Ähnlichkeit zu Gesetzgebungsakten hin.

Zudem bezwecken die Unterrichtungsrechte aus Art. 12 lit. a) EUV ebenso wie jene des Europäischen Parlaments, dass diese wirksam in die Entscheidungsfindung innerhalb der Union eingebunden werden. Einer Einbindung der nationalen Parlamente zur Kontrolle der Ratsvertreter bedarf es umso mehr im Bereich völkerrechtlicher Verträge, da der Rat in diesem Verfahren eine erheblich stärkere Stellung im Vergleich zum Gesetzgebungsverfahren innehat. Überdies können die mitgliedstaatlichen Parlamente nur durch die ihnen zustehende Kontrollfunktion über die im Rat vertretenen nationalen Regierungen eine vollständige demokratische Legitimation der Handlungen der Union vermitteln. Dies gilt erst recht im Bereich der vertraglichen Außenpolitik, welche maßgeblich durch die Entscheidungen des Rates bestimmt wird.

Sowohl die strukturelle Vergleichbarkeit zwischen Gesetzgebungsakten und völkerrechtlichen Verträgen als auch die Notwendigkeit der Unterrichtungsrechte der mitgliedstaatlichen Parlamente parallel zu denen des Europäischen Parlaments stellen einen vergleichbaren Sachverhalt zwischen der bestehenden Regelung in Art. 12 EUV und dem ungeregelten Fall dar. Die Interessenslage zwischen geregeltem und ungeregeltem Fall weist daher derartige Ähnlichkeiten auf, dass eine Lückenfüllung zur Vermeidung einer ungerechtfertigten Ungleichbehandlung von im wesentlichen gleichen Sachverhalten sowie aufgrund eines Verstoßes gegen das Demokratieprinzip geboten ist.

(4) Ergebnis der Analogiebildung

Eine Betrachtung der in Art. 12 lit. a) EUV normierten Unterrichtungsrechte der nationalen Parlamente zeigt, dass eine Regelungslücke über die Unterrichtung zu völkerrechtlichen Verhandlungen der Union besteht. Zwar verweist Art. 12 EUV in seiner Struktur auf an anderer Stelle aufgeführte Unterrichtungsrechte, jedoch ergibt sich aus dem Fehlen einer Regelung an anderer Stelle, insbesondere in dem Protokoll (Nr. 1) und Art. 218 AEUV, dass mangels Verweismöglichkeit in Art. 12 EUV eine Regelungslücke enthalten ist.

Diese stellt sich auch als planwidrig dar. Erkennbar ist die Planwidrigkeit daran, dass in den Vorgängernormen zu Art. 218 AEUV sowie dem Protokoll (Nr. 1) zunächst ein Unterrichtungsrecht überlegt wurde, dieses letztlich aufgrund fehlender Verweisungen jedoch keinen Eingang in die Änderungen durch den Vertrag von Lissabon gefunden hat. Das Fehlen an anderer Stelle setzt sich somit auch planwidrig in Art. 12 EUV fort.

Ein Vergleich zwischen der bestehenden Regelung und dem untersuchten Unterrichtungsrecht über Verhandlungen zu völkerrechtlichen Abkommen zeigt, dass beide Sachverhalte eine vergleichbare Interessenslage aufweisen. Dies begründet sich zunächst damit, dass völkerrechtliche Verträge den Gesetzgebungsakten nach Abschluss derart strukturell ähnlich sind, dass eine Differenzierung aufgrund ihrer Wirkung nicht gerechtfertigt ist. Sowohl die mögliche unmittelbare Wirkung völkerrechtlicher Verträge auf den Unionsbürger als auch die mittelbare Wirkung solcher Abkommen auf die Gestaltungsfreiheit des Gesetzgebungsverfahrens lässt auf eine derartige strukturelle Ähnlichkeit und somit einen vergleichbaren Sachverhalt schließen. Darüber hinaus besteht eine vergleichbare Interessenslage zwischen den Unterrichtungsrechten des Europäischen Parlaments und denen der nationalen Parlamente. Während ersteres laufend zu den Verhandlungen über völkerrechtliche Verträge unterrichtet wird, besteht ein solches Recht für die mitgliedstaatlichen Parlamente nicht. Hingegen erfordert die duale Legitimation der Entscheidungen der Union eine effektive Einbindung beider Legitimationsstränge. Dies ergibt sich bereits aus dem Sinn und Zweck des Art. 12 lit. a) EUV, welcher die nationalen Parlamente aktiv in die Entscheidungen der Union einbindet. Darüber hinaus obliegt diesen nach Art. 10 Abs. 2 EUV die Kontrolle über die im Rat vertretenen mitgliedstaatlichen

Regierungen. Dieser Kontrollfunktion kommt im Bereich der vertraglichen Außenpolitik erhöhtes Gewicht zu, da der Abschluss völkerrechtlicher Verträge maßgeblich durch den Rat bestimmt wird.

Die vergleichbare Interessenslage zwischen bestehender Regelung und dem nicht geregelten Sachverhalt rechtfertigt es daher, die planwidrige Regelungslücke durch eine Analogie zu Art. 12 lit. a) EUV zu schließen. Die nationalen Parlamente sind somit umfassend über die Verhandlungen zu völkerrechtlichen Verträgen durch die Organe der Union zu unterrichten. Aufgrund der analogen Anwendung des Art. 12 lit. a) EUV hat die Unterrichtung in gleicher Weise zu erfolgen wie im Rahmen des Gesetzgebungsverfahrens.

2. Unterrichtungsrechte im Rahmen gemischter Abkommen

Aufgrund der Doppelnatur gemischter Abkommen als Unionsabkommen und nationales Abkommen greifen zusätzlich zu den Unionsvorschriften über die Beteiligung der mitgliedstaatlichen Parlamente die jeweiligen nationalen Regelungen über die parlamentarische Mitwirkung am Vertragsschluss[293]. Ein Unterrichtungsrecht der nationalen Parlamente an den Verhandlungen unmittelbar durch die Union bedarf daher einer Unterscheidung danach, ob die Verhandlungen unter Beteiligung der Vertreter der Mitgliedstaaten oder unter Bevollmächtigung des unionalen Verhandlungsführers geführt werden[294].

Wirken die Regierungen der Mitgliedstaaten selbst aktiv an den Verhandlungen mit, richten sich die Unterrichtungsrechte der mitgliedstaatlichen Parlamente streng nach den nationalen Vorgaben[295]. Für den durch die Union ausgehandelten Teil der Verhandlungen verbleibt es, sofern eine strenge Trennung der Kompetenzbereiche in den Verhandlungen erfolgt, bei den oben aufgezeigten Unterrichtungsrechten[296].

---

293 Eingehend zu den nationalen Beteiligungsrechten von Deutschem Bundestag und Bundesrat siehe unten unter III.

294 Zur Unterscheidung vgl. oben unter § 2.C.I.2; Die aktuelle Praxis der Aushandlung gemischter Abkommen geht wohl von einer einheitlichen Verhandlungsführung durch die Union aus, *Schroeder*, EuR 2018, 119, 129; ferner *Eeckhout*, External Relations, S. 215 f.

295 Zur Mitwirkung des Bundestages und des Bundesrates an den Verhandlungen über völkerrechtliche Abkommen nach Art. 59 GG vgl. unten unter III.4.b).(2).

296 Vgl. oben unter 1.

Werden gemischte Abkommen hingegen alleinig durch die Union geführt, so ergibt sich gerade hierdurch eine gesteigerte Pflicht zur aktiven Unterrichtung der Parlamente durch die Unionsorgane. Denn das Europäische Parlament vermag bereits eine nur unzureichende demokratische Legitimationsleistung für unionseigene Abkommen zu vermitteln. Erst recht gilt dies bei gemischten Abkommen, für deren nationalrechtlichen Teil das Europäische Parlament keine demokratische Legitimation vermitteln kann. Schließlich obliegt auch den nationalen Parlamenten die Mitwirkung am Abschluss eines gemischten Abkommens, sofern die mitgliedstaatlichen Rechtsordnungen deren Beteiligung am Abschluss nationaler Abkommen vorsehen. Konsequent ist es daher, die nationalen Parlamente verstärkt auch in die Aushandlung gemischter Abkommen einzubinden, welche durch die Union ausgehandelt werden. Andernfalls würde ihnen eine effektive Einflussnahme auf das Verhandlungsergebnis verwehrt werden. Hingegen gefährdet eine mangelnde frühzeitige Einbindung der nationalen Parlamente den Abschluss des Vertrages als Ganzes, wenn die Parlamente den Vertrag lediglich abschließend in Gänze annehmen oder ablehnen müssen.

3. *Fazit der im Unionsrecht vorgesehenen parlamentarischen Unterrichtungsrechte*

Die demokratische Legitimation der europäischen Außenpolitik wird im Bereich völkerrechtlicher Verträge vorrangig über das Europäische Parlament vermittelt. Diesem steht nach Art. 218 Abs. 10 AEUV ein umfassendes und unverzügliches Unterrichtungsrecht während des gesamten Ablaufs völkerrechtlicher Vertragsverhandlungen zu. Dieses Unterrichtungsrecht beschränkt sich nicht auf bestimmte Typen von Abkommen, sondern gilt für sämtliche völkerrechtlichen Verträge der Union – somit auch im Bereich der GASP. Die Einflussnahme des Europäischen Parlaments wird durch dessen Einbindung in den Abschluss völkerrechtlicher Abkommen flankiert.

Die Unterrichtungsrechte der nationalen Parlamente über die Verhandlungen zu völkerrechtlichen Abkommen sind hingegen nicht explizit vorgesehen. Das allgemeine Unterrichtungsrecht der mitgliedstaatlichen Parlamente nach Art. 12 lit. a), 2. Var. EUV umfasst zunächst die Übersendung von Entwürfen zu Gesetzgebungsakten. Um solche handelt es sich der Definition des Art. 289 Abs. 3 AEUV folgend bei völkerrechtlichen Verträgen jedoch nicht. Die darüberhinausgehende, allgemeine Unterrichtungspflicht nach Art. 12 lit. a), 1. Var. EUV sowie dem mit diesem korrespondierenden Art. 1 Protokoll (Nr. 1) bietet ebenfalls keinen Anhaltspunkt für eine Unterrichtung der mitgliedstaatlichen Parlamente über die völkerrechtlichen Verhandlungen der Union.

Die Struktur des Art. 12 EUV weist allerdings eine planwidrige Regelungslücke zu den Unterrichtungsrechten über völkerrechtliche Verhandlungen auf. Daher ist es geboten, in Analogie zu Art. 12 lit. a) EUV ein Unterrichtungsrecht auch für diesen Bereich anzunehmen. Der Lückenschluss ist aufgrund einer vergleichbaren Interessenslage zwischen der bestehenden Regelung und dem nicht geregelten Sachverhalt gerechtfertigt. Denn zunächst sind völkerrechtliche Verträge den Gesetzgebungsakten im Hinblick auf ihre Wirkung strukturell ähnlich. Darüber hinaus besteht eine vergleichbare Interessenslage aufgrund der notwendigen Unterrichtung der nationalen Parlamente parallel zu jener des Europäischen Parlaments. Dies ist auf Grundlage der Konzeption der dualen Legitimationsbasis des Handelns der Union angezeigt und beansprucht aufgrund der hervorgehobenen Stellung des Rates im Bereich der vertraglichen Außenpolitik umso mehr Geltung. Somit sind die nationalen Parlamente analog zu Art. 12 lit. a) EUV über die Verhandlungen zu völkerrechtlichen Verträgen durch die Unionsorgane zu unterrichten.

Im Rahmen gemischter Abkommen muss diese Einbindung umso umfassender ausgestaltet werden, wenn die Mitgliedstaaten für die in nationaler Kompetenz stehenden Teile des Abkommens nicht selbst als Verhandlungspartner auftreten. Denn für den in nationaler Kompetenz liegenden Bereich kann keine demokratische Legitimation über das Europäische Parlament vermittelt werden. Die effektive Unterrichtung der nationalen Parlamente über die Verhandlungen zu gemischten Abkommen muss daher gewährleistet werden, um diesen die frühzeitige Einflussnahme auf den in nationaler Kompetenz liegenden Teil zu ermöglichen und so den Abschluss des gesamten Abkommens nicht zu gefährden.

III. Ausgestaltung der parlamentarischen Unterrichtungsrechte über völkerrechtliche Abkommen der Union nach deutschem Recht

Parallel zu den auf unionsrechtlicher Ebene vorgesehenen Unterrichtungsrechten der mitgliedstaatlichen Parlamente sehen die Rechtsordnungen der jeweiligen Mitgliedstaaten auf nationaler Ebene eigenständige Beteiligungsrechte der Parlamente vor. Diese ergänzen die primärrechtlichen Unterrichtungsrechte durch die Unionsorgane und ermöglichen so auf mitgliedstaatlicher Ebene eine Unterrichtung durch die Regierungen der Mitgliedstaaten. Im Folgenden werden exemplarisch die Unterrichtungsrechte von Deutschem Bundestag und Bundesrat gegenüber der Bundesregierung dahingehend untersucht, ob diese einen Anspruch auf Unterrichtung über die völkerrechtlichen Verhandlungen der Union gewähren.

Zur Sicherung der parlamentarischen Rechte im Rahmen der Integration in die Europäische Union wurde im Zuge des Vertrages von Maastricht mit Art. 23 GG der sog. *Europaartikel* in das Grundgesetz eingeführt. Dieser flankiert auf Verfassungsebene den Prozess der europäischen Einigung sowie den Einfluss von Deutschem Bundestag und Bundesrat auf ebendiesen. Zunächst werden die verfassungsrechtlichen Vorgaben sowie deren einfachgesetzlichen Konkretisierungen über die Unterrichtungsrechte von Deutschem Bundestag und Bundesrat erläutert (1.). In diesem Zusammenhang wird auch die Rechtsprechung des *BVerfG* zu den parlamentarischen Unterrichtungsrechten dargestellt (2.). Anschließend werden die einfachgesetzlichen Beteiligungsgesetze, welche die verfassungsrechtlichen Vorgaben konkretisieren, daraufhin untersucht, ob sie dem Deutschen Bundestag und dem Bundesrat einen Anspruch auf Unterrichtung über Verhandlungen zu völkerrechtlichen Abkommen der Union gewährleisten (3.). Darüber hinaus werden die parlamentarischen Unterrichtungsrechte im Rahmen der gemischten Abkommen untersucht (4.).

1. Verfassungsrechtliche und einfachgesetzliche Vorgaben

a) Verfassungsrechtliche Einbettung der Europäischen Integration

Im Zuge des Vertrages von Maastricht wurde eine Gemeinsame Verfassungskommission eingesetzt, welche sich mit den Anforderungen der europäischen Integration an die bundesstaatliche Ordnung sowie insbesondere der Vereinbarkeit mit den Vorgaben des Art. 24 GG befasste[297]. Als Reaktion auf die Empfehlungen der Verfassungskommission wurde mit Art. 23 GG der sog. *Europaartikel* eingefügt, um die europäische Integration aus dem zwischenstaatlichen Charakter und somit Art. 24 GG herauszulösen. Dieser stellt differenzierte Vorgaben an die Verfassungsorgane, um einerseits die Sicherung der durch das Grundgesetz garantierten Staatsprinzipien und andererseits die demokratische Mitwirkung von Deutschem Bundestag und Bundesrat zu garantieren. Die letzte Änderung erfuhr der *Europaartikel* im Rahmen der Ratifikation des Vertrages von Lissabon – insbesondere zur Einfügung der neu geschaffenen Subsidiaritätsrüge[298].

297 Vgl. zur Historie im Einzelnen *Scholz,* in: Maunz/Dürig, Art. 23 GG, Rn. 10 m. w. N.
298 Änderung durch das Gesetz zur Änderung des Grundgesetzes (Artikel 23, 45 und 93) vom 8. Oktober 2008, BGBl. 2008 I, S. 1926.

Eingangs des Art. 23 GG findet sich in Abs. 1 S. 1 die sog. *Struktursicherungsklausel*, welche die Konstitutionsprinzipien des Grundgesetzes auf die Europäische Union überträgt und dieser ebenso Grenzen aufzeigt[299]. Die Weiterentwicklung und Vertiefung der Europäischen Union ist durch Art. 23 Abs. 1 S. 3 GG an ein Parlamentsgesetz nach Art. 79 Abs. 2, 3 GG gebunden. Den Vorschriften über die Änderung der europäischen Verträge angeschlossen ist die Normierung der Rechte von Bundestag und Bundesrat im Rahmen der Verletzung des Subsidiaritätsprinzips (Art. 23 Abs. 1a GG)[300].

Flankiert wird der zentrale erste Absatz zur europäischen Integration von den Vorschriften über die „Alltagsgesetzgebung" in der Europäischen Union[301]. Sie garantieren die Unterrichtungs- und Beteiligungsrechte von Deutschem Bundestag und Bundesrat. Diesen wird nach Art. 23 Abs. 2 S. 1 GG aufgetragen, in Angelegenheiten der Europäischen Union mitzuwirken. Dem Mitwirkungsrecht folgend enthält Art. 23 Abs. 2 S. 2 GG ein allgemeines Unterrichtungsrecht. Abweichend von Art. 12 EUV erfolgt die Unterrichtung durch die Bundesregierung. Dem Deutschem Bundestag und dem Bundesrat stehen daher parallel das Unterrichtungsrecht durch die Unionsorgane sowie durch die Bundesregierung zur Verfügung. Die Bundesregierung ist zudem verpflichtet, Stellungnahmen von Deutschem Bundestag und Bundesrat in ihrer Willensbildung zu berücksichtigen (Abs. 3, 4), besondere Beteiligungsrechte des Bundesrates sind in Art. 23 Abs. 5, 6 GG vorgesehen[302].

b) Einfachgesetzliche Ausgestaltung der Beteiligungsrechte

Dem Gesetzgebungsauftrag aus Art. 23 Abs. 7 GG, die Beteiligungsrechte von Deutschem Bundestag und Bundesrat einfachgesetzlich zu regeln, ist der Gesetzgeber mit dem Gesetz über die Zusammenarbeit von Bundesregierung und Deutschem Bundestag in Angelegenheiten der Europäischen Union (EuZBBG)[303] sowie dem Gesetz über die Zusammenarbeit von Bund und

---

299 *Scholz*, in: Maunz/Dürig, Art. 23 GG, Rn. 70.

300 Vgl. im Einzelnen zum Subsidiaritätsprinzip sowie den Rechten von Bundestag und Bundesrat im Wege der Subsidiaritätsrüge sowie -klage *Calliess*, ZG 2010, 1, 7 ff.; insofern korrespondiert Art. 23 Abs. 1a GG mit der den nationalen Parlamenten in Art. 12 lit. b) EUV zugeteilten Aufgabe der Überwachung des Grundsatzes der Subsidiarität.

301 Begriff nach *Calliess*, ZG 2010, 1, 18.

302 Vgl. zur Systematik des Art. 23 GG im Einzelnen *Scholz*, in: Maunz/Dürig, Art. 23 GG, Rn. 5 ff., 127 ff.

303 Gesetz über die Zusammenarbeit von Bundesregierung und Deutschem Bundestag in Angelegenheiten der Europäischen Union vom 12. März 1993, BGBl. I 1993, S. 311, 1780, aufgehoben und ersetzt durch das Gesetz über die Zusammenarbeit von

Ländern in Angelegenheiten der Europäischen Union (EuZBLG)[304] nachgekommen. Im Zuge des Vertrages von Lissabon sowie der mit diesem einhergehenden Rechtsprechung des *BVerfG*[305] wurden die Beteiligungsgesetze überarbeitet. Insbesondere wurden die zuvor in der Vereinbarung zwischen dem Deutschen Bundestag und der Bundesregierung über die Zusammenarbeit in Angelegenheiten der Europäischen Union (BBV)[306] enthaltenen Unterrichtungsrechte in Gesetzesform überführt[307]. Darüber hinaus wurde das Integrationsverantwortungsgesetz (IntVG)[308] erlassen, um die effektive Wahrnehmung von Deutschem Bundestag und Bundesrat an der Integrationsverantwortung sicherzustellen.

(1) Übersicht über das EuZBBG

Kernelement des EuZBBG sind die differenziert ausgestalteten Unterrichtungs- und Mitwirkungsrechte des Deutschen Bundestag. Die Unterrichtung muss nach § 1 Abs. 1 S. 2 EuZBBG umfassend und zum frühestmöglichen Zeitpunkt

---

Bundesregierung und Deutschem Bundestag in Angelegenheiten der Europäischen Union vom 4. Juli 2013, BGBl. I 2013, S. 2170; vgl. Art. 12 EuZBBG n. F. zur Ersetzung des EuZBBG i. d. F. vom 12. März 1993.

304 Gesetz über die Zusammenarbeit von Bund und Ländern in Angelegenheiten der Europäischen Union vom 12. März 1993, BGBl. I 1993, S. 313, 1780, zuletzt geändert durch Art. 1 des Gesetzes zur Änderung des Gesetzes über die Zusammenarbeit von Bund und Ländern in Angelegenheiten der Europäischen Union vom 22. September 2009, BGBl. I 2009, S. 3031.

305 *BVerfG*, Urt. v. 30. Juni 2009 – Az. 2 BvE 2/08, 2 BvE 5/08, 2 BvR 1010/08, 2 BvR 1022/08, 2 BvR 1259/08, 2 BvR182/09, ECLI:DE:BVerfG:2009:es20090630. 2bve000208, BVerfGE 123, 267, *Lissabon*, dazu im Folgenden unter 2.b); weitere Ergänzung aufgrund von *BVerfG*, Urt. v. 19. Juni 2012 – Az. 2 BvE 4/11, ECLI:DE: BVerfG:2012:es20120619.2bve000411, BVerfGE 131, 152, *ESM*, dazu im Folgenden unter 2.c).

306 Vereinbarung zwischen dem Deutschen Bundestag und der Bundesregierung über die Zusammenarbeit in Angelegenheiten der Europäischen Union in Ausführung des § 6 des Gesetzes über die Zusammenarbeit von Bundesregierung und Deutschem Bundestag in Angelegenheiten der Europäischen Union vom 28. September 2006, BGBl. I 2006, S. 2177.

307 Zur Gesetzeshistorie von EuZBBG und EuZBLG siehe im Einzelnen *Schröder*, Zparl 2012, 250.

308 Gesetz über die Wahrnehmung der Integrationsverantwortung des Bundestages und des Bundesrates in Angelegenheiten der Europäischen Union vom 22. September 2009, BGBl. I 2009, S. 3022, zuletzt geändert durch Art. 1 zur Umsetzung der Grundgesetzänderungen für die Ratifizierung des Vertrags von Lissabon vom 1. Dezember 2009, BGBl. I 2009, S. 3822.

erfolgen. Unterschieden wird im EuZBBG zwischen der aktiven Berichtspflicht durch die Bundesregierung und der passiven Pflicht zur Weiterleitung von eingehenden Dokumenten der Europäischen Union.

Umfasst sind von der Unterrichtung alle Angelegenheiten der Europäischen Union – abweichend von Art. 23 GG findet sich in § 1 Abs. 2 EuZBBG eine Konkretisierung des Begriffs der „Angelegenheiten der Europäischen Union". Diese umfassen insbesondere[309] „Vertragsänderungen und entsprechende Änderungen auf der Ebene des Primärrechts sowie Rechtsetzungsakte der Europäischen Union"[310], zudem „völkerrechtliche[...] Verträge[...] und intergouvernementale [...] Vereinbarungen, wenn sie in einem Ergänzungs- oder sonstigen besonderen Näheverhältnis zum Recht der Europäischen Union stehen"[311].

Zu erfolgen hat die Unterrichtung grundsätzlich schriftlich, darüber hinaus ist sie zur ergänzenden und erläuternden Funktion mündlich zulässig (§ 3 Abs. 1 EuZBBG). Sie erstreckt sich vor allem auf die Willensbildung der Bundesregierung zu Entscheidungen im Rahmen der Europäischen Union – insbesondere als Vertreter im Rat. Daneben sind von der Pflicht zur Unterrichtung auch die Beratungen innerhalb der Organe der Europäischen Union sowie Stellungnahmen von Kommission, Europäischem Parlament und anderer Mitgliedstaaten umfasst (§ 3 Abs. 2 EuZBBG). Der unausforschbare Beratungs- und Handlungsspielraum der Bundesregierung – der sog. Kernbereich der exekutiven Eigenverantwortung der Bundesregierung[312] – bleibt gewahrt (§ 3 Abs. 4 EuZBBG).

Eine Übersendung von Dokumenten sowie Informationen über Angelegenheiten der Europäischen Union findet nach § 4 EuZBBG statt. Umfasst sind von der Pflicht zur Übersendung insbesondere die bei der Bundesregierung eingehenden Dokumente der Organe der Union sowie Berichte der Ständigen Vertretung der Bundesrepublik Deutschland bei der Europäischen Union.

Eine förmliche, über die allgemeine Unterrichtung hinausgehende Zuleitung von Dokumenten und Informationen findet nach § 6 EuZBBG für Vorhaben der

309 Nicht jedoch ausschließlich, *Koch,* in: von Arnauld/Hufeld, § 10, Rn. 13 m. w. N.

310 § 1 Abs. 2 S. 1 EuZBBG.

311 § 1 Abs. 2 S. 2 EuZBBG.

312 Ein solcher nicht ausforschbarer Initiativ-, Beratungs- und Handlungsbereich wird der Bundesregierung zugestanden, vgl. *BVerfG*, Urt. v. 17. Juli 1984 – Az. 2 BvE 11/83, 2 BvE 15/83, BVerfGE 67, 100, 139, *Flick-Ausschuss*, Rn. 127 (nach juris); *BVerfG*, Urt. v. 18. Dezember 1984 – Az. 2 BvE 13/83, BVerfGE 68, 1, 86, *Pershing II*, Rn. 137 (nach juris); zum Kernbereich exekutiver Eigenverantwortung der Bundesregierung in Angelegenheiten der Europäischen Union *Scholz,* in: Maunz/Dürig, Art. 23 GG, Rn. 157 m. w. N.

Europäischen Union statt. Die Definition des Vorhabens in § 5 EuZBBG bietet eine detaillierte – hingegen ebenfalls nicht abschließende[313] – Aufzählung über Maßnahmen der Europäischen Union, welche von der förmlichen Unterrichtung umfasst sind. Gemäß § 6 Abs. 1 EuZBBG muss die Bundesregierung den Deutschen Bundestag nicht nur über Vorhaben der Europäischen Union unterrichten, sondern ebenfalls detaillierte Informationen[314] zur Verfügung stellen sowie diese bewerten[315]. Die GASP sowie die GSVP sind nach § 5 Abs. 3 Nr. 3 EuZBBG von der förmlichen Unterrichtungspflicht ausgenommen, für diese Bereiche gilt eine vereinfachte, auch mündliche, Unterrichtung nach § 7 EuZBBG.

(2) Übersicht über das EuZBLG

Das EuZBLG sucht – anders als das EuZBBG – danach, ein ausdifferenziertes System zwischen der effektiven Einbindung der Länder in die Angelegenheiten der Europäischen Union und notwendiger Mitwirkung zu erzielen. Insofern statuiert es, dass eine Mitwirkung der Länder über den Bundesrat zu erfolgen hat[316].

Ein Unterrichtungsrecht findet sich in § 2 EuZBLG, welcher eine umfassende und frühestmögliche Unterrichtung des Bundesrates über „Vorhaben im Rahmen der Europäischen Union“ gebietet. Gleichzeitig schränkt § 2 EuZBLG das Unterrichtungsrecht auf solche Vorhaben ein, welche im Interesse der Länder liegen könnten. Die Mitwirkung der Länder ist über Stellungnahmen des Bundesrates vorgesehen[317]. Möglich ist zudem die Beteiligung von Ländervertretern an Beratungen zur Willensbildung innerhalb der Bundesregierung[318] und an Verhandlungen in Beratungsgremien von Rat und Kommission[319].

---

313 Es handelt sich hierbei vielmehr ebenso wie bei Rechtsetzungsakten um eine Teilmenge der Angelegenheiten der Europäischen Union, vgl. *Koch*, in: von Arnauld/Hufeld, § 10, Rn. 17.

314 In § 6 Abs. 1 EuZBBG findet sich die Auflistung über zu berichtende Umstände des Vorhabens, nämlich den Inhalt und die Zielsetzung (Nr. 1), das Datum des Erscheinens (Nr. 2), die Rechtsgrundlage (Nr. 3), das anzuwendende Verfahren (Nr. 4) und das federführende Bundesministerium (Nr. 5).

315 Die Pflicht zur Bewertung findet sich in § 6 Abs. 2, 3 EuZBBG, eine solche muss den Anforderungen des Berichtsbogens in der Anlage zu § 6 Abs. 2 EuZBBG genügen.

316 § 1 EuZBLG.

317 §§ 3, 5 EuZBLG.

318 § 4 EuZBLG.

319 § 6 EuZBLG.

Aufgrund der systematischen Nähe zwischen EuZBBG und EuZBLG erscheint es zwar naheliegend, die Definition eines Vorhabens aus § 5 EuZBBG zu entnehmen. Jedoch ist die Definition des § 5 EuZBBG nur auf das EuZBBG beschränkt[320]. Darüber hinaus dient die Definition eines Vorhabens im Rahmen des EuZBBG nur der Auslösung eines Verfahrens zur förmlichen Zuleitung, im EuZBLG löst es insgesamt die Unterrichtungsrechte des Bundesrates aus[321]. Daher kann die Definition eines Vorhabens nicht einfach aus § 5 EuZBBG übernommen werden. Zur Vermeidung der Verkürzung von Unterrichtungsrechten des Bundesrates muss das Vorhaben im EuZBLG daher weit ausgelegt und so dem Begriff der „Angelegenheiten der Europäischen Union" aus Art. 23 Abs. 2 GG angenähert werden[322]. Eine dem Bundestag angeglichene Rechtsposition erscheint somit von Verfassungswegen geboten[323]. Einschränkungen findet die Rechtsposition des Bundesrates lediglich durch die notwendige Berührung von Interessen der Länder.

Einzelne Konkretisierungen der Unterrichtungspflichten finden sich in der Anlage zu § 9 EuZBLG. Diese regelt in Ziff. I Abs. 2, dass die Unterrichtungsrechte nicht auf rechtsverbindliche Handlungsinstrumente der Union beschränkt sind. Einzelheiten der Übersendung von Dokumenten regelt die Ziff. II, welche nahezu identisch mit § 4 EuZBBG ist. Gänzlich von der Unterrichtung und Mitwirkung des Bundesrates ausgenommen ist hingegen die GASP[324].

---

320 *Koch,* in: von Arnauld/Hufeld, § 10, Rn. 38.

321 Eine Angleichung des Vorhabens an das EuZBBG war im Rahmen der Revision des EuZBLG zwar geplant (vgl. BT-Drs. 17/13655), das Gesetzgebungsverfahren ist jedoch aufgrund der Diskontinuität des Deutschen Bundestages nicht weiterverfolgt worden, *Dette,* in: Handlexikon der Europäischen Union, *„Bund-Länder-Vereinbarung (BLV)"*; siehe ferner zur Diskontinuität des Deutschen Bundestages und den Folgen für das Gesetzgebungsverfahren *Klein,* in: Maunz/Dürig, Art. 39 GG, Rn. 52 ff.; *Brocker,* in: Epping/Hillgruber, Art. 39 GG, Rn. 5 ff.; *Nagelmann,* in: Umbach/Clemens, Art. 49 GG, Rn. 2.

322 *Koch,* in: von Arnauld/Hufeld, § 10, Rn. 38.

323 *Koch,* in: von Arnauld/Hufeld, § 10, Rn. 39; *Scholz,* in: Maunz/Dürig, Art. 23 GG, Rn. 164, der jedoch mit Stand 2009 noch auf die Parallele zwischen § 5 EuZBBG a. F. und § 4 EuZBLG verweist.

324 § 11 EuZBLG; zu diesbezüglichen verfassungsrechtlichen Bedenken siehe *Reißmann,* in: von Arnauld/Hufeld, § 14, Rn. 102 ff. m. w. N.

(3) Übersicht über das IntVG

Zur Verwirklichung der vom *BVerfG* geforderten Mitwirkung von Deutschem Bundestag und Bundesrat im Rahmen der Integrationsverantwortung flankiert das IntVG die in EuZBBG und EuZBLG vorgesehene „alltägliche Mitwirkung“ durch Regelungen für den „Sonntag der Gesetzgebung“[325] – mithin die selteneren, aber besonders wichtigen Fälle der parlamentarischen Einbindung im Rahmen von Vertragsänderungen oder Kompetenzabrundungen.

In §§ 2 bis 10 IntVG finden sich die Sicherungsmechanismen, in denen ein Handeln des deutschen Vertreters im Europäischen Rat oder im Rat der Europäischen Union eine vorherige Zustimmung von Deutschem Bundestag und Bundesrat benötigt. Ergänzend regelt das IntVG das Verfahren über die dem Bundestag und Bundesrat zugewiesene Subsidiaritätsrüge (§ 11 IntVG) und Subsidiaritätsklage (§ 12 IntVG). Ein gesondertes Unterrichtungsrecht über Angelegenheiten der Europäischen Union findet sich im IntVG zwar nicht, vielmehr wird in § 13 Abs. 1 IntVG auf das EuZBBG verwiesen. Sondervorschriften in Abs. 2 bis 7 statten dieses Unterrichtungsrecht jedoch mit ergänzenden Bewertungspflichten der Bundesregierung sowie einer differenzierten Fristenregelung aus.

2. Anforderungen des BVerfG *an die parlamentarische Unterrichtung*

Das *BVerfG* musste sich aufgrund der fortschreitenden Verlagerung von Entscheidungen auf die europäische Ebene mehrfach mit der Integration der Bundesrepublik in die Europäische Union sowie den daraus resultierenden Anforderungen an die Souveränität der Bundesrepublik Deutschland und die demokratische Legitimation des Unionshandelns befassen. Als richtungsweisende Urteile, welche sich mit den Unterrichtungs- und Mitwirkungsrechten von Deutschem Bundestag und Bundesrat befassen, werden im Folgenden die *Maastricht*-Entscheidung (unter a)), das *Lissabon*-Urteil (unter b)) sowie das *ESM*-Urteil (unter c)) auf Ihre Unterrichtungsrechte hin beleuchtet.

a) Maastricht-Entscheidung

Erstmals hat sich das *BVerfG* in der *Maastricht*-Entscheidung[326] mit dem Modell der dualen demokratischen Legitimation der Europäischen Union befasst. Zwar

---

325 Begrifflichkeit nach *Calliess,* ZG 2010, 1, 27.

326 *BVerfG*, Urt. v. 12. Oktober 1993 – Az. 2 BvR 2134/92 und 2 BvR 2159/92, BVerfGE 89, 155, *Maastricht.*

erkannte das *BVerfG* das Europäische Parlament als zusätzliches, die Staatsvölker repräsentierendes Organ innerhalb der Union an, welches den demokratischen Aufbau der Union stütze. Die notwendige demokratische Legitimation innerhalb eines Staatenverbundes könne jedoch nur durch die nationalen Parlamente gewährleistet und durch das Europäische Parlament lediglich flankiert werden.[327] Auf Basis dieses Modells demokratischer Legitimation aufbauend hat das *BVerfG* festgestellt, dass der notwendige Einfluss des Deutschen Bundestages auf die Angelegenheiten der Europäischen Union durch Art. 23 GG hinreichend gewährleistet ist[328]. Der Deutsche Bundestag nehme über Art. 23 GG an der Willensbildung der Bundesregierung teil und beeinflusse die europäische Politik durch seine Kontrollfunktion[329].

b) Lissabon-Urteil

Erheblich eingehender hat sich das *BVerfG* mit den Mitwirkungs- und Kontrollrechten des Deutschen Bundestages im *Lissabon*-Urteil[330] befasst. Es bekräftigte zwar seine bereits in der *Maastricht*-Entscheidung aufgestellte Ansicht zur demokratischen Legitimation der Union zuerst über die nationalen Parlamente und nur zusätzlich abstützend über das Europäische Parlament[331]. Aus der fortschreitenden Integration der Bundesrepublik Deutschland in die Europäische Union resultierten nun jedoch erhöhte Anforderungen an die Beteiligung des Deutschen Bundestages in den Angelegenheiten der Europäischen Union, insbesondere für den Fall der Vertragsänderungen[332]. Im Kern befasste sich das

327 *BVerfG*, Urt. v. 12. Oktober 1993 – Az. 2 BvR 2134/92 und 2 BvR 2159/92, BVerfGE 89, 155, 191, *Maastricht*, 3. Leitsatz, Rn. 100 f. (nach juris).

328 *BVerfG*, Urt. v. 12. Oktober 1993 – Az. 2 BvR 2134/92 und 2 BvR 2159/92, BVerfGE 89, 155, 191, *Maastricht*, Rn. 113 (nach juris).

329 *BVerfG*, Urt. v. 12. Oktober 1993 – Az. 2 BvR 2134/92 und 2 BvR 2159/92, BVerfGE 89, 155, 191, *Maastricht*, Rn. 114 (nach juris).

330 *BVerfG*, Urt. v. 30. Juni 2009 – Az. 2 BvE 2/08, 2 BvE 5/08, 2 BvR 1010/08, 2 BvR 1022/08, 2 BvR 1259/08, 2 BvR182/09, ECLI:DE:BVerfG:2009:es20090630. 2bve000208, BVerfGE 123, 267, *Lissabon*.

331 *BVerfG*, Urt. v. 30. Juni 2009 – Az. 2 BvE 2/08, 2 BvE 5/08, 2 BvR 1010/08, 2 BvR 1022/08, 2 BvR 1259/08, 2 BvR182/09, ECLI:DE:BVerfG:2009:es20090630. 2bve000208, BVerfGE 123, 267, *Lissabon*, Rn. 262; kritisch hierzu *Calliess*, ZG 2010, 1, 4 m. w. N.

332 Sogenannte Integrationsverantwortung, vgl. hierzu *BVerfG*, Urt. v. 30. Juni 2009 – Az. 2 BvE 2/08, 2 BvE 5/08, 2 BvR 1010/08, 2 BvR 1022/08, 2 BvR 1259/08, 2 BvR182/09, ECLI:DE: BVerfG:2009:es20090630.2bve000208, BVerfGE 123, 267, *Lissabon*, Rn. 244 ff.

BVerfG mit den im Vertrag von Lissabon vorgesehenen Vertragsänderungsverfahren – insbesondere dem vereinfachten Vertragsänderungsverfahren sowie dem Brückenverfahren[333]. Konfliktpotential böten diese Verfahren insoweit, als dass sie eine Durchbrechung des Prinzips der begrenzten Einzelermächtigung darstellen könnten[334]. Zur Verhinderung dieser Durchbrechung müsse daher eine Integrationsverantwortung von Bundestag und Bundesrat wahrgenommen werden – diese bestehe insbesondere darin, die Rückbindung der deutschen Vertreter im Europäischen Rat an das nationale Parlament und somit demokratisch an das deutsche Volk zu garantieren[335]. Die Integrationsverantwortung muss entweder durch ein Gesetz oder durch Zustimmung seitens des Deutschen Bundestages und des Bundesrates zu entsprechenden Beschlüssen der deutschen Vertreter im Rat wahrgenommen werden[336].

Die durch den Vertrag von Lissabon eingeführten Kompetenzerweiterungen der Europäischen Union verpflichteten die Bundesregierung darüber hinaus, den Deutschen Bundestag und den Bundesrat laufend zu unterrichten. Insbesondere gelte dies für den Bereich des auswärtigen Handelns der Union aufgrund deren erweiterter Außenkompetenzen[337]. Das *BVerfG* sieht in der Entwicklung eigenständiger Außenkompetenzen der Union sowie der gemeinschaftlichen Vertretung der Mitgliedstaaten bei der *WTO* keine Gefahren für den souveränen Staat Deutschland. Die eigenständige Mitgliedschaft der Bundesrepublik Deutschland in der *WTO* sei durch die regelmäßige Vertretung der Mitgliedstaaten der Union

---

333 Vgl. hierzu die Erläuterungen in *BVerfG*, Urt. v. 30. Juni 2009 – Az. 2 BvE 2/08, 2 BvE 5/08, 2 BvR 1010/08, 2 BvR 1022/08, 2 BvR 1259/08, 2 BvR182/09, ECLI:DE: BVerfG :2009:es20090630.2bve000208, BVerfGE 123, 267, *Lissabon*, Rn. 51 ff.

334 Allgemein zur Übertragung von Kompetenzen an die Europäische Union *BVerfG*, Urt. v. 30. Juni 2009 – Az. 2 BvE 2/08, 2 BvE 5/08, 2 BvR 1010/08, 2 BvR 1022/08, 2 BvR 1259/08, 2 BvR182/09, ECLI:DE:BVerfG:2009:es20090630.2bve000208, BVerfGE 123, 267, *Lissabon*, Rn. 233 ff.; im Hinblick auf die Vertragsänderungsverfahren *BVerfG*, a. a. O., Rn. 238 ff., 315 ff.

335 *BVerfG*, Urt. v. 30. Juni 2009 – Az. 2 BvE 2/08, 2 BvE 5/08, 2 BvR 1010/08, 2 BvR 1022/08, 2 BvR 1259/08, 2 BvR182/09, ECLI:DE:BVerfG:2009:es20090630. 2bve000208, BVerfGE 123, 267, *Lissabon*, Rn. 312, 319.

336 *BVerfG*, Urt. v. 30. Juni 2009 – Az. 2 BvE 2/08, 2 BvE 5/08, 2 BvR 1010/08, 2 BvR 1022/08, 2 BvR 1259/08, 2 BvR182/09, ECLI:DE:BVerfG:2009:es20090630. 2bve000208, BVerfGE 123, 267, *Lissabon*, Rn. 319 f.

337 *BVerfG*, Urt. v. 30. Juni 2009 – Az. 2 BvE 2/08, 2 BvE 5/08, 2 BvR 1010/08, 2 BvR 1022/08, 2 BvR 1259/08, 2 BvR182/09, ECLI:DE:BVerfG:2009:es20090630. 2bve000208, BVerfGE 123, 267, *Lissabon*, Rn. 372 ff.

durch die Kommission nicht gefährdet[338]. Darüber hinaus könnte das Zusammenwirken von Union und Mitgliedstaat als *„kooperativ gemischte[] und parallel wahrgenommene[] Mitgliedschaft“*[339] als Vorbild für das Zusammenwirken von Staaten und internationalen Organisationen gelten. Hingegen betont das *BVerfG* die auch im diplomatischen Verkehr notwendige Rückbindung der Union an die Mitgliedstaaten und somit auch den Deutschen Bundestag. Die Unterrichtung des Deutschen Bundestages über die Themen der Welthandelsrunde sowie die zu diesen vom Rat festgelegten Verhandlungsrichtlinien nach Art. 218 Abs. 2 AEUV ergebe sich bereits aus der Wahrnehmung der allgemeinen Informationsaufgaben der Bundesregierung. Darüber hinaus sei die Bundesregierung verfassungsrechtlich zur Unterrichtung verpflichtet – dies ergebe sich grundgesetzlich sowohl aus der gemeinsam wahrzunehmenden Integrationsverantwortung als auch aus dem Grundsatz der Gewaltenteilung.[340]

Tenor des Urteils des *BVerfG* war schließlich, dass der Vertrag von Lissabon sowie die mit diesem einhergehende Kompetenzerweiterung mit dem Grundgesetz vereinbar ist[341]. Hingegen bedürfe es aufgrund der Integrationsverantwortung der gesetzlichen Absicherung von verstärkten Unterrichtungs- und Mitwirkungsrechten des Deutschen Bundestags und des Bundesrates[342]. Folge des Urteils war daher eine umfassende Revision von *EuZBBG* und *EuZBLG* sowie der Erlass des *IntVG*. Letzteres bezweckte vor allem, das *Lissabon*-Urteil des *BVerfG* umzusetzen, und somit die Mitwirkung von Deutschem Bundestag und Bundesrat an der Integrationsverantwortung zu ermöglichen.

---

338 *BVerfG*, Urt. v. 30. Juni 2009 – Az. 2 BvE 2/08, 2 BvE 5/08, 2 BvR 1010/08, 2 BvR 1022/08, 2 BvR 1259/08, 2 BvR182/09, ECLI:DE:BVerfG:2009:es20090630. 2bve000208, BVerfGE 123, 267, *Lissabon*, Rn. 375.

339 *BVerfG*, Urt. v. 30. Juni 2009 – Az. 2 BvE 2/08, 2 BvE 5/08, 2 BvR 1010/08, 2 BvR 1022/08, 2 BvR 1259/08, 2 BvR182/09, ECLI:DE:BVerfG:2009:es20090630. 2bve000208, BVerfGE 123, 267, *Lissabon*, Rn. 376.

340 *BVerfG*, Urt. v. 30. Juni 2009 – Az. 2 BvE 2/08, 2 BvE 5/08, 2 BvR 1010/08, 2 BvR 1022/08, 2 BvR 1259/08, 2 BvR182/09, ECLI:DE:BVerfG:2009:es20090630. 2bve000208, BVerfGE 123, 267, *Lissabon*, Rn. 375.

341 *BVerfG*, Urt. v. 30. Juni 2009 – Az. 2 BvE 2/08, 2 BvE 5/08, 2 BvR 1010/08, 2 BvR 1022/08, 2 BvR 1259/08, 2 BvR182/09, ECLI:DE:BVerfG:2009:es20090630. 2bve000208, BVerfGE 123, 267, *Lissabon*, Leitsatz 1, Rn. 207 ff.

342 *BVerfG*, Urt. v. 30. Juni 2009 – Az. 2 BvE 2/08, 2 BvE 5/08, 2 BvR 1010/08, 2 BvR 1022/08, 2 BvR 1259/08, 2 BvR182/09, ECLI:DE:BVerfG:2009:es20090630. 2bve000208, BVerfGE 123, 267, *Lissabon*, Leitsatz 2, Rn. 406 ff.

c) Urteil zum Europäischer Stabilitätsmechanismus (ESM)

Dem Urteil des *BVerfG* zum *Europäischen Stabilitätsmechanismus (ESM)*[343] lag ein Organstreitverfahren zwischen dem Deutschen Bundestag und der Bundesregierung zugrunde. Kernproblematik dieses Verfahrens war der von der Bundesregierung mit den übrigen Mitgliedstaaten der Europäischen Union beschlossene Mechanismus zur Bewältigung von Staatsschuldenkrisen (Europäischer Stabilitätsmechanismus *ESM* und *Euro-Plus-Pakt*). Dieser wurde im Rahmen einer Tagung des Europäischen Rates vereinbart und sollte auf völkerrechtlicher Grundlage in das Unionsrecht überführt werden. Der Deutsche Bundestag bemängelte, nicht hinreichend und rechtzeitig über die Verhandlungen der Bundesregierung zu dem vereinbarten Mechanismus unterrichtet worden zu sein[344]. Die Bundesregierung hingegen trat den Argumenten der Beschwerdeführer unter anderem mit der Begründung entgegen, dass es sich bei dem geplanten *ESM* nicht um eine Angelegenheit der Europäischen Union i. S. d. Art. 23 Abs. 2 GG handele, da dieser eine intergouvernementale Maßnahme außerhalb der Europäischen Union darstelle[345].

Das *BVerfG* befand diese Argumentation der Bundesregierung nicht als hinreichend tragfähig, um die Anwendung des Art. 23 Abs. 2 GG zu verneinen. Verglichen mit der allgemeinen Verteilung der auswärtigen Gewalt zugunsten der Exekutive stünden der Legislative durch die Vorschrift des Art. 23 GG weitreichende Mitwirkungs- und Unterrichtungsrechte in Angelegenheiten der Europäischen Union zu[346]. Völkerrechtliche Verträge würden nicht nur dann Angelegenheiten der Europäischen Union sein, wenn sie sich auf die Änderung der Unionsverträge bezögen, sondern bereits dann, wenn diese in einem *„Ergänzungs- oder sonstigen besonderen Näheverhältnis zum Recht der Europäischen Union“*[347] stünden. Maßgeblich für dieses Näheverhältnis sei, ob ein Politikbereich der Union betroffen sei, Organe der Europäischen Union in diesem Verfahren involviert seien oder völkerrechtliche Verträge ausschließlich unter den

---

343 *BVerfG*, Urt. v. 19. Juni 2012 – Az. 2 BvE 4/11, ECLI:DE:BVerfG:2012:es20120619.2bve000411, BVerfGE 131, 152, *ESM*.

344 Im Einzelnen hierzu *BVerfG*, Urt. v. 19. Juni 2012 – Az. 2 BvE 4/11, ECLI:DE: BVerfG: 2012:es20120619.2bve000411, BVerfGE 131, 152, *ESM*, Rn. 2 ff.

345 *BVerfG*, Urt. v. 19. Juni 2012 – Az. 2 BvE 4/11, ECLI:DE:BVerfG:2012:es20120619.2bve000411, BVerfGE 131, 152, *ESM*, Rn. 58 f.

346 *BVerfG*, Urt. v. 19. Juni 2012 – Az. 2 BvE 4/11, ECLI:DE:BVerfG:2012:es20120619.2bve000411, BVerfGE 131, 152, *ESM*, Rn. 98.

347 *BVerfG*, Urt. v. 19. Juni 2012 – Az. 2 BvE 4/11, ECLI:DE:BVerfG:2012:es20120619.2bve000411, BVerfGE 131, 152, *ESM*, Rn. 100.

Mitgliedstaaten der Europäischen Union geschlossen würden[348]. Insbesondere hindere die Tatsache, dass es sich um einen völkerrechtlichen Vertrag außerhalb des bestehenden Unionsrechts handele, nicht daran, dass es sich um eine Angelegenheit der Europäischen Union handeln könne[349].

Dem Deutschen Bundestag stünden daher auch für den *ESM* als intergouvernementale Vereinbarung die Rechte aus Art. 23 GG sowie den diesen konkretisierenden Vorschriften zu – insbesondere muss der Bundestag umfassend, frühestmöglich und in zweckgerichteter Weise informiert werden[350]. Grundsätzlich müsse diese Unterrichtung schriftlich durch die Übersendung von offiziellen Dokumenten, Mitteilungen und Berichten sowie inoffiziellen Informationen erfolgen[351]. Ausnahmsweise könne die Unterrichtung auch mündlich erfolgen, sofern eine schriftliche Unterrichtung zum frühestmöglichen Zeitpunkt aufgrund mangelnder Aufzeichnungen nicht möglich sei[352].

Unmittelbare Folge dieses Urteils war die Erweiterung des Kataloges in § 4 EuZBBG um eine Nr. 11, in welcher die Bundesregierung explizit verpflichtet wird, auch Entwürfe zu völkerrechtlichen Verträgen mit Näheverhältnis zur Europäischen Union zu übersenden.

3. Aus den Beteiligungsgesetzen resultierende Unterrichtungsrechte von Deutschem Bundestag und Bundesrat über die Verhandlungen zu völkerrechtlichen Verträgen der Union

Das neben den unionsrechtlichen Unterrichtungsrechten stehende nationale System der parlamentarischen Mitwirkungsrechte bietet verschiedene Anhaltspunkte für ein dem Deutschen Bundestag und dem Bundesrat zustehendes Unterrichtungsrecht über den Stand der Verhandlungen zu völkerrechtlichen Verträgen der Europäischen Union. Anspruchsgegner dieser Vorschriften ist die Bundesregierung, welche als Vertreter im Rat über die Verhandlungen zu

---

348 *BVerfG*, Urt. v. 19. Juni 2012 – Az. 2 BvE 4/11, ECLI:DE:BVerfG:2012:es20120619.2bve000411, BVerfGE 131, 152, *ESM*, Rn. 100.

349 *BVerfG*, Urt. v. 19. Juni 2012 – Az. 2 BvE 4/11, ECLI:DE:BVerfG:2012:es20120619.2bve000411, BVerfGE 131, 152, *ESM*, Rn. 144.

350 *BVerfG*, Urt. v. 19. Juni 2012 – Az. 2 BvE 4/11, ECLI:DE:BVerfG:2012:es20120619.2bve000411, BVerfGE 131, 152, *ESM*, Rn. 116 ff.

351 *BVerfG*, Urt. v. 19. Juni 2012 – Az. 2 BvE 4/11, ECLI:DE:BVerfG:2012:es20120619.2bve000411, BVerfGE 131, 152, *ESM*, Rn. 128.

352 *BVerfG*, Urt. v. 19. Juni 2012 – Az. 2 BvE 4/11, ECLI:DE:BVerfG:2012:es20120619.2bve000411, BVerfGE 131, 152, *ESM*, Rn. 132.

völkerrechtlichen Verträgen informiert ist. Sofern der Rat eigenständig informiert wird, ist davon auszugehen, dass die Verhandlungsdokumente der Bundesregierung unmittelbar zugeleitet werden. Diese erhält die Dokumente zur internen Abstimmung über das weitere Verfahren innerhalb des Rates. Bei der (ggf. notwendigen) Bestellung eines Sonderausschusses[353] ist davon auszugehen, dass dieser wiederum den Rat durch Zusammenfassungen und Informationen über problematische Vorgänge innerhalb der Verhandlungen unterrichtet. Jedenfalls sind das Auswärtige Amt[354] und das Bundesministerium für Wirtschaft und Infrastruktur als Koordinierungsstellen für das europäische Handeln der Bundesregierung im Rat[355] mit diesen Angelegenheiten betraut.

Zunächst werden das EuZBBG (unter a)) sowie das EuZBLG (unter b)) daraufhin betrachtet, ob diese Unterrichtungsrechte zugunsten von Deutschem Bundestag und Bundesrat bieten. Daran anschließend werden Konstellationen untersucht, in denen das IntVG dem Deutschen Bundestag und Bundesrat Mitwirkungs- und damit einhergehende Unterrichtungsrechte vermitteln würde (unter c)).

a) Aus dem EuZBBG abgeleitete Unterrichtungsrechte

Das EuZBBG orientiert sich bei dem allgemeinen Unterrichtungsrecht aus §§ 1, 3 Abs. 1 S. 2 an Art. 23 Abs. 2 S. 1 GG[356]. Über die Konkretisierung des Begriffs „Angelegenheiten der Europäischen Union“ in § 1 Abs. 2 EuZBBG hinaus sind hiervon nicht nur Rechtsetzungsaktivitäten im engeren Sinne erfasst, sondern sämtliche Maßnahmen der Europäischen Union sowie die Mitwirkung der Bundesregierung an den Handlungen der Union[357]. Der Abschluss unionseigener völkerrechtlicher Verträge stellt als Rechtsakt der Union daher eine Angelegenheit der Europäischen Union im Sinne des Art. 23 Abs. 2 S. 1

353 Siehe hierzu oben unter § 2.C.I.2.

354 Als Außenstelle des Auswärtigen Amtes, welches die Koordinierung der Europapolitik in Brüssel übernimmt, dient zu diesem Zweck die Ständige Vertretung der Bundesrepublik bei der Europäischen Union.

355 Dies ergibt sich bereits aus § 37 Abs. 2 GGO, welcher vorsieht, dass „in Angelegenheiten von grundsätzlicher Bedeutung […] das Auswärtige Amt im Interesse der Kohärenz der deutschen Europapolitik zu beteiligen [ist].“; vgl. zu den Koordinierungsfunktionen der Bundesministerien in der Europapolitik *Müller Gomez/Wessels*, Deutsche Verwaltung und Europäische Union, S. 212 ff.

356 Vgl. oben unter 1.b).(1).

357 *Heintschel von Heinegg*, in: Epping/Hillgruber, Art. 23 GG, Rn. 34; *Koch* in: von Arnauld/Hufeld, § 10, Rn. 13; *Streinz*, in: Sachs, Art. 23 Rn. 106.

GG sowie § 1 Abs. 1 EuZBBG dar[358]. Über die weite Auslegung des Begriffs der „Angelegenheiten der Europäischen Union“ hinaus ergibt sich dies bereits aus der rechtlichen Nähe zwischen Gesetzgebungsakten und völkerrechtlichen Verträgen der Union. Denn letztere sind zwar der Definition eines Gesetzgebungsaktes im AEUV entzogen, vermögen jedoch ebenso wie diese eine Bindung für den Gesetzgeber zu entfalten.[359]

Darüber hinaus werden nach § 1 Abs. 2 S. 2 von den Angelegenheiten der Europäischen Union der *ESM*-Rechtsprechung folgend auch völkerrechtliche Verträge in einem Ergänzungs- oder besonderen Näheverhältnis zur Union umfasst. Die Subsumtion völkerrechtlicher Verträge der Union unter diese Konkretisierung stellt sich hingegen als problematisch dar, da explizit nur völkerrechtliche Verträge erfasst werden, welche in einem Näheverhältnis zur Europäischen Union stehen. Unklar ist hingegen, ob unter diese Fallgruppe auch völkerrechtliche Verträge fallen, welche nicht nur ein Näheverhältnis zur Union aufweisen, sondern von dieser selbst geschlossen werden.

Die Rechtsprechung des *BVerfG* zum *ESM*[360], welche die Grundlage für die Einfügung der § 1 Abs. 2 EuZBBG bildete[361], behandelt lediglich solche völkerrechtlichen Verträge, welche einen engen Bezug zur Union aufweisen, aber nichtsdestotrotz als multilaterale Verträge der Mitgliedstaaten außerhalb des bestehenden Unionsrechts geschlossen werden[362]. Die Rechtsprechung befasste

---

358 *Holterhus*, EuR 2017, 234, 252; *Grzeszick/Hettche*, AöR 141 (2016), 225, 241; auf die Konkretisierung der Angelegenheiten der Europäischen Union im EuZBLG bezogen *Morawitz*, Zusammenarbeit von Bund und Ländern, S. 83 f.; *Scholz*, in: Maunz/Dürig, Art. 23 GG, Rn. 183.

359 In diese Richtung argumentiert auch das *BVerfG*, wenn es die Angelegenheiten der Europäischen Union nicht auf einen Rechtsakt beschränkt, sondern nur einen spezifischen Bezug zur Europäischen Union und dem ihr zugewiesenen Integrationsprogramm verlangt, *BVerfG*, Urt. v. 19. Juni 2012 – Az. 2 BvE 4/11, ECLI:DE:BVerfG:2012:es20120619.2bve000411, BVerfGE 131, 152, *ESM*, Rn. 101; vgl. zu der besonderen Nähe zwischen Gesetzgebungsakten und völkerrechtlichen Verträgen oben unter II.2.c).(3).(i).

360 *BVerfG*, Urt. v. 19. Juni 2012 – Az. 2 BvE 4/11, ECLI:DE:BVerfG:2012:es20120619.2bve000411, BVerfGE 131, 152, *ESM*.

361 *BVerfG*, Urt. v. 19. Juni 2012 – Az. 2 BvE 4/11, ECLI:DE:BVerfG:2012:es20120619.2bve000411, BVerfGE 131, 152, *ESM*; zuvor war eine solche Regelung im Hinblick auf die allgemeine Unterrichtung über Entwürfe von Verhandlungen nicht vorgesehen, insoweit korrekt *Schröder*, Zparl 2012, 250, 259.

362 *BVerfG*, Urt. v. 19. Juni 2012 – Az. 2 BvE 4/11, ECLI:DE:BVerfG:2012:es20120619.2bve000411, BVerfGE 131, 152, *ESM*, Rn. 4, 7.

sich somit nicht direkt mit der Frage, ob auch völkerrechtliche Verträge der Union von den Unterrichtungsrechten von Deutschem Bundestag und Bundesrat erfasst sind. Das *BVerfG* zählt in seiner Entscheidung von Art. 23 Abs. 2 GG „völkerrechtliche Verträge, unabhängig davon, ob sie auf eine förmliche Änderung der vertraglichen Grundlage der Europäischen Union (Art. 23 Abs. 1 Satz 3 GG) gerichtet sind, zu den Angelegenheiten der Europäischen Union, wenn sie in einem Ergänzungs- oder sonstigen besonderen Näheverhältnis zum Recht der Europäischen Union stehen“[363]. Schließlich seien von Angelegenheiten der Europäischen Union auch Sachverhalte umfasst, in denen die völkerrechtliche Koordination im Primärrecht verankert ist oder ein qualifizierter Zusammenhang mit dem Integrationsprogramm der Europäischen Union besteht.[364] Maßstab für eine Angelegenheit der Europäischen Union ist somit, dass ein Sachverhalt eine besondere Nähe zum Recht der Europäischen Union aufweist. Solche Voraussetzungen finden sich sämtlich auch bei völkerrechtlichen Verträgen in ausschließlicher Unionskompetenz, denn diese dienen der Verwirklichung der europäischen Integration und sind im Primärrecht verankert.

Im Rahmen gemischter Abkommen unter Mitwirkung der Europäischen Union lässt sich ein Näheverhältnis zudem damit begründen, dass durch die zusätzliche Mitwirkung der Mitgliedstaaten am Vertragsschluss nicht nur ein völkerrechtlicher Vertrag der Union, sondern ebenfalls ein solcher mit Näheverhältnis zur Union vorliegt. Aufgrund der Verbindung des in mitgliedstaatlicher Kompetenz liegenden Teiles mit dem in Unionskompetenz liegenden Teil liegt insgesamt ein völkerrechtlicher Vertrag mit Näheverhältnis zur Europäischen Union vor.[365]

Die Konkretisierung des Art. 23 Abs. 2 GG umfasst somit nicht nur völkerrechtliche Verträge mit Näheverhältnis zur Europäischen Union im Sinne von § 1 Abs. 2 S. 1 EuZBBG, sondern erst recht solche in ausschließlicher Unionskompetenz. Auf Bedenken hinsichtlich des eindeutigen Gesetzeswortlautes kann hingegen nicht verwiesen werden, da die Legaldefinition nicht abschließend ist.

---

363 *BVerfG*, Urt. v. 19. Juni 2012 – Az. 2 BvE 4/11, ECLI:DE:BVerfG:2012:es20120619.2bve000411, BVerfGE 131, 152, *ESM*, Rn. 100.

364 *BVerfG*, Urt. v. 19. Juni 2012 – Az. 2 BvE 4/11, ECLI:DE:BVerfG:2012:es20120619.2bve000411, BVerfGE 131, 152, *ESM*, Rn. 100.

365 *Weiß* argumentiert, dass ein Näheverhältnis durch gemischte Abkommen begründet werde, da diese nicht nur unionseigene Verträge, sondern auch nationale Verträge mit Nähe zur Union seien, *Weiß*, DöV 2016, 661, 663; ebenso *Koch*, in: von Arnauld/Hufeld, § 10, Rn. 33.

Über die allgemeine Unterrichtungspflicht über Angelegenheiten der Europäischen Union hinaus besteht die Möglichkeit der förmlichen Zuleitung von Vorhaben der Europäischen Union durch die Bundesregierung an den Deutschen Bundestag nach § 6 Abs. 1 EuZBBG. Die Legaldefinition eines Vorhabens in § 5 EuZBBG ist überdies geeignet, sich konkretisierend auf den sowohl in § 1 EuZBBG vorgesehenen als auch verfassungsrechtlich nicht definierten Begriff der Angelegenheiten der Europäischen Union auszuwirken[366].

Ein Vorhaben stellt nach § 5 Abs. 1 Nr. 5 EuZBBG zunächst die Mandatierung der Kommission zur Eröffnung von völkerrechtlichen Verhandlungen durch ein Verhandlungsmandat des Rates dar[367]. Als Vorhaben gilt nach § 5 Abs. 1 Nr. 6 EuZBBG im Rahmen der gemeinsamen Handelspolitik ebenfalls das Verhandlungsmandat sowie Verhandlungsrichtlinien zu Handelsabkommen nach Art. 207 Abs. 3 AEUV[368]. Diese Regelung findet insbesondere bei umfassenden Freihandelsabkommen Anwendung[369] – erfasst sind sämtliche Beratungsgegenstände sowie konsolidierte Textentwürfe der Kommission zu völkerrechtlichen Abkommen und entsprechende Berichte der Kommission an den Sonderausschuss[370]. Entwürfe zu völkerrechtlichen Verträgen mit Näheverhältnis zur Europäischen Union gelten zudem nach § 5 Abs. 1 Nr. 11 EuZBBG als Vorhaben. Die Unterrichtungspflicht wird nach § 5 Abs. 1 Nr. 12 EuZBBG auf sämtliche Beratungsgegenstände, Vorschläge und Initiativen im Rahmen völkerrechtlicher Verträge nach Nr. 11 ausgedehnt.

---

366 *Scholz,* in: Maunz/Dürig, Art. 23 GG, Rn. 148; der Gesetzgeber hat hingegen mit § 5 EuZBBG nicht bezweckt, eine Legaldefinition der Angelegenheiten der Europäischen Union einzufügen, schließlich muss der Begriff der Angelegenheiten der Europäischen Union auch verfassungsautonom ausgelegt werden, *Koch,* in: von Arnauld/Hufeld, § 10, Rn. 19.

367 Vgl. auch *Weiß,* DöV 2016, 661, 663; *Koch,* in: von Arnauld/Hufeld, § 10, Rn. 27.

368 Vgl. auch *Koch,* in: von Arnauld/Hufeld, § 10, Rn. 28.

369 *Weiß,* DöV 2016, 661, 663.

370 *Schröder* verweist darauf, dass die wörtliche Auslegung des § 3 Abs. 1 Nr. 6 EuZBBG a. F. [entspricht § 5 Abs. 1 Nr. 5 EuZBBG n. F.] auch Verhandlungen der Kommission mit Drittstaaten oder internationalen Organisationen als Beratungsgegenstände der Handelspolitik erfasse, die Zuleitung der Dokumente jedoch in der Praxis wegen des hohen Dokumentenaufkommens nicht geschehe, *Schröder,* ZParl 2012, 250, 259; Hingegen verkennt *Schröder,* dass ein sehr hohes Dokumentenaufkommen und ein damit einhergehender Verzicht des Deutschen Bundestages auf die Übersendung nicht dazu führen kann, dass die grundsätzliche Pflicht zur Unterrichtung und Übersendung von Dokumenten entfällt.

Der Deutsche Bundestag hat somit ein Recht auf die allgemeine Unterrichtung über Verhandlungen zu völkerrechtlichen Verträgen der Union gegenüber der Bundesregierung nach §§ 1 Abs. 1 S. 2, 3 Abs. 1 S. 1 EuZBBG. Diese hat grundsätzlich umfassend, zum frühestmöglichen Zeitpunkt und fortlaufend zu erfolgen. Insbesondere soll die Unterrichtung nach § 4 Abs. 1 Nr. 1 lit. a), c) EuZBBG durch die Übersendung von Dokumenten, welche bei der Bundesregierung durch die Organe der Union sowie vorbereitende Gremien eingegangen sind, erfolgen. Darüber hinaus ist die Bundesregierung nach § 6 EuZBBG verpflichtet, dem Deutschen Bundestag Dokumente zu völkerrechtlichen Verhandlungen der Union einschließlich der Verhandlungsmandate und -richtlinien als Vorhaben i. S. d. § 5 EuZBBG förmlich zuzuleiten.

Dem nationalen Unterrichtungsrecht kann seitens der Union nicht entgegengehalten werden, dass es sich bei den völkerrechtlichen Verhandlungsdokumenten um Verschlusssachen handelt, welche nicht zur Weiterleitung geeignet sind. Die Geheimhaltungsbedürftigkeit steht einem Unterrichtungsanspruch nach Art. 23 GG nicht entgegen. Das Grundgesetz differenziert das Unterrichtungsrecht des Deutschen Bundestages nicht danach, ob Angelegenheiten als Verschlusssache gelten. Die durch die Union erfolgten Einstufungen zur Geheimhaltung werden zudem von der Bundesregierung übernommen[371]. Dem Schutz dieser Informationen trägt der Deutsche Bundestag mit der Anwendung der Geheimschutzordnung[372] Rechnung.[373] Die von Seiten des Rates geforderte Einrichtung von Lesesälen, welche ein spezifisches Zugangsregime zu den konsolidierten Verhandlungsdokumenten zu *TTIP* begründete[374], ist jedenfalls weder mit der Geheimschutzordnung des Deutschen Bundestages noch mit dem Unterrichtungsanspruch nach Art. 23 Abs. 2 GG zu vereinbaren[375].

---

371 Die Einstufung von Dokumenten als Verschlusssache, welche der Bundesregierung durch den Rat zugehen, wird auf Grundlage des § 2 Abs. 2 VSA, Anlage VII, Ziffer 2.1.2 zur VSA i. V. m. dem Beschluss 2013/488/EU des Rates über die Sicherheitsvorschriften für den Schutz von EU-Verschlusssachen vom 23. September 2013, Abl. 2013, L 274/1 übernommen.

372 Geheimschutzordnung des Deutschen Bundestags (Anlage 3 der Geschäftsordnung des Deutschen Bundestages, BGBl. I 1980, 1237) vom 25. Juli 1980 (BGBl. I, S. 1237, 1256), die zuletzt durch Beschluss des Deutschen Bundestages vom 28. Februar 2013 geändert worden ist.

373 *Derksen*, DöV 2018, 30, 31; *BVerfG*, Urt. v. 19. Juni 2012 – Az. 2 BvE 4/11, ECLI:DE:BVerfG:2012:es20120619.2bve000411, BVerfGE 131, 152, *ESM*, Rn. 119.

374 Diese Anforderung stellte der Rat in dem Rats-Dok.: 14029/15 vom 17. Dezember 2015 auf.

375 *Weiß*, DöV 2016, 661, 663.

b) *Aus dem EuZBLG abgeleitete Unterrichtungsrechte*

Die Unterrichtungsrechte des EuZBLG orientieren sich in den Unterrichtungspflichten stark an denjenigen des EuZBBG[376]. So muss nach § 2 EuZBLG der Bundesrat durch die Bundesregierung umfassend und frühzeitig über alle „Vorhaben im Rahmen der Europäischen Union" unterrichtet werden. Wenngleich sich der Begriff des Vorhabens nicht aus dem EuZBBG entnehmen lässt, so muss ein Vorhaben im Sinne des EuZBLG doch weit gefasst als Angelegenheit der Europäischen Union verstanden werden[377]. Diese umfassen – wie bereits oben dargelegt[378] – sowohl die Mandatierung zu völkerrechtlichen Abkommen der Union als auch die während der Verhandlungsphase erstellten Textentwürfe und Berichte der Kommission[379]. Über diese Auslegung hinausgehend konkretisiert die Anlage zu § 9 EuZBLG[380] das Vorhaben in Ziff. I Abs. 2 S. 2 dahingehend, dass als Vorhaben auch die Vorbereitung und der Abschluss völkerrechtlicher Abkommen gelten. Erfasst werden somit völkerrechtliche Verträge der Union. Würde es sich demgegenüber um Vertragsrevisionen oder Änderungen der Unionsverträge durch völkerrechtliche Verträge handeln, wären Ziff. VII Abs. 1, 2 der Anlage oder das IntVG einschlägig.

Das Unterrichtungsrecht des Bundesrates gilt auch im Bereich der Gemeinsamen Handelspolitik, hingegen wird durch Ziff. VII Abs. 3 der Anlage zu § 9 explizit die Mitwirkung der Ländervertreter an der Aushandlung von Abkommen nach Art. 207 Abs. 3 AEUV eingeschränkt. Durch die Erwähnung von völkerrechtlichen Verträgen der Union nach Ziff. I Abs. 2 S. 2 ist ein separates Unterrichtungsrecht zu Handelsabkommen als Teilmenge der Unionsabkommen nach Ziff. VII Abs. 3 nicht notwendig. Die Doppelung lässt sich dadurch erklären, dass die Ziff. II-VII der Anlage größtenteils als Anhang aus der vormals bestehenden Bund-Länder-Vereinbarung über die Zusammenarbeit in Angelegenheiten der Europäischen Union (BLV)[381] übernommen

---

376 Siehe hierzu oben unter 1.b).(2).

377 Vgl. zur weiten Auslegung des „Vorhabens" im Sinne des EuZBLG aufgrund verfassungsrechtlicher Anforderungen bereits oben unter 1.b).(2)., ferner *Koch*, in: von Arnauld/Hufeld, § 10, Rn. 38.

378 Siehe oben unter a).

379 So auch *Scholz*, in: Maunz/Dürig, Art. 23 GG, Rn. 183.

380 Der Regelungsgehalt des § 9 EuZBLG erschöpft sich in einem Verweis auf Einzelheiten in der Anlage zum EuZBLG sowie etwaigen Bund-Länder-Vereinbarungen.

381 Vereinbarung zwischen der Bundesregierung und den Regierungen der Länder über die Zusammenarbeit in Angelegenheiten der Europäischen Union in Ausführung von § 9 des Gesetzes über die Zusammenarbeit von Bund und Ländern in Angelegenheiten

wurde[382], die Ziff. I hingegen neu gefasst wurde.

c) Aus dem IntVG abgeleitete Unterrichtungsrechte

Unionseigene, regelungsintensive Handelsabkommen erscheinen zuweilen den Rahmen bloßer alltäglicher Gesetzgebung zu sprengen – vor allem in den Bereichen, welche zusätzlich zum eigentlichen Regelungsgehalt der Abkommen zu deren Durchführung Kompetenzen auf Unterausschüsse weiter übertragen[383]. Sofern die Integrationsverantwortung von Deutschem Bundestag und Bundesrat durch den Abschluss eines Abkommens ausgelöst wird, steht diesen zusätzlich zu den bereits oben erläuterten Unterrichtungsrechten aus EuZBBG und EuZBLG das Unterrichtungsrecht nach § 13 Abs. 1, 3 IntVG zu. Die Unterrichtung hat dann schriftlich binnen zwei Wochen nach Zuleitung an die Bundesregierung mit ausführlichen Erläuterungen zu erfolgen. Sie muss derart frühzeitig erfolgen, dass Deutscher Bundestag und Bundesrat sich mit der Angelegenheit befassen und Einfluss auf das Abstimmungsverhalten der Bundesregierung im Rat nehmen können[384].

In diesem Zusammenhang sieht *Weiß*[385] die Möglichkeit, den vertragsausführenden Gremien Aufgaben zur Durchführung ebenjener Abkommen zu übertragen, kritisch. Diese Gremien könnten zu einer Verselbstständigung von Entscheidungsverfahren in der Union führen, welche die dem Gesetzgeber zugestandene Hoheit über die Integrationsverantwortung verletzen könne[386]. Daher

der Europäischen Union vom 12. März 1993 vom 29. Oktober 1993, Bundesanzeiger Nr. 226 vom 2. Dezember 1993, S. 10425; ergänzt durch Vereinbarung vom 8. Juni 1998, Bundesanzeiger Nr. 123 vom 8. Juli 1998, S. 9433.

382 Vgl. zur Übernahme der BLV das Gesetz zur Änderung des Gesetzes über die Zusammenarbeit von Bund und Ländern in Angelegenheiten der Europäischen Union vom 22. September 2009, BGBl. I 2009, S. 3031; die zugehörige BT-Drs. 16/13926, S. 1, 7 weist ebenso wie die Beschlussempfehlung BT-Drs. 16/13987 auf lediglich redaktionelle Änderungen in Anpassung an den Vertrag von Lissabon hin.

383 Dies ist nach Art. 218 Abs. 9 AEUV möglich und unter anderem bei *CETA* vorgesehen, vgl. hierzu *Weiß*, EuZW 2016, 286 mit Nachweisen aus dem *CETA*-Abkommen.

384 Siehe § 13 Abs. 3, 4 IntVG.

385 *Weiß*, DöV 2016, 661.

386 *Weiß*, DöV 2016, 661, 665 mit Verweis auf BVerfGE 123, 267, 370 – *Lissabon*, in welcher das *BVerfG* dem Deutschen Bundestag die Verantwortung auferlegt, über den Grundsatz der begrenzten Einzelermächtigung zu wachen. Dem Deutschen Bundestag komme somit auch die Pflicht zu, als demokratisches Legitimationsorgan über die Zuständigkeitsübertragung der Union auf Vertragsgremien zu wachen und Blankettermächtigungen über Art. 218 Abs. 9 zu vermeiden.

wird von *Weiß*[387] diskutiert, ob derart umfassende Abkommen geeignet sind, die Integrationsverantwortung auszulösen und somit Deutschem Bundestag und Bundesrat die im IntVG vorgesehenen Rechte zuzugestehen.

Aus der Reichweite von Freihandelsabkommen resultiere die Anwendung des IntVG, dessen explizit vorgesehenen Fälle[388] zwar nicht einschlägig seien[389]. Jedoch verweist *Weiß* auf den nicht abschließenden Charakter des IntVG[390]. Anhaltspunkt für das Auslösen der Integrationsverantwortung sei die grundsätzlich unbeschränkte Möglichkeit, im Rahmen des Art. 218 Abs. 9, 2. Var. AEUV „nahezu uferlose Zuständigkeitszuschreibungen für Vertragsgremien"[391] zu schaffen[392]. Die Verselbstständigung der Union an den Parlamenten vorbei fände durch die Einsetzung solcher beschlussfassenden Vertragsgremien statt. Dies bereite die Notwendigkeit, das demokratische Legitimationsniveau der Union durch einen Beschluss des Deutschen Bundestages abzusichern[393]. Bereits ein Vergleich mit der begrenzten Kompetenzergänzungsklausel aus Art. 352 AEUV[394] zeige deutlich, dass Art. 218 Abs. 9 AEUV aufgrund seiner Unbestimmtheit erst recht geeignet sei, Zuständigkeiten zu verschieben[395]. Aufgrund des differenzierten Kompetenzgefüges zwischen Union und Mitgliedstaaten komme es im Wege gemischter Abkommen zudem dazu, dass den Mitgliedstaaten verbliebene Kompetenzen auf die Vertragsgremien übertragen würden und somit indirekt eine Verschiebung von Kompetenzen auf die Union erfolge[396].

---

387 *Weiß*, DöV 2016, 661, 664 ff; *Weiß*, EuZW 2016, 286, 289 ff.

388 Das IntVG listet explizit das vereinfachte und besondere Vertragsänderungsverfahren (§ 2,3 IntVG), die Brückenklauseln (§ 4 IntVG), die Kompetenzerweiterungsklauseln (§ 7 IntVG), die Flexibilitätsklausel (§ 8 IntVG) sowie den Notbremsenmechanismus (§ 9 IntVG) auf, vgl. hierzu *Rathke*, in: von Arnauld/Hufeld, § 7, Rn. 63.

389 *Weiß*, DöV 2016, 661, 665.

390 *Weiß*, DöV 2016, 661, 665; zum nicht abschließenden Charakter des IntVG ferner *Rathke*, in: von Arnauld/Hufeld, § 7, Rn. 62.

391 *Weiß*, DöV 2016, 661, 665.

392 Zur Reichweite dieser beschlussfassenden Vertragsgremien sowie den unionsrechtlichen Grenzen der Übertragung von Hoheitsrechten auf ebendiese vgl. *Weiß*, EuZW 2016, 286, 288.

393 *Weiß*, DöV 2016, 661, 665; zur Kritik an der Verfassungsmäßigkeit des Art. 218 Abs. 9 AEUV und den damit einhergehenden Folgen vgl. *Weiß*, EuZW 2016, 286, 289.

394 Für welche nach § 8 IntVG ein Beschluss des Bundestages i. S. d. Art. 23 Abs. 1 GG notwendig ist.

395 *Weiß*, DöV 2016, 661, 665; *Weiß*, EuZW 2016, 286, 289.

396 *Weiß*, EuZW 2016, 286, 290; zwar seien in Freihandelsabkommen vorgesehenen Vertragsgremien nicht befugt, Entscheidungen mit Durchgriffswirkung zu treffen – den

Die Errichtung von Entscheidungsgremien, deren Aufgaben auf die Auslegung von Freihandelsabkommen begrenzt sei, würde daher grundsätzlich den Erlass eines Zustimmungsgesetzes nach Art. 23 Abs. 1 GG erfordern. Sofern die Zuständigkeiten der Vertragsgremien über diese Auslegungsfunktion hinausgingen, sei ein Gesetz mit verfassungsändernder Mehrheit nach Art. 23 Abs. 1 S. 3 i. V. m. Art. 79 Abs. 2 GG verpflichtend.[397] Eine frühzeitige Mitwirkung von Deutschem Bundestag und Bundesrat sei nicht nur notwendig, um die Integrationsverantwortung im Rahmen der Ratifikation auszulösen, sondern bereits um Einfluss auf das Verhalten des deutschen Ratsvertreters bei der vorläufigen Anwendung eines Abkommens zu nehmen. Ansonsten drohe die Gefahr, dass durch die vorläufige Anwendung eines Abkommen mit beschlussfassenden Vertragsgremien die Mitwirkung des Deutschen Bundestages an der Ratifikation völkerrechtlicher Verträge irrelevant werde. Die Integrationsverantwortung spiegele sich gerade in der Bindung der Bundesregierung an Beschlüsse des Parlaments wider, wenn es um die Vertretung der Bundesrepublik im Rat gehe.[398]

Dieser Ansicht nach würden dem Deutschen Bundestag auch die im IntVG vorgesehenen speziellen Unterrichtungsrechte aus § 13 Abs. 1, 3 IntVG zustehen. Die Unterrichtung müsse schon in der Phase der Verhandlungen stattfinden, um dem Deutschen Bundestag die Möglichkeit zu geben, frühzeitig auf das Verhalten des Ratsvertreters bei der vorläufigen Anwendbarkeit eines Abkommens Einfluss zu nehmen.[399]

Dieser Ansicht wird entgegengehalten, dass der Union bereits durch die Übertragung der Kompetenzen zum Abschluss völkerrechtlicher Verträge auch die Befugnis übertragen wurde, ebendiese auszugestalten – insbesondere im Rahmen von Art. 218 Abs. 9 AEUV. Eine Mitwirkung an völkerrechtlichen Verträgen der Union durch den Deutschen Bundestag und den Bundesrat läge bereits in der Zustimmung zum Vertrag von Lissabon begründet, welcher der Union die Vertragsschlusskompetenz erteilt. Eine Weiterübertragung dieser (eng begrenzten) Kompetenzen auf Ausschüsse vermöge hingegen keine nochmalige Mitwirkungspflicht auslösen.[400] Auch eine Überschreitung des Prinzips der begrenzten Einzelermächtigung komme durch eine bloße Weiterübertragung von Aufgaben

---

Vertragsgremien würde jedoch eine politische Herrschaft zukommen, welche auf die dessen Entscheidungen ausführenden Unionsorgane Einfluss nimmt, *Weiß*, a. a. O.

397 *Weiß*, DöV 2016, 661, 665; *Weiß*, EuZW 2016, 286, 290.

398 *Weiß*, EuZW 2016, 286, 290 f.

399 *Weiß*, EuZW 2016, 286, 291.

400 *Holterhus*, EuR 2017, 234, 253.

nicht in Betracht – schließlich handele die Union doch zur Verwirklichung der ihr zugewiesenen Kompetenzen und nicht zu deren Erweiterung[401]. Ebenso solle die Übertragung von in mitgliedstaatlicher Kompetenz liegenden Bereichen auf beschlussfassende Ausschüsse nicht die Integrationsverantwortung auslösen. Denn es handele sich bei dieser Übertragung gerade nicht um eine Kompetenzübertragung durch die Union, sondern durch den Mitgliedstaat selber, dessen nationale Regeln in diesem Fall zur Anwendung gelangen würden.[402]

Die Einsetzung von Ausschüssen bezwecke schließlich nicht die Übertragung von Hoheitsakten, sondern lediglich eine bereichsspezifische Aufgabenübertragung zur Auslegung von Freihandelsabkommen, welche durch die fehlende unmittelbare Wirkung der Beschlüsse dieser Ausschüsse deutlich werde. Daher erscheine die Auslösung der Integrationsverantwortung nicht sachgerecht[403].

Aufgrund des besonderen Stellenwertes der Integrationsverantwortung als Ausnahmefall zur Sicherung der Kompetenzhoheit über die Europäische Union im Rahmen der Mitwirkung an der europäischen Einheit zeigt sich, dass das IntVG nicht zur Anwendung gelangt. Bereits im Konzept des IntVG sind die Mitwirkungsrechte auf besonders gelagerte Fälle zur Vermeidung eines Ausuferns von der Union zugewiesenen Kompetenzen beschränkt. Nach Übertragung der Kompetenzen auf die Union wird eine Mitwirkung von Deutschem Bundestag und Bundesrat nach dem IntVG nur dann angenommen, wenn Entscheidungen derart wesentliche Bedeutung haben, dass diese zu spürbaren Einengungen der mitgliedstaatlichen Entscheidungen führen oder intensiv in die Individualrechte der Unionsbürger eingreifen.[404]

In dem Abschluss von Freihandelsabkommen einen unbenannten Fall anzunehmen, welcher sich im Rahmen der Kompetenzen der Union bewegt, erscheint dieser Systematik zuwider zu laufen. Zudem zeigt eine Analyse des EuZBBG, dass dieses bereits die auswärtigen Handlungen der Union erfassen[405]. Von den

---

401 *Holterhus*, EuR 2017, 234, 254.

402 Für einen solchen Fall wäre Art. 24 GG einschlägig, *Grzeszick/Hettche,* AöR 141 (2016), 225, 259 ff.

403 *Holterhus*, EuR 2017, 234, 253; zur Wirkung von Beschlüssen solcher Ausschüsse vgl. *Proelß*, ZEuS 4/2016, 401, 417 ff.

404 *Holterhus*, EuR 2017, 234, 256, mit Verweis auf *von Arnauld*, welcher dem Ausschuss für Recht und Verbraucherschutz des Deutschen Bundestages einen wesentlichen Kriterienkatalog für die unbenannten Fälle des IntVG vorlegt, vgl. *von Arnauld,* Stellungnahme zur Beteiligung des Deutschen Bundestages, S. 40; siehe auch *von Arnauld,* AöR 141 (2016), 268, 279.

405 Vgl. oben unter a).

im EuZBBG geregelten Fällen einzelne wiederum dem IntVG – und somit auch dessen speziellen Mitwirkungsrechten von Deutschem Bundestag und Bundesrat – zuzuweisen, erscheint hingegen zu einer nicht gewollten Einengung von der Union zugewiesenen Kompetenzen zu führen. Letztlich erscheinen auch die im EuZBBG vorgesehenen Rechte zur Unterrichtung und Stellungnahme sachgerechter, zumal dieser die außenpolitischen Entscheidungsbefugnisse der Bundesregierung berücksichtigt[406]. Besonders gelagerte Fälle, in denen die Union (ggf. *ultra vires*) versucht, weitreichende Hoheitsrechte auf völkerrechtlich errichtete Ausschüsse zu übertragen, können als Extremfälle hingegen die Integrationsverantwortung notwendig machen, sollten aber auf solche besonders wesentlichen Fälle beschränkt sein[407].

Das IntVG ist daher nur in besonders gelagerten Ausnahmefällen geeignet, die hierin vorgesehenen Unterrichtungs- und Mitwirkungsrechte des Deutschen Bundestages und des Bundesrates auszulösen. Bei dem regulären Abschluss völkerrechtlicher Verträge – insbesondere von Freihandelsabkommen – ist von einem solchen Ausnahmefall nicht auszugehen.

d) *Fazit der Unterrichtungsrechte*

Von den Angelegenheiten der Europäischen Union umfasst sind sowohl Verhandlungsmandate als auch Entwürfe zu völkerrechtlichen Verträgen der Europäischen Union. Das Unterrichtungsrecht aus Art. 23 Abs. 2 GG gebietet es, sowohl den Deutschen Bundestag als auch den Bundesrat umfassend und frühzeitig sowohl im Stadium des Verhandlungsbeginns als auch laufend über die Verhandlungen zu informieren. Insbesondere die einfachgesetzlichen Konkretisierungen sehen die Unterrichtung durch Berichte der Bundesregierung und die

406 Vgl. § 8 Abs. 4 S. 5 EuZBBG.

407 Unter Verweis auf die Rechtsprechung des *BVerfG* auch *Holterhus*, EuR 2017, 234, 257 f., der die Verletzung der Integrationsverantwortung zwar für möglich hält, diese aber unter den Vorbehalt einer wesentlichen Wirkung auf die Europäische Union und die Bundesrepublik stellt; das *BVerfG* weist darauf hin, dass es „nicht von vornherein ausgeschlossen [erscheint], dass hierdurch das Gesetzgebungsrecht und die Integrationsverantwortung des Bundestages verletzt würden." Beschlüsse von Vertragsgremien, welche die mitgliedstaatlichen Zuständigkeiten oder die Reichweite des Integrationsprogramms berühren, dürften zudem zur Sicherung der demokratischen Legitimation der Ausschüsse nur mit Zustimmung Deutschlands gefasst werden, *BVerfG*, Urt. v. 13. Oktober 2016 – Az. 2 BvR 1368/16, 2 BvR 1444/16, 2 BvR 1482/16, 2 BvR 1823/16, 2 BvR 3/16, ECLI:DE:BVerfG:2016:rs20161013.2bvr136816, *CETA*, Rn. 65.

Übersendung von Dokumenten nach §§ 1 Abs. 2, 3 sowie §§ 6 EuZBBZ zugunsten des Deutschen Bundestages und nach § 2 EuZBLG zugunsten des Bundesrates vor – dies gilt erst Recht im explizit erwähnten Bereich der gemeinsamen Handelspolitik nach Art. 207 Abs. 3 AEUV. Die im IntVG verankerten Rechte durch die Integrationsverantwortung werden hingegen durch den Abschluss völkerrechtlicher Verträge grundsätzlich nicht ausgelöst. Sollten in besonders gelagerten Ausnahmefällen, in denen völkerrechtliche Abkommen eine erhebliche Wirkung auf die Union und die Mitgliedstaaten ausüben, das IntVG anwendbar sein, so würden dem Deutschen Bundestag und dem Bundesrat zudem das Unterrichtungsrecht nach § 13 IntVG zustehen.

4. Unterrichtungsrechte im Rahmen gemischter Abkommen

Der Abschluss völkerrechtlicher Abkommen mit in unionseigener sowie in mitgliedstaatlicher Kompetenz liegenden Anteilen birgt zusätzlich die Problematik, dass das Europäische Parlament lediglich für den Unionsteil eine demokratische Legitimation zu vermitteln mag[408]. Für den in nationaler Kompetenz liegenden Teil kommt der Beteiligung der Mitgliedstaaten daher ein ähnlich hohes Gewicht zu wie bei einem rein nationalen Abschluss eines Abkommens ohne die Beteiligung der Union. Daher stellt sich anschließend an die Diskussion über die Unterrichtungsrechte im Rahmen unionseigener Abkommen die Frage, ob sich im Rahmen gemischter Abkommen zusätzliche Unterrichtungsrechte über den in nationaler Kompetenz liegenden Teil eines gemischten Abkommens aufgrund nationaler Vorschriften ergeben.

Aufgrund der Verzahnung des in mitgliedstaatlicher Kompetenz liegenden Teils eines gemischten Abkommens mit dem unionseigenen Teil stellt sich die Frage, ob ein gemischtes Abkommen insgesamt eine Angelegenheit der Europäischen Union darstellt. Andernfalls wäre der nationale Teil streng getrennt im Rahmen der regulären Vorschriften über den Abschluss völkerrechtlicher Verträge der Bundesrepublik Deutschland zu behandeln. Zu klären ist daher zunächst, ob Art. 23 oder Art. 59 GG die anwendbare Rechtsgrundlage zur Ratifikation des nationalen Teils eines Abkommens ist (dazu unter a)). Daran anschließend muss betrachtet werden, welche Unterrichtungsrechte von Deutschem Bundestag und Bundesrat aufgrund der anzuwendenden Rechtsgrundlage bestehen (unter b)).

---

408 Zur diesbezüglich unzureichenden demokratischen Legitimation des nationalen Teils durch das Europäische Parlament bereits oben unter II.2.

a) Rechtsgrundlage zur Ratifikation des in nationaler Kompetenz liegenden Teils gemischter Abkommen

Die Behandlung des in mitgliedstaatlicher Kompetenz liegenden Teils eines gemischten Abkommens wird nicht erst im Rahmen der Ratifikation des geschlossenen Abkommens relevant. Vielmehr korrespondieren mit der Wahl der Rechtsgrundlage unterschiedliche Unterrichtungsrechte der gesetzgebenden Körperschaften im Vorfeld des Vertragsschlusses. Aufgrund der unionsrechtlichen Verknüpfung gemischter Abkommen wird teilweise die Ansicht vertreten, dass Art. 23 GG auch auf den nationalen Teil eines gemischten Abkommens anzuwenden sei (hierzu unter (1)). Dem gegenüber steht die tradierte Ansicht, welche die Regelung des Art. 59 GG zum völkerrechtlichen Vertragsschluss für den nationalen Teil eines gemischten Abkommens angewendet wissen will (hierzu unter (2)). Als Basis der Überlegung, welche zusätzlichen Unterrichtungsrechte dem Deutschen Bundestag und dem Bundesrat bei gemischten Abkommen gegenüber unionseigenen Abkommen zukommen, bedarf es einer Entscheidung dieser Problematik über die anzuwendende Rechtsgrundlage (hierzu unter (3)).

(1) Anwendbarkeit von Art. 23 GG auf das gesamte Abkommen

Die Anwendbarkeit von Art. 23 GG auch auf den in nationaler Kompetenz liegenden Teil gemischter Abkommen wird mit seiner Nähe zum Recht der Europäischen Union begründet. Der hybride Charakter gemischter Abkommen – als unionseigene sowie nationale völkerrechtliche Verträge gleichzeitig – zeige eine gemeinsame Angelegenheit der Europäischen Union auf[409]. Daher sei erforderlich, dass sich die Mitwirkungsrechte von Deutschem Bundestag und Bundesrat an der Ratifikation nach Art. 23 GG bestimmen. Sowohl eine Betrachtung des in Unionskompetenz liegenden als auch des in mitgliedstaatlicher Kompetenz liegenden Teils eines Abkommens führe für sich genommen zu einer Anwendung von Art. 23 GG. Auf den in Unionskompetenz liegenden Teil sei zunächst unstreitig Art. 23 GG anwendbar[410]. Getrennt hiervon stelle sich der in nationaler Kompetenz liegende Teil als völkerrechtlicher Vertrag mit besonderem

409 *Pautsch*, NvWZ-Extra 18/2016; *von Arnauld*, AöR 141 (2016), 268, 272, allerdings einschränkend auf den Zeitraum vor dem Vertragsschluss, mit Verweis auf *BVerfG*, Urt. v. 19. Juni 2012 – Az. 2 BvE 4/11, ECLI:DE:BVerfG:2012:es20120619. 2bve000411, BVerfGE 131, 152, *ESM*, Rn. 144; vgl. zu gemischten Abkommen als völkerrechtliche Verträge mit Näheverhältnis zur Union auch oben unter 3.a).

410 Vgl. hierzu bereits oben unter 3.

Näheverhältnis zur Union dar. Allerdings seien beide Teile des Abkommens eng miteinander verflochten und so zu einem Vertrag zusammengefasst. Dies lasse den Schluss zu, dass auch auf den in nationaler Kompetenz liegende Teil Art. 23 GG anwendbar sein müsse.[411] Insbesondere im Falle der Errichtung von beschlussfassenden Organen in den völkerrechtlichen Verträgen durch die Mitgliedstaaten – zumeist vorgesehen bei umfassenden Freihandelsabkommen wie etwa CETA[412] – solle Art. 23 Abs. 1 GG Anwendung finden. Dies ergebe sich daraus, dass ein Bezug zum Integrationsprogramm der Union bestehe. Die in Art. 23 Abs. 1 GG vorgesehenen Sicherungsmechanismen zum Schutz nationaler Hoheitsrechte könnten jedoch unterlaufen werden, wenn eine Aufgabenübertragung von dem Mitgliedstaat direkt an ein beschlussfassendes völkerrechtliches Organ erfolgt. Eine Anwendung von Art. 59 Abs. 2 GG sei in einem solchen Fall nicht sachgerecht.[413] Ein weiterer Grund für die Anwendung von Art. 23 GG finde sich in dem grundlegenden Verhältnis zwischen Art. 24 GG und Art. 32 GG. Die Beteiligung der Länder an völkerrechtlichen Abkommen im Rahmen von Art. 32 Abs. 1, 3 GG wurde bereits zu Beginn des europäischen Integrationsprozesses von Art. 24 GG überlagert, dieser sei insofern *lex specialis*[414]. Durch die Einfügung des Art. 23 GG als *lex specialis* zu Art. 24 GG[415] wiederum sei dieser vorrangig anwendbar. Der Vorrang von Art. 23 GG begründe nun, dass das nationale Vertragsschlussverfahren insgesamt nicht zur Anwendung kommt.[416]

Letztlich würde eine Trennung zwischen nationalem und unionseigenem Teil gemischter Abkommen zur künstlichen Aufspaltung eines Abkommens führen. Die in den Abkommen ausgehandelten Teilbereiche seien verzahnt auf verschiedene Kompetenzbereiche, deren Zuständigkeit teilweise nicht vollständig geklärt seien[417]. Ein solches Abkommen danach zu differenzieren, welche unterschiedlichen Bereiche nach Art. 23 und Art. 59 GG zu beurteilen wären, führe zu einer unklaren und nicht zu rechtfertigenden Aufteilung.[418] Dies gelte

---

411 *Pautsch*, NvWZ-Extra 18/2016, 1, 3; *Frenz*, DVBl 1999, 945, 951.

412 Vgl. zur Errichtung von beschlussfassenden Organen durch Freihandelsabkommen auch *Weiß*, EuZW 2016, 286.

413 *Pautsch*, NvWZ-Extra 18/2016, 1, 3; *Wollenschläger*, NVwZ 2012, 713, 715.

414 *Frenz*, DVBl 1999, 945, 950.

415 *Scholz*, in: Maunz/Dürig, Art. 23 GG, Rn. 4; *Heintschel von Heinegg*, in: Epping/Hillgruber, Art. 23 GG, Rn. 2.

416 *Frenz*, DVBl 1999, 945, 950.

417 Vgl. zu den Kompetenzen bereits oben unter § 2.A; zum unklaren Kompetenzrahmen für gemischte Abkommen ferner *Mayr*, EuR 2015, 575, 582 ff. m. w. N.

418 *Frenz*, DVBl 1999, 945, 951 f.

erst recht, wenn in einzelnen Bereichen das Lindauer Abkommen[419] Anwendung finden würde. Das notwendige Einverständnis der Länder zum Abschluss eines gemischten Abkommens führte schließlich zu einer Blockadeposition der Länder in der Europäischen Einigung. Um die Effektivität der Europäischen Integration auch in dem Prozess des Abschlusses völkerrechtlicher Verträge nicht durch die Länder zu unterlaufen, wäre daher die Anwendung von Art. 23 GG zu bevorzugen. Schließlich wäre auch mit Art. 23 GG eine hinreichende Mitwirkung der Länder am Abschluss gemischter Abkommen gewährleistet.[420]

(2) Anwendbarkeit des Art. 59 Abs. 2 GG auf den nationalen Teil gemischter Abkommen

Für die Anwendung des Art. 59 GG zur Ratifikation des in nationaler Kompetenz liegenden Teils gemischter Abkommen wird das Argument angeführt, dass dieser die grundsätzlich national anwendbare Vorschrift über den völkerrechtlichen Vertragsschluss der Bundesrepublik Deutschland sei. Auch eine teilweise Kompetenzverlagerung auf die Europäische Union könne hieran nichts ändern.[421] Die Mitgliedstaaten haben die betroffenen Kompetenzbereiche gerade vom Prozess der Europäischen Einigung ausklammern wollen. Ein solcher Regelungsbereich dürfe aus diesem Grund auch nicht in den Kontext des Art. 23 GG gestellt werden.[422] Der in mitgliedstaatlicher Kompetenz liegende Teil eines Abkommens sei losgelöst zu betrachten und stehe als völkerrechtlicher Vertrag in nationaler Zuständigkeit eigenständig neben dem unionsrechtlichen Teil[423].

Das besondere Näheverhältnis im Sinne der *ESM*-Rechtsprechung[424] erscheine überdies fraglich. Denn die Mitgliedstaaten behielten sich schließlich die Hoheitsrechte vor, sie üben diese lediglich im Rahmen eines völkerrechtlichen Vertrages gemeinsam mit der Union aus. Raum für die Anwendung von Art. 23 Abs. 2 GG bestünde nur, sofern durch ein gemischtes Abkommen

---

419 Im Lindauer Abkommen vom 14. November 1957 verständigten sich der Bund und die Länder darauf, dass der Bund völkerrechtliche Verträge in ausschließlicher Gesetzgebungskompetenz der Länder abschließen darf, zuvor allerdings das Einverständnis der Länder einholen muss, *Nettesheim,* in: Maunz/Dürig, Art. 32 GG, Rn. 72 ff.

420 *Frenz,* DVBl 1999, 945, 953.

421 *Grzeszick/Hettche,* AöR 141 (2016), 225, 243; *Preißlein,* ZEuS 2/2018, 237, 256 f.

422 *Holterhus,* EuR 2017, 234, 239.

423 *Preißlein,* ZEuS 2/2018, 237, 259.

424 *BVerfG,* Urt. v. 19. Juni 2012 – Az. 2 BvE 4/11, ECLI:DE:BVerfG:2012:es20120619.2bve000411, BVerfGE 131, 152, *ESM.*

Hoheitsrechte auf die Union oder einen durch die Union errichteten beschlussfassenden Ausschuss übertragen würden. Jenseits dieser Annahme sei kein qualifizierter Zusammenhang des nationalen Teils eines gemischten Abkommens mit dem Recht der Europäischen Union gegeben.[425] Doch auch für die Einrichtung von beschlussfassenden Ausschüssen im Rahmen gemischter Abkommen erscheine Art. 24 GG, sofern die Ausschüsse den nationalen Teil eines Abkommens betreffen würden, die sachgerechtere Lösung[426].

Dem Zweck des Art. 23 Abs. 2 GG lasse sich zudem entnehmen, dass dieser gerade einer Kompensation von auf die Unionsorgane übertragenen Hoheitsrechten diene. Dem Parlament wird so die Kontrolle über Beschlüsse der Unionsorgane ermöglicht, denen es nicht mehr selbst zustimmen kann. Hingegen bedarf der Abschluss eines völkerrechtlichen Abkommens – vorbehaltlich Verwaltungsabkommen nach Art. 59 Abs. 2 S. 2 GG – der Zustimmung des Deutschen Bundestages. Ihm wird dadurch die letztendliche Kontrolle über den Abschluss zuteil. Eines Rückgriffs auf Art. 23 Abs. 2 GG bedürfe es somit nicht.[427]

(3) Stellungnahme

Der Verweis auf die *ESM*-Entscheidung[428] zur Anwendung von Art. 23 GG auf den nationalen Teil eines gemischten Abkommens vermag nicht zu überzeugen. Demnach solle durch die Anwendung des Art. 23 GG auch auf völkerrechtliche Verträge mit Näheverhältnis zur Europäischen Union sichergestellt werden, dass die Mitwirkungsrechte des Deutschen Bundestages nicht unterlaufen werden[429]. Der Bundesregierung wird so eine Pflicht auferlegt, ebendiese Mitwirkungsrechte nicht durch einen Vertragsschluss „an der Union vorbei" zu unterlaufen. Von dieser Rechtsprechung einen Schluss auf die Mitwirkung an dem nationalen Teil gemischter Abkommen zu ziehen, erscheint allerdings nicht konsequent. Denn durch die Anwendung von Art. 23 GG sollen gerade

425 *Grzeszick/Hettche,* AöR 141 (2016), 225, 244 ff.

426 In diese Richtung gehend *Holterhus,* EuR 2017, 234, 246 f.; *Grzieszick/Hettche,* AöR 141 (2016), 225, 259 ff., welche auf Art. 24 GG rekurrieren, um die Zustimmungspflicht des Deutschen Bundestages für die Einrichtung von Schiedsgerichten und Ausschüssen in gemischten Abkommen zu begründen; kritisch zur Anwendbarkeit von Art. 24 GG im Rahmen gemischter Abkommen *Preißlein,* ZEuS 2/2018, 237, 260.

427 *Grzeszick/Hettche,* AöR 141 (2016), 225, 249.

428 *BVerfG,* Urt. v. 19. Juni 2012 – Az. 2 BvE 4/11, ECLI:DE:BVerfG:2012:es20120619.2bve000411, BVerfGE 131, 152, *ESM.*

429 Vgl. oben unter 2.c).

die Mitwirkungsrechte des Deutschen Bundestages in einem Bereich garantiert werden, in dem die Union zwar originär nicht handelt, jedoch eine besondere Nähe zu ihr vorliegt. Im Falle eines gemischten Abkommens handelt die Union hingegen eigenständig, es kommt nur zu einem Zusammenwirken mit den Mitgliedstaaten aufgrund der bei diesen verbliebenen Kompetenzen. Für die Ausdehnung der Mitwirkungsrechte von Deutschem Bundestag und Bundesrat nach Art. 23 GG auf den nationalen Bereich gemischter Abkommen besteht keine Notwendigkeit. Denn Art. 23 GG findet bereits auf den in Unionskompetenz liegenden Teil Anwendung – ein Unterlaufen der Mitwirkungsrechte droht in diesem Bereich nicht. Den in nationaler Kompetenz liegenden Teil nun lediglich aufgrund des gemeinsamen Vertragsschlusses zusammen mit der Union in diese Nähe zu rücken, würde das Näheverhältnis in von der Rechtsprechung nicht bezweckter Weise ausdehnen[430].

Auch der Vorwurf einer künstlichen Aufspaltung von gemischten Abkommen trägt nicht. Je nach Vorhandensein einer Kompetenzabgrenzung ist es entweder möglich, nur bestimmte Teilbereiche im Rahmen von Art. 59 GG zu ratifizieren oder das gesamte Abkommen dem Ratifikationsprozess zugrunde zu legen[431]. Inwieweit eine derartige Aufteilung des Abkommens der Anwendung von Art. 59 Abs. 2 GG entgegenstehe oder die Anwendung von Art. 23 GG auf das gesamte Abkommen rechtfertige, erscheint demgegenüber nicht verständlich.

Eine Ausweitung des Art. 23 Abs. 2 GG auf die Ratifikation des in mitgliedstaatlicher Kompetenz liegenden Teils erscheint daher weder notwendig noch sachgerecht. Vielmehr bildet das innerstaatliche Verfahren nach Art. 59 Abs. 2

---

430 Die Rechtsprechung setzt für völkerrechtliche Verträge mit einem Näheverhältnis zur Union voraus, dass diese einen qualifizierten inhaltlichen Zusammenhang mit einem primärrechtlichen Politikbereich der Union aufweisen, *BVerfG*, Urt. v. 19. Juni 2012 – Az. 2 BvE 4/11, ECLI:DE:BVerfG:2012:es20120619.2bve000411, BVerfGE 131, 152, *ESM*, Rn. 100; *Grzeszick/Hettche* verneinen daher schon mangels qualifizierten Zusammenhangs die Anwendung des Art. 23 GG auf den nationalen Teil gemischter Abkommen *Grzeszick/Hettche,* AöR 141 (2016), 225, 244 ff.

431 Eine Ratifikation des gesamten Abkommens in Ermangelung einer Kompetenzabgrenzungsklausel erscheint unproblematisch, da die Mitgliedstaaten in diesem Fall ohnehin vollständig an das Abkommen gebunden sind; gegen eine Aufspaltung des Abkommens plädiert auch *von Arnauld,* AöR 141 (2016), 268, 271, kommt hingegen bei unklarer Kompetenzlage zur Anwendung von Art. 23 Abs. 3 GG auf die Ratifikation.

GG die Grundlage für die Ratifikation der in nationaler Kompetenz liegenden Teile eines gemischten Abkommens.[432]

b) *Daraus resultierende abweichende parlamentarische Unterrichtungsrechte*

Der Ansicht folgend, dass Art. 59 Abs. 2 GG die einschlägige Rechtsgrundlage für den Abschluss des in nationaler Kompetenz liegenden Teils gemischter Abkommen darstellt, bedarf es einer Diskussion, welche Unterrichtungsrechte von Deutschem Bundestag und Bundesrat aus dessen Anwendung resultieren. Teilweise werden für gemischte Abkommen selbst bei Anwendung von Art. 59 Abs. 2 GG auf die Ratifikation die Unterrichtungsrechte aus Art. 23 Abs. 2 GG entnommen (unter (1)). Demgegenüber steht die Ansicht, welche auch die Unterrichtungsrechte aus Art. 59 Abs. 2 GG übernimmt (unter (2)).

(1) *Verbleibende Unterrichtungsrechte nach Art. 23 Abs. 2 GG*

Teilweise wird die Anwendung des Art. 59 Abs. 2 GG im Kontext gemischter Abkommen hinsichtlich dessen parlamentarischer Unterrichtungsrechte als ungenügend betrachtet. Daher solle zwar der Prozess der Ratifikation nach Art. 59 GG verlaufen, die Unterrichtungsrechte in der Phase der Vertragsverhandlungen vor Vertragsschluss dementgegen aus Art. 23 Abs. 2 GG entnommen werden. Dies lasse sich insbesondere der *ESM*-Rechtsprechung[433] entnehmen. Gemischte Abkommen seien als hybride Verträge mit Nähe zur Union im Sinne der Rechtsprechung des *BVerfG* einzuordnen[434]. Die gemischten Abkommen seien somit insgesamt als „Angelegenheit der Europäischen Union" zu charakterisieren, konsequenterweise seien daher die Unterrichtungsrechte aus Art. 23 Abs. 2 S. 2 GG auf gemischte Abkommen übertragbar. Eine Aufspaltung des Vertrages dürfe hingegen nicht zu unterschiedlichen Unterrichtungsrechten in den einzelnen Kompetenzbereichen führen.[435]

---

432 Im Ergebnis auch *Mayer*, ZEuS 4/2016, 391, 397; *Bungenberg*, in: von der Groeben/Schwarze/Hatje, Art. 218 AEUV, Rn. 77; *Schroeder*, EuR 2018, 119, 129 f.; *Weiß*, DöV 2016, 661, 666 f.

433 *BVerfG*, Urt. v. 19. Juni 2012 – Az. 2 BvE 4/11, ECLI:DE:BVerfG:2012:es20120619.2bve000411, BVerfGE 131, 152, *ESM*.

434 *BVerfG*, Urt. v. 19. Juni 2012 – Az. 2 BvE 4/11, ECLI:DE:BVerfG:2012:es20120619.2bve000411, BVerfGE 131, 152, *ESM*, Rn. 144.

435 *Von Arnauld*, AöR 141 (2016), 268, 272; hingegen lässt er die Aufspaltung des gemischten Vertrages im Rahmen des Ratifikationsprozesses wiederaufleben.

Dem wird jedoch entgegengehalten, dass als Konsequenz aus der Anwendung von Art. 59 GG auf die Ratifikationslage auch dessen vorgeschaltete Unterrichtungsrechte folgen müssen. Für die Herleitung von Unterrichtungsrechten aus Art. 23 Abs. 2 GG bestehe demgegenüber keine Notwendigkeit. Denn der Artikel über die Europäische Integration diene gerade dazu, den dauerhaften Verlust an nationalen Kompetenzen durch eine hinreichende Unterrichtung des Parlaments zu kompensieren[436]. Dem Deutschen Bundestag komme damit eine dauerhafte Kontrollposition über übertragene Hoheitsrechte zu. Eine derartige parlamentarische Kontrollposition ist nach dem Abschluss nationaler völkerrechtlicher Verträge nicht notwendig, selbst wenn die Union an diesen Verträgen im Wege gemischter Abkommen beteiligt ist. Dem Parlament steht nach wie vor die Hoheit über den völkerrechtlichen Vertrag durch Entscheidungen über Ratifikation und Kündigung zu.[437]

(2) Unterrichtungsrechte nach Art. 59 Abs. 2 GG

Aufgrund der unbeschränkten Anwendbarkeit von Art. 59 Abs. 2 GG auf den nationalen Teil gemischter Abkommen stellt sich die Frage, welche Unterrichtungsrechte dieser dem Deutschen Bundestag und dem Bundesrat zugesteht[438].

Das Kompetenzgefüge des Grundgesetzes weist die Verhandlungen zu völkerrechtlichen Verträgen als Teil der auswärtigen Gewalt der Exekutive zu[439]. Das Parlament ist nach Art. 59 Abs. 2 GG auf die nachträgliche Zustimmung zu völkerrechtlichen Verträgen verwiesen[440], welche nur *en bloc* erfolgen

436 Zum Zweck des Art. 23 Abs. 2 GG siehe *Classen*, in: von Mangoldt/Klein/Starck, Art. 23 GG, Rn. 76.

437 *Grzeszick/Hettche*, AöR 141 (2016), 225, 249.

438 Die Notwendigkeit der Ratifikation durch Zustimmungsgesetz i. S. d. Art. 59 Abs. 2 S. 1 GG soll in diesem Rahmen nicht thematisiert werden, allgemein wird jedoch für die meisten gemischte Abkommen eine solche Notwendigkeit angenommen, vgl. hierzu *Holterhus*, EuR 2017, 234, 240 ff.; *Grzeszick/Hettche*, AöR 141 (2016), 225, 250 ff.; *von Arnauld*, AöR 141 (2016), 268, 274 ff.

439 *Calliess*, in: Isensee/Kirchhof, HdbStaatsR IV, § 83, Rn. 30; *Schorkopf*, Internationale Beziehungen, § 5, Rn. 1, 20; *BVerfG*, Urt. v. 19. Juni 2012 – Az. 2 BvE 4/11, ECLI:DE:BVerfG:2012:es20120619.2bve000411, BVerfGE 131, 152, *ESM*, Rn. 91 mit Nachweisen aus der Rechtsprechung des BVerfG; für die Möglichkeit von Verhandlungen auch durch den Bundestag streitend hingegen *Röben*, Außenverfassungsrecht, S. 101.

440 Das Zustimmungserfordernis gilt indes nur für solche Abkommen, welche „die politischen Beziehungen des Bundes regeln oder sich auf Gegenstände der Bundesgesetzgebung beziehen", Art. 59 Abs. 2 S. 1 GG; ausgenommen sind nach Art. 59 Abs. 2 S. 2 GG hingegen Verwaltungsabkommen; zu den Gegenständen, welche der Zustimmung des

kann[441]. Einfluss auf das ausgehandelte Resultat der Bundesregierung kann das Parlament nur durch Vorbehalte oder die gesamte Ablehnung des Vertrages ausüben. Aus politischer Klugheit mag es bereits im Vorfeld informelle Abstimmungen über wesentliche Punkte eines völkerrechtlichen Abkommens geben, schon um die Ablehnung eines langwierig ausgehandelten Vertrages zu vermeiden[442]. Der Bereich gemischter Abkommen zeigt jedoch, dass ein solcher informeller Einfluss nur schwerlich geltend zu machen ist. Bei solchen Abkommen unter Beteiligung der Union gilt es nämlich nicht nur, Einvernehmen mit der Bundesregierung über den Vertragstext herzustellen, sondern ebenso, Einfluss auf das Handeln der Regierung als Vertreter im Rat geltend zu machen, welche auf Unionsebene wiederum einen Konsens im Rat finden muss. Der Deutsche Bundestag wird im Bereich gemischter Abkommen stärker auf die nachträgliche Ratifikation verwiesen als im Bereich der streng nationalen Abkommen – dies insbesondere unter dem Druck, ein Abkommen unter Beteiligung der Union und den übrigen Mitgliedstaaten nicht scheitern zu lassen[443].

Die Prärogative der Bundesregierung zur Initiative und Aushandlung völkerrechtlicher Verträge wurde bereits früh durch das *BVerfG* in der *Pershing II*-Entscheidung[444] betont. In dieser Entscheidung stellte es fest, dass „Art. 59 Abs. 2 S. 1 GG den gesetzgebenden Körperschaften keine Initiativ-, Gestaltungs- oder Kontrollbefugnis im Rahmen der auswärtigen Beziehungen [verleiht]“[445]. Angesichts der fortschreitenden Parlamentarisierung des auswärtigen Handelns sowie insbesondere aufgrund von Bedenken hinsichtlich der demokratischen

---

Deutschen Bundestages bedürfen, siehe im Einzelnen *Weber* in: Umbach/Clemens, Art. 59 GG, Rn. 38 ff.; *Nettesheim*, in: Maunz/Dürig, Art. 59 GG, Rn. 98 ff. m. w. N.

441 Änderungsanträge zu völkerrechtlichen Verträgen sind im Deutschen Bundestag nach § 82 Abs. 2 GO-BT unzulässig; vgl. hierzu sowie zu den informellen Einflussmöglichkeiten auf das Vertragsgesetz *Röben*, Außenverfassungsrecht, S. 101 f.

442 Die parlamentarische Praxis geht insoweit hin zu einer rechtzeitigen Einbindung des Auswärtigen Ausschusses des Deutschen Bundestages, um frühzeitig die Parlamentsmehrheit zu sichern, *Lorz*, Interorganrespekt, S. 301.

443 Dass dieser Druck freilich keine Garantie für eine Ratifikation durch die nationalen Parlamente bietet, zeigte das Beispiel des wallonischen Regionalparlament, welches durch seine drohende Ablehnung den Abschluss des Freihandelsabkommen *CETA* gefährdete, vgl. hierzu *Hoffmann*, ZEuS 4/2016, 459, 474 f. m. w. N.

444 *BVerfG*, Urt. v. 18. Dezember 1984 – Az. 2 BvE 13/83, BVerfGE 68, 1, *Pershing II.*

445 *BVerfG*, Urt. v. 18. Dezember 1984 – Az. 2 BvE 13/83, BVerfGE 68, 1, 85, *Pershing II*, Rn. 136 (nach juris); Kritisch hierzu *Tietje/Nowrot*, in: Morlok/Schliesky/Wiefelspütz, ParlR, § 45, Rn. 37.

Legitimation gemischter Verträge scheint das *BVerfG* von dieser restriktiven Sicht inzwischen abzurücken. So ließ es zuletzt in der *ESM*-Entscheidung[446] offen, inwieweit etwaige Unterrichtungspflichten der Bundesregierung über Vertragsverhandlungen bestehen[447].

Die Literatur leitet ein Unterrichtungsrecht des Deutschen Bundestages im Rahmen der Verhandlungen indes daraus her, dass Art. 59 Abs. 2 GG dem Parlament ein Recht auf Mitwirkung an den völkerrechtlichen Handlungen der Bundesregierung garantiere und diese demgegenüber nicht begrenzen wolle. Als notwendiger Teil des Ratifikationsprozesses stehe es dem Deutschen Bundestag daher auch zu, die politische Kontrolle über die Vertragsverhandlungen zu übernehmen. Instrumente dieser Kontrolle im Vorfeld der Ratifikation seien daher die Lenkung der Verhandlungen durch ein entsprechendes Mandat und Leitlinien sowie Frage- und Zitierrechte.[448]

Auch wird eine Unterrichtungspflicht der Bundesregierung gegenüber dem Deutschen Bundestag aus der verfassungsrechtlichen Rechtsbeziehung zwischen diesen Organen hergeleitet. Der Bundesregierung soll es dabei nicht möglich sein, unter Verweis auf Angelegenheiten der auswärtigen Gewalt respektive die in diesem Bereich grundsätzlich geltende exekutive Eigenverantwortung die Unterrichtung des Deutschen Bundestages im Vorfeld der Ratifikationslage zu verweigern.[449]

Eine andere Sichtweise leitet die notwendige Unterrichtung des Parlaments im Vorfeld aus dem gegenseitigen Interorganrespekt her[450]. Grundlage für diese

---

446 *BVerfG*, Urt. v. 19. Juni 2012 – Az. 2 BvE 4/11, ECLI:DE:BVerfG:2012:es20120619.2bve000411, BVerfGE 131, 152, *ESM*.

447 „Inwieweit die Bundesregierung [...] Unterrichtungspflichten treffen, die in den Bereich der vorausgehenden Vertragsverhandlungen hineinreichen, ist nicht grundsätzlich geklärt und hier nicht zu entscheiden.", *BVerfG*, Urt. v. 19. Juni 2012 – Az. 2 BvE 4/11, ECLI:DE:BVerfG:2012:es20120619.2bve000411, BVerfGE 131, 152, *ESM*, Rn. 93.

448 *Röben*, Außenverfassungsrecht, S. 100 f.

449 *Tietje/Nowrot*, in: Morlok/Schliesky/Wiefelspütz, ParlR, § 45, Rn. 37; *Friesenhahn* verneint eine Zuständigkeitsabgrenzung zwischen Parlament und Regierung im Bereich der Staatsleitung, insb. der auswärtigen Gewalt, und weist die Staatsleitung somit der „gesamten Hand" zwischen Parlament und Regierung zu. Eine Begrenzung ergebe sich lediglich aus speziellen verfassungsrechtlichen Zuweisungsvorschriften, *Friesenhahn*, VVDStRL 16 (1958), 9, 37 f.; vgl. hierzu auch *Rojahn*, in: von Münch/Kunig, Art. 59 GG, Rn. 20 m. w. N.

450 *Rojahn*, in: von Münch/Kunig, Art. 59 GG, Rn. 22; *Poscher*, VVDStRL 67 (2008), 160, 188; *Lorz*, Interorganrespekt, S. 301, 311.

gegenseitige Organtreue sei die Rücksichtnahme auf die verfassungsrechtlichen Aufgaben der einzelnen Organe. Der Bundesregierung soll es grundsätzlich nicht zustehen, die Rechtsetzungsprärogative des Parlaments zu unterlaufen. Umso mehr sei daher Einbindung des Parlaments erforderlich, wenn völkerrechtliche Verträge auf die Rechtsstellung des Einzelnen einwirken oder Aufgaben der multilateralen Rechtssetzung erfüllt werden. Um weder den Parlamentsvorbehalt zu unterlaufen noch den Prozess der parlamentarischen Willensbildung abzuschneiden, sei der Deutsche Bundestag bereits an den Verhandlungen zu solchen Abkommen einzubinden.[451]

Teilweise wird ein Unterrichtungsrecht des Deutschen Bundestages auch aus der Organtreue zur Berichterstattung über die Mitwirkung in internationalen Organisationen abgeleitet, welches gleichfalls für Verhandlungsfortschritte bei völkerrechtlichen Abkommen gelten solle[452]. Hingegen vermag diese Argumentation nicht zu überzeugen. Zwar besteht eine Verpflichtung der Bundesregierung zur Unterrichtung des Deutschen Bundestages über die Mitwirkung an internationalen Organisationen aufgrund der dauerhaften Bindung an diese[453]. Begründet liegt diese darin, dass das Parlament der grundlegenden Mitgliedschaft in internationalen Organisationen, nicht jedoch zu deren Arbeitsweise und Weiterentwicklung, zustimmen muss. Das Handeln der Bundesregierung innerhalb internationaler Organisationen wäre ohne eine Unterrichtungspflicht gegenüber dem Parlament dessen Kontrolle entzogen. Jedoch entsteht eine solche Situation, in der das Parlament lediglich über die Grundlage einer Zusammenarbeit entscheidet, bei der Aushandlung eines völkerrechtlichen Vertrages nicht, da mit der Zustimmung des Parlaments zum Abschluss entsprechende Kontrolle ausgeübt wird.

---

451 *Rojahn,* in: von Münch/Kunig, Art. 59 GG, Rn. 22 unter Verweis auf den Gesetzes- bzw. Parlamentsvorbehalt, der auch in diesem Bereich gelten müsse; vgl. auch *Poscher,* VVDStRL 67 (2008), 160, 188; *Lorz* sieht die Verpflichtung zur Unterrichtung aus dem Interorganrespekt schon darin belegen, dass die Zusammenarbeit zwischen den Organen einerseits die notwendigen Mehrheiten im Parlament sicherstellt und andererseits Nachverhandlungen zu völkerrechtlichen Verträgen zu vermeiden sucht, *Lorz,* Interorganrespekt, S. 311.

452 *Grzeszick/Hettche,* AöR 141 (2016), 225, 247.

453 Hierzu eingehend *Grzeszick/Hettche,* AöR 141 (2016), 225, 247; *Nettesheim,* in: Maunz/Dürig, Art. 59 GG, Rn. 203.

(3) Stellungnahme

Eine Anwendung der aus Art. 23 Abs. 2 GG resultierenden Unterrichtungsrechte erscheint systemwidrig. Wenn schon die Ratifikation keine Anwendung des Art. 23 GG begründet, dann erscheint eine Entnahme der Unterrichtungsrechte hieraus ebenso verfehlt. Auch müssen hinter Art. 23 Abs. 2 GG gegebenenfalls zurückbleibende Unterrichtungsrechte in Kauf genommen werden. Denn dies spiegelt schließlich die Entscheidung des Verfassungsgebers wider, das Verhältnis zwischen Exekutive und Legislative im Bereich des auswärtigen Handelns zu definieren[454].

Es muss daher konsequent bei der Anwendung eines Unterrichtungsrechts aus Art. 59 Abs. 2 GG verbleiben. Letztlich überzeugt es, dem Gesetzgeber im Bereich völkerrechtlicher Vertragsverhandlungen ein Unterrichtungsrecht zuzugestehen und den Kernbereich exekutiver Eigenverantwortung[455] einzuschränken. Zwar ist der Bundesregierung grundsätzlich ein solcher Entscheidungsfreiraum zuzugestehen. Die Anwendung dieses Freiraums erscheint jedoch in den Bereichen, in denen die Notwendigkeit der parlamentarischen Ratifikation besteht, nicht konsequent. Vielmehr ist dem Deutschen Bundestag aufgrund der nur eingeschränkten Gestaltungsmacht während der Ratifikationsphase durch die *en bloc*-Abstimmung ein Plus an Mitwirkung im Rahmen der Verhandlungen zuzugestehen. Zur Wahrnehmung der aktiven Mitwirkung des Parlaments an völkerrechtlichen Verhandlungen mittels Fragerechten und parlamentarischen Entschließungen muss das Parlament fortlaufend unterrichtet werden[456].

---

454 Vgl. zum grundlegenden Verhältnis zwischen Exekutive und Legislative im auswärtigen Handeln *Schorkopf*, Internationale Beziehungen, § 5, Rn. 1 ff.; *Stern*, StaatR I, Kap. 14 IV 2; *Baade*, Das Verhältnis von Parlament und Regierung, S. 77 ff.; *Grewe*, in: Isensee/Kirchhof, HdbStaatsR III, 2. Auflage 1996, § 77, Rn. 40 ff.

455 Ein solcher wird der Bundesregierung als nicht ausforschbarer Initiativ-, Beratungs- und Handlungsbereich zugestanden, vgl. allgemein *BVerfG*, Urt. v. 17. Juli 1984 – Az. 2 BvE 11/83, 2 BvE 15/83, BVerfGE 67, 100, 139, *Flick-Ausschuss*, Rn. 127 (nach juris); im Bereich der auswärtigen Gewalt *BVerfG*, Urt. v. 18. Dezember 1984 – Az. 2 BvE 13/83, BVerfGE 68, 1, 86, *Pershing II*, Rn. 137 (nach juris); *Calliess*, in: Isensee/Kirchhof, HdbStaatsR IV, § 83, Rn. 36 f.; *Schorkopf*, Internationale Beziehungen, § 5, Rn. 20 ff.

456 Ob parlamentarische Entschließungen rechtlich bindend sind, ist umstritten. Die überwiegende Ansicht geht jedoch mit dem *BVerfG* davon aus, dass diese unverbindlicher Natur sind, vgl. zur Rechtsprechung *BVerfG*, Urt. v. 18. Dezember 1984 – Az. 2 BvE 13/83, BVerfGE 68, 1, 100, *Pershing II*, Rn. 169 (nach juris); *BVerfG*, Urt. v. 12. Juli 1994 – Az. 2 BvE 3/92, 2 BvE 5/93, 2 BvE 7/93, 2 BvE 8/93, BVerfGE 90, 286, *AWACS*, Rn. 359 (nach juris). Die politische Tragweite der Entschließungen sowie

Auch die Vermittlung der demokratischen Legitimation völkerrechtlicher Verträge durch das Parlament gebietet eine frühzeitige Beteiligung. Aufgrund des erheblichen politischen Drucks, ein (langwierig) ausgehandeltes Abkommen anzunehmen, tendiert das Parlament oftmals zu einer Ratifikation trotz einzelner Vorbehalte[457]. Dem entgegengesetzt riskiert die Bundesregierung im Falle von erheblichen Zweifeln des Parlaments, das gesamte Abkommen durch eine Ablehnung zu gefährden. Sie besitzt daher ebenfalls ein Interesse an der frühzeitigen Mitwirkung der gesetzgebenden Körperschaften an den Verhandlungen zu völkerrechtlichen Verträgen. Die demokratische Legitimation kann schließlich im Bereich völkerrechtlicher Verträge nicht alleine durch eine Ja-Nein-Entscheidung vermittelt werden, sondern bedarf einer differenzierten Betrachtung und Einflussnahme durch die gewählten Volksvertreter. Mithin ist dem Deutschen Bundestag ein frühzeitiges Unterrichtungsrecht im Bereich völkerrechtlicher Verträge nach Art. 59 Abs. 2 GG zuzugestehen. Sofern der Bundesrat in den Erlass des Zustimmungsgesetzes involviert ist[458], gilt für diesen als gesetzgebende Körperschaft gleiches.

c) Zwischenergebnis

Auf den in nationaler Kompetenz liegenden Teil gemischter Abkommen ist als Rechtsgrundlage zur Ratifikation nicht Art. 23 GG, sondern Art. 59 GG anzuwenden. Ein besonderes Näheverhältnis des nationalen Teils gemischter Abkommen zur Europäischen Union i. S. d. *ESM-Entscheidung* lässt sich nicht begründen. Überdies ist die Anwendung von Art. 23 GG, welcher die Mitwirkung des Deutschen Bundestages und des Bundesrates trotz der auf die Union verschobenen Kompetenzen sicherstellt, in einem solchen Fall nicht vonnöten. Vielmehr ist die Mitwirkung der deutschen Gesetzgebungsorgane an nationalen völkerrechtlichen Verträgen durch Art. 59 GG hinreichend sichergestellt – gleiches gilt auch für den nationalen Teil gemischter Abkommen.

---

der erhebliche Einfluss dieser auf das Zustimmungsgesetz sind hingegen unbestritten anerkannt, vgl. hierzu *Nettesheim,* in: Maunz/Dürig, Art. 59 GG Rn. 198; *Klein,* in: Isensee/Kirchhof, HdbStaatsR III, 3. Auflage 2008, § 50, Rn. 14; *Tietje/Nowrot,* in: Morlok/Schliesky/Wiefelspütz, ParlR, § 45, Rn. 37; *Röben*, Außenverfassungsrecht, S. 100; *Lorz*, Interorganrespekt, S. 300.

457 Diese Gefahr sieht auch *Schorkopf*, Internationale Beziehungen, § 5, Rn. 54.

458 Zum Erfordernis der Beteiligung des Bundesrates an dem Zustimmungsgesetz siehe *Nettesheim,* in: Maunz/Dürig, Art. 59 GG, Rn. 148 ff.

Die parlamentarischen Unterrichtungsrechte während der Verhandlungsphase Art. 23 Abs. 2 GG zu entnehmen, auf die Ratifikation des in nationaler Kompetenz liegenden Teils gemischter Abkommen allerdings Art. 59 Abs. 2 GG anzuwenden, erscheint nicht konsequent. Die Anwendung von Art. 23 Abs. 2 GG während der Verhandlungsphase führt zu einer systemwidrigen Verschiebung der Unterrichtungsrechte nach Art. 59 Abs. 2 GG für nationale Abkommen. Auch der Zweck des Art. 23 Abs. 2 GG – die Mitwirkung von Deutschem Bundestag und Bundesrat an den Angelegenheiten der Europäischen Union aufgrund von Kompetenzverlust – rechtfertigt dessen Anwendung auf die Unterrichtungsrechte über gemischte Abkommen insgesamt nicht. Denn für den in nationaler Kompetenz liegenden Teil gemischter Abkommen besteht nach wie vor die Möglichkeit der mitgliedstaatlichen Parlamente, im Rahmen der nationalen Ratifikation eigenständig über den Vertrag zu entscheiden.

Daher richten sich die Unterrichtungsrechte von Deutschem Bundestag und Bundesrat nach Art. 59 Abs. 2 GG. Trotz der bestehenden Prärogative der Bundesregierung im Bereich der vertraglichen Außenpolitik wird inzwischen ein Unterrichtungsrecht von Deutschem Bundestag und Bundesrat über die Verhandlungen zu völkerrechtlichen Verträgen angenommen. Abgeleitet wird dies aus der Aufgabenverteilung der Verfassungsorgane, aus dem gegenseitigen Interorganrespekt sowie dem Zweck des Art. 59 Abs. 2 GG. Letztlich vermag es zu überzeugen, auf Grundlage der demokratischen Legitimation völkerrechtlicher Verträge die Gesetzgebungsorgane nicht auf die nachträgliche Zustimmung zu verweisen, sondern diesen ein Unterrichtungsrecht und somit die aktive Begleitung der Verhandlungen zu ermöglichen. Daher sind der Deutsche Bundestag und der Bundesrat nach Art. 59 Abs. 2 GG über den in nationaler Kompetenz liegenden Teil gemischter Abkommen durch die Bundesregierung zu unterrichten.

IV. Fazit der Unterrichtungsrechte der nationalen Parlamente

Die Untersuchung des Unionsrechts hinsichtlich der Unterrichtungsrechte nationaler Parlamente aus Art. 12 EUV zeigt, dass dieses Unterrichtungsrecht vorrangig die Übersendung von Entwürfen zu Gesetzgebungsakten umfasst (Art. 12 lit. a), 2. HS EUV). Eine Analyse des mit Art. 12 lit. a) EUV korrespondierenden Parlamentsprotokoll (Nr. 1) zeigt keinen über die Unterrichtungsrechte im Rahmen von Gesetzgebungsakten hinausgehenden Befund. Demgegenüber weist Art. 12 lit. a) EUV eine planwidrige Regelungslücke für die Unterrichtungsrechte über Verhandlungen zu völkerrechtlichen Verträgen auf. Aufgrund der Vergleichbarkeit der geregelten Sachverhalte mit dem Unterrichtungsrecht über völkerrechtliche Verhandlungen ist eine analoge Anwendung von Art. 12 lit. a) EUV angezeigt. Es besteht sowohl eine strukturelle Ähnlichkeit zwischen völkerrechtlichen Abkommen und Gesetzgebungsakten, als auch eine vergleichbare Interessenslage zwischen den Unterrichtungsrechten des Europäischen Parlaments und denen der mitgliedstaatlichen Parlamente aufgrund der demokratischen Legitimationsleistung beider im Bereich der vertraglichen Außenpolitik. Die mitgliedstaatlichen Parlamente sind daher in Analogie zu Art. 12 lit. a) EUV durch die Unionsorgane über Verhandlungen zu völkerrechtlichen Verträgen zu unterrichten.

Das Unterrichtungsrecht beansprucht im Rahmen des Abschlusses gemischter Abkommen besondere Bedeutung, da in diesem Fall das informatorische Interesse der nationalen Parlamente erhöht ist. In dem in nationaler Kompetenz liegenden Bereich gemischter Abkommen entfällt die demokratische Legitimation über das Europäische Parlament, daher müssen die mitgliedstaatlichen Parlamente im Bereich gemischter Abkommen stärker eingebunden werden.

Die parlamentarischen Unterrichtungsrechte in der Bundesrepublik Deutschland sehen eine Unterrichtung von Deutschem Bundestag und Bundesrat durch die Bundesregierung über Angelegenheiten der Europäischen Union nach Art. 23 GG sowie den diesen konkretisierenden Beteiligungsgesetzen vor. Umfasst werden von der Pflicht zur Unterrichtung sowohl das Verhandlungsmandat als auch Dokumente zu den Vertragsverhandlungen, insbesondere die konsolidierten Verhandlungsdokumente. Der Abschluss völkerrechtlicher Abkommen der Union stellt sich als Angelegenheit der Europäischen Union dar und löst somit die Unterrichtungsrechte nach Art. 23 Abs. 2 GG i. V. m. §§ 1, 3, 6 EuZBBG sowie § 2 EuZBLG aus. Für eine Anwendung der im IntVG vorgesehenen Unterrichtungsrechte verbleibt hingegen nur in besonders gelagerten Ausnahmefällen Raum, in denen völkerrechtliche Abkommen eine erhebliche Wirkung auf die Union und die Mitgliedstaaten ausüben. Die Einschränkung dieser Unterrichtungsrechte auf Grundlage einer Klassifizierung als Verschlusssache durch die Union ist weder verfassungsrechtlich noch einfachgesetzlich zu rechtfertigen. Vielmehr besteht mit der Geheimschutzordnung des Deutschen Bundestages eine hinreichende Garantie zum Schutz der Dokumente.

Für den in nationaler Kompetenz liegenden Teil gemischter Abkommen sind aufgrund der Trennung zwischen Unionsrecht und nationalem Recht strikt die nationalen Vorgaben anzuwenden. Insoweit ist Art. 23 Abs. 2 GG weder auf die Ratifikation des nationalen Teils gemischter Abkommen anzuwenden, noch können die Unterrichtungsrechte über Angelegenheiten der Europäischen Union aus Art. 23 Abs. 2 GG entnommen werden. Es verbleibt für die Ratifikation des nationalen Teils gemischter Abkommen streng bei der Anwendung von

Art. 59 Abs. 2 GG mit der Konsequenz der aus diesem resultierenden Unterrichtungsrechte. Aufgrund der verfassungsrechtlichen Aufgaben von Deutschem Bundestag und Bundesrat sowie der notwendigen Mitwirkung im Vorfeld der Ratifikationslage gebietet es Art. 59 Abs. 2 GG, beide Gesetzgebungsorgane frühzeitig und umfassend über die Aufnahme und den Verlauf von völkerrechtlichen Verhandlungen zu unterrichten. Somit müssen der Deutsche Bundestag und der Bundesrat nach Art. 59 Abs. 2 GG durch die Bundesregierung über den in nationaler Kompetenz liegenden Teil gemischter Abkommen unterrichtet werden.

D. Kritische Würdigung der parlamentarischen Unterrichtungsrechte

Im Folgenden werden die oben gefundenen Unterrichtungsrechte von Europäischem Parlament und nationalen Parlamenten mit der Konzeption der demokratischen Legitimation der Entscheidungen innerhalb der Europäischen Union abgeglichen. Zu berücksichtigen bei einer solchen Betrachtung ist die Vermittlung demokratischer Legitimation innerhalb der Union über die beiden Stränge der unmittelbaren Vertretung der Unionsbürger durch das Europäische Parlament sowie der mittelbaren Vertretung über die im Rat vertretenen und den mitgliedstaatlichen Parlamenten verantwortlichen Regierungen (Art. 10 Abs. 2 EUV). Die demokratische Rückbindung der Entscheidungen der Union nur über einen Strang würde den Besonderheiten der nur bedingten Legitimation jedes der beiden Stränge und somit der dualen Konzeption demokratischer Legitimation nicht gerecht werden. Daher wird zunächst die Einbindung des Europäischen Parlaments beleuchtet (unter I.), hieran anschließend die Einbindung der nationalen Parlamente (unter II.).

I. Einbindung des Europäischen Parlaments

Die Einbindung des Europäischen Parlaments in die Vertragsverhandlungen der Union stellt ein notwendiges Element der demokratischen Kontrolle über das Handeln von Kommission und Rat dar. Als einzig unmittelbar demokratisch legitimiertes Organ innerhalb der Europäischen Union besitzt es eine besonders hervorgehobene Stellung bei der Kontrolle von Kommission und Rat. Die Stärkung der Beteiligungsrechte durch den Vertrag von Lissabon versetzen das Europäische Parlament in die Lage, effektiv Einfluss auf die Verhandlungen zu nehmen. Die frühzeitigen Unterrichtungsrechte korrespondieren in diesem

Rahmen mit der Einschränkung, dass ausgehandelte Abkommen nur *en bloc* angenommen werden können.

Aufgrund der nur eingeschränkten Zustimmungspflicht des Europäischen Parlaments fehlen hingegen wesentliche Sanktionsmechanismen. Insofern besteht Bedarf nach einer Ausweitung dieser Zustimmungspflichten. Im Zusammenhang mit den weitreichenden Unterrichtungs- und Anhörungsrechten des Europäischen Parlaments muss diesem auch ermöglicht werden, die ihm übertragenen demokratischen Einflussrechte effektiv zu nutzen, indem es ein Abkommen ablehnen kann.

Auch besteht im Kontext dieser Zustimmungspflicht ein Bedürfnis nach derart frühzeitiger Einbindung des Europäischen Parlaments in die Verhandlungen, dass dieses bereits in der Lage sein muss, das Verhandlungsmandat mitzugestalten. Die bislang fehlende Zustimmungspflicht für das Verhandlungsmandat führt im Wesentlichen dazu, dass bei Divergenzen zwischen Europäischem Parlament und Verhandlungsführer das Mandat nachgebessert werden muss. Letztlich droht ein Verhandlungsmandat mit fehlender Mehrheit im Europäischen Parlament einen Verhandlungserfolg als Ganzes zu gefährden – denn eine fehlende Zustimmung in der Phase der Verhandlungsaufnahme würde bereits fehlende Mehrheiten für das Verhandlungsresultat signalisieren. Eine Zustimmungspflicht wäre auch zur vorläufigen Anwendung völkerrechtlicher Verträge zu begrüßen, da diese ebenfalls die Verteilung der Mehrheitsverhältnisse frühzeitig klären könnte. Überdies wäre das Europäische Parlament bei einer solchen Ausweitung der Zustimmungspflicht nicht darauf verwiesen, ein Abkommen abzulehnen, welches mitunter bereits seit mehreren Jahren vorläufig angewendet wird.

II. Einbindung der nationalen Parlamente

Eine über die Generalklausel für die Unterrichtungsrechte hinausgehende explizite Verpflichtung zur Einbindung der nationalen Parlamente in die vertragliche Außenpolitik fehlt im Unionsrecht. Für ein derartiges Unterrichtungsrecht bleibt daher nur der Rückgriff auf eine analoge Anwendung des Art. 12 lit. a) EUV. Eine Klarstellung erscheint allerdings aufgrund der strukturellen Nähe zwischen völkerrechtlichen Verträgen und Gesetzgebungsakten der Union geboten. Die fortschreitende Parlamentarisierung der Außenpolitik spiegelt sich bislang nur in der Einbindung des Europäischen Parlaments nach Art. 218 Abs. 10 AEUV wider, dem Legitimationsstrang über die mitgliedstaatlichen Parlamente wird hingegen keine explizite Rolle zugewiesen.

Der Rückbindung der Entscheidungen an die Unionsbürger über die mitgliedstaatlichen Parlamente bedarf es in erhöhtem Maße im Rahmen gemischter Abkommen. Denn über den in nationaler Kompetenz liegenden Teil eines gemischten Abkommens, für welchen das Europäische Parlament nicht die demokratische Legitimation zu vermitteln mag, müssen die nationalen Parlamente als legitimationsvermittelndes Organ eingebunden werden. Gerade für diesen Bereich wäre eine explizite Regelung auf Unionsebene allerdings geboten, um die frühzeitige Beteiligung der nationalen Parlamente abzusichern und so nicht Gefahr zu laufen, dass ein gemischtes Abkommen an der abschließenden Ratifikation durch die Mitgliedstaaten scheitert. Die nationalen Parlamente können hingegen nicht auf einzelfallabhängige Unterrichtungsrechte oder langwierige Gerichtsverhandlungen zur Unterrichtung angewiesen sein. Eine Klarstellung dieser Unterrichtungsrechte würde dem Auftrag zur gemeinsamen Gestaltung völkerrechtlicher Verträge unter Einbindung der unmittelbar demokratisch legitimierten Organe gerecht werden. Auch würde die Aufnahme der Unterrichtungspflicht in den Katalog aufgezählter Unterrichtungsrechte den Modus zur Handhabung der übermittelten Dokumente klären und nicht unzulässig beschränken.

§ 4 Zugang zu völkerrechtlichen Verhandlungsdokumenten nach der VO (EG) 1049/2001

Das System der repräsentativen Demokratie der Union wird nach Art. 10 Abs. 3 EUV durch die unmittelbare Partizipation der Unionsbürger flankiert. Die partizipativen Rechte der Unionsbürger können im Bereich der vertraglichen Außenpolitik nur dann wahrgenommen werden, wenn diesen auch Informationsrechte über die Aushandlung völkerrechtlicher Abkommen der Union zustehen. Sofern die Organe der Europäischen Union sich nicht bereits auf freiwilliger Basis bereit erklären, Dokumente proaktiv zur Verfügung zu stellen[459], stellt sich daher die Frage, inwieweit die transparenzrechtlichen Anforderungen des Sekundärrechts die Organe zur Freigabe von Verhandlungsmandat und konsolidierten Verhandlungsdokumenten verpflichten. Im Folgenden wird daher zunächst die sekundärrechtliche Ausgestaltung des Zugangs zu Dokumenten nach der VO (EG) 1049/2001[460] dargestellt (A.) Daraufhin wird die VO (EG) 1049/2001 im Hinblick auf den Zugang zu völkerrechtlichen Verhandlungsdokumenten untersucht (B.).

A. Sekundärrechtliche Ausgestaltung des Zugangs zu Dokumenten - die VO (EG) 1049/2001

Der durch den Vertrag von Amsterdam eingeführten Verpflichtung zur Schaffung von Sekundärrecht zum Zugang zu Dokumenten aus Art. 255 EGV[461] sind Kommission und Rat einen Monat nach Ablauf der Frist zum 30. Mai 2001

---

459 So bspw. bei *CETA* und *TTIP* in begrenztem Maße geschehen, insb. wurden im Zuge einer Transparenzinitiative das jeweilige Verhandlungsmandat und die Textvorschläge der Europäischen Seite veröffentlicht; vgl. das Schreiben der Handelskommissarin *Malmström* an den Rat, JN/as Ares (2017).

460 VO (EG) 1049/2001 des Europäischen Parlaments und des Rates vom 30. Mai 2001 über den Zugang der Öffentlichkeit zu Dokumenten des Europäischen Parlaments, des Rates und der Kommission, Abl. 2001, L 145/43.

461 Inzwischen nahezu wortgleich, aber ohne Umsetzungsfrist überführt in Art. 15 Abs. 3 AEUV, vgl. *Krajewski/Rösslein*, in: Grabitz/Hilf/Nettesheim, Art. 15 AEUV, Rn. 25; *Heselhaus*, in: Frankfurter Kommentar, Art. 15 AEUV, Rn. 36.

mit der Verordnung (EG) 1049/2001 nachgekommen[462]. Diese orientierte sich an dem vormals bestehenden gemeinsamen Verhaltenskodex zum Zugang zu Dokumenten[463] sowie den darauf aufbauenden Geschäftsordnungen von Rat[464] und Kommission[465]. Die VO (EG) 1049/2001 gewährleistet entsprechend der primärrechtlichen Verpflichtung aus Art. 255 EGV bzw. Art. 15 Abs. 3 AEUV grundsätzlich den Zugang zu Dokumenten (hierzu unter I.). Gleichwohl enthält sie ein komplexes Regel-Ausnahme-Verhältnis zum Ausgleich konfligierender Interessen, welches einer eingehenden Erläuterung bedarf (hierzu unter II.).

I. Grundsätzlicher Zugang zu Dokumenten

Die Dokumentenzugangsverordnung (EG) 1049/2001 gewährleistet nach Art. 2 Abs. 1 jedem Unionsbürger sowie natürlichen und juristischen Personen mit Wohnsitz in der EU einen Zugang zu Dokumenten – und dies unabhängig von etwaigen Voraussetzungen[466]. Über diesen Kreis der Berechtigten hinaus stellt es Art. 2 Abs. 2 VO (EG) 1049/2001 in das Ermessen der Organe, auch Drittstaatlern ohne (Wohn)sitz in einem Mitgliedstaat den Zugang zu Dokumenten zu gewähren[467].

---

462 Siehe zur Gesetzgebungsgeschichte im Einzelnen *Mantl*, Transparenz, S. 102 f.; *Wewers*, Europäisches Zugangsrecht, S. 247; *Castenholz*, Informationszugangsfreiheit, S. 144 ff.

463 Verhaltenskodex für den Zugang der Öffentlichkeit zu Rats- und Kommissionsdokumenten vom 6. Dezember 1993 (93/730/EG), ABl. 1993, L 340/41.

464 Art. 22 GO-Rat i. d. F. des Beschlusses vom 6. Dezember 1993 (93/662/EG), ABl. 1993, L 304/1 in Verbindung mit dem Beschluss des Rates über den Zugang der Öffentlichkeit zu Ratsdokumenten vom 20. Dezember 1993 (93/731/EG), ABl. 1993, L 340/43.

465 Beschluss der Kommission über den Zugang der Öffentlichkeit zu den der Kommission vorliegenden Dokumenten vom 8. Februar 1994 (94/90/EGKS, EG, EURATOM), ABl. 1994, L 46/58.

466 *Bartelt/Zeitler*, EuR 2003, 487, 489; *Hofstötter*, in: von der Groeben/Schwarze/Hatje, Art. 15 AEUV, Rn. 23; *Gellermann*, in: Streinz, Art. 15 AEUV, Rn. 12; *Partsch*, NJW 2001, 3154, 3156; *Wägenbaur*, EuZW 2001, 680, 681.

467 *Gellermann*, in: Streinz, Art. 15 AEUV, Rn. 12; *Wegener*, in: Calliess/Ruffert, Art. 15 AEUV, Rn. 12; *Marsch*, DöV 2005, 639 f.; *Wägenbaur*, EuZW 2001, 680, 681. Insofern ist die Ansicht von *Heselhaus*, in: Frankfurter Kommentar, Art. 15 AEUV, Rn. 41 fehlerhaft, der das Ermessen in Art. 2 Abs. 2 VO (EG) 1049/2001 aufgrund der primärrechtlichen Vorgaben nach Art. 15 Abs. 3 AEUV einschränkt, allerdings von Drittstaatlern *mit* Wohnsitz in der EU ausgeht. Denn diese sind bereits nach Art. 2 Abs. 1 VO (EG) 1049/2001 in Übereinstimmung mit Art. 255 EGV sowie Art. 15 Abs. 3 UAbs. 1 AEUV berechtigt.

Verpflichtet werden nach Art. 1 lit. a) VO (EG) 1049/2001 die Kommission, das Parlament und der Rat (innerhalb der VO (EG) 1049/2001 zusammenfassend als „Organe" bezeichnet). Der Kreis der Verpflichteten wurde in Übereinstimmung mit Art. 255 EGV eingeführt. Durch Art. 15 Abs. 3 UAbs. 1 AEUV wurde der Zugang zu Dokumenten auch auf „Einrichtungen oder sonstige Stellen der Union" erweitert[468]. Nach dem 8. Erwägungsgrund der VO (EG) 1049/2001 bezweckt die Verordnung zudem, dass auch die von den Organen geschaffenen Einrichtungen die in der Verordnung niedergelegten Grundsätze anwenden sollen[469]. Unter die Definition des Organs sollen darüber hinaus auch Ausschüsse und Arbeitsgruppen der Organe[470] sowie nach Rechtsprechung des *EuG*[471] auch die vor dem Vertrag von Lissabon relevanten Komitologieausschüsse[472] gefasst werden.

Der Begriff des Dokuments findet sich legaldefiniert in Art. 3 lit. a) VO (EG) 1049/2001 wieder. Diese Definition bezieht den Begriff eines „Dokumentes" auf sämtliche Inhalte unabhängig von der Form des Datenträgers. So sind auch digital verfügbare Informationen umfasst[473]. Zudem werden die Dokumente nicht auf einen bestimmten Ersteller oder einen bestimmten Typus von Rechtsakt begrenzt. Der nach der Aufhebung der Säulenstruktur wohl nur noch der Klarstellung dienende Art. 2 Abs. 3 VO (EG) 1049/2001 schreibt insbesondere die

---

468 *Heselhaus*, in: Frankfurter Kommentar, Art. 15 AEUV, Rn. 44 nennt als *„Einrichtungen und sonstige Stellen"* insb. die Europäische Investitionsbank, den Wirtschafts- und Sozialausschuss, die Europäische Chemikalienagentur, die Europäische Umweltagentur, die europäische Behörde für Lebensmittelsicherheit und das Europäische Sortenamt; siehe auch die exemplarische Auflistung bei *Gellermann*, in: Streinz, Art. 15 AEUV, Rn. 9.

469 So auch *Zerdick*, in: Lenz/Borchardt, Art. 15 AEUV, Rn. 28 mit Verweis auf eine gemeinsame Erklärung der Organe zur Einrichtung von Zugangsvorschriften der Agenturen und sonstigen Einrichtungen.

470 *Krajewski/Rösslein*, in: Grabitz/Hilf/Nettesheim, Art. 15 AEUV, Rn. 43; *Heselhaus*, in: Frankfurter Kommentar, Art. 15 AEUV, Rn. 42.

471 *EuG*, Urt. v. 19. Juli 1999 – Rs. T-188/97, ECLI:EU:T:1999:156, *Rothmans/Kommission*, Rn. 59, 62; diese Rechtsprechung bezog sich allerdings noch auf den Verhaltenskodex für den Zugang der Öffentlichkeit zu Rats- und Kommissionsdokumenten.

472 Komitologieausschüsse dienten der Unterstützung der Kommission bei der Durchführung von delegierten Rechtsakten nach Art. 202 EGV und setzten sich aus Vertretern der Mitgliedstaaten sowie einem Vertreter der Kommission zusammen, vgl. *EuG*, Urt. v. 19. Juli 1999 – Rs. T-188/97, ECLI:EU:T:1999:156, *Rothmans/Kommission*, Rn. 57; *Bergmann* in Handlexikon der Europäischen Union, *„Komitologie"*.

473 *Görlitz/Schoo*, in: Schwarze/Becker/Hatje/Schoo, Art. 15 AEUV, Rn. 36.

Geltung des Zugangsrechts für alle Tätigkeiten eines Organes fest – insofern sind die GASP und die PJZ ebenfalls vom Zugangsrecht erfasst[474]. Umfasst sind alle Dokumente, die von einem Organ hergestellt wurden oder die bei diesem eingegangen sind und sich in dessen Besitz befinden (vgl. Art. 2 Abs. 3 VO (EG) 1049/2001). Die Begründung, ein Dokument wäre von einem Dritten erstellt und nur dem Organ zugeleitet worden, schließt somit nicht den Zugangsanspruch nach der VO (EG) 1049/2001 aus[475]. Über den Zugang zu Dokumenten geht die VO (EG) 1049/2001 nicht hinaus, sie stellt keinen Informationsanspruch i. S. e. Erstellung und Übermittlung (noch) nicht bestehender Dokumente oder bloßer Auskünfte dar[476].

II. Ausnahmsweise Verweigerung des Zugangs

Den entgegenstehenden Interessen wird die VO (EG) 1049/2001 durch entsprechende Ausnahmetatbestände in Art. 4 VO (EG) 1049/2001 gerecht. Die Einfügung solcher Einschränkungen ist in dem Rechtsetzungsauftrag des Zugangs zu Dokumenten nach Art. 15 Abs. 3 UAbs. 2 AEUV explizit vorgesehen – umschrieben als „aufgrund öffentlicher oder privater Interessen geltende[] Einschränkungen für die Ausübung dieses Rechts auf Zugang zu Dokumenten“[477]. Das Primärrecht setzt insofern das Bestehen von Einschränkungen voraus, ohne diese im Rechtsetzungsauftrag näher zu konkretisieren.

Aus dem Transparenzgebot, insbesondere der Forderung in Art. 15 Abs. 1 nach „weitestgehender Beachtung des Grundsatzes der Offenheit“ folgt, dass die Ausnahmen eng auszulegen sind[478]. Die Ablehnung aufgrund dieser

---

474 So auch *Krajewski/Rösslein*, in: Grabitz/Hilf/Nettesheim, Art. 15 AEUV, Rn. 48; *Görlitz/Schoo*, in: Schwarze/Becker/Hatje/Schoo, Art. 15 AEUV, Rn. 37; vgl. zur Rechtslage vor dem Vertrag von Lissabon *Bartelt/Zeitler*, EuR 2003, 487,492.

475 *Görlitz/Schoo*, in: Schwarze/Becker/Hatje/Schoo, Art. 15 AEUV, Rn. 40.

476 *Heselhaus*, in: Frankfurter Kommentar, Art. 15 AEUV, Rn. 50; *Hofstötter*, in: von der Groeben/Schwarze/Hatje, Art. 15 AEUV, Rn. 32; *Marsch*, DöV 2005, 639, 641; *EuG*, Urt. v. 25. April 2007 – Rs. T-264/04, ECLI:EU:T:2007:114, *WWF/Rat*, Rn. 76; es besteht darüber hinaus eine einfache Vermutung zugunsten der Verpflichteten für das Nichtbestehen von Dokumenten, *Marsch*, a. a. O.; *EuG*, Urt. v. 26. April 2005 – Verb. Rs. T-110/03, T-150/03 und T-405/03, ECLI:EU:T:2005:143, *Sison/Rat*, Rn. 29.

477 Siehe Art. 15 Abs. 3 UAbs. 2 AEUV.

478 *Heselhaus*, in: Frankfurter Kommentar, Art. 15 AEUV, Rn. 55; *Gellermann*, in: Streinz, Art. 15 AEUV, Rn. 18; *Wägenbaur*, EuZW 2001, 680, 682; *Castenholz*, Informationszugangsfreiheit, S. 155; *EuGH*, Urt. v. 11. Januar 2000 – Verb. Rs. C-174/98 P und C-189/98 P, ECLI:EU:C:2000:1, *Niederlande und Van der Wal/Kommission*, Rn. 27; *EuGH*, Urt. v. 1. Februar 2007 – Rs. C-266/05 P, ECLI:EU:C:2007:75, *Sison/Rat*, Rn. 63;

Ausnahmen bedarf grundsätzlich einer konkreten und individuellen Prüfung, die Begründung muss individuell und für jedes einzelne Dokument erfolgen[479]. Eine Grenze findet die spezifische Begründungspflicht demgegenüber in Fällen, in welchen durch eine Begründung bereits der zu schützende Inhalt des beantragten Dokumentes offenbart würde[480]. Auch muss geprüft werden, ob als milderes Mittel der Verweigerung ein Teilzugang zu den erfragten Dokumenten möglich ist[481].

Diese allgemeinen Grundsätze berücksichtigend bedarf jede Anwendung der Ausnahmetatbestände zunächst eines Bezuges zu einem der in der VO (EG) 1049/2001 erwähnten Schutzgutes (unter 1.). Daraufhin erfordert die Verweigerung des Zugangs zu Dokumenten eine Beeinträchtigung der durch die Ausnahmetatbestände geschützten Interessen (unter 2.). Die in den sog. relativen Ausnahmetatbeständen vorgesehene Abwägungsklausel berücksichtigt zudem das öffentliche Verbreitungsinteresse (unter 3.). Im Kontext dieser Systematik stellt sich als fraglich dar, ob eine unautorisierte Veröffentlichung von Dokumenten Einfluss auf die Anwendung der Ausnahmetatbestände hat (unter 4.).

EuGH, Urt. v. 18. Dezember 2007 - Rs. C-64/05, ECLI:EU:C:2007:802, *Schweden/ Kommission*, Rn. 66; deutlich auch im 4. Und 11. Erwägungsgrund zur VO (EG) 1049/ 2001.

479 *Hofstötter*, in: von der Groeben/Schwarze/Hatje, Art. 15 AEUV, Rn. 39; *Heselhaus*, in: Frankfurter Kommentar, Art. 15 AEUV, Rn. 56; *Castenholz*, Informationszugangsfreiheit, S. 155; *EuG*, Urt. v. 13. April 2005 - Rs. T-2/03, ECLI:EU:T:2005:125, *Verein für Konsumenteninformation/Kommission*, Rn. 70 ff.; *EuG*, Urt. v. 6. Juli 2006 - Verb. Rs. T-391/03 und T-70/04, ECLI:EU:T:2006:190, *Franchet und Byk/Kommission*, Rn. 115 ff.

480 *Görlitz/Schoo*, in: Schwarze/Becker/Hatje/Schoo, Art. 15 AEUV, Rn. 50; *Hofstötter*, in: von der Groeben/Schwarze/Hatje, Art. 15 AEUV, Rn. 44; *EuGH*, Urt. v. 1. Februar 2007 - Rs. C-266/05 P, ECLI:EU:C:2007:75, *Sison/Rat*, Rn. 82; *EuG*, Urt. v. 5. März 1997 - Rs. T-105/95, ECLI:EU:T:1997:26, *WWF UK/Rat*, Rn. 65; *EuG*, Urt. v. 19. Januar 2010 - Verb. Rs. T-355/04 und T-446/04, ECLI:EU:T:2010/15, *Co-Frutta/ Kommission*, Rn. 131.

481 So explizit in Art. 4 Abs. 6 VO (EG) 1049/2001 vorgesehen; vgl. auch *Heselhaus*, in: Frankfurter Kommentar, Art. 15 AEUV, Rn. 55; *Bartelt/Zeitler*, EuR 2003, 487, 495; *Castenholz*, Informationszugangsfreiheit, S. 156; *Riemann*, Transparenz der Union, S. 165; *EuG*, Urt. v. 6. April 2000 - Rs. T-188/98, ECLI:EU:T:2000:101, *Kuijer/Rat*, Rn. 54 f.; *EuGH*, Urt. v. 6. Dezember 2001 - Rs. C-353/99 P, ECLI:EU:C:2001:661, *Rat/ Hautala*, Rn. 27, 29 bestätigt insoweit das Urteil *EuG*, Urt. v. 19. Juli 1999 - Rs. T-14/ 98, ECLI:EU:T:1999:157, *Hautala/Rat*, Rn. 85 f.

Die Rechtsfolge der Anwendbarkeit eines Ausnahmetatbestandes ist die Ablehnung des Zugangsantrages (unter 5.).

1. *Schutzgüter der Ausnahmetatbestände*

Die in Art. 4 VO (EG) 1049/2001 abschließend aufgelisteten[482] Ausnahmetatbestände lassen sich strukturell unterscheiden zwischen Ausnahmen ohne Abwägungsklausel (unter a)) und relativen Ausnahmen, welche eine Abwägung zwischen dem geschützten Interesse und dem öffentlichen Zugangsinteresse vorsehen (unter b)). Die VO (EG) 1049/2001 enthält zudem Sonderregelungen hinsichtlich des Schutzes von Verschlusssachen (unter c)).

a) *Schutzgüter ohne Abwägungsklausel*

Die Versagungsgründe ohne Abwägungsklausel in Art. 4 Abs. 1 VO (EG) 1049/2001 gliedern sich in zwei verschiedene Gruppen von Schutzinteressen auf, deren Beeinträchtigung drohen muss: Die zu schützenden öffentlichen und privaten Interessen. Nach Art. 4 Abs. 1 lit. a) VO (EG) 1049/2001 unterfallen den Schutzgütern des öffentlichen Interesses die öffentliche Sicherheit (1. Spiegelstrich), die Verteidigung und militärische Belange (2. Spiegelstrich), die internationalen Beziehungen (3. Spiegelstrich) sowie die Finanz-, Währungs- und Wirtschaftspolitik (4. Spiegelstrich). Geschützte private Interessen nach Art. 4 Abs. 1 lit. b) VO (EG) 1049/2001 sind der Schutz der Privatsphäre und der Integrität des Einzelnen[483]. Den in Art. 4 Abs. 1 VO (EG) 1049/2001 aufgelisteten

---

482 Der abschließende Charakter der Ausnahmen nach Art. 4 VO (EG) 1049/2001 ergibt sich aus dem Grundsatz, dass Ausnahmen eng auszulegen sind, *Wolf*, Unionales Dokumentenzugangsrecht, S. 123; *Riemann*, Transparenz der Union, S. 232.

483 Die VO (EG) 1049/2001 verweist zur Ermittlung, ob persönliche Daten betroffen sind, auf die Unionsvorschriften über den Schutz personenbezogener Daten. Verwiesen wurde somit auf die VO (EG) 45/2001 zum Schutz natürlicher Personen bei der Verarbeitung personenbezogener Daten durch die Organe und Einrichtungen der Gemeinschaft und zum freien Datenverkehr vom 18. Dezember 2000, ABl. 2001, L 8/1, inzwischen ersetzt durch die VO (EU) 2018/1725 zum Schutz natürlicher Personen bei der Verarbeitung personenbezogener Daten durch die Organe, Einrichtungen und sonstigen Stellen der Union, zum freien Datenverkehr und zur Aufhebung der VO (EG) Nr. 45/2001 und des Beschlusses Nr. 1247/2002/EG vom 23. Oktober 2018, ABl. 2018, L 295/39; *Hofstötter*, in: von der Groeben/Schwarze/Hatje, Art. 15 AEUV, Rn. 49; *Gellermann*, in: Streinz, Art. 15 AEUV, Rn. 20; *Riemann*, Transparenz der Union, S. 176; auch die Rechtsprechung erfasst den Begriff der persönlichen Daten in der VO (EG) 1049/2001 und der VO (EG) 45/2001 synonym, *EuGH*, Urt. v. 29. Juni 2010 – Rs. C-28/08 P, ECLI:EU:C:2010:378, *Kommission/Bavarian Lager*, Rn. 59, 63.

Ausnahmetatbeständen kommt die Wirkung einer absoluten Ausnahme zu, welche keiner Abwägung zwischen Schutzinteresse und dem öffentlichen Interesse am Zugang zu Dokumenten unterliegt[484].

b) Schutzgüter mit Abwägungsklausel

Die absoluten Ausnahmegründe werden ergänzt durch eine Reihe von relativen Ausnahmegründen, d. h. solchen, welche eine Einschränkung der Ausnahme mittels einer Abwägungsklausel vorsehen. Ausgestaltet ist diese durch einen angefügten letzten Halbsatz, welcher die Verweigerung davon abhängig macht, ob „ein überwiegendes öffentliches Interesse an der Verbreitung"[485] besteht[486]. Die Ausnahmevorschrift des Art. 4 Abs. 2 VO (EG) 1049/2001 findet Anwendung, sofern durch eine Verbreitung von Dokumenten der Schutz der geschäftlichen Interessen einer natürlichen oder juristischen Person, einschließlich des geistigen Eigentums (1. Spiegelstrich), der Schutz von Gerichtsverfahren und der Rechtsberatung (2. Spiegelstrich) oder der Schutz des Zwecks von Inspektions-, Untersuchungs- und Audittätigkeiten (3. Spiegelstrich) beeinträchtigt würde.

---

484 *Hofstötter*, in: von der Groeben/Schwarze/Hatje, Art. 15 AEUV, Rn. 46; *Wegener*, in: Calliess/Ruffert, Art. 15 AEUV, Rn. 23; *Driessen*, Transparency, S. 65; *Meltzian*, Zugangsrecht der Öffentlichkeit, S. 218; *Castenholz*, Informationszugangsfreiheit, S. 154; *Feik*, Zugang zu EU-Dokumenten, S. 291; *EuGH*, Urt. v. 1. Juli 2008 - Verb. Rs. C-39/05 P und C-52/05 P, ECLI:EU:C:2008:374, *Schweden und Turco/Rat*, Rn. 49; *EuGH*, Urt. v. 3. Juli 2014 - Rs. C-350/12 P, ECLI:EU:C:2014:2039, *Rat/in't Veld*, Rn. 53; die Ansicht von *Partsch*, NJW 2001, 3154, 3157, nach der die Abwägungsklausel aus Art. 4 Abs. 2 VO (EG) 1049/2001 auch Art. 4 Abs. 1 VO (EG) 1049/2001 betreffen soll, ist im Hinblick auf die eindeutige Ausgestaltung des Abwägungsvorbehaltes jeweils am Ende von Art. 4 Abs. 2, 3 VO (EG) 1049/2001 abzulehnen, zur Kritik an *Partsch* bereits *Meltzian*, Zugangsrecht der Öffentlichkeit, S. 218; *Castenholz*, Informationszugangsfreiheit, S. 154; siehe zur Ansicht, welche das allgemeine Verbreitungsinteresse im Rahmen des Art. 4 Abs. 1 VO (EG) 1049/2001 auf Rechtsfolgenebene berücksichtigt wissen will, unten unter 5.

485 Art. 4 Abs. 2, letzter Hs., Abs. 3 UAbs. 1, letzter Hs., Abs. 3 Uabs. 2, letzter Hs. VO (EG) 1049/2001.

486 Näher zur Abwägungsklausel unten unter 3.

Art. 4 Abs. 3 VO (EG) 1049/2001 enthält zudem eine Ausnahme zum Schutz von Dokumenten zum internen Gebrauch. Den Organen soll ein geschützter „Space to think"[487] gewährt werden[488]. Der Schutz der Vertraulichkeit interner Beratungen umfasst sowohl Dokumente, welche sich auf Angelegenheiten beziehen, in denen noch kein Beschluss gefasst wurde (UAbs. 1), als auch Dokumente, welche Stellungnahmen zum internen Gebrauch im Rahmen von Beratungen und Vorgesprächen innerhalb eines Organs enthalten, selbst nachdem ein Beschluss gefasst wurde (UAbs. 2).

c) Schutz von Verschlusssachen

Eine Besonderheit sieht Art. 9 Abs. 1 VO (EG) 1049/2001 für sog. sensible Dokumente vor, d. h. solche, die zum Schutz grundlegender öffentlicher Interessen nach Art. 4 Abs. 1 lit. a) VO (EG) 1049/2001 unter die Verschlussklassen „TRÈS SECRET/TOP SECRET", „SECRET" oder „CONFIDENTIEL" fallen. Die Einstufung von Dokumenten als Verschlusssache richtet sich nach dem Ratsbeschluss 2013/448/EU[489]. Durch den Verweis auf Art. 4 Abs. 1 lit. a) VO (EG) 1049/2001 werden von diesen Dokumenten nur solche erfasst, deren Klassifizierung aufgrund des Schutzes der öffentlichen Interessen im Hinblick auf die in Art. 4 Abs. 1 lit. a) VO (EG) 1049/2001 erwähnten Schutzgüter erfolgt[490].

Diese Vorschrift stellt weder einen eigenen Ausnahmetatbestand dar[491] noch bezweckt sie, die Anwendung von Art. 4 Abs. 1 lit. a) VO (EG) 1049/2001 zu rechtfertigen[492]. Die Behandlung und Veröffentlichung der Dokumente unterliegt allerdings den Sondervorschriften des Art. 9 VO (EG) 1049/2001. So werden Anträge auf Zugang zu sensiblen Dokumenten nur von Personen bearbeitet,

487 *Hofstötter*, in: von der Groeben/Schwarze/Hatje, Art. 15 AEUV, Rn. 57.

488 *Krajewski/Rösslein*, in: Grabitz/Hilf/Nettesheim, Art. 15 AEUV, Rn. 69; *Heselhaus*, in: Frankfurter Kommentar, Art. 15 AEUV, Rn. 67; *Riemann*, Transparenz der Union, S. 217 f.; *Feik*, Zugang zu EU-Dokumenten, S. 291 f.

489 Siehe zu den Verschlussklassen der EU den Beschluss des Rates über die Sicherheitsvorschriften für den Schutz von EU-Verschlusssachen vom 23. September 2013, 2013/488/EU, ABl. 2013/L 274/1, insb. Art. 2 Abs. 2.

490 *Riemann*, Transparenz der Union, S. 225.

491 *Riemann*, Transparenz der Union, S. 221; *Hofstötter*, in: von der Groeben/Schwarze/Hatje, Art. 15 AEUV, Rn. 33; *Feik*, Zugang zu EU-Dokumenten, S. 294; *Driessen*, Transparency, S. 153; *Bartelt/Zeitler*, EuR 2003, 487, 492.

492 *EuGH*, Urt. v. 28. November 2013 – Rs. C-576/12 P, ECLI:EU:C:2013:777, *Jurašinović/Rat*, Rn. 46; *Hofstötter*, in: von der Groeben/Schwarze/Hatje, Art. 15 AEUV, Rn. 33; *Riemann*, Transparenz der Union, S. 226.

welche berechtigt sind, Einsicht in diese Dokumente zu nehmen[493]. Zudem bedarf es für die Freigabe solcher Dokumente ebenso wie für die Aufnahme in das Dokumentenregister der Zustimmung des Urhebers[494]. Die geschützten Interessen müssen überdies im Rahmen des Begründungserfordernisses nach Art. 9 Abs. 4 VO (EG) 1049/2001 besonders berücksichtigt werden, sodass der Inhalt des Dokumentes nicht durch die Pflicht zur Begründung offenbart wird[495].

In der Literatur wird der Verweis in die Sicherheitsvorschriften des Rates zur Klassifizierung der Dokumente als mögliche Gefahr einer zu extensiven Anwendung dieser Norm betrachtet, insbesondere aufgrund der Änderungsmöglichkeit des Beschlusses über die Verschlussklassen durch den Rat[496]. Zudem berge das eingeschränkte Begründungserfordernis nach Art. 9 Abs. 4 VO (EG) 1049/2001 das Risiko, dass der Zugang zu sensiblen Dokumenten nach Art. 4 Abs. 1 lit. a) VO (EG) 1049/2001 einfacher verweigert werden könne – das eingeschränkte Begründungserfordernis drohe zu einer bloßen Plausibilitätskontrolle zu führen[497]. Darüber hinaus werde dem Antragsteller die erfolgreiche Beantragung eines Zugangs zu Dokumenten durch die Regelung erschwert, dass sensible Dokumente nicht im Dokumentenregister aufgeführt werden müssen. Denn die Kenntnis um die Existenz eines Dokumentes sowie das Auffinden einzelner Dokumente im Register seien in vielen Fällen eine wichtige Voraussetzung für einen Antrag auf Zugang zu Dokumenten.[498]

Dass sich die Vorschrift über sensible Dokumente als „Einfallstor für ein Leerlaufen der Verordnung“[499] herausstellt, hat sich rückblickend nicht bestätigt. Dies mag an der grundsätzlichen Anwendung des Art. 4 Abs. 1 lit. a) VO

493 Art. 9 Abs. 2 VO (EG) 1049/2001.

494 Art. 9 Abs. 3 VO (EG) 1049/2001.

495 Art. 9 Abs. 4 VO (EG) 1049/2001; siehe auch *Bartelt/Zeitler*, EuR 2003, 487, 492 f.

496 *Riemann* weist auf diese Gefahr hin, sieht sie jedoch durch die Einschränkung auf Dokumente, welche den Schutz des öffentlichen Interesses i. S. d. Art. 4 Abs. 1 VO (EG) 1049/2001 betreffen, begrenzt, *Riemann*, Transparenz der Union, S. 225, 227; siehe auch *Partsch*, NJW 2001, 3154, 3157, der befürchtet, die Einstufung als sensibles Dokument würde zu einer formalen Schranke führen.

497 *Bartelt/Zeitler*, EuR 2003, 487, 493; *Wägenbaur*, EuZW 2001, 680, 683 geht daher so weit, in Art. 9 VO (EG) 1049/2001 einen „besonderen Fall eines zwingenden Hinderungsgrundes i. S. des Art. 4 Abs. 1“ zu sehen.

498 *Marsch*, DöV 2005, 639, 643; *Wägenbaur*, EuZW 2001, 680, 682; *Riemann*, Transparenz der Union, S. 229.

499 *Partsch*, NJW 2001, 3154, 3158.

(EG) 1049/2001 auch für sensible Dokumente liegen, aber auch an der geringen Anzahl an Dokumenten mit derartigen Sicherheitseinstufungen.[500]

2. Beeinträchtigung des Schutzinteresses

Die Anwendung der Ausnahmetatbestände des Art. 4 VO (EG) 1049/2001 verlangt indes nicht nur die Berührung mit den geschützten Interessen, sondern auch die Gefahr einer konkreten Beeinträchtigung der Schutzgüter durch die Verbreitung der Dokumente[501]. Im Folgenden wird zunächst die Rechtsprechung zu den Anforderungen an eine solche Beeinträchtigung (unter a)) sowie zu deren erleichterten Darlegungslast (unter b)) dargestellt. Daraufhin erfolgt eine Rezeption der Literatur zu dieser Rechtsprechung (unter c)) sowie eine eigene Stellungnahme zu den Anforderungen an eine Beeinträchtigung (unter d)).

a) Rechtsprechung zu den Anforderungen an die Beeinträchtigung

Die Annahme einer drohenden Beeinträchtigung des Schutzgutes bedarf zunächst einer individuellen Prüfung der betroffenen Dokumente. Auf deren Basis muss eine Einschätzung erfolgen, ob durch die Verbreitung des Dokumentes die konkrete Möglichkeit einer Beeinträchtigung der geschützten Interessen besteht.[502] Konturiert wurde das Erfordernis der konkreten und individuellen Prüfung in der Rechtssache *Schweden und Turco/Rat*[503]. Zunächst müsse sich das Organ bei der Prüfung eines Dokumentes vergewissern, ob ein Ausnahmetatbestand vorliege und sodann bestimmen, welche Abschnitte des Dokumentes

500 *Driessen*, Transparency, S. 146 ff. mit einer ausführlichen Analyse der Anwendung des Art. 9 VO (EG) 1049/2001 im Lichte des Art. 4 Abs. 1 VO (EG) 1049/2001 sowie einer Übersicht über die Anzahl der sensiblen Dokumente bei der Union.

501 *EuGH*, Urt. v. 1. Juli 2008 – Verb. Rs. C-39/05 P und C-52/05 P, ECLI:EU:C:2008:374, *Schweden und Turco/Rat*, Rn. 40; *EuG*, Urt. v. 6. Juli 2006 – Rs. T-391/03, ECLI:EU:T:2006:190, *Franchet und Byk/Kommission*, Rn. 115; *Heselhaus*, in: Frankfurter Kommentar, Art. 15 AEUV, Rn. 56; *Riemann*, Transparenz der Union, S. 161; *Wolf*, Unionales Dokumentenzugangsrecht, S. 125.

502 Ständige Rechtsprechung der Unionsgerichte: *EuG*, Urt. v. 7. Februar 2002 – Rs. T-211/00, ECLI:EU:T:2002:30, *Kuijer/Rat*, Rn. 56; wiederholt in *EuG*, Urt. v. 25. April 2007 – Rs. T-264/04, ECLI:EU:T:2007:114, *WWF/Rat*, Rn. 39; *EuGH*, Urt. v. 21. Juli 2011 – Rs. C-506/08 P, ECLI:EU:C:2011:496, *Schweden /MyTravel und Kommission*, Rn. 76; *EuGH*, Urt. v. 17. Oktober 2013 - Rs. C-280/11 P, ECLI:EU:C:2013:671, *Rat/ Access Info Europe*, Rn. 31.

503 *EuGH*, Urt. v. 1. Juli 2008 – Verb. Rs. C-39/05 P und C-52/05 P, ECLI:EU:C:2008:374, *Schweden und Turco/Rat.*

von dieser Ausnahme betroffen seien[504]. Daran anschließend müsse das Organ überprüfen, ob der geschützte Ausnahmetatbestand durch die Verbreitung der identifizierten Abschnitte beeinträchtigt würde[505]. Erforderlich für die Einschätzung der Gefahr einer Beeinträchtigung sei, dass diese „angemessen absehbar und nicht rein hypothetisch ist“[506].

Erhöhte Anforderungen an eine Beeinträchtigung stellt der Schutz interner Dokumente nach Art. 4 Abs. 3 VO (EG) 1049/2001. Dieser spricht von einer *ernstlichen* Beeinträchtigung des Entscheidungsprozesses. Eine derartige Beeinträchtigung wird dann angenommen, wenn die Veröffentlichung sich wesentlich auf den Entscheidungsprozess auswirken würde, wobei die Gesamtumstände in die Beurteilung mit einfließen und insbesondere mögliche negative Auswirkungen auf den Entscheidungsprozess berücksichtigt werden müssten[507].

Bislang bietet die Rechtsprechung wenig Anhaltspunkte, wann eine Beeinträchtigung sich als ernstlich darstellt. Bereits in der Rechtssache *MyTravel/Kommission*[508] befasste sich das *EuG* mit der Fragestellung, ob die Verbreitung interner Dokumente der Kommission eine ernstliche Beeinträchtigung des Entscheidungsprozesses darstellen könne. Zwar führte das *EuG* in dieser Entscheidung aus, dass eine ernstliche Beeinträchtigung dann vorliege, wenn die Kommission an der Entscheidungsfindung als unabhängiges Kollegialorgan gehindert werde und das Verfassen freier Stellungnahmen und Berichte durch die Kommissionsbeamten gefährdet sei[509]. Allerdings lässt sich dieser Rechtsprechung mitnichten eine Abgrenzung entnehmen, ob eine Beeinträchtigung als ernstlich angesehen werden könne. Vielmehr hat das *EuG* in dieser

504 *EuGH*, Urt. v. 1. Juli 2008 – Verb. Rs. C-39/05 P und C-52/05 P, ECLI:EU:C:2008: 374, *Schweden und Turco/Rat*, Rn. 38.

505 *EuGH*, Urt. v. 1. Juli 2008 – Verb. Rs. C-39/05 P und C-52/05 P, ECLI:EU:C:2008: 374, *Schweden und Turco/Rat*, Rn. 40.

506 *EuGH*, Urt. v. 1. Juli 2008 – Verb. Rs. C-39/05 P und C-52/05 P, ECLI:EU:C:2008: 374, *Schweden und Turco/Rat*, Rn. 43.

507 *EuG*, Urt. v. 18. Dezember 2008 – Rs. T-144/05, ECLI:EU:T:2008:596, *Muñiz/Kommission*, Rn. 75; *EuG*, Urt. v. 7. Juni 2011 – Rs. T-471/08, ECLI:EU:T:2011:252, *Toland/Parlament*, Rn. 71; *EuG*, Urt. v. 9. September 2014 – Rs. T-516/11, ECLI:EU:T:2014:759, *MasterCard u. a./Kommission*, Rn. 62; *EuG*, Urt. v. 22. März 2018 – Rs. T-540/15, ECLI:EU:T:2018:167, *De Capitani/Parlament*, Rn. 64.

508 *EuG*, Urt. v. 9. September 2008 – Rs. T-403/05, ECLI:EU:T:2008:316, *MyTravel/Kommission*.

509 *EuG*, Urt. v. 9. September 2008 – Rs. T-403/05, ECLI:EU:T:2008:316, *MyTravel/Kommission*, Rn. 50 ff.; 81 ff.

Entscheidung lediglich eine besonders schwere drohende Beeinträchtigung des Entscheidungsspielraums der Kommission festgestellt, dem Kriterium der Ernstlichkeit jedoch kein eigenständiges Gewicht beigemessen[510]. Aufschlussreicher sind in diesem Zusammenhang die Erläuterungen der GA *Kokott* in dem Schlussantrag zum Rechtsmittelverfahren *Schweden/MyTravel und Kommission*[511]. Unter Bezugnahme auf die erstinstanzlichen Ausführungen der Kommission stellt GA *Kokott* fest, dass das drohende Bekanntwerden von internen Stellungnahmen – und daraus möglicherweise zukünftig resultierende nur informelle und mündliche Beratungen innerhalb der Kommission – es für sich genommen nicht rechtfertige, von einer ernstlichen Beeinträchtigung auszugehen. Vielmehr müssten Anhaltspunkte für das Vorliegen von „atypische[n] Risiken der Transparenz“[512] bestehen, welche sich beispielsweise in konkreten Nachteilen für die Kommissionsbeamten aufgrund besonders kontroverser Entscheidungen verwirklichen könnten.[513]

Eine negative Abgrenzung erfährt das Erfordernis der Ernstlichkeit darüber hinaus in der Rechtssache *Access Info Europe/Rat*[514]. Das *EuG* stellte in dem Urteil fest, dass die Ausübung demokratischer Rechte der Bürger es einschließe, den Entscheidungsprozess innerhalb des Gesetzgebungsverfahrens nachzuvollziehen. Die Diskussion innerhalb des Rates würde durch die mögliche Zuordnung verschiedener Standpunkte zu den einzelnen Ratsmitgliedern nicht behindert. Vielmehr sei die Öffentlichkeit in der Lage, den vorläufigen Charakter einer Diskussion nachzuvollziehen.[515] Überdies seien weder die Vorläufigkeit

---

510 Mitunter diesen Grund rügt ebenfalls der *EuGH* in der Rechtsmittelinstanz zu *MyTravel/Kommission*, wenn er besondere Gründe verlangt, welche die Ernstlichkeit einer Beeinträchtigung des Entscheidungsprozesses begründen würden, *EuGH*, Urt. v. 21. Juli 2011 – Rs. C-506/08 P, ECLI:EU:C:2011:496, *Schweden/MyTravel und Kommission*, Rn. 89, 98 ff.

511 SchlA *Kokott* v. 3. März 2011, ECLI:EU:C:2011:107 zu *EuGH*, Urt. v. 21. Juli 2011 – Rs. C-506/08 P, ECLI:EU:C:2011:496, *Schweden/MyTravel und Kommission*.

512 SchlA *Kokott* v. 3. März 2011, ECLI:EU:C:2011:107, Rn. 56 zu *EuGH*, Urt. v. 21. Juli 2011 – Rs. C-506/08 P, ECLI:EU:C:2011:496, *Schweden/MyTravel und Kommission*.

513 SchlA *Kokott* v. 3. März 2011, ECLI:EU:C:2011:107, Rn. 52 ff. zu *EuGH*, Urt. v. 21. Juli 2011 – Rs. C-506/08 P, ECLI:EU:C:2011:496, *Schweden/MyTravel und Kommission*.

514 *EuG*, Urt. v. 22. März 2011 – Rs. T-233/09, ECLI:EU:T:2011:105, *Access Info Europe/Rat*.

515 *EuG*, Urt. v. 22. März 2011 – Rs. T-233/09, ECLI:EU:T:2011:105, *Access Info Europe/Rat*, Rn. 69; bestätigt durch *EuGH*, Urt. v. 17. Oktober 2013 – Rs. C-280/11 P, ECLI:EU:C:2013:671, *Rat/Access Info Europe*, Rn. 59 ff.

von Beratungen noch ein bislang fehlender Kompromiss in einer Sache geeignet, eine ernstliche Beeinträchtigung der internen Beratungen anzunehmen[516].

b) Rechtsprechung zur erleichterten Darlegung einer Beeinträchtigung

Die Rechtsprechung gesteht den Organen bei der Einschätzung, ob die Beeinträchtigung eines Schutzgutes vorliegt, Erleichterungen zu. Zu diesen Erleichterungen entwickelte die Rechtsprechung Fallgruppen, in denen die Organe nur eine eingeschränkte Prüfungspflicht treffe. Das *EuG* führte erstmals in der Rechtssache *Verein für Konsumenteninformation/Kommission*[517] aus, dass auf eine konkrete und individuelle Prüfung dann verzichtet werden könne, „wenn bestimmte Dokumente offenkundig in vollem Umfang von einer Ausnahme vom Zugangsrecht erfasst werden […]“[518]. In einer nachfolgenden Entscheidung wurde diese Erleichterung auf derartige Fälle ausgeweitet, in denen mehrere zu prüfende Dokumente die gleiche Art von Informationen enthalten und die gleiche Art von Ausnahmetatbeständen geltend gemacht werden[519].

Den Organen soll es zudem für bestimmte Dokumentenkategorien erlaubt sein, sich auf allgemeine Vermutungen der Beeinträchtigung eines Schutzgutes zu stützen[520]. Das Organ müsse sich dann „in jedem Einzelfall vergewissern, ob die allgemeinen Erwägungen, die normalerweise für einen bestimmten Dokumententypus gelten, tatsächlich auf das betreffende Dokument Anwendung finden.“[521] Der *EuGH* lässt eine solche allgemeine Vermutung zur Beeinträchtigung eines Schutzguts im Falle folgender Dokumententypen zu: Verfahren zur Kontrolle staatlicher Beihilfen[522], Schriftsätze in laufenden

---

516 *EuG*, Urt. v. 22. März 2011 – Rs. T-233/09, ECLI:EU:T:2011:105, *Access Info Europe/Rat*, Rn. 76; bestätigt durch *EuGH*, Urt. v. 17. Oktober 2013 – Rs. C-280/11 P, ECLI:EU:C:2013:671, *Rat/Access Info Europe*, Rn. 59 ff.

517 *EuG*, Urt. v. 13. April 2005 – Rs. T-2/03, ECLI:EU:T:2005:125, *Verein für Konsumenteninformation/Kommission*.

518 *EuG*, Urt. v. 13. April 2005 – Rs. T-2/03, ECLI:EU:T:2005:125, *Verein für Konsumenteninformation/Kommission*, Rn. 75.

519 *EuG*, Urt. v. 22. Mai 2012 – Rs. T-344/08, ECLI:EU:T:2012:242, *EnBW/Kommission*, Rn. 46.

520 *EuGH*, Urt. v. 1. Juli 2008 – Verb. Rs. C-39/05 P und C-52/05 P, ECLI:EU:C:2008:374, *Schweden und Turco/Rat*, Rn. 50; *EuGH*, Urt. v. 17. Oktober 2013 – Rs. C-280/11, ECLI:EU:C:2013:671, *Rat/Access Info Europe*, Rn. 72.

521 *EuGH*, Urt. v. 1. Juli 2008 – Verb. Rs. C-39/05 P und C-52/05 P, ECLI:EU:C:2008:374, *Schweden und Turco/Rat*, Rn. 50.

522 *EuGH*, Urt. v. 29. Juni 2010 – Rs. C-139/07, ECLI:EU:C:2010:376, *Kommission/Technische Glaswerke Ilmenau*, Rn. 61.

Gerichtsverfahren[523], Dokumente bezüglich laufender Vertragsverletzungsverfahren[524] sowie die Verfahrensakten in Kartellverfahren[525] und Dokumente im Bereich der Fusionskontrolle[526]. Im Ergebnis entfällt so für die Organe in diesen Fallgruppen die Verpflichtung zu einer konkreten Prüfung jedes Dokumentes, es findet nur eine Prüfung im Hinblick auf den Zusammenhang eines Dokumentes mit der betroffenen Kategorie statt[527]. Eine Erschütterung dieser Vermutung soll allerdings dann möglich sein, wenn der Antragsteller darlegt, dass die Vermutung für ein bestimmtes Dokument nicht gilt oder das öffentliche Interesse an der Verbreitung das Schutzinteresse überwiegt[528].

Über diese allgemeinen Vermutungen hinaus gesteht die Rechtsprechung den Organen einen Einschätzungsspielraum für die Annahme zu, ob eine Beeinträchtigung der öffentlichen Interessen vorliegt. So führte der *EuGH* aus, dass die „zu treffende Entscheidung, da die von Art. 4 Abs. 1 Buchst. a der Verordnung Nr. 1049/2001 geschützten Interessen besonders sensibel und wesentlich sind […], den Zugang zu einem Dokument zu verweigern, wenn dessen Verbreitung diese Interessen beeinträchtigen würde, einen komplexen und diffizilen Charakter aufweist, der ganz besondere Vorsicht erforderlich macht."[529] Die gerichtliche Kontrolle dieser Entscheidung beschränke sich darauf, ob die Verfahrensregeln und das Begründungserfordernis eingehalten wurden, sowie, ob bei Würdigung der Tatsachen keine offensichtlichen Fehler oder Ermessensmissbrauch

523 *EuGH*, Urt. v. 21. September 2010 – Verb. Rs. C-514/07 P, C-528/07 P und C-532/07 P, ECLI:EU:C:2010:541, *Schweden u. a./API und Kommission*, Rn 94.

524 *EuGH*, Urt. v. 14. November 2013 – Verb. Rs. C-514/11 P und C-605/11 P, ECLI:EU:C:2013:738, *LPN und Finnland/Kommission*, Rn. 65.

525 *EuGH*, Urt. v. 27. Februar 2014 – Rs. C-365/12, ECLI:EU:C:2014:112, *Kommission/EnBW*, Rn. 90 ff.

526 *EuGH*, Urt. v. 28. Juni 2012 – Rs. C-404/10 P, ECLI:EU:C:2012:393, *Kommission/Éditions Odile Jacob*, Rn. 123; *EuGH*, Urt. v. 28. Juni 2012 – Rs. C-477/10 P, ECLI:EU:C:2012:394, *Kommission/Agrofert Holding*, Rn. 64.

527 *Wolf*, Unionales Dokumentenzugangsrecht, S. 134 f.; *Koppensteiner*, EuR 2014, 594, 601 f.; *Wegener*, in: Calliess/Ruffert, Art. 15 AEUV, Rn. 30.

528 *EuGH*, Urt. v. 14. November 2013 – Verb. Rs. C-514/11 P und C-605/11 P, ECLI:EU:C:2013:738, *LPN und Finnland/Kommission*, Rn. 66, 94; *EuGH*, Urt. v. 29. Juni 2010 – Rs. C-139/07, ECLI:EU:C:2010:376, *Kommission/Technische Glaswerke Ilmenau*, Rn. 62; *EuG*, Urt. v. 2. September 2014 – Rs. T-538/13, ECLI:EU:T:2014: 738, *Verein Natura Havel und Vierhaus/Kommission*, Rn. 61.

529 *EuGH*, Urt. v. 1. Februar 2007 – Rs. C-266/05 P, ECLI:EU:C:2007:75, *Sison/Rat*, Rn. 35.

vorliegt[530]. Allerdings müsse aus der Begründung trotz dieses Einschätzungsspielraumes hervorgehen, inwieweit eine tatsächliche und konkrete Beeinträchtigung der öffentlichen Interessen drohe[531].

c) Reaktion der Literatur auf den Einschätzungsspielraum

Der Rechtsprechung zur erleichterten Darlegungslast auf Tatbestandsebene ist die Literatur mit erheblicher Kritik begegnet. So wird an der Annahme allgemeiner Vermutungen einer Beeinträchtigung kritisiert, dass diese dem Grundsatz der größtmöglichen Transparenz widerspreche sowie keinen Anknüpfungspunkt im Primärrecht finde. Auch seien die Vorgaben für die Widerlegung der allgemeinen Vermutung nicht definiert, eine solche sei überdies in den meisten Fällen faktisch nicht zu führen.[532]

Weitere erhebliche Kritik findet das den Organen im Rahmen der Einschätzung einer Beeinträchtigung zugestandene Ermessen. Zwar werde dieses durch das Begründungserfordernis der konkreten Beeinträchtigung eingeschränkt. Die Annahme eines Einschätzungsspielraums auf Tatbestandsebene stehe jedoch im Widerspruch zum Zwecke größtmöglicher Transparenz. Auch werde durch ein Ermessen der Organe im Rahmen der Ausnahmetatbestände das Regel-Ausnahme-Verhältnis der VO (EG) 1049/2001 ins Gegenteil verkehrt.[533] Zudem führe ein Ermessensspielraum faktisch dazu, dass dem Antragsteller die Darlegungs- und Beweislast auferlegt werde, zu belegen, dass keine Beeinträchtigung der öffentlichen Interessen drohe[534].

---

530 *EuGH*, Urt. v. 1. Februar 2007 – Rs. C-266/05 P, ECLI:EU:C:2007:75, *Sison/Rat*, Rn. 34, 64; *EuGH*, Urt. v. 3. Juli 2014 – Rs. C-350/12 P, ECLI:EU:C:2014:2039, *Rat/in't Veld*, Rn. 63.

531 *EuGH*, Urt. v. 3. Juli 2014 – Rs. C-350/12 P, ECLI:EU:C:2014:2039, *Rat/in't Veld*, Rn. 64.

532 Eingehend zur Kritik an der Vermutungs-Rechtsprechung *Wolf*, Unionales Dokumentenzugangsrecht, S. 147 ff.; *Bakowitz*, Informationsherrschaft im Kartellrecht, S. 130 ff.; *Schoch*, in: Jahrbuch Informationsfreiheit 2011, S. 23, 47 ff.; *Hofstötter* in: von der Groeben/Schwarze/Hatje, Art. 15 AEUV, Rn. 42 f.; *Wegener*, in: Calliess/Ruffert, Art. 15 AEUV, Rn. 30 f.; *tho Pesch*, EuZW 2012, 51, 55; *Koppensteiner*, EuR 2014, 594, 601 ff.; *Adamski*, CMLRev. 49 (2012), 521, 526 ff.; *Boysen*, Die Verwaltung 2009, 215, 230; *Brauneck*, NVwZ 2016, 489, 492 f.; *Frischhut*, EuR-Beiheft 1/2015, 207, 213 ff.

533 *Wolf*, Unionales Dokumentenzugangsrecht, S. 156; *Adamski*, CMLRev. 46 (2009), 521, 525 f.

534 *Boysen*, Die Verwaltung 2009, 215, 230.

Kritisiert wird zudem das Zusammentreffen eines solchen Ermessens mit der Absolutheit der Ausnahme nach Art. 4 Abs. 1 lit. a) VO (EG) 1049/2001. Während für sich genommen schon der Verzicht auf eine Abwägung im Rahmen der Ausnahme nur schwerlich mit dem Grundsatz der Transparenz zu vereinbaren sei[535], so laufe es erst recht diesem Grundsatz zuwider, wenn den Organen zudem noch ein erweiterter Spielraum bei der Anwendung der Ausnahme zugestanden werde[536].

d) Stellungnahme

Die Dokumentenzugangsverordnung schafft mit Art. 4 VO (EG) 1049/2001 ein ausgewogenes, zweistufiges System, um sowohl dem Grundsatz der größtmöglichen Transparenz gerecht zu werden als auch schutzwürdige Belange zu berücksichtigen. Insbesondere ist die Rechtsprechung zur Darlegung der konkreten Beeinträchtigung einer Schutzgutverletzung zu begrüßen. Gerade dieses Erfordernis verhindert zu weitreichende Ausnahmetatbestände und vermeidet Bereichsausnahmen, welche bestimmte Schutzgutkategorien grundsätzlich vom Dokumentenzugang ausschließen.

Im Lichte dieser Systematik ist die Rechtsprechung zu den Darlegungserleichterungen zu kritisieren. Zunächst findet die Annahme einer allgemeinen Vermutung, die Verbreitung bestimmter Kategorien von Dokumenten würde zu einer Beeinträchtigung führen, keine Stütze im Unionsrecht. Die VO (EG) 1049/2001 sucht mit den differenziert ausgestalteten Ausnahmeregelungen, den größtmöglichen Zugang zu Dokumenten zu gewährleisten. Eine Darlegungslast des Antragsstellers, dass dem Zugang zu Dokumenten keine Ausnahmen entgegenstünden, widerspricht dieser Systematik. Auch erscheint die Rechtsprechung wenig konsistent, wenn sie zwar fordert, dass die Organe sich zur Annahme einer allgemeinen Vermutung der Beeinträchtigung in jedem Einzelfall vergewissern müssten, dass sämtliche Dokumente der gleichen Kategorie angehörten, dann aber auf eine individuelle Prüfung der Beeinträchtigung verzichten könnten. Denn einer derartigen Kategorisierung der Dokumente könnte problemlos auch eine – wenn auch knappe und ggf. redundante – Begründung für die Annahme einer Beeinträchtigung im Einzelfall folgen. Sofern dies nicht möglich sein sollte,

---

535 Mit Verweis auf das Interesse an größtmöglicher Transparenz: *Wolf*, Unionales Dokumentenzugangsrecht, S. 157 f.; *Bock*, DöV 2002, 556, 562; *Koppensteiner*, EuR 2014, 594, 596; *Wegener*, in: Calliess/Ruffert, Art. 15 AEUV, Rn. 25.

536 *Wolf*, Unionales Dokumentenzugangsrecht, S. 158; *Wegener*, in: Calliess/Ruffert, Art. 15 AEUV, Rn. 33.

kann eine allgemeine Vermutung schon aufgrund der Unterschiedlichkeit der Dokumente keine Anwendung finden.

Auch das Zugeständnis eines Einschätzungsspielraums auf Tatbestandsebene findet keinen Anhaltspunkt im Sekundärrecht. Gegenteilig führt ein solcher Einschätzungsspielraum zu einer faktischen Bereichsausnahme, welche keiner effektiven gerichtlichen Überprüfung unterliegt. Die begrenzte gerichtliche Kontrolldichte führt somit zur Verkürzung des Rechtsschutzes des Antragsstellers. Warum gegenteilig eine Einschätzung, ob eine Beeinträchtigung der öffentlichen Sicherheit vorliegt, nicht gerichtlich überprüfbar sein soll, erschließt sich nicht. Dem Gericht können auch komplexe und diffizile Erwägungen erläutert werden. Die Verfahrensordnung der Unionsgerichte bietet zudem mit dem *in camera* Verfahren ein hinreichendes Schutzinstrument zur Vorlage sensibler Dokumente[537]. Ein wichtiges Korrektiv dieser zu weitgehenden Rechtsprechung bietet zumindest das Erfordernis der konkreten Begründung. Denn nur diese vermag den Einschätzungsspielraum der Organe einzuschränken und zumindest schwerwiegende Fehler in der Beurteilung einer drohenden Beeinträchtigung der Schutzinteressen aufzuzeigen.

3. *Abwägungsklausel zugunsten des Verbreitungsinteresses*

Die Ausnahmetatbestände nach Art. 4 Abs. 2, 3 VO (EG) 1049/2001 enthalten eine Abwägungsklausel. Diese erfordert trotz drohender Beeinträchtigung eines Schutzgutes den Zugang zu Dokumenten, sofern das öffentliche Interesse an der Verbreitung überwiegt. Entscheidend für eine solche Abwägung ist kein besonderes individuelles, sondern ein allgemeines Interesse am Zugang zu Dokumenten[538]. Eine entgegenstehende Ansicht[539], welche das besondere Zugangsinteresse Einzelner unter Verweis auf die Rechtsprechung des *EuG* in der Sache *British*

537 Die Verfahrensordnung des *EuG* sieht zu diesem Zweck vor, dass Schriftstücke, in welche ein Organ die Einsicht verweigert hat, den übrigen Parteien nicht übermittelt werden, Art. 67, § 3, Abs. 3 EuGVfO (*Verfahrensordnung des Gerichts* vom 4. März 2015, ABl. 2015, L 105/1).

538 *EuG*, Urt. v. 9. Juni 2010 – Rs. T-237/05, ECLI:EU:T:2010:224, *Éditions Odile Jacob/Kommission*, Rn. 192; bestätigt durch *EuGH*, Urt. v. 28. Juni 2012 – Rs. C-404/10 P, ECLI:EU:C:2012:393, *Kommission/Éditions Odile Jacob*, Rn. 146; *Zerdick*, in: Lenz/Borchardt, Art. 15 AEUV, Rn. 33; *Wolf*, Unionales Dokumentenzugangsrecht, S. 160; *Driessen*, Transparency, S. 68; *Frischhut*, EuR-Beiheft 1/2015, 207, 212.

539 *Wegener*, in: Calliess/Ruffert, Art. 15 AEUV, Rn. 36.

American Tobacco/Kommission[540] berücksichtigen möchte, erscheint angesichts des der Rechtsprechung nachfolgenden Inkrafttretens der VO (EG) 1049/2001 und somit auch der ausdrücklichen Verankerung einer Abwägungsklausel zugunsten des *öffentlichen* Interesses in deren Art. 4 nicht haltbar[541]. Die Berücksichtigung eines solchen besonderen individuellen Zugangsinteresses lässt sich der VO (EG) 1049/2001 jedenfalls nicht entnehmen[542].

Ein öffentliches Interesse verortet die Rechtsprechung in den Vorteilen, „die sich, wie im 2. Erwägungsgrund der Verordnung Nr. 1049/2001 ausgeführt, aus einer größeren Transparenz ergeben, nämlich einer besseren Beteiligung der Bürger am Entscheidungsprozess und einer größeren Legitimität, Effizienz und Verantwortung der Verwaltung gegenüber dem Bürger in einem demokratischen System.“[543] Eine besondere Bedeutung soll dem öffentlichen Interesse in den Fällen zukommen, in denen der Antrag auf Zugang zu Dokumenten Gesetzgebungsakte betrifft. Der *EuGH* führt hierzu aus, dass “[d]ie Möglichkeit für die Bürger, sich über die Grundlage der Gesetzgebungstätigkeit zu informieren [...] eine Voraussetzung dafür [ist], dass sie ihre demokratischen Rechte effektiv ausüben können.“[544] Dem öffentlichen Interesse sei daher in den Fällen, in denen die Unionsorgane als Gesetzgeber handeln, mehr Gewicht beizumessen als in

540 *EuG*, Urt. v. 10. Oktober 2001 – Rs. T-111/00, ECLI:EU:T:2001:250, *British American Tobacco/Kommission*, Rn. 45 ff.

541 Zur diesbezüglichen Rechtsprechung bereits *Riemann*, Transparenz der Union, S. 157 f.

542 Art. 2 Abs. 1 VO (EG) 1049/2001 garantiert einen voraussetzungslosen Zugang zu Dokumenten, Art. 6 Abs. 1 S. 2 VO (EG) 1049/2001 verlangt zudem explizit keine Begründung für den Antrag, ein individuelles Interesse ist daher nicht maßgeblich, *Driessen*, Transparency, S. 68; *Riemann*, Transparenz der Union, S. 156; *EuG*, Urt. v. 9. September 2008 – Rs. T-403/05, ECLI:EU:T:2008:316, *MyTravel/Kommission*, Rn. 65 ff. *EuG*, Urt. v. 20. März 2014 – Rs. T-181/10, ECLI:EU:T:2014:139, *Reagens/Kommission*, Rn. 144; *EuG*, Urt. v. 21. Mai 2014 – Rs. T-447/11, ECLI:EU:T:2014:267, *Catinis/Kommission*, Rn. 61 ff.; *EuG*, Urt. v. 26. Mai 2016 – Rs. T-110/15, ECLI:EU:T: 2016:322, *International Management Group/Kommission*, Rn. 54 ff.

543 *EuGH*, Urt. v. 1. Juli 2008 – Verb. Rs. C-39/05 P und C-52/05 P, ECLI:EU:C: 2008:374, *Schweden und Turco/Rat*, Rn. 45; *EuGH*, Urt. v. 17. Oktober 2013 – Rs. C-280/11 P, ECLI:EU:C:2013:671, *Rat/Access Info Europe*, Rn. 32; *EuGH*, Urt. v. 3. Juli 2014 – Rs. C-350/12 P, ECLI:EU:C:2014:2039, *Rat/in't Veld*, Rn. 53.

544 *EuGH*, Urt. v. 1. Juli 2008 – Verb. Rs. C-39/05 P und C-52/05 P, ECLI:EU:C:2008: 374, *Schweden und Turco/Rat*, Rn. 46.

solchen, welche den Zugang zu einem Dokument über ein Verwaltungsverfahren zum Gegenstand haben[545].

Aus dieser Rechtsprechung wird teilweise geschlussfolgert, dass eine Vermutung zugunsten des öffentlichen Interesses in den Fällen besteht, in denen Gesetzgebungsakte vom Zugangsantrag betroffen sind[546]. Eine solche Stärkung des öffentlichen Interesses an legislativen Dokumenten wäre zwar zu begrüßen, Belege für eine solche Annahme finden sich allerdings weder in der Rechtsprechung noch in Art. 12 Abs. 2 VO (EG) 1049/2001, welcher die Freigabe legislativer Dokumente nur vorbehaltlich der Ausnahmetatbestände erfordert.

Das gegen die Schutzgüter abzuwägende öffentliche Interesse an der Verbreitung muss zwar grundsätzlich von den Organen eigenständig geprüft werden[547]. In Fällen, in denen eine allgemeine Vermutung für das Bestehen einer Beeinträchtigung vorliegt, sollen jedoch vom Antragsteller konkrete Umstände angeführt werden müssen, welche ein solches überwiegendes öffentliches Interesse begründen[548].

Kritik findet die Abwägungsklausel zugunsten des öffentlichen Interesses insbesondere aufgrund ihres geringen Stellenwertes. So findet sich teilweise der Hinweis, dass eine Prüfung auf Vorliegen eines überwiegenden öffentlichen Interesses durch die Organe nicht stattfindet[549]. Ebenso kritisiert wird die Rechtsprechung, welche es versäumt habe, über die oben genannten allgemeinen Voraussetzungen hinaus konkrete Kriterien für die Abwägung zwischen öffentlichem Interesse am Zugang und dem Schutzinteresse aufzustellen[550].

---

545 *EuG*, Urt. v. 21. Oktober 2010 – Rs. T-439/08, ECLI:EU:T:2010:442, *Agapiou Joséphides/Kommission und EACEA*, Rn. 139; *EuG*, Urt. v. 9. September 2008 – Rs. T-403/05, ECLI:EU:T:2008:316, *MyTravel/Kommission*, Rn. 49; *EuGH*, Urt. v. 17. Oktober 2013 – Rs. C-280/11 P, ECLI:EU:C:2013:671, *Rat/Access Info Europe*, Rn. 33.

546 *Driessen*, Transparency, S. 68.

547 *EuG*, Urt. v. 13. April 2005 – Rs. T-2/03, ECLI:EU:T:2005:123, *Verein für Konsumenteninformation/Kommission*, Rn. 69; *Heselhaus*, in: Frankfurter Kommentar, Art. 15 AEUV, Rn. 63; *Wägenbaur*, EuZW 2001, 680, 683.

548 *EuGH*, Urt. v. 29. Juni 2010 – Rs. C-139/07 P, ECLI:EU:C:2010:376, *Kommission/Technische Glaswerke Ilmenau*, Rn. 62; *EuGH*, Urt. v. 14. November 2013 – Verb. Rs. C-514/11 P und C-605/11 P, ECLI:EU:C:2013:738, *LPN und Finnland/Kommission*, Rn. 94.

549 *Harden*, EPL 15 (2009), 239, 254; *Wolf*, Unionales Dokumentenzugangsrecht, S. 159, allerdings mit Hinweis auf *Driessen*, Transparency, S. 70, welcher feststellt, dass die Freigabe eines Dokumentes bei dem Vorliegen eines öffentlichen Interesses ohne weitere Begründung erfolgt.

550 *Wolf*, Unionales Dokumentenzugangsrecht, S. 160; *Driessen*, Transparency, S. 66.

Zudem stützt sich diese Kritik darauf, dass die Beweislast zum Nachweis eines konkreten öffentlichen Interesses beim Antragsteller liege[551]. Eine Analyse der Rechtsprechung zeigt jedoch, dass das Erfordernis der Darlegung konkreter Umstände zugunsten des öffentlichen Verbreitungsinteresses nur im Falle des Vorliegens einer allgemeinen Vermutung zum Tragen kommt[552]. Außerhalb dessen verbleibt es dabei, dass die Organe von Amts wegen das Vorliegen eines überwiegenden öffentlichen Interesses prüfen müssen[553]. Die Ansicht, welche die Beweislast zur Darlegung eines öffentlichen Interesses beim Antragsteller verorten möchte, berücksichtigt nicht, dass der Antrag auf Zugang zu Dokumenten gerade keine Begründung benötigt. Zudem kann aus dem Erfordernis eines öffentlichen Interesses – welches objektiv besteht und nicht von subjektiven Erwägungen des Antragstellers abhängt – geschlussfolgert werden, dass eine Darlegung dessen nicht notwendig ist[554].

4. *Einfluss von unautorisierten Veröffentlichungen auf die Anwendung eines Ausnahmetatbestandes*

Fraglich erscheint, ob auch dann noch eine Beeinträchtigung der Schutzinteressen angenommen werden kann, wenn die betreffenden Dokumente bereits im Vorfeld unautorisiert veröffentlicht wurden. Derartige *Leaks* sorgen gerade in Zeiten der schnellen und anonymen Verbreitung durch das Internet dafür, dass Dokumente, welche an sich unter Verschluss stehen, medienwirksam verbreitet werden und den öffentlichen Diskurs an diesen Dokumenten verstärken. Zwar lassen diese Dokumente nach wie vor den Ersteller erkennen. Es handelt sich allerdings um eine Veröffentlichung, welche weder von offizieller Stelle stammt

---

551 *Wolf*, Unionales Dokumentenzugangsrecht, S. 161; *tho Pesch*, EuZW 2012, 51, 56; *Riemann*, Transparenz der Union, S. 159 f.

552 Deutlich in *EuGH*, Urt. v. 27. Februar 2014 – Rs. C-365/12 P, ECLI:EU:C:2014:112, *Kommission/EnBW*, Rn. 100; zur Rechtsprechung bzgl. Der allgemeinen Vermutung sowie der Widerlegung durch den Nachweis eines öffentlichen Interesses siehe oben unter Fn. 548.

553 Deutlich in *EuG*, Urt. v. 4. Mai 2012 – Rs. T-529/09, ECLI:EU:T:2012:215, *in't Veld/Rat*, Rn. 95; bestätigt durch *EuGH*, Urt. v. 3. Juli 2014 – Rs. C-350/12 P, ECLI:EU:C:2014:2039, *Rat/in't Veld*, Rn. 75; siehe auch *Heselhaus*, in: Frankfurter Kommentar, Art. 15 AEUV, Rn. 63 mit Hinweis darauf, dass ansonsten ein Zugangsanspruch entgegen Art. 2 Abs. 1 VO (EG) 1049/2001 unter eine Voraussetzung gestellt würde.

554 Im Ergebnis auch *Wägenbaur*, EuZW 2001, 680, 683; *Heselhaus*, in: Frankfurter Kommentar, Art. 15 AEUV, Rn. 63.

noch von dieser autorisiert ist.[555] Folgend wird zunächst untersucht, ob sich der Rechtsprechung Anhaltspunkte dafür entnehmen lassen, wie sich *Leaks* auf die Anwendung der Ausnahmeregelungen auswirken können (unter a)). Anschließend wird eine Analyse der Literatur vorgenommen (unter b)) und eine Bewertung der Problematik gegeben (unter c)).

a) Rechtsprechung zur Leak-Problematik

Die Rechtsprechung lässt bislang keine klare Differenzierung erkennen, ob *Leaks* sich auf die Annahme einer Beeinträchtigung des Schutzinteresses oder die Abwägung zugunsten des öffentlichen Interesses auswirken. Einen ersten Anhaltspunkt in der Rechtsprechung bietet die *Kujier*-Rechtsprechung[556]. In dieser führte das *EuG* aus, dass eine Beeinträchtigung der internationalen Beziehungen durch die Verbreitung von Dokumenten über die allgemeine Menschenrechtslage in einzelnen Staaten nicht angenommen werden könne. Dies ließe sich schon daraus schlussfolgern, dass die den Dokumenten zugrunde liegenden Informationen bereits öffentlich bekannt seien und daher keine politisch sensible Wertung enthielten.[557]

Die unautorisierte Veröffentlichung beantragter Dokumente wurde zudem in der Rechtssache *Access Info Europe/Rat*[558] Gegenstand der Ausführungen des *EuG* hinsichtlich des Rechtsschutzinteresses des Klägers an der Nichtigkeitserklärung eines ablehnenden Zugangsbescheids. Das Fortbestehen des Rechtsschutzinteresses wurde in diesem Fall bereits aus dem Grund bejaht, dass der Kläger ein Interesse an der Feststellung der Nichtigkeit habe, um eine Wiederholung des Rechtsverstoßes zu verhindern[559]. Als weitere Erwägung führte das Gericht an, „dass der Urheber der Preisgabe der streitigen Informationen an die Klägerin nicht der Rat ist, der damit ein Interesse der Öffentlichkeit an der Verbreitung solcher Informationen anerkennen würde, sondern ein Dritter, der gegen die geltende Regelung über den Zugang der Öffentlichkeit zu Dokumenten des Rates verstoßen hat.“[560] Demzufolge sei es ohne Belang für das Interesse

555 Zur Definition eines *Leaks* und dem Zusammenhang zur Veröffentlichung auf Whistleblowingplattformen *Düwel*, Staatliche Geheimhaltung, S. 25 ff.

556 *EuG*, Urt. v. 7. Februar 2002 – Rs. T-211/00, ECLI:EU:T:2002:30, *Kujier/Rat*.

557 *EuG*, Urt. v. 7. Februar 2002 – Rs. T-211/00, ECLI:EU:T:2002:30, *Kujier/Rat*, Rn. 62 f.

558 *EuG*, Urt. v. 22. März 2011 – Rs. T-233/09, ECLI:EU:T:2011:105, *Access Info Europe/Rat*.

559 *EuG*, Urt. v. 22. März 2011 – Rs. T-233/09, ECLI:EU:T:2011:105, *Access Info Europe/Rat*, Rn. 35 mit Verweis auf Art. 266 Abs. 1 AEUV.

560 *EuG*, Urt. v. 22. März 2011 – Rs. T-233/09, ECLI:EU:T:2011:105, *Access Info Europe/Rat*, Rn. 36.

des Klägers an der Nichtigkeitserklärung eines ablehnenden Zugangsbescheids, ob die betreffenden Dokumente bereits unautorisiert veröffentlicht wurden[561]. Zwar blieben Ausführungen des Gerichts zum Einfluss nicht genehmigter Veröffentlichungen in rechtlicher Hinsicht aus. Allerdings nahm das *EuG* auf die tatsächlichen Auswirkungen der Veröffentlichungen bei der *ex post* Bewertung der Annahme einer Schutzgutbeeinträchtigung Bezug und stellte fest, dass die unautorisierte Verbreitung der Dokumente nicht zur behaupteten Beeinträchtigung geführt habe[562].

Auch die Rechtssache *Weber/Kommission*[563] lässt wenig Rückschlüsse darauf zu, welche Auswirkungen *Leaks* auf die Anwendung des Art. 4 VO (EG) 1049/2001 haben können. Zwar führt das *EuG* in dieser Rechtssache als Hilfserwägung an, dass der Kläger von einem unautorisiert veröffentlichten Dokument in der gleichen Weise Gebrauch machen könne wie von einem aufgrund der VO (EG) 1049/2001 verbreiteten[564]. Dem lässt sich allerdings nicht entnehmen, ob die Kommission im Rahmen des Zugangsantrages an die vorherige unautorisierte Veröffentlichung gebunden ist, um den Zugang zu gewähren oder gar, ob eine Schutzgutbeeinträchtigung nach unautorisierter Veröffentlichung ausgeschlossen ist. Demgegenüber lässt die Rechtsprechung zu *Besselink*[565] zumindest erkennen, dass eine unautorisierte Veröffentlichung von Dokumenten der Annahme einer Beeinträchtigung dann nicht entgegensteht, wenn diese Veröffentlichung nur unvollständig ist und den genauen Inhalt der beantragten Dokumente nicht wiedergibt.[566]

Der *EuGH* stellte schließlich in der Rechtsache *Rat/in't Veld* fest[567], dass eine vorherige Verbreitung der beantragten Dokumente bei der Beurteilung, ob ein

---

561 *EuG*, Urt. v. 22. März 2011 – Rs. T-233/09, ECLI:EU:T:2011:105, *Access Info Europe/Rat,* Rn. 36.

562 *EuG*, Urt. v. 22. März 2011 – Rs. T-233/09, ECLI:EU:T:2011:105, *Access Info Europe/Rat,* Rn. 71 ff., 82.

563 *EuG*, Urt. v. 11. Dezember 2006 – Rs. T-290/05, ECLI:EU:T:2006:381, *Weber/Kommission.*

564 *EuG*, Urt. v. 11. Dezember 2006 – Rs. T-290/05, ECLI:EU:T:2006:381, *Weber/Kommission,* Rn. 41.

565 *EuG*, Urt. v. 12. September 2013 – Rs. T-331/11, ECLI:EU:T:2013:11, *Besselink/Rat.*

566 *EuG*, Urt. v. 12. September 2013 – Rs. T-331/11, ECLI:EU:T:2013:11, *Besselink/Rat,* Rn. 71, berücksichtigt werden muss jedoch, dass der dieser Rechtsprechung zugrundeliegenden Entscheidung über den Zugang zu einem Dokument teilweise stattgegeben wurde und Teile der beantragten Dokumente dem Kläger somit ohnehin bekannt waren.

567 *EuGH*, Urt. v. 3. Juli 2014 – Rs. C-350/12 P, ECLI:EU:C:2014:2039, *Rat/in't Veld.*

geschütztes Interesse des Art. 4 VO (EG) 1049/2001 beeinträchtigt sei, berücksichtigt werden muss. Dieser Einfluss auf die Beurteilung einer Beeinträchtigung gelte ungeachtet des Umstandes, dass die Veröffentlichung eines Dokumentes nicht im Einklang mit der VO (EG) 1049/2001 – und somit unautorisiert – erfolgt sei[568]. Limitation findet diese Rechtsprechung allerdings insofern, als dass sie sich auf eine vorherige Veröffentlichung durch das Europäische Parlament – mithin eine offizielle Stelle der Union – bezieht.

b) Anhaltspunkte in der Literatur

Die Literatur hat sich der Diskussion, ob eine unautorisierte Veröffentlichung von Dokumenten sich auf die Annahme einer Beeinträchtigung auswirkt, bislang kaum gewidmet. *Driessen* nimmt sich der Problematik unter dem Kapitel „*Illegal release does not bind the institutions*" an[569]. Dessen Überschrift deutet bereits an, dass die unautorisierte Freigabe der Dokumente die Beurteilung, ob eine Beeinträchtigung vorliegt, nicht beeinflusse. Dies ergebe sich aus Art. 10 Abs. 2 VO (EG) 1049/2001, welcher den Organen die Möglichkeit eröffnet, einen Antragsteller darauf hinzuweisen, wie ein bereits durch die Organe freigegebenes Dokument erhalten werden kann. Im Gegenschluss bedeute dies, dass es dem Organ nicht möglich sein solle, auf den Zugang zu einem Dokument hinzuweisen, wenn es dieses vorher nicht veröffentlicht habe.[570]

Allerdings bietet dieser Gegenschluss keinen Hinweis auf die Frage, ob sich die unautorisierte Veröffentlichung von Dokumenten auf die Annahme einer Beeinträchtigung der Schutzinteressen auswirkt. Schließlich bedeutet der Gegenschluss zu Art. 10 Abs. 2 VO (EG) 1049/2001 nur, dass die Ausnahmeregelungen nach Art. 4 VO (EG) 1049/2001 angewendet werden müssen, ungeachtet der vorherigen unautorisierten Veröffentlichung.

c) Bewertung der Problematik

Die Frage, wie sich *Leaks* auf den Zugang zu Dokumenten auswirken, bedarf einer differenzierten Betrachtung. Konkrete Anhaltspunkte, wie sich unautorisierte Veröffentlichungen auf die Beeinträchtigung der Schutzinteressen auswirken, lassen sich der Rechtsprechung nicht entnehmen, welche die Problematik lediglich am Rande behandelt. So befasst sich die Rechtsprechung zu *Kujier/*

568 *EuGH*, Urt. v. 3. Juli 2014 – Rs. C-350/12 P, ECLI:EU:C:2014:2039, *Rat/in't Veld*, Rn. 60.

569 *Driessen*, Transparency, S. 47.

570 *Driessen*, Transparency, S. 47.

Rat[571] zwar mit solchen Informationen, die öffentlich bekannt sind, nicht jedoch mit unautorisiert verbreiteten Dokumenten. Auch die Ausführungen zu *Rat/in't Veld*[572] lassen nur bedingt Rückschlüsse zu, wie sich *Leaks* auf die Annahme einer Beeinträchtigung auswirken. Denn diese geht von der unautorisierten Veröffentlichung durch eine andere offizielle Stelle aus. Zudem war in dieser Rechtssache vorab nur der grobe Inhalt der beantragten Dokumente bekannt, nicht jedoch das Dokument an sich.

Die beiden Urteile *Kujier/Rat*[573] und *Rat/in't Veld*[574] deuten trotz ihrer Limitation darauf hin, dass es für die Beurteilung, ob eine Beeinträchtigung der Schutzinteressen vorliegt, durchaus von Bedeutung sein kann, dass die Dokumente vorab verbreitet wurden. Denn wenn das Bekanntwerden des ungefähren Inhaltes eines Dokumentes relevant für die Annahme einer Beeinträchtigung ist, dann muss dasselbe erst recht für die Verbreitung des Dokumentes an sich gelten – gleich, ob diese autorisiert oder nicht autorisiert erfolgte. Vorsichtig scheint sich auch das *EuG* in der Rechtssache *Access Info Europe/Rat*[575] einer solchen Sichtweise anzunähern, indem es *in concreto* eine Überprüfung der Annahme einer Beeinträchtigung aufgrund etwaiger tatsächlich eingetretener Beeinträchtigungen durchführt. Eine derartige gerichtliche Kontrolle darf sich demgegenüber nicht auf eine *ex post* Bewertung beschränken, sondern muss die Einbeziehung derartiger Umstände, welche bereits zum Erlass eines Zugangsbescheids bestehen, auch für das bescheidende Organ verlangen.

Die Problematik der Auswirkungen von *Leaks* muss bereits im Rahmen der Prüfung einer Beeinträchtigung der Schutzinteressen verortet werden – und nicht in der Abwägung zwischen Verbreitungsinteresse und Schutzinteresse. Die Auswirkungen auf die Beeinträchtigung des Schutzgutes hängen von der Schutzrichtung der Interessen selbst ab. Sofern das Schutzinteresse bezweckt, die Veröffentlichung gerade durch die Union zu verhindern bzw. der Schutz in der Vertraulichkeit der Union begründet liegt, wird dessen Beeinträchtigung nicht durch *Leaks* beeinflusst. In Fällen, in denen das Schutzinteresse bezweckt, den Inhalt eines Dokumentes nicht bekannt zu geben, kann eine Beeinträchtigung durch das Bekanntwerden des Inhaltes jedoch nicht mehr eintreten. Denn

571 *EuG*, Urt. v. 7. Februar 2002 – Rs. T-211/00, ECLI:EU:T:2002:30, *Kujier/Rat*.
572 *EuGH*, Urt. v. 3. Juli 2014 – Rs. C-350/12 P, ECLI:EU:C:2014:2039, *Rat/in't Veld*.
573 *EuG*, Urt. v. 7. Februar 2002 – Rs. T-211/00, ECLI:EU:T:2002:30, *Kujier/Rat*.
574 *EuGH*, Urt. v. 3. Juli 2014 – Rs. C-350/12 P, ECLI:EU:C:2014:2039, *Rat/in't Veld*.
575 *EuG*, Urt. v. 22. März 2011 – Rs. T-233/09, ECLI:EU:T:2011:105, *Access Info Europe/Rat*.

es liegt gerade im Schutzinteresse begründet, dass dieses durch den Inhalt des Dokumentes gefährdet wird, und nicht in der besonderen Qualität der Veröffentlichung durch eine offizielle Stelle.

Verallgemeinert lässt sich somit sagen, dass der Einfluss von *Leaks* auf die Annahme einer Beeinträchtigung davon abhängt, ob die Verbreitung des Inhalts der Dokumente oder lediglich die Verbreitung durch die Union verhindert werden soll. In erstem Fall ist die vorherige Veröffentlichung essentiell für die Annahme einer Beeinträchtigung, in zweitem ist sie unbeachtlich für diese. Ein typischer Schutztatbestand, welcher ausschließlich auf den Inhalt des Dokumentes bezogen ist, ist der Schutz der Vertraulichkeit interner Beratungen. In diesem Fall soll der Inhalt der Beratungen geschützt werden, um eine vertrauliche Diskussion zu ermöglichen. Ob die Dokumente seitens eines Organes oder unautorisiert von Dritten veröffentlicht werden, ist hierbei ohne Belang. Die Beeinträchtigung dieses Schutzgutes tritt mithin aufgrund der Verbreitung der Dokumente ein, gleich ob sie autorisiert oder unautorisiert erfolgt.

Im Rahmen einer notwendigen Abwägung zwischen öffentlichem Interesse am Zugang und Schutzinteresse lässt sich kein erhöhtes Verbreitungsinteresse damit begründen, dass die Dokumente bereits bekannt sind. Ein geringerer Stellenwert der Schutzinteressen findet bereits im Rahmen der Prüfung, ob deren Beeinträchtigung angenommen werden kann, Berücksichtigung. Sofern diese Prüfung ergibt, dass sich die *Leaks* auf die Annahme einer Beeinträchtigung auswirken, ist die Berücksichtigung im Rahmen der Abwägungsentscheidung mangels anwendbarem Ausnahmetatbestand nicht notwendig. Sofern die *Leaks* sich demgegenüber nicht auf die Beeinträchtigung der Schutzinteressen auswirken, können diese auch keinen Effekt auf die Abwägungsentscheidung haben. Auf das öffentliche Interesse am Zugang zu Dokumenten kann die vorherige unautorisierte Veröffentlichung der Dokumente keine Auswirkungen haben. Schließlich besteht ein solches objektives Zugangsinteresse aufgrund der Verpflichtung zu größtmöglicher Transparenz unabhängig von einer bereits erfolgten Verbreitung der Dokumente. Auch wäre es widersinnig, den Schutzinteressen nun weniger Gewicht beizumessen, wenn die Dokumente bereits in unautorisierter Form abrufbar wären. Denn die Veröffentlichung rechtfertigt in einem solchen Fall bereits keine andere Beurteilung der Annahme einer Beeinträchtigung und kann sich somit auch nicht auf die Abwägungsentscheidung niederschlagen.

5. *Rechtsfolgen der Anwendbarkeit eines Ausnahmetatbestandes*

Sofern eine drohende Beeinträchtigung des Schutzgutes – vorbehaltlich der Abwägung zugunsten des öffentlichen Verbreitungsinteresses – vorliegt, verweigern die Organe ausweislich des Art. 4 VO (EG) 1049/2001 den Zugang zu Dokumenten. Im Falle einer Anwendung der Ausnahmeregelung nach Art. 4 Abs. 1 VO (EG) 1049/2001 fordert *Heitsch*, den Organen ein Ermessen über den Zugang zu Dokumenten zuzugestehen. Bezweckt werden soll mit diesem Ermessen eine Relativierung der absoluten Ausnahmetatbestände, welche keine Abwägungsklausel zugunsten des öffentlichen Verbreitungsinteresses enthalten. *Heitsch* begründet dies mit der im Indikativ stehenden Formulierung des Art. 4 VO (EG) 1049/2001, welche von der eindeutig formulierten Verpflichtung zur Ablehnung in dem vorangegangenen Ratsbeschluss 93/731/EG abweiche. Zudem ermögliche eine Ermessensentscheidung der Organe, unter Berücksichtigung des Transparenzgrundsatzes den Zugang zu Dokumenten trotz Vorliegen einer Ausnahme nach Art. 4 Abs. 1 VO (EG) 1049/2001 zu gewähren.[576]

Weit überwiegend wird ein solches Ermessen auf Zugang zu Dokumenten trotz Vorliegens eines Ausnahmetatbestandes nach Art. 4 Abs. 1 VO (EG) 1049/2001 hingegen verneint – der Zugang ist demnach zwingend zu verweigern[577]. Hierzu wird angeführt, dass die Formulierung der Ausnahmetatbestände in Art. 4 Abs. 1 VO (EG) 1049/2001 bewusst vom Kommissionsvorschlag abweiche, welcher noch ein Ermessen zugunsten der Organe vorsah, und somit der Rechtssicherheit bei der Anwendung der Ausnahmetatbestände diene[578]. Auch sei die Differenzierung zwischen zwingenden und ermessensabhängigen Ausnahmen nicht aus dem Verhaltenskodex übernommen worden, stattdessen wurde das Ermessen in Art. 4 Abs. 2, 3 VO (EG) 1049/2001 durch eine Abwägungsklausel ersetzt, um so gegenläufigen Interessen Rechnung zu tragen[579]. Diese Sichtweise vermag vor dem Hintergrund einer fehlenden Formulierung, welche ein Ermessen indizieren würde, zu überzeugen. Überdies würde die Einfügung eines Ermessens in Art. 4 Abs. 1 VO (EG) 1049/2001 den Unterschied zwischen Ausnahmetatbeständen mit und solchen ohne Abwägungsklausel nivellieren. Eine derartige Angleichung der absoluten Ausnahmetatbestände

---

576 *Heitsch*, Transparenzprinzip, S. 64 f.

577 *Partsch*, NJW 2001, 3154, 3157; *Castenholz*, Informationszugangsfreiheit, S. 161; *Meltzian*, Zugangsrecht der Öffentlichkeit, S. 218; *Adamski*, CMLRev. 46 (2009), 521, 522; *EuG*, Urt. v. 26. April 2005 – Verb. Rs. T-110/03, T-150/03 und T-405/03, ECLI:EU:T:2005:143, *Sison/Rat*, Rn. 51.

578 *Wägenbaur*, EuZW 2001, 680, 682.

579 *Bartelt/Zeitler*, EuR 2003, 487, 293 f.; *Bock*, DöV 2002, 556; aus der Rechtsprechung *EuGH*, Urt. v. 1. Februar 2007 – Rs. C-266/05 P, ECLI:EU:C:2007:75, *Sison/Rat*, Rn. 36; *EuG*, Urt. v. 3. Oktober 2012 – Rs. T-465/09, ECLI:EU:T:2012:515, *Jurašinović/Rat*, Rn. 47.

an die relativen Ausnahmetatbestände ist vor dem Hintergrund der fehlenden Abwägungsklausel in Art. 4 Abs. 1 VO (EG) 1049/2001 vom Gesetzgeber allerdings nicht bezweckt.

6. *Bewertung der Ausnahmetatbestände*

Die Abwägungsklausel in Gestalt des Art. 4 Abs. 2, 3 VO (EG) 1049/2001 wird dem Grundsatz des größtmöglichen Zugangs zu Dokumenten gerecht. Diese ermöglicht es, schutzwürdige Interessen mit dem allgemeinen Verbreitungsinteresse zu vereinbaren. Insbesondere die Struktur des Regel-Ausnahme-Verhältnisses durch eine zweistufige Prüfung, ob eine Beeinträchtigung des Schutzgutes vorliegt, sowie, ob einer solchen der Grundsatz des Zugangs zu Dokumenten vorgeht, wird der größtmöglichen Wirkung des Dokumentenzugangsrechts gerecht. Obschon eine hinreichende Konturierung, wann ein solches öffentliches Interesse vorgeht, bislang fehlt, kann eine solche Abwägung nicht als wirkungslos dahingestellt werden. Zunächst ist zu bedenken, dass die Organe bei der Gewährung des Zugangs die Prüfung der Ausnahmetatbestände nicht begründen und daher die Fälle, in denen die Organe ein öffentliches Interesse annehmen, nicht deutlich werden[580]. Darüber hinaus erfordert die notwendige Abwägung der Interessen eine detailliertere Prüfung der Ausnahmeregelung und erhöht somit die Hemmschwelle einer Ablehnung des Antrages. Dies gilt insbesondere in Fällen, in denen legislative Dokumente, für welche ein erhöhtes öffentliches Interesse vermutet wird, beantragt werden.

Demgegenüber hat die Struktur der absoluten Ausnahmetatbestände ohne Abwägungsklausel in der Literatur erhebliche Kritik erfahren. So wurde vor allem bezweifelt, ob eine fehlende Abwägung mit dem allgemeinen Zugangsinteresse mit dem Grundsatz der Offenheit in Einklang zu bringen sei. Überdies wurden die absoluten Ausnahmetatbestände als nicht mit dem Zweck der VO (EG) 1049/2001 - dem größtmöglichen Zugang zu Dokumenten - vereinbar erachtet[581].

Der sich hieran anschließenden Kritik an die übergesetzliche Ausweitung der Ausnahmetatbestände durch einen gerichtlich nur eingeschränkt überprüfbaren Einschätzungsspielraum ist im Hinblick auf den Grundsatz, Ausnahmen eng auszulegen, zuzustimmen. Ein Ermessen der Organe bei Anwendung des Art. 4 Abs. 1 lit. a) VO (EG) 1049/2001 ermöglicht die Ausweitung der absoluten

580 Hierauf hinweisend *Driessen,* Transparency, S. 70.

581 Zu dieser Ansicht der Literatur siehe oben unter 2.c) sowie Fn. 535.

Ausnahmetatbestände, welche bereits kein entgegenstehendes Zugangsinteresse berücksichtigen. Die Kombination des absoluten Ausnahmetatbestandes mit einem Einschätzungsspielraum der Organe droht, eine Bereichsausnahme für die Fallgruppen des Art. 4 Abs. 1 lit. a) VO (EG) 1049/2001 herbeizuführen. Eine solche hat der Gesetzgeber mit der differenzierten Systematik des Art. 4 VO (EG) 1049/2001 jedoch gerade nicht bezweckt.

Einer verallgemeinernden Ansicht, welche die Ausnahmetatbestände ohne Abwägungsklausel für pauschal nicht mit dem Grundsatz der Offenheit vereinbar hält, kann jedoch nicht beigepflichtet werden. Denn diese Ansicht berücksichtigt nicht, dass der Ausgestaltung der Ausnahmetatbestände bereits eine vorwerggenommene Abwägungsentscheidung des Gesetzgebers zugrunde liegt. Durch eine fehlende Einzelfallprüfung hat der Gesetzgeber typisierten Schutzinteressen den Vorrang vor einem widerstreitenden Zugangsinteresse gegeben. Die gesetzgeberische Gestaltungsmacht kann nicht durch Hinweis auf den Zweck der Verordnung eingeschränkt werden. Ob die Anwendung der Ausnahmetatbestände ohne Abwägungsklausel dem Grundsatz der Offenheit entspricht oder diesem zuwiderläuft, kann daher nur abhängig vom Einzelfall entschieden werden.

B. Zugang zu Dokumenten über völkerrechtliche Verhandlungen nach der VO (EG) 1049/2001

Der Zugang zu völkerrechtlichen Verhandlungsdokumenten unterliegt den oben dargestellten Voraussetzungen der VO (EG) 1049/2001. Zu untersuchen ist daher, ob die maßgeblichen Dokumente zu den Vertragsverhandlungen[582] – insbesondere der Beschluss des Rates zur Aufnahme von Verhandlungen und die konsolidierten Verhandlungsdokumente – unter den Zugangsanspruch der VO (EG) 1049/2001 fallen (unter I.) und ob eine legitime Ausnahme vom Zugang zu Dokumenten besteht (unter II.).

582 Einen Überblick über sämtliche Dokumente, welche im Zuge der Vertragsverhandlungen erstellt werden, gibt das Dokumentenregister der Kommission, vgl. zu *TTIP* die Dokumentenliste tradoc_153263, abrufbar unter: http://trade.ec.europa.eu/doclib/docs/2015/march/tradoc_153263.pdf (zuletzt abgerufen am 4. Dezember 2020).

I. Voraussetzungen des Zugangs zu völkerrechtlichen Verhandlungsdokumenten nach der VO (EG) 1049/2001

Die Voraussetzungen für einen Anspruch nach Art. 2 Abs. 1 VO (EG) 1049/2001 sind gering. Von der (theoretischen) Antragspflicht durch einen Unionsbürger abgesehen bedarf es lediglich eines Dokumentes i. S. d. VO (EG) 1049/2001 (1.), welches im Besitz eines Unionsorgans ist bzw. von diesem erstellt wurde (2.).

1. Vorliegen eines Dokumentes i. S. d. VO (EG) 1049/2001

Das Vorliegen eines Dokumentes, welches unter den Zugangsanspruch der VO (EG) 1049/2001 fällt, bemisst sich nach Art. 3 lit. a) VO (EG) 1049/2001[583]. Der Beschluss des Rates zur Ermächtigung der Aufnahme von Verhandlungen nach Art. 218 Abs. 2 AEUV stellt unzweifelhaft ein solches Dokument dar - gleich, ob der Rat diesen in elektronischer Form oder auf Papier vorhält. Auch handelt es sich bei dem Beschluss um eine Entscheidung des Rates, welchem nach Art. 218 AEUV explizit die Zuständigkeit für diesen Bereich zugewiesen ist.

Die konsolidierten Verhandlungsdokumente werden durch die Kommission bzw. den Hohen Vertreter erstellt und umfassen sowohl die von der Union als auch die von dem Verhandlungspartner eingenommene Position. Die Führung der Verhandlungen, welche hierdurch aufgezeichnet wird, ist der Kommission bzw. dem Hohen Vertreter durch Art. 218 Abs. 3 AEUV und durch den Ermächtigungsbeschluss des Rates zugewiesen. Die von diesen erstellten Verhandlungsdokumente unterfallen daher ebenfalls der Definition eines Dokumentes i. S. d. Art. 3 lit. a) VO (EG) 1049/2001. Somit handelt es sich sowohl bei der Verhandlungsermächtigung durch den Rat als auch bei den konsolidierten Verhandlungsdokumenten um Dokumente i. S. d. VO (EG) 1049/2001[584].

2. Verpflichtete Organe

Verpflichtet werden durch die VO (EG) 1049/2001 ausdrücklich nur die Organe. Die Verhandlungsermächtigung wird nach Art. 218 Abs. 2 AEUV vom Rat erstellt. Dieser ist daher bereits als Urheber Verpflichteter i. S. d. Art. 2 Abs. 3 VO (EG) 1049/2001. Ebenfalls sind die Kommission bzw. der Hohe Vertreter für

583 Zur Definition eines Dokumentes i. S. d. VO (EG) 1049/2001 siehe oben unter A.I.

584 Vgl. statt vieler *Giegerich*, in: Frankfurter Kommentar, Art. 218 AEUV, Rn. 46 und *EuG*, Urt. v. 19. März 2013 – Rs. T-301/10, ECLI:EU:T:2013:135, *in't Veld/Kommission*, Rn. 104 ff., die unstreitig vom Vorliegen von Dokumenten i. S. d. VO (EG) 1049/2001 ausgehen.

die GASP als Adressaten der Verhandlungsermächtigung verpflichtet, da diese im Besitz der Verhandlungsermächtigung sind.

Die konsolidierten Verhandlungsdokumente werden von den Verhandlungsführern bzw. dem Verhandlungsteam erstellt. Als durch die Kommission bzw. den Hohen Vertreter für die GASP eingesetzter Ausschuss gelten diese auch als Verpflichtete. Darüber hinaus werden diese Dokumente der Kommission zur Verfügung gestellt und befinden sich in ihrem Besitz. Die Kommission bzw. der Hohe Vertreter für die GASP sind insoweit auch verpflichtete Organe zur Herausgabe der konsolidierten Verhandlungsdokumente. Sofern dem Rat entweder unmittelbar oder durch dessen Sonderausschuss die konsolidierten Verhandlungsdokumente zugeleitet werden, sind diese als Besitzer ebenfalls Verpflichtete i. S. d. Art. 2 Abs. 3 VO (EG) 1049/2001.

3. *Verweigerungsmöglichkeiten aufgrund der Ausnahmetatbeständen des Art. 4 VO (EG) 1049/2001........*

Als zwingender Ausnahmegrund in Betracht zu ziehen ist der Schutz des öffentlichen Interesses im Hinblick auf die internationalen Beziehungen (Art. 4 Abs. 1 lit. a), 3. Spiegelstrich VO (EG) 1049/2001). Daneben ist der Schutz der Dokumente zum Zwecke interner, vorbereitender Handlungen in Betracht zu ziehen (Art. 4 Abs. 3 VO (EG) 1049/2001). Dieser Ausnahmen bedienen sich ebenfalls Kommission und Rat, sofern ein Antrag auf Zugang zu völkerrechtlichen Verhandlungsdokumenten abgelehnt wird[585].

Die Besonderheiten hinsichtlich sensibler Dokumente nach Art. 9 VO (EG) 1049/2001 bedürfen hingegen keiner gesonderten Betrachtung. Die Verhandlungsdokumente der Union unterliegen zwar der Vertraulichkeit innerhalb des Organs und werden daher als „*RESTREINT UE/EU RESTRICTED*" eingestuft.[586] Diese unterste Geheimhaltungsstufe der Union genügt jedoch nicht zur Einstufung als sensibles Dokument i. S. d. Art. 9 Abs. 1 VO (EG) 1049/2001. Darüber hinaus gilt auch in diesem Bereich nach Art. 9 Abs. 5 VO (EG) 1049/2001 die Anwendung der Ausnahmetatbestände des Art. 4 VO (EG) 1049/2001[587].

---

585 Beispielsweise *EuG*, Urt. v. 19. März 2013 – Rs. T-301/10, ECLI:EU:T:2013:135, *in't Veld/Kommission*, Rn. 104 ff.; Entscheidung des Europäischen Bürgerbeauftragten vom 23. Juli 2010, Fall 90/2009/JD(OV); Anlage I, Anlage II; siehe auch *Giegerich*, in: Frankfurter Kommentar, Art. 218 AEUV, Rn. 46.

586 Siehe hierzu oben unter § 2.C.I.3, insb. Fn. 128.

587 Vgl. oben unter A.II.1.c)

4. *Verweigerung aufgrund des Schutzes internationaler Beziehungen*

Das Schutzgut des öffentlichen Interesses und seine Unterkategorien fallen unter die absoluten Ausnahmegründe nach Art. 4 Abs. 1 VO (EG) 1049/2001. Die Vorschrift bietet aufgrund ihres zwingenden Charakters bei Vorliegen der Voraussetzungen keinen Spielraum für eine Freigabe[588]. Geprüft werden muss daher, ob das Schutzgut der öffentlichen Sicherheit im Hinblick auf die internationalen Beziehungen durch die Freigabe von Dokumenten über Vertragsverhandlungen betroffen ist (unter a)), sowie, ob dessen Beeinträchtigung möglich ist (unter b))[589].

a) *Schutzgut der internationalen Beziehungen*

Das Schutzgut der „internationalen Beziehungen" umfasst unstreitig den internationalen Verkehr zwischen der Union und anderen Völkerrechtssubjekten[590], welche nicht Mitglied der Europäischen Union sind[591].[592] Dies wird nicht erst aus der Rechtspersönlichkeit der Union nach Art. 47 EUV deutlich, sondern bereits aus den Grundsätzen der Außenpolitik nach Art. 21 Abs. 1, UAbs. 2, S. 1 EUV, welcher die „Beziehungen zu Drittländern und zu regionalen oder weltweiten internationalen Organisationen" erwähnt. Der Zielkatalog des Art. 21 Abs. 2, 1. HS umschreibt diese mit dem Begriff „internationale Beziehungen"[593]. Diese Formulierung des Primärrechts kann für die VO (EG) 1049/2001 übernommen werden. Die Rechtsprechung der Unionsgerichte tendiert darüber hinaus dazu, das Schutzgut der „internationalen Beziehungen" nicht auf eine spezielle, nur

---

588 So weit überwiegende Meinung, vgl. oben unter A.II.5.

589 Eine bloße Betroffenheit des geschützten Interesses genügt für die Anwendung des Ausnahmetatbestandes nicht, vgl. *EuGH*, Urt. v. 3. Juli 2014 – Rs. C-350/12 P, ECLI:EU:C:2014:2039, *Rat/in't Veld*, Rn. 51 sowie oben unter A.II.2.

590 Unabhängig von deren Qualität als originäre oder gekorene Völkerrechtssubjekte; vgl. zur Abgrenzung *von Arnauld*, Völkerrecht, § 2 A II, III, Rn. 59 ff.

591 Zum Meinungsstreit, ob auch die Beziehung zwischen Union und Mitgliedstaat als „internationale Beziehung" charakterisiert werden kann, siehe *tho Pesch*, EuZW 2012, 51, 53 ff.; *Riemann*, Transparenz der Union, S. 171.

592 *EuG*, Urt. v. 26. April 2005 – Verb. Rs. T-110/03, T-150/03 und T-405/03, ECLI:EU:T:2005:143, *Sison/Rat*, Rn. 79; *Riemann*, Transparenz der Union, S. 171; *tho Pesch*, EuZW 2012, 51, 54; *Castenholz*, Informationszugangsfreiheit, S. 159; in Bezug auf den diplomatischen Verkehr zwischen Mitgliedstaaten und Drittstaaten SchlA *Léger* vom 10. Juli 2001, ECLI:EU:C:2001:392 zu *EuGH*, Urt. v. 6. Dezember 2001 – Rs. C-353/99, ECLI:EU:C:2001:392, *Rat/Hautala*, Rn. 102.

593 So bereits *tho Pesch*, EuZW 2012, 51, 54.

einen gewissen Themenbereich betreffende Beziehung, sondern auf den gesamten zwischenstaatlichen Kontakt auszuweiten[594]. So wurde die Betroffenheit der internationalen Beziehungen selbst bei wertenden Aussagen über Drittstaaten angenommen[595]. Daher handelt es sich bei sämtlichen Dokumenten, welche laufende Vertragsverhandlungen mit Drittstaaten betreffen – insbesondere bei dem Verhandlungsmandat und den konsolidierten Verhandlungsdokumenten – um solche, die geeignet sind, die internationalen Beziehungen zu tangieren[596].

b) Beeinträchtigung der internationalen Beziehungen

Um dem Ausnahmetatbestand hinreichend Rechnung zu tragen, genügt nicht nur ein Zusammenhang zwischen den beantragten Dokumenten und dem Schutzinteresse. Vielmehr muss die Veröffentlichung dieser Dokumente auch zu einer konkreten und tatsächlichen Möglichkeit der Beeinträchtigung führen[597]. Nachfolgend wird zunächst die Ansicht von Kommission und Rat zur Annahme einer Beeinträchtigung der internationalen Beziehungen durch die Verbreitung völkerrechtlicher Verhandlungsdokumente dargestellt. Anschließend wird die relevante Rechtsprechung zur Beeinträchtigung der internationalen Beziehungen identifiziert und die Ansichten der Literatur dem gegenübergestellt. Auf dieser Grundlage erfolgt eine eigene Untersuchung, ob durch die Verbreitung völkerrechtlicher Verhandlungsdokumente eine Beeinträchtigung der internationalen Beziehungen droht.

---

594 Eine Berührung mit den internationalen Beziehungen wird bereits bei Schreiben mit zwischenstaatlicher Berührung angenommen, vgl. *EuG*, Urt. v. 7. Februar 2002 – Rs. T-211/00, ECLI:EU:T:2002:30, *Kuijer/Rat*, Rn. 60 f.; *EuG*, Urt. v. 26. April 2005 – Verb. Rs. T-110/03, T-150/03 und T-405/03, ECLI:EU:T:2005:143, *Sison/Rat*, Rn. 79; bestätigt durch *EuGH*, Urt. v. 1. Februar 2007 – Rs. C-266/05 P, ECLI:EU:C:2007:75, *Sison/Rat*, Rn. 67; hingegen wohl ablehnend für bloße Beschreibungen und Feststellungen von Tatsachen über Drittstaaten *EuG*, Urt. v. 6. April 2000 – Rs. T-188/98, ECLI:EU:T:2000:101, *Kuijer/Rat*, Rn. 57.

595 *EuG*, Urt. v. 7. Februar 2002 – Rs. T-211/00, ECLI:EU:T:2002:30, *Kuijer/Rat*, Rn. 60, 66.

596 *EuG*, Urt. v. 12. Juli 2001 – Rs. T-204/99, ECLI:EU:T:2001:190, *Mattila/Rat*, Rn. 63; *EuG*, Urt. v. 19. März 2013 – Rs. T-301/10, ECLI:EU:T:2013:135, *in't Veld/Kommission*, Rn. 104 ff. mit einer exemplarischen Auflistung aller die Verhandlungen zu *ACTA* betreffenden Dokumente, welche sämtlich die internationalen Beziehungen betreffen.

597 Zu den Anforderungen an die Beeinträchtigung eines Schutzinteresses siehe oben unter A.II.2.a)

(1) Annahme einer Beeinträchtigung der internationalen Beziehungen in der Praxis der Organe

Sowohl die Kommission als auch der Rat erblicken in der Verbreitung des Verhandlungsmandates und der konsolidierten Verhandlungsdokumente eine Beeinträchtigung der internationalen Beziehungen zwischen der Union und dem verhandelnden Drittstaat. Diesen Befund bestätigt eine exemplarische Untersuchung der Entscheidungen der beiden Organe, in welchen der Zugangsantrag jeweils entweder abgelehnt oder diesem nur teilweise stattgegeben wurde. Dennoch muss ein Zugangsantrag von den verpflichteten Organen in jedem Einzelfall geprüft werden.

Der Rat erachtet die Verbreitung des Verhandlungsmandates als Beeinträchtigung der internationalen Beziehungen, da das Verhandlungsmandat sensible Informationen über die Verhandlungsstrategie der Union enthalte. Die Verbreitung des Verhandlungsmandates sowie der diesem angefügten Verhandlungsrichtlinien seien geeignet, die Verhandlungsfähigkeit der Union einzuschränken. Denn aus diesen ließen sich Rückschlüsse auf einzelnen Positionen der Union sowie die Bereitschaft zu möglichen Kompromissen ziehen. Die Verbreitung könne daher sowohl laufende Verhandlungen als auch die Verhandlungsfähigkeit der Union in kommenden Verhandlungen beeinträchtigen.[598]

Auch die Kommission weist sowohl hinsichtlich der Verbreitung des Verhandlungsmandates als auch der konsolidierten Verhandlungsdokumente auf eine drohende Schwächung der eigenen Verhandlungsposition hin. Da die Dokumente sowohl Taktiken als auch Rückfallpositionen in einzelnen Verhandlungspunkten enthalten würden, lasse deren Verbreitung die Strategie der Kommission zur Aushandlung völkerrechtlicher Abkommen erkennen. Zudem bestehe die Gefahr, die Möglichkeit von Kompromissen durch die Bekanntgabe einzelner Verhandlungspositionen zu gefährden. Dies gelte nicht nur für laufende Verhandlungen, sondern auch für die Aushandlung künftiger Abkommen. Wären Verhandlungstaktiken und -prioritäten bekannt, so könnten sie von

---

598 *Driessen*, Transparency, S. 74 gibt eine exemplarische Übersicht über die Ablehnungsentscheidungen des Rates, welche auf dieser Argumentation basieren; siehe auch die Begründung zur Ablehnung des Zugangs zu den Verhandlungsrichtlinien über den Beitritt der EU zur EMRK in *EuG*, Urt. v. 12. September 2013 – Rs. T-331/11, ECLI:EU:T:2013:419, *Besselink/Rat*, Rn. 6 ff.; beispielhaft auch die Entscheidung des Rates über die Ablehnung des Zugangs zu dem *TTIP*-Verhandlungsmandat vom 6. Mai 2002, Rats-Dok.: 7665/02, Anlage, 4. Abschnitt.

anderen Staaten in künftigen Verhandlungen genutzt werden, um einen vorteilhafteren Verhandlungserfolg zu erzielen.[599]

Des Weiteren beruft sich die Kommission darauf, dass internationale Verhandlungen ein Klima des gegenseitigen Vertrauens erfordern würden. Die einseitige Verbreitung von Dokumenten sei geeignet, dieses Vertrauen in eine freie und effektive Diskussion zwischen den Verhandlungspartnern zu stören. Auch bestehe die Gefahr, dass Verhandlungstaktiken des Drittstaates erkennbar seien – deren Verbreitung wiederum berge die Gefahr, dass dieser die Verhandlungen abbreche.[600]Als Beleg einer notwendigen Vertraulichkeit der Verhandlungen verweist die Kommission auf abgeschlossene Vertraulichkeitsvereinbarungen mit dem Verhandlungspartner[601]. Ein Verstoß gegen diese könne das gegenseitige Vertrauen in die Vertraulichkeit der Verhandlungen beeinträchtigen und somit eine Beeinträchtigung der internationalen Beziehungen zum Drittstaat herbeiführen. Zwar rechtfertige das Bestehen einer solchen Vertraulichkeitsvereinbarung für sich genommen keine Ausnahme vom Zugang zu Dokumenten, sie könne jedoch ein Indiz für die Notwendigkeit einer vertraulichen Verhandlungsatmosphäre sein[602].

Auf konkrete Verhandlungspunkte, welche durch eine Veröffentlichung gefährdet würden, beziehen sich weder Kommission noch Rat in ihrer Begründung. Vielmehr beschränken sie sich auf den Verweis, dass ihnen bei der

---

599 Vgl. die Ansicht der Kommission in der Rechtssache *EuG*, Urt. v. 19. März 2013 – Rs. T-301/10, ECLI:EU:C:2013:135, *in't Veld/Kommission,* Rn. 124 f. sowie exemplarisch Anlage II, Dokument 1, S. 4 f., Dokument 2, S. 3 f., Dokument 3, S. 3 ff., Dokument 4, S. 4 ff., Dokument 5, S. 5 ff., Dokument 6, S. 4 ff., Dokument 7, S. 4 ff., Dokument 8, S. 3 f., Dokument 9, S. 6, Dokument 10, S. 4 ff.

600 Vgl. die Ansicht der Kommission in der Rechtssache *EuG*, Urt. v. 19. März 2013 – Rs. T-301/10, ECLI:EU:T:2013:135, *in't Veld/Kommission,* Rn. 119 sowie exemplarisch Anlage I, S. 4; Anlage II, Dokument 1, S. 5, Dokument 3, S. 4, Dokument 10, S. 4 f.; siehe auch die Nachweise bei *Driessen*, Transparency, S. 74.

601 *EuG,* Urt. v. 19. März 2013 – Rs. T-301/10, ECLI:EU:T:2013:135, *in't Veld/Kommission,* Rn. 112, 118; vgl. auch Anlage I, S. 2; exemplarisch findet sich die Vertraulichkeitsvereinbarung zu *TTIP* zwischen dem Verhandlungsführer der Kommission und dem US Trade Representative unter: https://ustr.gov/sites/default/files/US%20signed %20conf %20agmt% 20letter_0.pdf (zuletzt abgerufen am 4. Dezember 2020).

602 *EuG,* Urt. v. 19. März 2013 – Rs. T-301/10, ECLI:EU:T:2013:135, *in't Veld/Kommission,* Rn. 118; *Driessen,* Transparency, S. 74 verweist auf einen Fall, in dem die Kommission selbst das bereits paraphrasierte Abkommen nicht veröffentlicht hat, da der Verhandlungspartner auf eine besondere Vertraulichkeit bis zum endgültigen Abschluss bestanden hat.

Einschätzung, ob eine Beeinträchtigung der internationalen Beziehungen vorliegt, ein weiter Ermessensspielraum zusteht[603].

(2) Beeinträchtigung der internationalen Beziehungen in der Rechtsprechung

Die Rechtsprechung hat sich in verschiedenen Urteilen mit den Anforderungen an eine Beeinträchtigung der internationalen Beziehungen auseinandergesetzt. Im Folgenden wird die sich mit dieser Thematik auseinandersetzende Rechtsprechung zu *Mattila/Kommission* (i), *Besselink/Rat* (ii), *in't Veld/Kommission* (iii) sowie *Rat/in't Veld* (iv) dargestellt.

(i) Mattila/Kommission

In der Rechtssache *Mattila/Kommission*[604] befasste sich das *EuG* mit dem Antrag des Klägers auf Zugang zu Informationsvermerken und Tagesordnungen. Diese Dokumente beinhalteten Informationen zu Kooperationstreffen zwischen der Union und Mitgliedern der GUS im Rahmen eines Partnerschafts- und Kooperationsabkommens sowie Verhandlungen mit den Vereinigten Staaten in Bezug auf die Beziehungen zur Ukraine[605]. Der Zugangsantrag – noch unter dem Verhaltenskodex der Organe sowie dem Ratsbeschluss 93/731 – wurde vom Rat mit der Begründung abgelehnt, dass die „Verbreitung dieser Texte [...] die Position der EU im Rahmen dieser Verhandlungen oder gegebenenfalls bei allen künftigen Verhandlungen zwischen der EU und diesen oder anderen Drittstaaten schwächen [könne].“[606] Die Verbreitung der Dokumente sei daher geeignet, die internationalen Beziehungen der Union zu schwächen. Die auf den Zweitantrag hin ergangene Entscheidung bestätigte lediglich die Erstentscheidung[607].

In der gegen diese Entscheidungen eingereichten Klage wies das *EuG* zunächst darauf hin, dass dem Gericht bei der Kontrolle der Rechtmäßigkeit der

---

603 Im Einklang mit der Rechtsprechung zum Einschätzungsspielraum der Organe bei der Annahme einer Beeinträchtigung der internationalen Beziehungen, *EuGH*, Urt. v. 1. Februar 2007 – Rs. C-266/05 P, ECLI:EU:C:2007:75, *Sison/Rat*, Rn. 34, 64; *EuGH*, Urt. v. 3. Juli 2014 – Rs. C-350/12 P, ECLI:EU:C:2014:2039, *Rat/in't Veld*, Rn. 63.

604 *EuG*, Urt. v. 12. Juli 2001 – Rs. T-204/99, ECLI:EU:T:2001:190, *Mattila/Kommission.*

605 *EuG*, Urt. v. 12. Juli 2001 – Rs. T-204/99, ECLI:EU:T:2001:190, *Mattila/Kommission*, Rn. 9 f.

606 *EuG*, Urt. v. 12. Juli 2001 – Rs. T-204/99, ECLI:EU:T:2001:190, *Mattila/Kommission*, Rn. 12, die Kommission schloss sich dieser Begründung an, vgl. *EuG*, a. a. O., Rn. 15.

607 *EuG*, Urt. v. 12. Juli 2001 – Rs. T-204/99, ECLI:EU:T:2001:190, *Mattila/Kommission*, Rn. 15.

Entscheidung nur ein eingeschränkter Prüfungsspielraum zukomme. Trotz des detaillierten Vorbringens des Klägers über den Inhalt der Dokumente beschränke sich daher die Prüfung auf ebensolche Ermessensfehler.[608] Da die streitgegenständlichen Dokumente Standpunkte der Union im Rahmen ihrer Beziehungen zu Drittstaaten und späteren Verhandlungen mit diesen enthielten, seien die Dokumente in einem Kontext internationaler Beziehungen erstellt worden[609]. Einen offensichtlichen Fehler bei der Beurteilung, ob die internationalen Beziehungen durch die Verbreitung der Dokumente beeinträchtigt würden, hätten die Organe nicht begangen. Die Organe dürften angesichts der Bedeutung der beantragten Dokumente davon ausgehen, dass deren Verbreitung die Position der Union in den Verhandlungen schwächen könne.[610] Aufgrund des zusammenhängenden Inhalts der Dokumente komme auch ein teilweiser Zugang zu den beantragten Dokumenten nicht in Betracht[611].

Überdies seien die Organe ihrer Begründungspflicht ordnungsgemäß nachgekommen. Eine ausführliche Begründung, warum jedes einzelne Dokument unter die Ausnahme falle, könne im Einzelfall unmöglich sein, da andernfalls deren Inhalt bekannt würde[612]. Es genüge, wenn für jede Gruppe von Dokumenten die Gründe angegeben werden, auf welche sich das verpflichtete Organ zur Annahme einer Beeinträchtigung der internationalen Beziehungen berufe[613].

Die Rechtsmittelinstanz[614] hatte schließlich die Verweigerung des teilweisen Zugangs zu prüfen. Die Organe hatten die Verweigerung des teilweisen Zugangs erst im Verlauf des erstinstanzlichen Verfahrens und nicht vorab in der streitigen Entscheidung über den Zugang zu Dokumenten begründet. Ein solcher

---

608 *EuG*, Urt. v. 12. Juli 2001 – Rs. T-204/99, ECLI:EU:T:2001:190, *Mattila/Kommission*, Rn. 59 f.

609 *EuG*, Urt. v. 12. Juli 2001 – Rs. T-204/99, ECLI:EU:T:2001:190, *Mattila/Kommission*, Rn. 63.

610 *EuG*, Urt. v. 12. Juli 2001 – Rs. T-204/99, ECLI:EU:T:2001:190, *Mattila/Kommission*, Rn. 65.

611 *EuG*, Urt. v. 12. Juli 2001 – Rs. T-204/99, ECLI:EU:T:2001:190, *Mattila/Kommission*, Rn. 72 ff.

612 *EuG*, Urt. v. 12. Juli 2001 – Rs. T-204/99, ECLI:EU:T:2001:190, *Mattila/Kommission*, Rn. 87 mit Verweis auf *EuG*, Urt. v. 5. März 1997 – Rs. T-105/95, ECLI:EU:T: 1997:26, *WWF UK/Kommission*, Rn. 65.

613 *EuG*, Urt. v. 12. Juli 2001 – Rs. T-204/99, ECLI:EU:T:2001:190, *Mattila/Kommission*, Rn. 94.

614 *EuGH*, Urt. v. 22. Januar 2004 – Rs. C-353/01 P, ECLI:EU:C:2004:42, *Mattila/Rat und Kommission*.

Rechtsfehler führte nach Ansicht des *EuGH* zur Nichtigkeit der streitigen Entscheidung. Daher wurde das erstinstanzliche Urteil aufgehoben.[615]

(ii) Besselink/Rat

Dem Rechtsstreit in der Sache *Besselink/Rat*[616] voraus ging ein Antrag des Klägers auf Zugang zum Verhandlungsmandat des Rates zur Aufnahme von Verhandlungen zum Beitritt der Europäischen Union zur Europäischen Menschenrechtskonvention. Der Rat verweigerte den Zugang zu diesem Dokument in Teilen mit der Begründung, es bestehe eine drohende Beeinträchtigung der internationalen Beziehungen. Das Dokument würde die Verhandlungspositionen der Union enthalten, daher sei dessen Verbreitung geeignet, die Verhandlungsfähigkeit der Union zu schwächen. Zudem verließen sich die Verhandlungspartner auf ein Klima vertrauensvoller Verhandlungen, welches durch die Veröffentlichung des Verhandlungsmandates gefährdet würde. Darüber hinaus werde die Verhandlungsfähigkeit der Union in zukünftigen Verhandlungen mit Drittstaaten geschwächt, sofern die Verhandlungsstrategie der Union erkennbar sei.[617]

Die Argumentation des Klägers, ein Zugangsanspruch müsse bereits aufgrund einer Verletzung von Art. 11 GR-Charta gewährt werden, wies das *EuG* als unzulässig zurück. Weder genüge diese pauschale Rüge dem Erfordernis, den Streitgegenstand in der Klageschrift darzustellen[618], noch stelle die Verweigerung des Zugangs zu Dokumenten eine Verletzung des in Art. 11 GR-Charta verankerten Rechts auf Meinungs- und Informationsfreiheit dar[619].

Folgend stellte das *EuG* im Rahmen der Überprüfung der Zugangsverweigerung nach Art. 4 VO (EG) 1049/2001 fest, dass das Schutzgut der internationalen Beziehungen zwar betroffen sei[620], im speziellen Fall der Verhandlungsdirektive Nr. 5 jedoch keine Beeinträchtigung zu befürchten sei. Denn diese sei den Verhandlungspartnern bereits bekannt gemacht worden, eine Schwächung der

---

615 *EuGH*, Urt. v. 22. Januar 2004 – Rs. C-353/01 P, ECLI:EU:C:2004:42, *Mattila/Rat und Kommission*, Rn. 31 ff.

616 *EuG*, Urt. v. 12. September 2013 – Rs. T-331/11, ECLI:EU:T:2013:419, *Besselink/Rat*.

617 *EuG*, Urt. v. 12. September 2013 – Rs. T-331/11, ECLI:EU:T:2013:419, *Besselink/Rat*, Rn. 6 ff.

618 *EuG*, Urt. v. 12. September 2013 – Rs. T-331/11, ECLI:EU:T:2013:419, *Besselink/Rat*, Rn. 37 ff. mit Verweis auf Art. 44 § 1 lit. c) EuGVfO.

619 *EuG*, Urt. v. 12. September 2013 – Rs. T-331/11, ECLI:EU:T:2013:419, *Besselink/Rat*, Rn. 47.

620 *EuG*, Urt. v. 12. September 2013 – Rs. T-331/11, ECLI:EU:T:2013:419, *Besselink/Rat*, Rn. 56.

eigenen Verhandlungsposition könne aus deren Veröffentlichung somit nicht mehr drohen[621]. Da die Verhandlungsrichtlinie nur die Position der Union enthalte und keine Rückschlüsse auf die Positionen der Verhandlungspartner zulasse, sei auch keine Beeinträchtigung des Vertrauensklimas in internationalen Verhandlungen zu befürchten[622].

Im Hinblick auf weitere Punkte der Verhandlungsrichtlinien urteilte das Gericht, dass es nicht ausgeschlossen sei, dass deren Verbreitung die internationalen Beziehungen beeinträchtigen könne. Da sich die Positionen der Union während der Verhandlungen anpassen müssten und die Richtlinien zudem taktische Erwägungen enthielten, sei es nicht ausgeschlossen, dass die Verbreitung dieser Punkte der Verhandlungsrichtlinien zu einer Schwächung der Verhandlungsfähigkeit der Union führen könne[623]. Dem stehe nicht entgegen, dass sich die Verhandlungsrichtlinien nur unwesentlich von vorherigen Richtlinien unterschieden oder der grobe Inhalt bereits bekannt sei, da detaillierte Unterschiede zu vorherigen Verhandlungsrichtlinien bestünden, deren genaue Kenntnis von dem Verhandlungspartner ausgenutzt werden könnte[624].

Aufgrund der fehlerhaften Beurteilung des Rates hinsichtlich der Verhandlungsdirektive Nr. 5 sei die Prüfung einer Gewährung des teilweisen Zugangs zu den Dokumenten fehlerhaft. Der Zugang müsse auf die Punkte ausgeweitet werden, welche keine Beeinträchtigung der internationalen Beziehungen darstellen könnten. Im Einzelnen wären das die Verhandlungsdirektive Nr. 5 sowie solche Teile des Verhandlungsmandates, welche lediglich die Vorschriften des Primärrechts wiederholten oder offene Fragen für die Verhandlungen adressierten.[625]

(iii) Rat/in't Veld

Die Rechtsprechung zu *Rat/in't Veld*[626] befasst sich mit dem Zugang zu einem Gutachten des juristischen Dienstes des Rates über eine Empfehlung der

---

621 *EuG*, Urt. v. 12. September 2013 – Rs. T-331/11, ECLI:EU:T:2013:419, *Besselink/Rat*, Rn. 58.

622 *EuG*, Urt. v. 12. September 2013 – Rs. T-331/11, ECLI:EU:T:2013:419, *Besselink/Rat*, Rn. 59.

623 *EuG*, Urt. v. 12. September 2013 – Rs. T-331/11, ECLI:EU:T:2013:419, *Besselink/Rat*, Rn. 72, 78.

624 *EuG*, Urt. v. 12. September 2013 – Rs. T-331/11, ECLI:EU:T:2013:419, *Besselink/Rat*, Rn. 71.

625 *EuG*, Urt. v. 12. September 2013 – Rs. T-331/11, ECLI:EU:T:2013:419, *Besselink/Rat*, Rn. 94 f.

626 *EuGH*, Urt. v. 3. Juli 2014 – Rs. C-350/12 P, ECLI:EU:C:2014:2039, *Rat/in't Veld*.

Kommission an den Rat zur Ermächtigung der Aufnahme von Verhandlungen über ein internationales Abkommen mit den Vereinigten Staaten von Amerika. Der Rat verweigerte teilweise den Zugang zu diesem Gutachten unter Verweis darauf, dass die Kenntnis der Öffentlichkeit über das Gutachten und somit auch über Bestimmungen des geplanten Abkommens einen nachteiligen Einfluss auf die Verhandlungsposition der Union haben könnte. Zudem schade die Verbreitung dieser Informationen dem Vertrauensklima der laufenden Verhandlungen. Dem Zugang zu diesem Dokument stehe daher die Ausnahme zum Schutz der internationalen Beziehungen entgegen.[627] Überdies berief der Rat sich auf den Schutz der Rechtsberatung[628].

Das erstinstanzliche Urteil[629] erkannte den Ermessensspielraum des Rates bei der Annahme einer Beeinträchtigung der internationalen Beziehungen durch die Verbreitung des Gutachtens an und prüfte daher lediglich, ob die Begründung des Rates auf eine konkrete und tatsächliche Beeinträchtigung schließen lasse. Hinsichtlich der Teile des Gutachtens, in welchen Bestimmungen des geplanten Abkommens erkennbar sind, ließ das Gericht die Begründung des Rates genügen, diese Teile könnten nachteilige Auswirkungen auf das Vertrauensklima der Verhandlungen haben und die strategischen Ziele der Union enthüllen[630]. Sofern das beantragte Gutachten auf den Entwurf der Verhandlungsrichtlinien Bezug nehme und Positionen erkennen lasse, welche durch den Verhandlungspartner ausgenutzt werden könnten, komme für diese Teile eine Beeinträchtigung der internationalen Beziehungen in Betracht[631].

Aus der Gefahr der Bekanntgabe einer Meinungsverschiedenheit über die Rechtsgrundlage des geplanten Abkommens lasse sich demgegenüber keine Beeinträchtigung der internationalen Beziehungen herleiten. Dies liege schon darin begründet, dass die Wahl der Rechtsgrundlage eine objektive Entscheidung sei, zu welcher der *EuGH* in einem Gutachterverfahren nach Art. 218 Abs. 11 AEUV angerufen werden könne. Überdies sei nicht erkennbar, dass die Glaubwürdigkeit der Union als Verhandlungspartner darunter leide, dass Meinungsverschiedenheiten über die Rechtsgrundlage bestehen – gegenteilig könnten Unsicherheiten über die Zuständigkeit der Union als Verhandlungspartner

627 *EuGH*, Urt. v. 3. Juli 2014 – Rs. C-350/12 P, ECLI:EU:C:2014:2039, *Rat/in't Veld*, Rn. 8.
628 *EuGH*, Urt. v. 3. Juli 2014 – Rs. C-350/12 P, ECLI:EU:C:2014:2039, *Rat/in't Veld*, Rn. 9.
629 *EuG*, Urt. v. 4. Mai 2012 – Rs. T-529/09, ECLI:EU:T:2012:215, *in't Veld/Rat*.
630 *EuG*, Urt. v. 4. Mai 2012 – Rs. T-529/09, ECLI:EU:T:2012:215, *in't Veld/Rat*, Rn. 35 – 39.
631 *EuG*, Urt. v. 4. Mai 2012 – Rs. T-529/09, ECLI:EU:T:2012:215, *in't Veld/Rat*, Rn. 57.

auftreten, wenn es keine vorherige objektive Diskussion über die Rechtsgrundlage gebe.[632]

Im Rechtsmittelverfahren[633] stellte der *EuGH* zunächst fest, dass ein Gutachten über die Rechtsgrundlage eines geplanten Abkommens die internationalen Beziehungen betreffe, hieraus jedoch nicht direkt auf eine Beeinträchtigung geschlossen werden könne[634]. Es bestehe zunächst keine allgemeine Regel, dass die Verbreitung interner Meinungsverschiedenheiten über die Rechtsgrundlage eines geplanten Abkommens die internationalen Beziehungen beeinträchtige[635]. Zwar bestehe die Möglichkeit, dass Änderungen der Rechtsgrundlage über die Zuständigkeit in einem fortgeschrittenen Verhandlungsstadium die internationalen Beziehungen beeinträchtigen könnten[636], dies sei bei Meinungsverschiedenheiten im Vorfeld der Verhandlungen jedoch nicht der Fall[637]. Zudem werde die Gefahr einer Beeinträchtigung der internationalen Beziehungen dadurch geschmälert, dass das Europäische Parlament den wesentlichen Inhalt des Dokumentes bereits vorab in einer Entschließung veröffentlicht habe. Eine etwaige Rechtswidrigkeit dieser Veröffentlichung stehe dem nicht entgegen.[638]

Die Rechtmäßigkeitskontrolle des *EuG* sei nicht rechtsfehlerhaft, da dieses den Einschätzungsspielraum der Organe beachtet habe, ihm allerdings die Kontrolle darüber zukomme, ob das Organ eine Beeinträchtigung hinreichend konkret und tatsächlich dargelegt habe[639]. Das Gericht verletze diesen Einschätzungsspielraum nicht, wenn es ausführe, dass die Begründung des Rates für die Teile des Gutachtens, welche Untersuchungen über die Rechtsgrundlage enthielten,

---

632 *EuG*, Urt. v. 4. Mai 2012 – Rs. T-529/09, ECLI:EU:T:2012:215, *in't Veld/Rat*, Rn. 47 – 54.

633 *EuGH*, Urt. v. 3. Juli 2014 – Rs. C-350/12 P, ECLI:EU:C:2014:2039, *Rat/in't Veld*.

634 *EuGH*, Urt. v. 3. Juli 2014 – Rs. C-350/12 P, ECLI:EU:C:2014:2039, *Rat/in't Veld*, Rn. 50 ff. mit Verweis auf *EuGH*, Urt. v. 28. Juni 2012 – Rs. C-404/10 P, ECLI:EU:C:2012:393, *Kommission/Éditions Odile Jacob*, Rn. 116.

635 *EuGH*, Urt. v. 3. Juli 2014 – Rs. C-350/12 P, ECLI:EU:C:2014:2039, *Rat/in't Veld*, Rn. 56.

636 *EuGH*, Urt. v. 3. Juli 2014 – Rs. C-350/12 P, ECLI:EU:C:2014:2039, *Rat/in't Veld*, Rn. 57 mit Verweis auf *EuGH*, Urt. v. 31. März 1971 – Rs. C-22/70, ECLI:EU:C: 1971:32, *AETR*, Rn. 86.

637 *EuGH*, Urt. v. 3. Juli 2014 – Rs. C-350/12 P, ECLI:EU:C:2014:2039, *Rat/in't Veld*, Rn. 57.

638 *EuGH*, Urt. v. 3. Juli 2014 – Rs. C-350/12 P, ECLI:EU:C:2014:2039, *Rat/in't Veld*, Rn. 60.

639 *EuGH*, Urt. v. 3. Juli 2014 – Rs. C-350/12 P, ECLI:EU:C:2014:2039, *Rat/in't Veld*, Rn. 63 f.

den Anforderungen an die Darlegung einer Beeinträchtigung nicht genüge[640]. Bezüglich der Teile, welche den beabsichtigten Inhalt des Abkommens oder strategische Positionen der Union enthielten, sei die Begründung der Organe in Einklang mit der Entscheidung des *EuG* nicht zu beanstanden[641].

Die Ausführungen des Rates würden zudem nicht genügen, um den Schutz der Rechtsberatung nach Art. 4 Abs. 2 VO (EG) 1049/2001 zu rechtfertigen. Denn die Begründung des Rates ziele lediglich auf die Annahme einer Beeinträchtigung der internationalen Beziehungen ab. Die Berufung auf mehrere Ausnahmetatbestände sei zwar zulässig, hingegen könne die Begründung zur Anwendung der Ausnahme nach Art. 4 Abs. 1 VO (EG) 1049/2001 nicht ohne Weiteres auf die gleichzeitige Anwendung des Art. 4 Abs. 2 VO (EG) 1049/2001 übertragen werden. Die Begründung des Rates sei bereits im Rahmen der Prüfung des Schutzes der internationalen Beziehungen berücksichtigt worden, hinsichtlich der übrigen Teile des Gutachtens könnten sie jedoch nicht den Schutz der Rechtsberatung begründen.[642] Im Ergebnis müsse der Rat daher den Zugang zu dem Dokument soweit gewähren, als dass aus ihm nicht der beabsichtigte Inhalt des Abkommens oder strategische Positionen der Union bekannt würden.[643]

(iv) In't Veld/Kommission

Der zweiten Klage der Abgeordneten des Europäischen Parlaments *Sophie in't Veld* gegen die Kommission ging ein Antrag auf Zugang zu Dokumenten über die damals laufenden Verhandlungen zum *ACTA*-Abkommen voraus. Die Kommission hatte den Zugang zu mehreren der beantragten Dokumente verweigert, unter anderem zu interner Korrespondenz über die Verhandlungen sowie zu Textentwürfen mit Anmerkungen der Union. Zur Verweigerung des Zugangs berief sich die Kommission in ihrer Entscheidung überwiegend auf die Ausnahmeregelung zum Schutz der internationalen Beziehungen[644]. Die Klägerin

---

640 *EuGH*, Urt. v. 3. Juli 2014 – Rs. C-350/12 P, ECLI:EU:C:2014:2039, *Rat/in't Veld*, Rn. 66.

641 *EuGH*, Urt. v. 3. Juli 2014 – Rs. C-350/12 P, ECLI:EU:C:2014:2039, *Rat/in't Veld*, Rn. 67.

642 *EuGH*, Urt. v. 3. Juli 2014 – Rs. C-350/12 P, ECLI:EU:C:2014:2039, *Rat/in't Veld*, Rn. 100 ff.

643 *EuGH*, Urt. v. 3. Juli 2014 – Rs. C-350/12 P, ECLI:EU:C:2014:2039, *Rat/in't Veld*, Rn. 109.

644 *EuG*, Urt. v. 19. März 2013 – Rs. T-301/10, ECLI:EU:T:2013:135, *in't Veld/Kommission*, Rn. 30 f.; darüber hinaus wurde die Unkenntlichmachung der Namen von Abgeordneten mit dem Schutz der Privatsphäre nach Art. 4 Abs. 1 lit. b) VO (EG) 1049/2001,

verwies zur Begründung ihrer Klage zunächst auf das fehlende Vorliegen einer möglichen Beeinträchtigung der internationalen Beziehungen durch die Verbreitung eines Teils der Dokumente, des Weiteren auf eine zu restriktive Anwendung der teilweisen Zugangsgewährung[645].

Im Rahmen der Prüfung, ob die Kommission bei der Entscheidung über den Zugang zu Dokumenten die Ausnahmevorschrift des Art. 4 Abs. 1 lit. a) VO (EG) 1049/2001 falsch angewendet habe, führte das Gericht zunächst aus, dass der Kommission ein Einschätzungsspielraum hinsichtlich der Annahme einer Beeinträchtigung der internationalen Beziehungen zustehe[646]. Zur Begründung einer Zugangsverweigerung berufe sich die Kommission nicht auf die Rechtsverbindlichkeit einer Vertraulichkeitsvereinbarung, sondern allein auf die in der VO (EG) 1049/2001 erwähnten Ausnahmeregelungen[647]. Das Gericht stimmte der Begründung der Kommission zu, die Veröffentlichung der Verhandlungsdokumente könnte die internationalen Beziehungen derart beeinträchtigen, dass ein Klima gegenseitigen Vertrauens zwischen den Verhandlungspartnern gestört würde. Hierzu führte es aus, „dass die Verhandlung internationaler Abkommen zur Sicherstellung der Wirksamkeit der Verhandlungen ein gewisses Maß an Diskretion rechtfertigen kann, die das gegenseitige Vertrauen der Verhandlungspartner und eine freie und nutzbringende Diskussion gewährleistet. Wie die Kommission ausgeführt hat, umfasst jede Art von Verhandlung notwendigerweise eine Reihe taktischer Erwägungen seitens der Verhandelnden, und die unabdingbare Zusammenarbeit zwischen den Parteien hängt in hohem Maße vom Bestehen eines Klimas gegenseitigen Vertrauens ab.“[648] Die Aufnahme und Durchführung der Verhandlungen sei überdies der Exekutive zugewiesen. Diese dürfe die Beteiligung der Öffentlichkeit an dem Verfahren aufgrund des Interesses, strategische Teile der Verhandlungen nicht zu offenbaren, beschränken.[649]

---

die Unkenntlichmachung eines einzelnen Abschnittes mit dem Schutz der internen Beratungen nach Art. 4 Abs. 3 Uabs. 1 VO (EG) 1049/2001 begründet, *EuG*, a. a. O., Rn. 49.

645 *EuG*, Urt. v. 19. März 2013 – Rs. T-301/10, ECLI:EU:T:2013:135, *in't Veld/Kommission*, Rn. 68.

646 *EuG*, Urt. v. 19. März 2013 – Rs. T-301/10, ECLI:EU:T:2013:135, *in't Veld/Kommission*, Rn. 108 f.

647 *EuG*, Urt. v. 19. März 2013 – Rs. T-301/10, ECLI:EU:T:2013:135, *in't Veld/Kommission*, Rn. 118.

648 *EuG*, Urt. v. 19. März 2013 – Rs. T-301/10, ECLI:EU:T:2013:135, *in't Veld/Kommission*, Rn. 119.

649 *EuG*, Urt. v. 19. März 2013 – Rs. T-301/10, ECLI:EU:T:2013:135, *in't Veld/Kommission*, Rn. 120.

Auch die Begründung der Kommission, die eigene Verhandlungsposition werde durch die Verbreitung der Verhandlungsdokumente bekannt, rechtfertige nach Ansicht des Gerichts die Annahme einer Beeinträchtigung i. S. d. Art. 4 Abs. 1 lit. a) VO (EG) 1049/2001. Zum einen könne die Offenbarung der eigenen Verhandlungsposition indirekt Kenntnis über die Verhandlungspositionen der Gegenseite vermitteln[650]. Zum anderen könne sich die Verhandlungsposition der Union im Laufe der Verhandlungen aufgrund von Kompromissen ändern. Die Veröffentlichung der eigenen Position der Union beschränke daher die flexible Verhandlungsfähigkeit der Union[651]. Auch sei die Darstellung verschiedener Verhandlungspositionen ohne Nennung der Verhandlungspartner geeignet, das Klima gegenseitigen Vertrauens zu beeinträchtigen[652].

Die folgende Prüfung des Klagegrundes, der Kommission seien bei der Annahme einer Beeinträchtigung der internationalen Beziehungen offensichtliche Beurteilungsfehler unterlaufen, unternahm das Gericht mithilfe einer Betrachtung der einzelnen Dokumente. Sofern ein Dokument die verschiedenen Verhandlungspositionen erkennen lässt, ist das Gericht zu der Annahme gelangt, dass kein offensichtlicher Ermessensfehlgebrauch vorliege. Lediglich in Bezug auf solche Dokumente, welche keinen Rückschluss auf die Verhandlungen zulassen, sei der Kommission ein Beurteilungsfehler unterlaufen.[653]

Den Klagegrund, die Kommission habe die Möglichkeit eines teilweisen Zugangs zu Dokumenten zu restriktiv gehandhabt, sah das Gericht als unbegründet an. Die Kommission habe im Einzelnen die Möglichkeit eines teilweisen Zugangs in Betracht gezogen. Die nicht veröffentlichten Teile der Dokumente würden die Verhandlungspositionen der Union und des Verhandlungspartners erkennen lassen und daher unter die Ausnahme zum Schutz der internationalen Beziehungen fallen.[654] Ebenfalls sei die Entscheidung der Kommission hinreichend begründet. Im Detail habe die Kommission dargelegt, dass „die Verbreitung dieser Informationen sie in den laufenden *ACTA*-Verhandlungen in eine

---

650 *EuG*, Urt. v. 19. März 2013 – Rs. T-301/10, ECLI:EU:T:2013:135, *in't Veld/Kommission*, Rn. 123.

651 *EuG*, Urt. v. 19. März 2013 – Rs. T-301/10, ECLI:EU:T:2013:135, *in't Veld/Kommission*, Rn. 124.

652 *EuG*, Urt. v. 19. März 2013 – Rs. T-301/10, ECLI:EU:T:2013:135, *in't Veld/Kommission*, Rn. 126.

653 Zu den Dokumenten im Einzelnen *EuG*, Urt. v. 19. März 2013 – Rs. T-301/10, ECLI:EU:T:2013:135, *in't Veld/Kommission*, Rn. 135 ff.

654 *EuG*, Urt. v. 19. März 2013 – Rs. T-301/10, ECLI:EU:T:2013:135, *in't Veld/Kommission*, Rn. 202, 206.

sehr schwierige Lage gegenüber den anderen Parteien versetzen würde, die voll über die politischen Ziele und Erwägungen der Union informiert würden und somit beurteilen könnten, inwieweit die Union zu Kompromissen bereit sei."[655] Eine Angabe genauer Gründe, welche den Inhalt der Dokumente erkennen ließen, sei nicht notwendig[656].

Im Ergebnis hat das Gericht der Klägerin zwar einen erweiterten Zugang zu Dokumenten zugestanden, soweit die Kommission einen offensichtlichen Beurteilungsfehler begangen habe. Jedoch stelle der Schutz des Vertrauensklimas sowie der Verhandlungspositionen der Union nach Ansicht des Gerichts eine tragfähige Begründung zur Anwendung des Ausnahmetatbestandes zum Schutz der internationalen Beziehungen dar.

(v) Zwischenergebnis

Die Rechtsprechung der Unionsgerichte akzeptiert die Verweigerung des Zugangs zu völkerrechtlichen Verhandlungsdokumenten unter Berücksichtigung des Schutzes der internationalen Beziehungen. Sowohl die Begründung, eine Verbreitung der Dokumente würde das notwendige gegenseitige Vertrauensklima der Verhandlungen stören, als auch der Schutz der eigenen Verhandlungsposition wird von der Rechtsprechung zur Annahme einer Beeinträchtigung der internationalen Beziehungen für tragfähig erachtet. Die Urteile beschränken sich demgegenüber auf eine Prüfung, ob das verweigernde Organ einen offensichtlichen Beurteilungsfehler begangen hat, wenn es den Zugang zu Dokumenten mit dieser Begründung verweigert. Eine eingehende Betrachtung, ob durch die Verbreitung der Dokumente eine konkrete und tatsächliche Beeinträchtigung droht, erfolgte nicht.

(3) Ansichten der Literatur

In der Literatur findet die Untersuchung, ob durch die Verbreitung von Verhandlungsmandat und konsolidierten Verhandlungsdokumenten eine Beeinträchtigung der internationalen Beziehungen droht, bislang wenig Beachtung. Teilweise beschränkt sich die Literatur auf den Verweis, dass der Zugang zu

---

655 *EuG*, Urt. v. 19. März 2013 – Rs. T-301/10, ECLI:EU:T:2013:135, *in't Veld/Kommission*, Rn. 217.

656 *EuG*, Urt. v. 19. März 2013 – Rs. T-301/10, ECLI:EU:T:2013:135, *in't Veld/Kommission*, Rn. 218, 220.

diesen Dokumenten nach Art. 4 Abs. 1 lit. a) VO (EG) 1049/2001 verweigert wird[657].

Giegerich[658] rezipiert die Rechtsprechung des *EuGH* zu *Rat/in't Veld*[659] sowie *Besselink/Rat*[660] und schließt sich dieser an, indem er auf die vom *EuGH* dargelegten Grenzen der Verweigerungsmöglichkeit zum Schutz der internationalen Beziehungen hinweist[661]. Über diese Darstellung hinaus stellt er keine eigenen Anforderungen an die Möglichkeit der Beeinträchtigung internationaler Beziehungen, sondern verweist lediglich auf die Argumentation der Kommission zur Vertraulichkeit der Verhandlungen[662].

Lorenzmeier[663] verweist demgegenüber darauf, dass der Zugang zu Dokumenten betreffend die Vertragsverhandlungen – insbesondere dem Verhandlungsmandat – nicht grundsätzlich ausgeschlossen sei. Hierzu verweist er auf die Rechtsprechung zu *Rat/in't Veld*[664], nach welcher zwar die Möglichkeit einer Zugangsverweigerung nach Art. 4 Abs. 1 lit. a) VO (EG) 1049/2001 bestehe, das verweigernde Organ jedoch nachweisen müsse, wie das geschützte Interesse konkret und tatsächlich beeinträchtigt werde. Überdies verlange die Rechtsprechung zu *Rat/in't Veld*[665] eine Prüfung der Verhältnismäßigkeit vor der Zugangsverweigerung, welche ein überwiegendes öffentliches Interesse an der Offenlegung berücksichtige.[666]

---

657 Ohne nähere Begründung *Sobotta*, Transparenz in den Rechtsetzungsverfahren, S. 413; *Driessen*, Transparency, S. 74; *Castenholz*, Informationszugangsfreiheit, S. 159 f.; *Meltzian*, Zugangsrecht der Öffentlichkeit, S. 224 f.; *Görlitz/Schoo*, in: Schwarze/Becker/Hatje/Schoo, Art. 15 AEUV, Rn. 55; allgemeiner *Riemann*, Transparenz der Union, S. 110; sich dem Urteil des *EuGH* in der Rechtssache in't Veld/Rat anschließend, ohne über dessen Schlussfolgerungen hinauszugehen auch *Abazi/Hillebrandt*, CMLRev. 52 (2015), 825, 836 f.

658 *Giegerich*, in: Frankfurter Kommentar, Art. 218 AEUV.

659 *EuGH*, Urt. v. 3. Juli 2014 – Rs. C-350/12 P, ECLI:EU:C:2014:2039, *Rat/in't Veld*.

660 *EuG*, Urt. v. 12. September 2013 – Rs. T-331/11, ECLI:EU:T:2013:419, *Besselink/Rat*.

661 *Giegerich*, in: Frankfurter Kommentar, Art. 218 AEUV, Rn. 46 f.

662 *Giegerich*, in: Frankfurter Kommentar, Art. 218 AEUV, Rn. 44.

663 *Lorenzmeier*, in: Grabitz/Hilf/Nettesheim, Art. 218 AEUV.

664 *EuGH*, Urt. v. 3. Juli 2014 – Rs. C-350/12 P, ECLI:EU:C:2014:2039, *Rat/in't Veld*.

665 *EuGH*, Urt. v. 3. Juli 2014 – Rs. C-350/12 P, ECLI:EU:C:2014:2039, *Rat/in't Veld*.

666 *Lorenzmeier*, in: Grabitz/Hilf/Nettesheim, Art. 218 AEUV, Rn. 34b.

Eine Analyse der Rechtsprechung zu *Rat/in't Veld*[667], *in't Veld/Kommission*[668] sowie *Besselink/Rat*[669] führt auch *Leino*[670] durch. Sie kommt zu dem Ergebnis, dass es zulässig sei, die Verhandlungsdokumente insoweit nicht zu verbreiten, als dass deren Veröffentlichung strategische Teile eines Abkommens offenbaren würde. Nichtsdestotrotz verweist sie auf das Erfordernis erhöhter Transparenz und begründet dieses mit der Ähnlichkeit zwischen Gesetzgebungsakten und internationalen Abkommen. Transparenz sei umso mehr erforderlich, wenn ein erhöhtes Interesse der Öffentlichkeit an den Verhandlungen bestehe und je stärker ein Abkommen geeignet sei, auf die Rechtsstellung des Bürgers einzuwirken.[671] Im Hinblick auf die VO (EG) 1049/2001 und insbesondere deren Ausnahmeregelungen verweist *Leino* lediglich auf die Rechtsprechung des EuG, ohne kritisch zuuntersuchen, inwieweit die Veröffentlichung der Verhandlungsdokumente tatsächlich geeignet ist, die internationalen Beziehungen zu beeinträchtigen[672].

Ebenfalls auf die Rechtsprechung sowie die Kommissionspraxis zu den *ACTA*-Verhandlungen und in Analogie hierzu den *TTIP*-Verhandlungen beziehen sich *Bartl* und *Fahey*[673]. Sie stellen den Charakter der Entscheidung in der Sache *in't Veld/Kommission*[674] als Leitentscheidung in Frage, da dieses Urteil nur eingeschränkten Aussagegehalt aufweise und zudem ein Rechtsmittel gegen dieses anhängig sei[675]. Fraglich sei, welche Gründe für eine Geheimhaltung sich aus dem Verhandlungsmandat ergeben könnten. Dieses liste – zumindest im Falle von *ACTA* und *TTIP* – lediglich die Interessen der Union in Bezug auf die Verhandlungen auf. Eine schützenswerte Strategie sei in dieser Auflistung allerdings nicht erkenntlich. Der Verwirklichung von Transparenz sei die Kommission seit den *ACTA*-Verhandlungen insgesamt lediglich formelhaft und nur durch eine bessere Einbindung von Wirtschaftsteilnehmern nachgekommen. Auch der Zugang zu den *TTIP*-Verhandlungsdokumenten könne nach Ansicht

---

667 *EuGH*, Urt. v. 3. Juli 2014 – Rs. C-350/12 P, ECLI:EU:C:2014:2039, *Rat/in't Veld*.

668 *EuG*, Urt. v. 19. März 2013 – Rs. T-301/10, ECLI:EU:T:2013:135, *in't Veld/Kommission*.

669 *EuG*, Urt. v. 12. September 2013 – Rs. T-331/11, ECLI:EU:T:2013:419, *Besselink/Rat*.

670 *Leino*, in: Cremona, S. 210.

671 *Leino*, in: Cremona, S. 210, 216; vgl. zur diesbezüglichen Rezeption der Rechtsprechung auch *Leino*, Politics and Governance 3/2015, 6, 9 f.

672 *Leino*, in: Cremona, S. 210 ff.

673 *Bartl/Fahey*, in: Fahey/Curtin.

674 *EuG*, Urt. v. 19. März 2013 – Rs. T-301/10, ECLI:EU:T:2013:135, *in't Veld/Kommission*.

675 Zu einer Entscheidung ist es im Rechtsmittelverfahren nicht gekommen, das Urteil ist daher rechtskräftig.

des Verhandlungsführers der EU in Übereinstimmung mit den Ausnahmetabeständen der VO (EG) 1049/2001 nicht gewährt werden. Durch die unautorisierte Veröffentlichung etlicher Dokumente zu den *TTIP*-Verhandlungen seien jedoch inzwischen mehr Dokumente auch offiziell durch die Kommission verbreitet worden.[676]

Eine eingehende Analyse, inwieweit der Verbreitung von Verhandlungsdokumenten schutzwürdige Interessen entgegenstehen, findet sich bei *Curtin*[677]. Ausgehend von der Untersuchung, ob das Europäische Parlament hinreichend über die Verhandlungen zu internationalen Abkommen unterrichtet wird, untersucht sie die Beispielfälle *SWIFT* und *ACTA*. Sie verweist auf die Praxis des Rates in den genannten Fällen, den Zugang zu dem Verhandlungsmandat zu verweigern, welches als „EU RESTRICTED" eingestuft sei. Eine solche Klassifizierung erfolge dann, wenn die unautorisierte Veröffentlichung der Dokumente nachteilige Auswirkungen auf die Union oder ihre Mitgliedstaaten haben könne.[678] Solche nachteiligen Auswirkungen sehe der Rat in den genannten Beispielfällen durch die Schwächung der eigenen Verhandlungsposition sowie die Störung des Vertrauensklimas in den Verhandlungen gegeben. Die Rechtsprechung zu *in't Veld/Rat*[679] sei insofern bemerkenswert, als sich hieraus die Schlussfolgerung ziehen lasse, dass eine hypothetische Schwächung der eigenen Verhandlungsposition die Geheimhaltung der Dokumente nicht rechtfertige. Diese Begründung trage nur, wenn die tatsächliche Verhandlungsstrategie während der Verhandlungen gefährdet werde.[680] Hinsichtlich des *ACTA*-Verhandlungsmandates stellt *Curtin* fest, dass dieses lediglich eine Auflistung der Interessen der Union sowie mögliche Verhandlungspunkte enthalte. Eine taktische Strategie, welche Geheimhaltung erfordere, lasse sich darin allerdings nicht erkennen. Die Argumentation, dass ein vertrauensvolles Klima in den Verhandlungen gewahrt werden müsse, rechtfertige zwar die Geheimhaltung von Dokumenten zu den Verhandlungen, nicht jedoch den Verschluss des den Verhandlungen zugrundeliegenden Verhandlungsmandates. Letztlich würden Dokumente wohl eher aus dem Grund nicht verbreitet werden, einen öffentlichen Diskurs und somit demokratische Kontrolle zu umgehen.[681]

---

676 *Bartl/Fahey*, in: Fahey/Curtin, S. 15 f.

677 *Curtin*, CMLRev. 50 (2013), 423.

678 *Curtin*, CMLRev. 50 (2013), 423, 449 f.

679 *EuG*, Urt. v. 4. Mai 2012 – Rs. T-529/09, ECLI:EU:T:2012:215, *in't Veld/Rat*.

680 *Curtin*, CMLRev. 50 (2013), 423, 451 f.

681 *Curtin*, CMLRev. 50 (2013), 423, 453.

(4) Bewertung der Ansichten

Die Rechtsprechung der Unionsgerichte erscheint aufgrund des den Organen zugestandenen Einschätzungsspielraums bei der Annahme einer Beeinträchtigung der internationalen Beziehungen konsistent. Die Argumentation der Organe, dass völkerrechtliche Verhandlungen ein Klima gegenseitigen Vertrauens benötigen, wird ebenso zur Annahme einer Beeinträchtigung akzeptiert wie der Schutz der eigenen Verhandlungsposition der Union. Trotz dieses Einschätzungsspielraums hob das *EuG* mehrere Entscheidungen von Rat und Kommission auf, in denen die Organe offensichtliche Fehler begingen, indem sie sich auf eine nicht schützenswerte Position bezogen oder in denen kein Verlust der Vertraulichkeit drohte.

Aufgrund des nur eingeschränkten Prüfungsmaßstabes bleibt eine vertiefte Prüfung, ob tatsächlich eine Beeinträchtigung des Vertrauensklimas droht, in der Rechtsprechung aus. Ebenso äußern sich die Unionsgerichte nicht dazu, welche Positionen der Union im Einzelnen schützenswert sind und ob diese tatsächlich durch den Verhandlungspartner genutzt werden könnten.

In der Literatur wird dieser Rechtsprechung bislang wenig Kritik entgegengebracht. Überwiegend wird aus der Rechtsprechung gefolgert, dass es zulässig sei, den Zugang zu völkerrechtlichen Verhandlungsdokumenten zum Schutz der internationalen Beziehungen zu verweigern. Dabei wird als vorteilhaft herausgestellt, dass die Unionsgerichte eingehend prüfen, ob die beantragten Dokumente tatsächlich Erwägungen über die Verhandlungen enthalten, oder die Argumentation nicht tragfähig ist, dass die Verhandlungsposition der Union gefährdet werde. Im Übrigen findet sich keine über die Ansichten zum Einschätzungsspielraum der Organe hinausgehende Kritik dazu, dass die Rechtsprechung ob ihres eingeschränkten Prüfungsspielraumes die Erwägungen von Kommission und Rat hinsichtlich des Schutzes der internationalen Beziehungen akzeptiert.

Die Ansicht *Lorenzmeiers*[682], die Rechtsprechung lasse erkennen, dass sehr wohl der Zugang zu den Ratsbeschlüssen möglich sei, zieht aus ebendieser Rechtsprechung fehlerhafte Schlüsse. Zwar lässt das von ihm zitierte Urteil *Rat/in't Veld*[683] erkennen, dass die Verweigerung zum Schutz der internationalen Beziehungen die Darlegung einer konkreten und nicht nur hypothetischen Beeinträchtigung erfordere. Die notwendige Einzelfallprüfung lässt jedoch nicht erkennen, dass ein Zugang zu völkerrechtlichen Verhandlungsdokumenten grundsätzlich möglich ist. Vielmehr akzeptiert die Rechtsprechung in dem Urteil

682 *Lorenzmeier*, in: Grabitz/Hilf/Nettesheim, Art. 218 AEUV.

683 *EuGH*, Urt. v. 3. Juli 2014 – Rs. C-350/12 P, ECLI:EU:C:2014:2039, *Rat/in't Veld*.

Rat/in't Veld[684] die Begründung des Rates, die eigene Verhandlungsposition sowie das Vertrauensklima während der Verhandlungen zu schützen[685]. Auch die von *Lorenzmeier* geforderte Verhältnismäßigkeitsprüfung bei der Verweigerung des Zugangs zu Dokumenten verkennt, dass der *EuGH* in der Rechtssache *Rat/in't Veld*[686] diese nicht auf die Ausnahme zum Schutz der internationalen Beziehungen, sondern nur auf den Schutz der Rechtsberatung angewandt hat[687].

Über die Akzeptanz der Rechtsprechung geht einzig *Curtin*[688] hinaus. Über den eingeschränkten Prüfungsspielraum der Unionsgerichte hinausgehend prüft sie die Argumentation des Rates dahingehend, ob die Verhandlungsposition der Union durch die Veröffentlichung des Verhandlungsmandates gefährdet werden könnte. So kommt sie zu dem Schluss, dass das Verhandlungsmandat im Falle von *ACTA* keine taktischen Erwägungen enthalte und somit keine Beeinträchtigung der internationalen Beziehungen durch dessen Veröffentlichung drohe. Richtigerweise nimmt *Curtin* mit dieser Analyse eine eingehende Untersuchung der Feststellungen der Organe vor und stellt exemplarisch die Praxis der nur eingeschränkten Prüfung durch die Unionsgerichte in Frage.

Die Analyse der Rechtsprechung kann somit nicht zu dem Ergebnis führen, wann tatsächlich eine Beeinträchtigung der internationalen Beziehungen vorliegt. Vielmehr offenbart sie Anhaltspunkte, welche generellen Argumentationen eine solche Einschätzung rechtfertigen können. Auf den ersten Blick vermag die Aufhebung einzelner Entscheidungen der Organe ebenfalls darauf hindeuten, welche Argumentationen nicht dazu geeignet sind, eine Beeinträchtigung herbeizuführen. Dem muss jedoch entgegengehalten werden, dass die Unionsgerichte lediglich festgestellt haben, dass die Organe einen offensichtlichen Fehler begangen haben, indem sie die oben genannte Argumentationslinie auf verschiedene Dokumente ausdehnten.

Auch die Betrachtung der Literatur gibt nur eingeschränkte Hinweise darauf, ob eine Beeinträchtigung der internationalen Beziehungen durch die Verbreitung der Verhandlungsdokumente droht. Soweit die Literatur die Rechtsprechung

---

684 *EuGH*, Urt. v. 3. Juli 2014 – Rs. C-350/12 P, ECLI:EU:C:2014:2039, *Rat/in't Veld.*

685 *EuGH*, Urt. v. 3. Juli 2014 – Rs. C-350/12 P, ECLI:EU:C:2014:2039, *Rat/in't Veld*, Rn. 67, insofern das Urteil *EuG*, Urt. v. 4. Mai 2012 – Rs. T-529/09, ECLI:EU:T:2012:215, *in't Veld/Rat* bestätigend; vgl. ausführlich zu dieser Rechtsprechung auch oben unter (2).(iii).

686 *EuGH*, Urt. v. 3. Juli 2014 – Rs. C-350/12 P, ECLI:EU:C:2014:2039, *Rat/in't Veld.*

687 *EuGH*, Urt. v. 3. Juli 2014 – Rs. C-350/12 P, ECLI:EU:C:2014:2039, *Rat/in't Veld*, Rn. 105 ff.; vgl. abermals oben unter (2).(iii).

688 *Curtin*, CMLRev. 50 (2013), 423.

unter Verweis auf den eingeschränkten Prüfungsspielraum der Gerichte akzeptiert, ist diese nicht aufschlussreich. Denn zunächst ist einem solchen Einschätzungsspielraum kritisch zu begegnen[689], daraufhin vermag der bloße Verweis darauf, dass die Organe eine Beeinträchtigung der internationalen Beziehungen annehmen, nicht zu dem Ergebnis zu führen, dass eine solche Beeinträchtigung tatsächlich droht. Vielmehr ist – mit der Ansicht *Curtins* – eine eingehende Betrachtung erforderlich, ob die Verhandlungsdokumente geeignet sind, die internationalen Beziehungen zu beeinträchtigen.

(5) Eigene Untersuchung der Beeinträchtigung internationaler Beziehungen

Da sich sowohl die Rechtsprechung als auch der überwiegende Teil der Literatur einer Beurteilung der Beeinträchtigung internationaler Beziehungen durch die Verbreitung von Verhandlungsmandat und konsolidierten Verhandlungsdokumenten enthält, bedarf es an dieser Stelle einer eingehenden Untersuchung. Den Ansichten von Kommission und Rat können Anhaltspunkte für eine derartige Untersuchung entnommen werden. Im Folgenden werden diese bei der Einschätzung, ob eine Beeinträchtigung der internationalen Beziehungen droht, berücksichtigt.

(i) Verbreitung des Verhandlungsmandates

Eine Beeinträchtigung der internationalen Beziehungen durch die Verbreitung des Verhandlungsmandates kommt dergestalt in Betracht, als dass sowohl die eigene Verhandlungsposition der Union als auch das vertrauensvolle Verhältnis zum Drittstaat gefährdet werden. Zunächst könnte die Bekanntgabe der Verhandlungsposition der Union die Schwächung die Verhandlungsfähigkeit der Union beeinträchtigen. Eine Beeinträchtigung der internationalen Beziehungen droht nicht nur in solchen Fällen, in denen das Verhältnis zu einem Drittstaat belastet wird. Vielmehr bezweckt der Schutz der internationalen Beziehungen auch, die eigene Verhandlungsfähigkeit der Union in internationalen Beziehungen zu bewahren und somit eine effektive Verhandlungsführung der Union sicherzustellen[690].

Sofern das Verhandlungsmandat mit den angefügten Verhandlungsrichtlinien Positionen anführt, welche aus taktischen Erwägungen in verschiedenen

---

689 Zur diesbezüglichen Kritik bereits oben unter A.II.2.d).

690 Zu den Schutzzwecken des Art. 4 Abs. 1 lit. a), 3. Spiegelstrich VO (EG) 1049/2001 siehe *Castenholz*, Informationszugangsfreiheit, S. 159.

Phasen in die Verhandlungen eingeführt werden sollen, droht eine frühzeitige Veröffentlichung diese Taktik zu konterkarieren. Die Annahme einer derartigen Beeinträchtigung taktischer Verhandlungspositionen erfordert allerdings, dass das Verhandlungsmandat tatsächlich Erwägungen enthält, welche dem Verhandlungspartner nicht im Voraus bekannt sind und daher geschützt werden müssen.

So ist nicht bereits der Beschluss des Rates zur Ermächtigung der Aufnahme von Verhandlungen an sich geeignet, die eigene Verhandlungsposition zu gefährden. Denn die Aufnahme von Verhandlungen sowie der grobe Zielrahmen des Abkommens sind dem Drittstaat bereits bekannt. Verhandlungspositionen in den Richtlinien, welche dem Drittstaat zu Beginn der Verhandlungen eröffnet werden, scheinen ebenfalls nicht geeignet, die eigene Verhandlungsfähigkeit zu gefährden, da diese bereits Teil der Verhandlungen und somit dem Drittstaat gegenüber bekannt gemacht sind. Demgegenüber sind Verhandlungsprioritäten ebenso wie taktische Erwägungen der Verhandlungen durchaus geeignet, die eigene Verhandlungsposition zu gefährden[691]. Je nach Umfang der Verhandlungsrichtlinien kommt es somit darauf an, ob dem Verhandlungsführer ein enges Verhaltenskorsett auferlegt wird oder abgestufte Verhandlungsprioritäten und -taktiken festgelegt werden, um zu beurteilen, inwieweit die eigene Verhandlungsposition gefährdet werden kann.

Darüber hinaus kann die Verbreitung des Verhandlungsmandates auch das vertrauensvolle Verhältnis zum Drittstaat beeinträchtigen. Aus der Verbreitung der eigenen Verhandlungsposition kann unter bestimmten Umständen darauf geschlossen werden, dass eine solche Veröffentlichung geeignet sei, auch das vertrauensvolle Klima der Verhandlungen zu beeinträchtigen. Entscheidend ist hierfür, ob der Verhandlungspartner die Vertraulichkeit zur Voraussetzung der Verhandlungen stellt. Sofern diesem daran gelegen ist, dass die Verhandlungen unter Ausschluss der Öffentlichkeit geführt werden, kann bereits das Bekanntwerden des Inhalts eines potentiellen Abkommens zu Verstimmungen zwischen den Verhandlungspartnern führen.

---

691 Deutlich werden diese taktischen Erwägungen durch die Einfügung bestimmter Formulierungen, welche intendieren, dass Zielvorgaben nicht zwingend in dem Abkommen enthalten sein müssen („sollten", „nach Möglichkeit"), von weiterer interner Abstimmung abhängig gemacht oder nur schrittweise in die Verhandlungen eingebracht werden; vgl. exemplarisch die Leitlinien zu *TTIP*, Rats-Dok.: 11103/13, Nr. 8, 11, 13, 14, 22, 23, 29, 34, 36, 42.

Der Abschluss von Vertraulichkeitsvereinbarungen[692] zeigt exemplarisch, dass Drittstaaten ein erhebliches Interesse an der Vertraulichkeit der Aushandlung von völkerrechtlichen Abkommen haben. Zwar rechtfertigen solche Vertraulichkeitsvereinbarungen für sich genommen nicht, dass Dokumente vom Zugangsanspruch der VO (EG) 1049/2001 ausgenommen werden. Allerdings verstärken diese die Annahme, dass die Verhandlungen in einem Klima gegenseitigen Vertrauens unter Ausschuss der Öffentlichkeit geführt werden sollen. Ein Verstoß gegen die Vertraulichkeitsvereinbarung durch die einseitige Bekanntgabe des Verhandlungsgegenstandes kann das Vertrauen in die Einhaltung von Vereinbarungen mit der Union und somit den Erfolg der Verhandlungen als Ganzes erschüttern. Entscheidend für diese Argumentation ist im Einzelfall, ob dem Verhandlungspartner an Vertraulichkeit gelegen ist. Sofern dieser der Verbreitung von Dokumenten zustimmt oder sogar bereits selbstständig entsprechende Dokumente verbreitet hat, ist eine Gefährdung des Klimas gegenseitigen Vertrauens nicht mehr zu befürchten.

Die Verbreitung des Verhandlungsmandates ist je nach Inhalt der Verhandlungsrichtlinien geeignet, die eigene Verhandlungsposition zu offenbaren und somit die Verhandlungsfähigkeit der Union einzuschränken. Eine zusätzliche Beeinträchtigung des Klimas gegenseitigen Vertrauens ist nur dann zu befürchten, wenn es dem Verhandlungspartner darauf ankommt, die Vertraulichkeit der Verhandlungen zu wahren und eine Zusicherung der Union auf diese Vertraulichkeit erfolgt. Eine Schwächung der Verhandlungsfähigkeit der Union oder die Gefährdung des Verhandlungsresultates durch den Bruch der Vertraulichkeit stellen eine Beeinträchtigung der internationalen Beziehungen dar.

(ii) Verbreitung der konsolidierten Verhandlungsdokumente

Auch im Hinblick auf die konsolidierten Verhandlungsdokumente bedarf es einer Diskussion, ob deren Verbreitung eine Schwächung der Verhandlungsposition der Union und somit eine Beeinträchtigung der internationalen Beziehungen darstellen kann. Dabei ist zu bedenken, dass der Inhalt der konsolidierten Verhandlungsdokumente insoweit beiden Verhandlungsparteien bekannt ist, wie diese den Stand der Verhandlungen und die divergierenden Verhandlungspositionen aufführen. Eine Schwächung der eigenen Verhandlungsposition durch die Kenntnisnahme dieser durch den Verhandlungspartner ist dann nicht mehr zu befürchten, wenn diese bereits in den Verhandlungen eröffnet

692 Vgl. zu solchen Vertraulichkeitsvereinbarungen oben unter § 2.C.I.3 sowie insb. Fn. 146.

wurde. Als schützenswerte Positionen der Union in Betracht kommen daher nur Anmerkungen zu den einzelnen Verhandlungspositionen, welche taktische Erwägungen über Rückhaltepositionen oder Verhandlungsspielräume erkennen lassen. Zudem können Gegenüberstellungen von Verhandlungspositionen des Verhandlungspartners mit denen der Union, welche voneinander abweichen, aber noch nicht in die Verhandlungen eingeführt wurden, schützenswerte Informationen darstellen.

Derartige taktischen Erwägungen können durch den Drittstaat dergestalt ausgenutzt werden, dass dieser zu seinem eigenen Vorteil Rückhaltepositionen der Union von den Verhandlungen ausschließt oder Verhandlungsprioritäten zur Bedingung seiner eigenen Positionen macht. Auch ein sich an die Veröffentlichung der Verhandlungspositionen anschließender öffentlicher Diskurs über einzelne Positionen kann geeignet sein, den Verhandlungsspielraum der Union einzuschränken. So können Positionen, welche lediglich aufgrund von Verhandlungstaktiken Bestand haben und später im Rahmen eines Kompromisses zurückgenommen werden sollen, aufgrund des öffentlichen Diskurses nicht mehr durchsetzbar sein. Ebenso ist denkbar, dass noch nicht vollständig ausgehandelte Positionen aufgrund des öffentlichen Widerstandes zurückgenommen werden müssen oder ihnen ein erheblich geringeres Gewicht in den Verhandlungen zukommt. Eine öffentliche Meinungsbildung kann ebenfalls von dem Verhandlungspartner ausgenutzt werden, um eigene kontroverse Positionen besser durchzusetzen, indem diese zur Bedingung für besonders wichtige Positionen der Union gestellt werden.

Weiterhin besteht die Möglichkeit einer Beeinträchtigung der internationalen Beziehungen dadurch, dass das Klima des gegenseitigen Vertrauens in eine vertrauliche Verhandlungsumgebung durch die einseitige Veröffentlichung von Verhandlungsdokumenten gefährdet wird. Eine solche Gefährdung der Vertraulichkeit und somit des Verhandlungserfolges als Ganzes kommt nur dann in Betracht, wenn dem Verhandlungspartner an der Vertraulichkeit der Verhandlungen gelegen ist. Deutlich werden kann diese Vertraulichkeit durch vorab geschlossene Vertraulichkeitsvereinbarungen, in denen die Verhandlungspartner sich dazu verpflichten, die Verhandlungen unter Ausschluss der Öffentlichkeit zu führen[693]. Doch auch ohne eine solche Vereinbarung kann eine schützenswerte Atmosphäre der Vertraulichkeit dann erforderlich sein, etwa wenn sich dies aus der Natur des Abkommens als einen sensiblen Bereich

693 Vgl. zu diesbezüglichen Vertraulichkeitsvereinbarungen bereits oben unter (i), unter § 2.C.I.3 sowie Fn. 146.

(beispielsweise die GASP) betreffend ergibt. Eine nicht abgestimmte Veröffentlichung von Dokumenten, welche nicht nur die Position der Union, sondern auch die des Verhandlungspartners offenbaren, kann ein solches Vertrauensverhältnis empfindsam stören. Dies führt nicht nur zur Herabsetzung der Glaubwürdigkeit der Union an sich, sondern auch zu einer potentiellen Einschränkung der Verhandlungsfähigkeit des Drittstaats. Wenn der Verhandlungspartner sich einer öffentlichen Diskussion über seine Positionen ausgesetzt sieht, welche er zu vermeiden suchte, kann dieser daraufhin geneigt sein, die Verhandlungen mangels effektiver Verhandlungsführung abzubrechen oder zumindest erheblich einzuschränken.

Somit kann auch durch die Verbreitung von konsolidierten Verhandlungsdokumenten eine Beeinträchtigung der internationalen Beziehungen herbeigeführt werden. Denn die Veröffentlichung kann sowohl den Schutz der eigenen Verhandlungsposition der Union als auch den Schutz des Vertrauensverhältnisses zwischen den Verhandlungspartnern beeinträchtigen.

(6) Zwischenergebnis

Die Untersuchung zeigt, dass eine Beeinträchtigung der internationalen Beziehungen sowohl durch die Verbreitung des Verhandlungsmandats als auch durch die Verbreitung der konsolidierten Verhandlungsdokumente zwar nicht ausgeschlossen ist. Eine solche Bewertung kann jedoch nicht abstrakt angenommen werden, sondern muss anhand des Inhaltes des Verhandlungsmandates sowie der in den konsolidierten Dokumenten enthaltenen (schutzwürdigen) Positionen erfolgen. Die Beeinträchtigung der internationalen Beziehungen durch die Verbreitung der Verhandlungspositionen der Union kann nur dann geltend gemacht werden, wenn die beantragten Dokumente im Einzelfall Verhandlungspositionen oder Anmerkungen zu diesen enthalten, welche aufgrund taktischer Erwägungen dem Verhandlungspartner gegenüber nicht zugänglich gemacht werden sollen. Zudem besteht die Möglichkeit, dass das Bekanntwerden einzelner Verhandlungspositionen die Verhandlungsfähigkeit der Union dergestalt schwächt, dass taktische Erwägungen während der Verhandlungen aufgrund eines öffentlichen Diskurses nicht mehr durchsetzbar sind.

Eine Beeinträchtigung der internationalen Beziehungen kann dann zwar angenommen werden, wenn die Verbreitung der Dokumente ein Klima des gegenseitigen Vertrauens in die Verhandlungen gefährden würde. Dies kommt allerdings nur dann in Betracht, wenn der Verhandlungspartner eine vertrauliche Atmosphäre der Verhandlungen zu deren Bedingung stellt. Indiz für die Notwendigkeit einer solchen Vertraulichkeit kann eine vorab geschlossene

Vertraulichkeitsvereinbarung sein. Zwar steht der Abschluss einer solchen Vereinbarung dem Zugang zu Dokumenten an sich nicht entgegen, er zeugt jedoch in besonderem Maße davon, dass der Verhandlungspartner Wert auf Vertraulichkeit legt. Weitere Indizien für eine notwendige Vertraulichkeit können sich aus der Art des Abkommens ergeben. Der Bruch eines solchen Vertrauensverhältnisses ist geeignet, den Verhandlungserfolg zu gefährden und somit zu einer Beeinträchtigung der internationalen Beziehungen zu führen.

Die vorherige unautorisierte Freigabe von Dokumenten steht der Annahme einer solchen Beeinträchtigung nicht entgegen. Anders als im Falle anderer Schutzinteressen liegt der Schutz der internationalen Beziehungen nicht nur in der Verhinderung der Bekanntgabe des Dokumenteninhalts begründet, sondern aufgrund des besonderen Vertrauensverhältnisses auch in der Verbreitung durch eine offizielle Stelle der Union. Daher kann zwar eine unautorisierte Verbreitung den Schutz der eigenen Verhandlungsposition entfallen lassen, nicht jedoch den Schutz des Vertrauensverhältnisses zu einem Drittstaat. Denn letzteres ist vor allem durch die offizielle Vertraulichkeit der Dokumente gekennzeichnet.

5. *Verweigerung aufgrund der Vertraulichkeit interner Beratungen*

Die VO (EG) 1049/2001 schützt über die Ausnahmen nach Art. 4 Abs. 1, 2 VO (EG) 1049/2001 hinaus in Art. 4 Abs. 3 VO (EG) 1049/2001 die Vertraulichkeit der internen Beratungen eines Organs. Bislang wurde dieser Ausnahmetatbestand neben dem Schutz der internationalen Beziehungen zwar weder durch die Rechtsprechung noch durch die Literatur berücksichtigt. Allerdings bedient sich die Kommission mitunter zusätzlich des Schutzes der internen Beratungen, um den Zugang zu völkerrechtlichen Verhandlungsdokumenten zu verweigern – dies meist formelhaft unter Verweis auf den Schutz des Beratungsspielraums und der eigenen Verhandlungspositionen[694]. Es bedarf daher einer eigenständigen Untersuchung, ob der Zugang zu völkerrechtlichen Verhandlungsdokumenten

694 Vgl. beispielhaft Anlage II, Dokument 1, S. 6; Anlage II, Dokument 8, S. 5 f.; Anlage II, Dokument 9, S. 6 f. jeweils unter Verweis darauf, dass der interne Entscheidungsprozess der Kommission noch nicht abgeschlossen sei und eine Bekanntgabe der Dokumente eine interne Diskussion und Entscheidungsfindung beeinträchtigen könne; *Leino*, Politics and Governance 3/2015, 6, 8 verweist demgegenüber darauf, dass die Organe diese Ausnahme neben dem Schutz der internationalen Beziehungen in der Regel nicht geltend machen, um die Durchführung einer Abwägungsentscheidung zugunsten des öffentlichen Verbreitungsinteresses zu vermeiden.

aufgrund des Schutzes der internen Beratungen nach Art. 4 Abs. 3 UAbs. 1 VO (EG) 1049/2001 verweigert werden darf.

a) Schützenswerte Dokumente zum internen Gebrauch

Die Anwendung des Ausnahmetatbestandes zum Schutze der internen Beratungen erstreckt sich nur auf solche Dokumente, welche zum internen Gebrauch erstellt wurden. Zudem muss sich dieses Dokument entweder auf eine Angelegenheit erstrecken, in der noch kein Beschluss gefasst wurde, oder Stellungnahmen zum internen Gebrauch im Rahmen von Beratungen oder Vorgesprächen enthalten[695]. Zunächst müssen die völkerrechtlichen Verhandlungsdokumente daher als Dokumente zum internen Gebrauch zu klassifizieren sein, um in den Anwendungsbereich des Schutztatbestandes zu fallen.

In Bezug auf das Verhandlungsmandat hat der Rat bereits einen Beschluss gefasst, welcher nicht nur dem internen Gebrauch innerhalb des Rates dient, sondern den Verhandlungsführern übermittelt wird. Insofern handelt es sich schon nicht um ein Dokument, welches zum internen Gebrauch innerhalb eines Organs erstellt wurde, sondern um ein organübergreifendes Dokument[696].

Die Grundlage für das Verhandlungsmandat des Rates bildet eine Empfehlung der Kommission, in welcher bereits ein vorformulierter Beschluss des Rates sowie mögliche Richtlinien zu den Verhandlungen enthalten sind[697]. Diese Empfehlung der Kommission stellt zwar ein vorbereitendes Dokument dar, welches der internen Beschlussfassung innerhalb des Rates dient. Fraglich erscheint allerdings, ob dieses vorbereitende Dokument auch lediglich dem organinternen Gebrauch dient. Denn die Empfehlung ist gerade nicht zum Zweck der internen Weiterverarbeitung innerhalb der Kommission erstellt worden, sondern zur weiteren Beschlussfassung durch ein anderes Organ, nämlich den Rat. Vorbereitende Dokumente können zwar ausweislich Art. 4 Abs. 3 UAbs. 1 VO (EG) 1049/2001 auch dann noch als interne Dokumente gelten, wenn diese zum Zwecke der internen Beschlussfassung bei dem Organ eingegangen sind. Demgegenüber handelt es sich bei der Empfehlung der Kommission um einen bereits gefassten Beschluss, welcher durch die Übersendung an den Rat auch

695 Näher zu den schützenswerten Dokumenten im Rahmen des Art. 4 Abs. 3 VO (EG) 1049/2001 oben unter A.II.1.b).

696 Der Schutz der internen Beratungen gilt insofern nur organintern, nicht hingegen organübergreifend unionsintern, *Riemann*, Transparenz der Union, S. 213.

697 Vgl. zum Verhandlungsmandat des Rates sowie der diesem zugrundeliegenden Empfehlung der Kommission oben unter § 2.C.I.1.

nicht mehr organinternen Zwecken dient. Mithin ist die Empfehlung der Kommission aus Sicht des Rates zwar ein Dokument, welches der Vorbereitung des Verhandlungsmandates dient, aus Sicht der Kommission demgegenüber aber ein organübergreifendes Dokument, zu welchem bereits ein Beschluss gefasst wurde. Daher handelt es sich bei dem Verhandlungsmandat nicht um ein Dokument zum internen Gebrauch.

Hinsichtlich der konsolidierten Verhandlungsdokumente gilt indes, dass diese – zumindest solange noch kein Beschluss über den Abschluss der Verhandlungen gefasst wurde – Dokumente sind, die für den internen Gebrauch erstellt wurden. Auf die organinterne Eigenschaft der Dokumente kann insofern verzichtet werden, als dass es nach dem eindeutigen Wortlaut des Art. 4 Abs. 3 UAbs. 1 VO (EG) 1049/2001genügt, dass die Dokumente zum Zweck der Beschlussfassung bei dem Organ eingegangen sind. Die Verhandlungsergebnisse werden durch den Verhandlungsführer an Rat und Kommission zum Zwecke der Beschlussfassung übermittelt und stellen somit Dokumente dar, welche bei den Organen zur internen Beschlussfassung eingegangen sind.

Als schützenswerte Dokumente kommen daher lediglich die konsolidierten Verhandlungsdokumente in Betracht. Das Verhandlungsmandat des Rates stellt hingegen ebenso wenig wie die diesem Beschluss zugrundeliegende Empfehlung der Kommission ein internes Dokument i. S. d. Art. 4 Abs. 3 UAbs. 1 VO (EG) 1049/2001 dar[698].

b) Ernstliche Beeinträchtigung des Entscheidungsprozesses

Die Anwendung des Ausnahmetatbestandes nach Art. 4 Abs. 3 UAbs. 1 VO (EG) 1049/2001 erfordert nicht nur das Vorliegen eines internen Dokumentes, sondern die Möglichkeit einer ernstlichen Beeinträchtigung des Entscheidungsprozesses des Organs durch die Verbreitung des Dokumentes[699]. Für die Annahme einer ernstlichen Beeinträchtigung des internen Entscheidungsprozesses ist das

---

698 Sofern ein Dokument Stellungnahmen zum internen Gebrauch im Rahmen von Beratungen und Vorgesprächen innerhalb des betreffenden Organs enthält, wird der Schutz nach Art. 4 Abs. 3 UAbs. 2 VO (EG) 1049/2001 auf den Zeitraum nach Beschlussfassung ausgedehnt. Diese Möglichkeit wird an dieser Stelle keiner gesonderte Betrachtung unterzogen, da die weiteren Voraussetzungen der ernstlichen Beeinträchtigung des Entscheidungsprozesses sowie des Abwägungsvorbehaltes auch in diesem Fall gelten und daher entsprechend anzuwenden sind.

699 Vgl. Art. 4 Abs. 3 Uabs. 1 und 2 VO (EG) 1049/2001; siehe auch *Krajewski/Rösslein*, in: Grabitz/Hilf/Nettesheim, Art. 15 AEUV, Rn. 70 sowie oben unter A.II.2.a) zum Erfordernis der ernstlichen Beeinträchtigung.

Argument der vertrauensvollen Verhandlungen mit dem Drittstaat nicht tragfähig. Denn Schutzzweck des Art. 4 Abs. 3 UAbs. 1 VO (EG) 1049/2001 ist nicht die Beschlussfassung im Konsens mit einem Drittstaat, sondern nur die organinterne Beschlussfassung. Eine Beeinträchtigung des internen Entscheidungsprozesses der Unionsorgane ist hingegen durch die Störung der Vertraulichkeit der Verhandlungen oder gar deren drohenden Abbruch nicht zu befürchten. Dieses Interesse wird lediglich über die Ausnahme zugunsten der internationalen Beziehungen geschützt.

Dagegen besteht die Möglichkeit, dass sich die eigene Verhandlungsstrategie der Union aufgrund eines öffentlichen Diskurses ändert und es dem Organ somit nur unter Einschränkungen möglich ist, sich organintern über den Verhandlungsgegenstand in einer geschützten Atmosphäre zu beraten und so zielführend die Verhandlungen zu beeinflussen. Als ernstlich kann sich eine solche Beeinträchtigung nur dann darstellen, wenn die Unionsorgane durch die Verbreitung der Dokumente daran gehindert würden, einen Beschluss zu fassen oder die Möglichkeit der Entscheidungsfindung erheblich eingeschränkt würde. Die Einschränkung des Spielraums, einzelne Verhandlungspositionen durchzusetzen, welche sich in öffentlicher Diskussion befinden, kann zu einer solchen Beeinträchtigung des internen Entscheidungsspielraumes führen. Allerdings ist es weder *a priori* abzusehen, dass ein derartiger Diskurs stattfindet und ob sich ein solcher negativ auf die Positionen der Union auswirkt, noch ist ersichtlich, ob eine öffentliche Diskussion über einzelne Verhandlungspunkte tatsächlich die Verhandlungsführung durch die Union beeinflusst. Die Entscheidungen über einzelne Verhandlungspunkte können schließlich unabhängig von der öffentlichen Meinungsbildung stattfinden und ihre Basis in einem rationalen Gesamtkontext des Abkommens finden. Daher ist es schon höchst fraglich, ob durch die Verbreitung der konsolidierten Verhandlungsdokumente und somit einzelner Positionen des Abkommens eine *ernstliche* Beeinträchtigung des internen Entscheidungsprozesses zu befürchten ist.

c) Abwägungsvorbehalt zugunsten des öffentlichen Interesses in Art. 4 Abs. 3 UAbs. 1 VO (EG) 1049/2001

Jedenfalls steht der Ausnahmetatbestand zum Schutz der internen Beratungen zusätzlich unter dem Vorbehalt der Abwägung mit dem öffentlichen Interesse an der Verbreitung. Im Rahmen einer solchen Abwägungsentscheidung können zugunsten des Schutzes der Dokumente lediglich solche Erwägungen einbezogen werden, welche der konkrete Ausnahmetatbestand zu schützen bezweckt. Der *EuGH* weist in diesem Zusammenhang darauf hin, dass Ablehnungsgründe, welche eine Ausnahme nach Art. 4 Abs. 1 VO (EG) 1049/2001 begründen, durch die Organe nicht ohne konkrete Begründung auf einen weiteren Ausnahmetatbestand ausgedehnt werden können[700]. Konsequenterweise muss dies bedeuten, dass Erwägungen, welche die Anwendung lediglich der absoluten Ausnahmetatbestände begründen, nicht in der Abwägung eines anderen, relativen Ausnahmetatbestandes zum Tragen kommen können.

Die Abwägungsentscheidung muss daher zwischen dem Schutz der freien und ungehinderten Entscheidungsfindung der Organe und dem allgemeinen Interesse an der Veröffentlichung der Dokumente stattfinden[701]. Obwohl bislang weder aus der Praxis der Organe noch der Rechtsprechung eine solche Abwägung zwischen internem Beratungsspielraum und dem allgemeinen Interesse an der Verbreitung völkerrechtlicher Verhandlungsdokumente bekannt ist, lassen sich der Rechtsprechung doch zumindest Anhaltspunkte für eine derartige Abwägung entnehmen. Einen Ausgangspunkt für die Abwägung bildet die ständige Rechtsprechung der Unionsgerichte, nach welcher der Transparenz im Rahmen des Gesetzgebungsverfahrens ein erhöhter Stellenwert zukommen soll, sonstiges Verwaltungshandeln allerdings nicht von der Transparenz ausgenommen ist[702].

Völkerrechtliche Abkommen fallen zwar nicht in den Bereich der Gesetzgebungsakte nach Art. 289 Abs. 3 AEUV[703]. Allerdings hat das *EuG* in Anknüpfung an die Rechtsprechung zum verstärkten Transparenzerfordernis im Rahmen legislativer Dokumente angeführt, dass die Anwendung dieser Erwägungen „in Bezug auf die internationale Tätigkeit nicht ausgeschlossen werden [kann], und zwar insbesondere, wenn eine Entscheidung über die Ermächtigung zur Aufnahme von Verhandlungen ein internationales Abkommen betrifft, das Folgen für einen Bereich der Gesetzgebungstätigkeit der Union haben kann."[704] Dieser Rechtsprechung ist im Hinblick darauf, dass eine strukturelle Ähnlichkeit

---

700 *EuGH,* Urt. v. 3. Juli 2014 – Rs. C-350/12 P, ECLI:EU:C:2014:2039, *Rat/in't Veld,* Rn. 101.

701 Nicht in die Abwägung einbezogen werden dürfen hingegen Erwägungen, welche den Schutz der internationalen Beziehungen begründen, somit der Schutz der Verhandlungspositionen der Union sowie der Schutz eines vertrauensvollen Verhandlungsklimas.

702 Siehe oben unter A.II.3 sowie Fn. 545; vgl. auch *EuGH,* Urt. v. 21. Juli 2011 – Rs. C-506/08 P, ECLI:EU:C:2011:496, *Schweden/MyTravel und Kommission,* Rn. 87 f.; *EuGH,* Urt. v. 3. Juli 2014 – Rs. C-350/12 P, ECLI:EU:C:2014:2039, *Rat/in't Veld,* Rn. 107.

703 Hierzu bereits oben unter § 3.C.II.1.a).

704 *EuG,* Urt. v. 4. Mai 2012 – Rs. T-529/09, ECLI:EU:T:2012:215, *in't Veld/Rat,* Rn. 89.

zwischen internationalen Abkommen und Gesetzgebungsakten besteht[705], zuzustimmen.

Im Rahmen der Abwägung muss nun einerseits berücksichtigt werden, dass die Entscheidungsfindung von Kommission und Rat über den Fortgang der Verhandlungen in jedem Punkt solange andauert, bis das gesamte Abkommen ausgehandelt ist. Sowohl interne Stellungnahmen zu einzelnen Verhandlungspunkten als auch taktische Erwägungen über die Verhandlungsführung dienen der effizienten Durchführung der Verhandlungen. Die interne Entscheidungsfindung innerhalb der Organe, welche mitunter dynamisch auf Entwicklungen während der Verhandlungen reagieren müssen, kann zumindest dann gestört werden, wenn sich ein öffentlicher Diskurs gegen besonders kontroverse Verhandlungspositionen richtet oder der Verhandlungsführer das Verhandlungsresultat aufgrund öffentlicher Meinung nicht ändern kann. Hingegen stellt es sich bereits als fraglich dar, inwieweit der interne Entscheidungsprozess der Organe beeinträchtigt würde. Schließlich hängt das Verhandlungsresultat nicht alleine von der Entscheidung der Verhandlungsführer ab, sondern wird im Einvernehmen mit dem Drittstaat herbeigeführt. Ebenso ist ein öffentlicher Diskurs, welcher auf die Entscheidungsfindung von Kommission und Rat Einfluss nimmt, keine gesicherte Folge der Veröffentlichung der konsolidierten Verhandlungsdokumente. Zuletzt ist auch daran zu erinnern, dass es den Organen unbenommen bleibt, die Verhandlungen auch gegen Widerstand in der Bevölkerung fortzuführen, um schlussendlich doch zu einem tragfähigen Verhandlungsergebnis zu kommen.

Auf der anderen Seite muss das hervorgehobene Interesse an der Verbreitung von Dokumenten zu internationalen Abkommen parallel zu Dokumenten, welche ein Gesetzgebungsverfahren betreffen, berücksichtigt werden. In diesem Zusammenhang ist an das allgemeine Interesse an der Transparenz der Tätigkeit der Unionsorgane und der Teilhabe an der Entstehung von Gesetzgebungsakten zu erinnern. Diese erschöpft sich nicht in bloßer Ergebnistransparenz, sondern bezweckt zudem, den Entscheidungsprozess innerhalb der Union transparenter und verständlicher zu gestalten. Gerade durch die Transparenz der Entscheidungsfindung soll dem Bürger eine bessere Teilhabe und Mitgestaltung an den Entscheidungen der Union ermöglicht werden.[706]

705 Hierzu bereits oben unter § 3.C.1.c).(3).(i).

706 Siehe zur Bedeutung des allgemeinen Verbreitungsinteresses im Rahmen der Abwägungsentscheidung bereits oben unter A.II.3.

Eine Abwägung zwischen den nur potentiellen Nachteilen für den internen Entscheidungsprozess der Kommission und dem Interesse der Allgemeinheit an der Verbreitung der Dokumente führt letztlich zu dem Ergebnis, dass das allgemeine Verbreitungsinteresse in diesem Fall überwiegt. Dies liegt zunächst in der zwar hinreichend hypothetischen, aber nicht zwingend eintretenden Beeinträchtigung des Entscheidungsprozesses begründet, welcher das feststehende allgemeine Interesse an Transparenz als Regelfall entgegensteht. Zudem muss dann ein gewisser Grad an Beeinträchtigung des internen Entscheidungsprozesses in Kauf genommen werden, wenn der Transparenz dieses Entscheidungsprozesses ein hervorgehobenes Interesse zukommt. Ein solches besonderes Interesse besteht nicht nur bei legislativen Vorgängen, sondern auch parallel hierzu im Rahmen internationaler Abkommen. Demgegenüber sind gewisse Einschränkungen des Entscheidungsprozesses durch die Herstellung von Transparenz bereits im Abwägungsvorbehalt des Art. 4 Abs. 3 UAbs. 1 VO (EG) 1049/2001 angelegt und somit zu akzeptieren.

d) Zwischenergebnis

Der Ausnahmetatbestandes zum Schutze der internen Beratungen nach Art. 4 Abs. 3 UAbs. 1 VO (EG) 1049/2001 beschränkt sich auf das Schutzgut der internen Dokumente. Um solche handelt es sich bei der Empfehlung der Kommission über die Aufnahme von Verhandlungen sowie dem hierauf basierenden Verhandlungsmandat des Rates bereits nicht. Weder sind die Dokumente solche, welche sich auf Angelegenheit beziehen, in denen noch kein Beschluss gefasst wurde, noch werden diese Dokumente lediglich organintern verwendet. Demgegenüber kommt eine Anwendung des Schutzes interner Beratungen für die konsolidierten Verhandlungsdokumente in Betracht, welche aufgrund ihrer Vorläufigkeit organintern zur Vorbereitung des Verhandlungsabschlusses dienen und somit als interne Dokumente gelten.

Ob der Entscheidungsprozess von Kommission und Rat durch die Verbreitung der konsolidierten Verhandlungsdokumente *ernstlich* beeinträchtigt würde, erscheint schon insofern fraglich, als dass weder ein öffentlicher Diskurs, welcher sich gegen einzelne Verhandlungstaktiken richtet, zwingend ist, noch dass eine solche Diskussion tatsächlich Einfluss auf die Entscheidungsfindung der Kommission nimmt. Den Organen ist es schließlich unbenommen, die Verhandlungen entgegen dem öffentlichen Diskurs zu einem tragfähigen Ergebnis zu führen.

Jedenfalls zeigt eine Abwägung zwischen dem allgemeinen Verbreitungsinteresse und dem Interesse der Kommission an einer ungehinderten Entscheidungsfindung, dass der Verbreitung der Dokumente der Vorrang zu geben ist. Dies liegt sowohl in der nur geringen Wahrscheinlichkeit einer Beeinträchtigung der Entscheidungsfindung als auch in dem parallel zu legislativen Vorgängen erhöhten Transparenzinteresse an der Entscheidungsfindung im Rahmen völkerrechtlicher Verhandlungen begründet. Gewisse Einschränkungen des internen Entscheidungsprozesses der Kommission sind somit in Kauf zu nehmen.

II. Ergebnis der Untersuchung des Zugangsanspruchs nach der VO (EG) 1049/2001

Die sekundärrechtliche Ausgestaltung des Zugangs zu Dokumenten bietet keinen Anspruch auf die Veröffentlichung von Verhandlungsmandat oder konsolidierten Verhandlungsdokumenten. Zwar ist ein grundsätzlicher Zugang nach der VO (EG) 1049/2001 eröffnet, es bestehen jedoch mit dem Schutz der internationalen Beziehungen sowie dem Schutz der internen Beratung (hinsichtlich der konsolidierten Verhandlungsdokumente) zwei anwendbare Ausnahmetatbestände. Der Schutz der öffentlichen Interessen besteht, soweit durch die Verbreitung völkerrechtlicher Verhandlungsdokumente eigene schützenswerte Verhandlungspositionen offenbart oder das vertrauensvolle Verhältnis zum Drittstaat beeinträchtigt würde. Eine Abwägung mit dem allgemeinen Transparenzinteresse ist in Art. 4 Abs. 1 VO (EG) 1049/2001 nicht angelegt, der Zugang ist zwingend zu verweigern.

Der Schutz der internen Beratung kann nur auf die konsolidierten Verhandlungsdokumente angewandt werden. Im Zusammenhang mit deren Verbreitung ist schon die Annahme einer hinreichend vorhersehbaren ernstlichen Beeinträchtigung des Entscheidungsspielraumes der Organe nicht zu rechtfertigen. Jedenfalls lässt Art. 4 Abs. 3 VO (EG) 1049/2001 eine Abwägung zwischen den widerstreitenden Interessen zu. Diese führt zu dem Ergebnis, dass dem Transparenzinteresse an völkerrechtlichen Verhandlungsdokumenten der Vorrang vor dem Schutz des internen Entscheidungsprozesses der Organe zu geben ist. Die verschiedenen Ausnahmetatbestände stehen in keinem Stufenverhältnis, es ist vielmehr auch möglich, dass mehrere Ausnahmen nebeneinander bestehen[707].

C. Ergebnis

Die sekundärrechtliche Ausgestaltung des Dokumentenzugangsrechts durch die VO (EG) 1049/2001 enthält ein ausdifferenziertes Ausnahmeregime zum Schutz

---

707 *EuGH,* Urt. v. 28. Juni 2012 – Rs. C-404/10 P, ECLI:EU:C:2012:393, *Kommission/Éditions Odile Jacob,* Rn. 113; *EuGH,* Urt. v. 28. Juni 2012 – Rs. C-477/10 P, ECLI:EU:C:2012:394, *Kommission/Agrofert Holding,* Rn. 55; *EuGH,* Urt. v. 3. Juli 2014 – Rs. C-350/12 P, ECLI:EU:C:2014:2039, *Rat/in't Veld,* Rn. 100; *Hofstötter,* in: von der Groeben/Schwarze/Hatje, Art. 15 AEUV, Rn. 38.

verschiedener Interessen. Die Systematik der Ausnahmetatbestände erfordert zunächst einen Zusammenhang der Dokumente mit einem Schutzinteresse sowie anschließend die drohende Beeinträchtigung dieser Schutzinteressen durch die Verbreitung. Die zusätzliche Berücksichtigung eines überwiegenden öffentlichen Interesses trotz Vorliegen eines Ausnahmetatbestandes findet nur bei den Ausnahmen nach Art. 4 Abs. 2, 3 VO (EG) 1049/2001 statt, nicht jedoch bei dem als absolute Ausnahme ausgestalteten Art. 4 Abs. 1 VO (EG) 1049/2001. Die Rechtsprechung hat diese Ausnahmetatbestände in verschiedenen Entscheidungen konturiert und den Organen durch die Annahme von Einschätzungsspielräumen und allgemeinen Vermutungen erhebliche Erleichterungen zugestanden. Zuzustimmen ist der Kritik der Literatur, welche sowohl die fehlende Berücksichtigung des öffentlichen Interesses in Art. 4 Abs. 1 VO (EG) 1049/2001 als auch die gesetzlich nicht vorgesehenen Erleichterungen zugunsten der Organe bei der Annahme einer Beeinträchtigung bemängelt.

Dem Zugang zu völkerrechtlichen Verhandlungsdokumenten können der Schutz internationaler Beziehungen nach Art. 4 Abs. 1 lit. a), 3. Spiegelstrich VO (EG) 1049/2001 sowie der Schutz der internen Beratungen nach Art. 4 Abs. 3 UAbs. 1 VO (EG) 1049/2001 entgegenstehen. Die Analyse sowohl der Praxis der Organe als auch der Rechtsprechung zeigt, dass diese eine Beeinträchtigung der internationalen Beziehungen durch die Verbreitung von Verhandlungsmandat und konsolidierten Verhandlungsdokumenten annehmen. Eine derartige Beeinträchtigung drohe sowohl durch die Bekanntgabe der eigenen Verhandlungsposition der Union als auch durch die Gefährdung des Klimas gegenseitigen Vertrauens während der Verhandlungen. Auch wenn die Literatur dieser Ansicht mitunter skeptisch gegenübersteht, fehlt bislang eine eingehende Untersuchung, ob die Anwendung der Ausnahmetatbestände rechtmäßig ist. Die eigenständige Untersuchung zeigt, dass der Ausnahmetatbestand zum Schutze der internationalen Beziehungen der Verbreitung von Verhandlungsmandat und konsolidierten Verhandlungsdokumenten entgegenstehen. Der Schutz der internen Beratungen, welcher nur für die konsolidierten Verhandlungsdokumente beansprucht werden kann, rechtfertigt hingegen aufgrund einer fehlenden ernstlichen Beeinträchtigung des Entscheidungsprozesses keine Anwendung. Überdies würde letztere Ausnahme im Rahmen der Abwägung hinter dem allgemeinen Verbreitungsinteresse zurückstehen. Die VO (EG) 1049/2001 bietet somit aufgrund des Ausnahmetatbestandes nach Art. 4 Abs. 1 lit. a) VO (EG) 1049/2001 keinen Anspruch auf Zugang zu völkerrechtlichen Verhandlungsdokumenten.

§ 5 Primärrechtliche Anforderungen an den Zugang zu völkerrechtlichen Verhandlungsdokumenten

Der Zugang zu Dokumenten basiert nicht ausschließlich auf sekundärrechtlichen Vorschriften, sondern dient der Umsetzung des primärrechtlich festgeschriebenen Grundsatzes der Offenheit sowie des diesen konkretisierenden Rechts auf Zugang zu Dokumenten. Demzufolge ist eine Untersuchung des Zugangs zu völkerrechtlichen Verhandlungsdokumenten nicht mit dem oben gefundenen Ergebnis der Verweigerung auf Grundlage der VO (EG) 1049/2001 abgeschlossen. Vielmehr muss dieses Ergebnis im Lichte der primärrechtlichen Anforderungen an die Herstellung von Transparenz aus Art. 1 und 10 EUV sowie Art. 15 AEUV betrachtet und danach ausgelegt werden.

Folgend werden zunächst die transparenzrechtlichen Anforderungen des Primärrechts näher beleuchtet (A). Daran anschließend werden die primärrechtlichen Vorschriften auf den Zugang zu völkerrechtlichen Verhandlungsdokumenten hin untersucht (B) und das Sekundärrecht mit diesem Ergebnis abgeglichen (C). Zudem wird ein aus dem Primärrecht abgeleitetes und über das Sekundärrecht hinausgehendes subjektives Recht auf Zugang zu völkerrechtlichen Dokumenten gegenüber den Organen diskutiert (D).

A. Primärrechtlich verbürgter Grundsatz der Offenheit

Das europäische Recht schreibt Transparenz als wichtiges Prinzip der Union fest, welches an unterschiedlichen Stellen in den Verträgen verankert ist. Dem liegt die grundsätzliche Abkehr vom Verwaltungsgeheimnis[708] zugrunde, um durch ein transparentes Handeln die Kontrolle und Qualität der Unionspolitik zu verbessern[709]. Geprägt durch die Entwicklung der Transparenz in den Europäischen Verträgen bis hin zum Vertrag von Lissabon finden sich Normen zur Schaffung von mehr Transparenz mit unterschiedlicher Rechtsqualität im Primärrecht.

---

708 Das Verwaltungsgeheimnis besteht noch im Rahmen des Art. 339 AEUV, welcher in einem Spannungsverhältnis zum Grundsatz der Offenheit steht, vgl. *Brühann*, in: von der Groeben/Schwarze/Hatje, Art. 339 AEUV, Rn. 1.

709 *Nettesheim*, in: Grabitz/Hilf/Nettesheim, Art. 1 EUV, Rn. 35; *Wolf*, Unionales Dokumentenzugangsrecht, S. 42 f.

Die Europäische Union hat sich in den Verträgen dazu verpflichtet, den Prozess der Entscheidungsfindung „möglichst offen und bürgernah" zu halten – diese Zielsetzung findet sich zuvorderst in der Grundlagenvorschrift des Art. 1 Abs. 2 EUV. Eng verbunden mit dieser Zielsetzung ist das in Art. 2 S. 1 EUV verankerte Demokratieprinzip. Auch Art. 10 EUV, der die demokratischen Grundsätze der Union festlegt, sichert in Art. 10 Abs. 3 S. 2 EUV das Prinzip der Offenheit und Bürgernähe in der Entscheidungsfindung zu. Konkretisiert wird dieser Grundsatz der Offenheit durch Art. 15 AEUV, welcher über die bloße Erwähnung der Offenheit hinaus weitere Anforderungen an die Transparenz in der Europäischen Union stellt. Im Folgenden wird zunächst die Entwicklung des Grundsatzes der Offenheit im Unionsrecht dargestellt (unter I.). Daran anschließend wir der Gewährleistungsgehalt des Transparenzgebotes näher beleuchtet (unter II.). Abschließend wird die Konkretisierung des Grundsatzes der Offenheit in Gestalt des Zugangsrechts zu Dokumenten in Art. 15 Abs. 3 AEUV (unter III.) und Art. 42 GR-Charta (unter IV.) erläutert.

I. Entwicklung des Grundsatzes der Offenheit im Unionsrecht

Der Einfügung einer primärrechtlichen Verpflichtung zur Offenheit gingen verschiedene Erklärungen zur Verpflichtung zu mehr Transparenz voraus. Den Anfang bildet die Erklärung Nr. 17 zur Schlussakte von Maastricht[710], in der erstmals der Zugang zu Informationen als Element zur Stärkung des demokratischen Charakters der Gemeinschaftsorgane herausgestellt wurde. Der Kommission wurde darüber hinaus empfohlen, einen Maßnahmenkatalog für den besseren Zugang der Öffentlichkeit zu Informationen vorzulegen[711]. Die gleichzeitige Einfügung des Begriffs der Bürgernähe in Art. A Abs. 2 EUV wurde von den Verfassern des Vertrages von Maastricht im Lichte des Subsidiaritätsprinzips gesehen – durch dessen Einhaltung sollte dem Bürger vermittelt werden, dass die Union nur tätig wird, sofern es notwendig ist. Bürgernähe im Sinne einer transparenten und für den Bürger tätig werdenden Verwaltung war hingegen nicht bezweckt.[712]

---

710 Vertrag von Maastricht über die Europäische Union, unterzeichnet am 7. Februar 1992, ABl. 1992 C 191/01, BGBl. II 1992, S. 1251.

711 Siehe auch *Mantl*, Transparenz S. 52; *Bröhmer*, Transparenz als Verfassungsprinzip, S. 319; *Feik*, Zugang zu EU-Dokumenten, S. 37.

712 Deutlich wird dies im 13. Erwägungsgrund der Präambel zum Vertrag von Maastricht, welcher dem Prozess der Schaffung einer engeren Union zugrunde legt, dass „die Entscheidungen entsprechend dem Subsidiaritätsprinzip möglichst bürgernah getroffen werden"; *Nettesheim*, in: Grabitz/Hilf/Nettesheim, Art. 1 EUV, Rn. 28; *Heselhaus*,

Der Verankerung in der Schlussakte von Maastricht schließt sich die Erklärung der Tagung des Europäischen Rates in Birmingham im Jahr 1992[713] an. In deren Anlage I, Nr. 2 bekräftigte der Europäische Rat, dass eine Gemeinschaft aus demokratischen Staaten sich nur mit Unterstützung der Bürger fortentwickeln könne. Unter dieser Vorgabe zu einer besseren Einbindung der Bürger und somit der Stärkung der demokratischen Legitimation setze er unter dem 1. Spiegelstrich der Anlage I, Nr. 2 das Ziel, dem Bürger die Vorteile der Europäischen Gemeinschaften nahe zu bringen und ihm somit die Notwendigkeit einer Europäischen Union zu vermitteln. Zur Erreichung dieses Ziels wurde im 2. Spiegelstrich konkret gefordert, dass die Gemeinschaft transparenter gestaltet werden müsse, um eine sachkundige Diskussion zu ermöglichen. Weiterhin wurde im 3. und 4. Spiegelstrich bekräftigt, dass das Subsidiaritätsprinzip sowie das System der parallelen Unionsbürgerschaft zur nationalen Staatsbürgerschaft wichtige Elemente zu einer verbesserten demokratischen Einbindung der Bürger darstellen.[714]

Der nachfolgenden Tagung des Europäischen Rates in Edinburgh entspringt eine Erklärung[715], welche sich in Teil A, Anlage 3 mit der Öffentlichkeit der Tagungen des Rates befasste. So wurde erstmals festgelegt, dass Aussprachen und Debatten über das Arbeitsprogramm und „bedeutende Initiativen von Gemeinschaftsinteresse" sowie über „Vorschläge für bedeutende neue Rechtsvorschriften" öffentlich geführt werden sollen[716]. Welche Initiativen und Rechtsvorschriften von dieser Formulierung umfasst sein sollten, wurde dem Rat überlassen. Dieser sollte einstimmig darüber beschließen, welche Aussprachen öffentlich geführt werden. Zudem sollte dem Bürger ein einfacherer Zugang zum Unionsrecht gewährt werden. Erreicht werden sollte dies durch

in: Frankfurter Kommentar, Art. 15 AEUV, Rn. 8; *Pechstein,* in: Streinz, Art. 1 EUV, Rn. 23; *Pipkorn,* EuZW 1992, 697, 698; differenziert *Wewers,* Europäisches Zugangsrecht, S. 70 f.; *Stein,* in: Hummer, S. 141 f, welche in dem Begriff der *Bürgernähe* Potential für ein Prinzip der Transparenz erkennen.

713 Schlussfolgerungen des Europäischen Rates von Birmingham vom 16. Oktober 1992, Bulletin der Europäischen Gemeinschaften Nr. 10/1992, SN 343/2/92, Annex I, S. 9.

714 Siehe auch *Mantl,* Transparenz, S. 57.

715 Schlussfolgerungen des Europäischen Rates von Edinburgh vom 11. bis 12. Dezember 1992, Bulletin der Europäischen Gemeinschaften Nr. 12/1992, SN 456/1/92, S. 10.

716 Vgl. Schlussfolgerungen des Europäischen Rates von Edinburgh vom 11. bis 12. Dezember 1992, Teil A, Anlage 3, Unterpunkt „Zugang zu den Arbeiten des Rates", Bulletin der Europäischen Gemeinschaften Nr. 12/1992, SN 456/1/92, S. 10.

eine klare und einfache Gestaltung der Rechtsvorschriften sowie den Ausbau des CELEX-Systems[717].

Trotz der Unverbindlichkeit in den Forderungen der Erklärung von Edinburgh strebte vor allem die Kommission ab diesem Zeitpunkt die Gewährleistung eines verbesserten Zugangs zu Dokumenten an. Im Jahr 1993 legte die Kommission dem Rat, dem Parlament und dem Wirtschafts- und Sozialausschuss die Mitteilung „Zugang der Öffentlichkeit zu Dokumenten, die sich im Besitz von Gemeinschaftsorganen befinden“[718] vor, welche die Grundlage für den Informationsanspruch des Unionsbürgers bildete. In dieser forderte die Kommission die übrigen Gemeinschaftsorgane zur Mitarbeit an einer interinstitutionellen Vereinbarung auf. Konkretisiert wurde diese durch die Mitteilung „Transparenz in der Gemeinschaft“[719], welche die wesentlichen Voraussetzungen und Bestimmungen für den Zugang zu Dokumenten festlegte.

Der Europäische Rat bekräftigte auf seiner Tagung in Kopenhagen die Forderung zu mehr Transparenz und Offenheit[720] und forderte Rat und Kommission zu konkreten Maßnahmen noch im Jahr 1993 auf. Auf diese Forderung hin entstand ein Verhaltenskodex zwischen Rat und Kommission[721], welcher dem Unionsbürger erstmals die Möglichkeit eröffnete, Zugang zu Dokumenten der Organe zu beantragen. Damit einher ging die Umsetzung dieses Kodex durch Ausführungsbeschlüsse des Rates[722] und der Kommission[723], welche den

717 Zum CELEX-System erläutert die Fn. 2 der Schlussfolgerungen des Europäischen Rates von Edinburgh: „Das CELEX-System (automatisierte Dokumentation des Gemeinschaftsrechts) wurde 1970 als interinstitutionelles automatisiertes Dokumentationssystem geschaffen; […] es enthält das gesamte Gemeinschaftsrecht.“

718 Mitteilung der Europäischen Kommission an den Rat, das Parlament und den Wirtschafts- und Sozialausschuss, ABl. 1993, C 156/5.

719 Mitteilung der Europäischen Kommission an den Rat, das Parlament und den Wirtschafts- und Sozialausschuss, ABl. 1993, C 166/4.

720 Schlussfolgerungen des Europäischen Rates von Kopenhagen vom 21. bis 22. Juni 1993, Bulletin der Europäischen Gemeinschaften Nr. 6/1993, SN 180/1/93, S. 16.

721 Verhaltenskodex für den Zugang der Öffentlichkeit zu Rats- und Kommissionsdokumenten vom 6. Dezember 1993 (93/730/EG), ABl. 1993, L 340/41.

722 Beschluss des Rates vom 20. Dezember 1993 über den Zugang der Öffentlichkeit zu Ratsdokumenten, 93/731/EG, ABl. 1993, L 340/43; siehe auch Art. 22 des Beschlusses des Rates vom 6. Dezember 1993 zur Festlegung seiner Geschäftsordnung, 93/662/EG, ABl. 1993, L 304/1.

723 Beschluss der Kommission vom 8. Februar 1994 über den Zugang der Öffentlichkeit zu den der Kommission vorliegenden Dokumenten, 94/90/EGKS, EG, EURATOM, ABl. 1994, L 46/58.

Zugang zu Dokumenten des jeweiligen Organs konkretisierten[724]. Das Europäische Parlament folgte 1997 mit einen Ausführungsbeschluss zur Umsetzung des Verhaltenskodex[725].

Zudem hat das Europäische Parlament diese Bestrebungen zum Anlass genommen, im Jahr 1995 eine Entschließung zur Regierungskonferenz für die bevorstehende Vertragsänderung zu veröffentlichen. In den Erwägungen zu dieser Entschließung wurde zunächst das Problem der demokratischen Rückbindung innerhalb der Union identifiziert, woraufhin auch fehlende Offenheit beim Rat bemängelt wurde[726]. In konkreten Vorschlägen forderte das Europäische Parlament, den Grundsatz der Transparenz im Primärrecht zu verankern und den Zugang zu Dokumenten der EU erheblich zu verbessern[727].

Durch den Vertrag von Amsterdam fand das Grundprinzip der Offenheit Eingang in das Primärrecht. Art. 1 Abs. 2 EUV wurde um den Zusatz der Offenheit ergänzt, und zwar noch vor der Bürgernähe. Zudem wurde das Recht auf den Zugang zu Dokumenten in Art. 255 EGV [ex-Art. 191a EGV[728]] i. d. F. des Vertrages von Amsterdam festgeschrieben.

Der Vertrag von Nizza führte zwar nicht zur Erweiterung des Grundsatzes der Offenheit im Primärrecht[729], jedoch erkannten die Vertragsparteien die Wichtigkeit der Transparenz bei dem Verfassen der EU-Grundrechtecharta – diese hat den Zugang zu Dokumenten in Art. 42 GRC übernommen[730]. Nach längeren Verhandlungen zwischen Kommission, Rat und Parlament folgte 2001 die sekundärrechtliche Umsetzung des damals in Art. 255 EGV garantierten Rechts auf Zugang zu Dokumenten durch die VO (EG) Nr. 1049/2001[731], welche am 3. Juni 2001 in Kraft trat[732].

---

724 *Heselhaus*, in: Frankfurter Kommentar, Art. 15 AEUV, Rn. 9; Zur Entwicklung der Geschäftsordnung des Rates siehe auch *EuGH*, Urt. v. 30. April 1996 – Rs. C-58/94, ECLI:EU:C:1996:171, *Niederlande/Rat*, Rn. 7 ff.

725 Beschluss des Europäischen Parlaments vom 10. Juli 1997 über den Zugang der Öffentlichkeit zu den Dokumenten des Europäischen Parlaments, 97/632/EGKS, EG, EURATOM, ABl. 1997, L 263/27.

726 Entschließung des Europäischen Parlaments vom 19. Juni 1995, ABl. 1995, C 157/57.

727 Entschließung des Europäischen Parlaments vom 19. Juni 1995, ABl. 1995, C 157/63.

728 Umnummerierung durch den Vertrag von Amsterdam, Art. 191a EGV entspricht inhaltsgleich Art. 255 EGV.

729 *Nettesheim*, in: Grabitz/Hilf/Nettesheim, Art. 1 EUV, Rn. 8.

730 *Heselhaus*, in: Frankfurter Kommentar, Art. 15 AEUV, Rn. 10.

731 Zur Gesetzgebungshistorie der VO (EG) 1049/2001 siehe *Castenholz*, Informationszugangsfreiheit, S. 144 ff. m. w. N.

732 Siehe Art. 19 S. 1 VO (EG) 1049/2001, nach Art. 19 S. 2 VO (EG) 1049/2001 gilt sie jedoch erst seit dem 3. Dezember 2001.

Der Vertrag von Lissabon ließ die am Anfang des EU-Vertrages stehende Verpflichtung zur Offenheit in Art. 1 Abs. 2 EUV unverändert. In weiten Teilen übernahm er zudem die bereits im Vertragsentwurf für eine Verfassung für Europa enthaltenen Bestimmungen zur Offenheit. Die nun in Art. 10 EUV festgelegten demokratischen Grundsätze – insbesondere die Offenheit und Bürgernähe – wurden aus Art. I-46 VVE übernommen. Diese Vorschrift legt der Union das Modell der repräsentativen Demokratie zugrunde, in welcher die Legitimation unmittelbar über das Europäische Parlament sowie mittelbar über den Rat erfolgt[733]. Ergänzend hinzu tritt das Recht auf Teilnahme am demokratischen Leben als partizipatives Element der Demokratie in Art. 10 Abs. 3 EUV[734] – dem Bürger wird somit ein *status activus* zugewiesen[735]. Konsequent verbunden wird dieses Recht auf Teilnahme mit der Offenheit und Bürgernähe der Entscheidungen nach Art. 10 Abs. 3 S. 2 EUV. Die primärrechtliche Verankerung des Zugangs zu Dokumenten wurde in leicht modifizierter Form aus Art. I-50 VVE übernommen, allerdings systematisch aus den Verfahrensrechten herausgelöst und mit Art. 15 AEUV in die Grundsätze des AEUV eingegliedert[736]. Diese neu geschaffene Transparenznorm erwähnt erstmals ausdrücklich den Grundsatz der Offenheit in Art. 15 Abs. 1 AEUV[737]. Zudem wurde mit Art. 15 Abs. 2 AEUV die Öffentlichkeit von Tagungen des Europäischen Parlaments sowie – mit Einschränkungen – des Rates festgeschrieben. Das ursprünglich in Art. 255 EGV i. d. F. des Vertrages von Amsterdam enthaltene Dokumentenzugangsrecht findet sich nun inhaltlich ähnlich ausgestaltet in Art. 15 Abs. 3 AEUV wieder. Änderungen wurden vor allem hinsichtlich der Adressaten sowie des Wegfalls der Umsetzungsfrist vorgenommen[738].

---

733 *Nettesheim* in: Grabitz/Hilf/Nettesheim, Art. 10 EUV, Rn. 40; *Kröll/Lienbacher*, in: Schwarze/Becker/Hatje/Schoo, Art. 10 EUV, Rn. 13; *Calliess*, in: Bauer/Huber/Sommermann, S. 282 f.

734 *Heselhaus*, in: Frankfurter Kommentar, Art. 10 EUV, Rn. 1, 29; *Nettesheim*, in: Grabitz/Hilf/Nettesheim, Art. 10 EUV, Rn. 41; *Obwexer*, in: Hummer/Obwexer, S. 95, 110 f.

735 *Huber*, in: Streinz, Art. 10 EUV, Rn. 47; zum Begriff des *status activus* des Bürgers vgl. *Jellinek*, Subjektive öffentliche Rechte, S. 129 ff.

736 *Krajewski/Rösslein*, in: Grabitz/Hilf/Nettesheim, Art. 15 AEUV, Rn. 2; *Heselhaus*, in: Frankfurter Kommentar, Art. 15 AEUV, Rn. 11.

737 *Hofstötter*, in: von der Groeben/Schwarze/Hatje, Art. 15 AEUV, Rn. 2; *Gellermann*, in: Streinz, Art. 15 AEUV, Rn. 1; zu Art. I-50 VVE siehe *Epping*, in: Vedder/Heintschel von Heinegg, VVE, Art. I-50 VVE, Rn. 1.

738 *Heselhaus*, in: Frankfurter Kommentar, Art. 15 AEUV, Rn. 36; *Görlitz/Schoo*, in: Schwarze/Becker/Hatje/Schoo, Art. 15 AEUV, Rn. 27.

II. Gewährleistungsgehalt des Grundsatzes der Offenheit

Die an den unterschiedlichen Stellen der europäischen Verträge enthaltenen Bestimmungen zur Offenheit lassen erkennen, dass das Prinzip der Transparenz einen hohen Stellenwert innerhalb der Union eingenommen hat. Während noch vor dem Vertrag von Lissabon umstritten war, ob ein allgemeiner Rechtsgrundsatz der Transparenz im Europäischen Recht besteht[739], ist dieser mittlerweile mit Art. 15 Abs. 1 AEUV fixiert worden[740]. Dieser schreibt den Grundsatz der Offenheit im Primärrecht explizit fest[741]. Auch die Rechtsprechung des *EuGH* erkennt inzwischen einen Transparenzgrundsatz als in Art. 1 und 10 EUV sowie Art. 15 AEUV verankert an[742]. Doch bereits vor dieser Verankerung wies der *EuGH* auf die Vorteile hin, welche aus einer größeren Transparenz erwachsen – nämlich „eine bessere Beteiligung der Bürger am Entscheidungsprozess und eine[] größere[] Legitimität, Effizienz und Verantwortung der Verwaltung gegenüber dem Bürger in einem demokratischen System“[743].

Nach wie vor umstritten ist hingegen, ob dem Grundsatz der Offenheit die Qualität einer rechtsverbindlichen Norm zukommt, oder ob dieser lediglich eine Zielbestimmung ohne rechtliche Verpflichtung darstellt (unter 1.). Es bedarf außerdem einer eingehenden Untersuchung, welcher Anwendungsbereich dem Grundsatz der Offenheit zukommt – sowohl im Hinblick auf den Kreis der

---

739 Dies wurde vor allem in der Literatur favorisiert und insb. aus Art. 1 Abs. 1 EUV a. F. sowie den mitgliedstaatlichen Verfassungstraditionen abgeleitet, vgl. *Heitsch*, Transparenzprinzip, S. 13 ff.; *Sobotta*, Transparenz in den Rechtsetzungsverfahren, S. 321 ff.; *Prechal/de Leeuw*, in: Bernitz/Nergelius/Cardner, S. 201, 238; *Castenholz*, Informationszugangsfreiheit, S. 53 f.; zur Anerkennung von allgemeinen Rechtsgrundsätzen im Unionsrecht siehe *Schwarze*, Europäisches Verwaltungsrecht, S. 62 ff.

740 *Hofstötter*, in: von der Groeben/Schwarze/Hatje, Art. 15 AEUV, Rn. 2; *Görlitz/Schoo*, in: Schwarze/Becker/Hatje/Schoo, Art. 15 AEUV, Rn. 3, 5.

741 *Wegener*, in: Calliess/Ruffert, Art. 15 AEUV, Rn. 1; *Gellermann*, in: Streinz, Art. 15 AEUV, Rn. 1; *Wolf*, Unionales Dokumentenzugangsrecht, S. 44 f.; *Pfirrmann*, Transparenzgebot, S. 125.

742 *EuGH*, Urt. v. 9. November 2010 – Verb. Rs. C-92/09 und C-93/09, ECLI:EU:C:2010:662, *Schecke und Eifert/Hessen*, Rn. 68; siehe auch SchlA *Sharpston* v. 13. Februar 2014, ECLI:EU:C:2014:88 zu *EuGH*, Urt. v. 3. Juli 2014 – Rs. C-350/12 P, ECLI:EU:C:2014:2039, *Rat/in't Veld*, Rn. 3.

743 *EuGH*, Urt. v. 1. Juli 2008 – Verb. Rs. C-39/05 P und C-52/05 P, ECLI:EU:C:2008:374, *Schweden und Turco/Rat*, Rn. 45; *EuGH*, Urt. v. 17. Oktober 2013 – Rs. C-280/11 P, ECLI:EU:C:2013:671, *Rat/Access Info Europe*, Rn. 32; *EuGH*, Urt. v. 3. Juli 2014 – Rs. C-350712 P, ECLI:EU:C:2014:2039, *Rat/in't Veld*, Rn. 53.

verpflichteten Adressaten als auch hinsichtlich des von ihm erfassten Tätigkeitsbereichs der Union (unter 2.). Schließlich bedarf es einer Betrachtung, welcher Stellenwert dem Transparenzgrundsatz innerhalb des Unionsrechts zukommen soll – insbesondere unter dem Aspekt seiner Verflechtung mit dem Demokratieprinzip (unter 3.). Die eingehende Betrachtung dieses Rechtsgrundsatzes darf indes nicht nur anhand der isolierten Betrachtung einzelner Vorschriften stattfinden, sondern muss vielmehr im Rahmen einer Gesamtschau der den Grundsatz der Offenheit fixierenden Normen erfolgen[744].

1. Rechtsverbindlichkeit des Grundsatzes der Offenheit

Zwar lässt sich anhand der verschiedentlichen Erwähnungen des Grundsatzes der Offenheit in Art. 1 Abs. 2, 10 Abs. 3 S. 2 EUV sowie Art. 15 Abs. 1 AEUV erkennen, dass dieser einen hohen Stellenwert innerhalb des Primärrechts einnimmt. Offen lassen diese Erwähnungen jedoch, ob hieraus ein rechtsverbindlicher Grundsatz oder eine Zielbestimmung ohne rechtliche Verbindlichkeit resultiert. Die Diskussion um eine solche Rechtsverbindlichkeit setzt an der erstmaligen Erwähnung der Offenheit in Art. 1 EUV i. d. F. des Vertrages von Amsterdam an, noch verbunden mit den Überlegungen, ob ein Grundsatz der Transparenz überhaupt besteht. Doch auch nach Verankerung dieses Grundsatzes im Primärrecht durch den Vertrag von Lissabon bleibt der Verpflichtungscharakter des Transparenzprinzips offen. Daher bedarf es einer eingehenden Untersuchung, ob den Normen, welche den Grundsatz der Offenheit festschreiben, eine Rechtsverbindlichkeit zu entnehmen ist. Diese Analyse bedarf zunächst der Untersuchung des Standes der Rechtsprechung und Literatur vor den Änderungen durch den Vertrag von Lissabon (unter a)) und widmet sich anschließend den neueren Ansätzen nach Festschreibung des Grundsatzes der Offenheit in Art. 10 Abs. 3 S. 2 EUV und Art. 15 Abs. 1 AEUV (unter b)). Daraufhin erfolgt eine eigene Stellungnahme zu den Ansichten von Rechtsprechung und Literatur (unter c)) sowie, daran anknüpfend, der Versuch einer eigenen Auslegung des Grundsatzes der Offenheit (unter d)). Abschließend wird dieses Untersuchungsergebnis mit dem Stand der Forschung abgeglichen (unter e)).

---

744 *Heselhaus*, in: Frankfurter Kommentar, Art. 15 AEUV, Rn. 4; *Heselhaus*, in: Frankfurter Kommentar, Art. 10 AEUV, Rn. 35; *EuGH*, Urt. v. 9. November 2010 – Verb. Rs. C-92/09 und C-93/09, ECLI:EU:C:2010:662, *Schecke und Eifert/Hessen*, Rn. 68.

a) *Stand der Rechtsprechung und Literatur vor dem Vertrag von Lissabon*

Vor Anerkennung des Grundsatzes der Offenheit durch den Vertrag von Lissabon war die Diskussion um dessen Rechtsverbindlichkeit eng verbunden mit der Frage des grundsätzlichen Bestehens eines Transparenzprinzips. Wegweisende Entscheidungen des *EuG* zu dieser Frage waren die Rechtssache *Petrie u. a./ Kommission*[745] sowie *Kuijer/Rat*[746] (unter (1)). Diese Entscheidungen wurden in der Literatur mehrfach rezipiert (unter (2)).

(1) *Entscheidungen des EuG zu Petrie u. a./Kommission sowie Kuijer/ Rat*

In der Rechtssache *Petrie u. a./Kommission*[747] hatte das *EuG* unter anderem darüber zu befinden, ob die Kommission mit der Verweigerung des Zugangs zu Dokumenten gegen Art. 1 EUV sowie Art. 255 EGV i. d. F. des Vertrages von Amsterdam verstoßen hat. Gerügt wurde durch die Kläger, die Kommission habe den Beschluss 94/90 über den Zugang zu den der Kommission vorliegenden Dokumenten sowie dem diesem Beschluss angefügten Verhaltenskodex von Rat und Kommission nicht im Lichte der primärrechtlichen Normen ausgelegt und somit gegen Art. 1 EUV und Art. 255 EGV verstoßen. Nach Ansicht der Kläger verstärke Art. 1 Abs. 2 EUV ebenso wie Art. 255 EGV den Grundsatz der Transparenz. Das in Art. 1 Abs. 2 EUV und Art. 255 EGV verankerte Recht auf Zugang zu Dokumenten sei eine Bestimmung mit normativem Gehalt, welche unmittelbar anwendbar sei. Der Beschluss der Kommission über den Zugang zu Dokumenten müsse daher im Einklang mit diesen Vorschriften ausgelegt werden.[748]

Das Gericht entschied in Anknüpfung an die Rechtsprechung zur unmittelbaren Anwendbarkeit einer Norm[749], dass weder Art. 1 Abs. 2 EUV noch Art. 255 EGV unmittelbar anwendbar seien. Es sei „evident, dass Artikel 1

---

745 *EuG*, Urt. v. 11. Dezember 2001 – Rs. T-191/99, ECLI:EU:T:2001:284, *Petrie u. a./ Kommission.*

746 *EuG*, Urt. v. 7. Februar 2002 – Rs. T-211/00, ECLI:EU:T:2002:30, *Kuijer/Rat.*

747 *EuG*, Urt. v. 11. Dezember 2001 – Rs. T-191/99, ECLI:EU:T:2001:284, *Petrie u. a./ Kommission.*

748 *EuG*, Urt. v. 11. Dezember 2001 – Rs. T-191/99, ECLI:EU:T:2001:284, *Petrie u. a./ Kommission*, Rn. 30 f.

749 *EuGH*, Urt. v. 5. Februar 1963 – Rs. C-26/62, ECLI:EU:C:1963:1, *Van Gend en Loos/ Administratie der Belastingen.*

Absatz 2 EU nicht in dem in der zitierten Rechtsprechung[750] geforderten Sinne klar ist. Ebenso liegt auf der Hand, dass Art. 255 EG im Hinblick auf die Absätze 2 und 3 nicht unbedingt ist und dass seine Durchführung vom Erlass weiterer Maßnahmen abhängt."[751] Auch könne Art. 255 EGV nicht als Auslegungshilfe für die in dem Beschluss 94/90 enthaltenen Ausnahmeregelungen herangezogen werden. Art. 255 EGV enthalte keine unbedingte Verpflichtung, die Anwendung dieses Artikels gelte vorbehaltlich der durch den Gemeinschaftsgesetzgeber festzulegenden Grundsätzen und Einschränkungen.[752]

Somit verneinte das *EuG* zunächst die unmittelbare Anwendbarkeit der transparenzrechtlichen Vorschriften in Art. 1 EUV sowie Art. 255 EGV. Überdies erkannte es Art. 255 EGV aufgrund dessen Rechtsetzungsauftrags nicht als objektive Auslegungshilfe an. Weitere Überlegungen hinsichtlich der Rechtsverbindlichkeit des Art. 1 EUV – abgesehen von der unmittelbaren Anwendbarkeit – ließ das *EuG* aus. Von der Verneinung der unmittelbaren Anwendbarkeit in Anknüpfung an die Rechtsprechung zu *Van Gend en Loos/Administratie der Belastingen*[753] kann nicht auf eine fehlende Qualität der Norm als objektiv rechtsverbindlich geschlossen werden.

Das grundsätzliche Bestehen eines Transparenzgrundsatzes im Unionsrecht wurde hingegen erstmals in der Entscheidung *Kuijer/Rat*[754] anerkannt. In dieser Entscheidung befasste sich das *EuG* mit der Überprüfung, ob der Rat den Zugang zu Dokumenten nach dessen Beschluss 93/731 rechtmäßig verweigert oder gegen die Grundsätze zur Anwendung der Ausnahmetatbestände verstoßen habe. Dieser Prüfung vorgeschaltet führt das Gericht allgemeine Erwägungen zum Zugang zu Dokumenten auf:

„Der Transparenzgrundsatz soll für eine stärkere Teilnahme der Bürger am Entscheidungsprozess sorgen und eine größere Legitimität, Effizienz und Verantwortung der Verwaltung gegenüber den Bürgern in einem demokratischen

---

750 Anm. d. Verf.: Zur Rechtssache *EuGH*, Urt. v. 5. Februar 1963 – Rs. C-26/62, ECLI: EU:C:1963:1, *Van Gend en Loos/Administratie der Belastingen.*

751 *EuG*, Urt. v. 11. Dezember 2001 – Rs. T-191/99, ECLI:EU:T:2001:284, *Petrie u. a./ Kommission*, Rn. 35.

752 *EuG*, Urt. v. 11. Dezember 2001 – Rs. T-191/99, ECLI:EU:T:2001:284, *Petrie u. a./ Kommission*, Rn. 37.

753 *EuGH*, Urt. v. 5. Februar 1963 – Rs. C-26/62, ECLI:EU:C:1963:1, *Van Gend en Loos/ Administratie der Belastingen.*

754 *EuG*, Urt. v. 7. Februar 2002 – Rs. T-211/00, ECLI:EU:T:2002:30, *Kuijer/Rat.*

System gewährleisten. Er trägt zur Stärkung des Demokratiegrundsatzes und der Beachtung der Grundrechte bei [...].“[755]

Somit findet sich in dieser Rechtssache erstmals die Erwähnung des Transparenzgrundsatzes in der Rechtsprechung der Unionsgerichte. Das Urteil *Bavarian Lager/Kommission*[756], auf welches das *EuG* in diesem Absatz verweist, enthält demgegenüber zwar Erläuterungen zu einem möglichst umfassenden Zugang der Bürger zu Dokumenten, zu dem Bestehen eines Transparenzgrundsatzes an sich finden sich in diesem Urteil jedoch keine Hinweise.

Den Schluss, dass in der Rechtssache *Kuijer/Rat*[757] bereits die Grundlage für einen rechtsverbindlichen Transparenzgrundsatz gelegt wurde, lassen die Ausführungen des *EuG* allerdings nicht zu. Denn dieser Absatz fügt sich in das Urteil als *obiter dictum*, ohne dass das Gericht auf diesen Transparenzgrundsatz weiter eingeht. Die Prüfung, ob der Zugang zu Dokumenten rechtmäßig verweigert wurde, nahm das Gericht anhand der geltenden Voraussetzungen einer engen Auslegung der Ausnahmetatbestände, der absehbaren Gefährdung des Schutzgutes sowie der Berücksichtigung des Grundsatzes der Verhältnismäßigkeit vor.[758]

Lediglich auf dieser Prüfung aufbauend schlussfolgerte das Gericht, dass ein teilweiser Zugang zu den beantragten Dokumenten auf Grundlage der bestehenden Rechtsprechung gewährt werden müsste. Im Hinblick auf den Transparenzgrundsatz führte das Gericht abschließend aus: „Die Gewährung eines teilweisen Zuganges, der auf die nicht von der Ausnahme des Artikels 4 Absatz 1 des Beschlusses 93/731 gedeckten Stellen begrenzt ist, hätte es dem Rat ermöglicht, ohne Verletzung des Transparenzgrundsatzes und unter Beachtung des Verhältnismäßigkeitsgrundsatzes das öffentliche Interesse zu schützen, auf das er sich berufen hat [...].“[759] Ein Anhaltspunkt für einen rechtsverbindlichen Gehalt des Transparenzgrundsatzes lässt sich daher auch dieser Rechtsprechung nicht entnehmen.

755 *EuG*, Urt. v. 7. Februar 2002 – Rs. T-211/00, ECLI:EU:T:2002:30, *Kuijer/Rat*, Rn. 52.
756 *EuG*, Urt. v. 14. Oktober 1999 – Rs. T-309/97, ECLI:EU:T:1999:257, *Bavarian Lager/Kommission*, Rn. 36.
757 *EuG*, Urt. v. 7. Februar 2002 – Rs. T-211/00, ECLI:EU:T:2002:30, *Kuijer/Rat*.
758 *EuG*, Urt. v. 7. Februar 2002 – Rs. T-211/00, ECLI:EU:T:2002:30, *Kuijer/Rat*, Rn. 54 ff.
759 *EuG*, Urt. v. 7. Februar 2002 – Rs. T-211/00, ECLI:EU:T:2002:30, *Kuijer/Rat*, Rn. 71.

(2) Stand der Literatur vor dem Vertrag von Lissabon

Der *Petrie*-Rechtsprechung[760] schloss sich die Literatur im Hinblick auf die unmittelbare Anwendbarkeit des Art. 1 Abs. 2 EUV sowie Art. 255 EGV überwiegend an, wenn sie sich auf einen Grundsatz der Offenheit bezog. Dennoch versuchten Teile der Literatur, der Rechtsprechung Anhaltspunkte für einen rechtsverbindlichen Auslegungsmaßstab dieser Vorschrift zu entnehmen.

In der Kommentarliteratur findet sich – teils unter Verweis auf die Rechtsprechung – die Verankerung der Offenheit in Art. 1 Abs. 2 EUV als *„prägende Verfassungsnorm"*[761] oder *„Maxime der Entscheidungsfindung"*[762], allerdings ohne mit diesen Formulierungen einen normativen Gehalt zu verbinden. Vielfach ordnet die Literatur den Transparenzgrundsatz zudem als *„Verfassungsprinzip"* ein[763]. *Calliess* konkretisiert die mit dieser Formulierung verbundene Frage, ob ein solches *„Verfassungsprinzip"* einen rechtsverbindlichen Charakter aufweist, derweil an anderer Stelle – nämlich in der Kommentierung zu Art. 6 EUV a. F. Dort misst er den in Art. 6 EUV a. F. niedergelegten Grundsätzen bzw. Prinzipien aufgrund ihrer hohen Abstraktheit keine Rechtsverbindlichkeit zu, diese bedürften vielmehr der Konkretisierung durch weitere Normen[764].

Zwar bedient sich auch *Castenholz*[765] der Beschreibung des Transparenzgrundsatzes als *„Verfassungsprinzip"*, schließt an diese Formulierung jedoch die Diskussion um den rechtlichen Gehalt des Transparenzprinzips an[766]. Er fasst das in Art. 1 Abs. 2 EUV niedergelegte Transparenzprinzip als Auslegungsmaxime auf, welches aufgrund seiner Stellung innerhalb der ersten Norm des EUV erhebliche Relevanz aufweise[767]. Dieses hätten die Unionsorgane bei sämtlichen Maßnahmen und Handlungen zu beachten. Das Transparenzprinzip finde seine Konkretisierung in weiteren Normen des Primär- und Sekundärrechts, welche im Lichte dessen ausgelegt werden müssten. Eine darüber hinausgehende

---

760 *EuG*, Urt. v. 11. Dezember 2001 – Rs. T-191/99, ECLI:EU:T:2001:284, *Petrie u. a./ Kommission.*

761 *Calliess*, in: Calliess/Ruffert, 3. Auflage 2007, Art. 1 EUV, Rn. 1.

762 *Stumpf.* in: Schwarze, 2. Auflage 2009, Art. 1 EUV, Rn. 20.

763 *Calliess.* In: Calliess/Ruffert, 3. Auflage 2007, Art. 1 EUV, Rn. 46; *Hilf*, in: Grabitz/Hilf, 32. Ergänzungslieferung 2007, Art. 1 EUV, Rn. 19; *Castenholz*, Informationszugangsfreiheit, S. 50; *Riemann*, Transparenz der Union, S. 124 spricht von einem Prinzip auf Verfassungsrang; *Wewers*, Europäisches Zugangsrecht, S. 206.

764 *Calliess*, in: Calliess/Ruffert, 3. Auflage 2007, Art. 6 EUV a. F., Rn. 2.

765 *Castenholz*, Informationszugangsfreiheit.

766 *Castenholz*, Informationszugangsfreiheit, S. 50.

767 *Castenholz*, Informationszugangsfreiheit, S. 51.

unmittelbare Wirkung schließt *Castenholz* in Einklang mit der Rechtsprechung des *EuG* in der Rechtssache *Petrie u. a./Kommission*[768] aus.[769] Das Transparenzprinzip wirke daher nur objektiv verbindlich und mitunter konkretisierend auf das Dokumentenzugangsrecht nach Art. 255 EGV, indem es einen möglichst umfassenden Zugang zu Dokumenten erfordere[770].

Auch *Bröhmer*[771] analysiert die Rechtsprechung in der Sache *Petrie u. a./Kommission*[772] und schließt sich dieser zunächst im Hinblick darauf an, dass weder Art. 1 Abs. 2 EUV noch Art. 255 Abs. 2, 3 EGV zugunsten des Unionsbürgers unmittelbar anwendbar seien. Neben den vom *EuG* angeführten Gründen zur Klarheit und Unbedingtheit der Normen lasse sich dies auf die fehlende Justiziabilität des Art. 1 EUV zurückführen, da dieser nicht der Zuständigkeit des *EuGH* nach Art. 46 EUV a. F. zugewiesen sei.[773] Er stellt die Rechtsprechung zu *Petrie u. a./Kommission*[774] der Entscheidung *Kuijer/Rat*[775] gegenüber, in welcher das *EuG* einen Transparenzgrundsatz explizit erwähnt und diesen in Zusammenhang mit der Stärkung des Demokratiegrundsatzes und der Beachtung der Grundrechte bringt. Aus dieser Rechtsprechung lasse sich wiederum schlussfolgern, dass ein rechtlich relevanter Transparenzgrundsatz bestehe. Dieser habe seine Grundlage methodisch stringent in Art. 1 Abs. 2 EUV sowie Art. 255 Abs. 2, 3 EGV. Eines Rückgriffs auf das Demokratieprinzip zur Herleitung des Transparenzgrundsatzes bedürfe es demgegenüber nicht. Den beiden Vorschriften komme als den Transparenzgrundsatz fixierende Normen ungeachtet der fehlenden Justiziabilität objektive Rechtswirkung zu, sekundärrechtliche Transparenzvorschriften müssten daher in dessen Lichte ausgelegt werden.[776]

---

768 *EuG*, Urt. v. 11. Dezember 2001 - Rs. T-191/99, ECLI:EU:T:2001:284, *Petrie u. a./ Kommission*.

769 *Castenholz*, Informationszugangsfreiheit, S. 52 f.

770 *Castenholz*, Informationszugangsfreiheit, S. 54, 63, 87.

771 *Bröhmer*, Transparenz als Verfassungsprinzip.

772 *EuG*, Urt. v. 11. Dezember 2001 - Rs. T-191/99, ECLI:EU:T:2001:284, *Petrie u. a./ Kommission*.

773 *Bröhmer*, Transparenz als Verfassungsprinzip, S. 326 ff.; die begrenzte Zuständigkeit des *EuGH* nach Art. 46 EUV a. F. wurde durch den Vertrag von Lissabon aufgehoben, siehe allgemein zur Zuständigkeit des *EuGH* vor dem Vertrag von Lissabon *Cremer*, in: Calliess/Ruffert, 3. Auflage 2007, Art. 46 EUV a. F., Rn. 2 ff., 19 ff.

774 *EuG*, Urt. v. 11. Dezember 2001 - Rs. T-191/99, ECLI:EU:T:2001:284, *Petrie u. a./ Kommission*.

775 *EuG*, Urt. v. 7. Februar 2002 - Rs. T-211/00, ECLI:EU:T:2002:30, *Kuijer/Rat*.

776 *Bröhmer*, Transparenz als Verfassungsprinzip, S. 326 f.

Heitsch[777] misst Art. 1 Abs. 2 EUV mangels verfahrensrechtlicher Ausführungsbestimmungen keine konkrete rechtliche Wirkung zu[778]. Zudem hält *Heitsch* die Bestimmung des Art. 1 Abs. 2 EUV mangels Justiziabilität für nicht rechtlich verbindlich. Aus der fehlenden Justiziabilität folgert er entgegen *Bröhmer* allerdings, dass diese nicht nur der unmittelbaren Anwendbarkeit, sondern auch der Rechtsverbindlichkeit im Ganzen entgegenstehe. Eine Norm, welche nicht von Art. 46 EUV a. F. erfasst sei, könne weder ein Entscheidungsmaßstab für den *EuGH* sein noch die Gültigkeit von Sekundärrechtsakten beeinflussen.[779] *Heitsch* untersucht außerdem über die primärrechtlichen Aussagen hinausgehend, ob sich ein Transparenzgrundsatz aus der gemeinsamen Verfassungstradition der Mitgliedstaaten herleiten lässt und kommt zu dem Ergebnis, dass sich aus dieser Anhaltspunkte für die Anerkennung eines Publizitätsgrundsatzes ableiten lassen[780].

Wewers[781] greift die Argumentation auf, Art. 1 Abs. 2 EUV sei mangels Entscheidungskompetenz des *EuGH* über diese Vorschrift nicht rechtsverbindlich. Er differenziert zwischen der formellen Entscheidungsbefugnis des *EuGH* nach Art. 46 EUV a. F., welcher Art. 1 EUV als nicht justiziabel ausnimmt, und der inhaltlichen Reichweite. Zu letzterer sei es überzeugend, dass sowohl die Stellung des Art. 1 EUV als auch die Gleichstellung der Offenheit mit Subsidiarität und Bürgernähe[782] auf einen allgemeinen Grundsatz des Gemeinschaftsrechts bzw. ein materielles Prinzip hinweisen.[783]

Auch *Sobotta*[784] erfasst Art. 1 Abs. 2 EUV als Indiz für das Bestehen eines objektiven Transparenzgebotes. Den Vorschriften des Art. 1 Abs. 2 EUV sowie Art. 255 EGV könne zwar aufgrund der Offenheit ihrer Formulierungen sowie des in ihnen enthaltenen Regelungsvorbehaltes kein Transparenzgebot entnommen werden. Die Stellung gerade des Art. 1 Abs. 2 EUV deute jedoch auf dessen

777 *Heitsch*, Transparenzprinzip.

778 *Heitsch*, Transparenzprinzip, S. 14 mit Verweis auf *BVerfG*, Urt. v. 12. Oktober 1993 – Az. 2 BvR 2134/92 und 2 BvR 2159/92, BVerfGE 89, 155, 196, *Maastricht*, Rn. 127 ff. (nach juris), nach der auch Art. F Abs. 3 EUV i. d. F. des Vertrages von Maastricht mangels Ausführungsbestimmungen nur eine programmatische Absichtserklärung sei.

779 *Heitsch*, Transparenzprinzip, S. 14.

780 *Heitsch*, Transparenzprinzip, S. 19 ff.; 40 f.

781 *Wewers*, Europäisches Zugangsrecht.

782 *Wewers*, Europäisches Zugangsrecht, S. 71 f., 206, zu dieser Argumentation auf *Stein*, in: Hummer, S. 141 f. verweisend.

783 *Wewers*, Europäisches Zugangsrecht, S. 206.

784 *Sobotta*, Transparenz in den Rechtsetzungsverfahren.

Bedeutung hin und diene als Anhaltspunkt für ein über das geschriebene Unionsrecht hinausgehendes allgemeines Transparenzprinzip.[785]

Riemann[786] weist ebenfalls auf die Bedeutung des Transparenzprinzips für das Unionsrecht aufgrund der Verankerung der Offenheit in Art. 1 Abs. 2 EUV hin. Dieser gehe über den Status einer nicht durchsetzbaren Zielvorstellung hinaus und entfalte daher normative Wirkung. Zum einen seien die Zielvorstellungen der Union gesondert in Art. 2 EUV aufgeführt. Zum anderen stehe das Transparenzprinzip in engem Zusammenhang mit der Bürgernähe, welche wiederum in Form des Subsidiaritätsprinzips justiziabel sei. Zwar enthalte Art. 1 Abs. 2 EUV keinen vollstreckungsfähigen Inhalt i. S. e. subjektiven Rechts, doch es diene als Auslegungsvorgabe und stelle somit ein rechtsverbindliches Maximierungsgebot zugunsten der Transparenz dar.[787]

Prechal und *de Leeuw*[788] schließen sich ebenfalls der Rechtsprechung des *EuG* in der Rechtssache *Petrie u. a./Kommission*[789] an und gestehen dem Transparenzprinzip aus Art. 1 Abs. 2 EUV keinen juristisch durchsetzbaren Gehalt zu, sehen hierin jedoch nichtsdestotrotz eine Interpretationshilfe für die Unionsgerichte[790]. Im Rahmen der weiteren Betrachtung des Unionsrechts, insbesondere der Rechtsprechung zum Zugangsrecht zu Dokumenten kommen sie zu dem Ergebnis, das aus dem Primärrecht kein allgemeines Prinzip der Transparenz im Unionsrecht abgeleitet werden könne. Die bisherigen Ausformungen im bestehenden Unionsrecht vor dem Vertrag von Lissabon seien zu vage, um daraus einen rechtsverbindlichen Transparenzgrundsatz abzuleiten. Allerdings würden es die verschiedenen Ausformungen der Transparenz im Unionsrecht zulassen, spezielle Rechtsprinzipien beispielsweise auf Zugang zu Dokumenten abzuleiten.[791]

b) Neuere Ansätze nach dem Vertrag von Lissabon

Die Diskussion um die Rechtsverbindlichkeit des Grundsatzes der Offenheit hat aufgrund der mit dem Vertrag von Lissabon einhergehenden Änderungen des

785 *Sobotta*, Transparenz in den Rechtsetzungsverfahren, S. 327.

786 *Riemann*, Transparenz der Union.

787 *Riemann*, Transparenz der Union, S. 124 f.

788 *Prechal/de Leeuw* in: Bernitz/Nergelius/Cardner, S. 201.

789 *EuG*, Urt. v. 11. Dezember 2001 – Rs. T-191/99, ECLI:EU:T:2001:284, *Petrie u. a./Kommission*.

790 *Prechal/de Leeuw*, in: Bernitz/Nergelius/Cardner, S. 201, 206 f.

791 *Prechal/de Leeuw*, in: Bernitz/Nergelius/Cardner, S. 201, 238.

Primärrecht einen erheblichen Richtungswandel erfahren. So ist das Bestehen eines Grundsatzes der Offenheit inzwischen mit Einfügung des Art. 15 Abs. 1 AEUV primärrechtlich anerkannt. Ebenfalls wurde Art. 1 EUV – ebenso wie die weiteren transparenzrechtlichen Vorschriften – der Jurisdiktion der Unionsgerichte unterworfen. Daher kann dem Grundsatz der Offenheit eine Rechtsverbindlichkeit nicht mehr alleine mit dem Argument abgesprochen werden, die diesen fixierenden Normen seien nicht justiziabel und daher von den Unionsgerichten nicht zu beachten. Nach wie vor erscheint es jedoch nicht klar, ob Art. 1 Abs. 2 EUV als rechtsverbindlich zu charakterisieren ist.

So führt *Wolf*[792] aus, Art. 1 Abs. 2 EUV sei mangels detaillierter Vorgaben zur Umsetzung des Transparenzprinzips nicht unmittelbar anwendbar. Dennoch gesteht sie dem Transparenzprinzip einen gewichtigen Stellenwert zu und charakterisiert dieses als – nicht justiziables – „*Verfassungsprinzip*[793]. Die Bedeutung des Transparenzprinzips werde inzwischen durch die Verbindung mit den demokratischen Grundsätzen nach Art. 10 Abs. 3 S. 2 EUV aufgezeigt. Zudem zeige die Konkretisierung des Art. 1 Abs. 2 EUV in Gestalt des Art. 15 Abs. 1 AEUV, dass mit der übergreifenden Verpflichtung aller Organe, Einrichtungen und sonstigen Stellen im gesamten Entscheidungsprozess der Union die Einordnung des Transparenzgebotes als „*Verfassungsprinzip*" bezweckt war.[794]

Eine Änderung der Ansicht, ob den Prinzipien in der Rechtsordnung der Union der Charakter einer rechtsverbindlichen Norm zukommt, findet sich bei *Calliess*[795] . Er weist an anderer Stelle, nämlich in der Kommentierung zu Art. 2 EUV, darauf hin, dass ein „*Verfassungsprinzip*" ein Optimierungsgebot darstelle[796]. Konsequenterweise muss daher auch dem in der Kommentierung zu Art. 1 EUV als „*Verfassungsprinzip*" bezeichneten Transparenzgebot[797] die Qualität einer rechtsverbindlichen Norm im Sinne eines Optimierungsgebotes zugestanden werden.

Die weit überwiegende Kommentarliteratur betrachtet das in Gestalt des Art. 1 Abs. 2 EUV verankerte Transparenzgebot zwar nach wie vor als nicht unmittelbar anwendbar, gesteht ihm jedoch inzwischen zu, eine Auslegungsvorgabe für weiteres Primär- sowie Sekundärrecht zu sein. Es handele sich

---

792 *Wolf*, Unionales Dokumentenzugangsrecht.

793 *Wolf*, Unionales Dokumentenzugangsrecht, S. 42 f.

794 *Wolf*, Unionales Dokumentenzugangsrecht, S. 43 f.

795 *Calliess*, in: Calliess/Ruffert, Art. 1, 2 EUV.

796 *Calliess*, in: Calliess/Ruffert, Art. 2 EUV, Rn. 8.

797 So nach wie vor bezeichnet bei *Calliess*, in: Calliess/Ruffert, Art. 1 EUV, Rn. 84.

bei dem Grundsatz der Offenheit nicht nur um eine politische Absichtserklärung, sondern um ein Verfassungsprinzip in Gestalt eines Optimierungs- bzw. Maximierungsgebotes.[798]

Schwarze und *Wunderlich*[799] fassen das in Art. 1 EUV verankerte Transparenzgebot hingegen nach wie vor als Programmsatz auf. Dieses stelle keine Rechtsnorm dar, welche unmittelbar justiziable Ansprüche vermittele. Denkbar sei eine rechtliche Geltendmachung der Klausel allenfalls in besonderen Ausnahmefällen der offensichtlichen und grundlegenden Abwendung von einer offenen Entscheidungspraxis. Die Klausel enthalte daher eine Selbstverpflichtung, in welcher sie die Leitvorstellung der Offenheit darstelle.[800]

Die Einfügung des Grundsatzes der Offenheit an anderer Stelle bietet seit dem Vertrag von Lissabon weitere Anknüpfungspunkte für die Diskussion um die Rechtsverbindlichkeit des Transparenzprinzips. So wird die Erwähnung der Offenheit in Art. 10 Abs. 3 S. 2 EUV, welche das Transparenzprinzip mit den demokratischen Grundsätzen in Verbindung bringt, als rechtsverbindliche Auslegungsmaxime betrachtet.[801] Dieser müsse bei der Auslegung sowohl von dessen Konkretisierungen im Primärrecht als auch von Sekundärrecht berücksichtigt werden[802]. Teilweise werden konkrete Pflichten des Normgebers aus dieser Vorschrift verneint[803], jedenfalls soll diese kein subjektives Recht vermitteln[804].

Die Kommentarliteratur stellt zu Art. 15 Abs. 1 AEUV fest, dass dieser die rechtlich verbürgte Transparenz in das Primärrecht einfüge und so die Ansichten der Literatur über das Bestehen eines allgemeinen Grundsatzes der Transparenz übernehme[805]. Die Rechtsverbindlichkeit dieser Vorschrift wird in der

---

798 *Nettesheim,* in: Grabitz/Hilf/Nettesheim, Art. 1 EUV, Rn. 42; *Nowak,* in: Frankfurter Kommentar, Art. 1 EUV, Rn. 53 f.; *Heintschel von Heinegg,* in: Vedder/Heintschel von Heinegg, EUV/AEUV, Art. 1 EUV, Rn. 10.

799 *Schwarze/Wunderlich,* in Schwarze/Hatje/Becker/Schoo, Art. 1 EUV.

800 *Schwarze/Wunderlich,* in: Schwarze/Hatje/Becker/Schoo, Art. 1 EUV, Rn. 3.

801 *Nettesheim,* in: Grabitz/Hilf/Nettesheim, Art. 10 EUV, Rn. 92; *Heselhaus,* in: Frankfurter Kommentar, Art. 10 EUV, Rn. 35; *Kröll/Lienbacher,* in: Schwarze/Becker/Hatje/Schoo, Art. 10 EUV, Rn. 16.

802 *Haag,* in: von der Groeben/Schwarze/Hatje, Art. 10 EUV, Rn. 15.

803 *Nettesheim,* in: Grabitz/Hilf/Nettesheim, Art. 10 EUV, Rn. 99.

804 *Nettesheim,* in: Grabitz/Hilf/Nettesheim, Art. 10 EUV, Rn. 99; *Heselhaus,* in: Frankfurter Kommentar, Art. 10 EUV, Rn. 35 mit Verweis darauf, dass die Norm auf die Konkretisierung durch andere Normen mit subjektiven Rechten angewiesen ist.

805 *Wegener,* in: Calliess/Ruffert, Art. 15 AEUV, Rn. 1; *Hofstötter,* in: von der Groeben/Schwarze/Hatje, Art. 15 AEUV, Rn. 2; *Gellermann,* in: Streinz, Art. 15 AEUV, Rn. 3; *Krajewski/Rösslein,* in: Grabitz/Hilf/Nettesheim, Art. 15 AEUV, Rn. 3.

Literatur nicht in Abrede gestellt, diese enthalte ein Optimierungsgebot zur Verwirklichung maximaler Transparenz[806]. Es finden sich allerdings Verweise darauf, dass der Grundsatz der Offenheit aufgrund seiner Unbestimmtheit einer konkreten Ausgestaltung bedarf, daher enthalte dieser kein subjektives Recht[807].

Einen von diesen primärrechtlichen Fixierungen losgelösten Weg geht *Pfirrmann*[808]. Sie sucht einen rechtsverbindlichen Transparenzgrundsatz nach wie vor in der Entwicklung eines allgemeinen Rechtsgrundsatzes. Dieser könne aus den entsprechenden Verfassungsprinzipien der Mitgliedstaaten zur Informationsfreiheit sowie dem Unionsrecht hergeleitet werden. Konkrete Anknüpfungspunkte für Unionsrechtsvorschriften, welche eine Entwicklung des Transparenzprinzips als allgemeinen Rechtsgrundsatz ermöglichen, werden hingegen nicht angeführt.[809]

Deutlich zeigt die Rechtsprechungsentwicklung des *EuGH*, dass dieser den Grundsatz der Offenheit mittlerweile als rechtsverbindliches Prinzip erachtet. In der Rechtssache *Schecke und Eifert/Hessen*[810] bezog sich der *EuGH* erstmals auf den Grundsatz der Offenheit, indem er ausführte, „der Transparenzgrundsatz ist in den Art. 1 EUV und 10 EUV sowie in Art. 15 AEUV verankert."[811] Dieser expliziten Anerkennung folgend führte der *EuGH* eine Abwägung zwischen dem Interesse der Union an der Transparenz ihrer Handlungen auf der einen Seite und der Achtung des Privatlebens sowie dem Schutz personenbezogener Daten auf der anderen Seite durch. Er stellte somit das Transparenzprinzip den in Art. 7 und 8 GR-Charta garantierten, rechtsverbindlichen Grundrechten gegenüber.[812]

---

806 *Heselhaus*, in: Frankfurter Kommentar, Art. 15 AEUV, Rn. 13; *Görlitz/Schoo*, in: Schwarze/Becker/Hatje/Schoo, Art. 15 AEUV, Rn. 7.

807 *Krajewski/Rösslein*, in: Grabitz/Hilf/Nettesheim, Art. 15 AEUV, Rn. 9; *Heselhaus*, in: Frankfurter Kommentar, Art. 15 AEUV, Rn. 12; zum Meinungsstreit, ob der in Art. 15 Abs. 1 AEUV normierte Grundsatz der Offenheit auch ein subjektives Recht vermittelt, siehe unten unter D.I.

808 *Pfirrmann*, Transparenzgebot.

809 *Pfirrmann*, Transparenzgebot, S. 154 ff.

810 *EuGH*, Urt. v. 9. November 2010 – Verb. Rs. C-92/09 und C-93/09, ECLI:EU:C:2010:662, *Schecke und Eifert/Hessen*.

811 *EuGH*, Urt. v. 9. November 2010 – Verb. Rs. C-92/09 und C-93/09, ECLI:EU:C:2010:662, *Schecke und Eifert/Hessen*, Rn. 68.

812 *EuGH*, Urt. v. 9. November 2010 – Verb. Rs. C-92/09 und C-93/09, ECLI:EU:C:2010:662, *Schecke und Eifert/Hessen*, Rn. 77.

c) Stellungnahme

Die Rechtsprechung vor dem Vertrag von Lissabon befasste sich mit dem Bestehen und der Rechtswirkung eines Transparenzprinzips nur äußerst zurückhaltend. Der Rechtssache *Petrie u. a./Kommission*[813], in welcher das *EuG* beiden Vorschriften den subjektiven Gehalt absprach, lässt sich nicht entnehmen, ob das Gericht zumindest einen objektiv-rechtlichen Gehalt in Art. 1 Abs. 2 EUV erkannte. Auch die Rechtssache *Kujier/Rat*[814], in welcher ein Transparenzprinzip erstmals Erwähnung findet, zeigt keine Anhaltspunkte für einen normativen Gehalt der Vorschriften. Zwar erkannte das *EuG* in Art. 1 Abs. 2 EUV keinen eigenständigen Transparenzgrundsatz an, jedoch war das Gericht aufgrund der fehlenden Justiziabilität des Art. 1 Abs. 2 EUV auch an der Anwendung dieser Vorschrift gehindert – und zwar sowohl im Hinblick auf dessen Anwendung als subjektives Recht als auch als Auslegungshilfe[815]. Umso bemerkenswerter erscheint es, dass sich das *EuG* in der Rechtssache *Petrie u. a./Kommission*[816] überhaupt mit der unmittelbaren Anwendbarkeit von Art. 1 Abs. 2 EUV befasst hat, anstatt diese Argumentation als unzulässiges Vorbringen zurückzuweisen.

Dagegen kann die nach dem Vertrag von Lissabon ergangene Rechtsprechung zu *Schecke und Eifert/Hessen*[817] durchaus als Anerkennung eines rechtsverbindlichen Grundsatzes der Offenheit angesehen werden. Nicht nur erkennt der Gerichtshof den Transparenzgrundsatz als im Primärrecht verankert an, vielmehr macht er sich diesen auch in der Abwägung mit Unionsgrundrechten zunutze. Dies verdeutlicht nicht nur den Stellenwert, den der *EuGH* dem Transparenzprinzip beimisst, sondern lässt auch Rückschlüsse auf dessen Rechtsverbindlichkeit zu. Denn es ist schwerlich denkbar, dass eine unverbindliche Zielvorstellung gegen rechtsverbindliche Grundrechte des Einzelnen abgewogen werden könnte.

Die Literatur zeigte bis zu den Änderungen durch den Vertrag von Lissabon überwiegend wenig Sensibilität dafür, Art. 1 Abs. 2 EUV sowie Art. 255 EGV

---

813 *EuG*, Urt. v. 11. Dezember 2001 – Rs. T-191/99, ECLI:EU:T:2001:284, *Petrie u. a./ Kommission*.

814 *EuG*, Urt. v. 7. Februar 2002 – Rs. T-211/00, ECLI:EU:T:2002:30, *Kuijer/Rat*.

815 *Heitsch*, Transparenzprinzip, S. 14; *Cremer*, in: Calliess/Ruffert, 3. Auflage 2007, Art. 46 EUV, Rn. 22.

816 *EuG*, Urt. v. 11. Dezember 2001 – Rs. T-191/99, ECLI:EU:T:2001:284, *Petrie u. a./ Kommission*.

817 *EuGH*, Urt. v. 9. November 2010 – Verb. Rs. C-92/09 und C-93/09, ECLI:EU:C:2010:662, *Schecke und Eifert/Hessen*.

über die Formulierungen „*Verfassungsprinzip*"[818] oder „*Maxime der Entscheidungsfindung*"[819] hinaus einen konkreten rechtlichen Gehalt zuzumessen[820]. Den Ansichten, welche mit diesen Formulierungen eine rechtliche Verpflichtung zur Herstellung größtmöglicher Transparenz verbunden haben, kann rückblickend zugestimmt werden. Nicht nur wurde das aus Art. 1 Abs. 2 EUV entwickelte Transparenzgebot inzwischen primärrechtlich in Art. 10 Abs. 3 S. 2 EUV sowie Art. 15 Abs. 1 AEUV verankert. Vielmehr ist auch zu bedenken, dass die Argumentation, welche Art. 1 Abs. 2 EUV mangels Justiziabilität die rechtsverbindliche Bedeutung abspricht, inzwischen hinfällig ist. Denn mit dem Vertrag von Lissabon wurde das gesamte Unionsrecht der Gerichtsbarkeit der Unionsgerichte zugewiesen.

Insbesondere ist *Riemann*[821] zuzustimmen, der eine klare Trennung zwischen Zielvorstellungen ohne rechtliche Bedeutung und Verfassungsprinzip mit Rechtsverbindlichkeit aufzeigt. Die Ansicht, dass Transparenz ebenso wie Bürgernähe einen rechtsverbindlichen Gehalt aufweist, welcher als Auslegungshilfe für weiteres Primär- und Sekundärrecht dient, wird mittlerweile durch weitere, diese beiden Grundsätze konkretisierende Vorschriften gestützt – exemplarisch belegen dies Art. 11 EUV sowie Art. 15 Abs. 2, 3 AEUV.

Seit dem Vertrag von Lissabon finden sich in der Literatur zwar vermehrt Hinweise darauf, dass die einzelnen Normen, welche den Grundsatz der Offenheit festschreiben, rechtsverbindlich sind. Allerdings finden sich weiterhin häufig Beschreibungen des Transparenzgrundsatz als *Verfassungsprinzip*. Die Verwendung des Begriffes *Verfassungsprinzip* zur Charakterisierung des Grundsatzes der Offenheit trägt demgegenüber nur begrenzt zur Klärung des rechtlichen Gehalts bei. Zunächst wurden unter Verfassungsprinzipien die in Art. 6 EUV a. F. niedergelegten Grundsätze verstanden. Mittlerweile wurden diese als Werte der Union in Art. 2 EUV überführt[822]. Will man der Beschreibung des Transparenzgrundsatzes als weiteres *Verfassungsprinzip* folgen, so stellt sich

---

818 *Calliess*, in: Calliess/Ruffert, 3. Auflage 2007, Art. 1 EUV, Rn. 46; *Hilf*, in: Grabitz/Hilf, 32. Ergänzungslieferung 2007, Art. 1 EUV, Rn. 19; *Castenholz*, Informationszugangsfreiheit, S. 50; *Wewers*, Europäisches Zugangsrecht, S. 206.

819 *Stumpf*, in: Schwarze, 2. Auflage 2009, Art. 1 EUV, Rn. 20.

820 Siehe zu diesen Formulierungen im Einzelnen oben unter a).(2) sowie unter b).

821 *Riemann*, Transparenz der Union.

822 Siehe näher zur Entwicklung der Vorschrift über die Grundsätze und Werte der Union *Hilf/Schorkopf*, in: Grabitz/Hilf/Nettesheim, Art. 2 EUV, Rn. 1 ff.; zum Prinzipiencharakter des Art. 2 EUV siehe auch *Czauderna*, Zivilgesellschaftliche Partizipation, S. 200 ff.

nach wie vor die Frage, ob solchen Prinzipien auch eine Rechtsverbindlichkeit zukommen soll, oder ob es sich um ein Prinzip in Gestalt einer Zielvorstellung ohne rechtlichen Gehalt handeln soll. Beide Auslegungen dieser Formulierung sind gleichwohl möglich[823], die Kennzeichnung des Transparenzprinzips als *Verfassungsprinzip* fügt der Diskussion um dessen Rechtsverbindlichkeit somit keinen Mehrwert zu.

d) Eigener Ansatz zur Auslegung des Grundsatzes der Offenheit

Zwar zeigt die mittlerweile herrschende Ansicht, dass es sich bei den einzelnen Normen, welche das Transparenzprinzip fixieren, um rechtsverbindliche Vorschriften handelt. Diese Ansicht wurde bislang allerdings nicht methodisch begründet. Auch wirft die vielfach vorgenommene Einordnung des Grundsatzes der Offenheit als „*Verfassungsprinzip*" nach wie vor die Frage auf, ob es sich bei einem solchen um eine unverbindliche Zielbestimmung oder einen rechtsverbindlichen Grundsatz handelt[824]. Es bedarf daher einer Auslegung des Grundsatzes der Offenheit unter Gesamtbetrachtung der diesen Grundsatz fixierenden Normen[825] – Art. 1 und 10 EUV sowie Art. 15 AEUV.[826]

(1) Wortlautauslegung

Der Wortlaut bildet ein wichtiges erstes Kriterium für die Auslegung einer Norm. Diese muss unionsautonom unter Berücksichtigung der unterschiedlichen gleichermaßen verbindlichen Sprachfassungen[827] erfolgen.[828] In diesem

---

823 Erhellend ist hierzu die Feststellung *von Bogdandys*, in: von Bogdandy/Bast, EuVerfR, S. 26: „Die Qualifizierung als Prinzip als solche löst *keine* spezifischen Rechtsfolgen aus. [...] Es muss bei jeder Verwendung des Wortes *Prinzip* eigens untersucht werden, welche Rechtsfolgen an die Norm geknüpft sind [...].".

824 Zur diesbezüglichen Kritik bereits oben unter c).

825 Eine solche Betrachtung ist schon anhand der vom *EuGH* geforderten Auslegung einzelner Vorschriften „im Lichte des gesamten Gemeinschaftsrechts" geboten, *EuGH*, Urt. v. 6. Oktober 1982 – Rs. C-283/81, ECLI:EU:C:1982:335, *C.I.L.F.I.T./Ministero della Sanità*, Rn. 20.

826 Für eine Gesamtbetrachtung der Normen auch *Nettesheim*, in: Grabitz/Hilf/Nettesheim, Art. 10 EUV, Rn. 92; *Zerdick*, in: Lenz/Borchardt, Art. 15 AEUV, Rn. 2; aufgrund der Konkretisierung des Art. 1 Abs. 2 EUV durch Art. 15 Abs. 1 AEUV auch *Kaufmann-Bühler*, in: Lenz/Borchardt, Art. 10 EUV, Rn. 9; *Wolf*, Unionales Dokumentenzugangsrecht, S. 44; *Skouris*, in: FS Papier, S. 163, 164.

827 Vgl. Art. 55 EUV.

828 Vgl. zur Wortlautauslegung im Unionsrecht *Pechstein/Drechsler*, in: Riesenhuber, Europäische Methodenlehre, § 7, Rn. 17 ff.; grundlegend auch *EuGH*, Urt. v. 6.

Zusammenhang ist zunächst festzustellen, dass die Verankerung des Grundsatzes der Offenheit in Art. 15 Abs. 1 AEUV von der Formulierung in den Art. 1 und 10 Abs. 3 S. EUV abweicht. Während Art. 1 Abs. 2, 10 Abs. 3 S. 2 EUV undifferenziert niederlegt, dass Entscheidungen „möglichst offen" bzw. „so offen [...] wie möglich" getroffen werden, klingt in Art. 15 Abs. 1 AEUV bereits deutlich konkreter an, dass die Organe unter „weitestgehender Beachtung des Grundsatzes der Offenheit" handeln.

Die isolierte Betrachtung von Art. 1 Abs. 2, 10 Abs. 3 EUV drängt zunächst die Vermutung auf, dass diese weit von einem Verpflichtungscharakter entfernt sind. So fehlt in der deutschen Sprachfassung die Anfügung eines die Verpflichtung anzeigenden Verbes. Hingegen zeigen die unterschiedlichen Sprachfassungen deutlich, dass trotz der passiven Sprachwahl ein Verpflichtungscharakter enthalten sein kann. So heißt es in der deutschen Fassung lediglich *„werden"*, während die englische (*„shall be taken"*) sowie französische (*„sont"*) Sprachfassung eine über bloße Programmatik hinausgehende Verpflichtung verdeutlichen[829].

Im Zusammenhang mit Art. 15 Abs. 1 AEUV ist hingegen eine Tendenz zu einem Verpflichtungscharakter erkennbar. Denn dieser fordert die „Beachtung des Grundsatzes der Offenheit", die imperative Formulierung der Handlungsanweisung geht über eine bloße Programmerklärung hinaus.[830] Die englische Sprachfassung (*„shall conduct"*) lässt sich ähnlich wie die deutsche als Handlungsbefehl auffassen, wenngleich nicht im Imperativ formuliert. Die französische Fassung (*„œuvrent dans le plus grand respect possible"*) stellt ebenfalls eine Handlungsanweisung dar und verpflichtet wie die deutsche Fassung zur Beachtung des Grundsatzes der Offenheit.

Trotz der Ähnlichkeiten der Sprachfassungen, welche auf den Verpflichtungscharakter der Normen über eine bloße Zielbestimmung hinaus deuten, lässt die Wortlautauslegung an sich noch keinen konkreten Schluss auf die Rechtsverbindlichkeit der Normen zu. Dies liegt vor allem in den sprachlichen Unterschieden verortet, welche sowohl Art. 1, 10 EUV als auch Art. 15 AEUV bietet.

Oktober 1982 – Rs. C-283/81, ECLI:EU:C:1982:335, *C.I.L.F.I.T./Ministero della Sanità*, Rn. 17 ff.

829 So auch die Begründung der Kläger in *EuG*, Beschl. v. 9. Februar 2017 – Rs. T-142/16, ECLI:EU:T:2017:72, *Dröge u. a./Kommission*, S. 22.

830 Die englische Sprachfassung (*„shall conduct"*) verhält sich in diesem Bereich ähnlich wie die deutsche, die französische Fassung hingegen scheint unkonkreter (*„œuvrent dans le plus grand respect possible"*).

(2) Entstehung der Normen

Die Entwicklung des Grundsatzes der Offenheit lässt ebenfalls Rückschlüsse auf dessen bezweckte Rechtsverbindlichkeit zu. Anhaltspunkte für eine solche Betrachtung bieten nicht nur die Änderungen durch den Vertrag von Lissabon bzw. den Entwurf des Verfassungsvertrages, sondern bereits die zuvor entstandenen Erklärungen des Europäischen Rates, welche maßgeblich zur Stärkung der Transparenz in der Union beigetragen haben[831]. Diese verknüpften noch vor dem Vertrag von Amsterdam die Problematik des demokratischen Defizits in der Gemeinschaft mit der Notwendigkeit von Transparenz des Handelns der Organe. Aus diesen Erklärungen lässt sich ableiten, dass die Mitgliedstaaten der Offenheit in der Union einen hohen Stellenwert beimessen wollten.

Die gleichzeitig mit dem Dokumentenzugangsrecht eingefügte Änderung des Art. 1 EUV, welche erstmals eine möglichst offene Entscheidungsfindung erwähnte, zeugt demgegenüber von einer unverbindlichen Erklärung. Auf Grundlage der vorangegangenen Erklärungen sowie der daraus resultierenden konkreten Maßnahmen zum Dokumentenzugang erscheint es beabsichtigt gewesen zu sein, die erwähnte Offenheit durch anderweitige Verpflichtungen in den Verträgen bzw. in zu schaffendem Sekundärrecht zu konkretisieren. Auch die bis zum Vertrag von Lissabon alleinstehende Erwähnung der Offenheit spricht dafür, dass mit Art. 1 EUV eher ein Programmsatz denn eine Verpflichtung bezweckt war.

Die Änderungen durch den Vertrag von Lissabon lassen hingegen erkennen, dass Transparenz über die Fixierungen in Art. 1 EUV sowie Art. 255 EGV hinaus weiterentwickelt werden sollte. Die Verfasser des Vertrages von Lissabon bezweckten eine Ausweitung der Offenheit, welche explizit mit den demokratischen Grundsätzen der Union in Art. 10 EUV verknüpft wurde. Insbesondere die gleichzeitige Aufnahme des Grundsatzes der Offenheit in den AEUV zeigt dessen Entwicklung von einer politischen Erklärung hin zu einer rechtsverbindlichen Verpflichtung auf. Die Einordnung des Art. 255 EGV in den neuen Art. 15 AEUV, welcher dem Dokumentenzugangsrecht den Grundsatz der Offenheit voranstellt, lässt erkennen, dass nicht nur das Zugangsrecht, sondern auch der Grundsatz der Offenheit als rechtsverbindliche Norm des Unionsrechts aufgefasst werden soll. Dem Bekenntnis zur Offenheit wäre schließlich schon durch die Vorschriften im EUV genüge getan, dessen Rechtsverbindlichkeit wird indes erst durch die Entstehung des Art. 15 Abs. 1 AEUV deutlich.

---

831 Vgl. hierzu bereits oben unter I.

Die Entstehung des Grundsatzes der Offenheit im Unionsrecht zeugt somit davon, dass dieser eine kontinuierliche Stärkung durch die Vertragsänderungen erfahren sollte. Erreicht wurde dies durch über die Zielsetzungen der Union hinausgehende Verpflichtungen, welche insbesondere durch den Vertrag von Lissabon eingefügt wurden.

(3) Systematik der Transparenzvorschriften

Der Grundsatz der Transparenz fügt sich an unterschiedlichen Stellen in die Unionsverträge ein. Während die Offenheit in Art. 1 EUV noch in einem systematischen Zusammenhang mit den Grundsätzen der Union steht – und so auf eine programmatische Zielbestimmung schließen lassen würde –, ist Transparenz mit der Bestimmung über die demokratischen Grundsätze nach Art. 10 EUV in ein über unverbindliche Zielvorstellungen hinausgehendes Verhältnis gestellt worden. Diese Verknüpfung mit dem Demokratieprinzip lässt auf die Tragweite der Vorschrift schließen und deutet auf dessen über eine bloße Programmatik hinausgehende Rechtsverbindlichkeit hin.

Erkennbar findet sich der Verpflichtungscharakter des Grundsatzes der Offenheit zudem in der Normierung durch Art. 15 Abs. 1 AEUV. Diese Vorschrift wurde bewusst an den Anfang des AEUV in die allgemeinen Grundsätze der Arbeitsweise der Union integriert. Eingangs der Vorschrift über verstärkte Transparenz des Handelns der Union ist diese Erwähnung der Offenheit als zu beachtende Verpflichtung erkennbar. Auch die sich daran anschließenden Absätze zeugen schließlich nicht von einem bloßen Ermessen zur Beachtung der Offenheit, sondern von konkreten Handlungsanweisungen, die Transparenz zu fördern. Dem ersten Absatz hiervon losgelöst die Verbindlichkeit abzusprechen, erscheint nicht konsequent.

Allerdings zeigt die Verbindung von konkreten Handlungspflichten der Organe mit dem Grundsatz der Offenheit auch dessen Begrenzung als Optimierungsgebot auf. Als Zentralnorm verlagert der Grundsatz der Offenheit konkrete Maßnahmen auf andere Vorschriften und stellt sie unter dessen Dach. Zu dem gleichen Ergebnis kommt eine Betrachtung des Art. 10 Abs. 3 EUV, welcher die Ausgestaltung des *status activus* anderen Vorschriften überlässt.

(4) Telos des Grundsatzes der Offenheit

Die Annahme eines objektiv-rechtlichen Optimierungsgebotes wird vor allem durch den Sinn und Zweck des Transparenzgrundsatzes gestützt. Dieser ist als *lex generalis* ausgestaltet, auf welches konkretere Rechte aufbauen. Bezweckt ist somit ein Optimierungsansatz in Art. 10 Abs. 3 EUV, Art. 15 Abs. 1 AEUV, der einen Standard festlegt, welcher nicht unterschritten werden soll. Sich an diesen Standard anschließende Maßnahmen sollen ein Maximum an Transparenz ermöglichen, ohne den *Status quo* zu unterschreiten. Den Organen der Union wird mit dieser Verpflichtung auferlegt, im Zweifel der Transparenz den Vorzug zu geben und nur in Ausnahmefällen hiervon abzuweichen.

Demgegenüber scheint die Annahme einer bloßen Programm-Erklärung ohne jeglichen rechtlichen Gehalt dem Sinn und Zweck nicht gerecht zu werden. Denn bezweckt werden soll durch die Einfügung des Transparenzgrundsatzes die Stärkung der Offenheit innerhalb der Union. Dieser kann jedoch nicht durch bloße Handlungsempfehlungen genüge getan werden, dem Handeln der Organe der Union muss vielmehr ein rechtlich verbindlicher Maßstab der Transparenz zugrunde gelegt werden, um Wirkung zu entfalten. Wäre hingegen ein nicht rechtlich verbindliches Gebot bezweckt gewesen, hätte es den Ausbau der Transparenzvorschriften im Unionsrecht nicht bedurft.

(5) Zwischenergebnis

Die Auslegung bestätigt die Ansichten, dass es sich bei dem Grundsatz der Offenheit um ein objektiv-rechtliches Optimierungsgebot mit rechtsverbindlichem Gehalt handelt. Zwar zeigt die Wortlautauslegung nur geringe Anhaltspunkte, welche auf diese Annahme hindeuten. Es zeigt sich jedoch anhand der Entwicklung seit dem Vertrag von Amsterdam sowie insbesondere der systematischen Stellung der transparenzrechtlichen Normen, dass durch den Grundsatz der Offenheit eine Verpflichtung zur Transparenz erzielt werden soll. Auch Überlegungen hinsichtlich des Sinns und Zwecks der Vorschriften bestätigen dies. Nur durch den Ansatz eines Optimierungsgebotes, nach dem die Union und ihre Organe verpflichtet werden, möglichst umfassende Transparenz herzustellen, lässt sich die bezweckte Stärkung der Offenheit erreichen.

e) Ergebnis

Die eigene Auslegung zeigt, dass der in den Art. 1 Abs. 2, 10 Abs. 3 S. 2 EUV sowie Art. 15 Abs. 1 AEUV verankerte Grundsatz der Offenheit ein Optimierungsgebot enthält. Dieses ist gegenüber einer Zielbestimmung rechtsverbindlich und darauf ausgelegt, zu einem Maximum an Transparenz zu verpflichten. Gleichzeitig dient es als Auslegungsmaßstab für die den Grundsatz der Offenheit konkretisierenden Normen.

Die eigene Untersuchung stützt methodisch die Ansicht der nach dem Vertrag von Lissabon bestehenden Literatur. Diese geht überwiegend ebenfalls davon aus, dass die unterschiedlichen Normen zur Fixierung des Grundsatzes der Offenheit rechtsverbindlichen Gehalt aufweisen. Somit kann das Transparenzgebot zutreffend als *„Verfassungsprinzip"* bezeichnet werden, sofern man der Annahme folgt, dass ein solches Prinzip rechtsverbindlich ist und über den Status eines Programmsatzes hinausgeht.

Aufgrund des Befundes, dass der Grundsatz der Offenheit ein Optimierungsgebot darstellt, ist auch dem *EuGH* in der Rechtssache *Schecke und Eifert/ Hessen*[832] beizupflichten. Ein rechtsverbindliches Transparenzgebot ist als dem Primärrecht innewohnende Verpflichtung geeignet, andere Belange einzuschränken und diesen gegenüber abgewogen zu werden. Diese Abwägung mit Unionsgrundrechten durch den Gerichtshof ist daher nicht zu beanstanden.

2. Reichweite des Grundsatzes der Offenheit

Die Verträge gehen in Art. 1 Abs. 2 EUV davon aus, dass die Entscheidungen in der Union möglichst offen getroffen werden. Nahezu wortgleich ist dieser Grundsatz auch in Art. 10 Abs. 3 S. 2 EUV enthalten. Allerdings lassen beide Vorschriften durch deren passive Formulierung offen, an wen diese Verpflichtung zur Transparenz adressiert ist. Konkreter fasst diesen Grundsatz der Offenheit Art. 15 Abs. 1 AEUV, indem er sich an die Organe, Einrichtungen und sonstigen Stellen der Union richtet. Nichtsdestotrotz bedarf es einer eingehenden Betrachtung der Adressaten des Transparenzgebotes, insbesondere im Hinblick darauf, ob auch die Mitgliedstaaten dieser Verpflichtung unterliegen (unter a)). Weiter bedarf es einer Analyse, ob der Grundsatz der Transparenz nur dazu verpflichtet, die Ergebnisse des Europäischen Handelns öffentlich zu machen oder ob darüber hinaus auch die Verpflichtung besteht, die gesamten Vorgänge des europäischen Handelns, also die Entscheidungsfindung, transparent zu gestalten (unter b)).

a) Verpflichtete Adressaten des Transparenzgebotes

Die Formulierungen der Art. 1 Abs. 2 EUV, Art. 10 Abs. 3 S. 2 EUV lassen keinen Rückschluss auf die Adressaten des Transparenzgebotes zu. Demgegenüber umfasst der in Art. 15 Abs. 1 AEUV verankerte Offenheitsgrundsatz die Organe, Einrichtungen und sonstigen Stellen der Union. Somit werden dem Grundsatz der Offenheit sämtliche Institutionen der Union verpflichtet. Die Formulierung des Art. 1 Abs. 2 EUV, welcher die Offenheit *in* der Union verlangt, wirft darüber

832 *EuGH*, Urt. v. 9. November 2010 – Verb. Rs. C-92/09 und C-93/09, ECLI:EU:C:2010:662, *Schecke und Eifert/Hessen*.

hinaus die Frage auf, ob das Transparenzgebot auch die Mitgliedstaaten umfasst, sofern sie im Rahmen des Unionsrechts tätig werden. Bis zum Vertrag von Lissabon wurde die Verpflichtung zur Offenheit *in* der Union darauf zurückgeführt, dass die Union zum Zeitpunkt des Verfassens von Art. 1 EUV i. d. F. des Vertrages von Amsterdam keine Rechtspersönlichkeit besaß und daher keine eigenen Entscheidungen treffen konnte.[833] Auch wurde diese Verpflichtung mit dem Argument begründet, dass der Grundsatz der Offenheit sich nicht ausschließlich auf den Bereich des EUV erstrecken sollte, sondern darüber hinaus auch für den EGV Geltung beanspruchte[834].

Die Formulierung wurde hingegen auch nach Zuerkennung der Rechtspersönlichkeit der Union durch den Vertrag von Lissabon nicht geändert. Inzwischen wird daher teilweise geschlussfolgert, dass die Formulierung „Entscheidungen in der Union" nicht nur bezwecke, die Union zu verpflichten, sondern darüber hinaus auch die Mitgliedstaaten, sofern sie das Recht der Europäischen Union durchführen. Angeführt wird für die Ausweitung der Verpflichtung auf die Mitgliedstaaten die in engem Zusammenhang zum Grundsatz der Offenheit stehende EU-Grundrechtecharta, insbesondere das in dieser verankerte Recht auf Zugang zu Dokumenten[835]. Der Anwendungsbereich der GR-Charta erstreckt sich nach Art. 51 Abs. 1 GR-Charta auch auf die Mitgliedstaaten, sofern diese Unionsrecht durchführen[836]. Eine solche erweiterte Anwendung müsse auch im Rahmen des Transparenzgebotes gelten, welches eine systematische Nähe zur EU-Grundrechtecharta aufweise.[837] Letztlich spreche vor allem der Sinn und Zweck des Transparenzgebotes dafür, nicht nur die Organe der Union, sondern mittelbar auch die Mitgliedstaaten zu verpflichten. Denn die Mitgliedstaaten würden in Widerspruch geraten, wenn sie zwar die Union dem Grundsatz der

---

833 *Nettesheim,* in: Grabitz/Hilf/Nettesheim, Art. 1 EUV, Rn. 37; *Pechstein,* in: Streinz, 1. Auflage 2003, Art. 1 EUV, Rn. 35; *Castenholz*, Informationszugangsfreiheit, S. 52; *Meltzian*, Zugangsrecht der Öffentlichkeit, S. 142; weitergehend auch auf den Bereich ausweitend, in welchen die Mitgliedstaaten nicht unionsrelevant handeln *Stumpf,* in: Schwarze, 2. Auflage 2009, Art. 1 EUV, Rn. 20.

834 *Bröhmer*, Transparenz als Verfassungsprinzip, S. 322; *Stumpf,* in: Schwarze, 2. Auflage 2009, Art. 1 EUV, Rn. 20.

835 Siehe zum in Art. 42 GR-Charta verankerten Recht auf Zugang zu Dokumenten weiter unten unter IV.

836 Zur Verpflichtung der Mitgliedstaaten nach Art. 42 GR-Charta über Art. 51 GR-Charta siehe unten unter IV.2.

837 *Nettesheim,* in: Grabitz/Hilf/Nettesheim, Art. 1 EUV, Rn. 37 wohl mit irrtümlichem Verweis auf Art. 52 GR-Charta zur Geltung der GR-Charta für die Mitgliedstaaten.

Offenheit verpflichtet hätten, sich selbst jedoch im Rahmen der indirekten Verwaltung des Unionsrechts davon ausklammern würden.[838]

Es erscheint konsequent, das Transparenzgebot zur Vermeidung von Widersprüchen zumindest dann auf die Mitgliedstaaten anzuwenden, wenn deren Handeln dem Rechtskreis der Union zuzuordnen ist. Denn es kann allein vom Zufall abhängen, ob zu einem bestimmten Zeitpunkt die Mitgliedstaaten oder die Kommission mit einer Angelegenheit befasst sind. Besonders deutlich wird dieser Widerspruch, wenn man sich das Handeln innerhalb des Rates vergegenwärtigt. Ein Vorgang unterliegt zweifelsohne dem Grundsatz der Offenheit, wenn der Rat mit ihm befasst ist. Dieser Grundsatz kann jedoch nicht an Geltung verlieren, wenn die Mitgliedstaaten mit einer Angelegenheit zur zwischenzeitigen Abstimmung über Beschlüsse und Positionen innerhalb der Regierungen befasst sind. Somit ist es konsequent, die Mitgliedstaaten zumindest dann neben den Organen und sonstigen Stellen der Europäischen Union dem Grundsatz der Offenheit zu verpflichten, wenn diese die ihnen durch das Primärrecht vorgesehenen Zuständigkeiten innerhalb der Union wahrnehmen oder Unionsrecht durchführen.

b) Vom Anwendungsbereich des Transparenzgebotes erfasste Handlungsformen

Einer gesonderten Betrachtung bedarf die Frage, welche Handlungsformen des Unionshandelns von der Verpflichtung zu größtmöglicher Transparenz umfasst werden sowie, ob sich der Grundsatz der Offenheit lediglich auf die Ergebnisse des Unionshandelns beschränkt oder die Transparenz der Entscheidungsprozesse umfasst. Auch zu dieser Problematik lassen die Formulierungen im Primärrecht nicht darauf schließen, wie weit die Verpflichtung zur Transparenz reicht. So verpflichten Art. 1 Abs. 2 und 10 Abs. 3 S. 2 EUV zur Offenheit der Entscheidungen, Art. 15 Abs. 1 AEUV hingegen weist dem Grundsatz der Offenheit den Zweck zu, eine verantwortungsvolle Verwaltung zu fördern.

Der Formulierung des Art. 15 Abs. 1 AEUV folgend unterliegt zunächst das Verwaltungshandeln der Union dem Grundsatz der Offenheit[839]. Die

---

838 *Nettesheim*, in: Grabitz/Hilf/Nettesheim, Art. 1 EUV, Rn. 37; für die Annahme, die Mitgliedstaaten seien als Kompetenzträger im Rahmen der GASP sowie der PJZ der Offenheit verpflichtet *Pechstein*, in: Streinz, 1. Auflage 2003, Art. 1 EUV, Rn. 35.

839 *Krajewski/Rösslein*, in: Grabitz/Hilf/Nettesheim, Art. 15 AEUV, Rn. 10; *Heselhaus*, in: Frankfurter Kommentar, Art. 15 AEUV, Rn. 19.

Verwaltung ist darüber hinaus im Rahmen von *good governance*[840] nach Art. 298 Abs. 1 AEUV zur Offenheit verpflichtet[841]. Der Begriff der „verantwortungsvollen Verwaltung" in Art. 15 AEUV ist indes wohl weit auszulegen und nicht nur auf den administrativen Bereich zu beziehen[842]. Aus dem Zusammenhang mit der in Art. 1 Abs. 2 EUV sowie Art. 10 Abs. 3 S. 2 EUV erwähnten Offenheit des Entscheidungsprozesses kann zudem geschlossen werden, dass auch die Gesetzgebung und sonstiges Handeln der Unionsorgane von der Verpflichtung zur Transparenz umfasst sind. Ebenso geht der den Absatz 1 konkretisierende Art. 15 Abs. 2 AEUV[843] von der Öffentlichkeit der Ratstagungen im Bereich der Gesetzgebung aus. Daher kann auch der Grundsatz der Offenheit die Gesetzgebung nicht ausklammern[844] – letztlich ist so sämtliches Regierungshandeln dem Grundsatz der Offenheit verpflichtet[845].

Ferner wird zwischen der Transparenz der Ergebnisse sowie der Willensbildung im Vorfeld unterschieden. Unbestritten erfasst das Transparenzgebot die Offenheit der Ergebnisse des Unionshandelns und ermöglicht somit insbesondere den Zugang zu Rechtsakten[846]. Konkretisiert wird dieser Zugang durch die Pflichten nach Art. 296 AEUV und Art. 297 AEUV, welche vorsehen, dass

840 Zur Begrifflichkeit der *good governance* siehe *Ruffert*, in: Bauer/Huber/Sommermann, S. 319, 321 ff.

841 *Krajewski/Rösslein*, in: Grabitz/Hilf/Nettesheim, Art. 298 AEUV, Rn. 18; vgl. auch Weißbuch „*Europäisches Regieren*" der Europäischen Kommission vom 25. Juli 2001, KOM (2001) 428 endg., ABl. 2001, C 287/1, S. 15, 19.

842 *Krajewski/Rösslein*, in: Grabitz/Hilf/Nettesheim, Art. 15 AEUV, Rn. 10; *Heselhaus*, in: Frankfurter Kommentar, Art. 15 AEUV, Rn. 19; *Gellermann*, in: Streinz, Art. 15 AEUV, Rn. 3; zur Bedeutung des Begriffs der „Verwaltung" anhand der verschiedenen Sprachfassungen der Verträge siehe *Krajewski/Rösslein*, in: Grabitz/Hilf/Nettesheim, Art. 15 AEUV, Rn. 10.

843 Zur inneren Systematik des Art. 15 AEUV vgl. *Heselhaus*, in: Frankfurter Kommentar, Art. 15 AEUV, Rn. 4.

844 *Hofstötter*, in: von der Groeben/Schwarze/Hatje, Art. 15 AEUV, Rn. 2.

845 *Gellermann*, in: Streinz, Art. 15 AEUV, Rn. 3; *Krajewski/Rösslein*, in: Grabitz/Hilf/Nettesheim, Art. 15 AEUV, Rn. 10; *Heselhaus*, in: Frankfurter Kommentar, Art. 15 AEUV, Rn. 19; *Czauderna*, Zivilgesellschaftliche Partizipation, S. 169 f.

846 *Nettesheim*, in: Grabitz/Hilf/Nettesheim, Art. 1 EUV, Rn. 38; zur Ergebnistransparenz als Mindeststandard im demokratischen Parlamentarismus vgl. *Sobotta*, Transparenz in den Rechtsetzungsverfahren, S. 38.

Rechtsakte mit einer – wenn auch knappen – Begründung zu versehen sowie im Amtsblatt zu veröffentlichen sind[847].

Der Wortlaut der Art. 1 Abs. 2 EUV sowie Art. 10 Abs. 3 S. 2 EUV bezieht die Offenheit zudem auf die Entscheidungsfindung in der Union. Insoweit deuten diese an, dass von der Herstellung der Transparenz nicht nur das Ergebnis des Unionshandelns, sondern vor allem der Bereich der Willensbildung im Vorfeld der Entscheidungen erfasst wird[848]. Schließlich ist es auch Sinn und Zweck des Transparenzgebotes, dem Bürger gegenüber den Prozess der Entscheidungsfindung in der Union offener und verständlicher darzustellen[849]. Zudem ist das Transparenzgebot eng mit dem Recht auf Bürgerbeteiligung nach Art. 11 EUV verflochten[850]. Diese Verflechtung deutet ebenfalls auf die Verpflichtung zur Transparenz der Entscheidungsprozesse hin, da es nur dem informierten Bürger möglich ist, die ihm schon im Vorfeld einer Entscheidung zustehenden partizipativen Rechte – wie beispielsweise Anhörungen und Dialoge – wahrzunehmen[851].

Auch die Adressierung des Art. 15 Abs. 1 AEUV an die verantwortungsvolle Verwaltung dient dem Zweck, dass sich die Union ihrer Pflicht zur ordnungsgemäßen Führung der Geschäfte bewusst ist. Zur Kontrolle ebendieser Verantwortung bedarf es logisch zwingend bereits einer Offenheit des Entscheidungsprozesses innerhalb der verpflichteten Stellen und nicht erst einer Transparenz im Ergebnis[852]. Auch soll der Grundsatz der Offenheit nicht

---

847 *Nettesheim,* in: Grabitz/Hilf/Nettesheim, Art. 1 EUV, Rn. 38; *Calliess,* in: Calliess/Ruffert, Art. 1 EUV, Rn. 87; *Hofstötter,* in: von der Groeben/Schwarze/Hatje, Art. 15 AEUV, Rn. 3.

848 *Nettesheim,* in: Grabitz/Hilf/Nettesheim, Art. 10 EUV, Rn. 39; *Stumpf,* in: Schwarze, 2. Auflage 2009, Art. 1 EUV, Rn. 25; *Sobotta,* Transparenz in den Rechtsetzungsverfahren, S. 91.

849 *Nowak,* in: Frankfurter Kommentar, Art. 1 EUV, Rn. 56; *Sobotta,* Transparenz in den Rechtsetzungsverfahren, S. 91.

850 *Calliess,* in: Calliess/Ruffert, Art. 1 EUV, Rn. 85; *Kröll/Lienbacher,* in: Schwarze/Becker/Hatje/Schoo, Art. 10 EUV, Rn. 20; *Kaufmann-Bühler,* in: Lenz/Borchardt, Art. 10 EUV, Rn. 9; zum Zusammenhang zwischen dem Recht auf Zugang zu Dokumenten aus Art. 15 Abs. 3 AEUV und Art. 11 EUV vgl. *Heselhaus,* in: Frankfurter Kommentar, Art. 15 AEUV, Rn. 34; *Czauderna,* Zivilgesellschaftliche Partizipation, S. 168 ff.

851 *Huber,* in: Streinz, Art. 10 EUV, Rn. 51; *Heselhaus,* sieht Transparenz als Voraussetzung insb. Für den Dialog zwischen EU-Organen und Zivilgesellschaft nach Art. 11 Abs. 3 EUV, *Heselhaus,* in: Frankfurter Kommentar, Art. 15 AEUV, Rn. 4.

852 Auf die Offenheit des Entscheidungsprozesses als notwendiges Element der demokratischen Kontrolle hinweisend *Sobotta,* Transparenz in den Rechtsetzungsverfahren,

nur auf die Gesetzgebung bezogen sein, sondern sämtliche Unionstätigkeiten erfassen[853].

Den Unionsorganen kommt daher die Pflicht zu, bereits im Vorfeld von Entscheidungen über den laufenden Prozess der Willensbildung zu informieren und sich einem Diskurs auszusetzen. Eine besondere Ausprägung dieser Entscheidungstransparenz stellt die Vorschrift zur Öffentlichkeit von Rats- und Parlamentsdiskussionen nach Art. 15 Abs. 2 AEUV dar. Zudem besteht die Möglichkeit des Einzelnen, ohne weitere Voraussetzungen Zugang zu Dokumenten nach Art. 15 Abs. 3 AEUV zu beantragen, und so Informationen über die Entscheidungsfindung in der Union zu erlangen. Dieser eng mit den partizipatorischen Rechten der Unionsbürger verbundene Anspruch beschränkt sich gerade nicht auf die nachträgliche Kontrolle von Entscheidungen, sondern ermöglicht bereits die Teilnahme am Prozess der Entscheidungsfindung[854]. Somit umfasst das in Art. 1, 10 EUV, Art. 15 Abs. 1 AEUV verankerte Transparenzgebot sowohl die Pflicht, eine Ergebnistransparenz herzustellen, als auch, den Prozess der Willensbildung grundsätzlich offen zu gestalten.

3. *Einfluss des Demokratieprinzips*

Die Vertragsverfasser von Lissabon haben sich aufgrund der Diskussion um ein Demokratiedefizit in der Union[855] entschlossen, den demokratischen Charakter der Europäischen Union zu stärken[856]. Kernbestandteil dieser Entwicklung

---

S. 44; *Heitsch*, Transparenzprinzip, S. 57; *Wolf*, Unionales Dokumentenzugangsrecht, S. 27 mit Verweis auf die Verknüpfung zwischen dem Dokumentenzugangsrecht und der Einbindung in die Entscheidungsprozesse.

853 *Haag*, in: von der Groeben/Schwarze/Hatje, Art. 10 EUV, Rn. 16; *Heselhaus*, in: Frankfurter Kommentar, Art. 10 EUV, Rn. 36.

854 *Nettesheim*, in: Grabitz/Hilf/Nettesheim, Art. 10 EUV, Rn. 98; *Castenholz*, Informationszugangsfreiheit, S. 131; SchlA *Léger* v. 10. Juli 2001, ECLI:EU:C:2001:392 zu *EuGH*, Urt. v. 6. Dezember 2001 – Rs. C-353/99 P, ECLI:EU:C:2001:661, *Rat/Hautala*, Rn. 52; auch das *BVerfG* stellte bereits in der *Maastricht*-Entscheidung die Forderung auf, dass „die Entscheidungsverfahren der Hoheitsgewalt ausübenden Organe […] allgemein sichtbar und verstehbar sind", *BVerfG*, Urt. v. 12. Oktober 1993 – Az. 2 BvR 2134/92 und 2 BvR 2159/92, BVerfGE 89, 155, 185, *Maastricht*, Rn. 98 (nach juris).

855 Siehe zur andauernden Diskussion eines Demokratiedefizits in der Union *Zuleeg*, in: von Bogdandy/Bast, EuVerfR, S. 1056 ff.; *Doehring*, DVBl 1997, 1133 ff.; *Calliess*, in: Bauer/Huber/Sommermann, S. 281, 288 ff. m. w. N.

856 *Nettesheim*, in: Grabitz/Hilf/Nettesheim, Art. 10 EUV, Rn. 38 f.; *Streinz*, in: Streinz, Präambel EUV, Rn. 6 f. mit Verweis auf den 4. Und 7. Erwägungsgrund der Präambel; *Wuermeling*, in: Fastenrath/Nowak, S. 33, 36 f.

ist der neu gefasste Art. 10 EUV[857], welcher der Union das Prinzip der repräsentativen Demokratie zugrunde legt. Einher geht diese Entwicklung mit einer Stärkung des parlamentarischen Systems, vorrangig vermittelt durch das Europäische Parlament[858].

Die Stärkung der repräsentativen Demokratie hat in Art. 10 Abs. 2 EUV seinen Niederschlag gefunden. Dieser legt der Union das System der dualen Legitimationsbasis zugrunde, welches nach UAbs. 1 die unmittelbare Vertretung der Unionsbürger durch das Europäische Parlament ermöglicht und nach UAbs. 2 zusätzlich die mittelbare demokratische Legitimierung über die im Europäischen Rat vertretenen Regierungen der Mitgliedstaaten heranzieht[859]. Das hierin niedergelegte System der repräsentativen Demokratie wird allerdings nach wie vor aufgrund des Wahlsystems des Europäischen Parlaments[860], aber auch aufgrund der weitreichenden Befugnisse[861] des nur mittelbar demokratisch legitimierten[862] Rates kritisiert[863].

Die in Art. 10 Abs. 3 EUV verankerten partizipatorischen Rechte zur Bürgernähe und Transparenz sind in diesen Kontext eingebunden. Denn es wohnt dem

---

857 Dieser wurde der in Art. I-46 VVE vorgesehenen Vorschrift über den „Grundsatz der repräsentativen Demokratie" entnommen, näher hierzu *Folz,* in: Vedder/Heintschel von Heinegg, VVE, Art. I-46 VVE.

858 *Heselhaus,* in: Frankfurter Kommentar, Art. 10 EUV, Rn. 9; Zur Entwicklung der Rechte des Europäischen Parlaments vgl. *Bieber,* in: von der Groeben/Schwarze/Hatje, Art. 14 EUV, Rn. 5 ff.; *Heitsch,* EuR 2001, 809, 817 ff. m. w. N.

859 *Nettesheim,* in: Grabitz/Hilf/Nettesheim, Art. 10 EUV, Rn. 40 f.; *Huber,* in: Streinz, Art. 10 EUV, Rn. 25 ff.; grundlegend zur dualen Legitimation in der Europäischen Union vgl. *Kluth,* Demokratische Legitimation, S. 67 ff.

860 Das Europäische Parlament wird nach Art. 14 Abs. 2 EUV degressiv proportional gewählt. Dieses Verfahren ermöglicht nicht jeder Stimme die gleiche Gewichtung und stellt somit ein Spannungsverhältnis zwischen Wahlgleichheit und Minderheitenschutz dar, im Einzelnen *Bieber,* in: von der Groeben/Schwarze/Hatje, Art. 14 AEUV, Rn. 64.

861 Dem Rat kommt eine Schlüsselstellung in den Entscheidungsverfahren der Union zu, *Ziegenhorn,* in: Grabitz/Hilf/Nettesheim, Art. 16 EUV, Rn. 4 ff.; siehe zu den Befugnissen des Rates im Einzelnen *Obwexer,* in: Calliess/Ruffert, Art. 16 EUV, Rn. 17.

862 Die im Rat der Europäischen Union vertretenen Regierungen sind ihrerseits national legitimiert. Lediglich über die Kontrolle durch die nationalen Parlamente lässt sich eine Legitimationskette herstellen, vgl. hierzu *Kluth,* Demokratische Legitimation, S. 78 f., 86 f.; *Nettesheim,* in: Grabitz/Hilf/Nettesheim, Art. 10 EUV, Rn. 74 ff.; *Sobotta,* Transparenz in den Rechtsetzungsverfahren, S. 58 ff.

863 Statt vieler *Calliess,* in: FS Ress, S. 399, 404.

Demokratieprinzip inne, dass den Bürgern die Kontrolle über demokratisch legitimierte Organe obliegt[864]. Gerade vor dem Hintergrund des Demokratiedefizits in der Union ist es ein wichtiges Korrektiv, dem Einzelnen das Mehr an Kontrolle über seine Repräsentanten zuzugestehen, welche ihm durch die unvollständige demokratische Legitimation in Rat und Parlament fehlt[865]. Zwar wird die demokratische Kontrolle in der Union primär durch das institutionelle Gleichgewicht ausgeübt, in welchem insbesondere die Organe gegenseitige Kontrollfunktionen übernehmen[866]. Dies kann allerdings nicht die Notwendigkeit ersetzen, auch dem Bürger durch Transparenz eine Kontrollmöglichkeit über sämtliche Organe zu ermöglichen.

Eng verwoben mit dem Recht zur aktiven Teilnahme an politischen Entscheidungen ist zwingend auch das Transparenzgebot. Dieses bildet schließlich die Möglichkeit, sich über politische Vorgänge zu informieren, durch welche erst die Basis für eine Teilnahme am demokratischen Leben geschaffen wird[867]. Die Rückbindung der europäischen Gesetzgebung an den Unionsbürger wird indes insbesondere in Art. 11 EUV deutlich. Dieser greift die partizipativen Elemente der Art. 1 und 10 EUV auf und ermöglicht eine Beteiligung des Bürgers an den Entscheidungen der Union. Mit dieser Vorschrift werden insbesondere die über das bloße Parlamentswahlrecht hinausgehenden demokratischen Rechte sichergestellt[868]. Aus dem *status activus* des Bürgers folgen die Pflichten der Organe nach Art. 11 EUV, in einen öffentlichen Austausch mit den Bürgern zu treten (Abs. 1), einen transparenten Dialog zu halten (Abs. 2) und Anhörungen von Betroffenen durchzuführen (Abs. 3). Zudem wird den Bürgern nach Art. 11 Abs. 4 EUV die Möglichkeit gegeben, eine Bürgerinitiative zu gründen und so

864 *Heitsch*, Transparenzprinzip, S. 57; *Heselhaus*, in: Frankfurter Kommentar, Art. 10 EUV, Rn. 29; *Sobotta*, Transparenz in den Rechtsetzungsverfahren, S. 79 ff.; *Riemann*, Transparenz der Union, S. 91 ff.

865 *Heselhaus*, in: Frankfurter Kommentar, Art. 10 EUV, Rn. 3; *Kaufmann-Bühler*, in: Lenz/Borchardt, Art. 10 EUV, Rn. 1; *BVerfG*, Urt. v. 30. Juni 2009 - 2 BvE 2/08, BVerfGE 123, 267, ECLI:DE:BVerfG:2009:es20090630.2bve000208, *Lissabon*, Rn. 272.

866 Vgl. zur Problematik des *Checks and Balances* in der Europäischen Union *Dederer*, in: Hofmann/Naumann, S. 89, 96 ff.

867 *Huber*, in: Streinz, Art. 10 EUV, Rn. 51; *Wolf*, Unionales Dokumentenzugangsrecht, S. 43 f.; *EuGH*, Urt. v. 9. November 2010 - Verb. Rs. C-92/09 und C-93/09, ECLI:EU:C:2010:662, *Schecke und Eifert/Hessen*, Rn. 68.

868 *Nettesheim*, in: Grabitz/Hilf/Nettesheim, Art. 11 EUV, Rn. 6; *Huber*, in: Streinz, Art. 11 EUV, Rn. 1.

Einfluss auf die EU-Politik zu nehmen.[869] Durch die Zuweisung dieser Rechte an den Unionsbürger soll das demokratische Legitimationsniveau um partizipative Elemente ergänzt werden[870].

Der teilweise gegen das Element der Transparenz zur Stärkung der Demokratie eingebrachte Einwand[871], die Entscheidungsprozesse innerhalb der Europäischen Union seien derart komplex, dass es dem Bürger nicht möglich sei, diese zu durchschauen, ist hingegen längst kein tragfähiges Argument. Denn Demokratie zeichnet sich auch dadurch aus, dass durch aktive Herstellung von Transparenz dem Bürger das Handeln der Organe nahegebracht wird. Ein Wesenselement dessen sind Informationsveranstaltungen und aufbereitete Inhalte für den Bürger. Darüber hinaus darf dem Bürger nicht schlechthin die Mündigkeit zum Erfassen der Informationen abgesprochen werden. Zwar sind die in der Europäischen Union getroffenen Entscheidungen häufig komplex. Dem steht jedoch nicht entgegen, dass unabhängige Fachleute, Interessenskreise oder Vertreter der Presse sich die für die Erfassung der Entscheidungen notwendigen Informationen beschaffen und diese für die laienkundige Zivilbevölkerung aufbereiten.[872] Schließlich obliegt es auch den Parteien der einzelnen Mitgliedstaaten, sich unter denselben Voraussetzungen wie der Unionsbürger Informationen zu beschaffen und so den Wähler über Vorgänge der Europäischen Union zu informieren.

4. *Einschränkungen des Transparenzgebotes durch gegenläufige Interessen*

Das Transparenzgebot gilt nicht schrankenlos – vielmehr findet es in den primärrechtlichen Verankerungen in Art. 1 Abs. 2 und Art. 10 Abs. 2 EUV („möglichst")

869 Vgl. zur Struktur des Art. 11 EUV *Huber*, in: Streinz, Art. 11 EUV, Rn. 6 ff.; *Heselhaus*, in: Frankfurter Kommentar, Art. 11 EUV, Rn. 5; *Czauderna*, Zivilgesellschaftliche Partizipation, S. 78 ff.

870 *Huber*, in: Streinz, Art. 11 EUV, Rn. 1; zur Beteiligungsöffentlichkeit *Riemann*, Transparenz der Union, S. 79 ff.

871 Gegen eine aus dem Grundsatz der Offenheit resultierende Öffentlichkeit der Ratssitzungen aufgrund deren Komplexität *Kahl*, ZG 1996, 224, 235; zu Schwierigkeiten bei der Verständlichkeit der Entscheidungsverfahren *Sobotta*, Transparenz in den Rechtsetzungsverfahren, S. 90.

872 Zur Vermeidung von Informationsdefiziten siehe *Sobotta*, Transparenz in den Rechtsetzungsverfahren, S. 90 f.; zur Verknüpfung der Mediengesellschaft mit dem demokratischen Aspekt der „vierten Gewalt" siehe *Mantl*, Transparenz, S. 31 ff.

sowie in Art. 15 Abs. 1 AEUV („weitestgehend“) Einschränkungen[873]. So wird aus den Formulierungen zwar deutlich, dass der Grundsatz der Offenheit einen hohen Stellenwert einnimmt und Ausnahmen von diesem besonders restriktiv gehandhabt werden sollen, dass es diese jedoch auch gibt[874]. Dem Transparenzgebot können daher Rechtspositionen entgegenstehen, welche eine Einschränkung erlauben[875]. Diese müssen aufgrund der Bedeutung des Grundsatzes der Offenheit jedoch eng begrenzt und gewichtig sein und sind daher im Primärrecht zu suchen[876]. Um der Struktur des Grundsatzes der Offenheit als Optimierungsgebot gerecht zu werden, bedarf es zudem einer Abwägung zwischen Transparenzgebot und gegenläufigen Interessen – somit muss die Verpflichtung zur größtmöglichen Offenheit mit den konfligierenden Interessen in Einklang gebracht werden[877].

a) Entgegenstehende Grundrechte Dritter

Erwägungen, welche eine Einschränkung des Grundsatzes der Transparenz zulassen, sind zuvorderst in den Grundrechten Dritter zu suchen. Sie erstrecken sich vor allem auf den Schutz der persönlichen Daten, welcher über Art. 16 AEUV sowie Art. 8 GR-Charta gewährleistet wird[878]. Auch der *EuGH* erkannte

---

873 *Heselhaus*, in: Frankfurter Kommentar, Art. 15 AEUV, Rn. 14; *Calliess*, in: Calliess/Ruffert, Art. 1 EUV, Rn. 89; *Gellermann*, in: Streinz, Art. 15 AEUV, Rn. 4; *Bröhmer*, Transparenz als Verfassungsprinzip, S. 325; *Wolf*, Unionales Dokumentenzugangsrecht, S. 46.

874 *Hofstötter*, in: von der Groeben/Schwarze/Hatje, Art. 15 AEUV, Rn. 5; *Heselhaus*, in: Frankfurter Kommentar, Art. 15 AEUV, Rn. 14.

875 Zirkelschlüssig wäre es in diesem Rahmen freilich, die Einschränkungen in der VO (EG) 1049/2001 zu suchen – diese muss sich als Sekundärrecht an dem Grundsatz der Offenheit messen lassen; vgl. hierzu oben unter 1.b).

876 *Heselhaus*, in: Frankfurter Kommentar, Art. 15 AEUV, Rn. 14; *Gellermann*, in: Streinz, Art. 15 AEUV, Rn. 4.

877 *Castenholz*, Informationszugangsfreiheit, S. 53; im Sinne „praktischer Konkordanz“ *Görlitz/Schoo*, in: Schwarze/Becker/Hatje/Schoo, Art. 15 AEUV, Rn. 9; *Kotzur*, in: Geiger/Khan/Kotzur, Art. 15 AEUV, Rn. 2; *Wewers*, Europäisches Zugangsrecht, S. 196 ff.; zur Struktur eines Optimierungsgeboten sowie der diesem innewohnenden Notwendigkeit, entgegenstehende Rechtspositionen im Rahmen einer Verhältnismäßigkeitsprüfung in Einklang zu bringen siehe *Cremer/Ostermann*, in: Hdb EuGR, § 65, Rn. 21 ff., 43; *Grosche*, Rechtsfortbildung im Unionsrecht, S. 124 ff.; *Czauderna*, Zivilgesellschaftliche Partizipation, S. 197 ff.

878 *Pfirrmann*, Transparenzgebot, S. 163 f.; *Sanner*, EuZW 2010, 774; *Kranenborg*, CMLRev. 45 (2008), 1079, 1084 f.; *Schoo/Görlitz*, in: Schwarze/Becker/Hatje/Schoo, 3. Auflage 2015, Art. 15 AEUV, Rn. 9; *Heselhaus*, in: Frankfurter Kommentar, Art. 15 AEUV, Rn. 15; *Zerdick*, in: Lenz/Borchardt, Art. 15 AEUV, Rn. 6; noch im

in der Rechtssache *Schecke und Eifert/Hessen*[879] an, dass eine Abwägung zwischen dem Interesse an größtmöglicher Transparenz und dem Schutz persönlicher Daten erfolgen muss. Im Einzelnen führte er hierzu aus, „dass das mit der [...] Veröffentlichung verfolgte Ziel nicht erreicht werden kann, ohne den Umstand zu berücksichtigen, dass dieses Ziel mit den in den Art. 7 und 8 der Charta verankerten Grundrechten in Einklang gebracht werden muss".[880] Darüber hinaus wird aus dem in Art. 339 AEUV verankerten Grundsatz der Amtsverschwiegenheit abgeleitet, dass Berufs- und Geschäftsgeheimnisse ebenso geschützt sind, da diese von den Organen besonders vertraulich behandelt werden müssen[881].

b) Effizienz und Effektivität des Entscheidungsprozesses

Die Rechtfertigung einer Einschränkung der Transparenz wird mitunter mit der Effizienz des Entscheidungsprozesses begründet, welche dem Primärrecht immanent sei[882]. Zur Begründung eines notwendigen Ausgleichs zwischen der Transparenz und der Effizienz des Entscheidungsprozesses wird auf Art. 298 Abs. 1 AEUV verwiesen, welcher ebenso eine offene wie auch eine effiziente

---

Hinblick auf Art. 286 EGV a. F. (entspricht inhaltlich Art. 16 AEUV) *Castenholz*, Informationszugangsfreiheit, S. 53.

879 *EuGH*, Urt. v. 9. November 2010 – Verb. Rs. C-92/09 und C-93/09, ECLI:EU:C:2010:662, *Schecke und Eifert/Hessen.*

880 *EuGH*, Urt. v. 9. November 2010 – Verb. Rs. C-92/09 und C-93/09, ECLI:EU:C:2010:662, *Schecke und Eifert/Hessen*, Rn. 76; zur Abwägung zwischen Transparenz und dem Schutz persönlicher Daten siehe auch *Kranenborg*, CMLRev. 45 (2008), 1079, 1094 f.

881 *EuG*, Urt. v. 30. Mai 2006 – Rs. T-198/03, ECLI:EU:T:2006:136, *Bank Austria Creditanstalt/Kommission*, Rn. 69; *EuG*, Urt. v. 28. Januar 2015 – Rs. T-341/12, ECLI:EU:T:2015:51, *Evonik Degussa/Kommission*, Rn. 89 f.; *Wewers*, Europäisches Zugangsrecht, S. 191, 198 ff. sowie *Heitsch*, Transparenzprinzip, S. 16 f. verweisen auf den aus Art. 287 EGV a. F. (entspricht Art. 339 AEUV) abgeleiteten Schutz von Betriebs- und Geschäftsgeheimnissen; vgl. auch *Bartelt/Zeitler*, EuR 2003, 487, 494; *Pfirrmann*, Transparenzgebot, S. 164 f.; *Schoch*, in: Jahrbuch Informationsfreiheit 2011, S. 23, 33. *Heselhaus*, in: Frankfurter Kommentar, Art. 15 AEUV, Rn. 15; *Zerdick*, in: Lenz/Borchardt, Art. 15 AEUV, Rn. 6.

882 *Gellermann*, in: Streinz, Art. 15 AEUV, Rn. 3; *Calliess*, in: Calliess/Ruffert, Art. 1 EUV, Rn. 89; *Heselhaus*, in: Frankfurter Kommentar, Art. 15 AEUV, Rn. 15; *Bandilla/Hix*, NJW 19967, 1217; *Wewers*, Europäisches Zugangsrecht, S. 197 f.; *Pfirrmann*, Transparenzgebot, S. 165 ff.; *Castenholz*, Informationszugangsfreiheit, S. 53.

Verwaltung vorsieht[883]. Auch Art. 13 EUV als grundlegende Vorschrift über die Unionsorgane und deren Aufgaben verpflichtet den institutionellen Rahmen der Union zur Effizienz und zeugt somit im Besonderen davon, dass sich die Entscheidungen der Organe auch an Effizienzaspekten orientieren müssen.

Diese Erwägung zur Einschränkung der Transparenz kann nur dann als Rechtfertigung akzeptiert werden, wenn eine strenge Trennung zwischen der Effizienz der Entscheidungsprozesse sowie deren Effektivität erfolgt. Effizienz zeigt sich dergestalt, dass Entscheidungen in der Union möglichst ressourcenschonend sowie ohne Verzögerungen und unter Vermeidung doppelten Arbeitsaufwandes getroffen werden[884]. Demgegenüber führt eine Beeinträchtigung der Effektivität nicht nur zu einer Verzögerung oder einem Mehraufwand, sondern zu qualitativen Einbußen in der Entscheidungsfindung – die Effektivität ist somit auf eine möglichst hohe Zielerreichung gerichtet[885].

Die Beeinträchtigung der Effizienz im Sinne eines verzögerten Entscheidungsprozesses ist eine hinzunehmende Einbuße, wenn Transparenz im Vorfeld einer Entscheidung hergestellt wird[886]. Denn Offenheit mag zwar den Entscheidungsprozess verlangsamen, sie führt jedoch gleichzeitig dazu, dass Ergebnisse demokratischer getroffen und die Belange der Bürger besser berücksichtigt werden können[887]. Deutlich wird dies auch in den Transparenzerwägungen der ständigen Rechtsprechung des *EuGH*, in welcher darauf hingewiesen wird, dass Transparenz eben auch zu einer größeren Effizienz der EU-Verwaltung beiträgt.[888]

Demgegenüber sind Störungen der Effektivität, welche dazu führen, dass Entscheidungen nicht oder nur mit unzureichendem Erfolg getroffen werden

---

883 *Heselhaus*, in: Frankfurter Kommentar, Art. 15 AEUV, Rn. 15; zu den Grundsätzen der Offenheit und der Effizienz, welche gleichrangig in Art. 298 Abs. 1 AEUV Erwähnung finden *Krajewski/Rösslein*, in: Grabitz/Hilf/Nettesheim, Art. 298 AEUV, Rn. 18 ff.

884 *Krajewski/Rösslein*, in: Grabitz/Hilf/Nettesheim, Art. 298 AEUV, Rn. 21 ff.; *Röhl*, DVBl 2006, 1070; eingehend zum effizienten Handeln der Unionsorgane als Teilmenge der guten Verwaltung *Classen*, Gute Verwaltung in der Union, S. 335 ff.

885 *Krajewski/Rösslein*, in: Grabitz/Hilf/Nettesheim, Art. 298 AEUV, Rn. 21; *Röhl*, DVBl 2006, 1070, 1071.

886 *Castenholz*, Informationszugangsfreiheit, S. 53.

887 Zur Umkehr dieses Effizienzarguments *Pfirrmann*, Transparenzgebot, S. 165; *Wewers*, Europäisches Zugangsrecht, S. 196 f.

888 *EuGH*, Urt. v. 1. Juli 2008 – Verb. Rs. C-39/05 P und C-52/05 P, ECLI:EU:C:2008:374, *Schweden und Turco/Rat*, Rn. 45; *EuGH*, Urt. v. 17. Oktober 2013 – Rs. C-280/11 P, ECLI:EU:C:2013:671, *Rat/Access Info Europe*, Rn. 32; *EuGH*, Urt. v. 3. Juli 2014 – Rs. C-350712 P, ECLI:EU:C:2014:2039, *Rat/in't Veld*, Rn. 53.

können, als Rechtfertigungsgrund anzuerkennen[889]. Deutlich wird dieser Einschränkungsgrund der Effektivität im Rahmen von Ermittlungshandlungen der Unionsorgane. Korrekt durchgeführte Ermittlungen der Unionsorgane – beispielsweise im Bereich der erfolgreichen Verfolgung von Kartellverstößen – würden konterkariert werden, wenn diese frühzeitig bekannt würden. Die Verfolgung solcher Verstöße wäre dann vielfach nicht mehr oder nur unzureichend möglich.[890] Somit können nur Gründe der Effektivität i. S. e. Qualitätseinbuße zur Einschränkung des Transparenzgrundsatzes herangezogen werden, nicht jedoch Effizienzerwägungen i. S. e. verzögerten Entscheidungsprozesses.

c) Übergeordneter Rechtfertigungsgrund: das Unionsinteresse

Als übergeordneter Rechtfertigungsgrund, welcher eine Einschränkung der Transparenz rechtfertigen kann, stellt sich der Schutz der Unionsinteressen dar. Ein derartiges allgemeines Interesse der Union besteht zunächst in der Funktionsfähigkeit der Union[891], welche strukturell eine erhebliche Ähnlichkeit zum Rechtfertigungsgrund der Effektivität der Entscheidungsprozesse aufweist. Schließlich fußen beide Erwägungen auf der Annahme, dass Transparenz mit einer qualitativen Beeinträchtigung des Prozesses der Entscheidungsfindung in Einklang gebracht werden muss. Über dieses übergeordnete funktionale Interesse hinaus finden sich im Primärrecht explizit erwähnte Interessen, welchen eine effektive Durchsetzung durch die Unionsorgane immanent ist. Der Schutz dieser Interessen bedarf einer Abwägung mit dem Grundsatz der Offenheit, um die auf gleicher Stufe stehenden Ziele der Union – die effektive Umsetzung der spezifischen Unionsinteressen einerseits sowie die Herstellung maximaler Transparenz andererseits – in Konkordanz miteinander zu bringen.

Grundlegende Ziele und Werte der Union, auf welchen sich die Union gründet und welche somit durch die Unionsorgane verwirklicht werden sollen, finden

---

889 So auch *Heselhaus,* in: Frankfurter Kommentar, Art. 15 AEUV, Rn. 15, der zur Annahme der Einschränkung von Transparenz aufgrund von Effizienzaspekten ein „erdrückendes Gewicht […] und Einbußen bei der Effektivität" verlangt; im Übrigen verweist *Calliess,* in: Calliess/Ruffert, Art. 13 EUV, Rn. 2 darauf, dass die Verpflichtung der Organe zur Effizienz in Art. 13 Abs. 1 EUV die Handlungsfähigkeit der Union und gerade nicht eine Zweck-Mittel Relation sicherstellen soll.

890 Auf die Effektivität von Ermittlungshandlungen verweisen auch *Heselhaus,* in: Frankfurter Kommentar, Art. 15 AEUV, Rn. 15; *Pfirrmann,* Transparenzgebot, S. 162; *Wewers,* Europäisches Zugangsrecht, S. 198 f.

891 In diese Richtung *Wolf,* Unionales Dokumentenzugangsrecht, S. 46; *Bandilla/Hix,* NJW 1997, 1217; *Castenholz,* S. 53; *Gellermann,* in: Streinz, Art. 15 AEUV, Rn. 3.

sich zunächst in Art. 2 und 3 EUV. Deren Verfolgung und Umsetzung durch die Unionsorgane bestimmt maßgeblich die Interessen der Union, welche sich an den Ziel- und Wertvorstellungen der Union zu orientieren haben[892]. Deutlich wird dies anhand der Vorschrift des Art. 13 EUV über den institutionellen Rahmen der Union, welcher vorsieht, dass die Organe verpflichtet sind, sowohl den Werten der Union Geltung zu verschaffen als auch deren Ziele und Interessen zu verfolgen[893]. Über die Verpflichtung des institutionellen Rahmens hinaus ist insbesondere der Kommission nach Art. 17 Abs. 1 S. 1 EUV die Förderung der Unionsinteressen als Aufgabe zugewiesen[894].

Eine abschließende Aufzählung der Unionsinteressen findet sich zwar nicht im Primärrecht, allerdings lassen sich sowohl aus den allgemeinen Werten und Zielen nach Art. 2, 3 EUV als auch aus weiteren Vorschriften der Verträge bestimmte Unionsinteressen ableiten[895]. So liegt das Unionsinteresse in der Schaffung einer ausgewogenen Handelspolitik durch den Abbau von Zöllen und sonstiger Handelshemmnisse, deutlich erkennbar anhand der Art. 206, 207 AEUV. Darüber hinaus findet sich das Unionsinteresse als finanzielles Interesse der Union unter anderem in Art. 85, 86 AEUV konkretisiert, welche zum Zwecke des Schutzes dieser Interessen die Bekämpfung von Straftaten durch Eurojust und die Europäische Staatsanwaltschaft vorsehen. Hinsichtlich des Wettbewerbsrechts findet sich einerseits das Interesse der Union an einem freien und unverfälschten Markt in Art. 3 EUV sowie Art. 51 EUV i. V. m. dem Protokoll Nr. 27 über den Binnenmarkt und den Wettbewerb zum Vertrag von Lissabon[896], andererseits zeigen Art. 106, 107 AEUV ebenfalls die Grenzen des Beihilfeverbotes auf, indem die Normen auf gemeinsame europäische Interessen rekurrieren, um Ausnahmen zu ermöglichen[897]. Weiterhin liegt es im Interesse

892 *Tauschinsky/Weiß*, EuR 2018, 3, 9; *Ruffert*, in: Calliess/Ruffert, Art. 3 EUV, Rn. 8.

893 *Tauschinsky/Weiß*, EuR 2018, 3, 8 m. w. N.; zum Zusammenhang zwischen Art. 13 Abs. 1 EUV und Art. 2, 3 EUV *Calliess*, in: Calliess/Ruffert, Art. 13 EUV, Rn. 2.

894 *Tauschinksy/Weiß*, EuR 2018, 3, 13 f. mit Verweis darauf, dass der Kommission bei der Festlegung einzelner Unionsinteressen ein erheblicher Ermessensspielraum zukommen soll.

895 Eine abschließende Definition des Unionsinteresses findet sich in den Verträgen hingegen nicht, *Tauschinsky/Weiß*, EuR 2018, 3, 7.

896 Zum grundlegenden Interesse an einem unverfälschten Wettbewerb *Ruffert*, in: Calliess/Ruffert, Art. 3 EUV, Rn. 26; *Tauschinsky/Weiß*, EuR 2018, 3,11; *EuGH*, Urt. v. 30. März 2000 – Rs. C-265/97 P, ECLI:EU:C:2000:170, *VBA/Florimex u. a.*, Rn. 46.

897 Zu derartigen gemeinsamen europäischen Interessen siehe *Cremer*, in: Calliess/Ruffert, Art. 107 AEUV, Rn. 56.

der Union nach Art. 197 AEUV, eine effektive Durchsetzung des Unionsrechts durch die Mitgliedstaaten zu gewährleisten.[898]

Über diese Verpflichtungen hinaus erfährt das Unionsinteresse in der Außenpolitik Bedeutung, da die Union nach Art. 21 Abs. 2 lit. a) EUV in diesem Bereich der Durchsetzung und Wahrung ihrer Werte und grundlegenden Interessen verpflichtet ist[899]. Die Durchsetzung der Unionsinteressen im Bereich der Außenpolitik ist eng verbunden mit dem allgemeinen Interesse am Ausbau der Beziehungen zu Drittstaaten und internationalen Organisationen nach Art. 21 Abs. 1 UAbs. 2 EUV. Im Speziellen legt Art. 207 AEUV darüber hinaus das Unionsinteresse an einer ausgewogenen Außenhandelspolitik fest, welche sich wiederum an den Grundsätzen und Zielen des auswärtigen Handelns zu orientieren hat.[900]

Ein übergeordnetes Unionsinteresse als Ausfluss der öffentlichen Sicherheit wird man darüber hinaus in dem Bestand der Union an sich und den daraus resultierenden Sicherheitsinteressen erkennen müssen – ein solches Interesse lässt sich schon aus der Präambel zum EUV herleiten[901]. Derartige Unionsinteressen sind dem Grunde nach geeignet, den Grundsatz der Offenheit zum Funktionieren der Union einzuschränken und müssen mit ihm abgewogen werden.

d) Fazit

Das Primärrecht bietet hinreichende Anhaltspunkte, aus denen heraus sich Einschränkungen des Transparenzgebotes ableiten lassen. Zuvorderst sind entgegenstehende Grundrechte Dritter, insbesondere der Schutz persönlicher Daten, geeignet, das Transparenzgebot einzuschränken. Nur bedingt kann hingegen die Effizienz der Entscheidungsverfahren zur Einschränkung der Transparenz herangezogen werden. Sofern die Herstellung von Transparenz die Effizienz der Entscheidungsverfahren in zeitlicher Hinsicht stört, ist eine solche Beeinträchtigung

---

898 Exemplarische Aufzählung nach *Tauschinsky/Weiß*, EuR 2018, 3, 6 f.; diese erwähnen als gemeinsame Interessen zudem die Wirtschaftspolitik nach Art. 121 Abs. 1, die Beschäftigungsförderung nach Art. 146, die Wechselkurspolitik nach Art. 142 AEUV sowie den Ausbau transeuropäischer Netze nach Art. 170, 171 AEUV.

899 *Tauschinsky/Weiß*, EuR 2018, 3, 6; *Calliess*, in: Calliess/Ruffert, Art. 2 EUV, Rn. 33 spricht auch von einem „*Werteexport*", da diese Werte wesentlicher Bestandteil der Außenbeziehungen sind.

900 *Tauschinsky/Weiß*, EuR 2018, 3, 15 ff.

901 Nach dieser soll die Unabhängigkeit Europas sowie die Sicherheit ihrer Bürger gewährleistet werden; eine solche Einschränkung erkennt auch *Pfirrmann* für die Gefährdung von Leib und Leben an, *Pfirrmann*, Transparenzgebot, S. 162.

hinzunehmen. Erst in dem Falle, dass die Entscheidungsfindung in qualitativer Hinsicht beeinträchtigt wird – mithin eine Störung der Effektivität des Unionshandelns vorliegt –, kann dies zur Einschränkung des Transparenzgebotes akzeptiert werden. Darüber hinaus ist als übergeordneter Rechtfertigungsgrund der Schutz der Unionsinteressen als Rechtfertigungsgrund zur Einschränkung der Transparenz anzuerkennen. Anhaltspunkte für eine Konturierung dieses Interesses bieten insbesondere die Zielbestimmungen der Union nach Art. 2, 3 EUV sowie speziell im Bereich der Außenpolitik nach Art. 21 EUV sowie Art. 207 AEUV.

III. Recht auf Zugang zu Dokumenten nach Art. 15 Abs. 3 AEUV

Als zentrales Element zur Schaffung von mehr Transparenz konkretisiert das in Art. 15 Abs. 3 AEUV niedergelegte Recht auf Zugang zu Dokumenten den Grundsatz der Offenheit[902]. Dieses aus Art. 255 EGV i. d. F. des Vertrages von Amsterdam übernommene Informationsrecht[903] garantiert das voraussetzungslose Recht auf Zugang zu Dokumenten[904] und stellt ein wesentliches Element für die Publizität staatlichen Handelns dar[905].

1. Gewährleistungsgehalt des Art. 15 Abs. 3 AEUV

Zugangsberechtigt sind dem Wortlaut des Art. 15 Abs. 3 UAbs. 1 AEUV folgend nur „Unionsbürger sowie […] natürliche oder juristische Person mit Wohnsitz oder satzungsgemäßem Sitz in einem Mitgliedstaat“[906]. Der Zugangsanspruch

---

902 *Wegener*, in: Calliess/Ruffert, Art. 15 AEUV, Rn. 6; *Krajewski/Rösslein*, in: Grabitz/Hilf/Nettesheim, Art. 15 AEUV, Rn. 24; *Heselhaus*, in: Frankfurter Kommentar, Art. 15 AEUV, Rn. 12.

903 *Heselhaus*, in: Frankfurter Kommentar, Art. 15 AEUV, Rn. 33; *Wegener*, in: Calliess/Ruffert, Art. 15 AEUV, Rn. 11; hingegen enthält die Vorschrift keinen Anspruch auf Informationen, welche erst durch Auswertung von Dokumenten erlangt werden, *EuG*, Urt. v. 25. April 2007 – Rs. T-264/04, ECLI:EU:T:2007:114, *WWF/Rat*, Rn. 76; *Hofstötter*, in: von der Groeben/Schwarze/Hatje, Art. 15 AEUV, Rn. 26.

904 *Gellermann*, in: Streinz, Art. 15 AEUV, Rn. 9; *Heselhaus*, in: Frankfurter Kommentar, Art. 15 AEUV, Rn. 33; *Görlitz/Schoo*, in: Schwarze/Becker/Hatje/Schoo, Art. 15 AEUV, Rn. 23.

905 *Calliess*, in: Calliess/Ruffert, Art. 1 EUV, Rn. 86; *Krajewski/Rösslein*, in: Grabitz/Hilf/Nettesheim, Art. 15 AEUV, Rn. 24.

906 *Heselhaus*, in: Frankfurter Kommentar, Art. 15 AEUV, Rn. 40 f.

bezieht sich auf Dokumente der Organe, Einrichtungen und sonstigen Stellen[907] der Union und umschreibt so den Kreis der durch das Dokumentenzugangsrecht Verpflichteten. Entgegen der Vorläufernorm des Art. 255 EGV a. F. – welcher das Zugangsrecht nur auf Dokumente von Parlament, Rat und Kommission beschränkte – werden seit dem Vertrag von Lissabon nun sämtliche Stellen der Union verpflichtet.[908] Einschränkungen gelten allerdings für den Gerichtshof der Europäischen Union, die Europäische Zentralbank und die Europäische Investitionsbank. Diese sind nach Art. 15 Abs. 3 UAbs. 4 AEUV dem Anspruch auf Zugang nur dann verpflichtet, wenn sie Verwaltungsaufgaben wahrnehmen. Die sekundärrechtliche Ausgestaltung dieses Zugangsrechts durch die VO (EG) 1049/2001 erfasst den Kreis der Verpflichteten noch in Übereinstimmung mit Art. 255 EGV[909], sie genügt der Erweiterung der Verpflichteten nach Art. 15 Abs. 3 UAbs. 1 AEUV nicht mehr. Insofern bedarf es einer Anpassung der VO (EG) 1049/2001[910].

Die Vorschrift schränkt den Zugang „vorbehaltlich der Grundsätze und Bedingungen, die nach diesem Absatz[911] festzulegen sind“[912], ein. Das Zugangsrecht gilt somit ebenso wie der Grundsatz der Offenheit nur unter gewissen Vorbehalten[913]. Einschränkungen des Zugangs zu Dokumenten aufgrund des Schutzes „öffentlicher und privater Interessen“[914] sollen durch Sekundärrecht festgelegt werden.

Dem in Art. 255 Abs. 2 EGV a. F. enthaltenen Auftrag zur Schaffung von Sekundärrecht[915] sind die Unionsorgane mit der zum 3. Dezember 2001 in Kraft

---

907 Zu den Einrichtungen und sonstigen Stellen im Einzelnen *Heselhaus,* in: Frankfurter Kommentar, Art. 15 AEUV, Rn. 44; *Gellermann,* in: Streinz, Art. 15 AEUV, Rn. 9; *Heselhaus,* in: Frankfurter Kommentar, Art. 15 AEUV, Rn. 44; siehe auch oben unter § 4.A.I, insb. Fn. 464.

908 *Krajewsik/Rösslein,* in: Grabitz/Hilf/Nettesheim, Art. 15 AEUV, Rn. 36; *Heselhaus,* in: Frankfurter Kommentar, Art. 15 AEUV, Rn. 42.

909 Zu den verpflichteten Adressaten der VO (EG) 1049/2001 siehe oben unter § 4.A.I.

910 *Krajewski/Rösslein,* in: Grabitz/Hilf/Nettesheim, Art. 15 AEUV, Rn. 42; *Heselhaus,* in: Frankfurter Kommentar, Art. 15 AEUV, Rn. 45; *Schoch,* in: Jahrbuch Informationsfreiheit 2011, S. 23, 28 plädiert für eine Auslegung der VO (EG) 1049/2001 im Lichte des Art. 15 Abs. 3 AEUV.

911 Anm. d. Verf.: Gemeint ist Art. 15 Abs. 3 AEUV.

912 Art. 15 Abs. 3 UAbs. 1 a. E. AEUV.

913 Zu den Vorbehalten des Grundsatzes der Offenheit oben unter II.4.

914 Art. 15 Abs. 3 UAbs. 2 AEUV.

915 Art. 255 Abs. 2 EGV sah vor, dass der Rat binnen zwei Jahren nach Inkrafttreten des Vertrages von Amsterdam im Wege des Mitentscheidungsverfahrens die allgemeinen

getretenen Verordnung (EG) 1049/2001 über den Zugang der Öffentlichkeit zu Dokumenten des Europäischen Parlaments, des Rates und der Kommission[916] nachgekommen. Die in den Art. 15 Abs. 3 UAbs. 2 AEUV überführte Vorschrift des Art. 255 Abs. 2 EGV a. F. enthält seit der Änderung durch den Vertrag von Lissabon keine Fristsetzung zur Schaffung von Sekundärrecht mehr, sondern verweist auf das ordentliche Gesetzgebungsverfahren zur Festlegung der Grundsätze und Einschränkungen durch Sekundärrecht.

2. *Ausgestaltungsvorbehalt in Art. 15 Abs. 3 AEUV: Schrankenbestimmung oder Rechtsetzungsauftrag?*

Des Regelungsvorbehalt in Art. 15 Abs. 3 UAbs. 2 AEUV wirft die Frage auf, ob Art. 15 Abs. 3 AEUV eine eigenständige Schrankenbestimmung zur Einschränkung des Zugangs zu Dokumenten aufweist oder lediglich als Rechtsetzungsauftrag zu verstehen ist. Unabhängig von dem Meinungsstreit, ob Art. 15 Abs. 3 AEUV (bzw. Art. 255 EGV i. d. F. des Vertrages von Amsterdam) einen subjektiven Anspruch auf Zugang zu Dokumenten enthält[917], ist dieser zumindest dahingehend rechtlich verpflichtend, dass die Unionsorgane den Zugang zu Dokumenten durch Sekundärrecht zu gewährleisten haben[918]. Der in Art. 255 EGV i. d. F. des Vertrages von Amsterdam enthaltenen objektiv-rechtlichen Verpflichtung zur Schaffung von Sekundärrecht sind die Organe mit der VO (EG) 1049/2001 nachgekommen. Aufgrund der Streichung der Fristsetzung enthält Art. 15 Abs. 3 UAbs. 2 AEUV nunmehr eine objektive Verpflichtung zur Umsetzung des Zugangsrechts durch Sekundärrecht. Eine Änderung der VO (EG)

Grundsätze und Einschränkungen über den Zugang zu Dokumenten festlegen musste, vgl. auch *Bock*, DöV 2002, 556.

916 VO (EG) 1049/2001 des Europäischen Parlaments und des Rates vom 30. Mai 2001 über den Zugang der Öffentlichkeit zu Dokumenten des Europäischen Parlaments, des Rates und der Kommission, ABl. 2001, L 145/43; vgl. näher zu dieser oben unter § 4.A.

917 Zu diesem Meinungsstreit weiter unten unter D.II.

918 *Heselhaus*, in: Frankfurter Kommentar, Art. 15 AEUV, Rn. 38; *Gellermann*, in: Streinz, Art. 15 AEUV, Rn. 11; *Hofstötter*, in: von der Groeben/Schwarze/Hatje, Art. 15 AEUV, Rn. 23; *Görlitz/Schoo*, in: Schwarze/Becker/Hatje/Schoo, Art. 15 AEUV, Rn. 22; *Zerdick*, in: Lenz/Borchardt, Art. 15 AEUV, Rn. 11; noch zu Art. 255 EGV *Riemann*, Transparenz der Union, S. 104, 107 ff., 133; *Meltzian*, Zugangsrecht der Öffentlichkeit, S. 143.

1049/2001 als umsetzendes Sekundärrecht ist zwar möglich, nicht jedoch deren ersatzloser Wegfall[919].

Über die objektive Verpflichtung zur Umsetzung des Zugangsrechts durch Sekundärrecht hinaus gibt Art. 15 Abs. 3 AEUV zugleich Vorgaben für das Sekundärrecht vor, insbesondere im Hinblick auf die Grundsätze des Zugangs zu Dokumenten. Solche Grundsätze sind zunächst Art. 15 Abs. 3 UAbs. 1 AEUV zu entnehmen, welcher eindeutige Vorgaben hinsichtlich der Verpflichteten, den Berechtigten sowie der Definition eines Dokumentes enthält[920]. Teilweise wird Art. 15 Abs. 3 UAbs. 2 AEUV zugleich als konkrete Schrankenbestimmungen aufgefasst. So würden sich aus dem Einschränkungsvorbehalt zugunsten „öffentlicher oder privater Interessen" konkrete Grenzen des Dokumentenzugangsrechts ergeben[921]. Auch sei in Art. 15 Abs. 3 AEUV der Grundsatz des größtmöglichen Zugangs verankert, welcher eine enge Auslegung der Einschränkungen erfordere[922].

Der Herleitung konkreter Schrankenbestimmungen aus Art. 15 Abs. 3 AEUV muss allerdings entgegengehalten werden, dass dieser die Einschränkungen gerade nicht ausdrücklich fixiert, sondern zu schaffendem Sekundärrecht überlässt. Daher handelt es sich bei Art. 15 Abs. 3 UAbs. 2 AEUV korrekterweise um einen Rechtsetzungsauftrag. Es bleibt dem Unionsgesetzgeber so überlassen, die Schranken zugunsten der öffentlichen und privaten Interessen sekundärrechtlich zu regeln. Eingeschränkt wird der gesetzgeberische Spielraum nur durch den Grundsatz der Offenheit, welcher größtmögliche Offenheit und demzufolge restriktive Einschränkungen der Transparenz erfordert[923].[924]

---

919 *Heselhaus*, in: Frankfurter Kommentar, Art. 15 AEUV, Rn. 38; *Castenholz*, Informationszugangsfreiheit, S. 55 spricht daher von einer *„Bestandsgarantie"*.

920 *Heselhaus*, in: Frankfurter Kommentar, Art. 15 AEUV, Rn. 38, 41; *Görlitz/Schoo*, in: Schwarze/Becker/Hatje/Schoo, Art. 15 AEUV, Rn. 26; *Krajewski/Rösslein*, in: Grabitz/Hilf/Nettesheim, Art. 15 AEUV, Rn. 34 ff.; *Wägenbaur*, EuZW 2001, 680, 681 ff.

921 *Heselhaus*, in: Hdb EuGR, § 60, Rn. 68 umfasst von dieser Schrankenregelung alle in den Mitgliedstaaten gängigen Ausnahmetatbestände; *Heitsch*, Transparenzprinzip, S. 60 f. leitet die Ausnahmetatbestände des sekundärrechtlichen Dokumentenzugangs aus privaten und öffentlichen Interessen ab und verweist hierzu auf Art. 255 Abs. 1 EGV.

922 *Heselhaus*, in: Frankfurter Kommentar, Art. 15 AEUV, Rn. 39; *Wegener*, in: Calliess/Ruffert, Art. 15 AEUV, Rn. 11.

923 Zu den Einschränkungsmöglichkeiten des Grundsatzes der Offenheit siehe oben unter II.4.

924 *Castenholz*, Informationszugangsfreiheit, S. 86 f.; *Sobotta*, Transparenz in den Rechtsetzungsverfahren, S. 346; *Meltzian*, Zugangsrecht der Öffentlichkeit, S. 147;

Auch können Art. 15 Abs. 3 AEUV keine Grundsätze zur Anwendung der Ausnahmetatbestände entnommen werden. Zwar ist es dem Dokumentenzugangsrecht zu eigen, dass dessen Ausnahmen eng auszulegen sind und somit ein größtmöglicher Zugang zu Dokumenten garantiert werden soll[925]. Diese Auslegung der Ausnahmevorschriften gründet sich allerdings nicht auf Art. 15 Abs. 3 AEUV, welcher die Festlegung allgemeiner Grundsätze des Dokumentenzugangs lediglich dem Sekundärrecht überlässt. Vielmehr zeigt die systematische Einbettung des Art. 15 Abs. 3 AEUV in die Vorschrift über den Grundsatz der Offenheit, dass nur letzterer mit der in Art. 15 Abs. 1 AEUV enthaltenen Verpflichtung zu „weitestgehender Beachtung des Grundsatzes der Offenheit" eine enge Auslegung der Ausnahmetatbestände erfordert[926].

Somit lässt sich feststellen, dass Art. 15 Abs. 3 AEUV den in Art. 15 Abs. 1 AEUV enthaltenen Grundsatz der Offenheit konkretisiert, während letzterer wiederum den Auslegungsmaßstab für die Einschränkungen des Art. 15 Abs. 3 AEUV bildet[927]. Eine solche Sichtweise wird auch dem Optimierungsansatz des Grundsatzes der Offenheit gerecht. Daher enthält Art. 15 Abs. 3 AEUV einen Rechtsetzungsauftrag, für welchen er mit den Voraussetzungen in UAbs. 1 AEUV die Grundsätze vorgibt. Alleinigen Auslegungsmaßstab für die Einschränkung des Dokumentenzugangsrechts bildet demgegenüber der Grundsatz der Offenheit.

Wewers, Europäisches Zugangsrecht, S. 215; *Hofstötter*, in: von der Groeben/Schwarze/Hatje, Art. 15 AEUV, Rn. 30; *Gellermann*, in: Streinz, Art. 15 AEUV, Rn. 10; siehe auch *Riemann*, Transparenz der Union, S. 107 f., der in Art. 255 Abs. 2 EGV a. F. lediglich eine Beschränkung des gesetzgeberischen Spielraums zur Schaffung von Ausnahmetatbeständen sieht.

925 *EuGH*, Urt. v. 11. Januar 2000 – Verb. Rs. C-174/98 P und C-189/98 P, ECLI:EU:C:2000:1, *Niederlande und Van der Wal/Kommission*, Rn. 27; *EuGH*, Urt. v. 1. Februar 2007 – Rs. C-266/05 P, ECLI:EU:C:2007:75, *Sison/Rat*, Rn. 63; *EuGH*, Urt. v. 18. Dezember 2007 – Rs. C-64/05, ECLI:EU:C:2007:802, *Schweden/Kommission*, Rn. 66.

926 Deutlich bei *Castenholz*, Informationszugangsfreiheit, S. 54; *Sobotta*, Transparenz in den Rechtsetzungsverfahren, S. 286.

927 *Krajewski/Rösslein*, in: Grabitz/Hilf/Nettesheim, Art. 15 AEUV, Rn. 37 f.; noch bezogen auf das Verhältnis von Art. 255 EGV zu Art. 1 Abs. 2 EUV *Sobotta*, Transparenz in den Rechtsetzungsverfahren, S. 286; *Bröhmer*, Transparenz als Verfassungsprinzip, S. 329, 343; *Castenholz*, Informationszugangsfreiheit, S. 63, 87; *Heitsch*, Transparenzprinzip, S. 63, 67.

3. Zwischenergebnis

Die Vorschrift des Art. 15 Abs. 3 AEUV gewährleistet das voraussetzungslose Recht auf Zugang zu Dokumenten der Unionsorgane und konkretisiert somit den Grundsatz der Offenheit. Der Ausgestaltung des Dokumentenzugangsrechts durch Sekundärrecht sind die Unionsorgane mit der VO (EG) 1049/2001 nachgekommen, welche sowohl die Grundsätze als auch die Einschränkungen des Zugangsanspruchs regelt. Indes sind Art. 15 Abs. 3 AEUV keine eigenständigen Schrankenbestimmungen zu entnehmen, welche Vorgaben zur Ausgestaltung der Einschränkungen enthalten. Vielmehr ist der in Art. 15 Abs. 3 UAbs. 2 enthaltene Verweis auf die Grenzen des Dokumentenzugangsrechts zugunsten „öffentlicher und privater Interessen" als Rechtsetzungsauftrag zu verstehen, welcher die Ausgestaltung dieser Interessen dem Sekundärrecht überlässt. Diese Einschränkungsmöglichkeiten können zwar durch das Sekundärrecht festgelegt werden, müssen allerdings den Anforderungen des Grundsatzes der Offenheit an größtmögliche Transparenz entsprechen.

IV. Dokumentenzugangsrecht in der EU-Grundrechtecharta

Über die Fixierung des Dokumentenzugangsrechts in Art. 15 Abs. 3 AEUV hinaus hat dieses auch Eingang in Art. 42 GR-Charta gefunden. Im Folgenden wird zunächst der systematische Zusammenhang mit den übrigen Transparenzvorschriften beleuchtet (unter 1.), daraufhin wird Art. 42 GR-Charta auf seinen Rechtsgehalt hin untersucht (unter 2.) sowie dessen Einschränkungsmöglichkeit dargestellt (unter 3.).

1. Systematischer Zusammenhang

Das in Art. 42 GR-Charta niedergelegte Recht auf Zugang zu Dokumenten konkretisiert den Transparenzgrundsatz als Bürgerrecht und betont zugleich den Zusammenhang zwischen Demokratieprinzip und Dokumentenzugang[928]. Aufgrund der ähnlichen Ausgestaltung besteht ein enger Zusammenhang mit Art. 15 Abs. 3 AEUV[929]. Letzterer wird durch die Einfügung des

928 *Klatt,* in: von der Groeben/Schwarze/Hatje, Art. 42 GR-Charta, Rn. 2; *Jarass,* Art. 42 GR-Charta, Rn. 2; *Heselhaus,* in: Frankfurter Kommentar, Art. 42 GR-Charta, Rn. 1.

929 Dieser wird schon durch die Erläuterungen des Präsidiums des Konvents deutlich, welche den Gewährleistungsgehalt aus Art. 255 EGV für Art. 42 GR-Charta übernehmen wollen, Erläuterungen zur Charta der Grundrechte vom 14. Dezember 2007, ABl. 2007, C 303/17, siehe auch *Schöbener,* in: Stern/Sachs, Art. 42 GR-Charta, Rn. 1.

Dokumentenzugangsrechts in die EU-Grundrechtecharta verstärkt, allerdings schränkt Art. 15 Abs. 3 UAbs. 2 AEUV gleichwohl Art. 42 GR-Charta über Art. 52 Abs. 2 GR-Charta ein und stellt Vorgaben für die weitere Ausgestaltung und Rechtsetzungskompetenz[930]. Die parallele Gewährleistung des Zugangsrechts in der EU-Grundrechtecharta und dem AEUV gründet sich vor allem in der Entstehungsgeschichte der EU-Grundrechtecharta sowie des Vertrages von Lissabon. Während sich Art. 42 GR-Charta an Art. 255 EGV i. d. F. des Vertrages von Amsterdam orientiert[931], fußt Art. 15 AEUV auf dem gescheiterten Entwurf für eine Verfassung für Europa[932]. Der Vertrag von Lissabon übernahm Art. I-50 EVV nahezu wortgleich in Art. 15 AEUV[933]. Noch im Verfassungsentwurf sollte diese Vorschrift durch Art. II-102 EVV als Individualgrundrecht flankiert werden, welcher inhaltlich dem Art. 42 GR-Charta angelehnt war[934]. Über die Funktion eines Individualgrundrechts hinaus sollte Art. II-102 EVV über Art. II-112 Abs. 2 EVV auf Art. I-50 EVV Bezug nehmen und so eine sekundärrechtliche Ausgestaltung benötigen[935].

Als Konkretisierung des Grundsatzes der Offenheit darf nicht die Verbindung zwischen Art. 42 GR-Charta und Art. 1 Abs. 2, Art. 10 Abs. 3 S. 2 EUV sowie Art. 15 Abs. 1 AEUV verkannt werden[936]. Erst der Zusammenhang mit diesem aus der demokratischen Legitimation der Union herrührenden Transparenzgrundsatz lässt auf die Bedeutung des Art. 42 GR-Charta schließen[937].

Gegenüber dem in Art. 11 GR-Charta verankerten Recht auf Meinungs- und Informationsfreiheit stellt sich Art. 42 GR-Charta als *lex specialis* dar[938]. Die

---

930 *Heselhaus,* in: Frankfurter Kommentar, Art. 42 GR-Charta, Rn. 2; *Schöbener,* in: Stern/Sachs, Art. 42 GR-Charta, Rn. 8; *Jarass/Kment,* § 37, Rn. 4; *Wolf,* Unionales Dokumentenzugangsrecht, S. 56, 61; zur Einschränkung des Art. 42 GR-Charta durch Art. 52 Abs. 2 GR-Charta sogleich unter 3.

931 Siehe Fn. 929.

932 *Heselhaus,* in: Frankfurter Kommentar, Art. 42 GR-Charta, Rn. 6 ff.

933 Zur Gesetzgebungshistorie des Art. 15 AEUV oben unter I.

934 Insofern sollte Art. 42 GR-Charta in Teil II des VVE aufgehen, jedoch inhaltlich über diesen hinausgehen, *Folz,* in: Vedder/Heintschel von Heinegg, VVE, Art. II-102 VVE, Rn. 1.

935 *Folz,* in: Vedder/Heintschel von Heinegg, VVE, Art. II-102 VVE, Rn. 4.

936 *Heselhaus,* in: Frankfurter Kommentar, Art. 42 GR-Charta, Rn. 2; *Jarass,* Art. 42 GR-Charta, Rn. 2; *Jarass/Kment,* § 37, Rn. 2.

937 Gleiches gilt freilich für Art. 15 Abs. 3 AEUV, vgl. hierzu sowie zum Zusammenhang mit der demokratischen Legitimation oben unter II.3.

938 *Wolf,* Unionales Dokumentenzugangsrecht, S. 53; *EuG,* Urt. v. 29. November 2012 – Rs. T-590/10, ECLI:EU:T:2012:635, *Thesing und Bloomberg Finance/EZB,* Rn. 73.

Akteneinsichtsrechte im Verwaltungsverfahren nach Art. 41 GR-Charta sowie im gerichtlichen Verfahren nach Art. 47 GR-Charta, welche eine persönliche Betroffenheit erfordern, scheinen demgegenüber neben Art. 42 GR-Charta zu stehen[939].

2. *Rechtsgehalt des Art. 42 GR-Charta*

Der sachliche Schutzbereich des Art. 42 GR-Charta – die Gewährleistung eines voraussetzungslosen Zugangs zu Dokumenten – deckt sich inhaltlich mit Art. 15 Abs. 3 AEUV[940]. Es bestehen keine Beschränkungen hinsichtlich des für das Dokument verwendeten Trägers[941]. Ebenfalls genügt es auch im Rahmen des Art. 42 GR-Charta, dass die verpflichtete Stelle im Besitz des Dokumentes ist – einer Urheberschaft bedarf es nicht[942]. Auch den Kreis der Berechtigten legt Art. 42 GR-Charta in Übereinstimmung mit Art. 15 Abs. 3 AEUV fest. So sind Unionsbürger ebenso wie natürliche und juristische Personen mit Sitz in einem Mitgliedstaat der Union berechtigt, Zugang zu Dokumenten zu beantragen.[943]

Ausdrücklich verpflichtet werden – parallel zu Art. 15 Abs. 3 AEUV – „Organe, Einrichtungen und sonstige Stellen“[944], daher sind von dieser Verpflichtung

---

939 *Schöbener* verweist darauf, dass beide Grundrechte den gleichen Schutzstandard gewährleisten, *Schöbener,* in: Stern/Sachs, Art. 42 GR-Charta, Rn. 9; siehe auch *Jarass/Kment,* § 37, Rn. 3; *Heselhaus,* in: Hdb EuGR, § 60, Rn. 4.

940 *Wolf,* Unionales Dokumentenzugangsrecht, S. 58; *Jarass/Kment,* § 37, Rn. 1; *Klatt,* in: von der Groeben/Schwarze/Hatje, Art. 42 GR-Charta, Rn. 1; *Heselhaus,* in: Hdb EuGR, § 60, Rn. 1.

941 *Jarass,* Art. 42 GR-Charta, Rn. 6; *Schöbener,* in: Stern/Sachs, Art. 42 GR-Charta, Rn. 10 f.; vgl. auch oben unter III.1 zu Art. 15 Abs. 3 AEUV sowie unter § 4.A.I. zur VO (EG) 1049/2001.

942 *Heselhaus,* in: Frankfurter Kommentar, Art. 42 GR-Charta, Rn. 11; *Jarass,* Art. 42 GR-Charta, Rn. 8; insb. sind auch Dokumente der Mitgliedstaaten im Besitz von Unionsorganen erfasst, *Schöbener,* in: Stern/Sachs, Art. 42 GR-Charta, Rn. 11; *Klatt,* in: von der Groeben/Schwarze/Hatje, Art. 42 GR-Charta, Rn. 7; *EuG,* Urt. v. 14. Februar 2012 – Rs. T-59/09, ECLI:EU:T:2012:75, *Deutschland/Kommission,* Rn. 43 zu Art. 255 EGV.

943 Zu den Berechtigten des Art. 15 Abs. 3 AEUV siehe bereits oben unter III.1; vgl. ferner *Heselhaus,* in: Hdb EuGR, § 60, Rn. 39 ff.; *Jarass,* Art. 42 GR-Charta, Rn. 9; *Magiera,* in: Meyer/Hölscheidt, Art. 42 GR-Charta, Rn. 7; *Wolf,* Unionales Dokumentenzugangsrecht, S. 58 weist zudem auf die wohl nur redaktionelle Klarstellung hin, dass auch „Unionsbürgerinnen“ vom Zugangsrecht umfasst sind.

944 Art. 42 GR-Charta.

sämtliche Stellen der Union umfasst[945]. Zur Wahrung dieser Parallelität wurde Art. 42 GR-Charta im Zuge des Vertrages von Lissabon angepasst und der Kreis der Adressaten entsprechend zu Art. 15 Abs. 3 AEUV erweitert[946].

Eine Ausdehnung der Anwendung auf die Mitgliedstaaten wird – trotz der allgemeinen Bindungsklausel des Art. 51 GR-Charta im Rahmen der Durchführung von Unionsrecht[947] – bislang sehr restriktiv betrachtet. Zwar ermöglicht Art. 51 Abs. 1 S. 1 GR-Charta eine Bindung der Mitgliedstaaten an die Charta, hingegen wird eine Verpflichtung der Mitgliedstaaten speziell auf das Recht auf Zugang zu Dokumenten überwiegend verneint[948]. Dies wird zunächst aus der ausdrücklichen Beschränkung des Art. 42 GR-Charta auf die Unionsorgane abgeleitet. Darüber hinaus soll dies auch indirekt aus der Einschränkung nach Art. 52 Abs. 2 GR-Charta hervorgehen, welcher das Recht aus Art. 42 GR-Charta den Bedingungen nach Art. 15 Abs. 3 AEUV unterwirft. Denn Art. 15 Abs. 3 AEUV beschränke sich ebenso wie Art. 42 GR-Charta lediglich auf Stellen der Union und umfasse die Mitgliedstaaten nicht von der Verpflichtung.[949]

Einer solchen Einschränkung ist jedoch entgegenzuhalten, dass weder Art. 42 GR-Charta noch Art. 15 Abs. 3 AEUV von einer derartigen Einschränkung ausgehen. Beide Normen formulieren stattdessen lediglich passiv, dass ein Recht auf „Zugang zu Dokumenten der Organe, Einrichtungen und sonstigen Stellen der

---

945 *Heselhaus,* in: Hdb EuGR, § 60, Rn. 56; *Klatt,* in: von der Groeben/Schwarze/Hatje, Art. 42 GR-Charta, Rn. 6 mit Verweis auf *EuG*, Urt. v. 10. Oktober 2001 – Rs. T-111/00, ECLI:EU:T:2001:250, *British American Tobacco/Kommission*, Rn. 37 sowie *EuG*, Urt. v. 19. Juli 1999 – Rs. T-188/97, ECLI:EU:T:1999:156, *Rothmans/Kommission*, Rn. 61 f.

946 *Heselhaus,* in: Hdb EuGR, § 60, Rn. 1; *Magiera,* in: Meyer/Hölscheidt, Art. 42 GR-Charta, Rn. 3.

947 Eingehend zur Anwendungserstreckung der GR-Charta auf die Mitgliedstaaten *Jarass*, Art. 51 GR-Charta, Rn. 16 ff.; *Ladenburg/Vondung,* in: Stern/Sachs, Art. 51 GR-Charta, Rn. 23 ff.; *Nowak,* in: Hdb EuGR, § 9, Rn. 24 ff.

948 *Klatt,* in: von der Groeben/Schwarze/Hatje, Art. 42 GR-Charta, Rn. 4; *Heselhaus,* in: Hdb EuGR, § 60, Rn. 58; *Wolf,* Unionales Dokumentenzugangsrecht, S. 58; hingegen einschränkend bejahend für Fälle der Behinderung des Zugangs zu EU-Dokumenten *Jarass*, Art. 51 GR-Charta, Rn. 3.

949 *Klatt,* in: von der Groeben/Schwarze/Hatje, Art. 42 GR-Charta, Rn. 7; *Heselhaus,* in: Hdb EuGR, § 60, Rn. 58; siehe auch analog die Argumentation von *Feik*, welcher Art. 42 GR-Charta i. d. F. des Grundrechtekonvents aufgrund des ausdrücklichen Wortlautes nur auf Parlament, Kommission und Rat beschränkt sah und daher eine Ausweitung nach Art. 51 Abs. 1 GR-Charta auf weitere Organe und Einrichtungen verneinte, *Feik,* Zugang zu EU-Dokumenten, S. 282.

Union“[950] besteht. Mit dieser Formulierung kann zwar auf einen notwendigen Zusammenhang zu Dokumenten der Unionsorgane geschlossen werden. Eine Einschränkung, welche die Mitgliedstaaten hiervon ausnimmt, ist darin jedoch mitnichten enthalten. Denn die passive Formulierung in Bezug auf die Unionsdokumente bezweckt lediglich, ein Recht auf Zugang gerade zu Dokumenten der Union zu garantieren. Diese sind zwar typischerweise bei den in Art. 42 GR-Charta und Art. 15 Abs. 3 AEUV genannten Stellen vorhanden, allerdings muss sich der Zugangsanspruch nicht notwendigerweise nur an diese richten.

Aufgrund der Einbeziehung der Mitgliedstaaten in den Exekutiv- und Legislativprozess der Union werden gleichzeitig auch deren Dokumente vom Zugangsanspruch nach Art. 42 GR-Charta sowie Art. 15 Abs. 3 AEUV umfasst, sofern diese dem Handlungsbereich der Union zuzuordnen sind[951]. Daher ist es konsequent, die Mitgliedstaaten im Rahmen ihrer Einbindung in ebendiesen Prozess innerhalb der Union auch dem Recht auf Zugang zu Dokumenten zu verpflichten. Überdies besteht mit Art. 51 Abs. 1 GR-Charta ein hinreichender Anknüpfungspunkt, um die Verpflichtung der Mitgliedstaaten in derartiger Weise zu begrenzen, dass diese lediglich im Rahmen der Durchführung von Unionsrecht an Art. 42 GR-Charta gebunden sind. Der Anwendung von Art. 51 Abs. 1 GR-Charta auf Art. 42 GR-Charta kann auch nicht die – ohnehin umstrittene – Ansicht entgegengehalten werden, dass der Verweis des Art. 52 Abs. 2 GR-Charta auf die Grenzen der Verträge eine Spezialität gegenüber Art. 51 GR-Charta begründe, um die Adressatenbestimmung der Vertragsregelungen nicht durch die GR-Charta auszudehnen[952]. Denn aufgrund der parallelen Ausgestaltung von Art. 42 GR-Charta und Art. 15 Abs. 3 AEUV droht keine Ausweitung des Adressatenkreises. Darüber hinaus sind die Mitgliedstaaten im Rahmen der Durchführung des Unionsrechts ebenfalls an Art. 15 Abs. 3 AEUV sowie an den Grundsatz der Offenheit gebunden[953].

Überzeugend ist es daher, neben den Unionsorganen, Einrichtungen und sonstigen Stellen ebenfalls die Mitgliedstaaten dem Zugangsrecht nach Art. 42 GR-Charta zu verpflichten. Eine solche Auslegung stützt sich auch durch den

---

950 Gleichlautend in Art. 15 Abs. 3 UAbs. 1 und Art. 42 GR-Charta vorgesehen.

951 *EuG*, Urt. v. 14. Februar 2012 – Rs. T-59/09, ECLI:EU:T:2012:75, *Deutschland/Kommission,* Rn. 42; siehe zur Erstreckung des Zugangsanspruches auf Dokumente der Mitgliedstaaten auch oben Fn. 942.

952 Zu diesem Meinungsstreit *Kingreen* in: Calliess/Ruffert, Art. 42 GR-Charta, Rn. 11; *Wendler,* in: EnzEuR, Bd. 2, § 18, Rn. 38 f. m. w. N.

953 Siehe zur diesbezüglichen Verpflichtung bereits oben unter II.2.a).

Befund, dass die Mitgliedstaaten dem Grundsatz der Offenheit verpflichtet sind[954].

3. *Einschränkungsmöglichkeiten des Art. 42 GR-Charta*

Die Rechtfertigung eines Eingriffes in ein Grundrecht nach der GR-Charta unterliegt der eigenen Systematik des Art. 52 GR-Charta. Während der Rechtfertigungsvorbehalt nach Art. 52 Abs. 1 GR-Charta allgemeine Voraussetzungen für Einschränkungen der Grundrechte festlegt[955], unterliegt die Ausübung der Grundrechte nach Art. 52 Abs. 2 GR-Charta den in den Verträgen festgelegten Bedingungen und Grenzen. Diese Regelung sucht zu bezwecken, dass die in der GR-Charta garantierten Rechte denen aus den Verträgen entsprechen – und zwar sowohl im Hinblick auf den Schutzbereich als auch hinsichtlich dessen Einschränkungen[956].

Das Dokumentenzugangsrecht nach Art. 42 GR-Charta unterliegt nach allgemeiner Ansicht über Art. 52 Abs. 2 GR-Charta den in Art. 15 Abs. 3 AEUV UAbs. 2 festgelegten Bedingungen und Grenzen, die dort erwähnten Einschränkungen zum Schutze öffentlicher und privater Interessen stellen daher eine in den Verträgen festgelegte Grenze dar[957]. Die Einschränkungsmöglichkeiten des Art. 42 GR-Charta unterliegt daher zunächst denselben Voraussetzungen wie jene des Art. 15 Abs. 3 AEUV[958].

Fraglich ist allerdings, ob neben dem Einschränkungsvorbehalt nach Art. 52 Abs. 2 GR-Charta i. V. m. Art. 15 Abs. 2 UAbs. 2 AEUV zur Rechtfertigung eines Eingriffes zusätzlich die allgemeinen Voraussetzungen des Art. 52 Abs. 1 GR-Charta gewahrt werden müssen. Zwar wird nach weit überwiegender

---

954 Siehe abermals oben unter II.2.a).

955 Art. 52 Abs. 1 GR-Charta wird daher auch als *allgemeine Einschränkungsregelung* beschrieben, *Klatt,* in: von der Groeben/Schwarze/Hatje, Art. 52 GR-Charta, Rn. 5; *Schwerdtfeger,* in: Meyer/Hölscheidt, Art. 52 GR-Charta, Rn. 27.

956 *Terhechte,* in: von der Groeben/Schwarze/Hatje, Art. 52 GR-Charta, Rn. 14; *Jarass,* Art. 52 GR-Charta, Rn. 52; *Wolf,* Unionales Dokumentenzugangsrecht, S. 56 f.

957 *Heselhaus,* in: Hdb EuGR, § 60, Rn. 66; *Klatt* in: von der Groeben/Schwarze/Hatje, Art. 42 GR-Charta, Rn. 10; *Magiera,* in: Meyer/Hölscheidt, Art. 42 GR-Charta, Rn. 11; *Jarass,* Art. 42 GR-Charta, Rn. 12; *Wolf,* Unionales Dokumentenzugangsrecht, S. 56 ff.; *EuG,* Urt. v. 28. März 2017 – Rs. T-210/15, ECLI:EU:T:2017:224, *Deutsche Telekom/Kommission,* Rn. 113; *EuG,* Urt. v. 27. Februar 2018 – Rs. T-307/16, ECLI:EU:T:2018:97, *CEE Bankwatch Network/Kommission,* Rn. 67 f., 142.

958 Siehe zu diesen oben unter III.3. sowie zu den auf dem Grundsatz der Offenheit aufbauenden Einschränkungen II.4.

Ansicht Art. 52 Abs. 2 GR-Charta als *lex specialis* zu Art. 52 Abs. 1 GR-Charta betrachtet, um die Anpassung an die in den Verträgen geregelten Rechte nicht zu gefährden[959]. Doch auch unabhängig von einem derartigen Spezialitätsverhältnis würde die Ausgestaltung des Dokumentenzugangsrechts nach der VO (EG) 1049/2001 die Voraussetzungen des Art. 52 Abs. 1 GR-Charta wahren[960]. So findet sich mit der VO (EG) 1049/2001 ein Gesetzgebungsakt, welcher den Gesetzesvorbehalt nach Art. 52 Abs. 1 S. 1 GR-Charta wahrt und überdies den Wesensgehalt des Dokumentenzugangsrechts achtet.

Die Wahrung des Grundsatzes der Verhältnismäßigkeit deckt sich mit den allgemeinen Bedingungen zur Einschränkung des Zugangs zu Dokumenten. Ausfluss dessen ist der teilweise Zugang zu Dokumenten, die enge Auslegung der Ausnahmetatbestände sowie das Erfordernis der konkreten Begründung einer Ablehnung[961]. Einzig aufgrund der absoluten Ausgestaltung der Ausnahme vom Dokumentenzugang nach Art. 4 Abs. 1 VO (EG) 1049/2001 wird teilweise bezweifelt, ob diese mit dem Grundsatz der Verhältnismäßigkeit vereinbar ist[962]. Schließlich findet das Verhältnismäßigkeitsprinzip aufgrund des Zusammenhangs mit dem Grundsatz der Offenheit Anwendung, welchem als Optimierungsgebot immanent ist, dass dessen Einschränkungen unter Wahrung der Verhältnismäßigkeit erfolgen[963].

---

959 *Schwerdtfeger,* in: Meyer/Hölscheidt, Art. 52 GR-Charta, Rn. 47 m. w. N.; *Szczekalla,* in: Hdb EuGR, § 10, Rn. 72; *Wolf,* Unionales Dokumentenzugangsrecht, S. 56; a. A. *Jarass,* EuR 2013, 29, 31 f., der fordert, dass die Charta in den Überschneidungsbereichen vertragskonform ausgelegt werden müsse, sowie *Jarass,* Art. 52 GR-Charta, Rn. 54 mit Verweis darauf, dass die Vorgaben zur gesetzlichen Grundlage und dem Wesensgehalt der Grundrechte auch im Rahmen des Art. 52 Abs. 2 GR-Charta zum Tragen kommen können.

960 *Heselhaus,* in: Hdb EuGR, § 60, Rn. 66 ff.; *Jarass,* Art. 42 GR-Charta, Rn. 12 ff.

961 Zu diesen Anwendungsgrundsätzen der VO (EG) 1049/2001 siehe schon oben unter § 4.A.II.; siehe auch *Klatt,* in: von der Groeben/Schwarze/Hatje, Art. 42 GR-Charta, Rn. 11 f.; *Jarass,* Art. 42 GR-Charta, Rn. 14 f.; *Heselhaus,* in: Hdb EuGR, § 60, Rn. 68 f.

962 Explizit auf Art. 42 GR-Charta bezogen *Heselhaus,* in: Hdb EuGR, § 60, Rn. 78; der Meinungsstreit deckt sich mit demjenigen der Vereinbarkeit der absoluten Ausnahmetatbestände mit dem Grundsatz der Offenheit. Überdies werden im Rahmen dieser Arbeit die absoluten Ausnahmetatbestände als abstrakt mit dem Grundsatz der Verhältnismäßigkeit vereinbar erachtet, siehe daher oben unter § 4.A.II.2.d).

963 Zu dessen Einschränkungsmöglichkeiten sowie der Notwendigkeit einer Verhältnismäßigkeitsprüfung siehe oben unter II.4.

4. *Zwischenergebnis*

Das Recht auf Zugang zu Dokumenten wird gleichlautend in Art. 42 GR-Charta sowie in Art. 15 Abs. 3 AEUV fixiert. Insofern ergeben sich keine Unterschiede im Hinblick auf die Berechtigten, Verpflichteten sowie den objektiven Schutzbereich. Es überzeugt insbesondere, die Mitgliedstaaten aufgrund der Bindungsklausel nach Art. 51 Abs. 1 GR-Charta an das Zugangsrecht nach Art. 42 GR-Charta zu binden. Die Einschränkungen des Art. 42 GR-Charta müssen sich aufgrund der Transferklausel in Art. 52 Abs. 2 GR-Charta an Art. 15 Abs. 3 AEUV orientieren. Daher wird das Dokumentenzugangsrecht nach Art. 42 GR-Charta ebenfalls durch Sekundärrecht ausgestaltet, welches die Einschränkungen zugunsten öffentlicher und privater Interessen festlegt. Gleichauf mit der Möglichkeit von Einschränkungen des Art. 15 Abs. 3 AEUV bildet auch in diesem Fall der Grundsatz der Offenheit den Maßstab dafür, inwieweit Einschränkungen zulässig sind – das Interesse am Zugang zu Dokumenten muss somit gegen die schutzwürdigen öffentlichen und privaten Interessen abgewogen werden.

V. Fazit der Bestandsaufnahme

Die transparenzrechtlichen Anforderungen des Primärrechts basieren auf dem in Art. 1 Abs. 2 und Art. 10 Abs. 3 S. 2 EUV sowie Art. 15 Abs. 1 AEUV verankerten Grundsatz der Offenheit. Dieser Grundsatz enthält eine objektivrechtliche Verpflichtung an die Organe der Union zur Herstellung größtmöglicher Transparenz des Entscheidungsprozesses sowie der Ergebnisse des Handelns. Somit stellt der Grundsatz der Offenheit eine über eine Zielvorgabe hinausgehende, rechtliche Verpflichtung im Sinne eines Optimierungsgebotes dar. Insofern sind sowohl die Entscheidungen der Organe bezüglich der Herstellung von Transparenz als auch die Ausgestaltung der Transparenz durch Sekundärrecht an ihm zu messen. Über die Verpflichtung der Unionsorgane hinaus werden auch die Mitgliedstaaten dem Grundsatz der Offenheit verpflichtet, sofern deren Handeln dem Rechtskreis der Union zugeordnet werden kann.

Konkretisiert wird der Grundsatz der Offenheit durch das sowohl in Art. 15 Abs. 3 AEUV als auch in Art. 42 GR-Charta verankerte Recht auf Zugang zu Dokumenten. Dieses Recht gibt die Rahmenbedingungen für die sekundärrechtliche Ausgestaltung des Zugangsrechts vor. Über die Gewährleistung des voraussetzungslosen Zugangs zu Dokumenten der Union hinaus ist Art. 15 Abs. 3 AEUV keine eigenständige Schrankenregelung zu entnehmen, sondern lediglich ein Rechtsetzungsauftrag zur Schaffung von Sekundärrecht, welches die Einschränkungen des Zugangs festlegt. Diese wiederum müssen mit dem Grundsatz der Offenheit in Einklang stehen. Gleiches gilt für das in Art. 42 GR-Charta parallel zu Art. 15 Abs. 3 AEUV normierte Recht auf Zugang zu Dokumenten. Dessen Ausübung erfolgt nach Art. 52 Abs. 2 GR-Charta nur vorbehaltlich der in den Verträgen festgelegten Bedingungen und Grenzen, somit nur im Rahmen der Einschränkungen des Grundsatzes der Offenheit. Auch die Mitgliedstaaten sind dem Recht auf Zugang zu Dokumenten verpflichtet, sofern sie im Rahmen der Durchführung von Unionsrecht tätig werden – Art. 51 GR-Charta bietet einen hinreichenden Anknüpfungspunkt für eine derartige Verpflichtung nach Art. 42 GR-Charta.

B. Anforderungen des Grundsatzes der Offenheit an den Zugang zu völkerrechtlichen Verhandlungsdokumenten

Die Untersuchung des Zugangs zu völkerrechtlichen Verhandlungsdokumenten kann sich nicht auf eine sekundärrechtliche Betrachtung des Zugangsrechtsrechts beschränken, sondern muss mit einbeziehen, ob die primärrechtlichen Anforderungen des Grundsatzes der Offenheit den Zugang zu diesen Dokumenten erfordern. Der Grundsatz der Offenheit verpflichtet die Unionsorgane zu größtmöglicher Transparenz sowohl des Entscheidungsprozesses als auch des Ergebnisses ihres Handelns. Indes gilt die Verpflichtung zum Grundsatz der Offenheit nicht uneingeschränkt[964]. Die aus dem Grundsatz der Offenheit abgeleitete, primärrechtliche Verpflichtung der Gewährung eines Zugangs zu Dokumenten erfordert, dass eine Abwägung zwischen dem allgemeinen Zugangsinteresse und den gegenläufigen Interessen an der Vertraulichkeit völkerrechtlicher Verhandlungsdokumente stattfindet. Folgend wird zunächst das allgemeine Interesse am Zugang zu den Verhandlungsdokumenten erläutert (unter I.), anschließend werden legitime Interessen, welche dem Zugang zu diesen Dokumenten entgegenstehen, aus dem Primärrecht erarbeitet (unter II.). Abschließend wird im Wege einer Verhältnismäßigkeitsprüfung erörtert, ob sich die diametralen Interessen in Einklang bringen lassen oder einem der Interessen der Vorzug zu geben ist (unter III.).

I. Stellenwert des allgemeinen Interesses am Zugang zu völkerrechtlichen Verhandlungsdokumenten

Der Grundsatz der Offenheit bezweckt, eine bessere Beteiligung der Bürger an den Entscheidungsprozessen der Union sicherzustellen und dient der

964 Siehe zu den Möglichkeiten der Einschränkung des Grundsatzes der Offenheit bereits oben unter A.II.4.

Einbindung der Bürger in das demokratische System der Union[965]. Insofern besteht ein allgemeines Interesse an der Transparenz des Unionshandelns. Dieses konkretisiert sich in dem allgemeinen und voraussetzungslosen Zugangsinteresse zu Dokumenten nach Art. 15 Abs. 3 AEUV[966]. Zwar besteht ein erhöhtes Interesse an der Transparenz von Dokumenten im Bereich legislativen Handelns[967]. Der Verpflichtung zur Beachtung des Grundsatzes der Offenheit lässt sich demgegenüber nicht entnehmen, dass hiervon ausschließlich legislative Akte erfasst sind oder das Handeln im Bereich der völkerrechtlichen Vertretung gänzlich ausgenommen ist[968].

Bereits GA *Sharphston* hat in ihrem Schlussantrag zur Rechtssache *Rat/in't Veld*[969] darauf hingewiesen, dass der Transparenz im Rahmen völkerrechtlicher Verträge ebenso ein erhöhtes Gewicht zuzumessen sei wie im Bereich des legislativen Handelns. Zwar müsse das besondere Aushandlungsverfahren völkerrechtlicher Verträge Berücksichtigung finden, daraus lasse sich jedoch nicht ableiten, dass dieser Bereich geringeren Transparenzanforderungen unterliege. Vielmehr müsse der Transparenz je nach Inhalt des Abkommens sowie dessen Auswirkungen auf den Unionsbürger ein erhöhtes Gewicht zukommen.[970]

Obschon völkerrechtliche Verträge nicht unter den Begriff der Gesetzgebungsakte nach Art. 289 Abs. 3 AEUV fallen[971], wird das Bedürfnis nach erhöhter Transparenz auch im Rahmen völkerrechtlicher Verträge durch deren strukturelle Gemeinsamkeiten mit legislativen Akten deutlich. Denn sowohl

965 *EuGH*, Urt. v. 9. November 2010 – Verb. Rs. C-92/09 und C-93/09, ECLI:EU:C:2010:662, *Schecke und Eifert/Land Hessen*, Rn. 68; *Heselhaus*, in: Frankfurter Kommentar, Art. 15 AEUV, Rn. 16; vgl. zur Verknüpfung zwischen Transparenzgebot und Demokratieprinzip oben unter A.II.3.

966 *Gellermann*, in: Streinz, Art. 15 AEUV, Rn. 9; *Heselhaus*, in: Frankfurter Kommentar, Art. 15 AEUV, Rn. 33; *Görlitz/Schoo*, in: Schwarze/Becker/Hatje/Schoo, Art. 15 AEUV, Rn. 23.

967 Vgl. hierzu oben unter A.III.3 sowie bereits unter § 4.A.3.

968 So speziell für den Bereich der GASP *Eeckhout*, External Relations, S. 418; zur Problematik der Bereichsausnahmen innerhalb der VO (EG) 1049/2001 vgl. *Wegener*, in: Calliess/Ruffert, Art. 15 AEUV, Rn. 28; explizit zum grundsätzlich der Exekutive zugewiesenen Bereich des Abschlusses völkerrechtlicher Verträge *EuGH*, Urt. v. 3. Juli 2014 – Rs. C-350/12 P, ECLI:EU:C:2014:2039, *Rat/in't Veld*, Rn. 76.

969 SchlA *Sharpston* v. 13. Februar 2014, ECLI:EU:C:2014:88 zu *EuGH*, Urt. v. 3. Juli 2014 – Rs. C-350/12 P, ECLI:EU:C:2014:2039, *Rat/in't Veld*.

970 SchlA *Sharpston* v. 13. Februar 2014, ECLI:EU:C:2014:88, Rn. 97, 100 zu *EuGH*, Urt. v. 3. Juli 2014 – Rs. C-350/12 P, ECLI:EU:C:2014:2039, *Rat/in't Veld*.

971 Hierzu bereits oben unter § 3.C.II.1.a).

Gesetzgebungsakte als auch völkerrechtliche Verträge der Union sind geeignet, eine unmittelbare Wirkung auf den Unionsbürger herbeizuführen. Doch selbst in solchen Fällen, in denen diese ausgeschlossen wird, zeigt sich, dass die völkerrechtliche Bindung im Außenverhältnis geeignet ist, den Handlungsspielraum des Unionsgesetzgebers einzuschränken.[972] Auf eine derartige besondere Berücksichtigung des Transparenzinteresses hat das Gericht erster Instanz bereits in der Rechtssache *in't Veld/Rat*[973] hingewiesen, indem es die erhöhte Bedeutung der Transparenz legislativer Verfahren auch für den Bereich völkerrechtlicher Verträge annimmt, sofern diese Einfluss auf die Gesetzgebungstätigkeit der Union haben[974].

Folglich müssen auch die den Gesetzgeber bindenden völkerrechtlichen Abkommen im Lichte der Anforderungen an die erhöhte Transparenz der legislativen Tätigkeit betrachtet werden. Dem allgemeinen Interesse am Zugang zu völkerrechtlichen Verhandlungsdokumenten kommt daher ebenso wie im Rahmen der Gesetzgebung ein erhöhtes Gewicht zu.

II. Gegenläufige Interessen zur Einschränkung des Transparenzgebotes – legitimer Zweck

Der Veröffentlichung völkerrechtlicher Verhandlungsdokumente können die Interessen des Schutzes der Verhandlungsposition der Union sowie der Vertraulichkeit internationaler Verhandlungen entgegenstehen. Dies lässt sich bereits der Berufung der Union auf derartige Erwägungen zur Verweigerung des Zugangs zu Verhandlungsmandat und konsolidierten Verhandlungsdokumenten entnehmen[975]. Als legitimer Zweck, welcher eine Einschränkung des Transparenzgebotes rechtfertigen würde, kann daher der Schutz der Unionsinteressen im Hinblick auf eine effektive Durchsetzung außenpolitischer Ziele gelten (unter 1.). Zudem bedarf es einer Diskussion, ob den Organen speziell im Bereich internationaler Beziehungen ein nicht ausforschbarer Ermessensspielraum zuzugestehen ist, um das Klima diplomatischer Vertraulichkeit zu schützen (unter 2.).

---

972 Siehe auch oben unter § 2.D.II; zur Geltung von durch die Union geschlossenen völkerrechtlichen Verträgen ferner *Vöneky/Beylage-Haarmann*, in: Grabitz/Hilf/Nettesheim, Art. 216 AEUV, Rn. 42 ff.

973 *EuG*, Urt. v. 4. Mai 2012 – Rs. T-529/09, ECLI:EU:T:2012:215, *in't Veld/Rat*.

974 *EuG*, Urt. v. 4. Mai 2012 – Rs. T-529/09, ECLI:EU:T:2012:215, *in't Veld/Rat*, Rn. 88 ff.; insofern bestätigt durch *EuGH*, Urt. v. 3. Juli 2014 – Rs. C-350/12 P, ECLI:EU:C:2014:2039, *Rat/in't Veld*, Rn. 102.

975 Vgl. oben unter § 4.B.II.1.b).(1).

1. *Schutz des Interesses an der effektiven Durchführung der vertraglichen Außenpolitik*

Die Unionsinteressen erfahren – wie bereits oben aufgezeigt[976] – an verschiedenen Stellen des Primärrechts entsprechende Konkretisierungen. Speziell im Bereich des auswärtigen Handelns ist die Union nach Art. 3 Abs. 5, Art. 21 Abs. 1 UAbs. 2 EUV bestrebt, die Beziehungen zu Drittstaaten auszubauen und so ihre Interessen durchzusetzen. Das Interesse der Union insbesondere am Abschluss von völkerrechtlichen Abkommen im Bereich der Handelspolitik wird nicht nur anhand der allgemeinen Zielvorgabe des Art. 3 Abs. 5 S. 2 EUV deutlich, sondern ist in Art. 206 AEUV explizit festgelegt. Letzterer sieht das Ziel der Handelspolitik der Union unter anderem in der Entwicklung des Welthandels sowie dem Abbau globaler Handelsbeschränkungen verortet[977]. Die Konturierung dieser Zielvorgaben durch konkrete Abkommen ist in das Ermessen von Kommission, Hohem Vertreter und Rat gestellt. Insofern bleibt es diesen Organen überlassen, welche Unionsinteressen mit den zu schließenden Abkommen verfolgt werden und bis zu welchem Grad diese in den Verhandlungen verwirklicht werden können. Dem Rat ist es mithilfe der Verhandlungsleitlinien möglich, Schwerpunkte in den Verhandlungen zu setzen und so das Interesse der Union auf bestimmte Bereiche zu lenken. Ebenso ist es der Kommission oder dem Hohen Vertreter möglich, in den Verhandlungen bestimmte Interessen gegenüber anderen Positionen zu priorisieren.[978]

Über die konkreten Interessen an der Durchsetzung außenpolitischer Ziele hinaus besteht zudem ein übergeordnetes Interesse der Union an einer effektiven Entscheidungsfindung[979]. Konkret schlägt sich dieses in dem Interesse der Union an einer effektiven Gestaltung der ohnehin langwierigen völkerrechtlichen Verhandlungen nieder, um somit sowohl zu einem raschen als auch möglichst günstigen Verhandlungsabschluss zu gelangen. Die alleinige Erwägung, dass Transparenz zu einem erhöhten Aufwand führe und somit die Verhandlungen

---

976 Vgl. oben unter A.II.4.c).

977 Zur Umsetzung der Ziele der Union im Bereich der Handelspolitik durch internationale Abkommen siehe auch *Cottier/Trinberg*, in: von der Groeben/Schwarze/Hatje, Art. 206 AEUV, Rn. 12 ff.

978 *Tauschinsky/Weiß*, EuR 2018, 3, 15 f. mit Hinweis darauf, dass als Unionsinteresse nur solche Interessen gelten könnten, welche auch Chancen auf Realisierung mit dem Drittstaat haben.

979 Zur nur teilweisen Eignung von Effizienzerwägungen als Rechtfertigungsmaßstab zur Einschränkung des Grundsatzes der Offenheit siehe oben unter A.II.4.b).

verzögere, kann als reine Effizienzerwägung indes nicht als Rechtfertigungsgrund zur Einschränkung des Grundsatzes der Offenheit angeführt werden. Sowohl Mehraufwand als auch zeitliche Verzögerungen sind als Nebenfolgen erhöhter Transparenz zu akzeptieren und können daher nicht als zu schützender Zweck geltend gemacht werden[980].

Hingegen sind diese Erwägungen zumindest dann als legitimer Zweck zur Einschränkung von Transparenz anzuerkennen, wenn die Effektivität der Verhandlungen durch die vorzeitige Verbreitung von eigenen und fremden Positionen leidet. Solche Einbußen liegen dann vor, wenn nicht das bestmögliche Verhandlungsergebnis erzielt werden kann oder der Abschluss des Abkommens in Gänze zu scheitern droht. Derartige Effektivitätserwägungen können sich im Falle einer Verbreitung der Verhandlungsrichtlinien, welche Mindesterwartungen für die Verhandlungen enthalten, als tragfähig erweisen. Denn die Kenntnis des Verhandlungspartners über die Priorisierungen einzelner Verhandlungspositionen birgt die Gefahr, ebenjene Prioritäten zur Bedingung für Positionen des Verhandlungspartners zu stellen, welche ansonsten nicht oder nur unter erheblichen Eingeständnissen durchgesetzt werden könnten. Auch die konsolidierten Verhandlungsdokumente weisen abweichende Positionen zwischen den Verhandlungsparteien auf, welche oftmals im Wege von Paketlösungen ausgehandelt werden, um gleichermaßen starke und schwache Positionen durchzusetzen[981]. Die Verhandlungsführung mittels eines Abschlusses von Kompromissen oder einer Aufgabe von erzielten Positionsgewinnen zugunsten anderer Positionen kann durch einen öffentlichen Diskurs erheblich beeinträchtigt werden. Ebenso kann eine frühzeitige Bekanntgabe von Kompromissbereitschaft den Druck auf die Verhandlungsparteien erhöhen, vorläufig abgeschlossene Verhandlungspakete nicht zugunsten neuer Kompromisse aufzugeben.

Daher können sowohl die Veröffentlichung des Verhandlungsmandates als auch der konsolidierten Verhandlungsdokumente eine effektive Verhandlungsführung stören. Die Berufung auf den Schutz des Unionsinteresses zur effektiven Durchsetzung der vertraglichen Außenpolitik ist daher als legitimes Schutzgut zur Einschränkung des Grundsatzes der Transparenz anzuerkennen.

---

980 Vgl. oben unter A.II.4.b).

981 *Giegerich,* in: Frankfurter Kommentar, Art. 218 AEUV, Rn. 44; zur Verhandlungsführung vgl. oben unter § 2.C.I.2.

2. *Schutz eines vertraulichen diplomatischen Klimas – eine Bereichsausnahme?*

Im Bereich der auswärtigen Tätigkeit der Union stellt sich die Frage, ob – unabhängig vom Schutz konkreter Verhandlungspositionen – der Schutz der diplomatischen Beziehungen zu Drittstaaten bereits *per se* geeignet ist, eine rechtfertigende Einschränkung der Transparenz darzustellen. Die VO (EG) 1049/2001 konkretisiert in Art. 4 Abs. 1 lit. a), 1. Spiegelstrich explizit das öffentliche Interesse auf den Schutz der internationalen Beziehungen und erkennt somit deren grundsätzliche Vertraulichkeit an. Anknüpfend an die Problematik, ob Vertraulichkeitsvereinbarungen mit dem Drittstaat bereits den Schutz der internationalen Beziehungen rechtfertigen können[982], bedarf es an dieser Stelle der Klärung, ob dem Schutz der Vertraulichkeit diplomatischer Beziehungen an sich eine Bereichsausnahme zu entnehmen ist, welche Einschränkungen der Transparenz rechtfertigen würde.

Wie bereits vorangegangen erwähnt, besteht ein Interesse der Union an dem Ausbau der Beziehungen zu Drittstaaten. Die Vertiefung ebendieser Beziehungen durch völkerrechtliche Verträge geht oftmals mit der Verpflichtung zur Vertraulichkeit der Verhandlungen einher. Diese wird oftmals gegenseitig zugesichert, bevor etwaige Verhandlungen aufgenommen werden.[983] Der Verstoß gegen eine solche Verpflichtung mag einerseits zwar geeignet sein, zwischenstaatliche Beziehungen zu stören und diplomatische Verwerfungen zu erzeugen. Die Organe der Union sind andererseits jedoch dem Primärrecht nach bereits zu größtmöglicher Transparenz verpflichtet. In Kenntnis dessen eine Vertraulichkeitserklärung zu unterzeichnen, welche dem Grundsatz der Offenheit zuwiderläuft, erscheint zirkelschlüssig. Den Unionsorganen kann schließlich keine Möglichkeit eröffnet werden, eigenständig durch Vertraulichkeitsvereinbarungen einen Rechtfertigungsgrund zur Einschränkung des Transparenzgebotes herbeizuführen. Der Schutz diplomatischer Beziehungen aufgrund einer im Außenverhältnis bestehenden Pflicht zur Vertraulichkeit kann daher nicht als Bereichsausnahme zur Einschränkung der Transparenz geltend gemacht werden. Sofern der Verhandlungspartner hingegen einseitig die Verhandlungen an

---

982 Im Rahmen des Art. 4 Abs. 1 lit. a) VO (EG) 1049/2001 ist eine Vertraulichkeitsvereinbarung an sich nicht geeignet, die Annahme des Ausnahmetatbestandes zu rechtfertigen. Hingegen zeugt eine solche von dem Bedürfnis nach erhöhter Vertraulichkeit, deren Bruch wiederum die Anwendung des Ausnahmetatbestandes ermöglicht, siehe oben unter § 4.B.II.1.b).(5).

983 Vgl. zu derartigen Vertraulichkeitsvereinbarungen, insb. zu *TTIP*, oben unter § 2.C.I.3.

eine besondere Vertraulichkeit knüpft, so ist dieses Interesse an einem vertraulichen Klima gegenüber dem Interesse der Union an größtmöglicher Transparenz abzuwägen.

Etwas anderes würde sich auch nicht ergeben, sofern man den Unionsorganen einen dem Kernbereich exekutiver Eigenverantwortung ähnlichen, nicht ausforschbaren Entscheidungsspielraum zugestehen würde[984]. Zwar sind die Verhandlungen über völkerrechtliche Verträge explizit der Kommission sowie dem Rat nach Art. 218 AEUV zugewiesen und obliegen daher ihrer internen Entscheidungsbefugnis. Die Transparenz innerhalb der Union soll sich allerdings auch auf die Entscheidungsfindung beziehen und nicht nur Ergebnistransparenz garantieren[985].

III. Abwägung zwischen dem allgemeinen Zugangsinteresse und der Geheimhaltung der Verhandlungsdokumente

Dem Spannungsverhältnis zwischen dem allgemeinen Interesse am Zugang zu Dokumenten und den schutzwürdigen Interessen an der Geheimhaltung völkerrechtlicher Verhandlungsdokumente kann keine vorab festgelegte Priorisierung entnommen werden. Es bedarf daher einer Abwägung zwischen den kollidierenden Interessen und einer Auflösung dieses Konfliktes im Wege praktischer Konkordanz.

Eine solche Abwägung erfolgte bislang weder in der Literatur noch seitens der Unionsgerichte, welche den Organen im Rahmen der Prüfung des Vorliegens einer Ausnahme nach Art. 4 Abs. 1, 1. Spiegelstrich VO (EG) 1049/2001 ein erhebliches Ermessen zugestehen[986], überdies allerdings keine Prüfung der Verweigerung anhand des Grundsatzes der Offenheit vorgenommen haben. Im Folgenden wird daher zunächst die Notwendigkeit einer Einschränkung der Transparenz diskutiert, daran anschließend die Erforderlichkeit einer vollständigen Verweigerung des Zugangs zu Dokumenten sowie zuletzt die Angemessenheit der Einschränkung der sich gegenüberstehenden Interessen.

---

984 Die exekutive Eigenverantwortung als unausforschbarer Bereich des Regierungshandelns ist u. a. im deutschen Recht anerkannt, vgl. oben Fn. 312 und 455; dem institutionellen Rahmen der Union ist eine klassische Aufteilung der Gewalten hingegen fremd, vgl. *Brauneck*, NVwZ 2016, 489, 494.

985 Vgl. bereits oben unter A.II.2.b).

986 *EuGH*, Urt. v. 1. Februar 2007 – Rs. C-266/05 P, ECLI:EU:C:2007:75, *Sison/Rat*, Rn. 36; *EuGH*, Urt. v. 3. Juli 2014 – Rs. C-350/12 P, ECLI:EU:C:2014:2039, *Rat/in't Veld*, Rn. 63; siehe auch oben unter § 4.A.II.2.b).

1. *Notwendigkeit der Einschränkung*

Zunächst bedarf es einer Bestimmung, inwieweit ein Spannungsverhältnis zwischen der Transparenz der völkerrechtlichen Verhandlungsdokumente und den zu schützenden Interessen besteht - mithin einer Klärung der Frage, ob der Einschränkung der Transparenz ein legitimer Zweck entgegensteht. Denn eine Gefährdung der Unionsinteressen durch die Verbreitung von Verhandlungsdokumenten kann nicht in jedem Fall angenommen werden - an dieser Stelle gilt gleiches wie auch schon für die Beeinträchtigung der internationalen Beziehungen im Sinne des Art. 4 VO (EG) 1049/2001[987].

Der Kommission und dem Rat ist zunächst zuzugestehen, dass es aus verhandlungstaktischen Gründen nachteilig sein kann, wenn bestimmte Verhandlungspositionen vorab bekannt werden. Dies kann jedoch nur für solche Positionen gelten, die bewusst erst später in die Verhandlungen eingebracht werden sollen, da einzelne Positionen aus den Verhandlungsrichtlinien - insbesondere der grobe Zielrahmen des Abkommens - bereits vor Verhandlungsbeginn mit dem Drittstaat abgestimmt oder diesem gegenüber zu Anfang der Verhandlungen eröffnet werden. Schützenswert sind daher nur solche Positionen, welche dem Verhandlungspartner nicht bekannt sind, wie etwa Priorisierungen in den Verhandlungsrichtlinien und andere taktische Verhandlungserwägungen. Im Falle der Verbreitung dieser Verhandlungserwägungen sowie eines sich daran anschließenden öffentlichen Diskurses wäre der Verhandlungspartner in der Lage, den öffentlichen Druck auf die Kommission in gewissen Positionen auszunutzen. Die Kommission könnte sich dann aufgrund des öffentlichen Drucks gezwungen sehen, einzelne Verhandlungspunkte entweder aufzugeben oder gegenteilig vorrangig durchzusetzen. Einen solchen Diskurs über die Verhandlungsrichtlinien kann der Verhandlungspartner wiederum in seine Verhandlungstaktik einfließen lassen, indem er wichtige Verhandlungspunkte der Union nur unter erheblichen Zugeständnissen akzeptiert. Beschränkt werden muss die Notwendigkeit der Vertraulichkeit allerdings auf die Fälle, in denen das Verhandlungsmandat tatsächlich taktische Erwägungen formuliert und nicht bloß eine Auflistung der allgemeinen Verhandlungsinteressen enthält, wie sie durch

987 Siehe diesbezüglich oben bei den Ausnahmen zur VO (EG) 1049/2001 unter § 4.B.II. 1.b).(5).(i).

das Primärrecht beispielsweise in Art. 21 EUV oder Art. 206, 207 AEUV vorgegeben sind[988].

Zugleich können auch die konsolidierten Verhandlungsdokumente taktische Erwägungen der Union sowie des Drittstaates erkennen lassen. Besonders die Durchführung der Verhandlungen kennzeichnet sich durch derartige Taktiken, welche die unterschiedlichen Positionen in Einklang zu bringen versuchen. So können Kompromisslösungen über mehrere Punkte vereinbart werden oder geschlossene Kompromisse zugunsten anderer Positionen abgeändert werden. Im Stadium der Verhandlungen sind die konsolidierten Verhandlungsdokumente zwar beiden Seiten bekannt, diese sollen jedoch zur Vermeidung eines öffentlichen Diskurses vertraulich bleiben. Die öffentliche Auseinandersetzung mit noch nicht abgeschlossenen Verhandlungen könnte auf beide Verhandlungspartner Druck ausüben, bestimmte Verhandlungsergebnisse frühzeitig zu fixieren oder von diesen abzurücken. Die Führung der Verhandlungen unter Zuhilfenahme taktischer Überlegungen, bestimmte Punkte zu priorisieren oder nur im Paket auszuhandeln, könnte daher auf beiden Seiten durch einen öffentlichen Diskurs empfindlich gestört werden.

Über diese Erwägungen zum Schutz der effektiven Verhandlungen hinaus ist ein grundsätzlicher Schutz der Vertraulichkeit der Verhandlungen nicht anzuerkennen. Allerdings besteht die Möglichkeit, dass der Drittstaat nur unter Zusicherung vertraulicher Behandlung der Dokumente die Aushandlung eines Abkommens aufnimmt. In einem solchen Falle besteht die Notwendigkeit, den Zugang zu völkerrechtlichen Verhandlungsdokumenten zu beschränken, um die Verhandlungen über ein Abkommen nicht *ab initio* scheitern zu lassen. An eine derartige Vertraulichkeit müssen jedoch hohe Anforderungen gestellt werden – so bedarf es konkreter Anhaltspunkte, dass der Drittstaat die Zusicherung der Vertraulichkeit verlangt.

Es ergeben sich somit sowohl im Bereich des Verhandlungsmandates als auch in Bezug auf die konsolidierten Verhandlungsdokumente schutzwürdige Interessen, die es notwendig erscheinen lassen, die Verbreitung der völkerrechtlichen Verhandlungsdokumente einzuschränken. Diese bezweckt zunächst den Schutz der eigenen Verhandlungsposition der Union, welche durch den Drittstaat ausgenutzt werden kann. Überdies kann ein öffentlicher Diskurs die effektive Verhandlungsführung beider Parteien empfindlich stören. Auch eine notwendige

988 Zu dieser Einschränkung, welche bereits für die Annahme einer Beeinträchtigung der internationalen Beziehungen im Rahmen des Art. 4 Abs. 1 VO (EG) 1049/2001 gilt, siehe oben unter § 4.B.II.1.b).(5).

Zusicherung der Vertraulichkeit der Verhandlungen kann als legitimer Zweck den Erfordernissen des Grundsatzes der Offenheit entgegenstehen.

2. Teilzugang und nachträgliche Veröffentlichung als mildere Mittel?

Das Interesse an der Veröffentlichung könnte indes bereits durch eine teilweise Unkenntlichmachung der schützenswerten Positionen gegenüber den Schutzinteressen ausgeglichen werden[989]. Als problematisch stellt sich bei einem nur teilweisen Zugang heraus, dass das öffentliche Interesse an völkerrechtlichen Verhandlungsdokumenten sich nicht nur auf die allgemeinen Zielvorgaben des Abkommens begrenzt, welche ohnehin nicht schützenswert sind[990], sondern gerade an besonders kritischen und umstrittenen Verhandlungspositionen besteht. So ist der Teil eines Verhandlungsmandates von besonderem Interesse, welcher Prioritäten der Union in den Verhandlungen sowie taktische Positionen, welche von dem Abkommensentwurf abweichen, erkennen lässt. Zudem sind solche Teile des Verhandlungsmandates relevant, welche einen Unterschied in der Verhandlungsführung zu anderen Abkommen erkennen lassen.

Gleichermaßen verhält es sich bei den konsolidierten Verhandlungsdokumenten – von besonderem Interesse an diesen Dokumenten sind nicht nur die Positionen, auf welche sich die Parteien bereits geeinigt haben, sondern insbesondere jene, bei denen Differenzen zwischen den Verhandlungspartnern bestehen. Eine teilweise Unkenntlichmachung der konsolidierten Verhandlungsdokumente stößt zudem auf das Problem, dass auch bereits ausgehandelte Punkte des Abkommens vor Abschluss der Verhandlungen dem Vorbehalt der Änderung oder Aufhebung unterliegen. Die Vermeidung eines öffentlichen Diskurses über vorläufig ausgehandelte Verhandlungspunkte, welcher die Kompromissfähigkeit beider Parteien stört, kann nur durch eine komplette Zugangsverweigerung erfolgen. Der Teilzugang dürfte sich ansonsten nur auf fest ausgehandelte Punkte beschränken – solche können aufgrund des Änderungsvorbehaltes der einzelnen Punkte bis zum Abschluss des Abkommens in Gänze allerdings nicht garantiert werden.

Auch die nachträgliche Veröffentlichung der Verhandlungsdokumente nach Abschluss eines Abkommens würde nicht zu einer Auflösung des

989 Dies sieht bereits die VO (EG) 1049/2001 als Pflicht vor, sofern eine Ausnahme sich nur auf Teilbereiche eines Dokumentes erstreckt, siehe Art. 4 Abs. 6 VO (EG) 1049/2001; aus der Rechtsprechung *EuGH*, Urt. v. 6. Dezember 2001 – Rs. C-353/99 P, ECLI:EU:C:2001:661, *Rat/Hautala*, Rn. 27, 29.

990 Vgl. oben unter § 4.B.II.1.b).(5) sowie unter 1.

Spannungsverhältnisses zwischen Transparenz und Schutz der Unionsinteressen führen. Der dem Unionsbürger zugewiesene *status activus* verlangt, dass dieser bereits im Vorfeld der Entscheidungsfindung über die Handlungen der Organe informiert wird und so einen aktiven Einfluss auf das Entscheidungsergebnis ausüben kann. Eine Begrenzung der Kontrollfunktion des Bürgers nur auf bestimmte Rechtsbereiche oder auf eine lediglich nachträgliche Kontrolle sieht der Grundsatz der Offenheit nicht vor – gegenteilig weist Art. 10 Abs. 3 S. 2 EUV dem Bürger ein Informations- und Kontrollrecht schon vor Abschluss der Entscheidungen zu.[991] Somit kann es dem Grundsatz der Offenheit weder genügen, nur einen Teilzugang zu den völkerrechtlichen Verhandlungsdokumenten zu gewähren, noch die Dokumente nachträglich nach Abschluss eines Abkommens zu veröffentlichen.

3. Abwägung zwischen den Interessen – Verhältnismäßigkeit im engeren Sinne

Da das Spannungsverhältnis zwischen der notwendigen Vertraulichkeit der Verhandlungen zu völkerrechtlichen Abkommen und insbesondere einzelner Positionen auf der einen Seite sowie dem transparenzrechtlichen Interesse am Zugang zu solchen Dokumenten auf der anderen Seite nicht aufgelöst werden kann, bedarf es einer Abwägung, ob dem Schutz des Interesses der Union an einer effektiven Verhandlungsführung gegenüber der Transparenz der Verhandlungen der Vorzug zu geben ist. Folgend werden daher die legitimen Schutzinteressen zunächst gegenüber der Verbreitung des Verhandlungsmandates sowie anschließend gegenüber der Verbreitung der konsolidierten Verhandlungsdokumente abgewogen.

a) Verbreitung des Verhandlungsmandates

Die Union bezweckt mit der Vertraulichkeit des Verhandlungsmandates, die eigenen Interessen innerhalb der Verhandlungen sowie die Prioritäten der einzelnen Verhandlungspositionen nicht öffentlich bekannt zu machen. Dem steht entgegen, dass sich die Öffentlichkeit über derartige Interessen und Prioritäten der Union informieren möchte, um so bereits vor Beginn der Verhandlungen

---

991 Siehe zum diesbezüglichen Zweck der Transparenz im Kontext der Demokratie in der Europäischen Union oben unter A.II.3 sowie zur Transparenz der Entscheidungsprozesse in der Union A.II.2.b).

mit dem Drittstaat Einfluss auf das auszuhandelnde Abkommen nehmen zu können.

Sofern die öffentliche Meinungsbildung sich mit den Zielen der Union deckt, welche im Abkommen durchgesetzt werden sollen, steht die Verbreitung des Verhandlungsmandates bereits nicht den durch die Union geschützten Interessen gegenüber. Denn der öffentliche Konsens über den in den Verhandlungsrichtlinien erwähnten Inhalt würde die Union in ihrem Bestreben zum Abschluss eines derartigen Abkommens nur bestärken. Problematisch wird der öffentliche Diskurs erst dann, wenn die Erwägungen der Unionsorgane über das avisierte Abkommen von den Ansichten der Bürger abweichen. Dies würde die Verhandlungsführer in die Lage versetzen, bestimmte Positionen in den nachfolgenden Verhandlungen aufgrund der öffentlichen Meinungsbildung nicht durchsetzen zu können oder gegenteilig anderen Punkten gegenüber zu priorisieren.

Gleichwohl liegt auch ein derartiger öffentlicher Einfluss auf die Gestaltung der Verhandlungen bereits im frühen Stadium des Verhandlungsmandates im Interesse der Union. Denn Transparenz bezweckt gerade die frühzeitige aktive Einbindung der Bürger in den Rechtsetzungsprozess der Union[992]. Sofern gegen bestimmte Verhandlungspositionen Widerstand in der Bevölkerung besteht, kann es nicht im Interesse der Union liegen, diese in den späteren Verhandlungen durchzusetzen. Denn als demokratisch legitimierte Organe müssen Kommission und Rat in völkerrechtlichen Verhandlungen im Sinne der Unionsbürger handeln und sind diesen gegenüber verantwortlich. Der aktiven demokratischen Kontrollfunktion durch den Bürger wiederum entspricht es gerade, wenn dieser auf die von ihm gewählten Repräsentanten und Organe frühzeitig Einfluss nehmen kann.

Diese Kontrollfunktion beansprucht umso mehr Geltung, als dass Beschlüsse durch den Rat ohne Zustimmung des Europäischen Parlaments erlassen werden. Insbesondere ist dies für das Verhandlungsmandat der Fall, welches eine internationale Übereinkunft vorbereitet, ohne der Zustimmung des Europäischen Parlaments zu bedürfen[993]. Die unmittelbare demokratische Legitimation des Beschlusses über das Europäische Parlament entfällt in diesem frühen Entscheidungsstadium. In derartigen Fällen stellt die Transparenz der Entscheidungsprozesse des Rates ein wichtiges Korrektiv zur nur mittelbaren demokratischen Legitimation seiner Mitglieder dar. Der frühzeitige Einfluss auf den Rat im

992 Vgl. zum Zwecke der Transparenz der Entscheidungsprozesse in einer demokratischen Gesellschaft bereits oben unter A.II.3.

993 Zur Beschlussfassung über das Verhandlungsmandat siehe oben unter § 2.C.I.1.

Rahmen der Aufnahme der Verhandlungen ermöglicht es, der nur mittelbaren demokratischen Legitimation des Rates die unmittelbare demokratische Kontrolle hinzuzufügen[994] und so am Ende ein Verhandlungsergebnis zu erzielen, welches dem Willen des Volkes entspricht.

Auch eine Diskussion über die Prioritäten in den Verhandlungen entspricht dieser demokratischen Teilhabe. Eine solche Diskussion kann zu einem offenen Austausch über vorrangige Ziele in der vertraglichen Außenpolitik der Union führen, zudem kann die Verbreitung der Verhandlungsprioritäten auch zu einer erhöhten Akzeptanz des ausgehandelten Abkommens beitragen. Dem Bürger wird verständlich, warum ein Abkommen bestimmte Positionen nicht enthält; ebenso kann er erkennen, welche Positionen vorrangig umgesetzt werden konnten.

Die Kenntnis des Verhandlungspartners über einzelne Prioritäten vermag die Verhandlungsfähigkeit der Union demgegenüber nur unwesentlich zu beeinträchtigen. Zwar ist für den Drittstaat erkennbar, welche Positionen die Union in dem auszuhandelnden Abkommen vorrangig durchsetzen möchte. Dem Ziel eines günstigen Verhandlungsergebnisses vermag dies jedoch nicht entgegenzustehen. Die Verhandlungen können trotz erkennbarer Prioritäten dergestalt gelenkt werden, dass ein für beide Seiten vorteilhaftes Abkommen entsteht. Ohnehin erscheint es notwendig, dass bestimmte Positionen mit erkennbarer Priorisierung in die Verhandlungen eingebracht werden, um zielführende Gespräche über einzelne Teile des Abkommens zu führen. Ferner sind geringfügige Einschränkungen in den Verhandlungstaktiken aufgrund des hohen Stellenwertes des Transparenzgebotes hinzunehmen.

Das öffentliche Interesse an der Verbreitung des Verhandlungsmandates überwiegt somit das Interesse der Union, dieses nicht zu veröffentlichen. Der durch eine Veröffentlichung entstehende öffentliche Diskurs liegt nicht nur im Interesse der Union, sondern ermöglicht auch eine frühzeitige demokratische Kontrolle der Bürger über die Unionsorgane im Rahmen der vertraglichen Außenpolitik.

---

994 Zur Notwendigkeit von Transparenz der Entscheidungsverfahren innerhalb des nur mittelbar demokratisch legitimierten Rates vgl. *Sobotta*, Transparenz in den Rechtsetzungsverfahren, S. 58 ff.; *Heitsch*, Transparenzprinzip, S. 56 ff. sowie ferner unten unter § 6.B.II.

b) Verbreitung der konsolidierten Verhandlungsdokumente

Die Union ist zum Schutze der eigenen Verhandlungsfähigkeit daran interessiert, ebenfalls die konsolidierten Verhandlungsdokumente nicht zu veröffentlichen. Denn diese enthalten neben den Positionen der Union diejenigen des Drittstaates und offenbaren bestehende Einigungen und Differenzen während der Verhandlungen. Ihre besondere Vertraulichkeit liegt darin begründet, dass es sich bei den konsolidierten Verhandlungsdokumenten lediglich um Entwürfe zum avisierten Abkommen handelt, welche somit – anders als das Verhandlungsmandat – vorbereitende Dokumente zum Beschluss über das finale Abkommen sind. Eine öffentliche Diskussion über noch nicht ausgehandelte Positionen kann die Union dazu zwingen, bestimmte Punkte aufzugeben. Ebenso kann die Union sich in die Situation versetzt sehen, Positionen durchsetzen zu müssen, auf welche im Rahmen eines Kompromisses verzichtet werden sollte. Auch der Verhandlungspartner kann sich einem solchen öffentlichen Diskurs ausgesetzt sehen und so in seiner Verhandlungsfähigkeit eingeschränkt sein. Folge dessen können die Einschränkung oder der Abbruch der Verhandlungen durch den Verhandlungspartner sein.

Allerdings kann auch in der Phase der Verhandlungen der Einfluss des Bürgers für die Verhandlungsführer vorteilhaft sein. Zunächst ermöglicht es der öffentliche Diskurs, die Verhandlungsführung in bestimmten Punkten zu bestärken und so das Verhandlungsergebnis zugunsten der Union positiv zu lenken. Gleichzeitig kann der Unionbürger auf den Verhandlungsführer und somit auch mittelbar auf den Verhandlungspartner einwirken, um die Umsetzung von der öffentlichen Meinung entgegenstehenden Interessen zu verhindern. Schließlich kann es nicht im Interesse der Unionsorgane liegen, in den Verhandlungen Positionen durchzusetzen, welche nicht dem Interesse der Bürger entsprechen. Derartige Diskrepanzen zwischen den Interessen der Unionsorgane und der Unionsbürger können durch den frühzeitigen Einfluss auf die Verhandlungsführer verhindert werden. Nur so kann am Ende ein tragfähiges Abkommen zustande kommen, welches sowohl durch den Bürger als auch anschließend durch das gewählte Europäische Parlament – als weiteres Kontrollorgan – legitimiert ist.

Taktische Erwägungen, welche der Verhandlungsstrategie der Union dienen und Kompromisslösungen zu mehreren Positionen ermöglichen sollen, müssen demgegenüber zurückstehen. Tragfähige Ergebnisse können ebenso durch eine offene Verhandlungsführung mit erkennbaren Prioritäten erzielt werden wie durch verdeckte Verhandlungstaktiken. Zudem sind Kompromisslösungen auch dann möglich, wenn Prioritäten erkannt und offen zwischen den Verhandlungsparteien kommuniziert werden. Gleichzeitig können der Öffentlichkeit sowohl

Kompromisse als auch vorläufige Verhandlungsresultate zu einzelnen Punkten vermittelt werden. Die Kontrolle des Unionsbürgers über diese Paketlösungen vermag das Handeln der Verhandlungsführer schließlich zu kontrollieren und zu bestärken.

Zudem kann kein Interesse an der Vertraulichkeit von Positionen bestehen, welche dem einzigen Zweck einer späteren Aufgabe zugunsten eines Kompromisses dienen. Zwar würde der öffentliche Widerstand gegen solche Positionen eine Durchsetzung dieser erheblich erschweren, allerdings besteht bereits kein echtes, sondern lediglich ein taktisches Interesse an deren Durchsetzung. Die Verhandlung über solche Punkte, welche aus taktischen Gesichtspunkten im Wege eines Kompromisses aufgegeben werden, können daher bereits nicht im Unionsinteresse stehen und müssen gegenüber der Transparenz zurückstehen. Eine öffentliche Diskussion über diese Verhandlungspositionen ist zudem unschädlich, da sie ohnehin später aufgegeben werden sollen und der Kritik der Öffentlichkeit nicht standhalten müssen. Taktische Erwägungen stehen daher genauso wie Verhandlungsprioritäten gegenüber der Transparenz zurück. Schließlich ist zu bedenken, dass es den Verhandlungsführern unbenommen bleibt, durch taktische Erwägungen ein bestmögliches Verhandlungsresultat zu erzielen, sofern diese der Öffentlichkeit vermittelbar und somit mit der Transparenz in Einklang zu bringen sind.

Letztlich muss das Interesse der Unionsbürger an der Verbreitung der konsolidierten Dokumente aufgrund einer weiteren Erwägung der Vertraulichkeit der Dokumente vorgehen: Die Kontrolle der Unionsbürger über das Handeln der Unionsorgane nimmt im Rahmen der legislativen Tätigkeit der Organe einen erhöhten Stellenwert ein – gleiches muss vor dem Hintergrund der strukturellen Nähe zwischen Gesetzgebung und dem Abschluss völkerrechtlicher Abkommen gelten. Denn völkerrechtliche Verträge vermögen für den Unionsbürger ebenso wie Legislativakte unmittelbare Wirkung herbeizuführen oder zumindest den nachfolgenden Gesetzgebungsprozess zu binden[995].

Die vertragliche Außenpolitik ist schließlich nicht mehr lediglich der Exekutive als Prärogative zugewiesen. Es erscheint in einer überholten Sichtweise begründet zu liegen, das Handeln von Staaten im auswärtigen Bereich der

---

995 Auf diese Erwägung zugunsten verstärkter Transparenz im Bereich der vertraglichen Außenpolitik weist deutet auch das Urteil des *EuG* in der Rechtssache *in't Veld/Rat* hin, *EuG*, Urt. v. 4. Mai 2012 – Rs. T-529/09, ECLI:EU:T:2012:215, *in't Veld/Rat*, Rn. 88 f.; siehe diesbezüglich bereits oben unter § 4.B.II.1.b).(2).(iii).

Kontrolle von Volk und Parlament zu entziehen.[996] Im Besonderen muss dies in der Europäischen Union gelten, welcher die Gewaltenteilung fremd ist. Das institutionelle Verhältnis der Unionsorgane untereinander ist vielmehr durch eine Gewaltenverteilung gekennzeichnet, welche jedem Organ sowohl bestimmte Aufgaben als auch die Kontrolle über die übrigen Organe zuweist[997]. Der Bürger steht in diesem System nicht außerhalb der Staatsgewalt, sondern bildet vielmehr dessen Basis[998].

Zwar werden Rat und Kommission die Einleitung und Durchführung von völkerrechtlichen Abkommen durch die Unionsverträge explizit zugewiesen. Dass eine solche Aufgabenteilung sich der Kontrolle durch den Unionsbürger entziehen soll, zeigt sich jedoch nicht im Primärrecht. Nur wenn der Unionsbürger auch über die Aushandlung völkerrechtlicher Abkommen informiert wird, erschließt sich ihm auch der Vorgang des Zustandekommens eines Gesetzgebungsaktes der Union, welcher auf völkerrechtlichen Verpflichtungen beruht. Zudem kann der Unionsbürger den ihm durch Art. 10 Abs. 3, Art. 11 EUV zugewiesenen Status der aktiven Teilnahme nur dann wahrnehmen, wenn ihm bereits in der dem Gesetzgebungsverfahren vorgeschalteten Phase der Verhandlungen über völkerrechtliche Verträge die Möglichkeit gewährt wird, durch Transparenz und Bürgerbeteiligung auf letztere Einfluss zu nehmen. Daher schließt das erhöhte Interesse des Bürgers an der Transparenz der Gesetzgebung die Kontrolle über das Zustandekommen völkerrechtlicher Verträge mit ein.

In der fortschreitenden Demokratisierung der vertraglichen Außenpolitik kann die Vertraulichkeit von völkerrechtlichen Verhandlungsdokumenten auch nicht mit dem Argument begründet werden, die Verhandlungen bedürften eines Klimas gegenseitigen Vertrauens unter Ausschluss der Öffentlichkeit. Eine derartige Begründung kann pauschal bereits nicht zur Einschränkung des Grundsatzes der Offenheit herangezogen werden, da eine Bereichsausnahme zum Schutze der Vertraulichkeit internationaler Verhandlungen nicht besteht. Sofern sich besondere Umstände ergeben, dass dem Verhandlungspartner an einer besonderen Vertraulichkeit zur Aufnahme und Durchführung von

---

996 Vgl. zur Prärogative der Exekutive in der Außenpolitik sowie der diesbezüglichen Kritik *Krajewski*, in: EnzEuR, Bd. 10, § 3, Rn. 150 ff.; *Sangi*, Auswärtige Gewalt, S. 76 ff.

997 Vgl. zum sog. institutionellen Gleichgewicht *Kugelmann*, in: Streinz, Art. 17 EUV, Rn. 15 ff.; *Brauneck*, NVwZ 2016, 489, 494; *Frenz*, HdB EuR, Bd. 6, Kap. 1, § 4, Rn. 359 ff.

998 Zur diesbezüglichen Verknüpfung zwischen dem Demokratieprinzip der Union und dem Recht auf Transparenz und Teilhabe bereits oben unter A.II.3.

Verhandlungen gelegen ist, bedarf es einer Abwägung zwischen dem Transparenzinteresse der Union auf der einen Seite sowie dem Interesse des Drittstaates an Vertraulichkeit auf der anderen Seite. In diesem Spannungsverhältnis obliegt es dem Verhandlungsführer der Union, auf die gesteigerten Transparenzerfordernisse des Unionsrechts hinzuweisen. Der Forderung des Drittstaates nach Vertraulichkeit steht somit die demokratische Verpflichtung der Unionsorgane gegenüber ihren Bürgern zur größtmöglichen Transparenz im Rahmen völkerrechtlicher Verhandlungen entgegen. Die Anforderungen an den Drittstaat, von der Vertraulichkeit der Verhandlungen abzurücken, dient darüber hinaus nicht nur der Stärkung der Demokratie innerhalb der Union, sondern vermag – im Einklang mit dem außenpolitischen Grundsatz der Demokratieförderung nach Art. 21 Abs. 1 UAbs. 1, Abs. 2 lit. b) EUV – auch die demokratischen Rechte der Bürger in Drittstaaten zu stärken. Letztlich stellt sich die Union als derart wichtiger und starker Vertragspartner dar, dass die Verhandlungen zu völkerrechtlichen Verträgen nicht allein an den Transparenzerfordernissen der Union zu scheitern drohen. Zu Bedenken ist in diesem Zusammenhang, dass die Union als bedeutender Handelspartner bereits jetzt in der Lage ist, beispielsweise die Einhaltung von Klimaschutzzielen als Vertragsbedingung durchzusetzen[999]. Diese Vorreiterrolle zur Durchsetzung wichtiger Positionen ließe sich ebenso auf die Forderung nach Transparenz in völkerrechtlichen Verhandlungen übertragen.

Abweichungen von dem Transparenzerfordernis zum Schutze vertraulicher Verhandlungen, welche in der sensiblen Natur der Verhandlungssache begründet liegen, bleiben von diesem Erfordernis unberührt. Sofern die Verhandlungen sich besonders sensibler oder sogar geheimer Sachbereiche widmen – etwa im Bereich der GASP oder der militärischen Zusammenarbeit – so kann diesen Bereichen gegenüber dem Transparenzerfordernis der Vorrang gegeben werden. Eine Vertraulichkeit der Verhandlungen gründet sich in solchen Fällen allerdings nicht auf den Schutz internationaler, diplomatischer Beziehungen oder der Verhandlungen an sich, sondern auf den besonderen Inhalt der Verhandlungen. Schutzgut wäre in solchen Fällen die öffentliche Sicherheit im Hinblick auf militärische oder sicherheitspolitische Interessen[1000]. Die Abwägung zwischen der

999 Eine Verpflichtung zur wirksamen Umsetzung der Pariser Klimaschutzziele enthielt erstmals das Freihandelsabkommen mit Japan, *Europäische Kommission*, Pressemitteilung vom 08. Dezember 2017 – IP/175142, EuZW 2017, 957, 958; auch das Freihandelsabkommen mit Mexiko enthält eine derartige Passage, *Stöbener de Mora/Murguía-Goebel*, EuZW 2020, 446.

1000 Auch die VO (EG) 1049/2001 bietet für solche Fälle zusätzliche Ausnahmetatbestände. So könnte der Zugang zu Verhandlungsdokumenten über ein militärisches

Verbreitung der konsolidierten Verhandlungsdokumente und den Interessen an der Vertraulichkeit dieser Dokumente zeigt somit, dass das Transparenzinteresse sowohl dem Schutz der Verhandlungspositionen als auch einer grundsätzlichen Vertraulichkeit der Verhandlungen vorgeht.

c) Zwischenergebnis

Die Abwägung zwischen der Verbreitung von Verhandlungsmandat sowie konsolidierten Verhandlungsdokumenten und der Rechtfertigung einer Vertraulichkeit dieser Dokumente fällt im Ergebnis zugunsten der Transparenz aus. Zwar stehen sowohl der Schutz der eigenen Verhandlungsposition als auch der Schutz von vertraulichen Verhandlungen und erkennbaren Differenzen zwischen den Verhandlungspartnern der Transparenz entgegen. Jedoch zeigt sich, dass Transparenz im Rahmen völkerrechtlicher Verhandlungen sowohl eine wichtige Kontrollfunktion darstellt als auch notwendige Impulse zur besseren Legitimation des abschließenden Abkommens bieten kann. Auch einer seitens des Verhandlungspartners geforderten besonderen Vertraulichkeit der Verhandlungen kann die Union nicht folgen. Aufgrund der transparenzrechtlichen Verpflichtungen hat die Union vielmehr auf die besonderen Transparenzerfordernisse hinzuweisen und diese gegenüber dem Verhandlungspartner durchzusetzen. Die Einbindung der Bürger durch die Verbreitung völkerrechtlicher Verhandlungsdokumente ist zudem aufgrund des parallel zu Gesetzgebungsakten hohen Stellenwertes der Transparenz erforderlich.

4. Ergebnis der Abwägung

Dem Zugang zu völkerrechtlichen Verhandlungsmandaten sowie konsolidierten Verhandlungsdokumenten können legitime Schutzinteressen entgegenstehen, welche den Grundsatz der Offenheit einschränken können. Diese Interessen der Union an effektiven und vertraulichen Verhandlungen bedürfen einer Abwägung mit dem allgemeinen Interesse an der Verbreitung der Dokumente. Im Rahmen einer solchen Abwägung zwischen den widerstreitenden Interessen zeigt sich, dass das Interesse an der Transparenz sowohl des Verhandlungsmandates als auch der konsolidierten Verhandlungsdokumente dem Interesse an der Vertraulichkeit der Dokumente überwiegt. Dies beruht insbesondere

---

Abkommen nach Art. 4 Abs. 1 lit. a), 1. und 2. Spiegelstrich verweigert werden. In einem solchen Falle stünde im Übrigen der Schutz des Bestandes der Union über dem Transparenzinteresse.

auf der Erwägung, dass eine bessere Einbindung des Bürgers in den Verhandlungsprozess völkerrechtlicher Abkommen eine demokratische Kontrolle über die Verhandlungen und einen besseren Einfluss auf das Verhandlungsergebnis ermöglicht. Besonderes Gewicht kommt dem Grundsatz der Offenheit im Hinblick auf die strukturelle Ähnlichkeit zwischen völkerrechtlichen Verträgen und Gesetzgebungsakten zu. Entsprechend der erhöhten Transparenzerfordernisse im Rahmen von Gesetzgebungsakten sind diese auch bei Verhandlungen zu völkerrechtlichen Verträgen zu berücksichtigen. Ein besonderes Interesse des Verhandlungspartners zum Schutz eines vertraulichen Klimas der Verhandlungen muss gegenüber dem Transparenzinteresse zurückstehen. Denn die Union ist primärrechtlich der Umsetzung größtmöglicher Transparenz verpflichtet und hat dem Verhandlungspartner gegenüber auf diese hinzuweisen. Der Grundsatz der Offenheit erfordert somit, dass trotz entgegenstehender Schutzinteressen Dokumente zu völkerrechtlichen Verhandlungen verbreitet werden müssen.

C. Diskrepanz zwischen Primär- und Sekundärrecht

Der objektiv-rechtliche Grundsatz der Offenheit verpflichtet die Unionsorgane zur Verbreitung von völkerrechtlichen Verhandlungsdokumenten, um so dem Grundsatz der größtmöglichen Transparenz gerecht zu werden. Demgegenüber widerspricht das sekundärrechtliche, subjektive Recht auf Zugang zu Dokumenten aufgrund der Ausnahme nach Art. 4 Abs. 1 lit. a) VO (EG) 1049/2001[1001] der objektiven Verpflichtung zur Verbreitung der Dokumente auf Grundlage des Grundsatzes der Offenheit. Mithin ergibt sich eine Diskrepanz zwischen primärrechtlichem Optimierungsgebot und sekundärrechtlichem Zugangsanspruch – die Ausgestaltung des Dokumentenzugangs nach Art. 15 Abs. 3 AEUV bleibt hinter der Verpflichtung zur Transparenz völkerrechtlicher Verhandlungsdokumente zurück.

Diese Diskrepanz zwischen Primär- und Sekundärrecht könnte sich zunächst methodisch durch eine primärrechtskonforme Auslegung des Sekundärrechts auflösen lassen (I.)[1002]. Sollte dies nicht möglich sein, ist das Sekundärrecht primärrechtswidrig (II.).

1001 Siehe zur Untersuchung des Zugangsanspruches auf völkerrechtliche Verhandlungsdokumente nach der VO (EG) 1049/2001 oben unter § 4.B.II.

1002 Siehe zur primärrechtskonformen Auslegung des Sekundärrechts *Leible/Domröse*, in: Riesenhuber, Europäische Methodenlehre, § 8, Rn. 7 ff.; *Pieper*, in: Dauses, B.I., Rn. 56 ff.

I. Versuch einer primärrechtskonformen Auslegung

Der Ausnahmetatbestand des Art. 4 Abs. 1 lit. a) VO (EG) 1049/2001 bietet verschiedene Anhaltspunkte, eine primärrechtskonforme Auslegung herbeizuführen. Das oben gefundene Ergebnis der primärrechtlich gebotenen Verbreitung der Verhandlungsdokumente muss bei einer solchen Auslegung stets im Vordergrund stehen.

Den Erfordernissen des Grundsatzes der Offenheit könnte zunächst durch einen Abwägungsvorbehalt mit dem widerstreitenden öffentlichen Interesse an der Verbreitung der Dokumente nachgekommen werden. Eine derartige Berücksichtigung der öffentlichen Interessen findet sich explizit in Art. 4 Abs. 2, 3 VO (EG) 1049/2001[1003]. Hingegen bietet die Ausnahme der Kategorie „öffentliches Interesse " in Art. 4 Abs. 1 lit. a) VO (EG) 1049/2001 dem Wortlaut nach bereits keine Möglichkeit der Abwägung mit widerstreitenden Interessen. Ein Versuch, im Rahmen der primärrechtskonformen Auslegung eine solche Abwägung in den Wortlaut hineinzulesen, würde die Grenzen der Auslegung über den Wortlaut hinaus überschreiten. Auch die Intention des Gesetzgebers sowie die Rechtsprechung der Unionsgerichte lassen in Art. 4 Abs. 1 lit. a) VO (EG) 1049/2001 keinen Raum für eine Abwägung zwischen dem Interesse an der Veröffentlichung von Dokumenten und den geschützten öffentlichen Interessen erkennen[1004]. Einer notwendigen Abwägung kann durch eine derartige Auslegung somit nicht Rechnung getragen werden.[1005]

Teilweise wurde zudem versucht, die Anwendung der Ausnahmetatbestände nach Art. 4 Abs. 1 VO (EG) 1049/2001 in das Ermessen des anzuwendenden Organs zu stellen. So solle auch bei Vorliegen einer Ausnahme das Organ über

---

1003 Siehe zu einer solchen Berücksichtigung des Verbreitungsinteresses oben unter § 4.A.II.3.

1004 *EuGH*, Urt. v. 1. Februar 2007 – Rs. C-266/05 P, ECLI:EU:C:2007:75, *Sison/Rat*, Rn. 36; *EuG*, Urt. v. 3. Oktober 2012 – Rs. T-465/09, ECLI:EU:T:2012:515, *Jurašinović/Rat*, Rn. 47; zum Meinungsstand sowie der Kritik an einer fehlenden Abwägungsklausel in Art. 4 Abs. 1 VO (EG) 1049/2001 siehe ferner oben unter § 4.A.II.2.c) sowie § 4.A.II.3.

1005 Eine primärrechtskonforme Auslegung ist dann nicht möglich, wenn sie sowohl dem Wortlaut als auch den Zweck der Regelung zuwiderlaufen würde, *Leible/Domröse*, in: Riesenhuber, Europäische Methodenlehre, § 8, Rn. 36 m. w. N.; *EuGH*, Urt. v. 11. Juli 1985 – Rs. C-107/84, ECLI:EU:C:1985:332, *Kommission/Deutschland*, Rn. 12 f.; zur Grenze der Auslegung im Falle eines zwingenden Wortlautes auch *Pieper*, in: Dauses, B.I., Rn. 12, 14; *EuGH*, Urt. v. 11. März 1965 – Rs. C-31/64, ECLI:EU:C:1965:18, *Sociale Voorzorg/Bertholet*, 1. Entscheidungsgrund, Rn. 3 f.

die Freigabe eines Dokuments entscheiden dürfen.[1006] In einem solchen Fall würde sich das Ermessens der Organe über die Entscheidung des Zugangs zu völkerrechtlichen Verhandlungsdokumenten aufgrund der primärrechtlichen Verpflichtung darauf verengen, dass die Organe trotz der Anwendbarkeit des Ausnahmetatbestandes nach Art. 4 Abs. 1, lit. a), 3. Spiegelstrich verpflichtet wären, dem Zugangsantrag zu besagten Dokumenten stattzugeben.

Der Wortlaut der Ausnahmeregelung in Art. 4 Abs. 1 VO (EG) 1049/2001 geht jedoch bereits von einer verpflichtenden Entscheidung zur Zugangsverweigerung aus („*Die Organe verweigern den Zugang...*"[1007]). Überdies ist anhand der Systematik des Art. 4 VO (EG) 1049/2001 ersichtlich, dass die Zugangsverweigerung einem verpflichtenden und rechtssicheren Schema folgen soll. Entscheidungen zum Ausgleich zwischen den zu schützenden Interessen und dem Interesse an der Veröffentlichung wurden in den Art. 4 Abs. 2, 3 VO (EG) 1049/2001 an das Ende verlagert und ebenfalls nicht in das Ermessen der Organe gestellt.[1008] Daher kann der Zugang zu Dokumenten trotz des Vorliegens der Voraussetzungen des Art. 4 Abs. 1 VO (EG) 1049/2001 auch nicht in das Ermessen der Organe gestellt werden, um dem primärrechtlichen Erfordernis der Verbreitung völkerrechtlicher Verhandlungsdokumente gerecht zu werden.

Letztlich wäre es denkbar, den Anwendungsbereich der „Beeinträchtigung der internationalen Beziehungen" derart zu verengen, dass Dokumente über völkerrechtliche Verhandlungen nicht unter diesen Schutztatbestand fallen würden. Der den Organen durch die Unionsgerichte zugestandene Beurteilungsspielraum zur Annahme einer Beeinträchtigung wäre dann darauf verengt, für den Fall der Verbreitung völkerrechtlicher Verhandlungsdokumente keine drohende Beeinträchtigung anzunehmen. Über die Kritik an einem solchen gerichtlich nur eingeschränkt überprüfbaren Einschätzungsspielraum hinaus[1009] zeigt eine eingehende Untersuchung jedoch, dass die Anwendung des Art. 4 Abs. 1 lit. a), 3. Spiegelstrich VO (EG) 1049/2001 aufgrund einer

1006 So *Heitsch*, Transparenzprinzip, S. 64 f.; siehe auch oben unter § 4.A.II.5.

1007 Vgl. auch die übrigen Sprachfassungen der VO (EG) 1049/2001, im Englischen schon deutlich, jedoch noch offen gelassen („*The institutions shall refuse access* "), im Französischen („*Les institutions refusent l'accès*") und Spanischen („*Las instituciones denegarán el acceso*") hingegen ebenso verpflichtend wie in der deutschen Fassung.

1008 Zur Ablehnung eines solchen Ermessens der Organe zur Freigabe von Dokumenten trotz Vorliegens der Tatbestandsvoraussetzungen des Art. 4 VO (EG) 1049/2001 abermals oben unter § 4.A.II.5; zum Ausgleich zwischen den verschiedenen Interessen durch eine Abwägungsklausel oben unter § 4.A.II.3.

1009 Siehe zur diesbezüglichen Kritik bereits oben unter § 4.A.II.2.c).

drohenden Beeinträchtigung der internationalen Beziehungen durch die Verbreitung völkerrechtlicher Verhandlungsdokumente gerechtfertigt ist[1010]. Von dem Erfordernis der Beeinträchtigung der internationalen Beziehungen nun als Bereichsausnahme völkerrechtliche Verhandlungsdokumente auszunehmen, geht nicht nur über den Wortlaut des Art. 4 Abs. 1 VO (EG) 1049/2001 hinaus, sondern würde zudem der gesetzlichen Regelung zuwiderlaufen – diese soll schließlich den Schutz internationaler Beziehungen vor jeglicher Beeinträchtigung durch die Verbreitung von Dokumenten gewährleisten. Die im Rahmen des Grundsatzes der Offenheit erfolgte Abwägung führt schließlich ebenfalls nicht zu dem Ergebnis, dass keine Beeinträchtigung schutzwürdiger Interessen erfolgt, sondern lediglich, dass im Sinne größtmöglicher Transparenz eine gewisse Beeinträchtigung hinzunehmen ist. Auch eine vollständige gerichtliche Kontrolle der durch die Organe getroffenen Einschätzung zur Annahme einer Beeinträchtigung der internationalen Beziehungen würde dessen Anwendungsbereich nicht verengen.

Zusammenfassend muss festgestellt werden, dass jeder Versuch einer primärrechtskonformen Auslegung des Art. 4 Abs. 1 lit. a) VO (EG) 1049/2001 die Wortlautgrenze überschreiten würde und überdies dem Willen des Unionsgesetzgebers zuwiderläuft. Der Ausnahmetatbestand des Art. 4 Abs. 1 lit. a) VO (EG) 1049/2001 kann somit nicht dahingehend ausgelegt werden, dass er dem primärrechtlichen Erfordernis des Grundsatzes der Offenheit nach Verbreitung völkerrechtlicher Verhandlungsdokumente entspricht.

II. Primärrechtswidrigkeit der VO (EG) 1049/2001

Die oben gezeigte Divergenz zwischen den primärrechtlichen Vorgaben und der Anwendung der VO (EG) 1049/2001 führen zur Primärrechtswidrigkeit der ablehnenden Entscheidungen über Zugangsanträge auf völkerrechtliche Verhandlungsdokumente auf Basis des Sekundärrechts. Der Ausnahmetatbestand des Art. 4 Abs. 1 lit. a) VO (EG) 1049/2001 kann auch nicht dahingehend ausgelegt werden, dass dieser dem Primärrecht entspricht. Aus der Untersuchung muss daher geschlossen werden, dass sowohl die Ausgestaltung als auch die Anwendung des absoluten Ausnahmetatbestandes zugunsten der internationalen Beziehungen nicht mit dem primären Unionsrecht konform ist, sofern sie sich auf den Zugang zu völkerrechtlichen Verhandlungsdokumenten beziehen.

1010 Zur über den Einschätzungsspielraum der Organe hinausgehenden Untersuchung einer Beeinträchtigung der internationalen Beziehungen siehe oben unter § 4.B.II.1.b).(5).

Der Vorrang des Primärrechts führt dazu, dass entgegenstehendes Sekundärrecht nichtig ist und somit nicht angewendet werden kann[1011]. Hingegen darf der gesetzgeberische Ermessensspielraum hinsichtlich der Ausgestaltung der VO (EG) 1049/2001 nicht dadurch unterlaufen werden, dass die dem Primärrecht entgegenstehenden Ausnahmetatbestände unangewendet bleiben[1012]. Der Optimierungsansatz des Grundsatzes der Offenheit gebietet somit eine dem Primärrecht entsprechende Ausgestaltung des Zugangsanspruch nach der VO (EG) 1049/2001, überdies jedoch keine Erweiterung der subjektiven Rechtsstellung des Einzelnen.

III. Ergebnis

Die Diskrepanz zwischen sekundärrechtlichem Zugangsanspruch und Grundsatz der Offenheit ist im Fall der Veröffentlichung von völkerrechtlichen Verhandlungsdokumenten nicht durch primärrechtskonforme Auslegung lösbar. Während die VO (EG) 1049/2001 in Art. 4 Abs. 1 keine Abwägung zwischen widerstreitenden Interessen zulässt und somit eine – ermessensunabhängige – Pflicht zur Verweigerung des Zugangs zu Dokumenten vorsieht, sind die Unionsorgane gleichzeitig primärrechtlich dem Grundsatz der Offenheit verpflichtet. Aus letzterem resultiert die Pflicht zur Verbreitung völkerrechtlicher Verhandlungsdokumente. Aufgrund dessen ist die Ausgestaltung des Zugangsanspruchs nach der VO (EG) 1049/2001 primärrechtswidrig, insbesondere im Hinblick auf die Ausnahmeregelung zugunsten der internationalen Beziehungen nach Art. 4 Abs. 1 lit. a) 3. Spiegelstrich[1013]. Eine auf die VO (EG) 1049/2001 ausstrahlende, den Ausnahmetatbestand zugunsten der internationalen Beziehungen unberücksichtigt lassende Anwendung des Primärrechts, welche einen sekundärrechtlichen Zugangsanspruch gewährleisten würde, verbietet sich demgegenüber aufgrund des dem Grundsatz der Offenheit innewohnenden objektiv-rechtlichen Optimierungsansatzes.

1011 Zur Nichtigkeit von dem Primärrecht entgegenstehendem Sekundärrecht siehe *Leible/Domröse,* in: Riesenhuber, Europäische Methodenlehre, § 8, Rn. 3, 37.

1012 Zur Grenze der primärrechtskonformen Auslegung *contra legem* siehe *Leible/Domröse,* in: Riesenhuber, Europäische Methodenlehre, § 8, Rn. 36 ff.; *Frenz,* HdB EuR, Bd. 5, Kap. 6, § 1, Rn. 539; *EuGH,* Urt. v. 5 Oktober 2000 – Rs. C-376/98, ECLI:EU:C:2000:544, *Deutschland/Parlament und Rat,* Rn. 117.

1013 Inwieweit hingegen die übrigen Ausnahmetatbestände des Art. 4 Abs. 1 lit. a) VO (EG) 1049/2001 dem Grundsatz der Offenheit zuwiderlaufen, ist nicht Teil dieser Untersuchung.

Zur Auflösung dieses Spannungsverhältnisses ist der Unionsgesetzgeber *de lege ferenda* gehalten, dem Art. 4 Abs. 1 lit. a), 3. Spiegelstrich VO (EG) 1049 eine Abwägungsklausel zugunsten des öffentlichen Verbreitungsinteresses hinzuzufügen, welche den Unionsorganen einen Spielraum zur Freigabe ermöglichen würde. Da der Grundsatz der Offenheit ebenso auf diese ausstrahlenden würde, wäre eine Ermessens- oder Abwägungsentscheidung auf die Gewährleistung des Zugangs zu Dokumenten über völkerrechtliche Vertragsverhandlungen reduziert.

D. Subjektivierung des Grundsatzes der Offenheit

Das oben gefundene Ergebnis – die Unvereinbarkeit der Zugangsverweigerung nach der VO (EG) 1049/2001 mit dem Grundsatz der Offenheit – führt nicht zu einem subjektiven Anspruch auf Zugang zu den völkerrechtlichen Verhandlungsdokumenten. Der Optimierungsansatz aus Art. 1, 10 EUV, Art. 15 AEUV legt eine objektiv-rechtliche Verpflichtung zur Schaffung größtmöglicher Transparenz fest und stellt somit einen überprüfbaren Mindeststandard an Offenheit sicher[1014]. Aus diesem Optimierungsgebot ergibt sich allerdings kein individuell berechtigender Anspruch auf Zugang zu Dokumenten. Daher würde der primärrechtswidrige Zustand selbst nach erklärter Nichtigkeit der VO (EG) 1049/2001 aufgrund der Unvereinbarkeit mit dem Grundsatz der Offenheit nicht zu einem individuellen Anspruch auf Zugang zu völkerrechtlichen Verhandlungsdokumenten führen.

Um dem Erfordernis des Optimierungsgebotes aus Art. 1, 10 EUV, Art. 15 AEUV gerecht zu werden, bedarf es daher einer Untersuchung, ob dem Grundsatz der Offenheit als objektiv-rechtliche Verpflichtung eine Subjektivierung gegenübersteht, welche einen primärrechtlichen Zugangsanspruch verbürgt. Dem Grundsatz der Offenheit folgend würden für eine solche Subjektivierung die gleichen Einschränkungen gelten wie für das Optimierungsgebot[1015]. Die Abwägung zwischen dem Interesse am Zugang zu Dokumenten und den Einschränkungen erfordert einen Ausgleich zwischen dem allgemeinen Verbreitungsinteresse und der Vertraulichkeit der Verhandlungsdokumente – diese

---

1014 Siehe zur objektiven Rechtsverbindlichkeit des Grundsatzes der Offenheit oben unter A.II.1.

1015 Insofern kann für die Einschränkungen des primärrechtlichen Dokumentenzugangsrechts auf die den Grundsatz der Offenheit einschränkenden Interessen verwiesen werden, vgl. oben unter A.II.4.

führt zu keinem anderen Ergebnis als die Abwägungsprüfung im Rahmen des Grundsatzes der Offenheit[1016]. Denn wenn der Grundsatz der Offenheit eine Verbreitung von Dokumenten gebietet, gewährt eine mit diesem korrespondierende subjektiv-rechtliche Verpflichtung auch den Zugang zu ebendiesen Dokumenten.

Im Folgenden wird daher zunächst untersucht, ob dem Grundsatz der Offenheit an sich neben dem Optimierungsgebot eine subjektiv-rechtliche Komponente innewohnt (unter I.). Daran anschließend wird untersucht, ob die Konkretisierung des Grundsatzes der Offenheit in Art. 15 Abs. 3 AEUV ein subjektives Recht verbürgt (unter II.) sowie, ob aus dem in der EU-Grundrechtecharta verankerten Recht auf Zugang zu Dokumenten ein individueller Anspruch hergeleitet werden kann (unter III.).

I. Subjektiv-rechtlicher Gehalt des Grundsatzes der Offenheit

Die Auslegung der den Grundsatz der Offenheit fixierenden Art. 1 Abs. 2 EUV und Art. 10 Abs. 3 S. 2 EUV lassen zwar auf dessen Rechtsverbindlichkeit schließen[1017], geben darüber hinaus allerdings keinen Aufschluss über einen etwaigen subjektiv-rechtlichen Gehalt. Auch die Pflicht zur „weitestgehenden Beachtung des Grundsatzes der Offenheit" in Art. 15 Abs. 1 AEUV lässt keinen Schluss darauf zu, inwieweit mit dieser Verpflichtung ein subjektives Recht korrespondiert.

Hinsichtlich eines individuellen Anspruchs aus Art. 1 Abs. 2 EUV führte erstmals das *EuG* in der Rechtssache *Petrie u. a./Kommission*[1018] aus, dass dieser ebenso wie Art. 255 EGV nicht unmittelbar anwendbar sei, da beide Normen nicht den Anforderungen an die Unbedingtheit einer Norm entsprechen würden[1019]. Unter Verweis auf diese Rechtssache vertritt die überwiegende Literatur nach wie vor die Ansicht, dass der Grundsatz der Offenheit aufgrund seiner Unbestimmtheit keine subjektiven Rechte gewährleiste[1020]. Teils wird in

1016 Zu der erfolgten Abwägung zwischen diesen Interessen im Rahmen des Grundsatzes der Offenheit siehe bereits oben unter B.III.

1017 Siehe zur Auslegung der den Grundsatz der Offenheit fixierenden Normen hinsichtlich der Rechtsverbindlichkeit oben unter A.II.1.

1018 *EuG*, Urt. v. 11. Dezember 2001 – Rs. T-191/99, ECLI:EU:T:2001:284, *Petrie u. a./Kommission*.

1019 *EuG*, Urt. v. 11. Dezember 2001 – Rs. T-191/99, ECLI:EU:T:2001:284, *Petrie u. a./Kommission*, Rn. 34 f.; näher zur Rechtssache *Petrie* oben unter A.II.1.a).(1).

1020 *Castenholz*, Informationszugangsfreiheit, S. 53 f.; *Heitsch*, Transparenzprinzip, S. 14; *Bartelt/Zeitler*, EuR 2003, 487, 490; *Bröhmer*, Transparenz als Verfassungsprinzip, S. 326; *Riemann*, Transparenz der Union, S. 124 f.; *Meltzian*, Zugangsrecht

Anknüpfung an die Rechtsprechung geschlussfolgert, dass die Formulierung „möglichst offen“ in Art. 1 Abs. 2 (sowie inzwischen in Art. 10 Abs. 3 S. 2 EUV) zwar Einschränkungen der Offenheit intendiere, diese jedoch zu unbestimmt seien, um den Normen ein subjektives Recht zu entnehmen[1021]. Bis zum Vertrag von Lissabon wurde die Ablehnung eines subjektiven Rechts aus Art. 1 Abs. 2 EUV zudem auf die Argumentation gestützt, dass dieser nicht im Katalog der justiziablen Normen nach Art. 46 a. F. EUV aufgeführt sei. Eine an sich nicht justiziable Norm könne zwar Rechtswirkung im Sinne eines objektiven Rechts vermitteln, nicht jedoch ein individuelles, unmittelbar anwendbares Recht garantieren[1022]. Mit Aufhebung des Art. 46 a. F. EUV durch den Vertrag von Lissabon ist nun das gesamte Primärrecht justiziabel[1023], sodass diese Argumentation zur Verneinung eines subjektiven Rechts nicht mehr trägt.

Abzulehnen ist zunächst die Argumentation, welche eine individuelle Rechtsstellung nur aufgrund des Einschränkungsvorbehaltes ablehnt. Wie bereits oben die Identifizierung und Abwägung zwischen den widerstreitenden Interessen gezeigt hat, sind die Grenzen der Transparenz trotz der unbestimmten Formulierung zur Einschränkung klar aus dem Primärrecht ableitbar[1024].

Allerdings ist der Grundsatz der Offenheit im Hinblick auf die Art und Weise der Herstellung von Transparenz zu unbestimmt, um diesem ein subjektives Recht zu entnehmen. Trotz der zusätzlichen Verankerung des Transparenzgebotes durch den Vertrag von Lissabon in Art. 15 Abs. 1 AEUV dient der Grundsatz der Offenheit ersichtlich als objektiv-rechtliches Optimierungsgebot zur

---

der Öffentlichkeit, S. 142 f.; nach dem Vertrag von Lissabon *Heselhaus,* in: Frankfurter Kommentar, Art. 10 EUV, Rn. 35; *Heselhaus,* in: Frankfurter Kommentar, Art. 15 AEUV, Rn. 12 f.; *Nettesheim,* in: Grabitz/Hilf/Nettesheim, Art. 1 EUV, Rn. 42; *Schwarze/Wunderlich,* in: Schwarze/Becker/Hatje/Schoo, Art. 1 EUV, Rn. 3; *Nettesheim,* in: Grabitz/Hilf/Nettesheim, Art. 10 EUV, Rn. 99; *Krajewski/Rösslein,* in: Grabitz/Hilf/Nettesheim, Art. 15 AEUV, Rn. 9; *Görlitz/Schoo,* in: Schwarze/Becker/Hatje/Schoo, Art. 15 AEUV, Rn. 7; *Wolf,* Unionales Dokumentenzugangsrecht, S. 42; *Driessen*, Transparency, S. 5.

1021 *Castenholz*, Informationszugangsfreiheit, S. 52 f.; *Meltzian*, Zugangsrecht der Öffentlichkeit, S. 142 f.; *Nettesheim,* in: Grabitz/Hilf/Nettesheim, Art. 1 EUV, Rn. 42; *Riemann*, Transparenz der Union, S. 124 f.; *Schwarze/Wunderlich,* in: Schwarze/Becker/Hatje/Schoo, Art. 1 EUV, Rn. 3.

1022 *Bröhmer*, Transparenz als Verfassungsprinzip, S. 326; eingehender zur fehlenden Justiziabilität des Art. 1 EUV *ders.*, S. 327 ff.

1023 *Mayer,* in: Grabitz/Hilf/Nettesheim, Art. 19 EUV, Rn. 49.

1024 Siehe oben unter A.II.4; ebenfalls die Argumentation eines solchen Einschränkungsvorbehaltes ablehnend *Bröhmer*, Transparenz als Verfassungsprinzip, S. 325.

Herstellung größtmöglicher Transparenz. Die Ausgestaltung dieser objektiven Verpflichtung findet sich in den konkretisierenden Vorschriften, welche die unterschiedlichen Aspekte der Transparenz vermitteln und so die Art und Weise der Herstellung von Offenheit festlegen. Der Grundsatz der Offenheit strahlt auf dessen Konkretisierungen aus und nimmt somit nur mittelbar auf individuelle Rechte Einfluss.

II. Subjektiver Anspruch aus Art. 15 Abs. 3 AEUV

Eine Konkretisierung des Grundsatzes der Offenheit findet sich in dem Dokumentenzugangsrecht nach Art. 15 Abs. 3 AEUV[1025]. Bereits aus Art. 255 EGV als dessen Vorgängernorm wurde von mancher Seite ein subjektives Recht abgeleitet – meist in Verbindung mit dem Transparenzgrundsatz. Da Art. 15 Abs. 3 AEUV weitestgehend mit Art. 255 EGV identisch ist[1026], wird der Meinungsstreit im Folgenden unter Einbeziehung der Argumentation zur subjektiven Rechtsstellung aus Art. 255 EGV dargestellt.

Teilweise wird – unter Verweis auf die Unbestimmtheit der Norm – bestritten, dass Art. 15 Abs. 3 AEUV ein subjektives Recht enthält[1027]. Insbesondere solle nach dem Wortlaut der Norm erst festzulegendes Sekundärrecht einen Zugangsanspruch begründen[1028]. Auch die Ausgestaltung des notwendigen Ausgleichs zwischen Zugangsrecht und widerstreitenden Interessen sei dem Sekundärrecht überlassen – ein subjektiver Anspruch könne daher nicht aus Art. 15 Abs. 3 AEUV abgeleitet werden[1029].

1025 *Wegener*, in: Calliess/Ruffert, Art. 15 AEUV, Rn. 6; *Krajewski/Rösslein*, in: Grabitz/Hilf/Nettesheim, Art. 15 AEUV, Rn. 24; *Heselhaus*, in: Frankfurter Kommentar, Art. 15 AEUV, Rn. 12.

1026 Siehe zur Entwicklung des Dokumentenzugangsrechts sowie der Übernahme des Art. 255 EGV in Art. 15 Abs. 3 AEUV oben unter A.I.

1027 *Schnichels*, EuZW 2002, 577; *Meltzian*, Zugangsrecht der Öffentlichkeit, S. 145; *Krajewski/Rösslein*, in: Grabitz/Hilf/Nettesheim, Art. 15 AEUV, Rn. 37; *Gellermann*, in: Streinz, Art. 15 AEUV, Rn. 10; im Hinblick auf eine isolierte Auslegung des Art. 255 EGV auch *Castenholz*, Informationszugangsfreiheit, S. 64.

1028 *EuG*, Urt. v. 11. Dezember 2001 – Rs. T-191/99, ECLI:EU:T:2001:284, *Petrie u. a./Kommission*, Rn. 35; *Görlitz/Schoo*, in: Schwarze/Becker/Hatje/Schoo, Art. 15 AEUV, Rn. 26; *Krajewski/Rösslein*, in: Grabitz/Hilf/Nettesheim, Art. 15 AEUV, Rn. 37; *Schnichels*, EuZW 2002, 577.

1029 *Görlitz/Schoo*, in: Schwarze/Becker/Hatje/Schoo, Art. 15 AEUV, Rn. 26; *Feik*, Zugang zu EU-Dokumenten, S. 276; *Meltzian*, Zugangsrecht der Öffentlichkeit, S. 145.

Die Rechtsprechung hat sich in der Rechtssache *Petrie u. a./Kommission*[1030] zwar klar gegen die unmittelbare Anwendbarkeit des Art. 255 EGV ausgesprochen. Hingegen hat sie sich hinsichtlich eines über Art. 255 EGV hinausgehenden, aus der Verfassungstradition der Mitgliedstaaten nach Art. 6 Abs. 2 EUV i. d. F. des Vertrages von Nizza abgeleiteten Grundrechts auf Dokumentenzugang, welches einen individuellen Anspruch vermitteln könnte, enthalten[1031]. Die Literatur hat demgegenüber verschiedene Ansätze zum Bestehen eines solches Grundrechts auf Dokumentenzugang entwickelt, teils abgeleitet aus einer gemeinsamen Verfassungstradition der Mitgliedstaaten[1032], teils aus Art. 10 EMRK sowie dem Demokratieprinzip[1033]. Mit der Inkorporation der

---

1030 *EuG*, Urt. v. 11. Dezember 2001 – Rs. T-191/99, ECLI:EU:T:2001:284, *Petrie u. a./Kommission.*

1031 Deutlich wird dies im Schlussantrag des GA *Léger* zur Rechtssache *Interporc/Kommission,* in welchem er ausführt, dass es „beim gegenwärtigen Stand [der] Rechtsprechung kein gemeinschaftsrechtliches Grundrecht auf Zugang zu den Dokumenten [gebe], das zu den allgemeinen Rechtsgrundsätzen gehören würde, die aus den gemeinsamen verfassungsrechtlichen Traditionen der Mitgliedstaaten hervorgegangen sind.", SchlA *Léger* v. 12. März 2002, ECLI:EU:C:2002:162, Rn. 80 zu *EuGH,* Urt. v. 6. März 2003 – Rs. C-41/00 P, ECLI:EU:C:2003:125, *Interporc/Kommission*; bereits zuvor hatte der *EuGH* sich über das Bestehen eines solchen Grundrechts auf Zugang zu Dokumenten enthalten, siehe *EuGH,* Urt. v. 30. April 1996 – Rs. C-58/94, ECLI:EU:C:1996:171, *Niederlande/Rat*, Rn. 34 ff.; *EuGH*, Urt. v. 6. Dezember 2001 – Rs. C-353/99 P, ECLI:EU:C:2001:661, *Rat/Hautala*, Rn. 31; *EuGH*, Urt. v. 6. März 2003 – Rs. C-41/00 P, ECLI:EU:C:2003:125, *Interporc/Kommission*, Rn. 43; zum Versuch der Ableitung eines subjektiven Rechts auf Zugang zu Dokumenten aus dem Demokratieprinzip auch SchlA *Tesauro* v. 28. November 1995, ECLI:EU:C:1995:409, Rn. 14 ff. zu *EuGH,* Urt. v. 30. April 1996 – Rs. C-58/94, ECLI:EU:C:1996:171, *Niederlande/Rat*; vgl. zur Rechtsprechungsentwicklung auch *Nowak,* DVBl 2004, 272, 279 f.

1032 *Nowak* wies darauf hin, dass in dreizehn von fünfzehn Mitgliedstaaten eine allgemeine Regel bestehe, welche den Zugang zu Dokumenten gewährleiste, *Nowak*, DVBl 2004, 272, 280, mit Verweis auf SchlA *Léger* v. 10. Juli 2001, ECLI:EU:C:2001:392, zu *EuGH*, Urt. v. 6. Dezember 2001 – Rs. C-353/99 P, ECLI:EU:C:2001:661, *Rat/Hautala,* Rn. 57; nach der EU-Osterweiterung 2004 stellte *Meltzian* fest, dass 23 von 25 Mitgliedstaaten ein voraussetzungsloses Recht auf Zugang zu Dokumenten kennen, welches wiederum in 17 Mitgliedstaaten auf Verfassungsrang verankert ist, *Meltzian*, Zugangsrecht der Öffentlichkeit, S. 320.

1033 Zur Entwicklung eines allgemeinen Rechtsgrundsatzes auf Dokumentenzugang i. S. d. Art. 6 Abs. 2 EUV i. d. F. des Vertrages von Nizza *Castenholz*, Informationszugangsfreiheit, S. 113 ff.; *Heitsch*, Transparenzprinzip, S. 17 ff.; *Sobotta*, Transparenz in den Rechtsetzungsverfahren, S. 315 ff.; *Meltzian*, Zugangsrecht der Öffentlichkeit,

Grundrechte-Charta in das Primärrecht durch Art. 6 Abs. 1 EUV i. d. F. des Vertrages von Lissabon ist ein derartiges Grundrecht auf Zugang zu Dokumenten nun in Art. 42 GR-Charta explizit verbürgt.

Zwar können die Grundrechte der Charta nur unter den Bedingungen der Unionsverträge ausgeübt werden[1034]. Die Ansichten, welche ein subjektives Recht aus Art. 15 Abs. 3 AEUV herleiten, sehen jedoch in dem Bestehen eines primärrechtlichen Grundrechts auf Zugang zu Dokumenten in Art. 42 GR-Charta ein Indiz für dessen unmittelbare Anwendbarkeit[1035]. Denn wenn Art. 42 GR-Charta ein Grundrecht mit individuellem Rechtsanspruch verbürge, dann könne der gleichlautende Art. 15 Abs. 3 AEUV nicht hinter diesem Rechtsgehalt zurücktreten.[1036]

Begründet wird ein subjektiver Rechtsanspruch aus Art. 15 Abs. 3 AEUV zudem mit dem Argument, dass dieser hinreichend bestimmt sei, um einen unmittelbaren Anspruch auf Zugang zu Dokumenten zu begründen. Die Ausgestaltung des Zugangsrechts setze zwar einen Gestaltungsspielraum bei der Umsetzung der Ausnahmetatbestände, diese seien jedoch durch den Grundsatz der Offenheit und die Vorgaben in Art. 15 Abs. 3 UAbs. 2 AEUV hinreichend geprägt.[1037] Darüber hinaus sei die Umsetzungsfrist des Art. 255 EGV a. F. abgelaufen, der unmittelbaren Anwendung des Art. 255 EGV a. F. stehe daher auch nicht entgegen, dass diese zeitlich auf den Erlass von Sekundärrecht bedingt sei[1038]. Weithin wird anerkannt, dass eine etwaige subjektive Rechtsstellung aus Art. 15 Abs. 3 AEUV an Relevanz eingebüßt hat, da auf jeden Fall das

---

S. 313 ff.; *Wewers*, Europäisches Zugangsrecht, S. 85 ff., 116 ff., 217 ff.; kritisch *Prechal/de Leeuw*, in: Bernitz/Nergelius/Cardner, S. 201, 210 ff., 238.

1034 Vgl. Art. 52 Abs. 2 GR-Charta, welcher Art. 42 GR-Charta unter die Bedingungen des Art. 15 Abs. 3 AEUV stellt.

1035 Eingehend zu Art. 42 GR-Charta oben unter A.IV; zu einem individuellen Anspruch auf Dokumentenzugang aus Art. 42 GR-Charta nachfolgend unter III.

1036 *Heselhaus*, in: Frankfurter Kommentar, Art. 15 AEUV, Rn. 37; *Castenholz*, Informationszugangsfreiheit, S. 117 f.

1037 *Heselhaus*, in: Frankfurter Kommentar, Art. 15 AEUV, Rn. 37; *Castenholz*, Informationszugangsfreiheit, S. 136 f.; *Frenz*, Hdb EuR, Bd. 4, Kap. 12, § 3, Rn. 4623.

1038 *Castenholz*, Informationszugangsfreiheit, S. 136; *Heselhaus*, in: Hdb EuGR, § 60, Rn. 32 mit Verweis auf die Entscheidung *EuGH*, Urt. v. 6. März 2003 – Rs. C-41/00 P, ECLI:EU:C:2003:125, *Interporc/Kommission*, Rn. 43, in welcher der Gerichtshof es explizit offengelassen habe, ob ein allgemeiner Grundsatz auf Zugang zu Dokumenten aus Art. 255 EGV nach Inkrafttreten der VO (EG) 1049/2001 und dem Ablauf der Umsetzungsfrist besteht.

Sekundärrecht – nämlich die VO (EG) 1049/2001 – ein subjektives Recht auf Zugang zu Dokumenten begründe[1039].

Der bestehende sekundärrechtliche Anspruch mag einem individuellen Anspruch nach Art. 15 Abs. 3 AEUV zwar vorgehen, hingegen vermag es nicht zu überzeugen, den primärrechtlichen Anspruch aus diesen Gründen zu verneinen. Schließlich muss sich das geschaffene Sekundärrecht an den objektiven Vorgaben des Primärrechts messen lassen[1040]. Es erscheint nun widersinnig, dem Zugangsberechtigten nur einen sekundärrechtlichen Anspruch zuzugestehen, obwohl das Dokumentenzugangsrecht primärrechtlich verankert ist. In Art. 15 Abs. 3 AEUV nur eine Bestandsgarantie des Sekundärrechts zu sehen, wird dieser Vorschrift indes nicht gerecht[1041]. Denn zunächst ist Art. 15 Abs. 3 AEUV – unter Streichung der Umsetzungsfrist – nahezu wortgleich dem Art. 255 EGV entnommen worden. Nunmehr wird mit der Formulierung des Art. 15 Abs. 3 UAbs. 1 AEUV, ein Recht auf Zugang zu Dokumenten zu gewähren, deutlich, dass dieser über einen Rechtsetzungsauftrag und Bestandsschutz der VO (EG) 1049/2001 hinausgehen soll. Zudem konkretisiert Art. 15 Abs. 3 AEUV aufgrund seiner systematischen Stellung den in Art. 15 Abs. 1 AEUV niedergelegten Grundsatz der Offenheit[1042]. Während letzterer für sich genommen noch zu unbestimmt ist, um unmittelbar anwendbar zu sein, trifft dies nicht für das Dokumentenzugangsrecht zu. Denn Art. 15 Abs. 3 AEUV erfasst hinreichend genau, wer Verpflichteter und Berechtigter des Zugangsanspruches ist, außerdem umschreibt er den Anspruchsgegenstand und – in Verbindung mit dem Grundsatz der Offenheit – dessen Schranken. Daher überzeugt es, in Art. 15 Abs. 3 AEUV einen subjektiven Zugangsanspruch zu erblicken, welches

---

1039 *Wegener*, in: Calliess/Ruffert, Art. 15 AEUV, Rn. 11, Fn. 32; *Heselhaus*, in: Frankfurter Kommentar, Art. 15 AEUV, Rn. 37.

1040 Zum objektiven Optimierungsgebot aus Art. 1 UAbs. 2, Art. 10 Abs. 3 S. 2 EUV und Art. 15 Abs. 1 AEUV siehe oben unter A.II.1; darüber hinaus muss sich die VO (EG) 1049/2001 ebenfalls an den Vorgaben des Art. 15 Abs. 3 AEUV orientieren, vgl. hierzu *Görlitz/Schoo*, in: Schwarze/Becker/Hatje/Schoo, Art. 15 AEUV, Rn. 26; *Heselhaus*, in: Frankfurter Kommentar, Art. 15 AEUV, Rn. 39.

1041 Auf einen solchen zusätzlichen Bestandsschutz der VO (EG) 1049/2001 hinweisend *Heselhaus*, in: Frankfurter Kommentar, Art. 15 AEUV, Rn. 38.

1042 *Wegener*, in: Calliess/Ruffert, Art. 15 AEUV, Rn. 6; *Krajewski/Rösslein*, in: Grabitz/Hilf/Nettesheim, Art. 15 AEUV, Rn. 24; *Heselhaus*, in: Frankfurter Kommentar, Art. 15 AEUV, Rn. 12.

den Grundsatz der Offenheit nicht nur konkretisiert, sondern auch um ein individuelles Recht ergänzt[1043].

III. Subjektiver Anspruch aus Art. 42 GR-Charta

Das in Art. 42 GR-Charta niedergelegte „Recht auf Zugang zu Dokumenten"[1044] wird überwiegend als ein echtes Grundrecht – und nicht nur als ein bloßer Grundsatz i. S. d. Art. 52 Abs. 5 GR-Charta – aufgefasst[1045]. Nach wie vor umstritten ist dennoch, ob Art. 42 GR-Charta einen subjektiven Anspruch verbürgt oder – ähnlich den Grundsätzen – lediglich objektiv-rechtlichen Gehalt aufweist[1046].

Der überwiegende Teil der Literatur verweigert diesem Grundrecht – trotz Rechtsverbindlichkeit der Charta seit dem Vertrag von Lissabon – die unmittelbare Anwendbarkeit, da die Vorschrift unter dem Vorbehalt der Konkretisierung durch Sekundärrecht nach Art. 52 Abs. 2 GR-Charta i. V. m. Art. 15 Abs. 3 UAbs. 2 AEUV stehe. Dieser Vorbehalt habe zur Folge, dass Art. 42 GR-Charta nicht über den Rechtsgehalt des Art. 15 Abs. 3 AEUV hinausgehen könne und somit auch kein subjektives Recht enthalte.[1047]

Die Ansichten, welche eine unmittelbare Anwendbarkeit des Art. 15 Abs. 3 AEUV favorisieren, verweisen demgegenüber darauf, dass dies deckungsgleich

---

1043 Ohne weitere Begründung auch *Wegener*, in: Calliess/Ruffert, Art. 15 AEUV, Rn. 11; *Zerdick*, in: Lenz/Borchardt, Art. 15 AEUV, Rn. 11.

1044 Vgl. die amtliche Überschrift des Art. 42 GR-Charta.

1045 *Wegener*, in: Calliess/Ruffert, Art. 42 GR-Charta, Rn. 1; *Klatt*, in: von der Groeben/Schwarze/Hatje, Art. 42 GR-Charta, Rn. 3; *Jarass*, Art. 42 GR-Charta, Rn. 2; *Jarass/Kment*, § 37, Rn. 2; *Heselhaus*, in: Hdb EuGR, § 60, Rn. 28; *Wolf*, Unionales Dokumentenzugangsrecht, S. 54 f.; *Riemann*, Transparenz der Union, S. 131; *Feik*, Zugang zu EU-Dokumenten, S. 282; *Streinz*, in: Streinz, Art. 42 GR-Charta, Rn. 2; a. A. *Schöbener*, in: Stern/Sachs, Art. 42 GR-Charta, Rn. 5; *Voet van Vormizeele*, in: Schwarze/Becker/Hatje/Schoo, Art. 42 GR-Charta, Rn. 1.

1046 Freilich muss eine Diskussion über den Rechtsgehalt des Art. 42 GR-Charta vorrangig anhand der Vorschriften der EU-Grundrechtecharta erfolgen. Da sich der Meinungsstreit aufgrund des Verweises in Art. 52 Abs. 2 GR-Charta auf die Unionsverträge vielfach mit demjenigen zu Art. 15 Abs. 3 AEUV bzw. Art. 255 EGV deckt, vgl. auch oben unter II.

1047 *Streinz*, in: Streinz, Art. 42 GR-Charta, Rn. 2; *Magiera*, in: Meyer/Hölscheidt, Art. 42 GR-Charta, Rn. 6; *Schöbener*, in: Stern/Sachs, Art. 42 GR-Charta, Rn. 5; *Voet van Voormizeele*, in: Schwarze/Becker/Hatje/Schoo, Art. 42 GR-Charta, Rn. 5; siehe überdies zum Meinungsstand vor dem Vertrag von Lissabon *Wewers*, Europäisches Zugangsrecht, S. 224 ff.; *Feik*, Zugang zu EU-Dokumenten, S. 282.

auch für Art. 42 GR-Charta gelten müsse – deutlich werde dies durch die sowohl in Art. 15 Abs. 3 AEUV als auch in Art. 42 GR-Charta explizite Erwähnung eines „Rechts" auf Dokumentenzugang[1048]. Die Annahme eines subjektiven Rechts werde zudem durch ein aus Art. 10 EMRK hergeleitetes Recht auf Zugang zu Dokumenten gestützt. Nach Art. 52 Abs. 3 GR-Charta dürfen die Grundrechte der Charta die in der EMRK garantierten Rechte in Bedeutung und Tragweite nicht unterschreiten. Sofern die EMRK nun ein subjektives Grundrecht auf Dokumentenzugang enthalte, müsse gleiches auch für Art. 42 GR-Charta gelten.[1049]

Für eine unmittelbare Anwendbarkeit der Vorschrift wird schließlich angeführt, dass es dogmatisch konsequent sei, Art. 42 GR-Charta als Grundrecht auch ein subjektives Recht zuzugestehen. Denn es sei gerade den allgemeinen Grundsätzen nach Art. 51 Abs. 1, 52 Abs. 5 GR-Charta – und nicht den Grundrechten – zu eigen, dass sie nicht unmittelbar angewendet werden könnten[1050]. Auch scheitere eine unmittelbare Anwendbarkeit der Vorschrift nicht daran, dass die Norm aufgrund ihrer Unbestimmtheit auf eine sekundärrechtliche Konkretisierung hinsichtlich der Einschränkungen dieses Rechts angewiesen sei. Denn die der Grundrechtsdogmatik innewohnende Abwägung vermöge Einschränkungen des Zugangsrechts durchaus Rechnung zu tragen[1051] – sei es über die nach Art. 52 Abs. 2 GR-Charta und den Grundsatz der Offenheit festgelegten Grenzen des Unionsrechts oder die Einschränkungsmöglichkeit der Grundrechte nach Art. 52 Abs. 1 GR-Charta.

Letztlich vermag die Ansicht, welche Art. 42 GR-Charta das gleiche subjektive Recht wie Art. 15 Abs. 3 AEUV zugesteht, zu überzeugen. Denn ähnlich Art. 15 Abs. 3 AEUV stellt Art. 42 GR-Charta einen Schutzbereich auf, der nicht aufgrund sekundärrechtlicher Ausgestaltung willkürlich eingeschränkt werden

---

1048 Einen solchen Vergleich zu Art. 15 Abs. 3 AEUV ziehen *Heselhaus,* in: Hdb EuGR, § 60, Rn. 30 ff. und *Wegener,* in: Calliess/Ruffert, Art. 42 GR-Charta, Rn. 1; zur Annahme eines subjektiven Rechts aus Art. 15 Abs. 3 AEUV siehe oben unter II.

1049 *Heselhaus,* in: Hdb EuGR, § 60, Rn. 30 mit Verweis auf die Rechtsprechung des *EGMR,* Urt. v. 8. November 2016 – Rs. 18030/11, *Magyar Helskinki Bizottság/Ungarn,* Rn. 151 ff.

1050 *Heselhaus,* in: Hdb EuGR, § 60, Rn. 28; *Wegener,* in: Calliess/Ruffert, Art. 42 GR-Charta, Rn. 1.

1051 *Klatt,* in: von der Groeben/Schwarze/Hatje, Art. 42 GR-Charta, Rn. 3; zur Struktur der Grundsätze nach Art. 52 Abs. 5 GR-Charta sowie deren fehlenden subjektivrechtlichen Gehalt *Schwerdtfeger,* in: Meyer/Hölscheidt, Art. 52 GR-Charta, Rn. 72 ff.; *Cremer/Ostermann,* in: Hdb EuGR, § 58, Rn. 11 ff.

darf, sondern seinen Ursprung in einer Abwägung zwischen Transparenzgebot und Verweigerungsinteresse aufgrund von privaten und öffentlichen Belangen haben muss. Da sich eine solche Abwägung bereits auf Ebene des Primärrechts durchführen lässt, steht der Regelungsvorbehalt des Art. 15 Abs. 3 UAbs. 2 AEUV i. V. m. Art. 52 Abs. 2 GR-Charta der Herleitung eines subjektiven Rechts aus Art. 42 GR-Charta nicht entgegen.

Auch lässt sich nur durch die Annahme eines subjektiven Rechtsgehaltes von Art. 42 GR-Charta dessen Fortbestand erklären. Wenngleich die Vorschrift erst durch den Vertrag von Nizza als unverbindliches Recht in die EU-Grundrechtecharta eingeführt wurde, so ist es inzwischen doch gleichberechtigter Teil des Primärrechts neben Art. 15 Abs. 3 AEUV[1052]. Eine bloße Bestandssicherung des sekundärrechtlichen Dokumentenzugangs nach der VO (EG) 1049/2001 wäre allerdings bereits durch Art. 255 EGV a. F. bzw. Art. 15 Abs. 3 AEUV erreicht, und nicht gegenteilig durch die Erhebung der Vorschrift in den Rang eines verbindlichen Grundrechts. Daher ist es überzeugend, Art. 42 GR-Charta als ein Grundrecht mit subjektivem Rechtsgehalt, welches ein individuelles Recht auf Zugang zu Dokumenten vermittelt, anzusehen.

IV. Bedeutung der Subjektivierung für die Untersuchung

Die Subjektivierung des Grundsatzes der Offenheit durch das in Art. 15 Abs. 3 AEUV sowie Art. 42 GR-Charta niedergelegte Recht auf Zugang zu Dokumenten ergänzt das Transparenzgebot um den wichtigen Faktor eines unmittelbaren Anspruchs der Unionsbürger aus dem Primärrecht. Während der Grundsatz der Offenheit an sich keine unmittelbare Anwendbarkeit entfaltet, lassen sich die in ihm niedergelegten Transparenzanforderungen mithilfe der Art. 15 Abs. 3 AEUV und Art. 42 GR-Charta subjektiv durchsetzen. Zwar ist ein Anspruch auf Zugang zu Dokumenten aus der VO (EG) 1049/2001 vorrangig geltend zu machen, nichtsdestotrotz vermittelt das im Primärrecht verankerte subjektive Zugangsrecht einen über das bestehende Sekundärrecht hinausgehenden Anspruch. Einschränkungen dieses individuellen Anspruchs müssen mithilfe des Grundsatzes der Offenheit, welcher eine Abwägung zwischen dem allgemeinen Verbreitungsinteresse und den entgegenstehenden Einschränkungen öffentlicher und privater Art verlangt, gefunden werden.

1052 Aufgrund der Gleichrangigkeit von Unionsverträgen und EU-Grundrechtecharta nach Art. 6 Abs. 1 EUV.

Im Rahmen der vorliegenden Fragestellung, ob ein Anspruch auf Zugang zu völkerrechtlichen Verhandlungsdokumenten besteht, ermöglicht die Subjektivierung, dass der Zugangsanspruch sich nicht auf eine Untersuchung der VO (EG) 1049/2001 und dessen Vereinbarkeit mit dem Primärrecht zu beschränken hat. Die Verweigerung des Zugangs zu völkerrechtlichen Verhandlungsdokumenten nach der VO (EG) 1049/2001 ist in der Anwendung des Ausnahmetatbestandes der internationalen Beziehungen bereits nicht mit dem Grundsatz der Offenheit vereinbar. Über die Feststellung dieser Unvereinbarkeit hinaus bieten Art. 15 Abs. 3 AEUV sowie Art. 42 GR-Charta einen primärrechtlichen, subjektiven Anspruch auf Zugang zu völkerrechtlichen Verhandlungsdokumenten. Die notwendige Abwägung zwischen den widerstreitenden Interessen, welche sowohl im Rahmen des Grundsatzes der Offenheit als auch der subjektiven Ansprüche erforderlich ist, muss auf Ebene des Primärrechts stattfinden. Eine derartige Abwägung kommt im Ergebnis zu keiner anderen Schlussfolgerung als diejenige, welche bereits auf objektiver Ebene im Rahmen des Grundsatzes der Offenheit stattgefunden hat[1053].

Der objektiv-rechtlichen Verpflichtung des Grundsatzes der Offenheit zum Zugang zu völkerrechtlichen Verhandlungsdokumenten steht somit subjektivrechtlich ein Anspruch auf Zugang zu ebenjenen Dokumenten gegenüber. Dieser kann unmittelbar gegenüber den verpflichteten Stellen – vorrangig Kommission und Rat – geltend gemacht werden.

E. Ergebnis

Über die sekundärrechtliche Ausgestaltung des Dokumentenzugangsrechts hinaus enthält das Primärrecht mit dem in Art. 1 Abs. 2, Art. 10 Abs. 3 EUV, Art. 15 AEUV verbürgten Grundsatz der Offenheit ein rechtsverbindliches Optimierungsgebot zur Herstellung maximaler Transparenz. Dieser Grundsatz konkretisiert sich in der primärrechtlichen Verankerung des Dokumentenzugangsrechts und zeigt gleichzeitig dessen Einschränkungsmöglichkeiten auf. Derartige Einschränkungen sind in den Rechten Dritter, der Effektivität des Entscheidungsverfahrens sowie dem Schutz der Unionsinteressen verortet.

Die Untersuchung, ob der Grundsatz der Offenheit den Zugang zu völkerrechtlichen Verhandlungsdokumenten verlangt, führt zu einer Abwägung der sich gegenüberstehenden Interessen an der Verbreitung der Dokumente sowie dem Schutz effektiver Verhandlungen. Diese Abwägung kommt zu dem Schluss,

1053 Siehe zu dieser Abwägung bereits oben unter B.III.

dass zwar legitime Interessen dem allgemeinen Verbreitungsinteresse gegenüberstehen können, letzterem allerdings der Vorzug zu geben ist. Zunächst ist nicht erkennbar, dass die Verhandlungen durch die Verbreitung der Dokumente dergestalt gestört würden, dass ihre effektive Durchführung unmöglich wäre. Darüber hinaus überwiegt das Interesse der Unionsbürger an einer effektiven Wahrnehmung seiner demokratischen Rechte auf Teilhabe an den Entscheidungen der Union und der Kontrolle der Unionsorgane. Diesen demokratischen Rechten ist im Bereich völkerrechtlicher Verträge der Union – analog zum Erlass von Gesetzgebungsakten – ein erhöhtes Gewicht beizumessen. Aufgrund der Rechtsverbindlichkeit des Grundsatzes der Offenheit steht die Anwendung der Ausnahmetatbestände der VO (EG) 1049/2001 im vorliegenden Fall nicht mit dem Primärrecht in Einklang – auch eine primärrechtskonforme Auslegung des Art. 4 Abs. 1 VO (EG) 1049/2001 scheitert.

Aufgrund der nur objektiv-rechtlichen Qualität des Grundsatzes der Offenheit kann dieser demgegenüber kein subjektives Recht auf Zugang zu völkerrechtlichen Dokumenten gewährleisten. Ein derartiges subjektives Recht ist schließlich in Art. 15 Abs. 3 AEUV sowie Art. 42 GR-Charta enthalten. Deren Einschränkungsmöglichkeiten bestimmen sich durch den Grundsatz der Offenheit, welcher eine Abwägung zwischen den widerstreitenden Interessen erfordert. Diese Abwägung kann zu keinem anderen Ergebnis führen als die auf objektiv-rechtlicher Ebene durchgeführte. Daher geht ein subjektiver Zugangsanspruch den Interessen an der Vertraulichkeit völkerrechtlicher Dokumente vor. Mithin besteht ein subjektiver Anspruch auf Zugang zu Verhandlungsmandaten sowie konsolidierten Verhandlungsdokumenten unmittelbar aus Art. 15 Abs. 3 AEUV sowie Art. 42 GR-Charta.

§ 6 Öffentlichkeit der unionsinternen Entscheidungsprozesse

Im Fokus der Transparenz völkerrechtlicher Verträge steht nicht nur der Zugang zu Dokumenten über die Verhandlungen, sondern auch die Öffentlichkeit des unionsinternen Entscheidungsverfahrens. Denn die öffentliche Tagung der gewählten Repräsentanten ermöglicht eine effektive demokratische Kontrolle der Unionsbürger, sei es über das unmittelbar gewählte Europäische Parlament oder über den Rat und somit die in ihm vertretenen Regierungen[1054]. Es stellt sich daher zunächst die Frage, ob das Europäischen Parlament, welches zu einem völkerrechtlichen Abkommen angehört werden und diesem gegebenenfalls zustimmen muss, öffentlich tagen muss. Darüber hinaus bedarf es einer Untersuchung, ob die Ratssitzungen, in welchen über die Aufnahme von Verhandlungen sowie über die Annahme der ausgehandelten Abkommen beraten wird, öffentlich stattfinden müssen.

Im Folgenden wird zunächst die primärrechtliche Verpflichtung von Europäischem Parlament und Rat zur Öffentlichkeit der Tagungen dargestellt (unter A.). Daran anschließend wird untersucht, ob die Vorschriften des Primärrechts eine Verpflichtung zur öffentlichen Beratung des Europäischen Parlaments und des Rates über die Mandatierung und den Abschluss völkerrechtlicher Abkommen enthalten (unter B.).

A. Öffentlichkeit der Tagungen von Parlament und Rat

Die Herstellung der Öffentlichkeit von Tagungen eines Parlaments ist eng mit dessen demokratischem Charakter verknüpft[1055]. Aus diesem Grund wurde bereits vor dem Inkrafttreten des Vertrages von Lissabon gefordert, die Öffentlichkeit der Beratungen zu Gesetzgebungsakten auf Unionsebene herzustellen.

1054 *Sobotta*, Transparenz in den Rechtsetzungsverfahren, S. 37 ff.; *Hofstötter*, in: von der Groeben/Schwarze/Hatje, Art. 15 AEUV, Rn. 7; *Krajewski/Rösslein*, in: Grabitz/Hilf/Nettesheim, Art. 15 AEUV, Rn. 20.

1055 *Sobotta*, Transparenz in den Rechtsetzungsverfahren, S. 37 ff.; zur Notwendigkeit der Parlamentsöffentlichkeit im Lichte des Demokratieprinzips in Deutschland siehe *Brocker*, in: Epping/Hillgruber, Art. 42 GG, Rn. 1; zur rechtsvergleichenden Notwendigkeit der Öffentlichkeit von Parlamenten in einer Demokratie siehe *Klein*, in: Maunz/Dürig, Art. 42 GG, Rn. 22.

Kritik fand insbesondere der Grundsatz der Nicht-Öffentlichkeit des Rates sowie die fehlende Verpflichtung zur öffentlichen Tagung bei der Verabschiedung von Gesetzgebungsakten.[1056]

Bereits vor Einfügung einer primärrechtlichen Fixierung der Tagungsöffentlichkeit hat sich das Europäische Parlament in seiner Geschäftsordnung zur öffentlichen Tagung im Plenum sowie grundsätzlich in den Ausschüssen verpflichtet[1057]. Diese Selbstverpflichtung ist im Zuge des Vertrages von Lissabon mit Art. 15 Abs. 2, 1. HS AEUV ins Primärrecht überführt worden[1058]. Überwiegend wird diese Verpflichtung nur in Bezug auf Beratungen im Plenum verstanden, nicht hingegen soll diese Vorschrift für Ausschusssitzungen gelten – daher gehe die Geschäftsordnung mit der grundsätzlichen Ausschussöffentlichkeit nach Art. 121 Abs. 3 GO-EP über die primärrechtliche Verpflichtung hinaus[1059]. Anders als das Plenum kann ein Ausschuss hingegen nach Art. 121 Abs. 3 GO-EP beschließen, die Tagungsöffentlichkeit für bestimmte Tagesordnungspunkte auszuschließen – vorgesehen ist dies für die Prüfung von Anträgen im Zusammenhang mit einem Immunitätsverfahren[1060], die Einsichtnahme in vertrauliche Informationen[1061] sowie ausnahmsweise im Rahmen der Anhörung und Unterrichtung des Europäischen Parlaments über die GASP[1062].

1056 *Kahl*, ZG 1996, 224, 230 ff.; *Lamprecht*, NJW 1997, 505; *Sobotta*, Transparenz in den Rechtsetzungsverfahren, S. 60 ff.; *Prechal/de Leeuw*, in: Bernitz/Nergelius/Cardner, S. 201, 207; *Heitsch*, Transparenzprinzip, S. 56 ff.; *Wewers*, Europäisches Zugangsrecht, S. 117 ff.; *Bröhmer*, Transparenz als Verfassungsprinzip, S. 331 ff.

1057 *Heselhaus*, in: Frankfurter Kommentar, Art. 15 AEUV, Rn. 24; erstmals vorgesehen in Art. 63 der Geschäftsordnung des Europäischen Parlaments [in der 1. Legislaturperiode] vom 26. März 1981, ABl. 1981, C 90/49; für die aktuelle Fassung siehe Art. 121 der Geschäftsordnung des Europäischen Parlaments [in der 9. Legislaturperiode] vom 22. November 2019, ABl. 2019, L 302/1.

1058 *Heselhaus*, in: Frankfurter Kommentar, Art. 15 AEUV, Rn. 22; *Hofstötter*, in: von der Groeben/Schwarze/Hatje, Art. 15 AEUV, Rn. 8.

1059 Die Ausschüsse sollen demgegenüber aufgrund des Grundsatzes der Offenheit aus Art. 15 Abs. 1 AEUV zur größtmöglichen Öffentlichkeit verpflichtet sein, *Krajewski/Rösslein*, in: Grabitz/Hilf/Nettesheim, Art. 15 AEUV, Rn. 15; *Hofstötter*, in: von der Groeben/Schwarze/Hatje, Art. 15 AEUV, Rn. 10; *Heselhaus*, in: Frankfurter Kommentar, Art. 15 AEUV, Rn. 25; a. A. *Wegener*, in: Calliess/Ruffert, Art. 15 AEUV, Rn. 3, welcher die Ausschüsse bereits aufgrund von Art. 15 Abs. 2 AEUV zur Öffentlichkeit verpflichtet sieht.

1060 Art. 9 Abs. 11 GO-EP.

1061 Art. 221 Abs. 3 GO-EP.

1062 Ausweislich Art. 119 Abs. 2 S. 2 GO-EP auf Ersuchen des Vizepräsidenten und Hohen Vertreters.

Die Öffentlichkeit der Ratssitzungen hat eine erhebliche Aufwertung durch Art. 15 Abs. 2, 2. HS AEUV sowie dessen Konkretisierung in Art. 16 Abs. 8 EUV erfahren, welche den Rat nun zur öffentlichen Tagung über Entwürfe zu Gesetzgebungsakten verpflichten. Noch bis 2006 sah die Geschäftsordnung des Rates[1063] in Art. 5 Abs. 1 GO-Rat den Grundsatz der Nichtöffentlichkeit vor[1064]. Erst im Zuge der Änderungen des Primärrechts durch den Vertrag von Lissabon wurde 2009 die Geschäftsordnung derart an das Primärrecht angepasst, dass Art. 5, 7 GO-Rat die Öffentlichkeit der Beratungen und Abstimmungen über Gesetzgebungsakte vorsieht. In Art. 6 GO-Rat ist zwar weiterhin der Grundsatz der Geheimhaltung festgelegt, in den nachfolgenden Artikeln sind jedoch erhebliche Ausnahmen zu finden sind. Diese betreffen die Öffentlichkeit der Tagungen im Bereich der Gesetzgebung[1065] sowie die grundsätzliche Öffentlichkeit bei ersten Beratungen über Rechtsakte ohne Gesetzescharakter[1066]. Diese Änderungen in der Geschäftsordnung entsprechen der in Art. 15 Abs. 2, 2. HS AEUV sowie Art. 16 Abs. 8 EUV verankerten Verpflichtung zur Ratsöffentlichkeit im Rahmen der Gesetzgebung und gehen in Bezug auf die Beratungen zu Rechtsakten ohne Gesetzgebungscharakter sogar darüber hinaus[1067]. Der Begriff des „Gesetzgebungsaktes" in Art. 15 Abs. 2 AEUV sowie der GO-Rat bezieht sich auf die Definition in Art. 289 Abs. 3 AEUV[1068].

B. Verpflichtung zur Öffentlichkeit der Beratungen über völkerrechtliche Verhandlungen

Die Verpflichtung in Art. 15 Abs. 2 AEUV legt den Grundsatz der öffentlichen Sitzung für das Europäische Parlament fest, für den Rat soll dies nach dessen 2. Halbsatz lediglich im Rahmen der Beratung oder Abstimmung über Entwürfe

---

1063 Beschluss des Rates zur Festlegung seiner Geschäftsordnung vom 15. September 2006, 2006/683/EG, ABl. 2006, L 285/47.

1064 Ausnahmen hierzu fanden sich in Art. 8, 9 GO-Rat, welche u. a. das Mitentscheidungsverfahren und die erste Beratung über wichtige neue Rechtsetzungsvorschläge umfassten.

1065 Vgl. Art. 7 GO-Rat.

1066 Vgl. Art. 8 GO-Rat, insb. Die Ausnahmen von dieser Öffentlichkeit nach Art. 8 Abs. 1 S. 1, 2. HS GO-Rat.

1067 *Heselhaus*, in: Frankfurter Kommentar, Art. 15 AEUV, Rn. 27.

1068 *Wegener*, in: Calliess/Ruffert, Art. 15 AEUV, Rn. 4; *Görlitz/Schoo*, in: Schwarze/Becker/Hatje/Schoo, Art. 15 AEUV, Rn. 14; vgl. zu den Gesetzgebungsakten auch oben unter § 3.C.I.

zu Gesetzgebungsakten gelten[1069]. Folgend wird zunächst erläutert, ob das Europäische Parlament im Rahmen seiner Befassung mit völkerrechtlichen Verhandlungen öffentlich tagen muss (unter I.). Daran anschließend wird untersucht, inwieweit diese Verpflichtung ebenfalls für den Rat gilt, insbesondere vor dem Hintergrund der für diesen geltenden Einschränkung der Tagungsöffentlichkeit (unter II.).

I. Öffentlichkeit der Tagungen des Europäischen Parlaments zu völkerrechtlichen Abkommen

Die Verpflichtung des Europäischen Parlaments zur Öffentlichkeit seiner Sitzungen nach Art. 15 Abs. 2 AEUV steht unter keinen Vorbehalt. Daher sind sämtliche Befassungen des Europäischen Parlaments mit völkerrechtlichen Verhandlungen öffentlich zu führen. Aufgrund der nur eingeschränkten Einbindung des Europäischen Parlaments in das Verfahren zum Abschluss völkerrechtlicher Abkommen kommt eine öffentliche Beschlussfassung allerdings nur nach Abschluss der Verhandlungen in Betracht. Das Europäische Parlament wird formell in das Vertragsschlussverfahren erst nach Abschluss der Verhandlungen eingebunden, um der Anhörungs- oder Zustimmungspflicht nach Art. 218 Abs. 6 UAbs. 2 AEUV nachzukommen[1070].

Weiterhin kann das Europäische Parlament auch während laufender Verhandlungen über den Fortgang der Verhandlungen beraten und verhandlungslenkend auf die Verhandlungsführer einwirken. Zu diesem Zwecke erfolgt eine Unterrichtung des Parlaments während sämtlicher Phasen der Verhandlungen[1071]. Die Beratungen der Abgeordneten des Europäischen Parlaments untereinander sowie mit den Verhandlungsführern oder dem Rat finden hingegen nicht im Plenum statt, sondern werden den zuständigen Ausschüssen übertragen[1072] oder auf eine informelle Ebene verlagert[1073].

1069 *Heselhaus,* in: Frankfurter Kommentar, Art. 15 AEUV, Rn. 22; *Krajewski/Rösslein,* in: Grabitz/Hilf/Nettesheim, Art. 15 AEUV, Rn. 19.

1070 Zur Einbindung des Europäischen Parlaments in das Verfahren zum Abschluss völkerrechtlicher Verhandlungen siehe bereits oben unter § 2.C.II.2.

1071 Vgl. zu den Unterrichtungsrechten des Europäischen Parlaments oben unter § 3.A.

1072 Im Rahmen von Freihandelsabkommen ist beispielsweise der Ausschuss für internationalen Handel (INTA) für die Beratungen über den Fortgang der Verhandlungen zuständig, siehe zu dessen Einfluss *Coremans*, Politics and Governance 3/2017, 29, 33 ff.

1073 Siehe zum Ablauf und Beispielen zu solchen informellen Dialogen *Jančić,* JCMS 54 (2016), 896, 898 ff.; *Coremans,* Politics and Governance 3/2017, 29, 34 f.

Diese der Beschlussfassung im Plenum vorgelagerten Sitzungen der Ausschüsse und informellen Gruppen unterliegen nach überwiegender Ansicht nicht dem Öffentlichkeitserfordernis des Art. 15 Abs. 2 AEUV[1074]. Die Geschäftsordnung des Europäischen Parlaments sieht zwar grundsätzlich die Öffentlichkeit der Ausschusssitzungen vor[1075], demgegenüber kann die Öffentlichkeit in bestimmten Fällen ausgeschlossen werden. Zunächst gilt dies nach Art. 119 Abs. 2 S. 2 GO-EP, wenn der Ausschuss im Rahmen der GASP unterrichtet werden soll. Darüber hinaus ist der Ausschuss nach Art. 221 Abs. 1 GO-EP verpflichtet, die Öffentlichkeit dann auszuschließen, wenn er mit der Behandlung vertraulicher Informationen befasst ist. Eine derartige Vertraulichkeit der Beratungen über internationale Verhandlungen sieht auch die interinstitutionelle Vereinbarung zwischen Rat und Europäischem Parlament über die Behandlung von Verschlusssachen[1076] vor. Unter Bezugnahme auf die Unterrichtungsrechte des Europäischen Parlaments nach Art. 218 Abs. 10 AEUV im 4. und 5. Erwägungsgrund dieser Vereinbarung finden sich Verpflichtungen der Ausschüsse zur besonderen Handhabung von Verschlusssachen. Insbesondere sieht Art. 6 Abs. 5 dieser Vereinbarung vor, dass die Ausschüsse, sofern sie über Verschlusssachen der Kategorien RESTREINT UE/EU RESTRICTED oder CONFIDENTIEL UE/EU CONFIDENTIAL beraten, die Öffentlichkeit ausschließen. Gleichlautend übernimmt diesen Passus der Vereinbarung Art. 221 Abs. 3 GO-EP. Daher erfolgt die Unterrichtung der Ausschüsse des Europäischen Parlaments über Verhandlungsmandat sowie konsolidierte Verhandlungsdokumente – welche als RESTREINT UE/EU RESTRICTED eingestuft werden – unter Ausschluss der Öffentlichkeit.

Demgegenüber wäre eine über Art. 15 Abs. 2 S. 1 AEUV hinausgehende Verpflichtung der Ausschüsse des Europäischen Parlaments zur Öffentlichkeit ihrer Sitzungen nach dem Grundsatz der Offenheit zu weitgreifend[1077]. Denn die Ausschüsse, welche über den Verhandlungsfortschritt unterrichtet werden, dienen

1074 Vgl. oben Fn. 1059.

1075 Art. 121 Abs. 3 GO-EP.

1076 Interinstitutionelle Vereinbarung zwischen dem Europäische Parlament und dem Rat über die Übermittlung an und die Bearbeitung durch das Europäische Parlament von im Besitz des Rates befindlichen Verschlusssachen in Bezug auf Angelegenheiten, die nicht unter die Gemeinsame Außen- und Sicherheitspolitik fallen vom 12. März 2014, ABl. 2014, C 95/01.

1077 Zur Ansicht in der Literatur, welche die Ausschüsse aufgrund des Grundsatzes der Offenheit zur Öffentlichkeit verpflichtet sieht, hiervon jedoch Ausnahmen zulässt, siehe oben Fn. 1059.

nicht der Vorbereitung von Entscheidungen des Parlaments, sondern sind dessen Schnittstelle, um frühzeitig die Verhandlungen durch Rat und Kommission zu beeinflussen. Insofern dienen die unterrichteten Ausschüsse der effektiven Wahrnehmung der Rechte des Europäischen Parlaments. Demgegenüber würde deren Verpflichtung zur Öffentlichkeit die Gefahr bergen, dass das Europäische Parlament nur unzureichend über den Verhandlungsfortschritt zu völkerrechtlichen Abkommen unterrichtet wird, falls es nicht den Vertraulichkeitsanforderungen von Kommission und Rat folgt.

II. Öffentlichkeit der Sitzungen des Rates zu völkerrechtlichen Verhandlungen

Zur Beurteilung, ob der Rat im Rahmen der Befassung mit völkerrechtlichen Verhandlungen zur Öffentlichkeit seiner Sitzungen verpflichtet ist, bedarf es zunächst einer Betrachtung, ob sich ein derartiges Öffentlichkeitserfordernis bereits explizit aus dem Primärrecht ergibt (unter 1.). Daran anschließend wird untersucht, ob eine über die explizite Verpflichtung hinausgehende Pflicht zur Öffentlichkeit der Ratssitzungen aus dem Grundsatz der Offenheit besteht (unter 2.).

1. Explizite Verpflichtung zur Öffentlichkeit der Ratssitzungen

Der Rat ist ebenso wie das Europäische Parlament nach Art. 15 Abs. 2, 2. HS AEUV zur Öffentlichkeit seiner Sitzungen verpflichtet. Eingeschränkt wird dieses Erfordernis allerdings für den Rat auf die Fälle, in denen er über Entwürfe zu Gesetzgebungsakten berät oder abstimmt. Gleichlautend findet sich diese Begrenzung der Sitzungsöffentlichkeit auf den legislativen Bereich in Art. 16 Abs. 8 S. 1 EUV.

Es handelt sich hingegen weder bei dem Verhandlungsmandat des Rates noch bei dem Beschluss zur Unterzeichnung und den Abschluss eines völkerrechtlichen Vertrages um Gesetzgebungsakte[1078]. Dementsprechend umfasst die Verpflichtung nach Art. 15 Abs. 2, 2. HS AEUV sowie Art. 16 Abs. 8 S. 1 EUV nicht die Beratungen und Abstimmungen über völkerrechtliche Abkommen. Auch die Geschäftsordnung des Rates zeigt keinen hiervon abweichenden Befund. Art. 7 Abs. 1 GO-Rat korrespondiert mit der Verpflichtung aus Art. 16 Abs. 8 S. 1 EUV, die Öffentlichkeit bei der Beratung über Gesetzgebungsakte herzustellen. Die öffentliche erste Beratung über Rechtsakte ohne Gesetzescharakter nach Art. 8

1078 Siehe oben unter § 3.C.II.1.a).

Abs. 1 GO-Rat enthält hingegen einen erheblichen Ausnahmekatalog. So sind bereits interne Maßnahmen sowie Rechtsakte betreffend die interinstitutionellen Beziehungen ausgenommen. Darüber hinaus sind Beratungen über Rechtsakte betreffend die internationalen Beziehungen nach Art. 8 Abs. 1 S. 1, 2. HS GO-Rat nicht vom Erfordernis der Öffentlichkeit umfasst. Diese Ausnahmen ermöglichen es dem Rat, aufgrund seiner Geschäftsordnung die Öffentlichkeit selbst bei der ersten Beratung über ein Verhandlungsmandat auszuschließen. Zudem nimmt Art. 9 Abs. 3 GO-Rat den Abstimmungsprozess, der zur Annahme vorbereitender Rechtsakte führt – somit auch dem Beschluss zur Aufnahme von Verhandlungen mit Drittstaaten – ausdrücklich vom Erfordernis der Öffentlichkeit aus.

Die primärrechtliche Verpflichtung zur Ratsöffentlichkeit stellt eine eng begrenzte Ausnahme dar. Schon der Wortlaut zeigt, dass Art. 15 Abs. 2, 2. HS AEUV keine darüber hinausgehende Verpflichtung zur Öffentlichkeit enthält. Auch Art. 16 Abs. 8 S. 2 EUV zeigt durch die Möglichkeit der Trennung der Ratssitzung in einen öffentlichen, die Gesetzgebungsakte betreffenden, und einen nichtöffentlichen Teil, dass die Öffentlichkeit der Sitzungen weiterhin die Ausnahme darstellen soll.

Über die Legaldefinition des Gesetzgebungsaktes[1079] hinausgehend weitere Beratungsgegenstände von dieser Verpflichtung erfasst zu sehen, würde hingegen die Wortlautgrenze überschreiten und dem klar erkennbaren Willen der Vertragsverfasser zur Begrenzung nur auf Gesetzgebungsakte zuwiderlaufen. Zwar besteht ein strukturelles Näheverhältnis zwischen völkerrechtlichen Verträgen und Gesetzgebungsakten in der Europäischen Union[1080]. Jedoch lässt die explizite Normierung der Ratsöffentlichkeit nur für den Fall der Beratung über Gesetzgebungsakte keine Verpflichtung zur Herstellung von Öffentlichkeit im Rahmen des Abschlusses völkerrechtlicher Abkommen erkennen.

2. Aus dem Grundsatz der Offenheit hergeleitete Verpflichtung zur Öffentlichkeit

Die Verpflichtung zur Öffentlichkeit nach Art. 15 Abs. 2, 2. HS AEUV, Art. 16 Abs. 8 EUV konkretisiert den Grundsatz der Offenheit im Hinblick auf die Publizität der Sitzungen des Rates[1081]. Der im Grundsatz der Offenheit enthaltene

1079 Art. 289 Abs. 3 AEUV.

1080 Vgl. bereits oben unter § 3.C.II.1.c).(3).(i).

1081 *Heselhaus,* in: Frankfurter Kommentar, Art. 15 AEUV, Rn. 22; *Ziegenhorn,* in: Grabitz/Hilf/Nettesheim, Art. 16 EUV, Rn. 70; *Haratsch,* in: Frankfurter Kommentar, Art. 16 EUV, Rn. 42.

Optimierungsansatz vermag den Rat auch über Art. 15 Abs. 2, 2. HS AEUV, Art. 16 Abs. 8 S. 1 EUV hinaus zur Öffentlichkeit seiner Sitzungen zu verpflichten. Denn Ziel der expliziten Verpflichtung zur Öffentlichkeit der Beratung zu Gesetzgebungsakten ist es, ebendiesen Bereich ausnahmslos der Öffentlichkeit zu unterwerfen. Hingegen lässt sich der Vorschrift nicht entnehmen, dass die nicht legislativen Bereiche grundsätzlich von dem Erfordernis der Öffentlichkeit ausgenommen werden sollen.[1082] Daher stellt sich die Verpflichtung nach Art. 15 Abs. 2 AEUV im Hinblick auf die Öffentlichkeit der Ratssitzungen als nicht abschließend dar. Entgegen Art. 15 Abs. 2 AEUV verlangt der Grundsatz der Offenheit für die sonstigen Tätigkeiten des Rates allerdings eine Abwägung zwischen dem Interesse an der Öffentlichkeit der Sitzungen und dem zu schützenden Interesse an einer vertraulichen Tagung des Rates.

Im Folgenden wird zunächst die Möglichkeit und der Umfang einer aus dem Grundsatz der Offenheit abgeleiteten Verpflichtung zur Öffentlichkeit der Ratssitzungen diskutiert (unter a)). Anschließend wird beleuchtet, ob aus einer solchen Verpflichtung die Öffentlichkeit der Beratungen und Abstimmungen des Rates zu völkerrechtlichen Abkommen hergeleitet werden kann (unter b)).

a) Verpflichtung zur Ratsöffentlichkeit aufgrund des Transparenzgebotes

Die Öffentlichkeit parlamentarischer Tagungen wurde bereits früh als wesentlicher Bestandteil der Transparenz aufgefasst[1083]. Während die Tagungsöffentlichkeit sich zwar nicht als ein Kernelement der Demokratie auffassen lässt[1084], ist sie jedoch eng mit den demokratischen Rechten der Bürger verknüpft[1085]. Denn erst die Öffentlichkeit der parlamentarischen Vorgänge sowie des Abstimmungsverhaltens ermöglicht die notwendige Kontrolle der Bürger über die von ihnen gewählten Repräsentanten[1086].

1082 Insofern überzeugt die Ansicht von *Görlitz/Schoo*, in: Schwarze/Becker/Hatje/Schoo, Art. 15 AEUV, Rn. 7 nicht, welche ohne weitere Begründung davon ausgehen, Art. 15 Abs. 2 AEUV stelle eine abschließende Sonderregelung dar.

1083 Zur Transparenz und Öffentlichkeit als Bedingung des Parlamentarismus *Sobotta*, Transparenz in den Rechtsetzungsverfahren, S. 36 ff.

1084 *Kahl*, ZG 1996, 224, 226.

1085 Zum theoretischen Hintergrund der parlamentarischen Öffentlichkeit und dem Zusammenhang zur Demokratie vgl. *Klein*, in: Maunz/Dürig, Art. 42 GG, Rn. 5 ff. m. w. N.

1086 *Sobotta*, Transparenz in den Rechtsetzungsverfahren, S. 39, 59.

Während sich die Diskussion um die Öffentlichkeit der Sitzungen des Europäischen Parlaments erledigt hat[1087], ist dieser Streit aufgrund der primärrechtlichen Einschränkung der grundsätzlichen Ratsöffentlichkeit auf Gesetzgebungsverfahren nach wie vor aktuell. Dem Gedanken der maximalen Offenheit des Entscheidungsprozesses der Union folgend[1088] stellt sich die Frage, ob eine weitestgehende Öffentlichkeit auch im Rahmen der Ratstätigkeit herzustellen ist, oder ob der Diskretion der Sitzungen des Rates der Vorzug zu geben ist.

Die Transparenz der Entscheidungsprozesse der Union bezweckt, dass hierdurch die demokratische Legitimation europäischen Handelns besser nachvollzogen werden kann und so Verantwortlichkeiten zugewiesen werden können[1089]. Dem Rat kommt als zentrales Entscheidungsorgan im institutionellen Gefüge der Union eine besondere Stellung zu. Aufgrund dessen wird eine aus dem Grundsatz der Transparenz abgeleitete Sitzungsöffentlichkeit des Rates mit dem Argument befürwortet, dass sich erst durch die Transparenz des Entscheidungsprozesses des Rates zuordnen lasse, auf welcher Ebene und mit welchen Mehrheiten eine Entscheidung getroffen werde[1090]. Zudem ermögliche das Verständnis der Ratshandlungen eine direkte Zuweisung der Entscheidungen an die verantwortlichen Mitgliedstaaten bzw. deren Regierungen[1091]. Im System der repräsentativen Demokratie stehe der Rat als Bindeglied zwischen den Mitgliedstaaten und der Europäischen Union unter der Kontrolle der nationalen Parlamente sowie den diesen gegenüber verantwortlichen Bürgern. Die Transparenz der Entscheidungsfindung innerhalb des Rates diene somit der Legitimation und Akzeptanz von Handlungen der mitgliedstaatlichen Repräsentanten[1092]. Die Möglichkeit der Zuweisung von Verantwortlichkeiten erschwere es zudem

---

1087 Durch den Vertrag von Lissabon wurde in Art. 15 Abs. 2 AEUV die generelle Öffentlichkeit der Sitzungen des Europäischen Parlaments primärrechtlich festgelegt, die GO-EP sah bereits zuvor die parlamentarische Öffentlichkeit vor, vgl. *Hofstötter*, in: von der Groeben/Schwarze/Hatje, Art. 15 AEUV, Rn. 8.

1088 Zur Gewährleistung der Offenheit des Entscheidungsprozesses aufgrund des Grundsatzes der Offenheit siehe oben unter § 5.A.II.2.b).

1089 *Heselhaus*, in: Frankfurter Kommentar, Art. 15 AEUV, Rn. 1; *Huber*, in: Streinz, Art. 10 EUV, Rn. 51; *Ruffert*, in: Calliess/Ruffert, Art. 10 EUV, Rn. 12.

1090 *Sobotta*, Transparenz in den Rechtsetzungsverfahren, S. 73.

1091 *Kahl*, ZG 1996, 224, 233 f.; *Frischhut*, EuR-Beiheft 1/2015, 207, 227 mit Verweis auf SchlA *Cruz Villalón* v. 16. Mai 2013, ECLI:EU:C:2013:325 zu *EuGH*, Urt. v. 17. Oktober 2013 – Rs. C-280/11 P, ECLI:EU:C:2013:671, *Rat/Access Info Europe*, Rn. 63 ff.

1092 *Kahl*, ZG 1996, 224, 233; *de Leeuw*, E. L. Rev. 32 (2007), 295, 303.

den nationalen Regierungen, schwierige Entscheidungen, welche innerstaatlich umstritten sind, auf Unionsebene zu verlagern und somit eigene Verantwortlichkeit an die Europäische Union abzugeben[1093].

Gegen eine Öffentlichkeit der Tagungen des Rates wird die Möglichkeit der Einschränkung des Grundsatzes der Offenheit zum Schutze der Effektivität sowie der Funktionalität des Entscheidungsprozesses[1094] angeführt. Die Entscheidungsfindung innerhalb des Rates beruhe häufig auf einem *do ut des*-Verhältnis. Nur im gegenseitigen Nachgeben und Verhandeln würden sich tragfähige Kompromisse erzielen lassen (sog. Kopplungsgeschäfte oder *package deals*)[1095]. Aufgrund teilweise divergierender Schwerpunkte der heute 27 nationalen Regierungen sei eine vertrauliche und interne Abstimmung mit notwendigen Kompromissen unerlässlich[1096]. Die Darstellung solcher Kopplungsgeschäfte in der Öffentlichkeit würden demgegenüber langfristige Kompromisse offenbaren und sei im kurzlebigen Meinungsaustausch schwer vermittelbar.[1097]

Auch sei der Rat keine Parlamentskammer im klassischen Sinne. Vielmehr zeige sich die Besonderheit dieser Staatenkammer darin, dass die Entscheidungen von hoher Komplexität geprägt seien[1098]. Aufgrund dessen drohe eine Überforderung der Öffentlichkeit und letzten Endes eine Abkehr vom politischen Interesse an Ratstagungen[1099]. Zudem sei die Organisation des Rates *per se* derart

---

1093 *Heitsch*, Transparenzprinzip, S. 58; *Kahl*, ZG 1996, 224, 234; *de Leeuw*, E. L. Rev. 32 (2007), 295, 303; zu Verlagerung von Entscheidungen auf verschiedene Ebenen siehe auch *Sobotta*, Transparenz in den Rechtsetzungsverfahren, S. 70 f. m. w. N.

1094 Vgl. zur Einschränkung des Grundsatzes der Offenheit aufgrund des Schutzes der Effektivität des Unionshandelns oben unter § 5.A.II.4.b).

1095 Siehe zu den *package deals* sowie dem mit diesen einhergehenden Erfordernis vertraulicher Verhandlungen *Krajewski/Rösslein*, in: Grabitz/Hilf/Nettesheim, Art. 15 AEUV, Rn. 17; *de Leeuw*, E. L. Rev. 32 (2007), 295, 302 f.; *Peters*, CMLRev. 41 (2004), 37, 67.

1096 *Kahl*, ZG 1996, 224, 236; kritisch zum Bestehen einer vertraulichen Atmosphäre der Verhandlungen aufgrund der Größe des Rates *de Leeuw*, E. L. Rev. 32 (2007), 295, 303.

1097 *Bröhmer*, Transparenz als Verfassungsprinzip, S. 334; *de Leeuw*, E. L. Rev. 32 (2007), 295, 302; *Krajewski/Rösslein*, in: Grabitz/Hilf/Nettesheim, Art. 15 AEUV, Rn. 17; *Naurin*, Politics and Governance 3/2017, 87, 89 verweist zudem auf die Gefahr einer Spaltung der Gesellschaft, wenn bekannt würde, welche Mitgliedstaaten die Debatten „gewonnen“ oder „verloren“ hätten.

1098 Zu den Besonderheiten des Rates im Vergleich zu einem klassischen Parlament siehe *Bröhmer*, Transparenz als Verfassungsprinzip, S. 333.

1099 *Kahl*, ZG 1996, 224, 232, 235.

komplex gestaltet, dass die Öffentlichkeit der Tagungen nicht zweckdienlich wäre. Denn das Verfahren der Abstimmungen in den Ausschüssen und Arbeitsgruppen – insbesondere dem Ausschuss der Ständigen Vertreter (AStV) – diene der Arbeitserleichterung des Rates und ermögliche es so, konsensuale Beschlüsse ohne Aussprache zu fassen (sog. A-Liste) und nur über offene Punkte (sog. B-Liste) zu verhandeln[1100]. Dieses Verfahren ermögliche es den Mitgliedstaaten zudem, sowohl die unionseigenen als auch die nationalen Interessen zu berücksichtigen, zu deren beider Wahrungen der Rat bestellt ist.[1101] Die Vielzahl der Entscheidungen werde auf eine vorgelagerte Ebene verschoben und sei aufgrund des komplexen Entscheidungsverfahrens sowie der mit dieser einhergehenden Kompromissfindung nicht öffentlich vermittelbar[1102].

Die aktuelle Praxis des Rates, zwar über Gesetzgebungsentwürfe öffentlich zu beraten, ansonsten aber die Entscheidungsfindung im geschützten Raum stattfinden zu lassen, biete ein austariertes System zwischen Transparenz und notwendiger Vertraulichkeit. Darüber hinausgehende verstärkte Öffentlichkeitserfordernisse würden die Gefahr bergen, dass die Sitzungen des Rates in einer Scheinöffentlichkeit abgehalten werden. Wichtige Sachentscheidungen zu kontroversen Themen, welche Kompromisse und Zugeständnisse enthielten, würden dann bereits im Vorfeld geklärt.[1103]

Demgegenüber ist einzuwenden, dass Art. 15 Abs. 2 AEUV, Art. 16 Abs. 8 EUV zwar eine Grundregel normieren, nach welcher der Rat stets öffentlich tagen muss, der Grundsatz der Offenheit jedoch auf diese nicht abschließenden Sonderregeln ausstrahlt.[1104] Eine aus dem Grundsatz der Offenheit abgeleitete Verpflichtung zur Öffentlichkeit steht zudem unter dem Vorbehalt der diesem immanenten Einschränkungen zum Schutz gegenläufiger Interessen[1105].

Zunächst ist die Praxis der *package deals* sowie das Argument, diese würden durch die Herstellung der Öffentlichkeit von Ratssitzungen gefährdet werden, kritisch zu betrachten, sofern es sich um politisch umstrittene Themen oder Debatten im öffentlichen Diskurs handelt. Denn je umstrittener ein Thema ist und je mehr dieses die Rechtsstellung des Individuums zu beeinflussen vermag,

1100 Eingehend zur Praxis der A-Liste und B-Liste *de Leeuw*, E. L. Rev. 32 (2007), 295, 309; *Ziegenhorn*, in: Grabitz/Hilf/Nettesheim, Art. 237 AEUV, Rn. 5, 9 f.

1101 *Kahl*, ZG 1996, 224, 235; *Bröhmer*, Transparenz als Verfassungsprinzip, S. 333.

1102 *Kahl*, ZG 1996, 224, 235 f.

1103 Diese Gefahr sah *Kahl*, ZG 1996, 224, 237 bereits vor der primärrechtlichen Verpflichtung zur Öffentlichkeit durch den Vertrag von Lissabon.

1104 Hierzu bereits oben unter 2; beachte auch die abweichende Ansicht Fn. 1082.

1105 Siehe zu den Einschränkungen des Grundsatzes der Offenheit oben unter § 5.A.II.4.

desto eher sollte eine Entscheidung von etwaigen Zugeständnissen unabhängig sein. Der Gefahr von „Mauschelei und Kungelei“[1106] kann mit öffentlichen Aussprachen und Abstimmungen begegnet werden. Insbesondere sollten Entscheidungen mit erheblicher Tragweite als sachlich gerecht gewertet und nicht als Teil eines Vergleichs mit Zugeständnissen gesehen werden[1107]. Auch vermag es nicht zu überzeugen, dass die hohe Komplexität der Ratstätigkeit zu einer Überforderung führe. Vielmehr ist es notwendiger Teil von Transparenz, dass die Vorgänge durch Experten und Journalisten aufbereitet und verständlich übermittelt werden[1108].

Dieser Ansicht ist unter der Voraussetzung, dass der Grundsatz der Offenheit schwer nachvollziehbare Entscheidungen und undurchsichtige Verhandlungen zu vermeiden sucht, zuzustimmen. Konkrete Entscheidungen sollen den einzelnen Repräsentanten zugewiesen und so Kontrolle und Partizipation ermöglicht werden. Bereits anerkannt wurde diese notwendige Stärkung der Transparenz zwar im Rahmen der Gesetzgebung[1109]. Nicht von dieser Stärkung der Transparenz profitieren die Bereiche, welche vom Gesetzgebungsverfahren ausgenommen sind – insbesondere solche, in denen der Rat primärer Entscheidungsträger ist[1110]. Jedoch stehen mitunter auch derartige Entscheidungen der Union in erheblicher Kritik – vor allem, sofern das Europäische Parlament diesen nicht zustimmen muss.

Überzeugend ist es daher, dass der Grundsatz der Offenheit über die in Art. 16 Abs. 8 EUV, Art. 15 Abs. 2 AEUV verankerte Verpflichtung zur Öffentlichkeit im

---

1106 *Kahl*, ZG 1996, 224, 234.

1107 Für diese „*Richtigkeitsfunktion*“ plädiert auch *Kahl*, ZG 1996, 224, 234.

1108 Vgl. hierzu bereits oben unter § 5.A.II.3; zur Vermeidung von Informationsdefiziten bei der Herstellung von Transparenz siehe *Sobotta*, Transparenz in den Rechtsetzungsverfahren, S. 90 f.

1109 Dies stellte die Prämisse für die Einfügung des Art. 15 Abs. 2, 2. HS AEUV dar und wurde bereits vorab durch den Europäischen Rat bekräftigt, Schlussfolgerungen des Europäischen Rates von Edinburgh vom 11. bis 12. Dezember 1992, Bulletin der Europäischen Gemeinschaften Nr. 12/1992, SN 456/1/92, S. 10; siehe auch *Heitsch*, Transparenzprinzip, S. 57; kritisch *Bröhmer*, Transparenz als Verfassungsprinzip, S. 339 f.; zur Transparenz als notwendiges Element zur effektiven Ausübung von demokratischen Rechten im Rahmen von Gesetzgebungsverfahren *EuGH*, Urt. v. 1. Juli 2008 – Verb. Rs. C-39/05 P und C-52/05 P, ECLI:EU:C:2008:374, *Schweden und Turco/Rat*, Rn. 45 f.

1110 Auf diese Problematik weist auch *de Leeuw*, E. L. Rev. 32 (2007), 295, 305 in Bezug auf die GASP hin.

Gesetzgebungsverfahren hinaus auch auf sonstige Entscheidungen des Rates ausstrahlt. Dies gilt umso mehr, wenn Entscheidungen umstritten sind oder sich in öffentlichem Diskurs befinden. Für eine ausnahmslose Verpflichtung des Rates zur Öffentlichkeit der Sitzungen auch im nicht-legislativen Bereich lassen sich hingegen keine Anhaltspunkte im Primärrecht finden. Eine solche Annahme würde bereits dem Willen des Vertragsgebers, nur den Bereich der Gesetzgebung der unbedingten Öffentlichkeit zugänglich zu machen, zuwiderlaufen[1111]. Auch die Herleitung der Öffentlichkeit aus dem Grundsatz der Offenheit lässt keine generelle Verpflichtung erkennen. Denn diesem sind unter anderem Einschränkungen zugunsten der Effektivität des Unionshandelns zu entnehmen[1112]. In Bereichen der Ratstagungen, in welchen die Effektivität der Entscheidungsfindung durch Transparenz bedroht ist, bedarf es daher einer Abwägung zwischen dem Schutz der Beratungen und Entscheidungen innerhalb des Rates und dem allgemeinen Interesse an größtmöglicher Offenheit in der Union. Eine solche fällt zumindest dann regelmäßig zugunsten der Offenheit aus, wenn Entscheidungen von derartiger Tragweite sind, dass sie erheblichen Einfluss auf die Unionsbürger haben. Auch ein Diskurs in der Öffentlichkeit über umstrittene Themen wird eine derartige Abwägung zugunsten der Offenheit ausfallen lassen, um dem Unionsbürger die Wahrnehmung seiner demokratischen Teilhabe- und Kontrollrechte zu ermöglichen.

Der Verpflichtung des Rates zur Öffentlichkeit seiner Tagungen steht demgegenüber nicht entgegen, dass unstreitige Themen in vorbereitenden Gremien entschieden und durch den Rat ohne Aussprache angenommen werden. Sofern ein Konsens zwischen den Mitgliedstaaten besteht, welcher eine Aussprache und Debatte im Rat nicht erfordert, können Beschlüsse entsprechend vorbereitet und *en bloc* durch den Rat angenommen werden[1113].

1111 Dies ergibt sich schon daraus, dass Art. 16 Abs. 8 EUV, Art. 15 Abs. 2 AEUV keine Einschränkung für den Bereich der Gesetzgebung enthält, der Grundsatz der Offenheit solche Einschränkungen hingegen vorsieht.

1112 Hierzu bereits oben unter § 5.A.II.4.b).

1113 Eine solche (im Übrigen unschädliche) Handhabung mit unstreitigen Entscheidungen findet auch im Deutschen Bundesrat statt, welcher in seiner Sitzung zunächst gesammelt über die sog. „Grüne Drucksache“ abstimmt, welche nicht kontroverse Tagesordnungspunkte zusammenfasst, § 29 Abs. 2 GO-BRat, vgl. auch *Herzog*, in: Isensee/Kirchhof, HdbStaatsR III, § 59, Rn. 28.

b) *Öffentlichkeit der Ratssitzungen zu völkerrechtlichen Abkommen aufgrund des Grundsatzes der Offenheit*

Dem Grundsatz der Offenheit sind aufgrund seiner Verpflichtung zur „weitestgehenden Beachtung“[1114] Einschränkungen zu eigen, welche eine Abwägung zwischen den widerstreitenden Interessen der Transparenz und der Vertraulichkeit der Ratssitzungen erfordern. In diesem Spannungsverhältnis steht einerseits das Interesse der Unionsbürger an der Öffentlichkeit an Ratssitzungen. Dem gegenüberüber steht das Interesse des Rates an der Vertraulichkeit der Beratungen über die Mandatierung zur Eröffnung von völkerrechtlichen Verhandlungen sowie der abschließenden Debatten über die Beschlüsse zur Unterzeichnung und Annahme eines Abkommens[1115].

Zunächst gilt es zu berücksichtigen, dass dem Bereich der Gesetzgebung ein erhöhter Stellenwert im Rahmen der Transparenz eingeräumt wird. Dieses besonders eingriffsintensive Handeln der Organe gegenüber dem Unionsbürger soll für letzteren verständlicher sein und es ihm ermöglichen, durch Kontrolle und Zuweisung von Verantwortlichkeit auf das Handeln der Union Einfluss zu nehmen.[1116] Diesem Transparenzinteresse wird zwar im Rahmen der Gesetzgebung besondere Bedeutung zugemessen, es erstreckt sich allerdings darüber hinaus auf sämtliche Entscheidungen der Union. Gerade im Rahmen besonders regelungsintensiver Abkommen mit Drittstaaten kann dem Interesse der Unionsbürger an der Kontrolle und Beteiligung an Entscheidungen der Union eine ähnlich erhöhte Bedeutung zukommen wie im Rahmen der Gesetzgebung. Denn es besteht die Möglichkeit, dass völkerrechtliche Verträge eine unmittelbare Wirkung für den Unionsbürger erzeugen oder zumindest die Gesetzgebungsorgane im weiteren Handeln binden[1117]. Es liegt daher nahe, völkerrechtliche Verträge aufgrund ihrer strukturellen Nähe zu Gesetzgebungsakten als entscheidungserhebliche Vorarbeiten zu den Gesetzgebungsverfahren aufzufassen. Auch lassen sich politische Strategien, welche sich in kontinuierlichen Entscheidungen der

---

1114 Art. 15 Abs. 1 AEUV.

1115 Vgl. zu diesem Verfahren bereits oben unter § 2.C.I.1 sowie § 2.C.II.1.

1116 *EuGH*, Urt. v. 1. Juli 2008 – Verb. Rs. C-39/05 P und C-52/05 P, ECLI:EU:C:2008:374, *Schweden und Turco/Rat*, Rn. 45 f.; *EuGH*, Urt. v. 17. Oktober 2013 – Rs. C-280/11 P, ECLI:EU:C:2013:671, *Rat/Access Info Europe*, Rn. 33; *EuG*, Urt. v. 22. März 2018 – Rs. T-540/15, ECLI:EU:T:2018:167, *De Capitani/Parlament*, Rn. 80; *Heselhaus*, in: Frankfurter Kommentar, Art. 15 AEUV, Rn. 77; *Zerdick*, in: Lenz/Borchardt, Art. 15 AEUV, Rn. 20 ff.

1117 Siehe oben unter § 2.D.

Rechtsetzung niederschlagen, durch völkerrechtliche Beziehungen und Abkommen erklären. Nur durch eine Öffentlichkeit auch des der Gesetzgebung vorgelagerten Bereiches völkerrechtlicher Verträge kann eine effektive Kontrolle der Unionsbürger über die Repräsentanten sowie eine größtmögliche Bürgerbeteiligung sichergestellt werden.

Zudem ist der Abschluss völkerrechtlicher Abkommen als gesonderter Politikbereich dem maßgeblichen Einfluss des Rates unterworfen – er fungiert als zentrales Entscheidungsorgan, wenn er die Richtlinien zu einem Abkommen vorgibt und dieses ratifiziert. Trotz der durch das Europäische Parlament sichergestellten unmittelbaren demokratischen Legitimation der vertraglichen Außenpolitik[1118] müssen an das Handeln des Rates aufgrund dessen hervorgehobener Stellung in diesem Bereich erhöhte demokratische Anforderungen gestellt werden. Die nur mittelbare demokratische Legitimation des Rates durch die in ihm vertretenen nationalen Regierungen kann nur durch eine effektive Kontrolle der Ratsvertreter durch die nationalen Parlamente und die Bürger ausgeglichen werden. Diese Wahrnehmung der demokratischen Kontrollrechte über die nationalen Regierungen würde hingegen erheblich erschwert werden, wenn der Bereich völkerrechtlicher Abkommen dem Öffentlichkeitserfordernis entzogen würde. Denn nur die Öffentlichkeit der Ratssitzungen ermöglicht es dem Bürger, die Beratungen und Abstimmungen im Rat nachzuvollziehen und Verantwortung an die einzelnen Regierungen zuzuweisen.

Diametral zu diesem Öffentlichkeitserfordernis steht die Effektivität des Ratshandelns. Dem Rat ist an einer vertraulichen Debatte über das Verhandlungsmandat gelegen, um seine Verhandlungsposition nicht zu schwächen. Der Schutz der eigenen Verhandlungsposition kann allerdings bereits nicht als legitime Einschränkung der Transparenz entgegenstehen oder muss gegenüber dieser zumindest zurücktreten[1119]. Auch den Ratssitzungen, in welchen diese Verhandlungspositionen diskutiert und beschlossen werden, ist daher kein Vertraulichkeitsgrund zum Schutze der eigenen Verhandlungsposition zuzugestehen.

Die Sitzungen des Rates sollen indes bereits aus Gründen der vertraulichen Kompromissbildung zwischen den Mitgliedstaaten unter Ausschluss der Öffentlichkeit stattfinden. Gerade bei politisch umstrittenen Abkommen mit Drittstaaten muss ein solcher Kompromiss oft im Wege von *package deals* gefunden werden. Umso notwendiger erscheint dies, wenn die Annahme eines

---

1118 Zu dessen Einflussmöglichkeiten im Rahmen völkerrechtlicher Verträge vgl. oben unter § 3.A.

1119 Vgl. oben unter § 5.B.III.3.a).

Abkommens nur im Wege der Einstimmigkeit[1120] erfolgen kann. Die Kompromissfindung wird durch die Öffentlichkeit jedoch erheblich erschwert, da dem Bürger langfristige Kompromisse nur schwer vermittelbar sind. Dies gründet sich darin, dass der öffentliche Diskurs sich nur auf einzelne Themen konzentriert, während Kompromisse eine langfristig stabile Zusammenarbeit im Rat gewährleisten. Insbesondere gilt dies für solche *package deals*, welche zugunsten einzelner, kleiner Mitgliedstaaten getroffen werden müssen.[1121]

Dass eine derartige Kompromissbildung durch die Herstellung von Öffentlichkeit erschwert wird, lässt sich zwar nicht bestreiten. Indes lässt sich die Notwendigkeit solcher Kopplungsabsprachen bei derart tiefgreifenden Entscheidungen infrage stellen. Wenn eine Kompromissfindung der Öffentlichkeit nicht vermittelbar ist, so erscheint es höchst zweifelhaft, ob die Entscheidungsfindung auf objektiv gerechten Maßstäben begründet liegt. Denn die Entscheidung über mitunter besonders regelungsintensive Rechtsakte muss sich an dessen Notwendigkeit und Richtigkeit orientieren und nicht an Zugeständnissen zu hiervon losgelösten Entscheidungen. Kontroversen über völkerrechtliche Verhandlungen sowie berechtigte Einwände einzelner Mitgliedstaaten sollten indes im Wege einer Debatte geklärt werden, sodass ein tatsächlicher tragfähiger Kompromiss besteht, und nicht auf Grundlage eines *do ut des* beseitigt werden. Einer Debatte steht es demgegenüber nicht entgegen, öffentlich ausgetragen zu werden – es ist dieser im Gegensatz dazu sogar zuträglich.

Auch aus der Schwierigkeit, Einstimmigkeit im Rat herzustellen, ergibt sich nichts anderes. Das Erfordernis der Einstimmigkeit dient nicht dazu, durch Zugeständnisse die Kompromissfindung zu erschweren, sondern ist vielmehr ein Instrument, um die unabhängige Zustimmung aller im Rat vertretenen Mitgliedstaaten zu einer Entscheidung zu garantieren[1122]. Durch *package deals*, in denen abweichende Ratsmitglieder umgestimmt werden sollen, droht ein solches dagegen unterlaufen zu werden. Denn es herrscht in diesem Fall keine tatsächliche Einstimmigkeit, sondern vielmehr ein Konsens, der lediglich auf einer Mehrheitsentscheidung beruht.

1120 Für völkerrechtliche Verträge sehen Art. 218 Abs. 8 UAbs. 2, Art. 207 Abs. 4 UAbs. 1, 2 AEUV dieses Erfordernis in den dort aufgezählten Fällen vor.

1121 Vgl. zur Begründung der vertraulichen Konsensfindung innerhalb des Rates auch *Dann*, in: von Bogdandy/Bast, EuVerfR, S. 349 f.

1122 Siehe zur Begründung des Einstimmigkeitserfordernis im Rat der EU *Geiger*, in: Geiger/Khan/Kotzur, Art. 16 EUV, Rn. 21; *Härtel*, Europäische Rechtsetzung, § 20, Rn. 8 ff. m. w. N.

Dem Grundsatz der Offenheit stehen somit in Abwägung zur Vertraulichkeit der Ratssitzungen keine tragfähigen Argumente der Effektivität entgegen, die eine Nicht-Öffentlichkeit der Sitzungen rechtfertigen würden. Das überwiegende Interesse an der Transparenz im Bereich der Gesetzgebungsakte strahlt aufgrund einer strukturellen Nähe auch auf den Bereich völkerrechtlicher Verträge aus. Aus diesem Transparenzerfordernis lässt sich schließen, dass der Rat über die explizite Normierung hinaus auch bei den Beratungen und Abstimmungen über Abkommen mit Drittstaaten zur Öffentlichkeit seiner Sitzungen verpflichtet ist.

3. *Zwischenfazit*

Die den Grundsatz der Offenheit konkretisierende Vorschrift über die Öffentlichkeit der Ratssitzungen umfasst lediglich die Beratungen zu Gesetzgebungsakten. Eine darüber hinausgehende Verpflichtung zur Öffentlichkeit bei der Beratung zu völkerrechtlichen Abkommen kann der expliziten Verpflichtung hingegen nicht entnommen werden. Demgegenüber vermag der Grundsatz der Offenheit über dessen Konkretisierung zur Öffentlichkeit der Ratstagungen hinaus auszustrahlen. Aufgrund seiner Bedeutung für die demokratische Legitimation innerhalb der Union kann hierin eine Verpflichtung gegenüber dem Rat begründet liegen, Sitzungen öffentlich abzuhalten. Im Gegensatz zur expliziten Normierung erfährt diese aus dem Transparenzgrundsatz hergeleitete Verpflichtung jedoch eine Einschränkung durch die Effektivität des Ratshandelns. In der Abwägung zwischen dem demokratischen Recht auf die Öffentlichkeit der Sitzungen und der Vertraulichkeit dieser aufgrund von Kompromissverhandlungen zeigt sich, dass das Interesse des Rates an der Nicht-Öffentlichkeit seiner Sitzungen hinter dem Transparenzinteresse zurücktreten muss. Dies gründet sich darauf, dass die Kompromissfindung über *package deals* nicht geeignet ist, die Öffentlichkeit von den Sitzungen des Rates auszuschließen. Auch besteht ein erhöhtes Transparenzinteresse bei Beratungen und Abstimmungen über völkerrechtliche Verträge, welche dem Bereich der Gesetzgebungsakte strukturell ähnlich sind. Daher ist der Rat aus dem Grundsatz der Offenheit verpflichtet, bei den Beratungen und Abstimmungen über die Ermächtigung sowie die Unterzeichnung und Annahme völkerrechtlicher Abkommen öffentlich zu tagen.

C. Ergebnis

Eine Betrachtung der Verpflichtungen zur Öffentlichkeit des unionsinternen Verfahrens zur Aufnahme und dem Abschluss völkerrechtlicher Verhandlungen zeigt zunächst, dass das Europäische Parlament nach Art. 15 Abs. 2 AEUV ausnahmslos zur Öffentlichkeit seiner Tagungen verpflichtet ist. Diese primärrechtliche Verpflichtung spiegelt sich in der Geschäftsordnung des Europäischen Parlaments wider. Daher müssen die parlamentarischen Tagungen, in denen das Plenum über den Abschluss eines völkerrechtlichen Abkommens angehört werden oder diesem zustimmen muss, öffentlich stattfinden. Über die Befassung des Plenums hinaus wird das Europäische Parlament zudem laufend über die Verhandlungen unterrichtet. Die Beratung über die laufenden Verhandlungen sowie eine etwaige Einflussnahme auf die Verhandlungsführer durch die Abgeordneten wird allerdings auf die Ebene der Ausschussbefassung oder informelle Dialoge verlagert. Eine Öffentlichkeit dieser Ausschüsse oder der informellen Dialoge sind im Primärrecht nicht vorgesehen. Ebenfalls enthält die Geschäftsordnung des Europäischen Parlaments Ausnahmen vom Grundsatz der Ausschussöffentlichkeit für Fälle der Unterrichtung über die GASP sowie die Beratungen zu sensiblen Dokumenten und Informationen. Derartige Ausnahmen vom Öffentlichkeitserfordernis sind hinzunehmen, um die wirksame Unterrichtung des Europäischen Parlaments nicht zu gefährden.

Der Rat ist demgegenüber nach Art. 15 Abs. 2, 2. HS AEUV, Art. 16 Abs. 8 S. 1 EUV nur dann zur Öffentlichkeit seiner Tagungen verpflichtet, wenn er über Gesetzgebungsakte berät. Die Beratungen über die Aufnahme sowie den Abschluss völkerrechtlicher Verhandlungen sind von dieser expliziten Verpflichtung nicht umfasst. Auch die GO-Rat enthält keine vom Primärrecht abweichenden Vorschriften, welche die Öffentlichkeit der Ratstagungen auf diesen Bereich erweitern. Indes stellt sich die explizite Normierung als nicht abschließend dar – der Rat kann daher nach überzeugender Ansicht über den Grundsatz der Offenheit zur Öffentlichkeit seiner Tagungen auch im nicht-legislativen Bereich verpflichtet sein. Indes verlangt der Grundsatz der Offenheit eine Abwägung zwischen dem allgemeinen Interesse an der Öffentlichkeit der Sitzungen sowie dem Interesse des Rates an der Vertraulichkeit seiner Sitzungen. Eine solche Abwägung zeigt zunächst, dass dem Bereich völkerrechtlicher Abkommen ähnlich wie dem der Gesetzgebung ein erhöhtes Transparenzinteresse zukommt. Diesem stehen keine schutzwürdigen Interessen an der Vertraulichkeit der Beratungen entgegen. Zunächst ist der Schutz der eigenen Verhandlungsposition nicht geeignet, Einschränkungen des Grundsatzes der Offenheit zu begründen. Darüber hinaus ist auch die Kompromissfähigkeit des Rates durch die Öffentlichkeit der Sitzungen nicht eingeschränkt. Allerdings bedarf es eines offenen Diskurses über Differenzen zwischen den einzelnen Mitgliedstaaten – sofern Kopplungsgeschäfte nicht öffentlich vermittelbar sind, sind diese zu vermeiden. Die Öffentlichkeit der Sitzungen des Rates wird letztlich dem Interesse an einer verstärkten demokratischen Legitimation völkerrechtlicher Verhandlungen gerecht, indem der Unionsbürger seine Kontrollrechte effektiv wahrnehmen kann. Dieser Öffentlichkeit der Ratssitzungen steht nicht entgegen, dass unter den Mitgliedstaaten unstreitige Entscheidungen bereits vorab durch den AStV vorbereitet werden.

§ 7 Zugang zu völkerrechtlichen Verhandlungsdokumenten nach nationalem Recht

Der Zugang zu völkerrechtlichen Vertragsdokumenten kann sich nicht auf eine Betrachtung der Vorschriften der Union beschränken, sondern muss das Zugangsrecht der Mitgliedstaaten in eine solche Untersuchung mit einbeziehen. Aufgrund der Einbindung der Mitgliedstaaten in die Ratstätigkeit sind diese notwendigerweise auch in die Verhandlungen zu völkerrechtlichen Abkommen eingebunden. So entscheiden diese als Mitglieder des Rates über die Verhandlungsermächtigung und werden durch einen Sonderausschuss unterrichtet. Im Falle der Aushandlung gemischter Abkommen, bei denen die Mitgliedstaaten als gleichwertiger Vertrags- und somit auch Verhandlungspartner auftreten[1123], sind sie zudem unmittelbar eingebunden.

Daher bedarf es zur Klärung des Zugangs zu völkerrechtlichen Vertragsdokumenten – spiegelbildlich zum Unionsrecht – gleichfalls der Betrachtung des nationalen Zugangsrechts. Diese erfolgt am Beispiel des Informationsrechts der Bundesrepublik Deutschland. Zunächst wird ein Überblick über die Ausgestaltung des Dokumentenzugangsrechts in Deutschland (unter A.) gegeben. Anschließend werden die informationsrechtlichen Normierungen auf die Möglichkeit eines Zugangs zu völkerrechtlichen Verhandlungsdokumenten der Union hin untersucht (unter B.). Abschließend erfolgt der Abgleich des nationalen Rechts mit dem Unionsrecht – bei Diskrepanzen wird der Versuch einer Auflösung der Widersprüche unternommen (unter C.).

A. Einfachgesetzliche Ausgestaltung des Dokumentenzugangsrechts – das Informationsfreiheitsgesetz

Das Dokumentenzugangsrecht ist in der Bundesrepublik Deutschland in den Informationsfreiheitsgesetzen geregelt. Neben dem Informationsfreiheitsgesetz des Bundes[1124] findet sich ein solches Recht auf den Zugang zu

1123 Siehe zur Einbindung der Mitgliedstaaten in den Prozess der Aushandlung gemischter Abkommen oben unter § 2.B sowie § 2.C.2.

1124 Gesetz zur Regelung des Zugangs zu Informationen des Bundes (Informationsfreiheitsgesetz) vom 5. September 2005, BGBl. I 2005, S. 2722, zuletzt geändert durch

Informationen – und somit auch zu Dokumenten – ebenso in den einzelnen Informationsfreiheitsgesetzen der Länder[1125], spezialgesetzlich im Verbraucherinformationsgesetz[1126] sowie dem Umweltinformationsgesetz[1127]. Anders als letztgenanntem Spezialgesetz[1128] liegt dem IFG Bund keine europäische Richtlinie zugrunde; es handelt sich um ein rein national geprägtes Gesetz[1129]. Die Einführung eines voraussetzungslosen Informationszugangsrechts stellte eine bedeutende Novelle dar, da sie die Abkehr vom Grundsatz der Geheimhaltung der Verwaltung bedeutete[1130]. Ob es darüber hinaus – neben dem anerkannten presserechtlichen Auskunftsanspruch[1131] – ein verfassungsmäßig verbürgtes Recht auf Zugang zu Informationen gibt, ist im Einzelnen umstritten[1132].

Im Folgenden werden zunächst der grundsätzliche Anspruch auf Zugang zu Informationen nach dem IFG Bund (unter I.), anschließend der

---

Art. 2 Abs. 6 des Gesetzes vom 7. August 2013, BGBl. I 2013, S. 3154; im Folgenden IFG Bund.

1125 Ein Überblick über die verschiedenen Informationsfreiheitsgesetze findet sich bei *Schoch*, Einl. zum IFG Bund, Rn. 202 ff.; siehe zur Entwicklung der Informationsfreiheit in Deutschland auch *Fluck*, DVBl 2006, 1406, 1407 ff.

1126 Verbraucherinformationsgesetz in der Fassung der Bekanntmachung vom 17. Oktober 2012, BGBl. I 2012, S. 2166, zuletzt geändert durch Art. 2 Abs. 34 des Gesetzes vom 7. August 2013, BGBl. I 2013, S. 3154.

1127 Umweltinformationsgesetz in der Fassung der Bekanntmachung vom 27. Oktober 2014, BGBl. I 2014, S. 1643, zuletzt geändert durch Art. 2 Abs. 17 des Gesetzes vom 20. Juli 2017, BGBl. I 2017, S. 2808.

1128 Dem UIG liegt die Aarhus-Konvention sowie die Richtlinie 2003/4/EG des Europäischen Parlaments und des Rates vom 28. Januar 2003 über den Zugang der Öffentlichkeit zu Umweltinformationen, ABl. 2003, L41/26 zugrunde; *Karg*, in: Gersdorf/Paal, § 1 UIG, Rn. 17.

1129 Zur Entstehungsgeschichte im Einzelnen siehe *Schoch*, Einl. Zum IFG Bund, Rn. 255 ff.

1130 Eingehend *Ostermann*, Transparenz und Meinungsbildung, S. 168 f. m. w. N.

1131 Der presserechtliche Auskunftsanspruch ist als unmittelbar verfassungsrechtlicher Anspruch anerkannt, *Grabenwarter*, in: Maunz/Dürig, Art. 5 GG, Rn. 369 ff.; *BVerwG*, Urt. v. 20. Februar 2013 – Az. 6 A 2.12, Rn. 27 ff.; *Schnabel*, NJW 2016, 1692, 1693 ff.

1132 Überwiegend wird ein solcher bislang unter Hinweis auf die Einschränkung des Art. 5 Abs. 1 GG als Abwehrrecht verneint, näher hierzu *Schoch*, Einl. zum IFG Bund, Rn. 68; *Grabenwarter*, in: Maunz/Dürig, Art. 5 GG, Rn. 1020 f.; *Ostermann*, Transparenz und Meinungsbildung, S. 203 ff.; ein Überblick über die verschiedenen, überwiegend auf Verfassungsrang garantierten Dokumentenzugangsrechte in den Mitgliedstaaten der Union findet sich bei *Heselhaus*, in: Hdb EuGR, § 60, Rn. 15.

Ausnahmetatbestand der öffentlichen Belange (unter II.) sowie die übrigen Ausnahmen (unter III.) beleuchtet.

I. Anspruch auf Zugang zu Informationen nach § 1 IFG Bund

Das Informationsfreiheitsgesetz des Bundes garantiert einen voraussetzungslosen Zugang zu Dokumenten im Besitz von Bundesbehörden. Demnach bedarf es keines besonderen Zugangsinteresses[1133]. Ebenso schränkt § 1 IFG Bund die subjektive Berechtigung für den Informationszugang nicht ein; mit der Formulierung „jeder"[1134] steht dieser sowohl natürlichen als auch juristischen Personen des Privatrechts zu[1135].

Anspruchsgegenstand ist nach § 1 Abs. 1 IFG Bund jede „amtliche Information"[1136]. Die hierzu in § 2 Nr. 1 IFG Bund enthaltene Legaldefinition schränkt die Form der Speicherung nicht ein – es bedarf nur des Vorhandenseins auf einem Speichermedium[1137]. Lediglich Entwürfe und Notizen, welche nicht Bestandteil eines Vorganges sind, werden davon ausgenommen[1138]. Weiterhin sind auch solche Informationen ausgenommen, welche nicht oder nicht mehr bei der Behörde vorhanden sind. Insofern besteht keine Informationsbeschaffungspflicht der Behörde[1139]. Die konkrete Ausgestaltung der Zugangsgewährung findet sich in § 1 Abs. 2 IFG Bund als Erteilung von Auskünften, Gewährung von Einsicht in Akten oder sonstiges Zurverfügungstellen von Informationen[1140].

Ausweislich des § 1 Abs. 1 S. 1 IFG Bund ist jede Behörde des Bundes dem Informationsanspruch verpflichtet – für den Begriff der Behörde wird ein ungeschriebener Verweis auf § 1 Abs. 4 VwVfG angenommen[1141]. Darüber hinaus

---

1133 *Debus,* in: Gersdorf/Paal, § 1 IFG Bund, Rn. 94, 152; *Schoch,* § 1 IFG Bund, Rn. 18 ff.

1134 § 1 Abs. 1 S. 1 IFG Bund.

1135 *Schoch,* § 1 IFG Bund, Rn. 52, 61 ff.; *Debus,* in: Gersdorf/Paal, § 1 IFG Bund, Rn. 95; zum Meinungsstreit, ob auch juristische Personen des öffentlichen Rechts umfasst sind siehe *Schoch,* § 1 IFG Bund, Rn. 74 ff. m. w. N.

1136 Zur Abgrenzung zwischen Information und Akten bzw. Dokumenten vgl. *Schoch,* § 1 IFG Bund, Rn. 34 f.

1137 *Schoch,* § 1 IFG Bund, Rn. 35; *Schoch,* § 2 IFG Bund, Rn. 23 ff.

1138 *Debus,* in: Gersdorf/Paal, § 1 IFG Bund, Rn. 4.

1139 *Schoch,* § 1 IFG Bund, Rn. 36 m. w. N.; zur Wiederbeschaffungspflicht in Ausnahmefällen siehe *Schoch,* § 1 IFG Bund, Rn. 44 f.

1140 Vgl. § 1 Abs. 2 IFG Bund; zu den Modalitäten der Zugangsgewährung *Debus,* in: Gersdorf/Paal, § 1 IFG Bund, Rn. 167 ff.

1141 Die ungeschriebene Verweisung auf den Behördenbegriff wird in der Gesetzesbegründung zum IFG deutlich und ist allgemein anerkannt, *Debus,* in: Gersdorf/Paal, § 1 IFG Bund, Rn. 130 f. m. w. N.; siehe auch BT-Drs. 15/4493, S. 8.

sind ebenfalls sonstige Bundesorgane und -einrichtungen umfasst, sofern sie öffentlich-rechtliche Verwaltungsaufgaben wahrnehmen[1142].

Als unmittelbare Bundesverwaltung sind insbesondere das Bundeskanzleramt sowie die Bundesministerien von dieser Verpflichtung umfasst[1143]. Eine Differenzierung zwischen Verwaltungs- und Regierungstätigkeiten erfolgt nicht[1144]. Es verbleibt vielmehr bei einer grundsätzlichen Informationspflicht, wohingegen das Interesse an der internen Willensbildung der Regierung über die Ausnahmetatbestände geschützt werden kann[1145].

Darüber hinaus wird angenommen, dass der Zugangsanspruch um die aus § 7 Abs. 1 S. 1 IFG Bund abgeleitete Voraussetzung der Verfügungsbefugnis zu ergänzen ist[1146]. Nach § 7 Abs. 1 S. 1 IFG Bund entscheidet diejenige Behörde über den Antrag, welche zur Verfügung über die Informationen berechtigt ist. Zur Vermeidung eines Normenkonfliktes wird daher verlangt, dass der Anspruch aus § 1 Abs. 1 IFG Bund sich nur auf solche Informationen erstreckt, über die die verpflichtete Stelle auch verfügungsbefugt ist[1147]. Dass der Bund Urheber des Dokumentes ist, wird hingegen nicht verlangt[1148]. Vielmehr soll es

---

1142 § 1 Abs. 1 S. 2 IFG Bund; hierzu im Einzelnen *Debus,* in: Gersdorf/Paal, § 1 IFG Bund, Rn. 142 f.; zur Verpflichtung von Privaten, welche öffentliche Aufgaben i. S. d. § 1 Abs. 1 S. 3 IFG Bund wahrnehmen siehe *Fluck*, DVBl 2006, 1406, 1413 ff.

1143 *Debus,* in: Gersdorf/Paal, § 1 IFG Bund, Rn. 131.1; *Schoch,* § 1 IFG Bund, Rn. 139 ff.

1144 *BVerwG*, Urt. v. 3. November 2011 – Az. 7 C 3.11, Rn. 10 f. (nach juris); *OVG Berlin-Brandenburg*, Urt. v. 5. Oktober 2010 – Az. 12 B 5.08, ECLI:DE:OVGBEBB: 2010:1005.12B5.08.0A, Rn. 19 (nach juris); *Debus,* in: Gersdorf/Paal, § 1 IFG Bund, Rn. 136; *Schoch,* § 1 IFG Bund, Rn. 120 ff.; *Scheel,* in: Berger/Partsch/Roth/Scheel, § 1 IFG Bund, Rn. 75 ff.; Für eine Trennung plädierte hingegen noch *VG Berlin*, Urt. v. 22. April 2010 – Az. 2 K 98.09, ECLI:DE:VGBE:2010:0422.2K98.09 .0A, Rn. 15 (nach juris) m. w. N. der Kammerrechtsprechung, kritisch hierzu bereits *Schoch*, NJW 2009, 2987, 2989.

1145 In diese Richtung argumentiert auch das *OVG Berlin-Brandenburg*, wenn es eine Anwendung des Informationszugangsanspruches für Regierungstätigkeiten annimmt, da ansonsten der Anwendungsbereich einiger Ausnahmetatbestände erheblich eingeschränkt wäre, *OVG Berlin-Brandenburg*, Urt. v. 5. Oktober 2010 – Az. 12 B 5.08, ECLI:DE:OVGBEBB:2010:1005.12B5.08.0A, Rn. 24 (nach juris).

1146 *Schoch,* § 1 IFG Bund, Rn. 47; *Fluck*, DVBl 2006, 1406, 1410; *Debus,* in: Gersdorf/Paal, § 1 IFG Bund, Rn. 117 mit Verweis auf *OVG Münster*, Beschl. v. 15. August 2003 – Az. 21 B 1375/03, Rn. 3 (nach juris).

1147 *Schoch,* § 1 IFG Bund, Rn. 47; *Debus,* in: Gersdorf/Paal, § 1 IFG Bund, Rn. 117.

1148 *Schoch,* § 1 IFG Bund, Rn. 32; *Scheel,* in: Berger/Partsch/Roth/Scheel, § 1 IFG Bund, Rn. 73.

darauf ankommen, ob die Informationen zum Bestandteil der eigenen Akten der Behörde geworden sind[1149] bzw. ob sie der Behörde zur Wahrnehmung ihrer eigenen Aufgaben angereicht wurden[1150]. Maßgebliches Kriterium für die Verfügungsbefugnis von durch Länder, Gemeinden oder ausländische Staaten sowie internationale Organisationen zugegangene Informationen soll hingegen sein, dass diese Informationen dem Bund dauerhaft zugehen[1151].

Aufgrund der Einschränkungen auf Bundesbehörden und sonstige Bundesorgane ergibt sich eine strikte Begrenzung des Anwendungsbereiches des IFG Bund. Einerseits ist der Kreis der Verpflichteten derart eingeschränkt, dass die Verwaltungen der Länder[1152] vom IFG Bund ausgenommen sind – für diese finden die jeweiligen Informationsfreiheitsgesetze der Länder Anwendung[1153]. Andererseits begrenzt der Kreis der Verpflichteten auch den Anwendungsbereich an der Schnittstelle zum Unionsrecht. So werden Organe der Union nicht durch das IFG Bund verpflichtet – für diese findet die VO (EG) 1049/2001 Anwendung[1154]. Zu einer Überschneidung zwischen dem unionsrechtlichen Informationszugang und dem nationalen Zugangsrecht soll es so nicht kommen. In Fällen der gemeinsamen Verfügungsbefugnis über Informationen bestehen Konsultationspflichten, die zur gemeinsamen Koordination anhalten[1155].

1149 *Schoch*, § 7 IFG Bund, Rn. 40; im Umkehrschluss auch *Scheel*, in: Berger/Partsch/Roth/Scheel, § 1 IFG Bund, Rn. 74.

1150 *Schoch*, § 7 IFG Bund, Rn. 43; *Schirmer*, in: Gersdorf/Paal, § 7 IFG Bund, Rn. 27.1; *OVG Berlin-Brandenburg*, Urt. v. 6. November 2014 – Az. 12 B 14.13, ECLI:DE: OVGBEBB:2014:1106.OVG12B14.13.0A, Rn. 26 (nach juris).

1151 *Schoch*, § 1 IFG Bund, Rn. 46 mit Verweis auf die Gesetzesbegründung zum IFG Bund, BT-Drs. 15/4493, S. 7, welche ausführt, dass „Information mit Ursprung außerhalb des Bundes – insbesondere der Länder, Gemeinden, ausländischer Staaten, nationaler und internationaler Organisationen – [...] Bestandteil der amtlichen Information des Bundes [wird], wenn sie dem Bund dauerhaft zugehen. Etwas anderes gilt nur, wenn es sich um beigezogene Akten handelt."

1152 Die notwendige Abgrenzung erfolgt aufgrund der Zuordnung der Behörde oder sonstigen Stelle zu den Ländern oder dem Bund auf Grundlage des Verwaltungsorganisationsrechts, *Schoch*, § 1 IFG Bund, Rn. 91.

1153 Vertiefend zu der Trennung zwischen Behörden und sonstigen Stellen des Bundes und solchen der Länder *Schoch*, § 1 IFG Bund, Rn. 90 ff.

1154 Siehe oben unter § 4.A.I; gleichfalls lässt die VO (EG) 1049/2001 nach ihrem 15. Erwägungsgrund die mitgliedstaatlichen Informationszugangsrechte unberührt, *Schoch*, § 1 IFG Bund, Rn. 102.

1155 Eine solche Konsultationspflicht ist insb. Bei Dokumenten der Mitgliedstaaten im Besitz der Unionsorgane relevant, da die VO (EG) 1049/2001 zur Verpflichtung auf den Besitz der Dokumente abstellt. Daher findet sich eine Konsultationspflicht

II. Ausnahmetatbestände zugunsten öffentlicher Belange (§ 3 IFG Bund)

Das IFG Bund enthält mit § 3 IFG Bund einen ausdifferenzierten Katalog an Ausnahmetatbeständen, welche die Verweigerung der Herausgabe von Informationen aufgrund schutzwürdiger öffentlicher Belange ermöglichen.

Die Auflistung in § 3 IFG Bund enthält in Nr. 1 bis 8 absolute Ausnahmetatbestände zum Schutze öffentlicher Belange[1156], bei deren Vorliegen der Zugang zu Informationen zu verweigern ist. Eine Abwägung zwischen widerstreitenden Interessen findet in diesem Rahmen nicht statt.[1157] Insbesondere steht der Behörde kein Ermessen zu, den Zugang im Einzelfall zu gewähren – es besteht eine Verweigerungspflicht von Amts wegen[1158]. Dagegen wird von der Literatur teilweise eine Abwägung zwischen Informations- und Schutzinteresse auf Tatbestandsebene verlagert[1159]. Hierbei dürfte es sich jedoch nicht um eine Abwägung zwischen den widerstreitenden Interessen handeln, welche die Norm nicht vorsieht, sondern vielmehr um die aus dem Verhältnismäßigkeitsgrundsatz resultierende, restriktive Auslegung der einzelnen Ausnahmetatbestände[1160]. Ein Informationszugang ließe sich bei Vorliegen dieser Schutztatbestände auch nicht durch die restriktive Auslegung derselben erreichen.

---

zwischen Unionsorganen und Mitgliedstaaten in Art. 4 Abs. 5 sowie Art. 5 VO (EG) 1049/2001, hierzu *Krajewski/Rösslein,* in: Grabitz/Hilf/Nettesheim, Art. 15 AEUV, Rn. 52.

1156 Genannt werden der Schutz vor nachteiligen Auswirkungen für die Gemeinwohlinteressen (Nr. 1), der Schutz der öffentlichen Sicherheit (Nr. 2), der Schutz der Vertraulichkeit von Verhandlungen und Beratungen (Nr. 3), der Schutz von Verschlusssachen und Amtsgeheimnissen (Nr. 4), der Schutz vorübergehend hinzugezogener Informationen (Nr. 5), der Schutz fiskalischer und wirtschaftlicher Interessen des Bundes (Nr. 6), der Schutz vertraulich erhobener Informationen (Nr. 7) sowie der Schutz von nachrichtendienstlichen und sicherheitsdienstlichen Aufgaben (Nr. 8), vgl. zu den Ausnahmetatbeständen im Einzelnen *Schirmer,* in: Gersdorf/Paal, § 3 IFG Bund, Rn. 35 ff.; *Roth,* in: Berger/Partsch/Roth/Scheel, § 3 IFG Bund, Rn. 17 ff.; *Rossi,* § 3 IFG Bund, Rn. 9 ff.

1157 *Schirmer,* in: Gersdorf/Paal, § 3 IFG Bund, Rn. 8; *Schoch,* Vorb. § 3 IFG Bund, Rn 53, 81; *Ders.,* § 3 IFG Bund, Rn. 3.

1158 *Schoch,* Vorb. § 3 IFG Bund, Rn. 75 f.; *Rossi,* § 3 IFG Bund, Rn. 1; *Roth,* in: Berger/Partsch/Roth/Scheel, § 3 IFG Bund, Rn. 11.

1159 *Kugelmann,* NJW 2005, 3609, 3611.

1160 Zur restriktiven Auslegung der Ausnahmetatbestände *Schoch,* Vorb. § 3 IFG Bund, Rn. 65 ff.; *BVerwG,* Urt. v. 27. November 2014 – Az. 7 C 20.12, ECLI:DE:BverwG: 2014:271114U7C20.12.0, Rn. 27 (nach juris).

Die Untersuchung eines Zugangsanspruchs zu völkerrechtlichen Verhandlungsdokumenten fokussiert sich auf solche Ausnahmetatbestände zugunsten öffentlicher Belange, welche die internationalen Beziehungen berücksichtigen. Im Folgenden werden daher nur die für die Untersuchung relevanten Ausnahmen beleuchtet: Der Schutz besonderer Gemeinwohlinteressen (unter 1.), der Schutz der Vertraulichkeit der internationalen Verhandlungen und der Beratungen (unter 2.) sowie der Schutz besonderer Geheimnisse (unter 3.).

1. Schutz besonderer Gemeinwohlinteressen

Dem Ausnahmetatbestand des § 3 Nr. 1 IFG Bund kommt eine besondere Stellung innerhalb der Schutzinteressen zu. Dieser bezweckt, die Gemeinwohlinteressen der Bundesrepublik Deutschland zu schützen – solche Interessen sind nach § 3 Nr. 1 lit. a) bis g) IFG Bund im Einzelnen die internationalen Beziehungen, militärische und sicherheitsempfindliche Belange der Bundeswehr, Belange der inneren und äußeren Sicherheit, Kontroll- und Aufsichtsaufgaben von Behörden, die externe Finanzkontrolle, der Schutz des Außenwirtschaftsverkehrs, sowie die Durchführung laufender Ermittlungs- und Gerichtsverfahren[1161]. Die Anwendung dieses Ausnahmetatbestandes erfordert nicht nur die Berührung mit einem dieser Schutzinteressen, sondern auch, dass nachteilige Auswirkungen durch das Bekanntwerden diesbezüglicher Informationen eintreten könnten[1162]. Eine abstrakte Möglichkeit der nachteiligen Auswirkungen genügt zur Anwendung des Ausnahmetatbestandes nicht, es ist vielmehr die konkrete Möglichkeit einer Beeinträchtigung erforderlich[1163]. Hinsichtlich der Annahme eines solchen Nachteils ist die Behörde angehalten, für jeden Einzelfall die konkrete Möglichkeit der Beeinträchtigung darzulegen[1164]. Grundsätzlich ist eine solche Prognoseentscheidung gerichtlich in vollem Umfang nachprüfbar, Ausnahmen

---

1161 Zur Definition der einzelnen Schutzgüter siehe *Schoch*, § 3 IFG Bund, Rn. 26 ff.; *Rossi*, § 3 IFG Bund, Rn. 9 ff.

1162 Derartige nachteilige Auswirkungen erfordern eine dreistufige Gefährdungslage: Die Gefährdung aufgrund des Bekanntwerdens der Informationen, die Befürchtung nachteiliger Auswirkungen hierdurch sowie die Möglichkeit der Beeinträchtigung, *Schoch*, § 3 IFG Bund, Rn. 13.

1163 *Schirmer*, in: Gersdorf/Paal, § 3 IFG Bund, Rn. 39.

1164 Eingeschränkt lediglich dahingehend, dass die Begründung nicht derart weit gehen muss, als dass aus dieser die verlangten Informationen kenntlich werden, vgl. *Schirmer*, in: Gersdorf/Paal, § 3 IFG Bund, Rn. 45 f.

hiervon sind von dem betroffenen Schutzgut abhängig[1165]. Ein solcher ausnahmsweiser Beurteilungsspielraum, welcher nur eingeschränkt gerichtlich nachprüfbar ist, ist für das Schutzgut der internationalen Beziehungen (§ 3 Nr. 1 lit. a) IFG Bund) anerkannt, da der Bundesregierung durch das Grundgesetz ein weit bemessener Spielraum eigener Gestaltung eingeräumt wird[1166].

2. *Schutz der Vertraulichkeit von internationalen Verhandlungen und Beratungen*

Der Zugang zu Informationen muss ebenfalls zugunsten der Vertraulichkeit von internationalen Verhandlungen und Beratungen (§ 3 Nr. 3 IFG Bund) verweigert werden. Trotz der unklaren Formulierung des § 3 Nr. 3 IFG Bund[1167] besteht Einigkeit, dass es entweder einer Beeinträchtigung der „internationalen Verhandlungen" (lit. a)) oder der „Beratung von Behörden" (lit. b)) bedarf[1168] – die Behörde muss eine diesbezügliche Prognose über die konkrete Gefahr erstellen, welche gerichtlich vollumfänglich überprüfbar ist[1169]. Unabdingbar für das Schutzgut ist zudem, dass ein objektiver Grund für die Notwendigkeit der Vertraulichkeit gegeben ist[1170]. Als relativer Schutztatbestand wird die Vertraulichkeit der Beratungen nur geschützt, wenn und solange eine Beeinträchtigung droht, es besteht somit eine zeitliche Begrenzung des Ausnahmegrundes[1171].

Der Ausnahmetatbestand nach § 3 Nr. 3 IFG Bund weist erhebliche Überschneidungen mit anderen Ausnahmetatbeständen auf[1172]. Zunächst scheint

---

1165 *Schoch*, § 3 IFG Bund, Rn. 24 f.; *BVerwG*, Urt. v. 27. November 2014 – Az. 7 C 12.13, ECLI:DE:BverwG:2014:271114U7C12.13.0, Rn. 33 ff. (nach juris); *BverwG*, Urt. v. 22. März 2018 – Az. 7 C 21.16, ECLI:DE:BverwG:2018:220318U7C21.16.0, Rn. 22 (nach juris).

1166 *Schoch*, § 3 IFG Bund, Rn. 25, 35; *Schirmer*, in: Gersdorf/Paal, § 3 IFG Bund, Rn. 50 f. eingeschränkt auf die Bestimmung des Schutzgutes; *BVerwG*, Urt. v. 29. Oktober 2009 – Az. 7 C 22.08, Rn. 15 (nach juris).

1167 Kritisiert wird vor allem, dass die notwendige Vertraulichkeit nicht vor lit. a) gezogen wurde, ebenso wie die Beeinträchtigung nicht nach lit. b) platziert ist. Darüber hinaus besteht Kritik an der missglückten Zusammenstellung der Schutzgüter, welche nicht im Einklang stehen; diesbezüglich *Schoch*, § 3 IFG Bund, Rn. 166 f. m. w. N.

1168 *Schoch*, § 3 IFG Bund, Rn. 184 m. w. N.

1169 *Schoch*, § 3 IFG Bund, Rn. 186; *Rossi*, § 3 IFG Bund, Rn. 39.

1170 *Schoch*, § 3 IFG Bund, Rn. 173, 181.

1171 *Schoch*, § 3 IFG Bund, Rn. 190; *Schirmer*, in: Gersdorf/Paal, § 3 IFG Bund, Rn. 138; *Rossi*, § 3 IFG Bund, Rn. 40.

1172 Solche Überschneidungen sind freilich unschädlich, *Schoch*, Vorb. § 3 IFG Bund, Rn. 40; *Rossi*, § 3 IFG Bund, Rn. 6 f.; *Schmitz/Jastrow*, NVwZ 2005, 984, 992;

der Schutz der Vertraulichkeit internationaler Verhandlungen vollständig in dem Schutz der internationalen Beziehungen aufzugehen[1173]. Der Schutz des behördlichen Entscheidungsprozesses wird überdies durch § 4 Abs. 1 IFG Bund gewährleistet. Dieser greift demgegenüber nur während des laufenden Entscheidungsprozesses und nicht darüber hinaus[1174]. Eine weitere Überschneidung findet sich mit dem ungeschriebenen, jedoch verfassungsrechtlich anerkannten Kernbereich exekutiver Eigenverantwortung[1175]. Dieser ist als weitere ungeschriebene Ausnahme zum IFG Bund anerkannt, wird allerdings vielfach von § 3 Nr. 3 IFG Bund überlagert – ein Rückgriff auf die ungeschriebene Ausnahme ist nur bei einer Schutzlücke notwendig[1176].

3. *Schutz von besonderen Geheimnissen*

Nach dem Grundsatz „[w]as nach anderen Vorschriften geheim gehalten werden muss, bleibt auch unter der Geltung des Informationsfreiheitsgesetzes geheim“[1177], schützt § 3 Nr. 4 IFG Bund solche Informationen, welche durch Rechtsvorschriften oder durch die Verschlusssachenanweisung vertraulich bleiben müssen, sowie Berufs- und besondere Amtsgeheimnisse. Insofern verweist das IFG Bund dynamisch auf spezielle Rechtsvorschriften[1178] sowie auf die auf Grundlage des Sicherheitsüberprüfungsgesetz (SÜG)[1179] erlassene allgemeine Verwaltungsvorschrift zum materiellen und organisatorischen Schutz von

---

1173 *Schoch*, § 3 IFG Bund, Rn. 195; die Gesetzesbegründung verweist hingegen auf ein Ergänzungsverhältnis, BT-Drs. 15/4493, S. 10; zur Möglichkeit der Ergänzung *Scherzberg/Solka*, in: Fluck/Fetzer/Fischer, § 3 IFG Bund, Rn. 130.

1174 *Schoch*, § 3 IFG Bund, Rn. 196.

1175 Allgemein zum Kernbereich exekutiver Eigenverantwortung *BVerfG*, Urt. v. 17. Juli 1984 – Az. 2 BvE 11/83, 2 BvE 15/83, BVerfGE 67, 100, 139, *Flick-Ausschuss*, Rn. 127 (nach juris); *Schnabel/Freund*, DöV 2012, 192, 193 f.

1176 *Schoch*, § 3 IFG Bund, Rn. 196; *BverwG*, Urt. v. 3. November 2011 – Az. 7 C 3.11, Rn. 31 (nach juris).

1177 *BverwG*, Urt. v. 29. Oktober 2009 – Az. 7 C 22.08, Rn. 46 (nach juris).

1178 Exemplarisch das BVerfSchG, das BNDG und die StPO, siehe *Schoch*, § 3 IFG Bund, Rn. 212 ff.; *Schirmer*, in: Gersdorf/Paal, § 3 IFG Bund, Rn. 143 ff.

1179 Gesetz über die Voraussetzungen und das Verfahren von Sicherheitsüberprüfungen des Bundes und den Schutz von Verschlusssachen (Sicherheitsüberprüfungsgesetz – SÜG) vom 20. April 1994, BGBl. I 1994, S. 867, zuletzt geändert durch Art. 20 der Elften ZuständigkeitsanpassungsVO vom 19.6.2020, BGBl. I 2020, 1328.

Verschlusssachen (VSA)[1180]. Die in § 4 Abs. 1 SÜG vorgesehenen Geheimhaltungsgrade werden durch die VSA definiert, sowohl im Hinblick auf die Voraussetzungen für die Einstufung als Verschlusssache als auch hinsichtlich des behördeninternen Umgangs mit diesen. Der Schutztatbestand des IFG Bund zugunsten besonderer Geheimnisse ermöglicht es, den Zugang zu Informationen zu verweigern, wenn diese materiell als Verschlusssache i. S. d. § 3 Nr. 4 VSA i. V. m. § 4 Abs. 2 SÜG eingestuft werden. Auf die rein formelle Einstufung in eine Geheimhaltungskategorie soll es hingegen nicht ankommen.[1181]

Weiterhin werden Berufsgeheimnisträger davor geschützt, ihr Vertrauensverhältnis zu offenbaren. Im Rahmen der Auflistung in § 3 IFG Bund wird die Geheimhaltungspflicht eines Berufsgeheimnisträgers[1182] zu einem öffentlichen Belang erhoben, wenn dessen Informationen in den Rahmen amtlicher Aufzeichnungen und somit in den Anwendungsbereich des IFG Bund gelangen[1183]. Ebenso werden besondere Amtsgeheimnisse, beispielsweise die Verschwiegenheitspflicht von Bundesbeamten, geschützt[1184].

III. Weitere Ausnahmetatbestände im IFG Bund

Darüber hinaus sieht § 4 IFG Bund den vorübergehenden Schutz des behördlichen Entscheidungsprozesses vor. Durch diesen soll verhindert werden, dass Informationen freigegeben werden, welche bei frühzeitigem Bekanntwerden den Erfolg einer Entscheidung oder einer behördlichen Maßnahme gefährden würden[1185]. Im Hinblick auf die Ausgestaltung als Soll-Vorschrift stellt diese

---

1180 Allgemeine Verwaltungsvorschrift zum materiellen Geheimschutz (Verschlusssachenanweisung – VSA) vom 10. August 2018, GMBl. 2018, S. 826; Erlassen auf Grundlage von § 35 Abs. 1 SÜG.

1181 *Schirmer*, in: Gersdorf/Paal, § 3 IFG Bund, Rn. 157 f.; *Schnabel*, NVwZ 2010, 303, 304; *BVerwG*, Urt. v. 29. Oktober 2009 – Az. 7 C 21.08 Rn. 16 ff. (nach juris); *BverwG*, Urt. v. 29. Oktober 2009 – Az. 7 C 22.08, Rn. 47 ff. (nach juris); kritisch *Schoch*, § 3 IFG Bund, Rn. 229.

1182 Eine Auflistung von Berufsgeheimnisträgern finden sich in § 203 Abs. 1 StGB, *Schoch*, § 3 IFG Bund, Rn. 232.

1183 *Schoch*, § 3 IFG Bund, Rn. 232; *Roth*, in: Berger/Partsch/Roth/Scheel, § 3 IFG Bund, Rn. 125.

1184 Siehe *Schoch*, § 3 IFG Bund, Rn. 236 ff.

1185 Zu Überschneidungen kommt es bei § 4 IFG Bund mit § 3 Nr. 4 lit. b) IFG Bund sowie dem Kernbereich exekutiver Eigenverantwortung, *Schnabel/Freund*, DöV 2012, 192, 196; *Schoch*, Vorb. § 3 IFG Bund, Rn. 21.

Ausnahme zwar keinen absoluten Verweigerungsgrund dar, intendiert das Ermessen der Behörde jedoch hinsichtlich der Nicht-Bekanntgabe[1186].

Der Schutz personenbezogener Daten in § 5 IFG Bund enthält eine Systematik, welche sowohl dem Schutzinteresse personenbezogener Daten als auch dem Interesse an der Veröffentlichung bestimmter Informationen gerecht zu werden versucht. Zudem besteht mit § 6 S. 1 IFG Bund ein absoluter Ausnahmetatbestand zum Schutze geistigen Eigentums. Für den Ausschluss zum Schutze von Betriebs- und Geschäftsgeheimnissen in § 6 S. 2 IFG Bund besteht ein Einwilligungsvorbehalt zugunsten der Betroffenen.

IV. Zwischenergebnis

Mit § 1 IFG Bund besteht ein voraussetzungsloses Recht auf Zugang zu Informationen gegenüber Bundesbehörden und sonstigen Bundesorganen. Der Informationszugang kann in Form der Erteilung von Auskünften, der Akteneinsicht oder der Zurverfügungstellung von Dokumenten erfolgen, eine Beschränkung auf die Form der Speicherung besteht nicht. Beschränkt ist der Zugangsanspruch hingegen auf solche Informationen, über welche die Behörde verfügungsbefugt ist. Zudem bestehen erhebliche Ausnahmetatbestände in § 3 – 5 IFG Bund, welche dem Schutz der Gemeinwohlinteressen, des Beratungsspielraums der Behörde sowie der persönlichen Daten Dritter dienen. Diese Schutzinteressen müssen nicht nur betroffen sein, vielmehr muss die konkrete Möglichkeit der Beeinträchtigung dieser Interessen bestehen.

B. Anwendung auf den Zugang zu völkerrechtlichen Verhandlungsdokumenten der Union

Anschließend an die Frage des Zugangs zu völkerrechtlichen Vertragsdokumenten auf Unionsebene[1187] bedarf es einer spiegelbildlichen Untersuchung, ob die deutschen Vorschriften einen Zugang zu ebenjenen Dokumenten eröffnen. Grundprämisse der folgenden Untersuchung ist, dass der Bundesregierung im Rahmen der Ratstätigkeit sowohl das Verhandlungsmandat als auch die konsolidierten Verhandlungsdokumente zur Verfügung gestellt werden und sich somit in deren Besitz befinden. Im Folgenden wird zunächst der grundsätzliche

---

1186 *Roth*, in: Berger/Partsch/Roth/Scheel, § 4 IFG Bund, Rn. 10; *Debus*, in: Gersdorf/Paal, § 4 IFG Bund, Rn. 25; *Schoch*, Vorb. § 3 IFG Bund, Rn. 83, mit Verweis auf die Gesetzesbegründung zum IFG Bund, BT-Drs. 15/4493, S. 9.

1187 Siehe oben unter § 4.B.

Anspruch auf Zugang zum Verhandlungsmandat des Rates sowie den konsolidierten Verhandlungsdokumenten untersucht (unter I.). Anschließend werden die einzelnen Ausnahmetatbestände dahingehend beleuchtet, ob sie eine Zugangsverweigerung rechtfertigen (unter II.).

I. Voraussetzungen des Zugangs zu völkerrechtlichen Verhandlungsdokumenten nach dem IFG Bund

Nach § 1 Abs. 1 IFG Bund besteht ein allgemeiner, voraussetzungsloser Anspruch auf Zugang zu Informationen. Dieser beschränkt sich nicht lediglich auf die Mitteilung von Auskünften, sondern umfasst auch den Zugang zu Dokumenten[1188]. Im Hinblick auf den Zugang zum Verhandlungsmandat des Rates sowie den konsolidierten Verhandlungsdokumenten besteht somit die Möglichkeit, dass jedermann ohne Angabe von Gründen den Zugang zu diesen Dokumenten beantragen kann.

Als Anspruchsverpflichtete kommen zunächst innerhalb der Bundesregierung diejenigen Bundesministerien in Betracht, welche als Mitglieder des Rates mit dem Beschluss über das Verhandlungsmandat sowie den Abschluss der Verhandlungen betraut sind. Denn die Bundesregierung bzw. das zuständige Bundesministerium haben bei Abkommen in alleiniger Unionskompetenz lediglich aufgrund ihrer Tätigkeit im Rat Kenntnis von den völkerrechtlichen Verhandlungsdokumenten der Union. Es ist davon auszugehen, dass der Bundesregierung diese Dokumente auch zur internen Abstimmung über das weitere Verfahren im Rat sowie zur Vorbereitung der Abstimmungen im Rat zugeleitet werden.

Während das Verhandlungsmandat unmittelbar beim Rat vorliegt, sind die konsolidierten Verhandlungsdokumente diesem nur dann bekannt, wenn er eigenständig informiert wird. Bei der Bestellung eines Sonderausschusses[1189] ist davon auszugehen, dass dieser wiederum den Rat durch Zusammenfassungen und Informationen über die Verhandlungen unterrichtet[1190]. In diesem Fall beschränkt sich der Anspruch auf diese bei der Bundesregierung vorhandenen Informationen. Die folgende Untersuchung der Ausnahmetatbestände ist daher

1188 Das IFG Bund ermöglicht als Anspruchsziel Zugang zu amtlichen Informationen, Dokumente sind hiervon umfasst, *Schoch*, § 1 IFG Bund, Rn. 34.

1189 Siehe zur Notwendigkeit der Bestellung eines Sonderausschusses oben unter § 2.C.I.2. sowie § 3.B.

1190 Zur Unterrichtung des Rates durch den Sonderausschuss bzw. den Verhandlungsführer siehe oben unter § 3.B.

auf die der Bundesregierung tatsächlich durch den Rat übermittelten Dokumente eingegrenzt.

Im Hinblick auf das Verfügungsprinzip nach § 1 Abs. 1 S. 2 IFG Bund i. V. m. § 7 IFG Bund ist zunächst festzustellen, dass je nach für die Verhandlungen zuständiger Ratsformation auch das dieser zugeordnete Bundesministerium die Federführung innerhalb der Bundesregierung übernimmt. Jedenfalls sind auch das Auswärtige Amt und das Bundesministerium für Wirtschaft und Infrastruktur als Koordinierungsstellen für das europäische Handeln der Bundesregierung im Rat mit diesen Angelegenheiten betraut[1191]. Die Dokumente bzw. Informationen über das Verhandlungsmandat und den Verlauf der Verhandlungen befinden sich daher in ihren eigenen Akten. Da das Auswärtige Amt bzw. die übrigen Fachministerien diese Informationen zur internen Bearbeitung und Abstimmung sowie als spätere Verhandlungsgrundlage im Rat benötigen, ist das Verfügungskriterium der „Wahrnehmung eigener Aufgaben“[1192] ebenfalls gewährleistet. Darüber hinaus ist die Verfügungsbefugnis in den Fällen anerkannt, in welchen eine Behörde zur Vorbereitung des Regierungshandelns informierend und koordinierend tätig wird[1193]. Dieses Kriterium ist für das Auswärtige Amt zur Koordinierung des Ratshandelns gegeben.

Dem Deutschen Bundestag werden ebenfalls im Rahmen der parlamentarischen Kontrolle über die EU-Angelegenheiten der Bundesregierung sowohl das Verhandlungsmandat als auch die konsolidierten Verhandlungsdokumente zugeleitet[1194]. Dieser scheint daher zunächst als weiterer Anspruchsverpflichteter in Betracht zu kommen. Demgegenüber wird der Informationsanspruch gegenüber dem Deutschen Bundestag durch den funktionalen Behördenbegriff eingeschränkt. Zugangsverpflichtet ist dieser nur dann, sofern seine Tätigkeit nicht in den spezifischen Bereich der parlamentarischen Angelegenheiten fällt[1195].

1191 Vgl. § 37 Abs. 2 GGO, siehe auch oben Fn. 355 sowie zur Koordinierung der Bundesministerien in der Europapolitik *Müller Gomez/Wessels*, Deutsche Verwaltung und Europäische Union, S. 212 ff.

1192 Eingehend zum Kriterium der Wahrnehmung eigener Aufgaben *Sicko*, in: Gersdorf/Paal, § 7 IFG Bund, Rn. 24.1.

1193 *Sicko*, in: Gersdorf/Paal, § 7 IFG Bund, Rn. 24.1; *OVG Berlin-Brandenburg*, Urt. v. 6. November 2014 – Az. 12 B 14.13, ECLI:DE:OVGBEBB:2014:1106.OVG12B14.13.0A, Rn. 26 (nach juris), jedoch im Hinblick auf die Beziehung zwischen Bund und Ländern.

1194 Siehe zu den Unterrichtungsrechten des Deutschen Bundestages gegenüber der Bundesregierung bereits oben unter § 3.C.III.

1195 *Derksen*, DöV 2018, 30, 31; *Schoch*, § 1 IFG Bund, Rn. 193; *Schmitz/Jastrow*, NVwZ 2005, 984, 988; *BVerwG*, Urt. v. 3. November 2011 – Az. 7 C 3.11, Rn. 18 (nach juris).

Hingegen fallen Informationen, welche dem Deutschen Bundestag oder einem seiner Ausschüsse aufgrund von Art. 23 Abs. 2 GG sowie dem EuZBBG übermittelt werden, in den Bereich seiner spezifischen parlamentarischen Aufgaben[1196]. Aufgrund dieser Einschränkung kann ein Zugang zu völkerrechtlichen Verhandlungsdokumenten nicht gegenüber dem Deutschen Bundestag geltend gemacht werden, es verbleibt bei dem federführenden Bundesministerium bzw. als koordinierende Stelle dem Auswärtigen Amt als Anspruchsverpflichteten.

II. Verweigerung des Zugangs zu völkerrechtlichen Verhandlungsdokumenten aufgrund der Ausnahmetatbestände

Dem Anspruch auf Zugang zu völkerrechtlichen Verhandlungsdokumenten der Union können die Ausnahmetatbestände des IFG Bund entgegenstehen, welche die Verweigerung des Zugangs rechtfertigen können. Im Folgenden werden daher die in Betracht kommenden Ausnahmetatbestände zum Schutz der internationalen Beziehungen (unter 1.), der notwendigen Vertraulichkeit internationaler Verhandlungen (unter 2.), der notwendigen Geheimhaltung von Verschlusssachen (unter 3.) der vorübergehend beigezogenen Informationen (unter 4.) sowie des behördeninternen Entscheidungsfreiraums (unter 5.) dahingehend beleuchtet, ob sie die Verweigerung des Zugangsanspruchs verlangen.

1. Schutz der internationalen Beziehungen (§ 3 Nr. 1 lit. a) IFG Bund)

Als Ausnahmetatbestand, welcher der Verbreitung der völkerrechtlichen Verhandlungsdokumente der Union entgegenstehen kann, kommt zunächst der Schutz vor nachteiligen Auswirkungen auf die internationalen Beziehungen der Bundesrepublik Deutschland (§ 3 Nr. 1 lit. a) IFG Bund) in Betracht. Differenziert werden muss im Rahmen dieser Ausnahme zwischen den verschiedenen infrage kommenden internationalen Beziehungen. Diese bestehen sowohl zur Europäischen Union als auch zu dem Drittstaat als Verhandlungspartner.

Die Beziehung zwischen der Bundesrepublik Deutschland und der Europäischen Union als supranationale Organisation stellt eine internationale Beziehung

---

1196 Genauer der Wahrnehmung der Kontrolle der Bundesregierung sowie der Mitwirkung an den Angelegenheiten der Europäischen Union, siehe *Derksen*, DöV 2018, 30, 31.

dar[1197]. Im Rahmen einer Beurteilung, ob nachteilige Auswirkungen auf dieses Schutzinteresse durch die Verbreitung von Dokumenten zu befürchten sind, ist die Rechtsprechung zum Einschätzungsspielraum der Bundesregierung im Bereich der auswärtigen Belange zu beachten. Nach dieser kann die Bundesregierung weitgehend eigenständig über die Gefahreneinschätzung zur Beeinträchtigung außenpolitischer Ziele bestimmen[1198]. Nachteilige Auswirkungen sind nun dergestalt möglich, als dass der Rat das Verhandlungsmandat sowie die konsolidierten Verhandlungsdokumente mit der Zugangsbeschränkung „*RESTREINT UE/EU RESTRICTED*“[1199] versieht[1200]. Zwar ist die Kennzeichnung als Verschlusssache für sich genommen allein kein tragfähiger Grund für nachteilige Auswirkungen auf die internationalen Beziehungen[1201]. Sofern die Bundesregierung jedoch Informationen veröffentlichen würde, welche seitens der Union Verschlussbeschränkungen unterliegen, besteht die Gefahr eines Vertrauensverlustes zwischen der Bundesrepublik Deutschland und der Europäischen Union[1202]. Insbesondere resultiert bereits aus Art. 23 Abs. 1 S. 1 GG eine enge Einbindung der Bundesrepublik Deutschland in die Union und somit in hohem Maße ein vertrauensvolles Verhältnis zueinander. Nachteilige Auswirkungen auf

1197 Nach inzwischen anerkannter Ansicht werden vom Schutzgut der internationalen Beziehungen auch supra- und internationale Organisationen umfasst, vgl. *Schirmer*, in: Gersdorf/Paal, § 3 IFG Bund, Rn. 49; *Rossi*, § 3 IFG Bund, Rn. 10; *Schmitz/Jastrow*, NVwZ 2005, 984, 992; *BVerwG*, Urt. v. 29. Juni 2016 – Az. 7 C 32.15, ECLI:DE: BverwG:2016:290616U7C32.15.0, Rn. 8 ff. (nach juris) im Hinblick auf die gleichlautende Vorschrift des § 8 Abs. 1 S. 1 Nr. 1 UIG; zum Meinungsstreit, ob das Verhältnis zwischen der Union und den Mitgliedstaaten eine internationale Beziehung ist, siehe *tho Pesch*, EuZW 2012, 51, 52; kritisch auch *Roth*, in: Berger/Partsch/Roth/Scheel, § 3 IFG Bund, Rn. 19.

1198 Hierzu *BVerwG*, Urt. v. 29. Oktober 2009 – Az. 7 C 22.08, Rn. 15 (nach juris) sowie oben unter A.II.1.

1199 Siehe oben unter § 2.C.I.3 sowie Fn. 128.

1200 Zur Einstufung von Unterlagen der Europäischen Union als Verschlusssache siehe unten unter 3.

1201 Die Geheimhaltung von Verschlusssachen ist als eigener Ausnahmetatbestand in § 3 Abs. 4 IFG Bund aufgeführt, es müssen materielle Gründe für eine Einstufung als Verschlusssache i. S. d. § 2 Abs. 2 VSA i. V. m. § 4 Abs. 2 SÜG vorliegen, vgl. zu diesem Ausnahmetatbestand oben unter A.II.3; das Vorliegen dieses Ausnahmetatbestandes wird weiter unten untersucht, siehe unter 3.

1202 Zur Gefährdung der internationalen Beziehungen durch die Herausgabe von Informationen entgegen des Einverständnisses der auswärtigen Partner – insb. der Europäischen Union – vgl. auch *Schoch*, § 3 IFG Bund, Rn. 39; *Rossi*, § 3 IFG Bund, Rn. 11.

die internationalen Beziehungen zur Europäischen Union sind daher durch eine nicht abgestimmte oder gegen den Willen der Union beschlossene Veröffentlichung von Dokumenten möglich – dies gilt sowohl für das Verhandlungsmandat als auch für die konsolidierten Verhandlungsdokumente.

Gleichzeitig muss die Möglichkeit einer Gefährdung der internationalen Beziehungen zum verhandelnden Drittstaat in Betracht gezogen werden. Die Wahrung eines vertrauensvollen Klimas in völkerrechtlichen Verhandlungen ist zum Schutze der internationalen Beziehungen anerkannt[1203]. Dieses diene nicht nur dem Schutz der sensiblen Natur von Verhandlungen an sich, sondern auch dem Schutz der eigenen sowie der fremden Verhandlungspositionen. Die Veröffentlichung des Verhandlungsmandates gefährdet die Verhandlungsposition der Union. Zugleich sind unabgestimmte Veröffentlichungen prinzipiell geeignet, ein vertrauensvolles Klima, welches auf Verschwiegenheit basiert, bereits im Vorfeld zu stören. Insbesondere ist die einseitige Veröffentlichung von Dokumenten über die laufenden Verhandlungen geeignet, ein solches Klima vertraulicher Verhandlungen zu stören. Ein Bruch der Vertraulichkeit droht wiederum, den Fortschritt der Verhandlungen oder gar die Verhandlungen als Ganzes zu gefährden.

Die Gefährdung internationaler Beziehungen kann somit zweiteilig als Ausnahmetatbestand gegenüber dem Zugang zu völkerrechtlichen Verhandlungsdokumenten Anwendung finden: zunächst im Hinblick auf die Union, danach im Hinblick auf die Drittstaaten als Verhandlungspartner. Zwar handelt es sich bei Abkommen in alleiniger Kompetenz der Union nicht primär um internationale Beziehungen zwischen der Bundesrepublik Deutschland und dem Drittstaat, jedoch ist ein unabgestimmtes Verhalten eines Mitgliedstaates nicht nur geeignet, das interne Verhältnis zur Union zu stören, sondern auch, auf internationaler Bühne einen Verlust des Vertrauens – sowohl in die Union selbst als auch in die einzelnen Mitgliedstaaten – herbeizuführen. Dies hätte für den Mitgliedsstaat nicht nur nachteilige Auswirkungen auf die Beziehungen zur Union, sondern auch auf die zu den Drittstaaten zur Folge.

2. Schutz der Vertraulichkeit internationaler Verhandlungen (§ 3 Nr. 3 lit. a) IFG Bund)

Die notwendige Vertraulichkeit internationaler Verhandlungen in § 3 Nr. 3 lit. a) IFG Bund umfasst nicht nur Verhandlungen mit Drittstaaten, sondern auch

1203 Vgl. hierzu bereits oben unter § 4.B.II.1.

diejenigen mit der Union[1204]. Als Verhandlungen mit der EU werden insbesondere die Verhandlungen innerhalb des Rates erfasst. Geschützt wird die Verhandlungsfähigkeit der Bundesregierung, die Positionen der Bundesregierung sollen nicht im Vorfeld der Verhandlungen öffentlich bekannt werden[1205].

Hinsichtlich des Verhandlungsmandates kommt eine notwendige Vertraulichkeit der Verhandlungsposition der Bundesregierung allenfalls zugunsten jener Verhandlungen in Betracht, die im Vorfeld des Ratsbeschlusses[1206] geführt werden. Da die Positionen der Bundesregierung in verschiedenen Phasen der Ratsverhandlungen eingebracht werden und zur Abstimmung eines Kompromisses dienen können, kann der Schutz der Verhandlungspositionen der Bundesregierung zu Abstimmungen im Rat nicht ausgeschlossen werden. Das Vertraulichkeitsinteresse der Bundesregierung an der eigenen Position innerhalb des Rates besteht hingegen nur so lange, bis ein entsprechender Beschluss gefasst wurde. Sobald ein solches Verhandlungsmandat erlassen wurde, sind die ratsinternen Verhandlungen beendet. Somit besteht der Schutz der notwendigen Vertraulichkeit der Verhandlungen innerhalb des Rates nach Abschluss der Verhandlungen nicht mehr – es greift die zeitliche Begrenzung des Schutztatbestandes[1207].

Der Schutz der Vertraulichkeit der internationalen Verhandlungen findet zudem dann Anwendung, wenn er bezweckt, die Verhandlungspositionen zu einem völkerrechtlichen Abkommen vor Kenntnisnahme durch den verhandelnden Drittstaat zu schützen[1208]. Dem Schutzgedanken des Ausnahmetatbestandes folgend wird die Verhandlungsposition nicht nur während laufender Verhandlungen geschützt, sondern bereits vor deren Aufnahme. Demgegenüber

---

1204 *Schoch*, § 3 IFG Bund, Rn. 171; *Roth*, in: Berger/Partsch/Roth/Scheel, § 3 IFG Bund, Rn. 100.

1205 *Schoch*, § 3 IFG Bund, Rn. 171; *Roth*, in: Berger/Partsch/Roth/Scheel, § 3 IFG Bund, Rn. 100; *VG Berlin*, Urt. v. 7. Mai 2015 – Az. 2 K 247.12, ECLI:DE:VGBE:2015: 050 7.2K247.12.0A, Rn. 24 (nach juris).

1206 Die Verhandlungen innerhalb der Ratsgruppen sind als „internationale Verhandlung“ anerkannt, *Schirmer*, in: Gersdorf/Paal, § 3 IFG Bund, Rn. 131.1.

1207 Ein fortwirkender Vertraulichkeitsschutz ist zwar nicht ausgeschlossen, u. a. falls zukünftige Beratungen belastet werden können, *Schoch*, § 3 IFG Bund, Rn. 193; im Falle von Ratsverhandlungen, welche für sich genommen einzelne abgeschlossene Rechtsakte zur Folge haben, erscheint dies aber abwegig.

1208 Siehe zum Schutz der eigenen Verhandlungsposition der Bundesregierung in internationalen Verhandlungen als Schutzgut des § 3 Abs. 3 lit. a) IFG Bund *Schirmer*, in: Gersdorf/Paal, § 3 IFG Bund, Rn. 128 ff.; *Roth*, in: Berger/Partsch/Roth/Scheel, § 3 IFG Bund, Rn. 100; ferner oben unter A.II.2.

werden von dem Ausnahmetatbestand nur solche internationalen Verhandlungen umfasst, welche unmittelbar durch die Bundesrepublik Deutschland geführt werden. Ein Verhandlungsmandat im Bereich von EU-Only Abkommen ermächtigt hingegen nur die Unionsorgane – genauer die Kommission oder den Hohen Vertreter[1209] – zu Aufnahme und Durchführung von Verhandlungen. Die Vertraulichkeit der Verhandlungen zwischen Union und Drittstaat werden daher nicht von § 3 Nr. 3 lit. a) IFG Bund umfasst, dieser kommt als Schutztatbestand für das Verhandlungsmandat somit nicht in Betracht.

Gleiche Erwägungen gelten letztlich auch für die konsolidierten Verhandlungsdokumente. Sofern es sich um die Verhandlungen nur zwischen der Union und dem Drittstaat handelt, kann der Schutz der Vertraulichkeit internationaler Verhandlungen nicht als Ausnahmetatbestand herangezogen werden. Lediglich in Bezug auf die Verhandlungen innerhalb des Rates findet dieser Schutztatbestand Anwendung. Da in der Verhandlungsphase noch kein abschließender Beschluss über die Annahme eines völkerrechtlichen Abkommens getroffen wurde, befindet sich der Rat in Verhandlungen über den Erlass eines solchen. Die Veröffentlichung konsolidierter Verhandlungsdokumente, welche Gegenstand der Beratungen des Rates zwecks Erlasses weiterer Richtlinien über die Verhandlungen oder zur Annahme des Abkommenstextes sind, kann dazu geeignet sein, die Diskussionen innerhalb des Rates zu beeinflussen. Es besteht zudem die Gefahr, dass im Vorfeld auf die Verhandlungspositionen der Bundesregierung innerhalb des Rates Einfluss genommen und deren effektive Verhandlungsführung somit beeinträchtigt wird. Nachteilige Auswirkungen auf die Vertraulichkeit internationaler Verhandlungen durch die Verbreitung der konsolidierten Verhandlungsdokumente sind somit dergestalt möglich, als dass die Positionen der Bundesregierung zu Verhandlungen innerhalb des Rates bekannt werden.

3. *Schutz von Verschlusssachen (§ 3 Nr. 4 IFG Bund)*

Nach § 3 Nr. 4 IFG Bund sind u. a. jene Belange schützenswert, welche durch Rechtsvorschrift oder durch allgemeine Verwaltungsvorschrift einer Geheimhaltungs- oder Vertraulichkeitspflicht unterliegen. Unabhängig von einer eigenständigen Einstufung als Verschlusssache i. S. d. § 2 Abs. 2 VSA i. V. m. § 4 Abs. 2, 35 Abs. 1 SÜG durch die Bundesregierung werden nach Anlage VII[1210],

---

1209 Siehe zur diesbezüglichen Betrauung mit der Verhandlungsführung oben unter § 2.C.I.1.

1210 Hinweise zur Handhabung von Verschlusssachen ausländischer Staaten sowie über- oder zwischenstaatlicher Organisationen.

Ziffer 2.1.2 zur VSA, welche auf das Unionsrecht verweist[1211], die Geheimhaltungsgrade für solche Dokumente übernommen, die der Bundesregierung in ihrer Funktion als Mitglied des Rates übermittelt werden. Die Mitgliedstaaten sind gleichfalls nach Art. 1 Abs. 2 des Beschlusses 2013/488/EU verpflichtet, die Sicherheitseinstufungen der Union zu beachten[1212]. Daher sind das Verhandlungsmandat des Rates sowie die konsolidierten Verhandlungsdokumente als „VS-Nur für den Dienstgebrauch" der Verschlusskategorie der Union entsprechend klassifiziert[1213].

Einem Anspruch auf Zugang zu Verhandlungsdokumenten gegenüber der Bundesregierung[1214], die seitens der Union mit der Verschlussanweisung *„RESTREINT UE/EU RESTRICTED"* versehen sind, steht daher auch die Geheimhaltungsbedürftigkeit aufgrund einer allgemeinen Verwaltungsvorschrift entgegen. Anders als bei der VO (EG) 1049/2001 gilt dieser Ausnahmetatbestand bereits für die unterste Schutzklasse[1215].

4. *Schutz von vorübergehend beigezogenen Informationen (§ 3 Nr. 5 IFG Bund)*

Der Ausnahmetatbestand des § 3 Nr. 5 IFG Bund nimmt vom Zugang zu Informationen solche Auskünfte anderer öffentlicher Stellen aus, die nur vorübergehend beigezogen werden und nicht Bestandteil der eigenen Vorgänge werden sollen. Es ist anerkannt, dass § 3 Nr. 5 IFG Bund eine eingeschränkte Verwirklichung des Urheberprinzips darstellen soll[1216] und insofern mit dem Erfordernis der

---

1211 Konkret auf die Geheimschutzvorschriften des Rates der Europäischen Union, insb. Beschluss 2013/488/EU des Rates über die Sicherheitsvorschriften für den Schutz von EU-Verschlusssachen vom 23. September 2013, ABl. 2013, L 274/1.

1212 Hierauf weist auch *Derksen*, DöV 2018, 30, 33 hin.

1213 Eine Entsprechungstabelle der Geheimhaltungskategorien findet sich in Anlage B der Geheimschutzvorschriften des Rates der Europäischen Union (2013/488/EU).

1214 *Derksen*, DöV 2018, 30, 33 weist außerdem darauf hin, dass ein derartiger Anspruch ebenfalls gegenüber dem Deutschen Bundestag an der Beachtung der Sicherheitseinstufung nach § 10 EuZBBG sowie dem Beschluss 2013/488/EU scheitern würde. Ein solcher scheidet jedoch bereits aus dem Grund aus, dass parlamentarische Angelegenheiten des Deutschen Bundestages vom Informationsanspruch ausgenommen sind. Das Vorhandensein der Dokumente über die Wahrnehmung dieser Angelegenheiten hinaus scheint nur schwer vorstellbar.

1215 Siehe Gesetzesbegründung zum IFG Bund, BT-Drs. 15/4493, S. 11; vgl. zur Berücksichtigung sensibler Dokumente im Rahmen der VO (EG) 1049/2001 oben unter § 4.A.II.1.c).

1216 *Schoch*, § 3 IFG Bund, Rn. 256 mit Verweis auf BT-Drs. 15/4493, S. 11.

Verfügungsbefugnis nach § 7 IFG Bund korreliert[1217]. Zwar handelt es sich bei dem Verhandlungsmandat ebenso wie bei den konsolidierten Verhandlungsdokumenten um solche Informationen, die von einer anderen öffentlichen Stelle – nämlich dem Rat der Europäischen Union – beigezogen wurden[1218]. Allerdings werden diese Informationen nicht lediglich vorübergehend beigezogen, sondern sind Bestandteil der eigenen Vorgänge[1219]. Der Ausnahmetatbestand des § 3 Nr. 5 IFG Bund rechtfertigt daher keine Verweigerung des Zugangs.

5. *Schutz der Vertraulichkeit interner Beratungen (§ 3 Nr. 3 lit. b) sowie § 4 IFG Bund)*

Der Ausnahmetatbestand des § 3 Nr. 3 lit. b) IFG Bund erfasst die internen Beratungen innerhalb einer Behörde. Anders als § 4 IFG Bund ist dieser Schutztatbestand weder zeitlich auf den Abschluss eines Verfahrens begrenzt, noch umfasst er lediglich einzelne, konkrete Verfahren[1220]. Eine Schutzgutgefährdung des internen Beratungsprozesses ist zwar auch nach einer Beschlussfassung des Rates nicht ausgeschlossen. Jedoch bedarf es zur Gefährdung des Schutzgutes nachteiliger Auswirkungen auf die Vertraulichkeit der Beratungen[1221] wie der Gefährdung eines freien Meinungsaustausches und der offenen Meinungsbildung innerhalb der Behörde[1222]. Im Falle eines Verhandlungsmandates des Rates ist die Meinungsbildung nicht nur innerhalb der Behörde bzw. zwischen den Bundesministerien abgeschlossen, sondern wurde auch bereits innerhalb des Rates kommuniziert. Auch haben sich die Ratsmitglieder zum Zeitpunkt der Beschlussfassung über ein Verhandlungsmandat bereits auf einen gemeinsamen

---

1217 Zur diesbezüglichen Doppelung bzw. Verzichtbarkeit der Regelung siehe *Schoch*, § 3 IFG Bund, Rn. 258 f. m. w. N.

1218 Umfasst werden von dem Begriff der „öffentlichen Stelle" in § 3 Nr. 5 IFG Bund auch Einrichtungen außerhalb des Bundes, insb. Unionsorgane, *Schoch*, § 3 IFG Bund, Rn. 263; *Roth*, in: Berger/Partsch/Roth/Scheel, § 3 IFG Bund, Rn. 128.

1219 Siehe diesbezüglich bereits oben unter I. zur Verfügungsbefugnis.

1220 *Schirmer*, in: Gersdorf/Paal, § 3 IFG Bund, Rn. 134.2; hingegen soll der Abschluss eines Verfahrens eine zeitliche Zäsur darstellen, nach welcher erhöhte Anforderungen an die Vertraulichkeit gestellt werden, *Schirmer*, in: Gersdorf/Paal, § 3 IFG Bund, Rn. 138; *Schoch*, § 3 IFG Bund, Rn. 192; *BVerwG*, Beschl. v. 18. Juli 2011 – Az. 7 B 14.11, Rn. 5 (nach juris).

1221 Trotz sprachlich missglückter Fassung des § 3 Nr. 4 IFG Bund wird die notwendige Vertraulichkeit aus lit. a) auch auf lit. b) bezogen, ebenso wie die Beeinträchtigung auf lit. a) bezogen wird, *Schoch*, § 3 IFG Bund, Rn. 180.

1222 *Schoch*, § 3 IFG Bund, Rn. 180; *BverwG*, Beschl. v. 18. Juli 2011 – Az. 7 B 14.11, Rn. 5.

Konsens geeinigt, somit ist auch die Beratung innerhalb des Rates bereits abgeschlossen. Es ist hingegen nicht ersichtlich, dass die offene Meinungsbildung innerhalb der Bundesregierung durch Verbreitung des Verhandlungsmandates nach der Beschlussfassung durch den Rat gefährdet wäre, zumal das Verhandlungsmandat nur die gemeinsamen Positionen des Rates erkennen lässt. Daher kann eine Beeinträchtigung der Vertraulichkeit der internen Meinungsbildung durch die Verbreitung des Verhandlungsmandates nach Abschluss des Ratsverfahrens nicht mehr angenommen werden.

Eine Gefährdung der Vertraulichkeit der internen Beratungen kann jedoch hinsichtlich der konsolidierten Verhandlungsdokumente bestehen. Sofern der Zugang zu diesen in einem Stadium beantragt wird, in dem die Verhandlungen innerhalb des Rates noch andauern und mithin noch kein Annahmebeschluss über die Übereinkunft erlassen wurde, ist auch die Willensbildung innerhalb der Bundesministerien noch nicht abgeschlossen. Hinzu tritt die notwendige Koordination zwischen den verschiedenen Bundesministerien[1223], um die interne Willensbildung auf ein einheitliches Auftreten innerhalb des Rates abzustimmen. Als vorbereitende Informationen sind neben den konsolidierten Verhandlungsdokumenten auch die Verbreitung interner Strategiepapiere und anderer die Ratsabstimmung vorbereitenden Dokumente grundsätzlich geeignet, die freie Willensbildung innerhalb der Behörde zu gefährden. Eine drohende öffentliche Diskussion über die einzelnen Standpunkte der Verhandlungen lassen die Prognose zu, dass durch diese ein freier Meinungsaustausch innerhalb der Behörde beeinträchtigt werden kann.

Neben dem Schutz der vertraulichen Beratung der Behörden besteht die Möglichkeit, dass dem behördlichen Entscheidungsprozess während der Ratsverhandlungen ein besonderer Schutz nach § 4 Abs. 1 IFG Bund zukommt[1224]. Umfasst werden von dieser Regelung vorbereitende Handlungen der Behörden zum Schutze von Entwürfen und sonstigen Arbeiten[1225]. Zwar unterfallen Informationen, welche die Verhandlungen im Rat vorbereiten und intern in den Bundesministerien als Entwürfe zu Entscheidungen vorliegen, grundsätzlich diesem

1223 Vom Schutzgut der Vertraulichkeit der Beratungen von Behörden werden auch ressortübergreifende Abstimmungsprozesse erfasst, *Schirmer,* in: Gersdorf/Paal, § 3 IFG Bund, Rn. 134.1.

1224 Siehe zur diesbezüglichen Überschneidung der Schutztatbestände des § 3 Nr. 3 lit. b) und § 4 IFG Bund *Schoch*, § 3 IFG Bund, Rn. 196.

1225 Siehe näher zum Schutzgut des § 4 Abs. 1 IFG Bund *Roth,* in: Berger/Partsch/Roth/Scheel, § 4 IFG Bund, Rn. 6, 13 f.; *Rossi,* § 4 IFG Bund, Rn. 6 ff.; *Schoch*, § 4 IFG Bund, Rn. 13 ff.

Schutzzweck. Aufgrund der zeitlichen Grenzen des § 4 Abs. 1 IFG Bund entfällt der Schutz jedoch spätestens mit Abschluss des Verwaltungsverfahrens[1226], im Falle der Verhandlungen des Rates somit mit Beschlussfassung.

Der Beschluss des Rates über das Verhandlungsmandat schließt die interne Willensbildung der Bundesregierung über die Verhandlungen im Rat ab. Der Schutz des § 4 Abs. 1 IFG Bund kann somit aufgrund seiner zeitlichen Beschränkung nicht auf das Verhandlungsmandat angewendet werden. Etwas anderes ergibt sich in Bezug auf die konsolidierten Verhandlungstexte: Parallel zu § 3 Nr. 3 lit. b) IFG Bund ist es im Rahmen laufender Verhandlungen nicht ausgeschlossen, dass im Vorfeld der Entscheidung des Rates über die Annahme eines Abkommens die Entscheidungsfindung innerhalb der Behörde durch die Verbreitung der konsolidierten Verhandlungsdokumente beeinträchtigt wird[1227].

6. *Zwischenergebnis*

Nach § 1 Abs. 1 IFG Bund besteht zwar grundsätzlich ein Zugangsanspruch zu Verhandlungsmandaten sowie konsolidierten Verhandlungsdokumenten zu EU-Only Abkommen. Es ist von der Verfügungsbefugnis der Bundesregierung, im Speziellen des Auswärtigen Amtes bzw. des Bundesministeriums für Wirtschaft und Infrastruktur, auszugehen. Hingegen steht der Schutz vor nachteiligen Auswirkungen auf die internationalen Beziehungen (§ 3 Abs. 1 lit. a) IFG Bund) dem Zugang entgegen. Eine Betrachtung dieses Ausnahmetatbestandes zeigt, dass durch die Verbreitung der Verhandlungsdokumente die Gefahr einer Beeinträchtigung der internationalen Beziehungen zur Union und zum Drittstaat droht. Zudem steht dem Zugang zu den konsolidierten Verhandlungsdokumenten der Schutz der Vertraulichkeit internationaler Beziehungen (§ 3 Nr. 3 lit. a) IFG Bund) entgegen. Denn eine Verbreitung dieser Dokumente könnte die Verhandlungsposition der Bundesregierung innerhalb des Rates gefährden, solange dieser noch keinen Beschluss über die Annahme eines Abkommens gefasst hat. Aufgrund der Übernahme der Verschlussklassen der Union für

---

1226 *Roth*, in: Berger/Partsch/Roth/Scheel, § 4 IFG Bund, Rn. 11; *Schoch*, § 4 IFG Bund, Rn. 36 weist darauf hin, dass der Schutz schon vor Abschluss des Verfahrens entfallen kann, spätestens jedoch danach.

1227 Insofern enthält § 4 IFG Bund jedoch keinen eigenständigen Schutzumfang, es kann vollumfänglich auf § 3 Nr. 3 lit. b) IFG Bund verwiesen werden; zur teilweisen Überschneidung der Ausnahmetatbestände des § 3 Abs. 3 lit. b) und § 4 Abs. 1 IFG Bund siehe *Schirmer*, in: Gersdorf/Paal, § 3 IFG Bund, Rn. 134.2; *Debus*, in: Gersdorf/Paal, § 4 IFG Bund, Rn. 39 f.

die Verhandlungsdokumente muss der Zugang ebenfalls zum Schutz von Verschlusssachen (§ 3 Nr. 4 IFG Bund) verweigert werden. Eine Verweigerung aufgrund des Schutzes des behördlichen Entscheidungsprozesses (§ 3 Nr. 3 lit. b) IFG Bund) kommt darüber hinaus nur im Fall der Verbreitung von konsolidierten Verhandlungsdokumenten in Betracht, nicht jedoch im Hinblick auf die Verbreitung des Verhandlungsmandates.

III. Sonderfall: Gemischte Abkommen und der Zugang nach dem IFG Bund

Eine erhöhte Gefährdung der internationalen Beziehung (§ 3 Nr. 1 lit. a) IFG Bund) zum verhandelnden Drittstaat droht insbesondere im Bereich der gemischten Abkommen, bei denen die Mitgliedstaaten und die Union gleichberechtigte Verhandlungspartner sind. Diese Gefährdung manifestiert sich unter anderem darin, dass bereits im Rahmen von EU-Only Abkommen die Veröffentlichung von konsolidierten Verhandlungsdokumenten bei dem Drittstaat einen Vertrauensverlust gegenüber der Bundesrepublik Deutschland herbeiführen können. Sofern die Bundesrepublik Deutschland nun eigenständig an den Verhandlungen beteiligt ist, stört eine nicht abgestimmte Veröffentlichung die direkte Beziehung zwischen den Staaten und wirkt sich negativ auf die Verhandlungen aus. Zugleich kann durch die frühzeitige Bekanntgabe von eigenen Verhandlungs- und Rückhaltepositionen eine Schwächung der Verhandlungsfähigkeit der Bundesrepublik Deutschland eintreten. Auch im Verhältnis zur Union können durch eine nicht abgestimmte Veröffentlichung die oben genannten Beeinträchtigungen bei gemischten Abkommen hervorgerufen werden. Zudem kann die Union ihrerseits das Vertrauensverhältnis zum Mitgliedstaat beeinträchtigt sehen, mit der Folge, dass gemischte Abkommen zukünftig vermieden werden oder bereits bestehende Verhandlungen abgebrochen werden.

Eine weitere Besonderheit ergibt sich aus dem Schutz der notwendigen Vertraulichkeit internationaler Verhandlungen (§ 3 Nr. 3 lit. a) IFG Bund). Während die Anwendung dieses Schutztatbestandes oben noch abgelehnt werden musste, da die Bundesrepublik Deutschland kein eigener Verhandlungsteilnehmer ist[1228], verhält es sich bei gemischten Abkommen konträr. Aufgrund der Einbindung der Mitgliedstaaten als eigene Vertragspartner in die Verhandlungen liegt in diesem Fall ein taugliches Schutzgut vor. Schutzzweck des § 3 Nr. 3 lit. a) IFG Bund ist insbesondere der Schutz der eigenen Verhandlungsposition. Hingegen

---

1228 Vgl. oben unter II.2.

bezweckt die Norm nicht, den Verhandlungsgegenstand an sich – und somit alle am Verhandlungsprozess Beteiligten – vor einer Einflussnahme von außen zu schützen.[1229] Daher ist im Rahmen der Anwendung der Ausnahmevorschrift streng zu differenzieren, ob durch die Veröffentlichung eigene Verhandlungspositionen sowie die der Union als gemeinsamer Verhandlungspartner veröffentlicht würden, oder ob lediglich der aktuelle Verhandlungsgegenstand bekannt würde. Im Falle einer Vereinbarung zur Vertraulichkeit der Verhandlungen besteht zudem die Gefahr, dass durch eine Verletzung dieser Vereinbarung der Verhandlungserfolg als Ganzes gefährdet wird. Das allgemeine Interesse an dem Fortgang der Verhandlungen ist mit dem Schutz der eigenen Verhandlungsposition gleichzusetzen, da die Schutzrichtung in beiden Fällen einen erfolgreichen Vertragsabschluss ermöglichen soll. Daher steht im Falle gemischter Abkommen auch der Schutz der Vertraulichkeit internationaler Verhandlungen nach § 3 Nr. 3 lit. a) IFG Bund dem Zugang zu völkerrechtlichen Verhandlungsdokumenten entgegen.

Bei der Aushandlung gemischter Abkommen zeigt sich, dass die notwendige Vertraulichkeit internationaler Beratungen zumindest dann verletzt werden kann, wenn die eigene Verhandlungsposition der Bundesrepublik Deutschland beeinträchtigt wird oder der Verhandlungserfolg als Ganzes durch einen Bruch der Vertraulichkeit zu scheitern droht. Der Schutz vor einer Beeinträchtigung der internationalen Beziehungen sowohl zur Europäischen Union als auch zum Drittstaat ist im Bereich gemischter Abkommen ebenfalls als Ausnahmetatbestand anzuwenden.

Hinsichtlich der Schutzgüter der internen Beratung (§ 3 Nr. 3 lit. b) sowie § 4 IFG Bund) ist zu bedenken, dass im Falle einer geteilten Verhandlungsführung ein erhöhter Beratungsbedarf innerhalb der Bundesregierung besteht. Dieser umfasst einen eigenen, exekutiven Verantwortungsbereich, um die Außenbeziehungen zu gestalten und die eigene Verhandlungsstrategie dementsprechend vorzubereiten[1230]. Dem nationalen Teil gemischter Abkommen kommt somit ein erhöhtes Interesse an dem Schutz der internen Beratung zu.

1229 *VG Berlin*, Urt. v. 7. Mai 2015 – Az. 2 K 247.12, ECLI:DE:VGBE:2015:0507.2K247.12.0A, Rn. 24 (nach juris).

1230 Diese exekutive Eigenverantwortung besteht auch gegenüber dem Deutschen Bundestag, vgl. hierzu oben unter § 3.C.III.4.b).(2).

IV. Ergebnis

Der Anspruch auf Zugang zum Verhandlungsmandat sowie den konsolidierten Verhandlungsdokumenten besteht zwar grundsätzlich nach § 1 Abs. 1 IFG Bund. Der ausdifferenzierte Ausnahmenkatalog bietet jedoch mehrere Schutztatbestände, welche einem Zugang zwingend entgegenstehen. Der Schutz vor Beeinträchtigungen der internationalen Beziehungen hindert den Zugangsanspruch sowohl im Verhältnis zur Europäischen Union als auch zum verhandelnden Drittstaat. Darüber hinaus rechtfertigt der Schutz der Vertraulichkeit internationaler Verhandlungen die Verweigerung des Zugangs zu konsolidierten Verhandlungsdokumenten, da deren Verbreitung die Verhandlungspositionen der Bundesregierung im Rat beeinträchtigen könnte. Im Falle gemischter Abkommen würde zudem die Verhandlungsfähigkeit der Bundesregierung gegenüber dem Drittstaat, mit welchem ein Abkommen ausgehandelt wird, beeinträchtigt. Zudem steht die durch die Union vorgegebene Behandlung des Verhandlungsmandates sowie der konsolidierten Verhandlungsdokumente als Verschlusssache einem Zugang entgegen. Der Schutz des internen Beratungsprozesses kann darüber hinaus nach Abschluss des ratsinternen Verfahrens keine Verweigerung des Dokumentenzugangs begründen. Somit findet dieser Ausnahmetatbestand nur im Falle der konsolidierten Verhandlungsdokumente Anwendung. Es muss jedoch berücksichtigt werden, dass die Bundesregierung im Falle gemischter Abkommen einen erhöhten Bedarf nach interner Abstimmung hat. Daher ist für den nationalen Teil gemischter Abkommen eine weitergehende Anwendung des Schutzes der internen Beratungen möglich.

C. Anforderungen des Unionsrechts an das gefundene Ergebnis

Die nationalrechtliche Betrachtung nach dem IFG Bund zeigt einen ähnlichen Befund wie der sekundärrechtliche Anspruch auf Zugang zu Dokumenten im Unionsrecht – die Verweigerung des Zugangsanspruchs aufgrund bestehender Ausnahmeregelungen[1231]. Da die Verweigerung des unionsrechtlichen Dokumentenzugangs jedoch nicht mit dem Primärrecht vereinbar ist, stellt sich die Frage, welche Anforderungen das Unionsrecht an die nationalrechtliche Verweigerung des Informationszugangs zu völkerrechtlichen Vertragsdokumenten stellt. Im Folgenden wird daher zunächst untersucht, ob der Grundsatz der

1231 Hierzu oben unter § 4.B.III.

Offenheit sowie das in Art. 42 GR-Charta verankerte Dokumentenzugangsrecht Anwendung auf die Entscheidung nach dem IFG Bund finden können (I.). Anschließend wird die Zugangsverweigerung aufgrund von § 3 IFG Bund mit den transparenzrechtlichen Anforderungen des Unionsrechts abgeglichen (II.). Im Falle einer Diskrepanz zwischen der nationalen Zugangsentscheidung und den unionsrechtlichen Anforderungen wird zudem untersucht, wie dieser Konflikt zu lösen ist (III.).

I. Geltung der EU-Grundrechtecharta sowie des Grundsatzes der Offenheit im Rechtskreis der Mitgliedstaaten

Der Geltungsbereich der EU-Grundrechtecharta und somit des Art. 42 GR-Charta auf die Mitgliedstaaten ist nach Art. 51 Abs. 1 S. 1 GR-Charta eingeschränkt[1232]. Gleiches gilt für den Grundsatz der Offenheit aus Art. 1 Abs. 2, 10 Abs. 3 S. 2 EUV sowie Art. 15 Abs. 1 AEUV[1233]. Sowohl die EU-Grundrechtecharta als auch der Grundsatz der Offenheit finden dann Anwendung, wenn die Mitgliedstaaten Unionsrecht ausführen oder dieses umsetzen müssen (*inhaltliche Verschränkung*, unter 1.). Eine darüber hinausgehende Geltung für solche Fälle, in denen die Mitgliedstaaten in ihrer Funktion als Ratsmitglied tätig werden, ist bislang nur unzureichend analysiert worden (sog. *institutionelle Verschränkung*). Eine derartige Geltung wird im Folgenden unter 2. untersucht.

1. *Inhaltliche Verschränkung*

Die EU-Grundrechtecharta ist nach Art. 51 Abs. 1 S. 2 GR-Charta für die Mitgliedstaaten dann bindend, wenn diese im Rahmen der Durchführung von Unionsrecht handeln. Gleiches gilt nach hier vertretener Ansicht für den Grundsatz der Offenheit – dieser verpflichtet die Mitgliedstaaten dann, wenn sie Unionsrecht durchführen[1234]. Die Bindung der Mitgliedstaaten tritt daher nur in einem eingeschränkten Fallspektrum ein[1235]. Unter dieses fallen zwar sämtliche

---

1232 Vgl. zur Geltung des Art. 42 GR-Charta für die Mitgliedstaaten unter § 5.A.IV.2.

1233 Der Grundsatz der Offenheit verpflichtet nach überzeugender Ansicht auch die Mitgliedstaaten, sofern diese im Rahmen des Unionsrechts handeln; vgl. oben unter § 5.A.II.2.a).

1234 Vgl. bereits oben unter § 5.A.II.2.a).

1235 Erstmals *EuGH*, Urt. v. 18. Juni 1991 – Rs. C-260/89, ECLI:EU:C:1991:254, *ERT/DEP*, Rn. 42 in Bezug auf die Europäische Menschenrechtskonvention; zu den einzelnen Fallgruppen siehe *Lenaerts*, EuR 2012, 3 ff.; *Schwerdtfeger*, in: Meyer/Hölscheidt, Art. 51 GR-Charta, Rn. 48 ff.

Fallgestaltungen, in denen eine nationale Rechtsvorschrift in den Geltungsbereich des Unionsrechts fällt, jedoch keine rechtliche Situation, die nicht vom Unionsrecht umfasst wird[1236].

Eine derartige Fallgruppe, in welcher die Mitgliedstaaten die Durchführung von Unionsrecht übernehmen, liegt zunächst dann vor, wenn es sich entweder um eine normative Durchführung handelt, in der die Mitgliedstaaten Unionsrecht in nationales Recht umsetzen[1237], oder eine administrative Durchführung, bei welcher die Mitgliedstaaten Unionsrecht ausführen[1238]. Von einer administrativen Durchführung ist ebenfalls die Ausführung von Primärrecht sowie die Einschränkung von Grundfreiheiten umfasst[1239].

Die mögliche Anwendung der EU-Grundrechtecharta auf die Verweigerung des Zugangs zu völkerrechtlichen Dokumenten nach dem IFG Bund erfordert daher eine Überprüfung, ob die Bundesrepublik Deutschland im Falle einer Entscheidung auf Zugang zu Unionsdokumenten zur Durchführung von Unionsrecht handelt. Zunächst ist zu berücksichtigen, dass es sich bei dem Erlass

---

1236 *EuGH,* Urt. v. 14. Juni 2017 – Rs. C-685/15, ECLI:EU:C:2017:452, *Online Games u. a.,* Rn. 55; *EuGH,* Urt. v. 8. November 2016 – Rs. C-243/15, ECLI:EU:C:2016:838, *Lesoochranárske zoskupenie VLK,* Rn. 51; *EuGH,* Urt. v. 30. Juni 2016 – Rs. C-205/15, ECLI:EU:C:2016:499, *Toma,* Rn. 23; *EuGH,* Urt. v. 27. März 2014 – Rs. C-265/13, ECLI:EU:C:2014:187, *Torralbo Marcos,* Rn. 29; *EuGH,* Urt. v. 26. Februar 2013 – Rs. C-617/10, ECLI:EU:C:2013:280, *Åkerberg Fransson,* Rn. 21 f.; siehe auch *Schwerdtfeger,* in: Meyer/Hölscheidt, Art. 51 GR-Charta, Rn. 40 m. w. N.

1237 Bedeutung findet eine solche normative Durchführung insb. im Falle der Umsetzung von Richtlinien, *Pache,* in: Frankfurter Kommentar, Art. 51 GR-Charta, Rn. 20 f.; *Schwerdtfeger,* in: Meyer/Hölscheidt, Art. 51 GR-Charta, Rn. 48; *Ohler,* NVwZ 2013, 1433, 1434; EuGH, Urt. v. 6. November 2003 – Rs. C-101/01, ECLI:EU:C:2003:596, *Lindqvist,* Rn. 87; *EuGH,* Urt. v. 29. Januar 2008 – Rs. C-275/06, ECLI:EU:C:2008:54, *Promusicae,* Rn. 68.

1238 Im Rahmen der administrativen Durchführung wird zwischen dem mittelbaren und dem unmittelbaren Vollzug unterschieden, je nachdem, ob es sich um die Vollziehung von unmittelbar geltendem Unionsrecht oder der Anwendung von nationalem, auf Unionsrecht beruhendem Recht handelt, *Pache,* in: Frankfurter Kommentar, Art. 51 GR-Charta, Rn. 22 ff.; *Schwerdtfeger,* in: Meyer/Hölscheidt, Art. 51 GR-Charta, Rn. 48; *EuGH,* Urt. v. 13. Juli 1989 – Rs. C-5/88, ECLI:EU:C:1989:321, *Wachauf,* Rn. 19; *EuGH,* Urt. v. 12. Dezember 1996 – Rs. C-74/95, ECLI:EU:C:1996:491, *X,* Rn. 25.

1239 Im Einzelnen zur Ausführung von Primärrecht durch die Mitgliedstaaten *Pache,* in: Frankfurter Kommentar, Art. 51 GR-Charta, Rn. 24 f.; *Schwerdtfeger,* in: Meyer/Hölscheidt, Art. 51 GR-Charta, Rn. 48 ff.; *Jarass,* Art. 51 GR-Charta, Rn. 30, 32 f.

des Verhandlungsmandates des Rates um einen Rechtsakt der Union handelt. Zudem wird ein weiterer Unionsrechtsakt mit den konsolidierten Verhandlungsdokumenten vorbereitet, nämlich der Beschluss zur Unterzeichnung und Annahme des Abkommens. Die Mitgliedstaaten führen das Verhandlungsmandat allerdings nicht selbstständig aus, sie genehmigen lediglich die Aufnahme und Durchführung von Verhandlungen durch die Kommission oder den Hohen Vertreter[1240]. Die gemischten Abkommen bestehen schließlich aus zwei getrennten Rechtskreisen: dem Unionsrecht und dem nationalen Recht. Beide werden lediglich im Zuge der Kompetenzergänzung miteinander verbunden. Demnach handeln die Mitgliedsstaaten selbst bei der Teilnahme an den Verhandlungen zu gemischten Abkommen ausschließlich als eigenständige, nationale Regierungsvertreter und nicht im Zuge der Anwendung von Unionsrecht. Schließlich findet auch keine administrative Durchführung von Primärrecht statt, da diese sich auf den mitgliedstaatlichen Vollzug von Grundfreiheiten beschränkt[1241]. Die Vorbereitung von Ratsbeschlüssen ist kein Vollzug des Primärrechts, sondern lediglich dessen institutionelle Wahrnehmung – selbst wenn dieses Handeln auf Art. 16 EUV, 218 AEUV basiert.

Erst recht handelt es sich nicht um die Durchführung von Unionsrecht, wenn die Bundesregierung das IFG Bund anwendet. Schließlich ist das IFG Bund weder auf Grundlage eines Unionsrechtaktes erlassen worden, noch führt die Bundesregierung mit dessen Anwendung Unionsrecht aus. Daher besteht weder im Falle des mitgliedstaatlichen Handelns im Rat noch im Falle der nationalen Entscheidung über den Zugang zu Dokumenten eine inhaltliche Verschränkung mit Unionsrecht. Die Mitgliedstaaten sind somit nicht aufgrund der Durchführung von Unionsrecht an die EU-Grundrechtecharta sowie den Grundsatz der Offenheit gebunden.

2. *Institutionelle Verschränkung*

Fraglich ist, ob die Anwendbarkeit der EU-Grundrechtecharta sowie des Grundsatzes der Offenheit auf die inhaltliche Durchführung von Unionsrecht begrenzt werden kann, um die Mitgliedstaaten zu binden. Denn die Mitgliedstaaten

---

1240 Siehe hierzu oben unter § 2.C.I.1.

1241 *Jarass*, Art. 51 GR-Charta, Rn. 24; *Schwerdtfeger*, in: Meyer/Hölscheidt, Art. 51 GR-Charta, Rn. 48; *Schorkopf*, in: EnzEuR, Bd. 2, § 3, Rn. 26 sieht aufgrund der mit dieser Fallgruppe korrespondierenden Rechtsprechung zu *EuGH*, Urt. v. 26. Februar 2013 – Rs. C-617/10, ECLI:EU:C:2013:280, *Åkerberg Fransson* zudem einen „nahezu unbeschränkten Anwendungsbereich in den Kompetenzbereichen der Mitgliedstaaten".

befinden sich institutionell betrachtet innerhalb der Europäischen Union in einer Doppelrolle: als nationale Vertreter ihrer Regierungen sowie als Angehörige des Rates[1242]. In ihrer Rolle als Vertreter der nationalen Regierungen sind die Mitgliedsstaaten weisungsgebunden und ihren jeweiligen Parlamenten gegenüber verantwortlich. In Konsequenz sind die Mitgliedsstaaten in dieser Funktion an das jeweilige nationale Recht gebunden. Daher kann ihr Stimmverhalten im Rat von einem Gesetz oder Weisungen – beispielsweise von Deutschem Bundestag und Bundesrat – abhängig sein.[1243] Das wirksame Handeln im Rat ist jedoch unabhängig davon, ob der Vertreter eines Mitgliedsstaates an nationale Regelungen gebunden ist oder nicht. Die Wirksamkeit des Handelns des Vertreters ist somit nur im Innenverhältnis zum Mitgliedsstaat, nicht aber im Außenverhältnis zum europäischen Rat beschränkbar.[1244]

Als Angehöriger des Rates – und somit als Teil eines Unionsorganes – ist der Ratsvertreter an das Unionsrecht gebunden, insbesondere an die EU-Grundrechtecharta[1245] sowie an den Grundsatz der Offenheit. Unabhängig vom Verhältnis der Bindung des Ratsvertreters an die EU-Grundrechtecharta und die nationalen Grundrechte[1246] ist die Regierung eines Mitgliedstaates somit immer dann an den europäischen Grundrechtsschutz gebunden, wenn sie sich in ihrer Funktion als Ratsmitglied wiederfindet. Aufgrund der Weisungsgebundenheit des Ratsvertreters muss eine derartige Bindung auch bereits im Vorfeld auf den Bereich der Abstimmungskoordinierung durchschlagen. Es erscheint schließlich nicht nachvollziehbar, warum der Vertreter im Rat in die Lage kommen sollte, einerseits bewusst konform zu den EU-Grundrechten zu handeln, andererseits jedoch gegen seine internen Weisungen zu verstoßen. Eine Bindung der mitgliedsstaatlichen Regierungen an die EU-Grundrechtecharta und an den Grundsatz der Offenheit ist daher in jenen Fällen konsequent, in denen sich die Regierungen in der Wahrnehmung der ihnen durch das Unionsrecht zugewiesenen Funktion wiederfinden.

1242 *Calliess*, in: Calliess/Ruffert, Art. 16 EUV, Rn. 6; *Haratsch*, in: Frankfurter Kommentar, Art. 16 EUV, Rn. 1.

1243 Insbesondere kommt eine Weisung aufgrund des IntVG in Betracht, *Haratsch*, in: Frankfurter Kommentar, Art. 16 EUV, Rn. 8; *Obwexer*, in: Streinz, Art. 16 EUV, Rn. 35; es wird zudem eine Bindung des nationalen Vertreters an die Grundrechte des Grundgesetzes diskutiert, dazu *Cremer*, EuR 2014, 195, 206 ff.

1244 *Obwexer*, in: Streinz, Art. 16 EUV, Rn. 35.

1245 *Cremer*, EuR 2014, 195, 220; *Frenz*, Hdb EuR, Bd. 5, Kap. 24, § 2, Rn. 3766.

1246 Vgl. zum Verhältnis der Bindung des Ratsvertreters an das Grundgesetz und die EU-Grundrechtecharta *Cremer*, EuR 2014, 195, 207 ff.

Gleiches lässt sich auch aufgrund einer primärrechtlichen Verknüpfung feststellen. Die Mitgliedstaaten werden zumindest bei der administrativen Durchführung von Primärrecht an die EU-Grundrechtecharta gebunden. Unabhängig von den bislang entwickelten Fallgruppen, welche einzelne Verwaltungsentscheidungen der Mitgliedstaaten mit Bezug zum Unionsrecht erfassen[1247], führen die Mitgliedstaaten auch im Rahmen des Handelns innerhalb des Rates das Primärrecht aus. Denn das Handeln des Rates erfolgt schließlich in der Wahrnehmung der durch Art. 16 EUV den Mitgliedstaaten zugewiesenen Aufgaben. Eine institutionelle Durchführung von Primärrecht kann daher mit der Wahrnehmung von im Unionsrecht vorgesehenen Aufgaben angenommen werden.

Schlussendlich ist die Anwendbarkeit der EU-Grundrechtecharta für derartige Fälle der institutionellen Verschränkung bereits zur Vermeidung von Wertungswidersprüchen anzunehmen. Es wäre schließlich inkonsequent, die EU-Grundrechtecharta solange auf einen Sachverhalt anzuwenden, wie die mitgliedstaatlichen Regierungen als Vertreter im Rat mit einem Vorgang befasst sind, diese aber dann auszuschließen, wenn sich derselbe Vorgang in der nationalen Abstimmung befindet. In dem konträren Fall des Anspruchs gegen die Unionsorgane auf Zugang zu Dokumenten der Mitgliedstaaten hat das *EuG*[1248] bereits festgestellt, dass der Ausschluss von aus den Mitgliedstaaten stammenden Dokumenten nicht mit dem Ziel der Transparenz vereinbar ist, da diese „aufgrund ihrer Beteiligung in zahlreichen vom Rat eingesetzten Ausschüssen eng in den Legislativ- und den Exekutivprozess der Union einbezogen sind“[1249]. Wenn die Mitgliedstaaten nun derart in den Entscheidungsprozess der Union einbezogen sind, dass deren Dokumente mit Unionsbezug den primärrechtlichen Transparenzvorschriften unterfallen, ist es nur konsequent, diese selbst im Rahmen des Unionsbezuges der Transparenz zu unterwerfen. Die Anwendbarkeit der EU-Grundrechtecharta kann daher auch für solche Fälle angenommen werden, in denen die mitgliedstaatlichen Regierungen derart mit einem Vorgang befasst sind, dass sich dieser institutionell gleichzeitig dem Handeln als Vertreter im Rat zuordnen lässt. Aus selbigen Gründen findet auch der Grundsatz der

1247 Siehe zu diesen Fallgruppen der administrativen Durchführung *Jarass*, Art. 51 GR-Charta, Rn. 30 m. w. N.

1248 *EuG*, Urt. v. 14. Februar 2012 – Rs. T-59/09, ECLI:EU:T:2012:75, *Deutschland/Kommission.*

1249 *EuG*, Urt. v. 14. Februar 2012 – Rs. T-59/09, ECLI:EU:T:2012:75, *Deutschland/Kommission*, Rn. 42.

Offenheit Anwendung, da dieser ebenfalls die Mitgliedstaaten im Rahmen der Durchführung von Unionsrecht verpflichtet[1250].

Das Verhandlungsmandat wird den mitgliedstaatlichen Regierungen ebenso wie die konsolidierten Verhandlungsdokumente in ihrer Eigenschaft als Vertreter des Rates zugeleitet. Diese sind in ihrer Funktion als Ratsmitglieder mit den dem Rat nach Art. 218 AEUV zugewiesenen Aufgaben betraut und werden lediglich zur Abstimmung und Beschlussfassung innerhalb des Rates in den Prozess der Aushandlung völkerrechtlicher Abkommen der Union eingebunden[1251]. Die den Bundesministerien übermittelten Dokumente dienen der internen Koordinierung über das Abstimmungsverhalten im Rat und sind institutionell mit der Tätigkeit der Bundesregierung als Ratsmitglied verknüpft. Insbesondere ist der Bundesregierung das Verhandlungsmandat aufgrund ihrer Befassung mit diesem Vorgang innerhalb des Rates übermittelt worden, ebenso wie die konsolidierten Verhandlungsdokumente bzw. entsprechende durch den Sonderausschuss übermittelte Informationen. Etwas anderes ergibt sich auch nicht für den Unionsteil gemischten Abkommen, dessen nationaler Teil losgelöst hiervon zu betrachten ist.

3. *Zwischenergebnis*

Die Mitgliedstaaten können aufgrund einer inhaltlichen Verschränkung mit Unionsrecht an den Grundsatz der Offenheit sowie die EU-Grundrechtecharta gebunden werden. Eine solche inhaltliche Verschränkung liegt im Falle einer Entscheidung über den Zugang zu völkerrechtlichen Verhandlungsdokumenten jedoch nicht vor. Denn es handelt sich im Falle der Ratstätigkeit der Mitgliedstaaten nicht um eine Durchführung von Unionsrecht. Demgegenüber besteht eine institutionelle Verknüpfung des Handelns der Mitgliedstaaten mit dem Rechtskreis der Union im Rahmen ihrer Vertretung im Rat der Europäischen Union. Diese institutionelle Verschränkung vermag eine Öffnung für das Unionsrecht darzustellen. Konkreter erlaubt es diese Verschränkung, die Mitgliedstaaten dann der EU-Grundrechtecharta und dem Grundsatz der Offenheit zu verpflichten, wenn eine solche Bindung auch in ihrer Funktion als Ratsvertreter eintreten würde. Daher sind die Handlungen der Mitgliedstaaten, welche sich

---

1250 Siehe zur diesbezüglichen Bindung der Mitgliedstaaten an den Grundsatz der Offenheit oben unter § 5.A.II.2.a).

1251 Lediglich bei gemischten Abkommen sind die Mitgliedstaaten zusätzlich als souveräne Staaten an der Übereinkunft beteiligt, siehe oben unter § 2.B.

auf ihre Tätigkeit als Mitglieder des Rates beziehen, ebenso am Grundsatz der Offenheit wie an dem Unionsgrundrecht auf Zugang zu Dokumenten zu messen.

II. Anforderungen des Grundsatzes der Offenheit sowie des Art. 42 GR-Charta an den Zugang zu Verhandlungsdokumenten nach dem IFG Bund

Sowohl der Grundsatz der Offenheit als auch das Grundrecht auf Zugang zu Dokumenten erfordern einen größtmöglichen Stand an Transparenz. Beiden Rechten ist zudem gemein, dass diese gleichwohl Einschränkungen erfahren. Es bedarf daher einer Abwägung zwischen dem allgemeinen Zugangsinteresse und dem Interesse an der Geheimhaltung aufgrund von schutzwürdigen Interessen – beiden muss im Rahmen einer Verhältnismäßigkeitsprüfung Rechnung getragen werden. Daher werden zunächst die konfligierenden Interessen herausgearbeitet (unter 1.), und diese daraufhin zueinander in Verhältnis gesetzt (unter 2.).

1. Konfligierende Interessen

Dem Anspruch auf Zugang zu Dokumenten liegt der Grundsatz der größtmöglichen Transparenz zugrunde, welcher eng mit dem Demokratieprinzip verbunden ist. Auf Grundlage dieser demokratischen Bedeutung besteht ein allgemeines Zugangsinteresse an Informationen der Europäischen Union. Deutlich wird die Bedeutung dieses Zugangsinteresses anhand der Zusicherung größtmöglicher Transparenz durch den Grundsatz der Offenheit[1252]. Ein solches Zugangsinteresse wird auch nicht dadurch geschmälert, dass Zugang zu Dokumenten bei einer anderen Stelle als dem Mitgliedstaat – nämlich den Organen der Europäischen Union – beantragt werden kann. Schließlich würde es dem Interesse an größtmöglicher Transparenz zuwiderlaufen, sich an andere Stellen weiterverweisen zu lassen. Darüber hinaus findet sich weder in Art. 42 GR-Charta noch in Art. 15 Abs. 3 AEUV eine Limitierung auf bestimmte Adressaten wie etwa den Urheber. Zugang kann vielmehr bei jeder verpflichteten Stelle beantragt werden, welche die Dokumente in ihrem Besitz hat.

Demgegenüber zeigen sich als schützenswerte Interessen, auf welche sich eine Verweigerung des Zugangs stützt, der Schutz internationaler Beziehungen sowie die Vertraulichkeit internationaler Verhandlungen. Konkret sollen sowohl die internationalen Beziehungen zur Europäischen Union als auch zum Drittstaat

1252 Vgl. zur Bedeutung des Transparenzgrundsatzes in Verbindung mit dem Demokratieprinzip bereits oben unter § 5.A.II.3.

geschützt werden – dies nicht nur im Rahmen der laufenden Verhandlungen, sondern auch darüber hinaus.

Hinsichtlich der Beziehung zur Europäischen Union bekommt dieses Interesse ein erhebliches Gewicht. Die Bundesrepublik Deutschland ist bestrebt, die Europäische Integration voranzutreiben und in einer immer engeren Union mitzuarbeiten. Grundlage dessen ist eine vertrauensvolle Zusammenarbeit mit Organen und Stellen der Union. Die Beziehung der Mitgliedstaaten zur Europäischen Union stellt daher ein schützenswertes Interesse dar, welches nicht nur in der Bundesrepublik Deutschland mit Art. 23 GG Verfassungsrang genießt, sondern auch im europäischen Primärrecht mit Art. 1 EUV und Art. 4 Abs. 3 EUV verankert ist. Der Bundesregierung ist in diesem Zusammenhang ein Einschätzungsspielraum zuzugestehen, wie diese Beziehung ausgestaltet werden soll.

Vertraulichkeitsvereinbarungen können schließlich nicht zur Begründung einer Schutzgutverletzung herangezogen werden. Solche Vereinbarungen mit dem Drittstaat werfen die Problematik auf, dass die Mitgliedstaaten wie auch die Unionsorgane – welche dem Grundsatz der Offenheit verpflichtet sind – derartigen Geheimhaltungsabkommen nicht hätten zustimmen dürfen. Sich aufgrund von bilateralen Abkommen zur Vertraulichkeit an eine Geheimhaltung zu binden, würde dem Wesen der Transparenz zuwiderlaufen.[1253]

Betreffend der Geheimschutzvorschriften des Rates, welche durch den Mitgliedstaat lediglich übernommen werden, stellt sich die Frage, warum es auf nationaler Ebene mit dem IFG Bund eine Bereichsausnahme für sämtliche klassifizierten Dokumente gibt, die Europäische Union aber die unterste Kategorie „*RESTREINT UE/EU RESTRICTED*“ bereits nicht als derart schützenswert erachtet, dass diese Eingang in die VO (EG) 1049/2001 gefunden hätte. Darüber hinaus erkennt das Unionsrecht das alleinige Vorliegen einer Verschlussklasse für nicht schützenswert an[1254]. Daher ist die Begründung eines Schutzes von Dokumenten nur aufgrund ihrer Einstufung als Verschlusssache nicht tragfähig – erst recht gilt dies im Falle der untersten Schutzklasse.

2. *Abwägung zwischen den widerstreitenden Interessen*

Im Rahmen einer Abwägung stehen sich das Interesse der Öffentlichkeit an dem Zugang zu Dokumenten und das Interesse der Bundesrepublik Deutschland an der Vertraulichkeit völkerrechtlicher Verhandlungen gegenüber. Die

1253 Vgl. hierzu bereits oben unter § 5.B.II.2.

1254 Siehe hierzu Art. 9 VO (EG) 1049/2001 sowie oben unter § 4.A.II.1.c).

Verweigerung des Zugangs zu völkerrechtlichen Verhandlungsdokumenten der Union ist prinzipiell geeignet, die Beziehung zwischen der Bundesrepublik Deutschland und der Europäischen Union zu schützen. Fraglich ist hingegen, ob durch die Veröffentlichung völkerrechtlicher Verhandlungsdokumente auch die internationale Beziehung zum Verhandlungspartner gefährdet würde – ebenso wie dies bereits oben zum Schutz der internationalen Beziehungen der Europäischen Union zum Drittstaat untersucht wurde[1255]. Durch die Veröffentlichung von Positionen, welche noch nicht in die Verhandlungen eingebracht wurden, können die Verhandlungen derart gestört werden, dass eine effektive Durchsetzung dieser nur schwerlich möglich ist. Somit ist auch der Schutz der eigenen Verhandlungsposition zur Vermeidung einer Beeinträchtigung des Verhandlungserfolges und somit der Beziehung zum Drittstaat nicht ausgeschlossen. Es erscheint als milderes Mittel nicht möglich, geschwärzte Fassungen herauszugeben – schließlich würde eine derartige Freigabe der Zustimmung sowohl der Europäischen Union als auch des Drittstaates erfordern, um die geschützten Interessen nicht zu konterkarieren. Darüber hinaus würde die Verbreitung völkerrechtlicher Verhandlungsdokumente, welche in wesentlichen Punkten unkenntlich gemacht wurden, dem Interesse der Öffentlichkeit an den Dokumenten nicht gerecht werden[1256].

Daher stellt sich die Frage, ob dem allgemeinen Zugangsinteresse der Vorzug vor dem schützenswerten Interesse an der Verweigerung des Zugangs zu völkerrechtlichen Vertragsdokumenten zu geben ist. Eine Gefährdung der Verhandlungen droht bereits nur in einem solchen Fall, dass der öffentliche Diskurs sich gegen derartige Positionen richtet[1257]. Hingegen ist es nicht mit dem demokratischen Modell der Repräsentanz vereinbar, wenn die Verhandlungsführer Positionen durchsetzen, welche bereits in der Verhandlungsphase dem Willen der Öffentlichkeit zuwiderlaufen. Schließlich soll der Transparenzgrundsatz es dem Bürger ermöglichen, die gewählten Organe auch außerhalb von Wahlen zu kontrollieren. Die demokratische Kontrolle aufgrund des Schutzes der internationalen Beziehungen zu einem Drittstaat einzuschränken, würde dem Zweck der Transparenz zuwiderlaufen und einen wesentlichen Bereich der Rechtsetzung von dieser ausnehmen. Die Bundesregierung muss daher auch einen kritischen Diskurs über einzelne Verhandlungspositionen hinnehmen und sich diesem

1255 Siehe oben unter § 5.B.II.

1256 Siehe zur Ablehnung der Freigabe geschwärzter Fassungen der Dokumente als milderes Mittel auch oben unter § 5.B.III.2.

1257 Siehe oben unter § 5.B.II.

gegebenenfalls anpassen. Sofern die Positionen der Bundesregierung sowie des Verhandlungspartners hingegen im Interesse des Bürgers liegen, droht bereits keine Gefahr der Verhandlungsposition durch deren Verbreitung – schließlich wird so lediglich die Position der Bundesregierung bzw. der Union in den Verhandlungen bestärkt.

Zwar könnte zunächst angenommen werden, dass die Abwägung zugunsten des Schutzes der Beziehung zwischen der Bundesrepublik Deutschland und der Union ausfällt, da mit der VO (EG) 1049/2001 sekundäres Unionsrecht einem Zugang zu den Dokumenten entgegenstehen[1258]. Denn eine nicht abgestimmte Veröffentlichung unter Missachtung des Unionsrechts ist geeignet, erhebliche Verwerfungen in dem Vertrauensverhältnis zwischen der Union und den Mitgliedstaaten herbeizuführen. Eine solche Sichtweise berücksichtigt jedoch nicht, dass die Union aufgrund der primärrechtlichen Transparenzvorgaben verpflichtet ist, den Zugang sowohl zum Verhandlungsmandat als auch zu den konsolidierten Verhandlungsdokumenten zu eröffnen[1259]. Solange die Verweigerung des Zugangs durch die Organe der Europäischen Union rechtswidrig ist, kann auch keine Gefährdung der Beziehung eintreten. Denn die Mitgliedstaaten haben ebenso wie die Unionsorgane das Unionsrecht zu beachten und sind dem Grundsatz der Offenheit verpflichtet. Mit anderen Worten: Rechtswidriges Handeln der Unionsorgane darf nicht ein gleichwohl rechtswidriges Handeln der Mitgliedstaaten nach sich ziehen. Einer gegenüber den Unionsorganen nicht abgestimmten Veröffentlichung kann schließlich mit einer Konsultation abgeholfen werden.

Das Transparenzinteresse des Bürgers wird zudem nicht durch etwaige Verwerfungen zwischen Union und Mitgliedstaat geschmälert, sondern ermöglicht eine Zuweisung von Verantwortungen auf verschiedene Ebenen und somit die Kontrolle der Europäischen Einigung. Die Einbindung in den demokratischen Prozess darf nicht durch eine Verlagerung auf verschiedene Instanzen des Rechtsetzungsprozesses unterlaufen werden. Sich hingegen auf mögliche Differenzen zwischen verschiedenen Organen zu berufen, würde dem eigentlichen Zweck der Transparenz – nämlich der besseren Einbindung der Bürger – zuwiderlaufen.

Dem zusätzlichen Argument des Schutzes der internen Beratungen kann ebenso kein Vorzug gegenüber dem Transparenzinteresse gegeben werden. Schließlich ist es dem Bürger vorbehalten, durch Transparenz die von ihm gewählten Repräsentanten bereits im Stadium der Entscheidungsfindung zu

1258 Siehe oben unter § 4.B.III.

1259 Siehe oben unter § 5.B.III.4.

kontrollieren und Einfluss auf diese zu nehmen. Demgegenüber würde ein öffentlicher Meinungsprozess sowie die effektive Wahrnehmung von Einfluss auf die Entscheidungen durch eine *ex-post* Kontrolle erheblich erschwert werden – die nachträgliche Einbindung des Bürgers in den Entscheidungsprozess würde daher dem Zweck der Transparenz nicht gerecht werden.

Aufgrund der hervorgehobenen Bedeutung des Transparenzinteresses der Bürger ist diesem der Vorrang gegenüber den schutzwürdigen Belangen der Bundesrepublik Deutschland zu geben. Eine mögliche Beeinträchtigung der internationalen Beziehungen sowie des internen Beratungsspielraums wird somit durch das Interesse an der Veröffentlichung von Verhandlungsdokumenten überlagert.

3. Zwischenergebnis

Der Grundsatz der Offenheit wie auch das Grundrecht auf Zugang zu Dokumenten erfordern, dass sowohl das Verhandlungsmandat als auch die konsolidierten Verhandlungsdokumente durch die Bundesrepublik Deutschland herausgegeben werden. Eine Abwägung zwischen dem Transparenzinteresse der Öffentlichkeit und den Interessen an dem Schutz der internationalen Beziehungen sowie des internen Beratungsspielraumes zeigt, dass dem Zugangsinteresse des Bürgers der Vorrang zu geben ist. Dies gründet sich insbesondere in den dem Bürger zustehenden demokratischen Rechten, welche nur dann effektiv wahrgenommen werden können, wenn die Entscheidungen transparent getroffen werden. Eine etwaige Beeinträchtigung der internationalen Beziehungen zur Union sowie dem Drittstaat muss überdies dann zurückstehen, wenn sich der öffentliche Meinungsprozess gegen einzelne Positionen eines zu verhandelnden Abkommens richtet. Denn die Bundesregierung ist ebenso wie die Union den Interessen der Bürger verpflichtet und darf diese nicht in den Verhandlungen unterlaufen. Sofern die öffentliche Meinung hingegen den Verhandlungspositionen entspricht, ist bereits keine Beeinträchtigung der internationalen Beziehungen zu befürchten. Da die Abwägung zugunsten des Transparenzinteresses der Bürger ausfällt, ist die Bundesrepublik Deutschland als Mitgliedstaat der Union nach dem Grundsatz der Offenheit sowie dem Grundrecht auf Zugang zu Dokumenten verpflichtet, den Zugang zu völkerrechtlichen Verhandlungsdokumenten der Union zu gewährleisten.

III. Vereinbarkeit des § 3 IFG Bund mit den Anforderungen des Grundsatzes der Offenheit sowie des Art. 42 GR-Charta

Ein Abgleich zwischen dem gefundenen Ergebnis der Verweigerung des Zugangsanspruches nach § 3 IFG Bund und der Untersuchung der primärrechtlichen

Verpflichtung auf Zugang zu Dokumenten zeigt, dass eine Diskrepanz zwischen dem nationalen Informationsfreiheitsrecht und dem Unionsrecht besteht. Da das Informationsfreiheitsgesetz eine rein nationale Regelung zum Zugang zu Dokumenten darstellt und sich nicht am Unionsrecht orientiert, stellt sich die Frage, wie ein solcher Konflikt zu lösen ist.

1. Unionsrechtskonforme Auslegung des § 3 IFG Bund

Zunächst kommt eine Auslegung des § 3 IFG Bund im Lichte des Unionsrechts in Betracht. Diese kann bezwecken, dass durch die restriktive Anwendung der Ausnahmetatbestände ein mit Art. 42 GR-Charta sowie dem Grundsatz der Offenheit konformer Zustand herbeigeführt wird. Die Ausnahmeregel des § 3 IFG Bund zeigt jedoch keinen Spielraum für eine Auslegung, es handelt sich um absolute Ausnahmetatbestände[1260]. Etwaige Ermessenstatbestände können ebenso wenig in diesen hineingelesen werden wie eine zusätzliche Einschränkung des Ausnahmetatbestandes zugunsten des Unionsrechts. Auch würde eine solche Einschränkung den Ermessensspielraum des Gesetzgebers, schutzwürdige Interessen als Ausnahme zum Dokumentenzugang zu definieren, unzulässig einschränken. Schließlich bezwecken weder die EU-Grundrechtecharta noch die auf dem Grundsatz der Offenheit basierende VO (EG) 1049/2001 eine Änderung der Zugangsregime zu Informationen in den Mitgliedstaaten[1261]. Eine Auslegung des IFG Bund im Lichte des Unionsrechts zugunsten des oben gefundenen Ergebnisses ist daher nicht möglich.

2. Über das IFG Bund hinausgehender Zugangsanspruch

Nach hier vertretener Ansicht enthalten sowohl Art. 42 GR-Charta als auch Art. 15 Abs. 3 AEUV ein subjektives Recht. Dieses zeigt sich als hinreichend bestimmt, um einen erforderlichen Interessensausgleich herbeizuführen. Ein Anspruch auf Zugang zum Verhandlungsmandat sowie zu konsolidierten Verhandlungsdokumenten kann sich daher direkt auf die Art. 42 GR-Charta und Art. 15 Abs. 3 AEUV stützen, unabhängig von einer durch das IFG Bund vorgesehenen Zugangsverweigerung[1262]. Der unionsrechtliche Zugangsanspruch überlagert das IFG Bund somit lediglich, um einen unionsrechtlich konformen Anspruch herbeizuführen. Eine solche Überlagerung lässt das IFG Bund an

1260 Siehe oben unter A.II.

1261 Vgl. bereits den Erwägungsgrund Nr. 15 der VO (EG) 1049/2001.

1262 Siehe zu einem subjektiven, primärrechtlichen Zugangsanspruch oben unter § 5.D.

sich unangetastet und wahrt somit die Gesetzgebungshoheit über das nationale Informationszugangsrecht, zudem werden die verschiedenen Ausgestaltungen des Zugangs zu Dokumenten nicht beeinträchtigt[1263].

Eine Abwägung im Rahmen des unmittelbaren Zugangsanspruches aus Art. 42 GR-Charta sowie Art. 15 Abs. 3 AEUV führt schließlich zu demselben Ergebnis wie die oben durchgeführte Verhältnismäßigkeitsprüfung. Der Zugangsanspruch zu völkerrechtlichen Verhandlungsdokumenten besteht mithin auf Grundlage von Art. 42 GR-Charta und Art. 15 Abs. 3 AEUV[1264].

D. Fazit

Das IFG Bund bietet mit § 1 Abs. 1 IFG Bund einen allgemeine Zugangsanspruch zu Dokumenten. Hinsichtlich Verhandlungsmandat und konsolidierten Verhandlungsdokumenten besteht grundsätzlich ein Anspruch auf Zugang zu diesen Informationen gegenüber dem jeweiligen Bundesministerium, welches im Rat mit den Verhandlungen betraut ist; jedenfalls besteht dieser auch gegenüber dem Auswärtigen Amt und dem Bundeswirtschaftsministerium als Koordinierungsstellen für die Europapolitik.

Einem solchen Zugangsanspruch stehen jedoch die Ausnahmetatbestände des § 3 IFG Bund entgegen. Insbesondere hindern der Schutz vor nachteiligen Auswirkungen auf die internationalen Beziehungen (§ 3 Nr. 1 lit. a) IFG Bund), der Schutz der Vertraulichkeit internationaler Verhandlungen (§ 3 Nr. 3 lit. a) IFG Bund) sowie der Schutz von vertraulichen Dokumenten (§ 3 Nr. 4 IFG Bund) den Informationsanspruch. Eine Ermessens- oder Verhältnismäßigkeitsprüfung findet bei den absoluten Ausnahmetatbeständen des § 3 IFG Bund nicht statt.

Die EU-Grundrechtecharta findet über Art. 52 Abs. 2 GR-Charta auch für die Mitgliedstaaten Anwendung. Aufgrund der institutionellen Verschränkung, in welcher sich die Bundesregierung als Mitglied im Rat befindet, kann die EU-Grundrechtecharta zumindest in derartigen Fällen angewendet werden, in denen ein hinreichender institutioneller Bezug der Mitgliedstaaten zum Recht der Union besteht. Gleiches gilt für den Grundsatz der Offenheit, welcher die Mitgliedstaaten im Falle einer institutionellen Verschränkung verpflichtet. Eine

1263 So stehen neben der hier erwähnten VO (EG) 1049/2001 und dem IFG Bund auch die VO (EG) 1367/2006; weiterhin sieht das nationale Recht das UIG sowie das VIG und den unmittelbar verfassungsrechtlich anerkannten presserechtlichen Auskunftsanspruch vor, siehe oben unter A.

1264 Zum primärrechtlichen, subjektiven Recht auf Zugang zu völkerrechtlichen Verhandlungsdokumenten siehe oben unter § 5.D.IV.

derartige Verschränkung liegt im Falle von völkerrechtlichen Verhandlungen der Union vor, da die mitgliedstaatlichen Regierungen durch ihre Mitgliedschaft im Rat an der Aushandlung und dem Abschluss völkerrechtlicher Verträge nach Art. 218 AEUV beteiligt sind.

Die Verweigerung des Zugangs zu völkerrechtlichen Dokumenten der Union durch die Mitgliedstaaten ist daher an dem Grundsatz der Offenheit sowie an Art. 42 GR-Charta zu messen, welche einen Zugang zu Dokumenten garantieren. Eine in diesem Rahmen erforderliche Verhältnismäßigkeitsprüfung gelangt zu dem Ergebnis, dass das allgemeine Interesse an der Veröffentlichung der Verhandlungsdokumente den schutzwürdigen Interessen an der Vertraulichkeit der Verhandlungen vorgeht.

Diese Diskrepanz zwischen dem IFG Bund und den Anforderungen nach Art. 42 GR-Charta und dem Grundsatz der Offenheit kann nicht durch Auslegung des nationalen Gesetzes behoben werden. Aufgrund der unmittelbaren Anwendbarkeit des Art. 42 GR-Charta sowie des Art. 15 Abs. 3 AEUV steht jedoch ein subjektives Recht auf Zugang zu Dokumenten neben dem IFG Bund. Dieses überlagert die Zugangsverweigerung nach dem IFG Bund und ermöglicht so einen unmittelbaren Anspruch auf Zugang zum Verhandlungsmandat sowie zu den konsolidierten Verhandlungsdokumenten gegenüber den Mitgliedstaaten.

Da ein solcher Anspruch lediglich auf den Teil der Verhandlungen anwendbar ist, an welchem die Bundesregierung in ihrer Eigenschaft als Mitglied des Rates mitwirkt, kann dieser Zugangsanspruch nicht auf den nationalen Teil gemischter Abkommen übertragen werden. Für den in nationaler Kompetenz liegenden Teil gemischter Abkommen verbleibt es daher bei der Zugangsverweigerung nach dem IFG Bund.

§ 8 Zusammenfassung und Ausblick

A. Unterrichtungsrechte der Parlamente

Die parlamentarischen Unterrichtungsrechte müssen – der dualen demokratischen Legitimation der Europäischen Union folgend – in zwei Abschnitten betrachtet werden: Der unmittelbaren demokratischen Legitimation über das Europäische Parlament sowie der mittelbaren demokratischen Legitimation über den Rat. Zudem bedarf eines einer Betrachtung der Unterrichtungsrechte der nationalen Parlamente, welchen gegenüber die mitgliedstaatlichen Regierungen als Vertreter im Rat verantwortlich sind.

Die unmittelbare demokratische Legitimation wird durch das Europäische Parlament hergestellt. Im Rahmen der Aushandlung völkerrechtlicher Verträge ist das Europäische Parlament nach Art. 218 Abs. 10 AEUV in allen Phasen der Verhandlung einzubinden. Das Europäische Parlament wird daher bereits über die Erteilung des Verhandlungsmandates unterrichtet. Darüber hinaus stehen ihm umfassende Unterrichtungsrechte während der Verhandlungsphase zu. Korrespondierend hierzu besitzt das Europäische Parlament ein Anhörungsrecht, um entsprechenden Einfluss auf die Aushandlung völkerrechtlicher Abkommen bereits in einem frühen Stadium auszuüben.[1265]

Die mittelbare demokratische Legitimation der Union wird über den Rat sowie die in ihm vertretenen mitgliedstaatlichen Regierungen hergestellt, welche wiederum den nationalen Parlamenten gegenüber verantwortlich sind. Dem Rat kommt im Prozess der Aushandlung eine zentrale Funktion zu, da dieser sowohl die Aufnahme der Verhandlungen als auch den Abschluss und die Unterzeichnung eines Abkommens beschließt[1266]. Zudem wird der Rat entweder unmittelbar oder mittelbar durch einen von ihm eingesetzten Sonderausschuss laufend durch die Verhandlungsführer über den Fortschritt der Verhandlungen unterrichtet[1267].

Den mitgliedstaatlichen Parlamenten, welchen die nationalen Regierungen gegenüber verantwortlich sind, stehen seit dem Vertrag von Lissabon unmittelbare Unterrichtungsrechte gegenüber den Unionsorganen zu. Eine Analyse des Art. 12 EUV sowie des mit diesem korrespondierenden Parlamentsprotokoll

---

1265 Siehe oben unter § 3.A.

1266 Siehe oben unter § 2.C.I sowie § 2.C.II.

1267 Siehe oben unter § 3.B.

(Nr. 1) zeigt, dass die Unterrichtungsrechte den nationalen Parlamenten nur in den dort abschließend aufgezählten Fällen zustehen. Zwar lassen sich die Dokumente über die Aushandlung völkerrechtlicher Verträge der Union weder unter die Pflicht zur Unterrichtung über Entwürfe zu Gesetzgebungsakten noch über die darüber hinausgehende Pflicht zur Unterrichtung über sonstige Dokumente subsumieren.[1268] Allerdings zeigt die Untersuchung des Art. 12 EUV, dass dieser eine planwidrige Regelungslücke enthält. Die strukturelle Ähnlichkeit der völkerrechtlichen Verträge zu Gesetzgebungsakten sowie die demokratische Notwendigkeit der umfassenden Einbindung mitgliedstaatlicher Parlamente in den Rechtsetzungsprozess der Union rechtfertigen eine analoge Anwendung des Art. 12 lit. a) EUV auf die Unterrichtung der nationalen Parlamente über den Verlauf völkerrechtlicher Verhandlungen.[1269]

Über das Unionsrecht hinaus obliegt es den Mitgliedstaaten, auf nationaler Ebene die Unterrichtungs- und Beteiligungsgesetze der Parlamente auszugestalten und so deren effektive Einbindung durch die nationalen Regierungen sicherzustellen. Exemplarisch zeigt eine Untersuchung der nationalen Beteiligungsgesetze in der Bundesrepublik Deutschland, dass diese ein Unterrichtungsrecht über den Verlauf von völkerrechtlichen Verhandlungen der Union zugunsten des Deutschen Bundestages sowie des Bundesrates enthalten. Die in Art. 23 GG verankerten Rechte zur Beteiligung in Angelegenheiten über die Europäische Union sowie dessen einfachgesetzliche Ausgestaltung durch das EuZBBG und das EuZBLG verlangen nach der Übersendung von Dokumenten bereits in den frühen Phasen der Mandatierung und Aushandlung von Abkommen der Union. Der Bundesregierung kommt die Pflicht zu, beide Organe umfassend und frühzeitig durch die ihr zur Verfügung stehenden Dokumente und Informationen zu unterrichten[1270] Diese Unterrichtungsrechte stehen den Unionsvorschriften nicht entgegen, sondern flankieren diese als zusätzliches Instrument der effektiven Unterrichtung und Einbindung der nationalen Parlamente.

Einer gesonderten Betrachtung müssen gemischte Abkommen unterzogen werden. Das Europäische Parlament kann die demokratische Legitimation völkerrechtlicher Abkommen nur für den in Unionskompetenz liegenden Teil gemischter Abkommen herstellen, für den nationalen Teil bedarf es einer Legitimation über die nationalen Parlamente. Auf diesen nationalen Teil finden die

1268 Siehe oben unter § 3.C.II.1.a) sowie § 3.C.II.1.b).
1269 Siehe oben unter § 3.C.II.1.c).
1270 Siehe oben unter § 3.C.III.3.

nationalen Vorschriften über den Abschluss völkerrechtlicher Verträge Anwendung, eine Einbindung der nationalen Parlamente nach Art. 23 GG kommt für diesen Teil trotz eines Bezuges zur Europäischen Union nicht in Betracht. Es verbleibt daher bei der Anwendung des Art. 59 Abs. 2 GG auf den nationalen Teil gemischter Abkommen. Dieser gewährleistet die parlamentarische Einbindung in den Abschluss völkerrechtlicher Verträge und enthält ebenfalls ein Unterrichtungsrecht von Deutschem Bundestag und Bundesrat über den Verlauf völkerrechtlicher Verhandlungen.[1271] Die Unterrichtung von Deutschem Bundestag und Bundesrat erfolgt somit für den unionseigenen Teil auf Grundlage der Mitwirkungsrechte an den Angelegenheiten der Europäischen Union und für den mitgliedstaatlichen Teil aufgrund der nationalen Unterrichtungsrechte.

B. Informationsrechte der Öffentlichkeit

Das Unionsrecht sieht die Beteiligung der Öffentlichkeit am Rechtsetzungsprozess der Union als zusätzliches partizipatives Element neben den beiden Legitimationssträngen über das Europäische Parlament und die im Rat vertretenen nationalen Regierungen vor. Zur Ermöglichung einer effektiven Einflussnahme der Unionsbürger und der Kontrolle über ihre Repräsentanten sind im Unionsrecht weitreichende Informationsrechte der Öffentlichkeit vorgesehen.

I. Recht auf Zugang zu Dokumenten nach der VO (EG) 1049/2001

Das Informationsrecht wird sekundärrechtlich mit der VO (EG) 1049/2001 über den Zugang zu Dokumenten der Unionsorgane abgesichert. Diese gewährt zwar einen voraussetzungslosen Anspruch auf Dokumente, gestaltet aber gleichzeitig auch die Schranken des Dokumentenzugangs aus.[1272] Bislang haben weder die Organe der Union noch die Unionsgerichte dem Antrag auf Zugang der Öffentlichkeit zu Verhandlungsmandat und konsolidierten Verhandlungsdokumenten entsprochen. Die Verweigerung des Zugangs wird mit dem Schutz der internationalen Beziehungen begründet. Die Organe berufen sich darauf, dass die Verbreitung der Dokumente die eigene Verhandlungsposition sowie das Vertrauensverhältnis zum Verhandlungspartner beeinträchtigen würde.[1273] Diese Einschätzung wird durch die Rechtsprechung mit der Annahme eines

1271 Siehe oben unter § 3.C.III.4.
1272 Siehe oben unter § 4.A.II.
1273 Siehe oben unter § 4.B.II.1.b).

nur eingeschränkt gerichtlich überprüfbaren Ermessensspielraums der Organe flankiert.[1274] Die Literatur begegnet dieser Rechtsprechung zwar kritisch, jedoch fehlt in dieser bislang eine eigenständige Auseinandersetzung mit der Anwendung der Ausnahmeregelung zum Schutz der internationalen Beziehungen auf den Zugang zu völkerrechtlichen Verhandlungsdokumenten.[1275]

Eine eingehende Untersuchung der infrage kommenden Ausnahmeregelungen zeigt, dass sich dem Sekundärrecht kein Anspruch auf Zugang zu Verhandlungsmandaten und konsolidierten Verhandlungsdokumenten entnehmen lässt. Zwar fallen besagte Dokumente unter den voraussetzungslosen Anspruch aus der Verordnung, allerdings bestehen hinreichende Anhaltspunkte dafür, dass eine Verbreitung der Dokumente eine Beeinträchtigung der internationalen Beziehungen herbeiführen kann. Aufgrund der Ausgestaltung als absoluter Verweigerungsgrund, welcher keine entgegenstehenden Belange berücksichtigt, ist der Zugang bei Vorliegen dieses Ausnahmetatbestandes zu verweigern.[1276] Der Schutz der internen Beratungen ist als weiterer Ausnahmetatbestand demgegenüber nicht tauglich, eine Zugangsverweigerung zu begründen. Aufgrund der Anforderungen an das Vorliegen einer ernstlichen Beeinträchtigung kann eine solche bereits nicht angenommen werden, jedenfalls würde das öffentliche Interesse eine derartige Beeinträchtigung überwiegen.[1277]

II. Primärrechtliche Anforderungen an den Zugang zu Dokumenten

Das sekundärrechtliche Dokumentenzugangsrecht basiert auf den primärrechtlichen Transparenzvorschriften, insbesondere auf dem aus Art. 1 Abs. 2, Art. 10 Abs. 3 S. 2 EUV, Art. 15 Abs. 1 AEUV abgeleiteten Grundsatz der Offenheit. Dieser stellt eine rechtsverbindliche Verpflichtung in Form eines Optimierungsgebotes dar und verpflichtet die Unionsorgane der Herstellung größtmöglicher Transparenz.[1278] Der Optimierungsansatz des Grundsatzes der Offenheit gilt indes nicht absolut, sondern findet seine Einschränkungen in weiteren Vorschriften des Primärrechts. Rechtfertigungsgründe zur Einschränkung sind die entgegenstehenden Grundrechte Dritter, die Effektivität des Entscheidungsprozesses sowie das Unionsinteresse. Diese Einschränkungsmöglichkeiten strahlen

1274 Hierzu sowie zur diesbezüglichen Kritik oben unter § 4.A.II.2.
1275 Siehe oben unter § 4.B.II.1.b).(3).
1276 Siehe oben unter § 4.B.II.1.b).(5).
1277 Siehe oben unter § 4.B.II.2.
1278 Siehe oben unter § 5.A.II.1.

ebenso auf die weiteren Konkretisierungen des Grundsatzes der Offenheit aus – insbesondere auf das Dokumentenzugangsrecht nach Art. 15 Abs. 3 AEUV und Art. 42 GR-Charta.[1279]

Es bedarf daher einer Untersuchung, ob die Unionsorgane dem Grundsatz der Offenheit folgend zur Herstellung von Transparenz völkerrechtlicher Verhandlungsdokumente – und somit auch dem Zugang zu diesen – verpflichtet sind. Erforderlich ist in diesem Rahmen eine Abwägung zwischen dem Interesse der Öffentlichkeit an dem Zugang zu Dokumenten und dem Interesse der Organe an der Vertraulichkeit der Dokumente. Die von Kommission und Rat vorgebrachten Einschränkungen sind teilweise bereits mangels Schutzwürdigkeit nicht geeignet, den Zugang zu Dokumenten einzuschränken.[1280] Sofern schutzwürdige Interessen anzuerkennen sind, zeigt sich, dass diese in Abwägung mit dem Grundsatz der Offenheit und dessen demokratischer Bedeutung nicht überwiegen[1281]. Der Grundsatz der Offenheit verpflichtet die Unionsorgane daher, den Zugang zu Verhandlungsmandat und konsolidierten Verhandlungsdokumenten zu gewährleisten.[1282]

Die sekundärrechtliche Ausgestaltung des Dokumentenzugangsrechts ist mit den Anforderungen des Grundsatzes der Offenheit an den Zugang zu völkerrechtlichen Verhandlungsdokumenten nicht vereinbar. Eine primärrechtskonforme Auslegung der Ausnahmetatbestände des VO (EG) 1049/2001 ist hingegen nicht möglich ist. Weder lassen die absoluten Ausnahmetatbestände eine Berücksichtigung des entgegenstehenden öffentlichen Interesses zu, noch besteht ein Ermessen, trotz des Vorliegens dieser Ausnahme den Zugang zu Dokumenten zu gewähren. Die Verweigerung des Zugangs zu völkerrechtlichen Verhandlungsdokumenten aufgrund des Art. 4 Abs. 1 lit. a) VO (EG) 1049/201 ist daher primärrechtswidrig.[1283]

Eine sich an diesen Befund anschließende Analyse der Transparenzvorschriften zeigt, dass zwar dem Grundsatz der Offenheit kein subjektives Recht entnommen werden kann. Jedoch ist das sowohl in Art. 15 Abs. 3 AEUV als auch in Art. 42 GR-Charta verankerte Dokumentenzugangsrecht unmittelbar anwendbar und ermöglicht somit einen individuellen primärrechtlichen Rechtsanspruch. Eine auf Grundlage dieses Anspruches notwendige Abwägung

1279 Siehe oben unter § 5.A.II.4.
1280 Siehe oben unter § 5.B.II.
1281 Siehe oben unter § 5.B.III.
1282 Siehe oben unter § 5.B.III.4.
1283 Siehe oben unter § 5.C.II.

zwischen dem allgemeinen Zugangsinteresse und den schutzwürdigen Interessen an der Vertraulichkeit völkerrechtlicher Verhandlungsdokumente zeigt kein von den objektiven Erfordernissen des Grundsatzes der Offenheit abweichendes Ergebnis.[1284]

III. Öffentlichkeit der parlamentarischen Beratungen

Als weiteres Element der Transparenz der Entscheidungsprozesse in der Union ist die Öffentlichkeit der parlamentarischen Sitzungen anerkannt. Als Konkretisierung des Grundsatzes der Offenheit sieht das Primärrecht die Öffentlichkeit der Tagungen von Europäischem Parlament sowie (eingeschränkt) des Rates der Europäischen Union vor.[1285]

Das Ratifikationsverfahren innerhalb des Europäischen Parlaments hat der primärrechtlichen Verpflichtung folgend öffentlich stattzufinden. Diese Öffentlichkeit der Tagung im Plenum gewährleistet auch die Geschäftsordnung des Europäischen Parlaments. Die informellen Beratungen innerhalb der Ausschüsse sowie die Unterrichtung der Abgeordneten des Europäischen Parlaments über die völkerrechtlichen Verhandlungen finden demgegenüber nicht öffentlich statt. Sowohl die Geschäftsordnung des Europäischen Parlaments als auch eine interinstitutionelle Vereinbarung mit dem Rat sehen vor, dass Diskussionen und Unterrichtungen über den Fortgang völkerrechtlicher Verhandlungen unter Ausschuss der Öffentlichkeit stattfinden. Über diese Vorschriften hinausgehend kann keine primärrechtliche Verpflichtung des unterrichteten Ausschusses abgeleitet werden, schon um eine unverzügliche und effektive Unterrichtung des Europäischen Parlaments durch den Rat nicht zu gefährden.[1286]

Die Betrachtung der Beratungs- und Abstimmungsvorgänge des Rates über völkerrechtliche Verhandlungen ist hingegen in der expliziten Verpflichtung zur Ratsöffentlichkeit nicht vorgesehen. Diese umfasst lediglich die Öffentlichkeit im Rahmen der Beratungen zu Gesetzgebungsakten.[1287] Die explizite Verpflichtung zur Öffentlichkeit der Ratssitzungen in Art. 15 Abs. 2 AEUV sowie Art. 16 Abs. 8 EUV als Konkretisierung des Grundsatzes der Offenheit stellt demgegenüber keine abschließende Sonderregelung dar. Vielmehr kann der Rat überdies aus dem Grundsatz der Offenheit zur Öffentlichkeit seiner Sitzungen verpflichtet sein. Eine solche Verpflichtung kommt insbesondere im Falle von

---

1284 Siehe oben unter § 5.D.

1285 Siehe oben unter § 6.A.

1286 Siehe oben unter § 6.B.I.

1287 Siehe oben unter § 6.B.II.1.

Sachbereichen, welche im öffentlichen Diskurs stehen oder besonders regelungsintensiv sind, in Betracht.[1288]

Eine derartige Verpflichtung nach dem Grundsatz der Offenheit erfordert eine Abwägung zwischen dem öffentlichen Interesse an der Öffentlichkeit der Ratssitzungen und dem Interesse des Rates an der Vertraulichkeit seiner Sitzungen. Eine solche Abwägung muss auf der einen Seite das analog zu Gesetzgebungsakten erhöhte Interesse der Öffentlichkeit an völkerrechtlichen Verhandlungen berücksichtigen, darf auf der anderen Seite allerdings nicht das Interesse des Rates an der effektiven und vertraulichen Aushandlung von Kompromissen zur Entscheidungsfindung vernachlässigen. Die Abwägung zwischen diesen Belangen zeigt, dass dem Interesse an der Öffentlichkeit der Ratssitzungen zu völkerrechtlichen Verhandlungen aufgrund der Regelungsintensität von völkerrechtlichen Abkommen sowie den Anforderungen an eine effektive Wahrnehmung der demokratischen Rechte der Bürger der Vorrang zu geben ist. Dem Rat kann es zudem zugemutet werden, die Debatten und Konsensfindung der Öffentlichkeit zugänglich zu machen. Eine notwendige Vertraulichkeit aufgrund der Konsensfindung durch *package deals* ist demgegenüber nicht zu akzeptieren, wenn diese durch eine nicht auf objektiven Maßstäben basierenden Entscheidungsfindung zustande kommt, sondern lediglich eine durch Zugeständnisse erkaufte Stimmbildung darstellt.[1289]

IV. Zugang zu Dokumenten nach nationalen Vorschriften

Als weitere dem Zugang zu völkerrechtlichen Verhandlungsdokumenten Verpflichtete kommen die nationalen Regierungen in Betracht, welche diese Dokumente aufgrund ihrer Mitgliedschaft im Rat besitzen. Exemplarisch wurde das deutsche Recht auf den Zugang zu Verhandlungsmandat und konsolidierten Verhandlungsdokumenten hin untersucht. Das im IFG Bund verankerte Recht auf Zugang zu Dokumenten gewährleistet aufgrund seines ausdifferenzierten Katalogs an Ausnahmetatbeständen keinen Anspruch auf Zugang zu völkerrechtlichen Verhandlungsdokumenten. Dem Zugang zu Dokumenten stehen die Ausnahmen zum Schutz der internationalen Beziehungen sowie die Vertraulichkeit der internationalen Verhandlungen entgegen. Zudem enthält das IFG Bund einen Schutztatbestand zugunsten von als Verschlusssache gekennzeichneten Dokumenten. Aufgrund der Übernahme der Geheimhaltungsgrade der Union

1288 Siehe oben unter § 6.B.II.2.a).

1289 Siehe oben unter § 6.B.II.2.b).

durch allgemeine Verwaltungsvorschriften werden sowohl das Verhandlungsmandat als auch die konsolidierten Verhandlungsdokumente als Verschlusssache eingestuft, Zugang zu diesen ist wiederum *per se* ausgeschlossen.[1290]

Die Mitgliedstaaten sind sowohl dem Grundsatz der Offenheit als auch dem Grundrecht auf Zugang zu Dokumenten verpflichtet, wenn diese Unionsrecht durchführen. Ein derartiger Bezug zum Unionsrecht lässt sich aufgrund einer institutionellen Verschränkung der Mitgliedstaaten mit dem Handeln des Rates annehmen. Denn die mitgliedstaatlichen Regierungen werden im Rahmen der Beratungen und Abstimmungen des Rates über völkerrechtliche Verträge in den Rechtsetzungsprozess der Union eingebunden.[1291]

Die Anwendung des Grundsatzes der Offenheit sowie des aus der EU-Grundrechtecharta resultierenden Rechts auf Zugang zu Dokumenten gebietet daher eine Verhältnismäßigkeitsprüfung, wenn die Mitgliedstaaten den Zugang zu völkerrechtlichen Verhandlungsdokumenten der Union aufgrund nationaler Rechtsvorschriften verweigern. Die Abwägung zwischen dem allgemeinen Zugangsinteresse und den schutzwürdigen Belangen fällt wiederum zugunsten des Zugangs zu den Dokumenten aus. Die Verweigerung des Dokumentenzugangs aufgrund des IFG Bund durch die Bundesregierung ist daher nicht mit dem Unionsrecht vereinbar.[1292]

Eine Auflösung dieser Diskrepanz kann nicht aufgrund einer unionsrechtskonformen Auslegung des IFG Bund erreicht werden. Da das IFG Bund nicht auf Grundlage von unionsrechtlichen Vorschriften erlassen wurde, sondern auf rein nationalstaatlichen Erwägungen beruhen, resultiert aus der Unionsrechtswidrigkeit der Zugangsverweigerung nicht die Unionsrechtswidrigkeit des IFG Bund. Der Gewährleistungsgehalt von Art. 15 Abs. 3 AEUV sowie Art. 42 GR-Charta als subjektives Recht auf Zugang zu Dokumenten ermöglicht es demgegenüber, unter Außerachtlassung des IFG Bund einen unmittelbaren Anspruch auf Zugang zu Verhandlungsmandat sowie konsolidierten Verhandlungsdokumenten gegenüber der Bundesregierung geltend zu machen.[1293]

1290 Siehe oben unter § 7.B.
1291 Siehe oben unter § 7.B.I.
1292 Siehe oben unter § 7.B.II.
1293 Siehe oben unter § 7.B.III.

C. Ausblick

I. Entwicklung der parlamentarischen Einflussrechte

Die Analyse der Unterrichtungsrechte der Parlamente zeigt eine verstärkte Tendenz hin zu einer Einbindung dieser in einen vormals der Exekutive vorbehaltenen Bereich. Verstärkt zeigen sich die Interessen der Parlamente an einem frühzeitigen Einfluss, um der Zwickmühle einer *en-bloc* Abstimmung zu entgehen. So haben die Vertragsverfasser von Lissabon auf den Wunsch des Europäischen Parlaments nach mehr Einbindung reagiert und diesem umfassende Unterrichtungsrechte zugestanden. Auch in den jüngsten Verhandlungen über Freihandelsabkommen der Union mit Drittstaaten zeigt sich, dass die Abgeordneten des Europäischen Parlaments hierin stärker involviert sind[1294]. Dies dient nicht nur einer besseren Rückbindung der europäischen auswärtigen Gewalt an den Unionsbürger, sondern vor allem der demokratischen Kontrolle von Kommission und Rat. Es ist zu erwarten, dass das Europäische Parlament sich in dieser neuen Rolle weiterhin verstärkt einbindet, um maßgeblichen Einfluss bereits in der Verhandlungsphase auszuüben und so tragfähige Kompromisse für spätere Abstimmungen zu erzielen.

Inwieweit die nationalen Parlamente in Zukunft stärker eingebunden werden, bleibt abzuwarten und ist auch von den mitgliedstaatlichen Regierungen abhängig. Jedenfalls zeugt das rege Interesse des Deutschen Bundestages an den Freihandelsabkommen *CETA* und *TTIP* durch Regierungsanfragen[1295] und Klagen vor dem *BVerfG*[1296] sowie den Europäischen Gerichten[1297] davon, dass diese in ihrer Funktion als Repräsentanten der Bürger nicht nur auf eine nachträgliche Zustimmung verwiesen werden möchten. Vielmehr besteht auch bei den

---

1294 Beispiele für eine erfolgreiche Einbindung des Europäischen Parlaments finden sich u. a. bei *TTIP* sowie bei *CETA*, vgl. *Meissner*, European Foreign Affairs review 2016, 269, 280 ff.; *Weiß*, EuR 2020, 407, 410 ff.

1295 So finden sich alleine 79 kleine Anfragen zu *CETA* sowie 70 kleine Anfragen zu *TTIP* im Deutschen Bundestag, beispielhaft die Anfragen BT-Drs. 18/5062, BT-Drs. 18/7299, BT-Drs. 18/8544, BT-Drs. 18/8809.

1296 *BVerfG*, Urt. v. 19. Juni 2012 – Az. 2 BvE 4/11, ECLI:DE:BVerfG:2012:es20120619.2bve000411, BVerfGE 131, 152, *ESM; BVerfG*, Urt. v. 13. Oktober 2016 – Az. 2 BvR 1368/16,2 BvR 1444/16, 2 BvR 1482/16, 2 BvR 1823/16, 2 BvR 3/16, ECLI: DE: BVerfG:2016:rs20161013.2bvr136816, *CETA*.

1297 Klage der Abgeordneten des Deutschen Bundestages Britta Haßelmann, Katharina Dröge und Anton Hofreiter gegen die Europäische Kommission, *EuG*, Beschl. v. 9. Februar 2017 – Rs. T-142/16, ECLI:EU:T:2017:72, *Dröge u. a./Kommission*.

nationalen Parlamenten der Bedarf nach einer frühzeitigen Einbindung, schon um etwaige Verhandlungsergebnisse nicht im Nachhinein durch eine Ablehnung zu gefährden[1298]. Ob aus diesen Erfahrungen letztlich die Tendenz von Kommission und Rat herrührt, Abkommen in einen unionseigenen und einen gemischten Teil aufzuspalten, bleibt abzuwarten[1299]. Restriktive Versuche der Einbindung durch Dokumenteneinsicht in Lesesälen stellen sich hingegen weder als zielführend dar noch erscheinen sie rechtlichen Gegebenheiten zu genügen.

II. Bedarf nach einer Reform der VO (EG) 1049/2001

Eine Reform des Dokumentenzugangsrechts scheint nicht nur im Lichte der oben gefundenen Ergebnisse notwendig, sondern steht bereits seit geraumer Zeit zum Diskurs. Bereits bei Verabschiedung der VO (EG) 1049/2001 war eine Evaluation und daran anschließende Zielerreichung bis zum 31. Januar 2004 vorgesehen[1300]. Der Kommission wurde zudem aufgetragen, gegebenenfalls Vorschläge für die Überprüfung der Verordnung und ein Aktionsprogramm vorzulegen[1301]. Anschließend an diese Evaluation folgte eine „Europäische Transparenzinitiative" der Kommission[1302] sowie eine Entschließung des Europäischen Parlaments, in welcher die Kommission aufgefordert wurde, Änderungsvorschläge vorzulegen[1303].

Der Evaluation folgend legte die Kommission erstmals 2008 einen Reformvorschlag[1304] vor, der eine umfassende Änderung und Anpassung an die

---

1298 Eine solche drohte zuletzt bei dem ausgehandelten Abkommen *CETA*, welchem das Regionalparlament der belgische Provinz Wallonie die innerstaatliche Zustimmung zu verweigern drohte, vgl. hierzu *Hoffmann*, ZeuS 4/2016, 459, 474 f.; *Nowrot/Tietje*, EuR 2017, 137, 138 m. w. N.

1299 Diese Tendenz erkennt jedenfalls *Brauneck*, EuZW 2018, 796, 797, 803.

1300 Diese ist nach Art. 17 Abs. 2 VO (EG) 1049/2001 zusätzlich zur regelmäßigen Berichtserstattung durch die Organe vorgesehen, vgl. hierzu KOM (2004) 45 endgültig vom 30. Januar 2004 sowie KOM (2004) 347 endgültig, ferner *Marsch*, DöV 2005, 639, 641 f.

1301 Der von der Kommission vorgelegte Bericht über die Anwendung der Grundsätze der VO (EG) 1049/2001 kam hingegen zu dem Ergebnis, dass die VO (EG) 1049/2001 keiner Änderung bedürfe, vgl. KOM (2004) 45 endgültig vom 30. Januar 2004, S. 47 f.

1302 Vorschlag für eine Europäische Transparenzinitiative, SEC (2005) 1300/5.

1303 Entschließung des Europäischen Parlaments mit Empfehlungen an die Kommission zum Zugang zu Dokumenten der Organe, P6_A(2006) 052 vom 4. April 2006.

1304 KOM (2008) 229 endgültig vom 30. April 2008.

geltende Rechtsprechung vorsah. Auch sollte eine Anpassung an die Verordnung über den Zugang zu Umweltinformationen[1305] erfolgen –insbesondere durch die Einfügung der Ausnahmeregelung zum Schutz der Umwelt in die VO (EG) 1049/2001[1306]. Kritik erfuhr der Vorschlag aufgrund der Tatsache, dass dieser über die bestehenden Ausnahmetatbestände hinausgehen und durch die Veränderung des Dokumentenbegriffs zu einem restriktiveren Zugangsrecht führen würde[1307].

Die Abänderungen des Vorschlags durch das Europäische Parlament vom 11. März 2009[1308] verfolgten hingegen eine deutlich weniger restriktive Fassung. Insbesondere sollte mit diesem Vorschlag sowohl der Begriff eines Gesetzgebungsaktes im Rahmen der Verordnung weiter gefasst[1309] als auch ein vereinfachter Zugang zu nichtlegislativen Rechtsakten ermöglicht werden[1310]. Zwar war eine Änderung insbesondere der absoluten Ausnahmetatbestände - bis auf Änderungen am Schutz der Privatsphäre sowie eine Beschränkung auf die innere öffentliche Sicherheit - nicht vorgesehen[1311]. Ausweislich der Änderung 109 am 26. Erwägungsgrund sollten jedoch sämtliche Dokumente im Zusammenhang mit den laufenden internationalen Verhandlungen zu *ACTA* veröffentlicht werden[1312]. Da dieser Vorschlag vor dem Hintergrund der Spannungen zwischen dem Europäischen Parlament und der Kommission über die damaligen Verhandlungen zu *ACTA*[1313] entstanden ist, lässt sich dieser jedoch eher als politisches Kalkül denn als tatsächlicher Änderungsvorschlag zum Zugang zu völkerrechtlichen Verhandlungsdokumenten betrachten.

1305 VO (EG) 1367/2006.

1306 KOM (2008) 229 endgültig, S. 9, 13, 19.

1307 *Hofstötter*, in: Grabitz/Hilf/Nettesheim, Art. 15 AEUV, Rn. 65; Europäischer Bürgerbeauftragter, Pressemitteilung Nr. 6/2009 vom 11. März 2009.

1308 P6_TA(2009)0114 vom 11. März 2009, ABl. 2010, C 87 E/362.

1309 Geänderter Erwägungsgrund Nr. 11, Änderung 6 des Vorschlags P6_TA(2009)0114 vom 11. März 2009, ABl. 2010, C 87 E/362.

1310 Geänderter Erwägungsgrund Nr. 18, Änderung 9 des Vorschlags P6_TA(2009)0114 vom 11. März 2009, ABl. 2010, C 87 E/362.

1311 Geänderter Artikel 6, Änderungen 47, 49 des Vorschlags P6_TA(2009)0114 vom 11. März 2009, ABl. 2010, C 87 E/362.

1312 Geänderter Erwägungsgrund Nr. 26, Änderung 109 des Vorschlags P6_TA(2009)0114 vom 11. März 2009, ABl. 2010, C 87 E/362.

1313 Vgl. zu diesem Spannungsverhältnis *Meissner*, European Foreign Affairs review 2016, 269, 275 ff.

Der nach dem Vertrag von Lissabon wiederum abgeänderte Vorschlag der Kommission[1314] zielte schließlich nur auf redaktionelle Anpassungen im Hinblick auf den Kreis der verpflichteten Adressaten. Die auf diesen Vorschlag erfolgten Änderungen durch das Europäische Parlament[1315] hingegen beschränkten sich nicht auf diese Anpassungen, sondern änderten abermals den Vorschlag der Kommission vom 30. April 2008 ab. Der Vorschlag des Europäischen Parlaments bezweckte wiederum eine Stärkung der Transparenz sowie die Erweiterung des Zugangs zu Dokumenten. So waren abermals ein verbesserter Zugang zu nichtlegislativen Akten[1316] und erstmals auch eine Abwägungsklausel zugunsten des öffentlichen Interesses an der Verbreitung für alle Ausnahmetatbestände vorgesehen[1317]. Die Forderung nach einer Offenlegung der sich auf *ACTA* beziehenden Dokumente hingegen war nach dem Scheitern desselbigen nicht mehr enthalten.

Insbesondere der letztgenannte Reformvorschlag des Europäischen Parlaments würde erheblich zur Stärkung des Dokumentenzugangsrechts beitragen und durch die Einfügung einer allgemeinen Abwägungsklausel den oben aufgezeigten Zustand der Primärrechtswidrigkeit beheben. Nach dem umfassenden Vorschlag des Europäischen Parlaments vom 15. Dezember 2011 hat die Kommission jedoch keine weiteren Vorschläge zur Änderung eingebracht. Inwieweit die Verhandlungen zu einer Reform seitdem fortgeschritten sind und ob derart umfassende Änderung durchgeführt werden, wie sie das Europäische Parlament fordert, ist derzeit nicht abzusehen.

1314 KOM (2011) 137 endgültig/2 vom 30. März 2011.

1315 P7_TA(2011)0580 vom 15. Dezember 2011, ABl. 2013, C 168 E/159.

1316 Geänderter Erwägungsgrund Nr. 12c, Abänderung 15 des Vorschlags P7_TA(2011)0580 vom 15. Dezember 2011, ABl. 2013, C 168 E/159.

1317 Geänderter Artikel 4, Absatz 4, Abänderung 38 des Vorschlags P7_TA(2011)0580 vom 15. Dezember 2011, ABl. 2013, C 168 E/159.

§ 9 Anlage I

EUROPEAN COMMISSION
Directorate-General for Trade

The Director General

Brussels, 2 0 SEP. 2016
trade.a.3.dir(2016)4937385

By registered letter with acknowledgment of receipt

[redacted]

Subject: Your application for access to documents – Ref GestDem No 2016/4202

Dear Mr Kamann,

I refer to your request of 26 July 2016 for access to documents under Regulation (EC) No 1049/2001[1] ("Regulation 1049/2001"), registered on the same date under the above mentioned reference number.

Please accept our apologies for the delay in replying to your request.

1. SCOPE OF YOUR REQUEST

You requested access to the following documents:

"Konsolidierte Verhandlungsdokumente zum Transatlantischen Freihandelsabkommen zwischen der Europäischen Union und den Vereinigten Staaten von Amerika (TTIP)".[2] [Informal translation: *"Consolidated negotiating documents on the Transatlantic Free Trade Agreement between the European Union and the United States of America (TTIP)"*].

[1] Regulation (EC) No 1049/2001 of the European Parliament and of the Council of 20 May 2001 regarding public access to European Parliament, Council and Commission documents, OJ L 145, 31.5.2001, p. 43.

[2] Your request was formulated in German. However, your follow-up correspondence with DG Trade was in English. In the interest of time we are providing this reply to you in English. Please let us know whether you would like to receive this reply also in German. Translation will take a few additional days.

By email of 26 July 2016 we provided you with the link to the list of consolidated TTIP texts available on the website of DG Trade.[3] We explained that while the list is public, the content of the consolidated TTIP texts is only available in dedicated reading rooms which are accessible to members of the European Parliament, European Commission officials, officials of Member State central governments, and Members of Member State national Parliaments.[4] The modalities of the reading rooms are publicly available on the website of the Council of the European Union.[5]

2. Assessment and conclusions under Regulation 1049/2001

In accordance with settled case law,[6] when an institution is asked to disclose a document, it must assess, in each individual case, whether that document falls within the exceptions to the right of public access to documents set out in Article 4 of Regulation 1049/2001. In particular, the institution must ensure that the document relates to one of the exceptions, and if so, decide which parts of it are covered by that exception. Furthermore, it must examine whether disclosure of the parts of the document in question pose a *"reasonably foreseeable and not purely hypothetical"* risk of undermining the protection of the interest covered by the exception.

Having examined the requested documents under the applicable legal framework, I regret to inform you that access cannot be granted as these documents are entirely covered by the exceptions set out in Article 4.1(a) third indent.

Article 4.1(a) third indent of Regulation 1049/2001 provides that *"[t]he institutions shall refuse access to a document where disclosure would undermine the protection of: the public interest as regards: [...] international relations."*

According to settled case-law, *"the particularly sensitive and essential nature of the interests protected by Article 4(1)(a) of Regulation No 1049/2001, combined with the fact that access must be refused by the institution, under that provision, if disclosure of a document to the public would undermine those interests, confers on the decision which must thus be adopted by the institution a complex and delicate nature which calls for the exercise of particular care. Such a decision therefore requires a margin of appreciation"*.[7] In this context, the Court of Justice has acknowledged that the institutions enjoy *"a wide discretion for the purpose of determining whether the disclosure of documents relating to the fields covered by [the] exceptions [under Article 4.1(a)] could undermine the public interest"*.[8] In that same

[3] http://trade.ec.europa.eu/doclib/docs/2015/march/tradoc_153263.pdf, at p. 20.

[4] Access to members of national parliaments may include other government officials and members of parliaments when required by the constitution of a Member State.

[5] See at http://data.consilium.europa.eu/doc/document/ST-14029-2015-INIT/en/pdf. As explained in this document, the consolidated texts are classified as restricted documents ("RESTREINT UE/EU RESTRICTED").

[6] Judgment in *Sweden and Maurizio Turco v Council*, Joined cases C-39/05 P and C-52/05 P, EU:C:2008:374, paragraph 35.

[7] Judgment in *Sison v Council*, C-266/05 P, EU:C:2007:75, paragraph 36.

[8] Judgment in *Council v Sophie in't Veld*, C-350/12 P, EU:C:2014:2039, paragraph 63.

judgment,[9] the Court added that the success of negotiations depends on the protection of objectives, tactics and fall-back positions of the parties involved and *"that public participation in the procedure relating to the negotiation and the conclusion of an international agreement is necessarily restricted, in view of the legitimate interest in not revealing strategic elements of the negotiations"*.[10]

In addition, the General Court stated that *"[...] the negotiation of international agreements can justify, in order to ensure the effectiveness of the negotiation, a certain level of discretion to allow mutual trust between negotiators and the development of a free and effective discussion"* and that *"any form of negotiation necessarily entails a number of tactical considerations of the negotiators, and the necessary cooperation between the parties depends to a large extent on the existence of a climate of mutual trust"*.[11] Hence, *"it is possible that the disclosure of European Union positions in international negotiations could damage the protection of the public interest as regards international relations"* and *"have a negative effect on the negotiating position of the European Union"* as well as *"reveal, indirectly, those of other parties to the negotiations"*.[12] Moreover, *"in the context of international negotiations, unilateral disclosure by one negotiating party of the negotiating position of one or more other parties [...] may be likely to seriously undermine, for the negotiating party whose position is made public and, moreover, for the other negotiating parties who are witnesses to that disclosure, the mutual trust essential to the effectiveness of those negotiations. [...] establishing and protecting a sphere of mutual trust in the context of international relations is a very delicate exercise."*[13]

While under Regulation 1049/2001, the Commission decides on a case-by-case basis which documents that it holds can be released or not, in doing so it must also consider and to the extent possible, respect the position of its negotiating partners and – linked to this – the potential risks to the EU's international relations.

In this context it should be noted that at the outset of the TTIP negotiations the EU and US agreed in an exchange of letters between Chief negotiators,[14] on a special handling of documents on both sides. In this exchange the US explicitly asked the EU not to release documents prepared by them or "consolidated texts" containing texts emanating from them. Specifically, the US Chief Negotiator requested a confidential treatment of the negotiation documents due to their sensitive nature in order to *"enable mutual trust between negotiators and for each side to preserve positions taken for tactical reasons with regard to third countries with which [the EU and the US] are or could be negotiating in the future."*

---

9 *Id*, paragraph 109.

10 *Id*, paragraph 102.

11 Judgment in *Sophie in't Veld v European Commission*, T-301/10, EU:T:2013:135, paragraph 119.

12 *Id*, paragraphs 123-125.

13 *Id*, paragraph 126.

14 http://www.ustr.gov/sites/default/files/US%20signed%20conf%20agmt%20letter_0.pdf and http://trade.ec.europa.eu/doclib/docs/2013/july/tradoc_151621.pdf

The consolidated texts are by definition joint ownership of the EU and US as they contain the negotiating positions of both parties side-by-side. While the Commission is highly committed to the principle of transparency, as is witnessed by the large number of information material and negotiating documents it regularly publishes on its website,[15] such commitment can only be limited to its own documents.

Preserving a certain level of discretion and special care in handling negotiating documents that reflect the positions of the negotiating partners is essential in order not to jeopardise the progress of the ongoing discussions. Disclosing documents which would reveal the position of the US would go counter the position of the US as stated in the exchange of letters mentioned above, thus undermining the mutual trust between the negotiating parties necessary to lead this negotiation to a successful conclusion. This would ultimately undermine the public interest as regards the international relations of the EU.

When closing her own initiative inquiry on transparency in TTIP, the European Ombudsman herself recognised that *"the Commission needs to create a context in which it can negotiate effectively with the US on TTIP, so as to deliver the best possible deal for the Union and its citizens. This may mean that the Commission can legitimately keep confidential certain information and documents, at least during certain stages of the negotiations."*[16]

The need to protect the mutual trust between the parties is particularly important at the current stage of the negotiations and in view of the specific political context that characterises the ongoing discussions between the EU and the US. Taking into account that an agreement on TTIP has not yet been reached and that the negotiations on all chapters are in principle open until the entire text of the agreement is agreed upon, we consider that no access can be granted to any of the existing consolidated texts at this stage.

The Commission is however committed to ensure wide access to these documents for the European Parliament and the EU Member States as demonstrated by the steps it has undertaken to ensure broader access via the reading rooms. Moreover, in line with its common practice, the Commission will ensure that once the negotiations are concluded, the text of the agreement will be published before finalisation through signature and ratification.

3. Partial access

Pursuant to Article 4.6 of Regulation 1049/2001 *"[i]f only parts of the requested document are covered by any of the exceptions, the remaining parts of the document shall be released"*. Accordingly, we have also considered whether partial access can be granted. However, the requested documents are entirely covered under the exceptions described above as it is

[15] EU textual proposals and position papers on TTIP, as well as detailed reports of the negotiating rounds, are published on the website of DG Trade at http://trade.ec.europa.eu/doclib/press/index.cfm?id=1230 and http://ec.europa.eu/trade/policy/in-focus/ttip/documents-and-events/index_en.htm#negotiation-rounds.

[16] http://www.ombudsman.europa.eu/en/cases/decision.faces/en/58668/html.bookmark

impossible to disclose any parts without undermining the protection the EU's international relations.

***

In accordance with Article 7(2) of Regulation 1049/2001, you are entitled to make a confirmatory application requesting the Commission to review its position vis-à-vis your request.

Such a confirmatory application should be addressed within 15 working days upon receipt of this letter to the Secretary-General of the Commission at the following address:

European Commission
[redacted]

Yours sincerely,
[redacted]

§ 10 Anlage II

Bezeichnung	Aktenzeichen	Beantragte Dokumente	Entscheidung
„Dokument 1"	SG.B.4/ mbp – sg.dsg2.b.4 (2014)2378490	Verhandlungsmandat und Positionspapiere (EU – US, *TTIP)*	Ablehnung aufgrund von Art. 4 Abs. 1 lit. a), 1. Spiegelstrich sowie Art. 4 Abs. 3 VO (EG) 1049/2001
„Dokument 2"	SG.B.4// rc-sg.dsg2.b.4 (2015)3097002	Empfehlung für den Beschluss des Rates über die Eröffnung von Verhandlungen (EU – Aserbaidschan, Rahmenvertrag über die Kontrolle der *DESFA* durch *SOCAR*)	Ablehnung aufgrund von Art. 4 Abs. 1 lit. a), 1. Spiegelstrich VO (EG) 1049/2001
„Dokument 3"	C(2017) 5199 final	Dokumente zu den Ergebnissen der Verhandlungsrunden (EU – US, *Data protection umbrellla agreement*)	Ablehnung aufgrund von Art. 4 Abs. 1 lit. a), 1. Spiegelstrich, Art. 4 Abs. 2, 2. Spiegelstrich VO (EG) 1049/2001
„Dokument 4"	C(2017) 7323 final	Dokumente zu den Ergebnissen der Verhandlungsrunden (EU – US, *Data protection umbrellla agreement*)	Ablehnung aufgrund von Art. 4 Abs. 1 lit. a), 1. Spiegelstrich VO (EG) 1049/2001
„Dokument 5"	C(2018) 661 final	Dokumente zu den Ergebnissen der Verhandlungsrunden (EU – US, *Data protection umbrellla agreement*)	Ablehnung aufgrund von Art. 4 Abs. 1 lit. a), 1. Spiegelstrich, Art. 4 Abs. 2, 2. Spiegelstrich VO (EG) 1049/2001

Bezeichnung	**Aktenzeichen**	**Beantragte Dokumente**	**Entscheidung**
„Dokument 6“	C(2018) 968 final	Dokumente zu den Ergebnissen der Verhandlungsrunden (EU – US, *Data protection umbrellla agreement*)	Ablehnung aufgrund von Art. 4 Abs. 1 lit. a), 1. Spiegelstrich VO (EG) 1049/2001
„Dokument 7“	C(2018) 2741 final	Dokumente zu den Ergebnissen der Verhandlungsrunden (EU – US, *Data protection umbrellla agreement*)	Ablehnung aufgrund von Art. 4 Abs. 1 lit. a), 1. Spiegelstrich VO (EG) 1049/2001
„Dokument 8“	C(2017) 5077 final	Empfehlung für den Beschluss des Rates über die Eröffnung von Verhandlungen (Beitritt zum Übereinkommen über die Anerkennung gerichtlicher Entscheidungen)	Ablehnung aufgrund von Art. 4 Abs. 1 lit. a), 1. Spiegelstrich sowie Art. 4 Abs. 3 VO (EG) 1049/2001
„Dokument 9“	C(2017) 8484 final	Protokolle und Arbeitspapiere zu Austrittsverhandlungen nach Art. 50 EUV (EU – UK, *Brexit*)	Ablehnung aufgrund von Art. 4 Abs. 1 lit. a), 1. Spiegelstrich, Art. 4 Abs. 1 lit. b) sowie Art. 4 Abs. 3 VO (EG) 1049/2001
„Dokument 10“	C(2018) 9224 final	Verhandlungsmandat, Verhandlungsdokumente, Gesprächsprotokolle (EU – Südkorea, *Free trade agreement*)	Ablehnung aufgrund von Art. 4 Abs. 1 lit. a), 1. Spiegelstrich sowie Art. 4 Abs. 1 lit. b) VO (EG) 1049/2001

Anmerkung: In sämtlichen Fällen wurde bereits in der Erstentscheidung teilweiser Zugang zu Dokumenten gewährleistet, welche entweder nur technische Details enthielten oder nahezu komplett unkenntlich gemacht wurden.

Literaturverzeichnis

Abazi, Vigjilenca/Hillebrandt, Maarten: The legal limits to confidential negotiations: Recent case law developments in Council transparency: *Access Info Europe* and *In't Veld*, CMLRev. 52 (2015), S 825 - 846.

Adamski, Dariusz: Approximating a workable compromise on access to official documents: The 2011 developments in the European courts, CMLRev. 49 (2012), S. 521 - 558.

Adamski, Dariusz: How wide is „the widest possible"? Judicial interpretation of the exceptions to the right of access to official documents revisited, CMLRev. 46 (2009), S. 521 - 549.

Ahmling, Rebecca: Analogiebildung durch den EuGH im Europäischen Privatrecht, Berlin 2012 (zitiert als: *Ahmling*, Analogiebildung, S. …).

Baade, Hans Wolfgang: Das Verhältnis von Parlament und Regierung im Bereich der auswärtigen Gewalt der Bundesrepublik Deutschland, Studien über den Einfluss der auswärtigen Beziehungen auf die innerstaatliche Verfassungsentwicklung, Hamburg 1962 (zitiert als: *Baade*, Das Verhältnis von Parlament und Regierung, S. …).

Bakowitz, Michael: Informationsherrschaft im Kartellrecht, Der Umgang mit Dokumenten im Besitz der Wettbewerbsbehörden, Baden-Baden 2018 (zitiert als: *Bakowitz*, Informationsherrschaft im Kartellrecht, S. …).

Bandilla, Rüdiger/Hix, Jan-Peter: Demokratie, Transparenz und Bürgerrechte in der Europäischen Gemeinschaft, NJW 19967, S. 1217 - 1219.

Bartelt, Sandra/Zeitler, Helge Elisabeth: Zugang zu Dokumenten der EU, EuR 2003, S. 487 - 503.

Bartl, Marija/Fahey, Elaine: A Postnational Marketplace: Negotiating the Transatlantic Trade and Investment Partnership (TTIP), in: Fahey, Elaine/ Curtin, Deirdra [Hrsg.], A Transatlantic Community of Law: Legal Perspectives on the Relationship between the EU and US legal orders, S. 210 - 234, Cambridge 2014.

Berger, Sven/Partsch, Christoph J./Roth, Jürgen/Scheel, Christopher: Informationsfreiheitsgesetz, Kommentar, 2. Auflage, Köln 2013 (zitiert als: *Bearbeiter*, in: Berger/Partsch/Roth/Scheel, § …, Rn. …).

Bergmann, Jan: Handlexikon der Europäischen Union, 5. Auflage, Baden-Baden 2015 (zitiert als: *Bearbeiter*, in Handlexikon der Europäischen Union, *Begriff*).

Bieber, Roland/Epiney, Astrid/Haag, Marcel/Kotzur, Markus: Die Europäische Union, Europarecht und Politik, 13. Auflage, Baden-Baden 2019 (zitiert als: *Bearbeiter,* in: Bieber/Epiney/Haag/Kotzur, § …, Rn. …).

Bock, Yves: Ein Sieg für die Transparenz?, Die neue Verordnung über den Zugang der Öffentlichkeit zu Dokumenten der EU, DöV 2002, S. 556 – 561.

Boysen, Sigrid: Transparenz im Europäischen Verwaltungsverbund, Das Recht auf Zugang zu Dokumenten der Gemeinschaftsorgane und Mitgliedstaaten in der Rechtsprechung der Europäischen Gerichte, Die Verwaltung 2009, S. 215 – 246.

Brauneck, Jens: Kein Zugang zu Dokumenten: Politischer Handlungsspielraum der Kommission in Gefahr?, NVwZ 2016, S. 489 – 496.

Brauneck, Jens: Abgetrennte EU-Handelsabkommen ohne Beteiligung der Mitgliedstaaten?, EuZW 2018, S. 796 – 803.

Bröhmer, Jürgen: Transparenz als Verfassungsprinzip, Grundgesetz und Europäische Union, Tübingen 2004 (zitiert als: *Bröhmer,* Transparenz, S. …).

Calliess, Christian: Optionen zur Demokratisierung der Europäischen Union, in: Bauer, Hartmut/Huber, Peter M./Sommermann, Karl-Peter [Hrsg.], Demokratie in Europa, S. 281 – 317, Tübingen 2005.

Calliess, Christian: Nach dem Lissabon-Urteil des Bundesverfassungsgerichts: Parlamentarische Integrationsverantwortung auf europäischer und nationaler Ebene, ZG 2010, S. 1 – 34.

Calliess, Christian: Das Demokratieprinzip im europäischen Staaten- und Verfassungsverbund – Eine Analyse mit Blick auf den Konventsentwurf für einen Europäischen Verfassungsvertrag, in: Internationale Gemeinschaft und Menschenrechte, Festschrift für Georg Ress zum 70. Geburtstag, S. 399 – 421, Köln 2005.

Calliess, Christian/Ruffert, Matthias: EUV, AEUV, Das Verfassungsrecht der Europäischen Union mit Europäischer Grundrechtecharta: Kommentar, 5. Auflage, München 2016 (zitiert als: *Bearbeiter,* in: Calliess/Ruffert, Art. …, Rn. …).

Calliess, Christian/Ruffert, Matthias: EUV, AEUV, Das Verfassungsrecht der Europäischen Union mit Europäischer Grundrechtecharta: Kommentar, 3. Auflage, München 2007 (zitiert als: *Bearbeiter,* in: Calliess/Ruffert, 3. Auflage 2007, Art. …, Rn. …).

Castenholz, Frank: Informationszugangsfreiheit im Gemeinschaftsrecht, Baden-Baden 2004 (zitiert als: *Castenholz,* Informationszugangsfreiheit, S. …).

Chardon, Matthias: Mehr Transparenz und Demokratie – Die Rolle nationaler Parlamente nach dem Vertrag von Lissabon, in: Weidenfeld, Werner [Hrsg.], Lissabon in der Analyse, S. 171 – 188, Baden-Baden 2008.

Classen, Kai-Dieter: Gute Verwaltung im Recht der Europäischen Union – Eine Untersuchung zu Herkunft, Entstehung und Bedeutung des Art. 41 Abs. 1 und 2 der Europäischen Grundrechtecharta, Berlin 2008 (zitiert als: *Classen,* Gute Verwaltung in der Union, S. …).

Coremans, Evelyn: From Access to Documents to Consumption of Information: The European Commission Transparency Policy for the TTIP Negotiations, Politics and Governance 3/2017, S. 29 – 39.

Cremer, Wolfram: Grundgesetzliche Bindung des deutschen Vertreters bei Abstimmungen im Rat der Europäischen Union und ihre prozedurale Durchsetzbarkeit, EuR 2014, S. 195 – 231.

Cremona, Marise: Guest Editorial: Negotiating the Transatlantic Trade and Investment Partnership (TTIP), CMLRev. 52 (2015), S. 351 – 362.

Curtin, Deirdre: Official secrets and the negotiation of international agreements: Is the EU executive unbound?, CMLRev. 50 (2013), S. 423 – 457.

Czauderna, Christoph: Zivilgesellschaftliche Partizipation und Demokratie, Eine Rekonstruktion der demokratischen Legitimation europäischer Gesetzgebung, Baden-Baden 2019 (zitiert als: *Czauderna,* Zivilgesellschaftliche Partizipation, S. …).

Dauses, Manfred A./Ludwigs, Markus: Handbuch des EU-Wirtschaftsrechts, 47. Auflage, München 2019 (zitiert als: *Bearbeiter,* in: Dauses, Kap. …, Rn. ….).

De Leeuw, Magdalena Elisabeth: Openess in the legislative process in the European Union, E. L. Rev. 32 (2007), S. 295 – 318.

Dederer, Hans Georg: Zur Gewaltenteilung in der Union: Checks and Balances, institutionelles Gleichgewicht oder Konfusion?, in: Hofmann, Klaus/Naumann, Kolja, Europäische Demokratie in guter Verfassung?: Tagungsband zum Kolloquium von Mehr Demokratie e. V. und der Universität zu Köln, S. 89 – 107, Baden-Baden 2010.

Derksen, Roland: Ansprüche Dritter auf Zugang zu vertraulichen Informationen der Bundesregierung nach Art. 23 Abs. 2 GG?, DöV 2018, S. 30 – 33.

Doehring, Karl: Demokratiedefizit in der Europäischen Union?, DVBl 1997, S. 1133 – 1137.

Driessen, Bart: Transparency in EU Institutional Law: A Practitioner's Handbook, 2. Auflage, London 2012 (zitiert als: *Driessen,* Transparency, S. …).

Düwel, Timm: Das Urheberrecht als Mittel staatlicher Geheimhaltung, Baden-Baden, 2020 (zitiert als: *Düwel,* Staatliche Geheimhaltung, S. …).

Eeckhout, Piet: External Relations of the European Union, Legal and Constitutional Foundations, Oxford 2005 (zitiert als *Eeckhout,* External Relations, S. …).

Epping, Volker/Hillgruber, Christian: Beck'scher Online-Kommentar GG, 38. Auflage, München 2018 (zitiert als: *Bearbeiter,* in: Epping/Hillgruber, Art. …, Rn. …).

Eschbach, Anna: Die Ratifizierungsprozesse in den EU-Mitgliedstaaten - Eine Darstellung unter besonderer Berücksichtigung der Freihandelsabkommen *TTIP* und *CETA*, abrufbar unter: https://www.mehr-demokratie.de/fileadmin/pdf/stopTTIP-studie.pdf (zuletzt abgerufen am 4. Dezember 2020), (zitiert als: *Eschbach*, Ratifizierungsprozesse in den Mitgliedstaaten, S. …).

Europäische Kommission: Vademecum on the External Action of the European Union", SEC (2011) 881/3, abrufbar unter: http://ec.europa.eu/transparency/regdoc/rep/2/2011/EN/2-2011-881-EN-1-0.Pdf (zuletzt abgerufen am 4. Dezember 2020), (zitiert als: Vademecum on the External Action, S. …).

Feik, Rudolf: Zugang zu EU-Dokumenten: Demokratie durch Transparenz, Wien/Graz 2002 (zitiert als *Feik,* Zugang zu EU-Dokumenten, S. …).

Fluck, Jürgen: Verwaltungstransparenz durch Informationsfreiheit, Informationsansprüche nach den Umweltinformations-, Verbraucherinformations- und Informationsfreiheitsgesetzen, DVBl 2006, S. 1406 – 1415.

Fluck, Jürgen/Fetzer, Thomas/Fischer, Kristian: Informationsfreiheitsrecht mit Umweltinformations- und Verbraucherinformationsrecht IFG/UIG/VIG/IWG/GeoZG, 38. Auflage, Heidelberg 2019 (zitiert als: *Bearbeiter,* in: Fluck/Fetzer/Fischer, § …, Rn. …).

Frenz, Walter: Handbuch Europarecht, Berlin, Heidelberg 2011 (zitiert als: *Frenz,* Hdb EuR, Bd. …, Kap. …, § …, Rn. …).

Frenz, Walter: Die Verdrängung des Lindauer Abkommens durch Art. 23 GG, Mitwirkungsrechte der Länder bei gemischten Abkommen, die ausschließlich Länderkompetenzen erfassen, DVBl 1999, S. 945 – 953.

Friesenhahn, Ernst: Parlament und Regierung im modernen Staat, VVDStRL 16 (1958), S. 9 – 153.

Frischhut, Markus: Aktuelle (Weiter-) Entwicklung des Rechts der Unionsbürger auf Dokumentenzugang, EuR-Beiheft 1/2015, S. 207 – 231.

Geiger, Rudolf/Khan, Daniel-Erasmus/Kotzur, Markus: EUV/AEUV, Vertrag über die Europäische Union und Vertrag über die Arbeitsweise der Europäischen Union, 6. Auflage, München 2017 (zitiert als: *Bearbeiter,* in: Geiger/Khan/Kotzur, Art. …, Rn. …).

Generaldirektion Handel der Europäischen Kommission: The Trade and Investment Partnership (*TTIP*) – We're listening and engaging, tradoc_152276, nicht mehr online abrufbar, (zitiert als: *DG Trade,* The Trade and Investment Partnership (TTIP) – We're listening and engaging, S. …).

Generaldirektion Handel der Europäischen Kommission: Trade for all – Towards a more responsible trade and investment policy, abrufbar unter: http://trade.ec.europa.eu/doclib/docs/2015/october/tradoc_153846.pdf (zuletzt abgerufen am 4. Dezember 2020), (zitiert als: *DG Trade,* Trade for all, S. …)

Generaldirektion Handel der Europäischen Kommission: Trade negotiations step by step, tradoc_149616, nicht mehr online abrufbar, (zitiert als: *DG Trade,* Trade negotiations step by step, S. …).

Generaldirektion Handel der Europäischen Kommission: Transparency Policy in DG Trade, abrufbar unter: http://trade.ec.europa.eu/doclib/docs/2018/november/tradoc_157486.pdf (zuletzt abgerufen am 4. Dezember 2020), (zitiert als: *DG Trade,* Transparency Policy in DG Trade, S. …).

Gersdorf, Hubertus/Paal, Boris P.: Informations- und Medienrecht, GRC, EMRK, GG, RStV, BGB, IFG, VIG, GWB, TKG, TMG, München 2014 (zitiert als: *Bearbeiter,* in: Gersdorf/Paal, § …, Rn. …).

Gheyle, Niels/De Ville, Ferdi: How much is Enough? Explaining the Continuous Transparency Conflict in TTIP, Politics and Governance 3/2017, S. 16 – 28.

Grabenwarter, Christoph: Enzyklopädie Europarecht, Band 2, Europäische Außenbeziehungen, Baden-Baden 2014 (zitiert als: *Bearbeiter,* in: EnzEuR, Bd. 2, § …, Rn. …).

Grabitz, Eberhard/Hilf, Meinhard/Nettesheim, Martin: Das Recht der Europäischen Union, 71. Auflage, München 2020 (zitiert als: *Bearbeiter,* in: Grabitz/Hilf/Nettesheim, Art. …, Rn. …).

Groh, Thomas: Die Rolle der nationalen Parlamente, in: Fastenrath, Ulrich/Nowak, Carsten [Hrsg.], Der Lissaboner Reformvertrag, Änderungsimpulse in einzelnen Rechts- und Politikbereichen, S. 77 – 112, Berlin 2009.

Grosche, Nils: Rechtsfortbildung im Unionsrecht, Eine Untersuchung zum Phänomen richterlicher Rechtsfortbildung durch den Gerichtshof der Europäischen Union, Tübingen 2011 (zitiert als: *Grosche,* Rechtsfortbildung im Unionsrecht, S. …).

Grzeszick, Bernd/Hettche, Juliane: Zur Beteiligung des Bundestages an gemischten völkerrechtlichen Abkommen, Internationale Freihandelsabkommen als Herausforderung des deutschen Europa- und Außenverfassungsrecht, AöR 141 (2016), S. 225 – 267.

Härtel, Ines: Handbuch Europäische Rechtsetzung, Berlin, Heidelberg 2006 (zitiert als: *Härtel,* Europäische Rechtsetzung, § …, S. …).

Harden, Ian: The Revision of Regulation 1049/2001 on Public Access to Documents, EPL 15 (2009), S. 239 – 256.

Heitsch, Christian: Die Verordnung über den Zugang zu Dokumenten der Gemeinschaftsorgane im Lichte des Transparenzprinzips, Berlin 2003 (zitiert als: *Heitsch*, Transparenzprinzip, S. …).

Heitsch, Christian: Die Transparenz der Entscheidungsprozesse als Element demokratischer Legitimation der Europäischen Union, EuR 2001, S. 809 – 825.

Heselhaus, Sebastian/Nowak, Carsten: Handbuch der europäischen Grundrechte, 2. Auflage, München 2020 (zitiert als: *Bearbeiter*, in: Hdb EuGR, Art. …, Rn. …).

Hoffmann, Rhea Tamara: Das CETA-Urteil des Bundesverfassungsgerichts – Nach der Unterzeichnung ist vor der Ratifikation, ZEuS 4/2016, S. 459 – 477.

Hoffmeister, Frank: Die Außenvertretung der Europäischen Union im Lichte von acht Jahren Erfahrung mit dem Lissabon-Vertrag – wer ist heutzutage der europäische Außenminister?, ZeuS 4/2017, S. 451 – 491.

Hofman, Herwig: Legislation, Delegation and Implementation under the Treaty of Lisbon: Typology meets Reality, ELJ 2009, S. 482 – 505.

Holterhus, Til Patrik: Die Rolle des Deutschen Bundestages in der auswärtigen Handelspolitik der Europäischen Union – Insbesondere zu den parlamentarischen Einflussmöglichkeiten im völkerrechtlichen Vertragsschlussverfahren, EuR 2017, S. 234 – 264.

Isensee, Josef/Kirchhof, Paul: Handbuch des Staatsrechts der Bundesrepublik Deutschland, Band III: Das Handeln des Staates, 2. Auflage, Heidelberg 1996 (zitiert als: *Bearbeiter*, in: Isensee/Kirchhof, HdbStaatsR III, 2. Auflage 1996, §. …, Rn. …).

Isensee, Josef/Kirchhof, Paul: Handbuch des Staatsrechts der Bundesrepublik Deutschland, Band III: Demokratie – Bundesorgane, 3. Auflage, Heidelberg 2005, (zitiert als: *Bearbeiter*, in: Isensee/Kirchhof, HdbStaatsR III, §. …, Rn. …).

Isensee, Josef/Kirchhof, Paul: Handbuch des Staatsrechts der Bundesrepublik Deutschland, Band IV: Aufgaben des Staates, 3. Auflage, Heidelberg 2006, (zitiert als: *Bearbeiter*, in: Isensee/Kirchhof, HdbStaatsR IV, §. …, Rn. …).

Jančić, Davor: The Role of the European Parliament and the US Congress in Shaping Transatlantic Relations: TTIP, NSA Surveillance, and CIA Renditions, JCMS 54 (2016), S. 896 – 912.

Jarass, Hans D.: Charta der Grundrechte der Europäischen Union: GRCh, unter Einbeziehung der vom EuGH entwickelten Grundrechte, der Grundrechtsregelungen und der EMRK, 3. Auflage, München 2016 (zitiert als: *Jarass*, Art. …, Rn. …).

Jarass, Hans D.: Zum Verhältnis von Grundrechtecharta und sonstigem Recht, EuR 2013, S. 29 - 45.

Jarass, Hans D./Kment, Martin: EU Grundrechte, 2. Auflage, München 2019 (zitiert als: *Jarass/Kment*, §..., Rn. ...).

Jellinek, Georg: System der subjektiven öffentlichen Rechte, Tübingen 1892 (zitiert als: *Jellinek*, Subjektive öffentliche Rechte).

Kahl, Wolfgang: Transparenzdefizit im Rechtsetzungsprozeß der EU, Oder: Die Wiederkehr einer alten Streitfrage unter neuen Vorzeichen, ZG 1996, S. 224 - 240.

Kempen, Bernhard/Schiffbauer, Björn: Die vorläufige Anwendung völkerrechtlicher Verträge im internationalen Mehrebenensystem, ZaöRV 1/2017, S. 95 - 124.

Kleinlein, Thomas: Die vorläufige Anwendung völkerrechtlicher Verträge, Zwischen effektiver Kooperation und parlamentarischer Legitimation?, JZ 2017, S. 377 - 385.

Kluth, Winfried: Die demokratische Legitimation der Europäischen Union, Eine Analyse der These vom Demokratiedefizit der Europäischen Union aus gemeineuropäischer Verfassungsperspektive, Berlin 1995 (zitiert als: *Kluth*, Demokratische Legitimation).

Koppensteiner, Franz A.M.: Die Transparenzverordnung im Wandel der Zeit, EuR 2014, S. 594 - 617.

Kranenbourg, Herke: Access to documents and data protection in the European Union: On the public nature of personal data, CMLRev. 45 (2008), S. 1079 - 1114.

Kugelmann, Dieter: Das Informationsfreiheitsgesetz des Bundes, NJW 2005, S. 3609 - 3613.

Kujiper, Pieter: International Responsibility for EU Mixed Agreements, in: Hillion, Christophe/Koutrakos, Panos [Hrsg.], Mixed Agreements Revisited, The EU and its Member States in the World, S. 208 - 228, Oxford 2010.

Kumin, Andreas J./ Bittner, Philip: Die „gemischten" Abkommen zwischen der Europäischen Union und ihren Mitgliedstaaten einerseits und dritten Völkerrechtssubjekten andererseits, EuR-Beiheft 2/2012, S. 75 - 91.

Lamprecht, Rolf: Untertan in Europa – Über den Mangel an Demokratie und Transparenz, NJW 1997, S. 505 - 506.

Leino, Päivi: Secrecy, Efficiency, Transparency in EU Negotiations: Conflicting Paradigms?, Politics and Governance 3/2017, S. 6 - 15.

Leino, Päivi: The Principle of Transparency in EU External Relations Law: Does Diplomatic Secrecy Stand a Chance of surviving the Age of Twitter?, in: Cremona, Marise, Structural Principles in EU External Relations Law, S. 201 - 225.

Lenaerts, Koen: Die EU-Grundrechtecharta: Anwendbarkeit und Auslegung, EuR 2012, S. 3 - 18.

Lenz, Carl Otto/Borchardt, Klaus Dieter: EU-Verträge Kommentar, 6. Auflage, Köln 2013 (zitiert als: *Bearbeiter,* in: Lenz/Borchardt, Art. ..., Rn. ...).

Lorz, Ralph Alexander: Interorganrespekt im Verfassungsrecht, Funktionenzuordnung, Rücksichtnahmegebote und Kooperationspflichten; eine rechtsvergleichende Analyse anhand der Verfassungssysteme der Bundesrepublik Deutschland, der Europäischen Union und der Vereinigten Staaten, Tübingen 2001 (zitiert als: *Lorz,* Interorganrespekt, S. ...).

Mantl, Josef: Transparenz und Kommunikation der Europäischen Union im Lichte des Art. 15 AEUV, Wien, Köln, Graz 2016 (zitiert als: *Mantl,* Transparenz, S. ...).

Marsch, Nikolaus: Das Recht auf Zugang zu EU-Dokumenten, Die Verordnung (EG) Nr. 1049/2001 in der Praxis, DöV 2005, S. 639 - 644.

Maunz, Theodor/Dürig, Günter: Grundgesetz Kommentar, 91. Auflage, München 2020 (zitiert als: *Bearbeiter,* in: Maunz/Dürig, Art. ..., Rn. ...).

Mayer, Franz C.: Die Mitwirkung deutscher Gesetzgebungsorgane an der EU-Handelspolitik: europarechtliche und verfassungsrechtliche Erfordernisse, ZEuS 4/2016, S. 391 - 400.

Mayer, Martina: Die Europafunktion der nationalen Parlamente in der Europäischen Union, Tübingen 2012 (zitiert als: *Mayer,* Die Europafunktion der nationalen Parlamente, S. ...).

Mayr, Stefan: „Mixed" oder „EU only" – Sind die Investitionsschutzbestimmungen in CETA von der Außenhandelskompetenz der EU „gedeckt"?, EuR 2015, S. 575 - 601.

Meissner, Katharina: Democratizing EU External Relations: The European Parliament's informal role in SWIFT, ACTA and TTIP, European Foreign Affairs Review 2/2016, S. 269 - 288.

Meltzian, Daniel: Das Recht der Öffentlichkeit auf Zugang zu Dokumenten der Gemeinschaftsorgane, Berlin 2004 (zitiert als: *Meltzian,* Zugangsrecht der Öffentlichkeit, S. ...).

Metz, Andreas: Die Außenbeziehungen der Europäischen Union nach dem Vertrag über eine Verfassung für Europa, Eine Untersuchung aus kompetenzrechtlicher Sicht – mit Erläuterungen zu den Außenkompetenzen nach dem Vertrag von Nizza, Berlin 2007 (zitiert als: *Metz,* Außenbeziehungen, S. ...).

Meyer, Jürgen/Hölscheidt, Sven: Charta der Grundrechte der Europäischen Union, 5. Auflage, Baden-Baden 2019 (zitiert als: *Bearbeiter,* in: Meyer/Hölscheidt, Art. …, Rn. …).

Mögele, Rudolf: Die Rechtswirkung von WTO-Bestimmungen in der Gemeinschaftsrechtsordnung – Überlegungen zur Rechtsprechung des EuGH, in: Wirtschaft im offenen Verfassungsstaat, Festschrift für Reiner Schmidt zum 70. Geburtstag, S. 129 – 148, München 2006.

Morawitz, Rudolf: Die Zusammenarbeit von Bund und Ländern bei Vorhaben der Europäischen Union, Bonn 1994 (zitiert als: *Morawitz,* Zusammenarbeit von Bund und Ländern, S. …).

Morlok, Martin/Schliesky, Utz/Wiefelspütz, Dieter: Parlamentsrecht, Handbuch, Baden-Baden 2016 (zitiert als: *Bearbeiter,* in: Morlok/Schliesky/Wiefelspütz, ParlR, § …, Rn. …).

Müller Gómez, Johannes/Wessels, Wolfgang: „Die deutsche Verwaltung und die Europäische Union – Deutsche Beamte im EU-Mehrebenensystem", Herausgegeben von der Bundesakademie für öffentliche Verwaltung, abrufbar unter: https://www.bakoev.bund.de/SharedDocs/Publikationen/LG_3/Die_deutsche_Verwaltung.pdf?__blob=publicationFile (zuletzt abgerufen am 4. Dezember 2020), (zitiert als: *Müller Gómez/Wessels,* Deutsche Verwaltung und Europäische Union, S. …).

Naurin, Daniel: The Puzzle of Transparency Reforms in the Council of the EU, Politics and Governance 3/2017, S. 87 – 90.

Nowak, Carsten: Informations- und Dokumentenzugangsfreiheit in der EU, Neuere Entwicklungen und Perspektiven, DVBl 2004, S. 272 – 281.

Nowak, Carsten/Masuhr, Maya Sofie: „EU only": Die ausschließlichen impliziten Außenkompetenzen der Europäischen Union – Anm. zum Urteil des *EuGH* vom 4.9.2014 in der Rs. C-114/12 (Europäische Kommission/Rat der Europäischen Union), EuR 2015, S. 189 – 206.

Nowrot, Karsten/Tietje, Christian: CETA an der Leine des Bundesverfassungsgerichts: Zum schmalen Grat zwischen Ultra-vires-Kontrolle und Ultra-vires-Handeln – Anm. zum Urteil des BVerfG vom 13.10.2016, 2 BvR 1368/16, 2 BvR 1444/16, 2 BvR 1482/16, 2 BvR 1823/16, 2 BvR 3/16, EuR 2017, S. 137 – 155.

Obwexer, Walter: Die Vertragsschlusskompetenzen und die vertragsschlussbefugten Organe der Europäischen Union, EuR-Beiheft 2/2012, S. 49 – 75.

Obwexer, Walter: Aufbau, Systematik, Struktur und tragende Grundsätze des Vertrages von Lissabon, in: Hummer, Waldemar/Obwexer, Walter [Hrsg.], Der Vertrag von Lissabon, S. 95 – 122, Baden-Baden 2009.

Ohler, Christoph: Grundrechtliche Bindung der Mitgliedstaaten nach Art. 51 GRCh, NVwZ 2013, S. 1433 - 1438.

Oppermann, Thomas/Classen, Claus Dieter/Nettesheim, Martin: Europarecht: Ein Studienbuch, 7. Auflage, München 2016 (zitiert als: *Oppermann/ Classen,* Europarecht, § …, Rn. …).

Ostermann, Gregor-Julius: Transparenz und öffentlicher Meinungsbildungsprozess, eine verfassungsrechtliche Untersuchung, Tübingen 2019 (zitiert als: *Ostermann,* Transparenz und Meinungsbildung, S. …).

Partsch, Christoph J.: Die neue Transparenzverordnung (EG) Nr. 1049/2001, NJW 2001, S. 3154 - 3158.

Pautsch, Arne: Der Abschluss des Comprehensive Economic and Trade Agreement (CETA) als "gemischtes Abkommen" - ein Anwendungsfall des Art. 23 I GG?, NVwZ-Extra 18/2016, S. 1 - 6.

Pechstein, Matthias/Nowak, Carsten/Häde, Ulrich: Frankfurter Kommentar zu EUV, GRC und AEUV, Tübingen 2017 (zitiert als: *Bearbeiter,* in: Frankfurter Kommentar, Art. …, Rn. …).

Peters,Anne: European Democracy after the 2003 Convention, CMLRev. 41 (2004), S. 37 - 85.

Pfirrmann, Laura: Das skandinavische Transparenzgebot im europäischen Recht, Herkunft, Entwicklung, Wechselwirkungen und Systematik eines verfahrensrechtlichen Grundsatzes, Baden-Baden 2016 (zitiert als: *Pfirrmann,* Transparenzgebot, S. …).

Pipkorn, Jörn: Das Subsidiaritätsprinzip im Vertrag über die Europäische Union - rechtliche Bedeutung und gerichtliche Überprüfbarkeit, EuZW 1992, S. 697 - 700.

Poscher, Ralf: Das Verfassungsrecht vor den Herausforderungen der Globalisierung, VVDStRL 67 (2008), S. 160 - 196.

Prechal, Sacha/de Leeuw, Magdalena Elisabeth: Transparency: A General Principle of EU Law?, in: Bernitz, Ulf/Nergelius, Joakim/Cardner, Cecilia, General Principles of EC Law in a Process of Development, S. 201 - 242, New York 2008.

Preißlein, David: Von Demokratie und Freihandel: Die parlamentarischen Beteiligungsrechte am Abschluss von EU-Freihandelsabkommen im Mehrebenensystem, ZEuS 2/2018, S. 237 - 268.

Proelß, Alexander: Verfassungsgerichtliche Kontrolle gemischter EU-Handelsabkommen: Das Beispiel CETA, ZEuS 4/2016, S. 401 - 420.

Riemann, Frank: Die Transparenz der Europäischen Union, Das neue Recht auf Zugang zu Dokumenten von Parlament, Rat und Kommission, Berlin 2004 (zitiert als: *Riemann,* Transparenz der Union, S. …).

Riesenhuber, Karl: Europäische Methodenlehre, Handbuch für Ausbildung und Praxis, Berlin/München/Boston 2015 (zitiert als: *Bearbeiter,* in: Riesenhuber, Europäische Methodenlehre, § …, Rn. …).

Röben, Volker: Außenverfassungsrecht, Eine Untersuchung zur auswärtigen Gewalt des offenen Staates, Tübingen 2007 (zitiert als: *Röben,* Außenverfassungsrecht, S. …).

Röhl, Hans Christian: Verantwortung und Effizienz in der Mehrebenenverwaltung, DVBl 2006, S. 1070 - 1079.

Rossi, Matthias: Informationsfreiheitsgesetz, Handkommentar, Baden-Baden 2006 (zitiert als: *Rossi,* § …, Rn. …).

Ruffert, Matthias: Demokratie und Governance in Europa, in: Bauer, Hartmut/Huber, Peter M./Sommermann, Karl-Peter [Hrsg.], Demokratie in Europa, S. 319 - 350, Tübingen 2005.

Sachs, Michael: Grundgesetz, Kommentar, 8. Auflage, München 2018 (zitiert als: *Bearbeiter,* in Sachs, Art. …, Rn. …).

Sangi, Roya: Die auswärtige Gewalt des Europäischen Parlaments, Heidelberg 2018 (zitiert als: *Sangi,* Auswärtige Gewalt, S. …).

Sanner, Julian Alexander: Der Schutz personenbezogener Daten beim Zugang zu Dokumenten der Unionsorgane, EuZW 2010, S. 774 - 777.

Schmitz, Heribert/Jastrow, Serge-Daniel: Das Informationsfreiheitsgesetz des Bundes, NVwZ 2005, S. 984 - 995.

Schnabel, Christoph: Kein Anspruch auf Herausgabe amtlicher Informationen bei nachteiligen Auswirkungen auf internationale Beziehungen - CIA-Flüge, NVwZ 2010, S. 303 - 304.

Schnabel, Christoph: Die Zukunft des presserechtlichen Auskunftsanspruchs gegen Bundesbehörden, NJW 2016, S. 1692 - 1696.

Schnabel, Christoph/Freund, Bernhard: Der Kernbereich exekutiver Eigenverantwortung als Schranke der Informationsfreiheit, DöV 2012, S. 192 - 198.

Schnichels, Dominik: Die gläserne Kommission - Zugang zu Dokumenten der EG-Kommission, EuZW 2002, S. 577.

Schoch, Friedrich: Aktuelle Fragen des Informationsfreiheitsrechts, NJW 2009, S. 2987 - 2994.

Schoch, Friedrich: Der Zugang zu amtlichen Dokumenten nach Europarecht, in: Dix, Alexander/Franßen, Gregor/Kloepfer, Michael/Schaar, Peter/Schoch, Friedrich [Hrsg.], Informationsfreiheit und Informationsrecht, Jahrbuch 2011, Berlin 2012, S. 23 - 60 (zitiert als: *Schoch,* in: Jahrbuch Informationsfreiheit 2011, S. …).

Schoch, Friedrich: Informationsfreiheitsgesetz: IFG, 2. Auflage, München 2016 (zitiert als: *Schoch*, § …, Rn. …).

Schorkopf, Frank: Staatsrecht der internationalen Beziehungen, München 2017 (zitiert als: *Schorkopf*, Internationale Beziehungen, S. …).

Schröder, Hinrich: Die Mitwirkung des Bundestages in EU-Angelegenheiten nach dem EuZBBG in der Praxis – ein Kurzkommentar, ZParl 2012, S. 250 – 277.

Schroeder, Werner: Freihandelsabkommen und Demokratieprinzip – Eine Untersuchung zur parlamentarischen Legitimation gemischter Verträge, EuR 2018, S. 119 – 140.

Schulze, Reiner/Zuleeg, Manfred/Kadelbach, Stefan: Europarecht, Handbuch für die deutsche Rechtspraxis, 3. Auflage, Baden-Baden 2015 (zitiert als: *Bearbeiter*, in: Schulze/Zuleeg/Kadelbach, § …, Rn. …).

Schwarze, Jürgen: Europäisches Verwaltungsrecht, Entstehung und Entwicklung im Rahmen der Europäischen Gemeinschaft, 2. Auflage, Baden-Baden 2005 (zitiert als: *Schwarze*, Europäisches Verwaltungsrecht, S. …).

Schwarze, Jürgen: EU-Kommentar, 2. Auflage, Baden-Baden 2009 (zitiert als: *Bearbeiter*, in: Schwarze, 2. Auflage 2009, Art. …, Rn. …).

Schwarze, Jürgen/Becker, Ulrich/Hatje, Armin/Schoo, Johann: EU-Kommentar, 3. Auflage, Baden-Baden 2012 (zitiert als: *Bearbeiter*, in: Schwarze/Becker/Hatje/Schoo, 3. Auflage 2012, Art. …, Rn. …).

Schwarze, Jürgen/Becker, Ulrich/Hatje, Armin/Schoo, Johann: EU-Kommentar, 4. Auflage, Baden-Baden 2019 (zitiert als: *Bearbeiter*, in: Schwarze/Becker/Hatje/Schoo, Art. …, Rn. …).

Skouris, Vassilios: Transparenz und Offenheit als Grundprinzipien des Handelns der Organe der Europäischen Union, in: Freiheit und Sicherheit in Deutschland und Europa, Festschrift für Hans-Jürgen Papier zum 70. Geburtstag, S. 163 – 176, Berlin 2013.

Sobotta, Christoph: Transparenz in den Rechtsetzungsverfahren der Europäischen Union, Stand und Perspektiven des Gemeinschaftsrechts unter besonderer Berücksichtigung des Grundrechts auf Zugang zu Informationen, Baden-Baden 2001 (zitiert als: *Sobotta*, Transparenz in den Rechtsetzungsverfahren, S. …).

Stein, Torsten: Die Europäische Union nach dem Vertrag von Amsterdam: Subsidiarität, Transparenz und Bürgernähe, in: Hummer, Waldemar [Hrsg.], Die Europäische Union nach dem Vertrag von Amsterdam, S. 141 – 157, Wien 1998.

Stern, Klaus: Das Staatsrecht der Bundesrepublik Deutschland, Band I: Grundbegriffe und Grundlagen des Staatsrechts. Strukturprinzipien der Verfassung, 2. Auflage, München 1984 (zitiert als: *Stern*, StaatsR I, Kap. …).

Stern, Klaus/Sachs, Michael: Europäische Grundrechtecharta: GRCh, München 2016 (zitiert als: *Bearbeiter,* in: Stern/Sachs, Art. …, Rn. …).

Stöbener de Mora, Patricia Sarah/Murguía-Goebel, Laura: Außenhandelsrecht: Abschluss des EU-Mexiko- Freihandelsabkommen, EuZW 2020, 446.

Streinz, Rudolf: EUV/AEUV, Vertrag über die Europäische Union, Vertrag über die Arbeitsweise der Europäischen Union, Charta der Grundrechte der Europäischen Union, 1. Auflage, München 2003 (zitiert als: *Bearbeiter,* in: Streinz, 1. Auflage 2003, Art. …, Rn. …).

Streinz, Rudolf: EUV/AEUV, Vertrag über die Europäische Union, Vertrag über die Arbeitsweise der Europäischen Union, Charta der Grundrechte der Europäischen Union, 3. Auflage, München 2018 (zitiert als: *Bearbeiter,* in: Streinz, Art. …, Rn. …).

Tauschinsky, Eljalill/Weiß, Wolfgang: Unionsinteresse und Bürgernähe in der Handelspolitik, EuR 2018, S. 3 – 33.

Tho Pesch, Sebastian: Zugang zu Akten aus Vertragsverletzungsverfahren: Eine Gefahr für die internationalen Beziehungen, EuZW 2012, S. 51 – 56.

Thym, Daniel: Die völkerrechtlichen Verträge der Europäischen Union, ZaöRV 4/2006, S. 863 – 925.

Umbach Dieter C./Clemens, Thomas: Grundgesetz, Mitarbeiterkommentar und Handbuch, Heidelberg, 1. Auflage 2002 (zitiert als: *Bearbeiter,* in: Umbach/Clemens, Art. …, Rn. …).

Vedder, Chrisoph/Heintschel von Heinegg, Wolff: Europäischer Verfassungsvertrag, Handkommentar, Baden-Baden 2007 (zitiert als: *Bearbeiter,* in: Vedder/Heintschel von Heinegg, VVE, Art. …, Rn. …).

Vedder, Chrisoph/Heintschel von Heinegg, Wolff: Europäisches Unionsrecht, Handkommentar, 2. Auflage, Baden-Baden 2018 (zitiert als: *Bearbeiter,* in: Vedder/Heintschel von Heinegg, EUV/AEUV, Art. …, Rn. …).

Vedder, Christoph: Die auswärtige Gewalt des Europa der Neun, Göttingen 1980 (zitiert als: *Vedder,* Europa der Neun, S. …).

Vedder, Christoph: Die Außenbeziehungen der EU und die Mitgliedstaaten: Kompetenzen, gemischte Abkommen, völkerrechtliche Verantwortlichkeit und Wirkungen des Völkerrechts, EUR-Beiheft 3/2007, S. 57 – 91.

Vedder, Christoph: Außenbeziehungen und Außenvertretung, in: Hummer, Waldemar/Obwexer, Walter [Hrsg.], Der Vertrag von Lissabon, S. 267 – 300, Baden-Baden 2009.

Von Achenbach, Jelena: Demokratische Gesetzgebung in der Europäischen Union, Theorie und Praxis der dualen Legitimationsstruktur europäischer Hoheitsgewalt, Berlin, Heidelberg 2014 (zitiert als: *von Achenbach,* Demokratische Gesetzgebung, S. …).

Von Arnauld, Andreas: Enzyklopädie Europarecht, Band. 10, Europäische Außenbeziehungen, Baden-Baden 2014 (zitiert als: *Bearbeiter,* in: EnzEuR Bd. 10, § …, Rn. …).

Von Arnauld, Andreas: Völkerrecht, 3. Auflage, Heidelberg 2016 (zitiert als: *von Arnauld,* Völkerrecht, S. …).

Von Arnauld, Andreas: Schriftliche Stellungnahme zur Beteiligung des Deutschen Bundestages an gemischten völkerrechtlichen Abkommen, Protokoll der öffentlichen Anhörung vom 13. Januar 2016, Ausschuss-Drs. 18(6)144, Protokoll-Nr. 18/82 (zitiert als: *von Arnauld,* Stellungnahme zur Beteiligung des Deutschen Bundestages, S. …).

Von Arnauld, Andreas: Beteiligung des Deutschen Bundestages an gemischten völkerrechtlichen Abkommen, AöR 141 (2016), S. 268 – 282.

Von Arnauld, Andreas/Hufeld, Ulrich: Systematischer Kommentar zu den Lissabon-Begleitgesetzen, 2. Auflage, Baden-Baden 2018 (zitiert als: *Bearbeiter,* in: von Arnauld/Hufeld, § …, Rn. …).

Von Bogdandy, Armin/Bast, Jürgen: Europäisches Verfassungsrecht, theoretische und dogmatische Grundzüge, Berlin Heidelberg 2009 (zitiert als: *Bearbeiter,* in: von Bogdandy/Bast, EuVerfR, S. …).

Von der Groeben, Hans/Schwarze, Jürgen/Hatje, Armin: Europäisches Unionsrecht, Vertrag über die Europäische Union, Vertrag über die Arbeitsweise der Europäischen Union, Charta der Grundrechte der Europäischen Union, 7. Auflage, Baden-Baden 2015 (zitiert als: *Bearbeiter,* in: von der Groeben/Schwarze/Hatje, Art. …, Rn. …).

Von Mangoldt, Hermann/Klein, Friedrich/Starck, Christian: Kommentar zum Grundgesetz: GG, 7. Auflage, München 2018 (zitiert als: *Bearbeiter,* in: von Mangoldt/Klein/Starck, Art. …, Rn. …).

von Münch, Ingo/Kunig, Philip: Grundgesetz-Kommentar: GG, 6. Auflage, München 2012 (zitiert als: *Bearbeiter,* in: von Münch/Kunig, Art. …, Rn. …).

Wägenbaur, Bertrand: Der Zugang zu EU-Dokumenten – Transparenz zum Anfassen, EuZW 2001, S. 680 – 685.

Wegener, Bernhard W.: Der geheime Staat, Arkantradition und Informationsfreiheitsrecht, Göttingen 2006 (zitiert als: *Wegener,* Der geheime Staat, S. …).

Weiß, Wolfgang: Informations- und Beteiligungsrechte des Bundestages bei gemischten Abkommen wie TTIP, DöV 2016, S. 661 – 667.

Weiß, Wolfgang: Verfassungsanforderungen und Integrationsverantwortung bei beschließenden Vertragsorganen in Freihandelsabkommen, EuZW 2016, S. 286 – 291.

Weiß, Wolfgang: Umsetzung von CETA in der EU: Herausforderungen für Demokratie und institutionelles Gleichgewicht, EuR 2020, S. 407 – 431.

Wewers, Johannes: Das Zugangsrecht zu Dokumenten in der europäischen Rechtsordnung, die Entwicklung eines Rechts auf Transparenz zugunsten des Unionsbürgers und seine Einordnung in die Strukturprinzipien des Gemeinschaftsrechts, Frankfurt a. M. 2003 (zitiert als: *Wewers,* Europäisches Zugangsrecht, S. ...).

Wilson, Woodrow: 14. Points, Speech in front of the United States Congress, 8. Januar 1918, abrufbar unter: https://avalon.law.yale.edu/20th_century/wilson14.asp (zuletzt abgerufen am 4. Dezember 2020).

Wolf, Milena: Das unionale Dokumentenzugangsrecht und sein Verhältnis zum Wettbewerbsrecht, Baden-Baden 2018 (zitiert als: *Wolf,* Unionales Dokumentenzugangsrecht, S. ...).

Wollenschläger, Ferdinand: Völkerrechtliche Flankierung des EU-Integrationsprogramms als Herausforderung für den Europa-Artikel des Grundgesetzes (Art. 23 GG) am Beispiel von ESM-Vertrag und Fiskalpakt, NVwZ 2012, S. 713 – 719.

Wuermeling, Joachim: Vom Verfassungsentwurf zum Reformvertrag: Auf dem Weg zur politischen Integrationsmethode?, in: Fastenrath, Ulrich/Nowak, Carsten, Der Lissabonner Reformvertrag, S. 33 – 46, Berlin 2009.

Rechtsprechungsverzeichnis

EGMR, Urt. v. 8. November 2016 – Rs. 18030/11, *Magyar Helskinki Bizottság/ Ungarn.*

EuGH, Urt. v. 5. Februar 1963 – Rs. C-26/62, ECLI:EU:C:1963:1, *Van Gend en Loos/Administratie der Belastingen.*

EuGH, Urt. v. 11. März 1965 – Rs. C-31/64, ECLI:EU:C:1965:18, *Sociale Voorzorg/Bertholet.*

EuGH, Urt. v. 6. Oktober 1970 – Rs. C-9/70, ECLI:EU:C:1970:78, *Grad.*

EuGH, Urt. v. 17. Dezember 1970 – Rs. C-33/70, ECLI:EU:C:1970:118, *Spa Sace.*

EuGH, Urt. v. 31. März 1971 – Rs. C-22/70, ECLI:EU:C:1971:32, *AETR.*

EuGH, Urt. v. 7. Februar 1973 – Rs. C-40/72, ECLI:EU:C:1973:14, *Schröder KG/ Deutschland.*

EuGH, Urt. v. 30. April 1974 – Rs. C-181/73, ECLI:EU:C:1974:41, *Haegemann/ Belgischer Staat.*

EuGH, Urt. v. 14. Juli 1976 – Verb. Rs. 3, 4 und 6/76, ECLI:EU:C:1976:1114, *Kramer.*

EuGH, Gutachten v. 26. April 1977 – Avis 1/74, ECLI:EU:C:1977:63, *WTO.*

EuGH, Gutachten v. 26. April 1977 – Avis 1/76, ECLI:EU:C:1977:63, *Stillegungsfonds.*

EuGH, Urt. v. 6. Oktober 1982 – Rs. C-283/81, ECLI:EU:C:1982:335, *C.I.L.F.I.T./ Ministero della Sanità.*

EuGH, Urt. v. 26. Oktober 1982 – Rs. C-104/81, ECLI:EU:C:1982:362, *Hauptzollamt Mainz/Kupferberg.*

EuGH, Urt. v. 11. Juli 1985 – Rs. C-107/84, ECLI:EU:C:1985:332, *Kommission/ Deutschland.*

EuGH, Urt. v. 12. Dezember 1985 – Rs. C-165/84, ECLI:EU:C:1985:507, *Krohn/ BALM.*

EuGH, Urt. v. 30. September 1987 – Rs. C-12/86, ECLI:EU:C:1987:400, *Demirel.*

EuGH, Urt. v. 13. Juli 1989 – Rs. C-5/88, ECLI:EU:C:1989:321, *Wachauf.*

EuGH, Urt. v. 20. September 1990 – Rs. C-192/89, ECLI:EU:C:1990:322, *Sevince.*

EuGH, Urt. v. 7. Mai 1991 – Rs. C-69/89, ECLI:EU:C:1991:186, *Nakajimi All Precision/Rat.*

EuGH, Urt. v. 18. Juni 1991 – Rs. C-260/89, ECLI:EU:C:1991:254, *ERT/DEP.*

EuGH, Urt. v. 30. April 1996 – Rs. C-58/94, ECLI:EU:C:1996:171, *Niederlande/Rat.*

EuGH, Gutachten v. 28. März 1996 – Avis 2/94, ECLI:EU:C:1996:140, *EU-Beitritt zur EMRK.*

EuGH, Urt. v. 10. September 1996 – Rs. C-61/94, ECLI:EU:C:1996:313, *Kommission/Deutschland.*

EuGH, Urt. v. 12. Dezember 1996 – Rs. C-74/95, ECLI:EU:C:1996:491, *X.*

EuGH, Urt. v. 16. Juni 1998 – Rs. C-162/96, ECLI:EU:C:1998:293, *Racke.*

EuGH, Urt. v. 11. Januar 2000 – Verb. Rs. C-174/98 P und C-189/98 P, ECLI:EU:C:2000:1, *Niederlande und Van der Wal/Kommission.*

EuGH, Urt. v. 30. März 2000 – Rs. C-265/97 P, ECLI:EU:C:2000:170, *VBA/Florimex u. a.*

EuGH, Urt. v. 5 Oktober 2000 – Rs. C-376/98, ECLI:EU:C:2000:544, *Deutschland/Parlament und Rat.*

EuGH, Gutachten v. 6. Dezember 2001 – Avis 2/00, ECLI:EU:C:2001:664, *Protokoll von Cartagena.*

EuGH, Urt. v. 6. Dezember 2001 – Rs. C-353/99 P, ECLI:EU:C:2001:661, *Rat/Hautala.*

EuGH, Urt. v. 5. November 2002 – Rs. C-476/98, ECLI:EU:C:2002:631, *Kommission/Deutschland.*

EuGH, Urt. v. 6. März 2003 – Rs. C-41/00 P, ECLI:EU:C:2003:125, *Interporc/Kommission.*

EuGH, Urt. v. 6. November 2003 – Rs. C-101/01, ECLI:EU:C:2003:596, *Lindqvist.*

EuGH, Urt. v. 22. Januar 2004 – Rs. C-353/01 P, ECLI:EU:C:2004:42, *Mattila/Rat und Kommission.*

EuGH, Urt. v. 14. Dezember 2004 – Rs. C-210/03, ECLI:EU:C:2004:802, *Swedish Match.*

EuGH, Urt. v. 14. Juli 2005 – Rs. C-433/03, ECLI:EU:C:2005:462, *Kommission/Deutschland.*

EuGH, Urt. v. 26. Oktober 2006 – Rs. C-248/04, ECLI:EU:C:2006:666, *Koninklijke Coöperatie Consun.*

EuGH, Urt. v. 1. Februar 2007 – Rs. C-266/05 P, ECLI:EU:C:2007:75, *Sison/Rat.*

EuGH, Urt. v. 11. September 2007 – Rs. C-431/05, ECLI:EU:C:2007:496, *Merck Genéricos Produtos Farmacêuticos.*

EuGH, Urt. v. 18. Dezember 2007 – Rs. C-64/05, ECLI:EU:C:2007:802, *Schweden/Kommission.*

EuGH, Urt. v. 29. Januar 2008 – Rs. C-275/06, ECLI:EU:C:2008:54, *Promusicae.*

EuGH, Urt. v. 1. Juli 2008 – Verb. Rs. C-39/05 P und C-52/05 P, ECLI:EU:C:2008:374, *Schweden und Turco/Rat.*

EuGH, Urt. v. 19. November 2009 – Rs. C-402/07, ECLI:EU:C:2009:716, *Sturgeon.*

EuGH, Urt. v. 29. Juni 2010 – Rs. C-139/07, ECLI:EU:C:2010:376, *Kommission/ Technische Glaswerke Ilmenau.*

EuGH, Urt. v. 29. Juni 2010 – Rs. C-28/08 P, ECLI:EU:C:2010:378, *Kommission/ Bavarian Lager.*

EuGH, Urt. v. 21. September 2010 – Verb. Rs. C-514/07 P, C-528/07 P und C-532/07 P, ECLI:EU:C:2010:541, *Schweden u. a./API und Kommission.*

EuGH, Urt. v. 9. November 2010 – Verb. Rs. C-92/09 und C-93/09, ECLI:EU:C:2010:662, *Schecke und Eifert/Hessen.*

EuGH, Urt. v. 21. Juli 2011 – Rs. C-506/08 P, ECLI:EU:C:2011:496, *Schweden/ MyTravel und Kommission.*

EuGH, Urt. v. 28. Juni 2012 – Rs. C-404/10 P, ECLI:EU:C:2012:393, *Kommission/ Éditions Odile Jacob.*

EuGH, Urt. v. 28. Juni 2012 – Rs. C-477/10 P, ECLI:EU:C:2012:394, *Kommission/ Agrofert Holding.*

EuGH, Urt. v. 26. Februar 2013 – Rs. C-617/10, ECLI:EU:C:2013:280, *Åkerberg Fransson.*

EuGH, Urt. v. 17. Oktober 2013 – Rs. C-280/11 P, ECLI:EU:C:2013:671, *Rat/Access Info Europe.*

EuGH, Urt. v. 14. November 2013 – Verb. Rs. C-514/11 P und C-605/11 P, ECLI:EU:C:2013:738, *LPN und Finnland/Kommission.*

EuGH, Urt. v. 28. November 2013 – Rs. C-576/12 P, ECLI:EU:C:2013:777, *Jurašinović/Rat.*

EuGH, Urt. v. 27. Februar 2014 – Rs. C-365/12, ECLI:EU:C:2014:112, *Kommission/EnBW.*

EuGH, Urt. v. 27. März 2014 – Rs. C-265/13, ECLI:EU:C:2014:187, *Torralbo Marcos.*

EuGH, Urt. v. 24. Juni 2014 – Rs. C-658/11, ECLI:EU:C:2014:2025, *Parlament/ Rat.*

EuGH, Urt. v. 3. Juli 2014 – Rs. C-350/12 P, ECLI:EU:C:2014:2039, *Rat/in't Veld.*

EuGH, Urt. v. 4. September 2014 – Rs. C-114/12, ECLI:EU:C:2014:2151, *Kommission/Rat.*

EuGH, Gutachten v. 14. Oktober 2014 – Avis 1/13, ECLI:EU:C:2014:2303, *Haager Übereinkommen.*

EuGH, Urt. v. 16. Juli 2015 – Rs. C-425/13, ECLI:EU:C:2015:483, *Kommission/Rat.*

EuGH, Urt. v. 14. Juni 2016 – Rs. C-263/14, ECLI:EU:C:2016:435, *Parlament/Rat.*

EuGH, Urt. v. 30. Juni 2016 – Rs. C-205/15, ECLI:EU:C:2016:499, *Toma.*

EuGH, Urt. v. 8. November 2016 – Rs. C-243/15, ECLI:EU:C:2016:838, *Lesoochranárske zoskupenie VLK.*

EuGH, Gutachten v. 16. Mai 2017 – Avis 2/15, ECLI:EU:C:2017:376, *Singapur.*

EuGH, Urt. v. 14. Juni 2017 – Rs. C-685/15, ECLI:EU:C:2017:452, *Online Games u. a.*

SchlA *Tesauro* v. 28. November 1995, ECLI:EU:C:1995:409 zu *EuGH*, Urt. v. 30. April 1996 – Rs. C-58/94, ECLI:EU:C:1996:171, *Niederlande/Rat.*

SchlA *Léger* v. 10. Juli 2001, ECLI:EU:C:2001:392 zu *EuGH*, Urt. v. 6. Dezember 2001 – Rs. C-353/99 P, ECLI:EU:C:2001:661, *Rat/Hautala.*

SchlA *Léger* v. 12. März 2002, ECLI:EU:C:2002:162 zu *EuGH*, Urt. v. 6. März 2003 – Rs. C-41/00 P, ECLI:EU:C:2003:125, *Interporc/Kommission.*

SchlA *Kokott* v. 26. März 2009, ECLI:EU:C:2009:190 zu *EuGH*, Beschl. v. 10. März 2010 – Rs. C-13/07, ECLI:EU:C:2010:327, *Kommission/Rat.*

SchlA *Sharpston* v. 15. Juli 2010, ECLI:EU:C:2010:436 zu *EuGH*, Urt. v. 8. März 2011 – Rs. C-240/09, ECLI:EU:C:2011:125, *Aarhus-Konvention.*

SchlA *Cruz Villalón* v. 16. Mai 2013, ECLI:EU:C:2013:325 zu *EuGH*, Urt. v. 17. Oktober 2013 – Rs. C-280/11 P, ECLI:EU:C:2013:671, *Rat/Access Info Europe.*

SchlA *Kokott* v. 27. Juni 2013, ECLI:EU:C:2013:441 zu *EuGH*, Urt. v. 22. Oktober 2013 – Rs. C-137/12, ECLI:EU:C:2013:675, *Kommission/Rat.*

SchlA *Sharpston* v. 13. Februar 2014, ECLI:EU:C:2014:88 zu *EuGH*, Urt. v. 3. Juli 2014 – Rs. C-350/12 P, ECLI:EU:C:2014:2039, *Rat/in't Veld.*

EuG, Urt. v. 5. März 1997 – Rs. T-105/95, ECLI:EU:T:1997:26, *WWF UK/Rat.*

EuG, Urt. v. 19. Juli 1999 – Rs. T-14/98, ECLI:EU:T:1999:157, *Hautala*/Rat.

EuG, Urt. v. 19. Juli 1999 – Rs. T-188/97, ECLI:EU:T:1999:156, *Rothmans/Kommission.*

EuG, Urt. v. 14. Oktober 1999 – Rs. T-309/97, ECLI:EU:T:1999:257, *Bavarian Lager/Kommission.*

EuG, Urt. v. 6. April 2000 – Rs. T-188/98, ECLI:EU:T:2000:101, *Kuijer/Rat.*

EuG, Urt. v. 12. Juli 2001 – Rs. T-204/99, ECLI:EU:T:2001:190, *Mattila/Rat.*

EuG, Urt. v. 10. Oktober 2001 – Rs. T-111/00, ECLI:EU:T:2001:250, *British American Tobacco/Kommission.*

EuG, Urt. v. 11. Dezember 2001 – Rs. T-191/99, ECLI:EU:T:2001:284, *Petrie u. a./Kommission.*

EuG, Urt. v. 7. Februar 2002 – Rs. T-211/00, ECLI:EU:T:2002:30, *Kuijer/Rat.*

EuG, Urt. v. 13. April 2005 – Rs. T-2/03, ECLI:EU:T:2005:123, *Verein für Konsumenteninformation/Kommission.*

EuG, Urt. v. 26. April 2005 – Verb. Rs. T-110/03, T-150/03 und T-405/03, ECLI:EU:T:2005:143, *Sison/Rat.*

EuG, Urt. v. 30. Mai 2006 – Rs. T-198/03, ECLI:EU:T:2006:136, *Bank Austria Creditanstalt/Kommission.*

EuG, Urt. v. 6. Juli 2006 – Verb. Rs. T-391/03 und T-70/04, ECLI:EU:T:2006:190, *Franchet und Byk/Kommission.*

EuG, Urt. v. 11. Dezember 2006 – Rs. T-290/05, ECLI:EU:T:2006:381, *Weber/Kommission.*

EuG, Urt. v. 25. April 2007 – Rs. T-264/04, ECLI:EU:T:2007:114, *WWF/Rat.*

EuG, Urt. v. 9. September 2008 – Rs. T-403/05, ECLI:EU:T:2008:316, *MyTravel/Kommission.*

EuG, Urt. v. 18. Dezember 2008 – Rs. T-144/05, ECLI:EU:T:2008:596, *Muñiz/Kommission.*

EuG, Urt. v. 19. Januar 2010 – Verb. Rs. T-355/04 und T-446/04, ECLI:EU:T:2010/15, *Co-Frutta/Kommission.*

EuG, Urt. v. 9. Juni 2010 – Rs. T-237/05, ECLI:EU:T:2010:224, *Éditions Odile Jacob/Kommission.*

EuGH, Urt. v. 14. September 2010 – Rs. C-550/07 P, ECLI:EU:C:2010:512, *Akzo Nobel Chemicals und Akcors Chemicals/Kommission.*

EuG, Urt. v. 21. Oktober 2010 – Rs. T-439/08, ECLI:EU:T:2010:442, *Agapiou Joséphides/Kommission und EACEA.*

EuG, Urt. v. 22. März 2011 – Rs. T-233/09, ECLI:EU:T:2011:105, *Access Info Europe/Rat.*

EuG, Urt. v. 7. Juni 2011 – Rs. T-471/08, ECLI:EU:T:2011:252, *Toland/Parlament.*

EuG, Urt. v. 14. Februar 2012 – Rs. T-59/09, ECLI:EU:T:2012:75, *Deutschland/Kommission.*

EuG, Urt. v. 4. Mai 2012 – Rs. T-529/09, ECLI:EU:T:2012:215, *in't Veld/Rat.*

EuG, Urt. v. 22. Mai 2012 – Rs. T-344/08, ECLI:EU:T:2012:242, *EnBW/Kommission.*

EuG, Urt. v. 3. Oktober 2012 – Rs. T-465/09, ECLI:EU:T:2012:515, *Jurašinović / Rat.*

EuG, Urt. v. 29. November 2012 – Rs. T-590/10, ECLI:EU:T:2012:635, *Thesing und Bloomberg Finance/EZB.*

EuG, Urt. v. 19. März 2013 – Rs. T-301/10, ECLI:EU:T:2013:135, *in't Veld/ Kommission.*

EuG, Urt. v. 12. September 2013 – Rs. T-331/11, ECLI:EU:T:2013:11, *Besselink/ Rat.*

EuG, Urt. v. 20. März 2014 – Rs. T-181/10, ECLI:EU:T:2014:139, *Reagens/ Kommission.*

EuG, Urt. v. 21. Mai 2014 – Rs. T-447/11, ECLI:EU:T:2014:267, *Catinis/ Kommission.*

EuG, Urt. 2. September 2014 – Rs. T-538/13, ECLI:EU:T:2014:738, *Verein Natura Havel und Vierhaus/Kommission.*

EuG, Urt. v. 9. September 2014 – Rs. T-516/11, ECLI:EU:T:2014:759, *MasterCard u. a./Kommission.*

EuG, Urt. v. 28. Januar 2015 – Rs. T-341/12, ECLI:EU:T:2015:51, *Evonik Degussa/ Kommission.*

EuG, Urt. v. 26. Mai 2016 – Rs. T-110/15, ECLI:EU:T:2016:322, *International Management Group/Kommission.*

EuG, Beschl. v. 9. Februar 2017 – Rs. T-142/16, ECLI:EU:T:2017:72, *Dröge u. a./ Kommission.*

EuG, Urt. v. 28. März 2017 – Rs. T-210/15, ECLI:EU:T:2017:224, *Deutsche Telekom/Kommission.*

EuG, Urt. v. 10. Mai 2017 – Rs. T-754/14, ECLI:EU:T:2017:323, *Efler u. a./ Kommission.*

EuG, Urt. v. 27. Februar 2018 – Rs. T-307/16, ECLI:EU:T:2018:97, *CEE Bankwatch Network/Kommission.*

EuG, Urt. v. 22. März 2018 – Rs. T-540/15, ECLI:EU:T:2018:167, *De Capitani/ Parlament.*

BVerfG, Urt. v. 17. Juli 1984 – Az. 2 BvE 11/83, 2 BvE 15/83, BVerfGE 67, 100, 139, *Flick-Ausschuss.*

BVerfG, Urt. v. 18. Dezember 1984 – Az. 2 BvE 13/83, BVerfGE 68, 1, *Pershing II.*

BVerfG, Urt. v. 12. Oktober 1993 – Az. 2 BvR 2134/92 und 2 BvR 2159/92, BVerfGE 89, 155, *Maastricht.*

BVerfG, Urt. v. 12. Juli 1994 – Az. 2 BvE 3/92, 2 BvE 5/93, 2 BvE 7/93, 2 BvE 8/ 93, BVerfGE 90, 286, *AWACS.*

BVerfG, Urt. v. 30. Juni 2009 – Az. 2 BvE 2/08, 2 BvE 5/08, 2 BvR 1010/08, 2 BvR 1022/08, 2 BvR 1259/08, 2 BvR182/09, ECLI:DE:BVerfG:2009:es20090630.2 bve000208, BVerfGE 123, 267, *Lissabon*.

BVerfG, Urt. v. 19. Juni 2012 – Az. 2 BvE 4/11, ECLI:DE:BVerfG:2012:es2012061 9.2bve000411, BVerfGE 131, 152, *ESM*

BVerfG, Urt. v. 13. Oktober 2016 – Az. 2 BvR 1368/16,2 BvR 1444/16, 2 BvR 1482/16, 2 BvR 1823/16, 2 BvR 3/16, ECLI:DE:BVerfG:2016:rs20161013.2 bvr136816, *CETA*.

BVerwG, Urt. v. 29. Oktober 2009 – Az. 7 C 21.08.

BVerwG, Urt. v. 29. Oktober 2009 – Az. 7 C 22.08.

BVerwG, Beschl. v. 18. Juli 2011 – Az. 7 B 14.11.

BVerwG, Urt. v. 3. November 2011 – Az. 7 C 3.11.

BVerwG, Urt. v. 20. Februar 2013 – Az. 6 A 2.12.

BVerwG, Urt. v. 27. November 2014 – Az. 7 C 12.13, ECLI:DE:BVerwG:2014:27 1114U7C12.13.0.

BVerwG, Urt. v. 27. November 2014 – Az. 7 C 20.12, ECLI:DE:BVerwG:2014:27 1114U7C20.12.0.

BVerwG, Urt. v. 29. Juni 2016 – Az. 7 C 32.15, ECLI:DE:BVerwG:2016:290616 U7C32.15.0.

BVerwG, Urt. v. 22. März 2018 – Az. 7 C 21.16, ECLI:DE:BVerwG:2018:220318 U7C21.16.0.

OVG Berlin-Brandenburg, Urt. v. 5. Oktober 2010 – Az. 12 B 5.08, ECLI:DE:OVGBEBB:2010:1005.12B5.08.0A.

OVG Berlin-Brandenburg, Urt. v. 6. November 2014 – Az. 12 B 14.13, ECLI:DE:OVGBEBB:2014:1106.OVG12B14.13.0A.

OVG Münster, Beschl. v. 15. August 2003 – Az. 21 B 1375/03.

VG Berlin, Urt. v. 22. April 2010 – Az. 2 K 98.09, ECLI:DE:VGBE:2010:0422.2K 98.09.0A.

VG Berlin, Urt. v. 7. Mai 2015 – Az. 2 K 247.12, ECLI:DE:VGBE:2015:0507.2K2 47.12.0A.

www.ingramcontent.com/pod-product-compliance
Ingram Content Group UK Ltd.
Pitfield, Milton Keynes, MK11 3LW, UK
UKHW021926290926
8980IPUK00016B/1469

9 783631 904879